MICHELIN
COUPS DE CŒUR

1 000 maisons d'hôte et hôtels de charme à prix doux en FRANCE

MICHELIN

SOMMAIRE

CARTE DES RÉGIONS

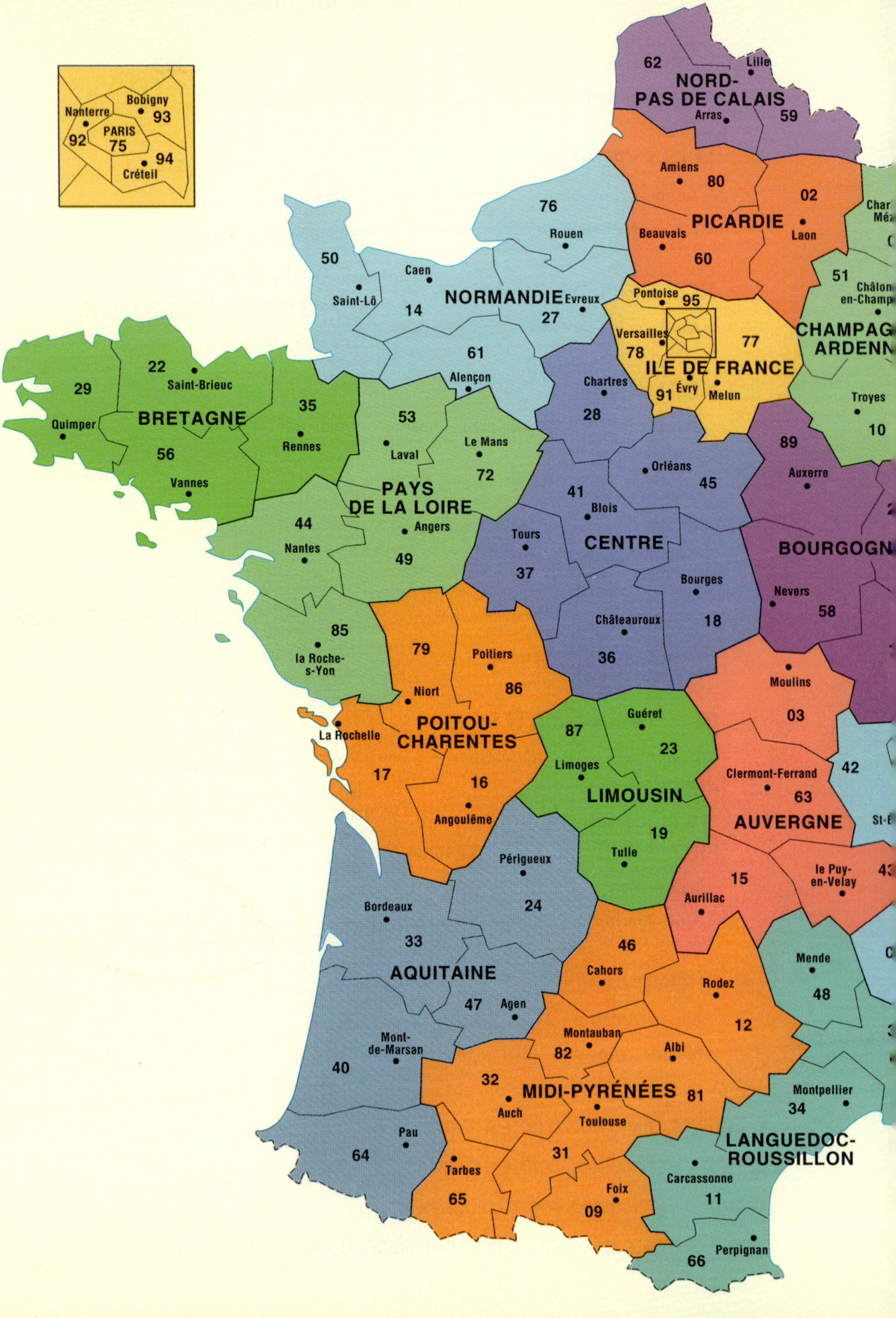

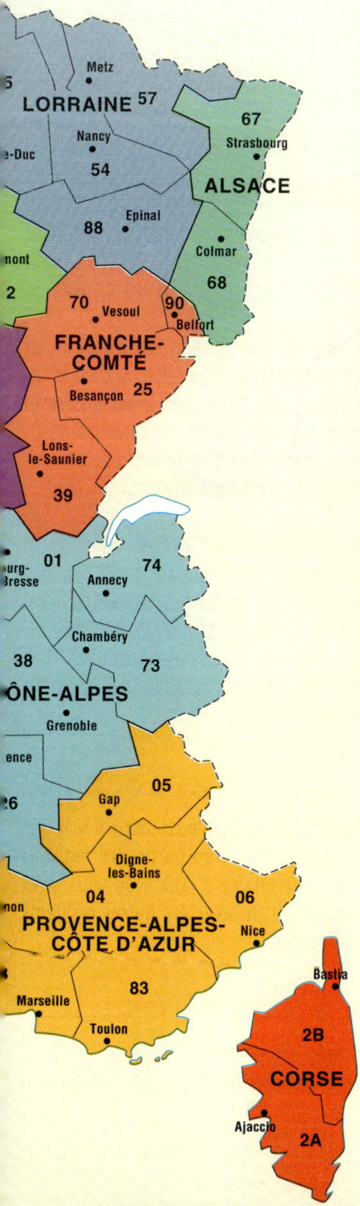

- ALSACE
- AQUITAINE
- AUVERGNE
- BOURGOGNE
- BRETAGNE
- CENTRE
- CHAMPAGNE-ARDENNE
- CORSE
- FRANCHE-COMTÉ
- ÎLE-DE-FRANCE
- LANGUEDOC-ROUSSILLON
- LIMOUSIN
- LORRAINE
- MIDI-PYRÉNÉES
- NORD-PAS-DE-CALAIS
- NORMANDIE
- PAYS-DE-LA-LOIRE
- PICARDIE
- POITOU-CHARENTES
- PROVENCE-ALPES-CÔTE-D'AZUR
- RHÔNE-ALPES

Légende des symboles utilisés dans le guide

12 **Numéro de l'établissement**
dans le guide et sur la carte régionale :
bleu pour les hôtels
rouge pour les maisons d'hôte

Hôtel

Maison d'hôte

Hôtel ou maison d'hôte proposant des chambres à un prix maximum de 45 € la nuit pour 2 personnes

On a aimé — Le petit « plus » de l'hôtel ou de la maison d'hôte qu'il ne faut pas manquer

Le guide **Michelin Coups de Cœur** vous propose une sélection de 1 000 adresses d'hôtels et de maisons d'hôte, sur tout le territoire français. Les critères de choix de nos enquêteurs sur le terrain sont le charme, l'agrément, l'accueil et le prix. Un prix pouvant atteindre 110 € pour les plus chers, mais 95 % des chambres proposées sont à moins de 80 € et un tiers à moins de 50 €.

Pour vous aider dans votre choix le "On a aimé" vous signale « le plus » de l'endroit choisi : « Explorer les fonds sous-marins de la réserve de Scandola ».

Organisation du guide

Le guide est découpé en 21 régions correspondant aux régions administratives (la Basse et la Haute Normandie n'en faisant qu'une). Chaque région est ensuite présentée par ordre croissant du numéro du département. Par exemple pour la région Aquitaine : 24 (Dordogne), 33 (Gironde), 40 (Landes), 47 (Lot-et-Garonne), 64 (Pyrénées-Atlantiques). Dans chaque département les communes, où ont été sélectionnés les établissements, apparaissent par ordre alphabétique. La numérotation des hôtels et chambres d'hôte suit cet ordre par région. Vous reconnaîtrez facilement les hôtels au picto bleu et les maisons d'hôte au picto rouge.

Cartes

Dans l'introduction du guide, une carte générale de la France présente les différentes régions.

Au début de chaque région, une carte couvrant son territoire montre la localisation des établissements retenus avec leur numéro sur des pastilles bleues pour les hôtels et des pastilles rouges pour les maisons d'hôte.

Les maisons d'hôte

Demeure familiale aménagée, bâtiment ancien restauré par des amoureux des vieilles pierres et décoré avec goût, les maisons d'hôte ont toujours une histoire liée à leurs propriétaires. Elles comptent de 3 à 6 chambres. Le plus souvent à l'écart du bruit, à la campagne ou dans des quartiers résidentiels, ces maisons sont idéales pour ceux qui recherchent calme et repos.

N'oubliez pas que vous allez chez des particuliers et qu'il est plus correct de les prévenir si vous êtes en retard. Et si vous voulez y loger pendant des périodes de vacances ou des week-ends de printemps, soyez prudents, pensez à réserver à l'avance.

Les hôtels

Ils ont été choisis pour leur charme, leur situation, leur environnement, leur tranquillité, leur décoration. Ils sont installés dans des gentilhommières, des châteaux, d'anciens couvents, des maisons traditionnelles. Mais ne comparez pas le charme d'un établissement proposant des chambres à moins de 40 € avec un hôtel plus cher.

Un grand nombre de ces hôtels comprennent un restaurant et proposent la demi-pension. Si c'est le cas nous vous signalons que la demi-pension est possible et vous pourrez vous informer auprès de l'établissement.

Attention à bien confirmer votre réservation si vous êtes en retard. En général il faut arriver avant 18h.

Les renseignements fournis pour les maisons d'hôte et hôtels doivent être considérés comme des indications du fait de l'évolution constante des données. Il n'est pas totalement exclu que certaines d'entre elles ne soient plus totalement exactes ou exhaustives, à la date de parution du guide. Ils ne sauraient de ce fait engager notre responsabilité.

Les repas

Il est précisé pour chaque établissement s'il y a une possibilité de restauration. Une partie des maisons d'hôte proposent leur « table d'hôte » où vous serez servis individuellement ou avec les autres résidents autour de la même table.

Les prix

Les prix indiqués comprennent taxes et services. Ils nous ont été communiqués par les hôteliers et les propriétaires des maisons d'hôte en 2004 pour l'année 2005 et sont, par suite, susceptibles de modifications au cours de l'année. Ils s'appliquent à la haute saison. Ils ne sont en rien contractuels. Michelin Editions des Voyages ne saurait être tenu pour responsable en cas d'éventuelles différences.

Chambre : les prix sont donnés pour une chambre double en haute saison. Nous annonçons le prix le plus bas et le prix le plus élevé. Au moment de réserver faites-vous confirmer le prix de la chambre retenue.
Hors saison, certains établissements proposent des conditions avantageuses, renseignez-vous lors de votre réservation.

Petit-déjeuner : il est parfois inclus dans le prix de la chambre. Si ce n'est pas le cas, le prix du petit-déjeuner est donné par personne.

Arrhes et acompte

Il ne faut pas confondre « arrhes » et « acompte ». Dans le cas de versement d'arrhes, le client peut annuler sa commande et perd son versement. Si l'hôtelier ne peut fournir au client la chambre, il est redevable à son client du double des sommes versées. Dans le cas du versement d'un acompte, le client ne peut pas se désengager et doit la totalité.

Cartes bancaires

Pour le paiement il est précisé si les cartes de crédit ne sont pas acceptées.
Nous pensons nécessaire d'attirer votre attention sur le fait que la communication de votre numéro de carte bancaire, en vue de la réservation d'une chambre d'hôtel, autorise l'hôtelier ou le propriétaire de maison d'hôte à percevoir soit un acompte égal au montant du prix minimum à valoir sur le prix final, soit le paiement du prix minimum de la prestation réservée dans l'hypothèse où la réservation ne serait pas annulée dans le temps fixé par l'hôtelier ou le propriétaire de maison d'hôte.

Accès et équipements

Pour chaque établissement sont donnés :
- l'accès à partir de la ville la plus proche.
- les différents équipements que l'on peut y trouver : télévision, piscine, tennis, sauna, jeux pour enfants, etc., ainsi que la possibilité de venir avec son chien.
- l'accès pour handicapés quand les aménagements ont été réalisés.

Quelques adresses qui ont un « plus »

Vous trouverez leurs listes à la fin du guide.

Les économiques à moins de 45 € sont reconnaissables au symbole €€.

Les gastronomiques vous indiquent les tables distinguées pour leur qualité.

Les sportives proposent une piscine et au moins une autre possibilité d'activité sportive (tennis, golf, équitation, randonnée, canoë, etc.).

Index

Tous les établissements sont répertoriés par ordre alphabétique.

Se déplacer en France avec Michelin

Pour partir à la découverte de la France, pensez aussi à vous procurer les cartes routières Michelin RÉGIONAL et LOCAL et les Guides Vert.
Vous pouvez aussi consulter le site **www.ViaMichelin.fr** pour préparer votre itinéraire.

Écrivez-nous

Nous avons voulu ce guide agréable et pratique afin qu'il devienne le compagnon de vos vacances ou de vos week-ends. Il vit pour vous et par vous. N'hésitez pas à nous signaler toutes omissions ou inexactitudes que vous pourriez constater. Vos observations et vos suggestions de nouvelles adresses seront les bienvenues pour le compléter. Merci de nous les faire partager en retournant le questionnaire qui se trouve en fin de guide.

ALSACE

Des châteaux romantiques dont les tours hérissent le pied des ballons des Vosges, des collines submergées d'une mer de ceps, des villages de poupée aux balcons fleuris de géraniums, l'Alsace est un véritable décor où il fait bon se promener. Un plaisir de flânerie que l'on retrouve dans les villes, que ce soit à Strasbourg dans le quartier de la « petite France », dont les belles maisons Renaissance à colombages se reflètent dans les bras de l'Ill, ou à Colmar dans l'adorable « petite Venise ». On peut apprécier l'Alsace en toute saison, l'été quand les cigognes caquettent au sommet des clochers ou l'hiver pendant les marchés de Noël. Les brasseries vous convient alors au chaud à la dégustation d'une bonne bière alsacienne et vous apprécierez la cuisine locale dans le décor pittoresque des winstubs, petits restaurants locaux aptes à calmer les appétits les plus féroces à grand renfort de choucroutes, bäeckeoffes et kougelhopfs, arrosés de sylvaner, de riesling ou de gewurztraminer.

- Bas-Rhin (67)
- Haut-Rhin (68)

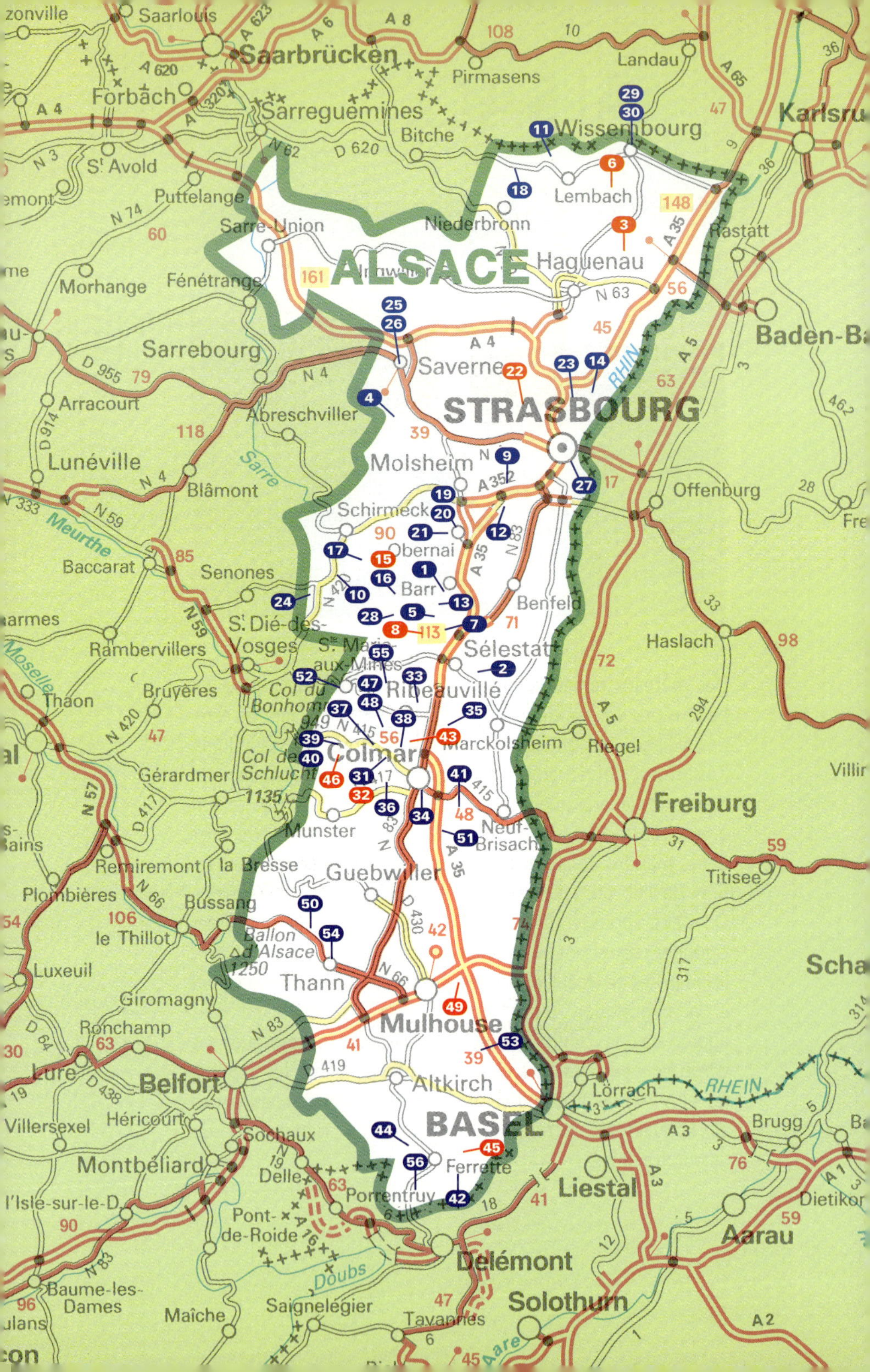

ALSACE
STRASBOURG
BASEL
Saarbrücken
Saarlouis
Forbach
Sarreguemines
St Avold
Puttelange
Bitche
Pirmasens
Landau
Karlsru
Wissembourg
Lembach
Niederbronn
Haguenau
Rastatt
Baden-Ba
Sarre-Union
Morhange
Fénétrange
Sarrebourg
Saverne
Arracourt
Abreschviller
Lunéville
Blâmont
Molsheim
Offenburg
Schirmeck
Obernai
Barr
Benfeld
Baccarat
Senones
St Dié-des-Vosges
Ste Marie-aux-Mines
Sélestat
Haslach
Rambervillers
Bruyères
Ribeauvillé
Col du Bonhomme
Thaon
Colmar
Marckolsheim
Riegel
Col de la Schlucht
Gérardmer
Munster
Neuf-Brisach
Freiburg
Remiremont
la Bresse
Guebwiller
Titisee
Plombières
Bussang
le Thillot
Ballon d'Alsace
Thann
Luxeuil
Giromagny
Mulhouse
Ronchamp
Lure
Belfort
Altkirch
Lörrach
Héricourt
Villersexel
Sochaux
Montbéliard
Delle
Ferrette
Porrentruy
Liestal
Brugg
Aarau
Dietikon
l'Isle-sur-le-D.
Pont-de-Roide
Delémont
Baume-les-Dames
Maîche
Saignelégier
Tavannes
Solothurn
Sarre
Meurthe
Moselle
RHIN
Doubs
Aare

ANDLAU - 67140

1 ZINCKHOTEL
M. Zinck

13 rue de la Marne
67140 Andlau
Tel. 03 88 08 27 30
Fax 03 88 08 42 50
zinck.hotel@wanadoo.fr
www.zinckhotel.com

Ouvert toute l'année • 18 chambres dotées de salles de bains WC et douches WC et certaines avec télévision • 59 à 95 € pour 2 personnes ; petit-déjeuner 8 € • Pas de restaurant • Terrasse, parc, parking fermé, chiens non admis

On a aimé **À la belle saison, se reposer dans le jardin fleuri et flâner entre les arbres fruitiers du verger.**

Bâtisse du quartier des tanneurs au 16e s., moulin à blé jusqu'en 1830, bonneterie et aujourd'hui hôtel doublé d'une aile contemporaine : les murs du Zinckhotel auraient bien des histoires à conter. L'ancienne roue à aubes, témoin de ce passé, agrémente d'ailleurs la salle des petits-déjeuners. Mais la vraie surprise réside dans les différents styles des chambres qui déclinent des thématiques très originales, de « Anglaise » à « Zen », en passant par « Les 1001 nuits ».

Accès : Par D 500, sortie 13 Mittelbergheim

BALDENHEIM - 67600

2 LES PRÉS D'ONDINE
M. Dalibert

5 route de Baldenheim - Rathsamhausen-le-Haut - 67600 Baldenheim
Tel. 03 88 58 04 60
Fax 03 88 58 04 61
message@presdondine.com
www.presdondine.com

Ouvert toute l'année • 12 chambres réparties sur 2 étages, dont 1 accessible aux handicapés physiques, dotées de salles de bains WC et de télévision • 78 à 130 € ; petit-déjeuner 10 € • Table d'hôte le soir, réservée aux résidents (fermée dim. et merc.). Menu 30 € • Jardin, parking fermé. Chiens non admis au restaurant. • Salle de remise en forme, bibliothèque

On a aimé **Sur les berges de l'Ill, l'environnement aussi charmant que bucolique.**

Cette ancienne maison forestière bâtie au début du 20e s. près de la rivière a profité d'une récente cure de jouvence. Son avenante façade colorée incite à pousser la grille du jardin. À l'intérieur, vous découvrirez tout d'abord le ravissant salon-bibliothèque, puis le coquet restaurant au joli décor boisé où l'on vous proposera la formule table d'hôte. Beaux meubles choisis, tons chauds, harmonieux voilages et bibelots donnent aux chambres un aspect des plus élégants.

Accès : à 5 km à l'Est de Sélestat, par la D 21

BETSCHDORF - 67660

3 KRUMEICH

M. Krumeich

23 rue des Potiers
67660 Betschdorf
Tel. 03 88 54 40 56
Fax 03 88 54 40 56

Ouvert toute l'année • 3 chambres • 48 à 53 € pour 2 personnes, petit-déjeuner compris • Pas de table d'hôte • Jardin, parking couvert. Chiens non acceptés • Stage de poterie

On a aimé **L'accueil sympathique du patron, potier de son état.**

Au cœur d'un village célèbre pour ses poteries de grès au sel, grande maison disposant de chambres nettes et calmes, nanties d'un beau mobilier ancien (magnifiques armoires) et d'un mignon jardin ombragé et fleuri. Le propriétaire, digne héritier d'une vieille famille de potiers, organise tout au long de l'année des stages à la carte invitant à découvrir son métier.

Accès : à 15 km au Nord-Est d'Haguenau, direction Wissembourg par la D 263 puis la D 243

BIRKENWALD - 67440

4 AU CHASSEUR

M. Gass

7 rue de l'Eglise
67440 Birkenwald
Tel. 03 88 70 61 32
Fax 03 88 70 66 02
hotel.au-chasseur@wanadoo.fr
chasseurbirkenwald.com

Fermé en janvier • 22 chambres dotées de salles de bains ou douches WC et télévision • 60 à 115 € ; petit-déjeuner 12 € Possibilité de demi-pension • Restaurant non-fumeurs fermé le lundi, le midi le mardi et jeudi ; menu de 15 € (le midi en semaine) à 65 € • terrasse, jardin, parking, chiens non admis dans les chambres • piscine couverte et chauffée, sauna, jacuzzi

On a aimé **Profiter à volonté de l'espace détente : piscine couverte et chauffée, sauna, jacuzzi et solarium.**

Cette hostellerie familiale aménagée dans une avenante bâtisse à la façade fleurie domine le village de Birkenwald : le calme qui règne ici garantit des nuits paisibles. Les chambres sont confortables, plaisantes et fort bien tenues ; certaines offrent même une vue sur le massif des Vosges. Le patron propose une goûteuse cuisine qui panache avec bonheur plats classiques et régionaux dans une salle à manger égayée de belles boiseries polychromes réalisées par un artiste local.

Accès : au centre du village, entre Saverne et Molsheim

BLIENSCHWILLER - 67650

5 WINZENBERG

Mme Dresch

58 route des vins
67650 Blienschwiller
Tel. 03 88 92 62 77
Fax 03 88 92 45 22
winzenberg@visit-alsace.com
www.winzenberg.com

Fermé du 3 janvier au 18 février • 13 chambres équipées de salles de bains WC ou douches WC et de télévision • 41 à 48 € pour 2 personnes ; petit-déjeuner 6 € • Pas de restaurant • Parking fermé. Chiens non admis

On a aimé **La situation privilégiée dans le village et sur la Route des Vins.**

Un petit village entouré de vignes abrite cette ancienne maison de vignerons restaurée et transformée en hôtel. Les chambres, certes pas très grandes, sont plaisantes avec leur mobilier coloré en bois peint ; certaines sont mansardées, d'autres pourvues de balcons. Les propriétaires actuels, également viticulteurs, proposent une visite de leur cave, suivie d'une dégustation de leurs productions.

Accès : dans la rue principale du village

CLEEBOURG - 67160

6 KLEIN

Mme Klein

59 rue Principale
67160 Cleebourg
Tel. 03 88 94 50 95
Fax 03 88 94 50 95
annejp.klein@laposte.net
www.chez.com/cleebourg

Ouvert toute l'année • 4 chambres • 40 € pour 2 personnes, petit-déjeuner compris ; possibilité de demi-pension • Table d'hôte 12 € (uniquement le soir) • Jardin, parking. Cartes de crédit non acceptées, chiens non admis

On a aimé **L'authentique décor alsacien soigneusement préservé.**

Cette maison alsacienne des 18e et 19e s. s'élevant au cœur d'un village renommé pour son vin réjouira les amateurs de calme et d'authenticité. Les chambres, toutes aménagées au rez-de-chaussée, sont garnies de beaux meubles anciens. La salle à manger, où domine le bois, sert de cadre à une cuisine régionale typique. Agréable petit jardin de repos sur l'arrière.

Accès : à 7 km au Sud-Ouest de Wissembourg par la D 7, au centre du village

DAMBACH-LA-VILLE - 67650

7 LE VIGNOBLE

M. Boulanger

1 rue de l'Église
67650 Dambach-la-Ville
Tel. 03 88 92 43 75
Fax 03 88 92 62 21

Fermé du 24 juin au 8 juillet et 24 décembre au 15 mars • 7 chambres dont une accessible aux handicapés physiques, la majorité avec salles de bains WC, toutes avec télévision • 46 à 53 € pour 2 personnes ; petit-déjeuner 6 € • Pas de restaurant • Parking fermé. Chiens non admis

On a aimé **Parcourir le sentier viticole de Dambach.**

L'architecture de l'hôtel évoque les typiques et modestes maisons de vignerons de la route des Vins : la façade sur rue est étroite et seul l'étage, réservé à l'habitation, comporte les traditionnels colombages, le rez-de-chaussée abritant selon l'usage le pressoir et la cave. Les chambres, agrémentées de poutres joliment équarries, sont calmes, même si les cloches de l'église voisine sonnent durant la nuit ! Salle des petits-déjeuners familiale.

Accès : au centre du village

DIEFFENBACH-AU-VAL - 67220

8 LA ROMANCE

M. Geiger

17 route de Neuve-Église
67220 Dieffenbach-au-Val
Tel. 03 88 85 67 09
Fax 03 88 57 61 58
corinne@la-romance.net
www.la-romance.net

Ouvert toute l'année • 6 chambres dont 1 en duplex et 2 avec boudoir • 75 à 85 € pour 2 personnes, petit-déjeuner compris • Pas de table d'hôte • Jardin, parking. Cartes de crédit non acceptées, chiens non admis • Sauna et spa

On a aimé **Le confort moderne de cette jolie maison régionale.**

L'adresse n'est pas facile à dénicher, mais persévérez, car une fois installé dans cette confortable demeure, vous n'aurez plus envie d'en repartir ! L'accueil est d'une grande gentillesse et l'intérieur, impeccable. Les chambres, bien équipées et décorées avec goût, ont été baptisées de noms évocateurs : Bleuet, Rose, Sapin... ; deux d'entre elles ouvrent leurs fenêtres sur la vallée. Le jardin, en lisière de forêt, offre un cadre parfait, l'été, pour prendre le petit-déjeuner.

Accès : à 12 km au Nord-Ouest de Sélestat par la N 59 et la D 424, direction Villé

ENTZHEIM - 67960

9 PÈRE BENOIT

M. Massé

34 route de Strasbourg
67960 Entzheim
Tel. 03 88 68 98 00
Fax 03 88 68 64 56
hotel.perebenoit@wanadoo.fr
www.hotel-pere-benoit.com

Fermé du 2 au 22 août et du 20 décembre au 5 janvier • 60 chambres sur 2 étages, dont 4 accessibles aux handicapés physiques, pourvues de salles de bains WC et de télévision • 58 à 72 € ; petit-déjeuner 7 € • Restaurant climatisé ; menus de 18 à 24 € • Terrasse, jardin, parking fermé. Chiens non admis au restaurant • Salle de remise en forme, solarium

On a aimé **Une étape de caractère proche de l'aéroport de Strasbourg.**

Cette ferme alsacienne du 18e s. à jolie façade ocre rouge rythmée par les traditionnels colombages abrite de confortables chambres donnant pour la plupart sur une paisible cour fleurie. Salle à manger familiale, chaleureuse winstub (tableaux, boiseries, poêle en faïence), caveau voûté réservé à la dégustation des tartes flambées et délicieux balcon-terrasse aménagé sous la galerie en bois : l'abondance d'espaces de restauration tend à montrer que l'on ne plaisante pas avec la cuisine !

Accès : à 12 km de Strasbourg par l'A 35 (sortie nº 8), D 400 et D 392

FOUDAY - 67130

10 JULIEN

M. Goetz

12 route Nationale
67130 Fouday
Tel. 03 88 97 30 09
Fax 03 88 97 36 73
hoteljulien@wanadoo.fr
www.hoteljulien.com

Fermé en janvier et lundi • 44 chambres dont 8 duplex, toutes avec bains WC ou douches WC et télévision • 70 à 115 € ; petit-déjeuner à 10 € ; possibilité de demi-pension • Menus de 18 € (en semaine) à 35 € • Terrasse, jardin, piscine couverte, parking. Chiens non admis au restaurant • Espace aquatique de bien-être, organisation de séjours découverte de l'Alsace

On a aimé **La vue bucolique sur la vallée de la Bruche enjambée par le petit pont de l'hôtel.**

La façade sur rue, bien qu'étonnante avec son insolite avancée coiffée d'un toit en cuivre, ne laisse pas supposer combien celle sur jardin est imposante avec ses balcons généreusement fleuris. C'est que sous l'impulsion d'une famille dynamique, le Julien a changé de visage en quelques années, offrant des chambres variées depuis la catégorie « confort » jusqu'aux luxueuses « Princes de Salm ». La goûteuse cuisine régionale constitue l'autre atout de la maison.

Accès : à la sortie du village, directon Schirmeck

GIMBELHOF - 67510

11 **GIMBELHOF**
M. Gunder

67510 Gimbelhof
Tel. 03 88 94 43 58
Fax 03 88 94 23 30
info@gimbelhof.com
www.gimbelhof.com

Fermé du 15 novembre au 26 décembre et vacances de février • 9 chambres dont la plupart avec douches WC • 35 à 67 € pour 2 personnes ; petit-déjeuner 6 € ; possibilité de demi-pension • Restaurant fermé lundi et mardi ; menus de 11 € (en semaine) à 28 € • Parking

On a aimé **Les ruines du château de Fleckenstein en partie troglodytiques.**

Une petite route forestière conduit à cette modeste auberge familiale isolée dans le massif des Vosges du Nord. Ses chambres et salles à manger, d'esprit rustique, sont très simplement aménagées, mais l'adresse constitue un excellent point de départ pour les amoureux de la nature, les randonneurs et les passionnés d'histoire : le sentier des quatre châteaux forts, tracé parmi les sapinières, longe la frontière franco-allemande et ménage de belles vues sur le Palatinat.

Accès : quitter Lembach par la D 3, à 3,5 km prendre à droite la D 925 puis la route forestière encore à droite

INNENHEIM - 67880

12 **AU CEP DE VIGNE**
M. Schaal

5 route de Barr
67880 Innenheim
Tel. 03 88 95 75 45
Fax 03 88 95 79 73
www.aucepdevigne.com

Fermé du 15 au 28 février, du 1er au 15 juillet, dimanche soir (sauf l'hôtel) et lundi • 37 chambres, dont une est accessible aux handicapés physiques, toutes avec salles de bains WC ou douches WC, et télévision • 44 à 64 € ; petit-déjeuner 7,50 € ; Possibilité de demi-pension • Menus de 15 à 40 € • Jardin, parking

On a aimé **Vérifier que la tradition hôtelière, ça a du bon !**

Toits pentus, imposantes façades à colombages, galeries en bois sculpté... : si la qualité - et la taille - des bâtiments composant cette hôtellerie traditionnelle va crescendo au fil du temps, c'est que la famille Schall, qui tient les rênes du Cep de Vigne depuis 1902, n'a jamais cessé d'être aux petits soins pour elle. Les chambres, rustiques et un peu sombres ou fonctionnelles et lumineuses, sont plus au calme côté jardin. Chaleureuse salle à manger avec boiseries brunes et plafond menuisé.

Accès : Entre Strasbourg et Obernai, dans la traversée du village

ITTERSWILLER - 67140

13 ARNOLD

M. Arnold

98 route des vins
67140 Itterswiller
Tel. 03 88 85 50 58
Fax 03 88 85 55 54
arnold-hotel@wanadoo.fr
www.hotel-arnold.com

Fermé les 25 et 26 décembre • 30 chambres dont 10 dans une annexe, 1 est accessible aux handicapés, elles sont dotées de salles de bains WC ou de douches WC et de télévision • 89 à 111 € (77 à 99 € basse saison) pour 2 personnes ; petit-déjeuner 10 € ; possibilité de demi-pension • Menus de 23 € (en semaine) à 46 € • Terrasse, jardin, parking

On a aimé **Faire le plein de bonnes choses dans la boutique de produits régionaux.**

Proximité des vignes, pimpantes façades à colombages, intérieur coquet et tenu avec rigueur : l'hôtel Arnold est un véritable concentré d'Alsace ! Les récentes rénovations procurent davantage de bien-être aux clients tout en valorisant le caractère régional des trois bâtisses. Les chambres, très confortables et chaleureuses, donnent soit sur le pittoresque village, soit sur le vignoble. Quant à la winstub, son séduisant cadre typique et sa cuisine locale incitent à s'y attabler.

Accès : au cœur du village, au sud d'Obernai

LA WANTZENAU - 67610

14 AU MOULIN

Mme Wolff B. et Mme Dametti A.

3 impasse du Moulin
67610 La Wantzenau
Tel. 03 88 59 22 22
Fax 03 88 59 22 00
moulin-wantzenau@wanadoo.fr
www.moulin-wantzenau.com

Fermé du 24 déc au 2 jan. • 20 chambres et 1 duplex, sur 4 étages avec ascenseur, équipées de salles de bains WC ou douches WC et télévision • 68 à 85 € ; petit-déjeuner 11 €. Possibilité demi-pension • Rest. Au Moulin : fermé 7 au 28/7, 27/12 au 8/1, dim. et fériés. Clim. Menus 20 à 28 € • Terrasse, jardin, parking fermé • À proximité, golf, tennis, équitation, fitness

On a aimé **Charme et tranquillité à seulement quelques minutes de Strasbourg.**

Cet ancien moulin posté au bord d'un bras de l'Ill profite du calme de la campagne environnante. Papiers peints rayés aux tons pastel, voilages assortis, poutres apparentes et mobilier en bois clair donnent aux chambres un aspect « cosy » du meilleur effet. Le salon équipé d'une cheminée s'avère également très agréable : un savoureux petit-déjeuner composé de produits sélectionnés avec soin vous y sera servi. Le restaurant qui fait face au Moulin est tenu par la même famille.

Accès : à 12 km au Nord-Est de Strasbourg par la D 468

LE HOHWALD - 67140

15 CHAMBRE D'HÔTE TILLY'S INN

M. et Mme Hazemann

28 rue Principale
67140 Le Hohwald
Tel. 03 88 08 30 17
Fax 03 88 08 30 17

Ouvert toute l'année • 3 chambres • 55 à 60 € (50 à 55 € basse saison) pour 2 personnes ; petit-déjeuner 8 € • Table d'hôte 22 € (dîner seulement et sur réservation) • Parking. Cartes de crédit non acceptées, chiens non admis

On a aimé

L'originalité du décor, haut en couleur.

Difficile de rater cette maison, tant le rouge de sa façade décorée de dessins naïfs se voit de loin ! L'intérieur est tout aussi coloré, à commencer par la salle des petits-déjeuners, repeinte dans des tons chatoyants et agrémentée d'un piano du 19e s. et d'un cheval de manège en bois. Les chambres, parfois lambrissées, sont plus simples. Quant aux deux appartements, ils ont pour qualité principale leur ampleur. Accueil charmant.

Accès : au village

LE HOHWALD - 67140

16 LA PETITE AUBERGE

M. Hubrecht

6 rue Principale
67140 Le Hohwald
Tel. 03 88 08 33 05
Fax 03 88 08 34 62
hrpetiteauberge@aol.com
www.lapetiteauberge-hohwald.com

Fermé du 1er au 5 février, le mardi soir et mercredi • 7 chambres dotées de salles de bains WC et télévision • 58 € pour 2 personnes ; petit-déjeuner 7 € ; possibilité de demi-pension • Salle non-fumeurs ; menus de 14,50 à 25,50 € • Terrasse, parking

On a aimé

L'espace disponible dans les chambres-duplex.

Une longue bâtisse à la façade boisée flambant neuve abrite la partie hôtelière de La Petite Auberge. Les chambres s'avèrent fort plaisantes : spacieux volume de 36 m², terrasse privative, sobre décor, meubles en bois clair, sanitaires fonctionnels et espace nuit aménagé en duplex sous une charpente apparente. Les repas sont servis dans une maison à l'architecture plus traditionnelle : carte classique au restaurant et plats régionaux au Caveau Le Relais.

Accès : au cœur du village

NATZWILLER - 67130

17 AUBERGE METZGER

M. Metzger

55 rue Principale
67130 Natzwiller
Tel. 03 88 97 02 42
Fax 03 88 97 93 59
auberge.metzger@wanadoo.fr
www.hotel-aubergemetzger.com

Fermé dimanche soir et lundi, du 3 au 24 janvier, du 21 juin au 4 juillet • 16 chambres disposant de salles de bains WC ou douches WC, toutes avec télévision • 59 à 73 € pour 2 personnes ; petit-déjeuner 9 € ; possibilité de demi-pension • Menus 13 (en semaine) à 53 € • Jardin

On a aimé **Le ravissant petit jardin verdoyant et fleuri.**

Un petit village paisible et la campagne alsacienne alentour : l'environnement de cette coquette auberge rime avec calme et nature. Les chambres, personnalisées, sont aménagées avec goût : meubles de style et contemporains y côtoient une décoration actuelle soignée, relevée de quelques toiles réalisées par les artistes de la famille. Dans la chaleureuse salle à manger ou sur la jolie terrasse ombragée, vous dégusterez une appétissante cuisine régionale... copieusement servie qui plus est !

Accès : dans la partie haute du village

NIEDERSTEINBACH - 67510

18 AU CHEVAL BLANC

M. Zinck

11 rue Principale
67510 Niedersteinbach
Tel. 03 88 09 55 31
Fax 03 88 09 50 24
contact@hotel-cheval-blanc.fr
www.hotel-cheval-blanc.fr

Fermé du 24 janvier au 3 mars ; 15 jours fin juin et 15 jours début décembre • 25 chambres, dont 3 appartements, avec salles de bains WC ou douches WC et télévision • 49 à 68 € ; petit-déjeuner 8 € ; possibilité de demi-pension • Menus de 18 (en semaine) à 52 € • Terrasse, jardin. Chiens non admis au restaurant • Piscine de plein air, tennis, jeux pour les enfants

On a aimé **L'accueil charmant des propriétaires.**

Imposante auberge traditionnelle au pays des forteresses moyenâgeuses du Saint Empire romain germanique. La plupart des chambres (évitez celles côté route), un brin désuètes mais confortables et très bien tenues, ouvrent leurs fenêtres sur un paysage vallonné et boisé. Vous dégusterez une généreuse cuisine régionale dans de chaleureuses salles à manger à l'esprit « stube ». Salon de lecture agrémenté de colombages. Petit secret : Helmut Kohl est, paraît-il, un fidèle client.

Accès : à 8 km au Nord-Ouest de Lembach par la D 3, direction Bitche

OBERNAI - 67210

19 COLOMBIER

M. Baly

6/8 rue Dietrich
67210 Obernai
Tel. 03 88 47 63 33
Fax 03 88 47 63 39
info@hotel.colombier.com
www.hotel.colombier.com

Ouvert toute l'année • 44 chambres climatisées avec salles de bains WC et télévision, 2 sont accessibles aux handicapés physiques • 72 à 98 € pour 2 personnes ; petit-déjeuner 9 € • Pas de restaurant • garage

On a aimé **Laisser sa voiture au garage de l'hôtel et découvrir à pied tous les charmes d'Obernai.**

Le Colombier ou le judicieux mariage d'une architecture régionale avec un cadre résolument contemporain. La façade fleurie et parfaitement intégrée à la charmante cité alsacienne dissimule en effet un intérieur surprenant où se côtoient mobilier design, luminaires modernes, structures métalliques, colombages et poutres apparentes. Les chambres sont souvent spacieuses et certaines bénéficient d'un balcon ouvert sur la rue.

Accès : au cœur du village

OBERNAI - 67210

20 LES JARDINS D'ADALRIC

Mme Bossert

19 rue du Maréchal-Koening
67210 Obernai
Tel. 03 88 47 64 47
Fax 03 88 49 91 80
jardins.adalric@wanadoo.fr
www.jardins-adalric.com

ouvert toute l'année sauf le dimanche soir de janvier à avril • 46 chambres dont 6 non-fumeurs et 2 accessibles aux handicapés physiques, toutes dotées de salles de bains WC ou douches WC et télévision • 59 à 82 € pour 2 personnes ; petit-déjeuner 10 € • Pas de restaurant • Parc, parking fermé • Piscine

On a aimé **À la belle saison, paresser près de la piscine, face au jardin bordé par un ruisseau.**

Cette grande construction qui date de 1991 est située dans un quartier résidentiel plutôt calme. L'intérieur ne manque pas de charme, d'autant que des rénovations récentes ont permis d'améliorer la décoration : salon-bar « cosy », coquette salle des petits-déjeuners égayée de murs jaunes et chambres chaleureuses parfois tournées vers le jardin et sa piscine. Celles du dernier étage laissent apparaître la charpente, leur donnant ainsi une petite touche romantique.

Accès : à l'Est d'Obernai, par la D 426 direction Strasbourg, 1re à droite puis à gauche avant la rivière l'Ehn

OTTROTT-LE-HAUT - 67530

21 À L'AMI FRITZ

M. Fritz

8 rue des Châteaux
67530 Ottrott-le-Haut
Tel. 03 88 95 80 81
Fax 03 88 95 84 85
ami-fritz@wanadoo.fr
www.amifritz.com

Fermeture du 18 jan. au 4 fév. et une semaine pendant les vacances carnaval • 22 chambres dont 11 climatisées, toutes dotées de salles de bains WC ou douches WC et télévision • 67 à 97 € pour 2 personnes ; petit-déjeuner 11 € ; possibilité de demi-pension • Fermé le mercredi ; menus de 21 à 59 € • Terrasse, parc, parking fermé, garage

On a aimé **Déguster le vin rouge d'Ottrot avec de bons petits plats mitonnés par le patron.**

L'enseigne est un clin d'oeil au roman d'Erckmann-Chatrian, mais reprend aussi le nom des propriétaires de cette pimpante maison alsacienne située sur les hauteurs du village. Décor personnalisé, confort douillet, tenue irréprochable et calme caractérisent la partie hôtel. La goûteuse cuisine régionale du chef est servie dans une coquette salle à manger ou dans la pittoresque winstub. À 500 m, en pleine nature, l'annexe (Le Chant des Oiseaux) propose des petites chambres meublées simplement.

Accès : 4 km à l'ouest d'Obernai par la D 426

PFETTISHEIM - 67370

22 LA MAISON DU CHARRON

Mme Gass

15 rue Principale
67370 Pfettisheim
Tel. 03 88 69 60 35
Fax 03 88 69 85 45
mdc67@free.fr
www.maisonducharron.com

Ouvert toute l'année • 5 chambres personnalisées dont 2 en duplex et 2 gîtes • 43 à 51 € pour 2 personnes, petit-déjeuner compris • Pas de table d'hôte • Jardin. Cartes de crédit non acceptées, chiens non admis

On a aimé **La décoration personnalisée des chambres.**

Les propriétaires n'ont pas hésité à mettre la main à la pâte lors de la rénovation de ces deux maisons de 1858. Lui, maître artisan menuisier, s'est attelé à la personnalisation des chambres dédiées chacune à une essence particulière : bouleau, érable, mélèze... Elle, fine couturière, décore la maison de ses patchworks. Le petit jardin est fort agréable à la belle saison, et les enfants sont toujours heureux d'aller rendre visite aux chevaux.

Accès : à 13 km au Nord-Ouest de Strasbourg par la D 31

REICHSTETT - 67116

23 AIGLE D'OR

Mme Jung

5 rue de la Wantzenau
67116 Reichstett
Tel. 03 88 20 07 87
Fax 03 88 81 83 75
info@aigledor.com
www.aigledor.com

Fermé le 1er et 2 janvier, du 5 au 21 août et du 25 au 31 décembre • 17 chambres équipées de salles de bains WC ou douches WC et télévision • 62 à 99 € ; petit-déjeuner 9 € • Pas de restaurant • Parking • À proximité : promenades sur les berges du canal de la Marne au Rhin

On a aimé **Le raffinement du décor de ce petit hôtel familial.**

Une belle façade blanche à colombages, située à proximité de l'église de cette pittoresque bourgade jouxtant Strasbourg, signale l'hôtel de l'Aigle d'Or. Des vitraux originaux inondent de lumière le vestibule, tandis que la salle des petits-déjeuners, aménagée au sous-sol, s'avère bien coquette. Aux étages, meubles en fer forgé ou de style Louis XVI, boiseries et tissus chaleureux compensent très agréablement la petite taille des chambres.

Accès : à 7 km au Nord de Strasbourg par D 468 et D 37 ou par l'A4 puis la D 63

SAULXURES - 67420

24 LA BELLE VUE

Mme Boulanger

36 rue Principale
67420 Saulxures
Tel. 03 88 97 60 23
Fax 03 88 47 23 71
labellevue@wanadoo.fr
www.la-belle-vue.com

Fermé du 17 février au 2 mars, du 27 juin au 7 juillet et du 25 octobre au 9 novembre • 11 chambres dont 7 duplex, toutes sont dotées de douches WC et télévision • 76 à 110 € ; petit-déjeuner 10,50 € ; possibilité de demi-pension • Restaurant fermé mardi et mercredi ; salle non-fumeurs ; menus de 19 à 50 € • Terrasse, parking • Tennis

On a aimé **Le ravissant décor intérieur, savant mélange d'ancien et de contemporain.**

L'auberge villageoise fondée au 19e s. et tenue par la même famille depuis cinq générations profite d'une remarquable évolution. L'hébergement dispose en effet aujourd'hui d'équipements modernes, de belles surfaces et d'un joli décor personnalisé par des boiseries colorées, tableaux originaux et rideaux aux tons chauds ; les duplex bénéficient d'un espace salon. Jolies charpentes et fresques contemporaines composent le cadre du restaurant (non-fumeurs) où l'on sert une cuisine inventive.

Accès : dans le village

SAVERNE - 67700

25 LE CLOS DE LA GARENNE

Mme Schmitt

88 route du Haut-Barr
67700 Saverne
Tel. 03 88 71 20 41
Fax 03 88 02 08 86
clos.garenne@wanadoo.fr
www.closdelagarenne.fr.st

Ouvert toute l'année • 14 chambres avec bains WC ou douches WC et télévision • 46 à 84 € pour 2 personnes ; petit-déjeuner 8 € ; possibilité de demi-pension • Menus de 14 à 60 € • Parking, parc

On a aimé **Le joli parc arboré et fleuri.**

Cette maison familiale du début du 20e s. se situe au calme, à la lisière d'une forêt de sapins. Vous aimerez vous retirer dans ses chambres-cocons personnalisées et soignées, garnies de meubles rustiques ou de style. Chaleureuse salle à manger « tout bois » décorée dans l'esprit d'une vieille auberge d'alpage. La terrasse domine un parc aménagé à flanc de colline.

Accès : place des Dragons, prendre la route du château du Haut-Barr

SAVERNE - 67700

26 EUROPE

M. Kuhry

7 rue de la Gare
67700 Saverne
Tel. 03 88 71 12 07
Fax 03 88 71 11 43
info@hotel-europe-fr.com
www.hotel-europe-fr.com

Fermé du 18 au 31 décembre inclus • 28 chambres dont 20 avec douches WC, 8 avec salles de bains WC, toutes avec télévision • 61 à 120 € pour 2 personnes ; petit-déjeuner 9 € • Pas de restaurant • Garage, parking public à proximité • Visite du château des Rohan tout proche

On a aimé **Le décor personnalisé des chambres.**

Près du château bordé par le canal de la Marne au Rhin, affaire familiale ayant récemment bénéficié d'une rénovation partielle. À l'image de la diversité offerte par l'Europe, qui prête son nom à l'établissement, les chambres, assez amples, adoptent chacune un style différent : du nordique au français, en passant par l'anglais et le contemporain. Charmant salon aux murs égayés de fresques et salle des petits-déjeuners d'esprit « Jugendstil ». Garage privé et parking public juste en face.

Accès : proche de la gare

STRASBOURG - 67000

27 DIANA-DAUPHINE

M. Baly

30 rue de la 1er Armée
67000 Strasbourg
Tel. 03 88 36 26 61
Fax 03 88 35 50 07
info@hotel-diana-dauphine.com
www.hotel-diana-dauphine.com

Fermé du 24 décembre au 2 janvier • 45 chambres dont 41 avec salles de bains et 4 avec douches WC, toutes avec télévision • 94 € (78 € basse saison) pour 2 personnes ; petit-déjeuner à 9 € • Pas de restaurant à l'hôtel • Garage

On a aimé **Le confort des chambres et des pièces à vivre.**

Non loin de la place de l'Étoile, immeuble hôtelier où vous serez hébergé dans de fringantes chambres au mobilier plus ou moins inspiré des styles Louis XV et Louis XVI. Un spacieux hall-salon résolument contemporain, que surplombe une avenante salle des petits-déjeuners, dessert la réception. Isolation phonique très convenable dans l'ensemble, boulevard passant et proximité d'une ligne de tramway obligent. Pratique garage privé.

Accès : proche du centre-ville, vers la place du Maréchal de Lattre-de-Tassigny

VILLÉ - 67220

28 LA BONNE FRANQUETTE

M. Schreiber

6 place du Marché
67220 Villé
Tel. 03 88 57 14 25
Fax 03 88 57 08 15
bonne-franquette@wanadoo.fr

Fermé du 15 février au 8 mars ; du 28 juin au 5 juillet et du 25 octobre au 8 novembre • 10 chambres dont 2 réservées aux non-fumeurs, toutes avec salles de bains WC ou douches WC et télévision • 48 à 53 € pour 2 personnes ; petit-déjeuner 7 € ; possibilité de demi-pension • Restaurant fermé samedi midi, dimanche soir et lundi ; menus 8 à 52 €

On a aimé **La proximité du Parc naturel régional des Ballons des Vosges.**

La façade blanche, enfouie sous les fleurs en saison, invite à pousser la porte de cette avenante auberge à l'enseigne éloquente... Vous ne serez pas déçus par la gentillesse et la convivialité de l'accueil que réserve un patron soucieux du bien-être de ses hôtes. Les chambres, certes sans prétention, sont pratiques et impeccablement tenues. Le restaurant, assidûment fréquenté par une clientèle locale, dispose de deux salles (dont une en sous-sol) et propose une cuisine traditionnelle.

Accès : au centre ville

WISSEMBOURG - 67160

29 HOSTELLERIE DU CYGNE

M. et Mme Kientz

3 rue du Sel
67160 Wissembourg
Tel. 03 88 94 00 16
Fax 03 88 54 38 28
hostellerie-cygne@wanadoo.fr

Fermé du 18 février au 4 mars, du 30 juin au 15 juillet, du 10 au 25 novembre et mercredi • 16 chambres réparties dans 2 maisons contiguës, toutes disposent de salles de bains WC ou douches WC et télévision • 49 à 70 € pour 2 personnes ; petit-déjeuner 7 € ; possibilité de demi-pension • Restaurant fermé jeudi midi et dimanche soir ; menus de 25 (en semaine) à 60 € • Terrasse. Chiens non admis dans les chambres

On a aimé **La maison du Sel (1448) et son étonnante toiture.**

Les deux bâtisses constituant l'hostellerie ne dénotent pas dans cette petite ville qui compte plus de 70 maisons construites avant 1700 : l'une date de la fin du 14e s., l'autre de 1535. Les chambres, un peu anciennes mais confortables, conviennent pour l'étape. Les deux salles de restaurant sont éclairées par des vitraux ; la plus cossue a été récemment dotée d'un joli plafond marqueté. La terrasse est dressée dans la cour, au pied d'une belle façade à pans de bois.

Accès : au centre-ville, à côté de la mairie

WISSEMBOURG - 67160

30 AU MOULIN DE LA WALK

M. Schmidt

2 rue de la Walk
67160 Wissembourg
Tel. 03 88 94 06 44
Fax 03 88 54 38 03
info@moulin-walk.com
www.moulin-walk.com

Fermé du 3 au 24 janvier et du 13 au 30 juin • 25 chambres dont 1 accessible aux handicapés physiques, équipées de salles de bains WC ou douches WC et télévision • 47 à 60 € ; petit-déjeuner 7 € ; possibilité de demi-pension • Menus de 29 à 39 € • Terrasse, jardin, parking. Chiens non admis dans les chambres

On a aimé **Le kougelhof à l'heure du petit-déjeuner !**

À la périphérie de la ville, sur les bords de la Lauter, trois bâtiments greffés sur les vestiges d'un ancien moulin dont la roue, bien préservée, fonctionne toujours. La plupart des chambres disposent d'aménagements fonctionnels récents et de salles de bains neuves. Chaleureuse salle à manger agrémentée de boiseries et agréable terrasse fleurie où l'on sert une cuisine classique.

Accès : à l'écart du centre-ville, sur les rives de la Lauter

AMMERSCHWIHR - 68770

31 AUX ARMES DE FRANCE

M. Gaertner

1 Grand' Rue
68770 Ammerschwihr
Tel. 03 89 47 10 12
Fax 03 89 47 38 12
aux.armes.de.france@wanadoo.fr
www.aux-armes-de-france.com

Fermé mercredi et jeudi • 10 chambres avec bains WC et télévision • 65 à 80 € pour 2 personnes ; petit-déjeuner 12 € • Menus 18 à 93 € • Jardin, parking fermé • Situé au cœur du vignoble alsacien. Possibilité de golf à 1 km

On a aimé **Le chaleureux cadre alsacien.**

Nombre de chefs réputés ont fait leurs « armes » dans cette belle maison reconstruite après les deux bombardements de la Seconde Guerre mondiale. Sa longue tradition culinaire remonte aux années 1930, époque à laquelle la grand-mère de l'actuel chef officiait aux fourneaux. Chambres spacieuses et salle à manger bourgeoise où l'on se régale, sous le regard bienveillant des ancêtres portraiturés, d'une délicieuse cuisine au goût du jour. Ah, la bonne étape que voici !

Accès : à l'entrée du centre-ville

AMMERSCHWIHR - 68770

32 MAISON THOMAS

Famille Thomas

41 Grand'Rue
68770 Ammerschwihr
Tel. 03 89 78 23 90
Fax 03 89 47 18 90
thomas.guy@free.fr
www.maisonthomas.com

Ouvert toute l'année • 4 chambres équipées d'un coin cuisine • 43 à 46 € pour 2 personnes, petit-déjeuner compris • Pas de table d'hôte • Jardin, parking. Cartes de crédit non acceptées • Sauna

On a aimé **Les chambres très bien équipées.**

Cette ancienne maison de vigneron à la façade bleu turquoise se trouve dans la partie la plus pittoresque du village. Ses chambres, spacieuses et fonctionnelles, portent chacune un prénom ; toutes sont équipées d'un coin cuisine. Le jardin est fort bien aménagé : ombre pour la sieste, tonnelle, barbecue, balançoire, ping-pong, jeu de boules et en sus, vue sur les vignes. À votre disposition également : un sauna et un appareil de musculation.

Accès : dans le village

BERGHEIM - 68750

33 CHEZ NORBERT

M. Moeller

9 Grand'Rue
68750 Bergheim
Tel. 03 89 73 31 15
Fax 03 89 73 60 65
labacchante@wanadoo.fr

Fermé du 4 au 9 janvier, du 20 février au 19 mars et du 1er au 8 juillet • 12 chambres et 1 suite climatisées, disposant pour la plupart de salles de bains WC, toutes avec télévision • 69 € pour 2 personnes ; petit-déjeuner 10 € ; possibilité de demi-pension • Restaurant climatisé, fermé mercredi midi, jeudi et vendredi midi ; menus 26 (en semaine) à 48 € • Terrasse, cour fleurie, parking fermé

On a aimé **Les confitures et cakes maison à l'heure du petit-déjeuner !**

Cet ensemble de fermettes viticoles réparties autour d'une cour possède un cachet certain : les couleurs vives des jolies façades à pans de bois (14e s.) rivalisent de gaieté avec les autres maisons de ce bourg de la route des Vins d'Alsace. Les chambres, actuelles et pratiques, sont parfois logées sous les combles ; évitez celles côté rue, plus bruyantes. Plats du terroir servis dans un restaurant typiquement régional ou en terrasse, dans la cour abondamment fleurie de géraniums en saison.

Accès : au centre du village, dans la rue principale

COLMAR - 68000

34 TURENNE

Mme Helmlinger

10 route de Bâle
68000 Colmar
Tel. 03 89 21 58 58
Fax 03 89 41 27 64
helmlinger@turenne.com
www.turenne.com

Ouvert toute l'année • 85 chambres dont 42 pour non-fumeurs, toutes avec bains WC ou douches WC, climatisation et télévision • 59 à 68 € pour 2 personnes ; petit-déjeuner 8 € • Pas de restaurant • Garage

On a aimé **La proximité de la vieille ville.**

Situation avantageuse à deux pas du pittoresque quartier de la Petite Venise pour cette grande maison reconnaissable à sa façade rose et jaune. Spacieuses chambres doubles rajeunies et quelquefois garnies d'un mobilier régional. Des singles, plus petites mais tout aussi bien tenues et insonorisées, sont également disponibles. On sert les petits-déjeuners dans une salle typiquement alsacienne. Salon et bar habillés de boiseries, providentiel garage privé et prévenant accueil familial.

Accès : en venant de la gare, prendre directon autoroute A 35, puis à gauche à la station Elf

ILLHAEUSERN - 68970

35 LES HIRONDELLES

M. et Mme Muller

33 rue du 25-Janvier
68970 Illhaeusern
Tel. 03 89 71 83 76
Fax 03 89 71 86 40
hotelleshirondelles@wanadoo.fr
www.hotelleshirondelles.com

Fermé du 30 janvier au 4 mars et du 23 mai au 6 juillet • 19 chambres sur cour ou sur les jardins potagers, la plupart avec douches WC, toutes avec télévision • 68 à 72 € pour 2 personnes, petit-déjeuner compris • Pas de restaurant • Jardin, parking fermé. • Piscine de plein air

On a aimé **Les Hirondelles... qui font le printemps en toute saison !**

Mobilier rustique peint et poutres apparentes : les chambres, quoique sobrement décorées, sont accueillantes et donnent sur la cour intérieure fleurie ou, à l'arrière, sur un ensemble « croquignolet » de jardins potagers. La piscine, récemment créée et dotée d'un solarium en teck, et la climatisation de la partie hébergement rendent l'hôtel très agréable lors des chaudes journées d'été. Boiseries polychromes et bibelots du Ried alsacien égayent discrètement la salle de restaurant.

Accès : au centre du village

KATZENTHAL - 68230

36 À L'AGNEAU

M. et Mme Mann-Meyer

16 Grand'Rue
68230 Katzenthal
Tel. 03 89 80 90 25
Fax 03 89 27 59 58
hotel-restaurant.agneau@wanadoo.fr
www.hotelrestaurantagneau.fr

Fermé 10 janv. au 10 fév., 29 juin au 7 juil., 15 au 24 nov., 24 au 26 déc., mer. et jeu. midi de juil. à déb. oct. • 12 chambres et 1 appartement (2 à 6 personnes) dont 2 en annexe, avec douches WC et télévision • 43 à 55 € ; petit-déjeuner 9 € ; possibilité de demi-pension • Menus de 16 € (en semaine) à 43 € • Parking fermé • Dégustation de vins

On a aimé **La visite de l'exploitation viticole familiale.**

Vous ne pourrez pas louper la pimpante façade jaune aux volets bleus de cette maison nichée au cœur d'un bourg viticole. Les chambres, un brin monacales, sont rigoureusement entretenues et certaines jouissent d'une vue sur le vignoble ; deux d'entre elles, aménagées dans l'annexe, sont plus spacieuses et actuelles. Le restaurant offre un cadre typiquement alsacien ; on y déguste les vins de la propriété (exploitation attenante). Accueil aimable du jeune couple de propriétaires.

Accès : au centre du village

KAYSERSBERG - 68240

37 L'ARBRE VERT

Famille Kieny-Wittner

1 rue Haute du Rempart
68240 Kaysersberg
Tel. 03 89 47 11 51
Fax 03 89 78 13 40
arbrevertbellepromenade@wanadoo.fr
http://perso.wanadoo.fr/arbrevertbelle promenade

Fermé du 1er au 31 janvier • 20 chambres (14 à l'annexe Belle Promenade) dotées de salles de bains WC ou douches WC et télévision • 59 à 72 € pour 2 personnes (57 à 62 € basse saison) ; petit-déjeuner 7,20 € ; possibilité de demi-pension • Fermé le lundi ; salle non-fumeurs ; menus de 23 à 42 €

On a aimé **Découvrir à pied la ravissante petite cité alsacienne riche en curiosités.**

La maison natale du docteur Schweitzer, le plus célèbre Kaysersbergeois, jouxte cette hostellerie composée de deux maisons alsaciennes situées de part et d'autre d'une place verdoyante. La principale abrite des chambres sagement rustiques et un restaurant réputé pour la qualité de sa cuisine classique inspirée par le terroir. L'autre, nommée La Belle Promenade, propose un hébergement plus spacieux et agréable où l'on remarquera notamment les meubles joliment peints par la maîtresse de maison.

Accès : à 6 km à l'Ouest de Colmar, au centre du village

KIENTZHEIM - 68240

38 HOSTELLERIE SCHWENDI

M. et Mme Schillé

2 place Schwendi
68240 Kientzheim
Tel. 03 89 47 30 50
Fax 03 89 49 04 49
hotel-schwendi@wanadoo.fr
www.hotel-schwendi.com

Ouvert toute l'année (sur réservation du 24 décembre au 15 mars) • 17 chambres toutes équipées de salles de bains WC et télévision, 9 avec climatisation • 65 à 78 € pour 2 personnes ; petit-déjeuner 8 € ; possibilité de demi-pension • Restaurant fermé mercredi et jeudi midi et du 24 décembre au 15 mars ; menus de 22 à 52 € • Terrasse, parking fermé

On a aimé **L'accueil charmant des propriétaires, hôteliers et viticulteurs.**

Un vieux puits, autour duquel on dresse la terrasse en été, occupe le centre de la placette pavée précédant la gracieuse façade jaune pâle de cette hostellerie du 17e s. Vous logerez dans des chambres rénovées ayant conservé leurs poutres d'origine. Chaises Louis XIII et murs de pierres apparentes : la salle à manger offre l'intimité d'un cadre mi-rustique, mi-bourgeois. Le repas, régional, sera plaisamment arrosé par les vins de la propriété.

Accès : à 3 km à l'Est de Kaysersberg par la D 28

LAPOUTROIE - 68650

39 LES ALISIERS

M. et Mme Degouy

Lieu-dit Faudé
68650 Lapoutroie
Tel. 03 89 47 52 82
Fax 03 89 47 22 38
jacques.degouy@wanadoo.fr
www.alisiers.com

Fermé du 6 janvier au 5 février ; du 25 juin au 1er juillet (sauf hôtel) ; du 21 au 25 décembre ; lundi, mardi et mercredi midi • 18 chambres dont 5 reservées aux non-fumeurs, toutes sont dotées de salles de bains WC ou douches WC • 50 à 122 € pour 2 personnes ; petit-déjeuner 9 € ; possibilité de demi-pension • Restaurant exclusivement non-fumeurs ; menus de 15 à 46 € • Terrasse, jardin, parking

On a aimé

La gentillesse des propriétaires et du personnel.

Chambres campagnardes ou plus contemporaines (à choisir sur le site Internet de l'hôtel) et restaurant-véranda : toutes les fenêtres de cette ferme du pays welche née en 1819 et de son annexe récente profitent de la vue paisible et gracieuse sur la verdoyante vallée de la Béhine. La cuisine, régionale et généreuse, utilise les produits du terroir ; la salle à manger est « non-fumeur ». Agréable jardin surplombant le village de Lapoutroie.

Accès : sur les hauteurs du village, à 3 km au Sud-Ouest par une route secondaire

LAPOUTROIE - 68650

40 DU FAUDÉ

M. et Mme Baldinger

28 rue du Général-Dufieux
68650 Lapoutroie
Tel. 03 89 47 50 35
Fax 03 89 47 24 82
info@faude.com
www.faude.com

Fermé du 27 fév. au 16 mar. et du 4 au 29 nov. • 31 chambres dont 2 suites, avec salles de bains WC ou douches WC, toutes avec télévision • 60 à 90 € ; petit-déjeuner à 13 € ; possibilité de demi-pension • Menus 15 à 65 €, menu enfant à 10 €. Restaurant fermé le mar. et merc. • Jardin, terrasse, parking clos • Piscine couverte, fitness, hammam, jacuzzi, séjours de ski

On a aimé

Le bucolique jardin traversé par une rivière.

La famille Baldinger dirige cette hostellerie traditionnelle depuis plus de 40 ans : autant vous dire qu'avec le client, elle sait s'y prendre ! Les chambres, spacieuses et confortables, bénéficient d'une bonne insonorisation. Pour vous restaurer, vous aurez le choix entre le Faudé Gourmet qui propose une cuisine classique dans une atmosphère feutrée et le Grenier Welche pour déguster des plats du terroir servis en costume traditionnel. Belle piscine couverte dotée d'un fitness.

Accès : au centre, dans la traversée du village

LOGELHEIM - 68280

41 À LA VIGNE
M. Bauer

5 Grande-Rue
68280 Logelheim
Tel. 03 89 20 99 60
Fax 03 89 20 99 69
restaurant.alavigne@calixo.net
www.reperes.com/la-vigne

Fermé du 23 juin au 10 juillet et du 23 décembre au 8 janvier • 9 chambres pourvues de salles de bains WC ou douches WC et de télévision • 50 à 68 € pour 2 personnes ; petit-déjeuner 6 € ; possibilité de demi-pension • Restaurant fermé samedi midi, dimanche et lundi soir ; menus de 20 (en semaine) à 27 € • Quelques places de parking. Chiens non admis dans les chambres

On a aimé **La simplicité et l'atmosphère accueillante de cette étape.**

Une avenante maison de village à la coquette façade rouge brique et un intérieur entièrement rénové : cet hôtel tranquille constitue une bonne petite étape à 10 mn à peine de Colmar. Les chambres sont sobres, actuelles et très propres. Le bois préside au décor de la salle à manger familiale où sont servis les repas classiques, tandis que les célèbres tartes flambées se dégustent côté bar, près du traditionnel poêle en faïence.

Accès : au Sud-Est de Colmar, par la D 13 puis la D 45

LUTTER - 68480

42 AUBERGE ET HOSTELLERIE PAYSANNE
Mme Guérinol

1 rue de Wolschwiller
68480 Lutter
Tel. 03 89 40 71 67
Fax 03 89 07 33 38
aubergepaysanne2@wanadoo.fr
www.auberge-hostellerie-paysanne.com

Fermé 3 semaines en février, 2 semaines début juillet • 16 chambres à l'Auberge et 9 à l'annexe située à 200 m, toutes sont équipées de salles de bains WC ou douches WC et télévision • 48 à 68 € ; petit-déjeuner 7 € ; possibilité de demi-pension • Restaurant fermé mardi midi hors saison et lundi ; menus de 9 (en semaine) à 38 € • Terrasse, jardin, parking

On a aimé **Les paysages verdoyants du Sundgau, le « Jura alsacien ».**

Cet établissement proche de la frontière suisse dispose de chambres actuelles, mais vous préférerez sans doute celles de « l'annexe » distante de 150 m : il s'agit d'une ferme de 1618 typique du Sundgau, démontée et remontée ici même pièce par pièce ; son jardin fleuri borde une prairie et ses chambres, plus ou moins coquettes, s'agrémentent parfois de poutres apparentes. Accueil et repas (plats régionaux et gibier en saison) se font à l'auberge.

Accès : quitter Ferrette au Sud-Est par la D 23 ; à Sondersdorf, prendre la D 21B, puis à Raedersdorf de nouveau la D 23

MITTELWIHR - 68630

43 DOMAINE DU BOUXHOF

M. et Mme Edel

Rue du Bouxhof
68630 Mittelwihr
Tel. 03 89 47 93 67
Fax 03 89 47 84 82

Fermé en janvier • 3 chambres dotées de télévision et de réfrigérateur • 50 € pour 2 personnes, petit-déjeuner compris • Pas de table d'hôte • Jardin, parking. Cartes de crédit non acceptées, chiens non admis

On a aimé

Le charme d'un séjour chez des viticulteurs.

Ce castel du 17e s. flanqué de tours carrées se dresse au milieu d'un domaine viticole. Il propose deux types d'hébergement : des chambres modernes impeccables ou de spacieux gîtes très bien équipés, à choisir de préférence avec balcon pour profiter de la vue sur les vignes. La salle des petits-déjeuners installée dans une chapelle du 15e s. est superbe. Le must : la visite de la cave et de ses foudres de chêne où est vinifiée la récolte de la propriété, conclue par... une dégustation !

Accès : sur les hauteurs du village, dans le domaine viticole

MOERNACH - 68480

44 AUX DEUX CLEFS

Mme Enderlin

218 rue Hennin Blenner
68480 Moernach
Tel. 03 89 40 80 56
Fax 03 89 08 10 47
auxdeuxclefs@wanadoo.fr

Fermé pendant les vacances de la Toussaint et de février, de fin juillet à début août • 7 chambres dotées de douches WC et télévision • 41 à 47 € (40 € basse saison) ; petit-déjeuner 6 € ; possibilité de demi-pension • Restaurant fermé mercredi et jeudi ; menus de 22 € (semaine) à 46 € Menu du jour à 9,50 € • Jardin, parking, garage

On a aimé

Le farniente estival dans le joli jardin arboré.

Cette belle et massive maison à colombages, typique du Sundgau avec son pignon coiffé d'une demi-croupe, est repérable à sa jolie enseigne en fer forgé entrecroisant deux clefs. Chaleureuse salle de restaurant habillée de boiseries et joliment égayée d'une exposition de tableaux, où l'on déguste la spécialité régionale : la carpe frite. Les chambres sont logées dans une aile datant des années 1960 ; confortables et accueillantes, elles bénéficient d'une rénovation progressive.

Accès : à Vieux-Ferrette, quitter la 432 pour la D 473 qui traverse Koestlach puis Moernach

OLTINGUE - 68480

45 MOULIN DE HUTTINGUE

M. Thomas Antoine

68480 Oltingue
Tel. 03 89 40 72 91
Fax 03 89 07 31 01

Fermé en janvier et février • 4 chambres • 54 à 74 € pour 2 personnes, petit-déjeuner compris • Parking, jardin, terrasse. Cartes de crédit non acceptées, chiens non admis

On a aimé **Certains éléments du décor qui rappellent l'ancienneté du lieu.**

La frontière franco-suisse se trouve à deux pas de ce moulin à blé du 17e s. bordé par l'Ill qui, à cet endroit, n'est encore qu'un ruisseau. Les chambres, installées à l'étage, sont dans l'ensemble assez simples. Le loft aménagé sous la charpente est superbe et possède un bien utile coin cuisine. Les petits-déjeuners sont servis dans une salle à manger dotée de magnifiques piliers en bois ou, dès que le temps s'y prête, sur la terrasse.

Accès : à 1,5 km au Sud d'Oltingue par la D 21e

ORBEY - 68370

46 FERME DU BUSSET

Mme Batôt

33 rue du Busset
68370 Orbey
Tel. 03 89 71 22 17
Fax 03 89 71 22 17
fabienne.batot@wanadoo.fr
www.fermedubusset.com

Fermé 23 au 26 et 29 au 31 décembre • 6 chambres • 46 € pour 2 personnes, petit-déjeuner compris • Pas de table d'hôte • Jardin, parking. Cartes de crédit non acceptées, chiens non admis

On a aimé **Le joli panorama sur le val d'Orbey.**

Une route pentue mène à cette ferme d'élevage (volailles et moutons) nichée sur un plateau verdoyant à 600 m d'altitude. Diverses formules d'hébergement sont proposées : gîte d'étape, gîte rural ou chambres d'hôte. Ces dernières, lambrissées, ne sont pas très grandes, mais bien tenues et très calmes. Avant de repartir, vous pourrez faire provision de fromages, charcuteries et confitures maison.

Accès : à 1 km à l'Est d'Orbey par une route secondaire

47 L'ORIEL

Mme Wendel

3 rue des Écuries-Seigneuriales
68340 Riquewihr
Tel. 03 89 49 03 13
Fax 03 89 47 92 87
info@hotel-oriel.com
www.hotel-oriel.com

Ouvert toute l'année • 22 chambres dont 3 duplex avec douches WC ou salles de bains WC et toutes avec télévision • 65 à 98 € pour 2 personnes ; petit-déjeuner 10 € • Pas de restaurant • Terrasse ombragée

On a aimé **Le petit-déjeuner servi l'été dans la cour intérieure.**

La façade de cette maison du 16e s. est agrémentée d'un bel oriel à double étage et d'une amusante enseigne en fer forgé. Un charmant dédale de couloirs et escaliers témoignant de l'ancienneté des murs dessert les chambres. Celles-ci, fort bien tenues, offrent le choix entre un décor rustique et des aménagements plus actuels (quelques-unes, prisées des familles, bénéficient d'une mezzanine) ; celles de l'annexe récente sont cossues et plaisantes.

Accès : depuis l'hôtel de ville, s'engager dans la rue du Général-de-Gaulle puis 1ère rue à droite

48 LE SARMENT D'OR

M. et Mme Merckling

4 rue du Cerf
68340 Riquewihr
Tel. 03 89 86 02 86
Fax 03 89 47 99 23
info@riquewihr-sarment-dor.com
www.riquewihr-sarment-dor.com

Fermé du 3 janvier au 2 février et du 27 juin au 5 juillet • 9 chambres dont 2 duplex, en majorité dotées de salles de bains WC et télévision • 60 à 80 € pour 2 personnes ; petit-déjeuner 8 € • Restaurant fermé dimanche soir, lundi et mardi midi ; menus de 20 à 55 € • Chiens non admis dans les chambres

On a aimé **L'accueil prévenant des propriétaires.**

Le Sarment d'Or a pris racine dans une rue calme bordée de belles demeures du 16e s. Les petites chambres sont bourgeoises et douillettes. Les élégantes salles à manger, à l'ambiance intime, recèlent toute la chaleur des décors alsaciens typiques avec leurs boiseries blondes et leurs poutres sombres éclairées par les flamboiements d'une cheminée où crépite un bon feu.

Accès : de la place de l'hôtel de ville, remonter la rue du Général-de-Gaulle jusqu'à l'extrémité et tourner à gauche (rue piétonne)

RIXHEIM - 68170

49 LE CLOS DU MÛRIER

Mme Volpatti

42 Grande-Rue
68170 Rixheim
Tel. 03 89 54 14 81
Fax 03 89 64 47 08

Ouvert toute l'année • 5 chambres équipées de kitchenettes et de salles de bains avec WC séparés • 59 € pour 2 personnes ; petit-déjeuner 7 € • Pas de table d'hôte • Jardin, parking. Chiens non acceptés

On a aimé **Les chambres spacieuses et confortables.**

Cette noble demeure alsacienne du 16e s. a été rénovée avec succès. Ses chambres, tout en conservant leurs vieilles poutres, ont opté pour un décor moderne ; chacune est équipée d'une cuisinette. Côté détente, la maison dispose d'une cour intérieure close avec jardin bien aménagé, et prête des vélos.

Accès : à 6 km à l'Est de Mulhouse, direction Bâle, au centre de Rixheim

SAINT-AMARIN - 68550

50 AUBERGE DU MEHRBÄCHEL

M. et Mme Kornacker

Route de Geishouse
68550 Saint-Amarin
Tel. 03 89 82 60 68
Fax 03 89 82 66 05
sarlkornacker@wanadoo.fr

Fermé pendant les vacances de la Toussaint ; lundi soir, jeudi soir et vendredi • 23 chambres réparties dans 2 bâtiments, quelques-unes avec bains WC, les autres avec douches WC • 53 à 55 € pour 2 personnes ; petit-déjeuner 9 € ; possibilité de demi-pension • Salle de restaurant climatisée ; menus 16 (en semaine) à 45 € • Parking. Chiens non admis • Idéal pour le repos et les randonnées

On a aimé **Le ronflement et la chaleur du poêle après une journée de randonnée !**

Cette ancienne ferme bâtie en lisière d'une forêt de sapins dans un environnement typiquement vosgien, appartient à la même famille depuis 1886. Les chambres, modestes mais spacieuses et bien tenues, sont dotées pour moitié de balcons ; la plupart offrent une belle vue sur le massif du Rossberg. Dans la salle à manger climatisée, ornée de quelques trophées de chasse, vous dégusterez gibier et plats régionaux. Un G.R. passe à proximité de l'auberge : chaussez les Pataugas !

Accès : entre Thann et Bussang, puis 4 km sur la route du Mehrbächel

SAINTE-CROIX-EN-PLAINE - 68127

51 AU MOULIN

M. et Mme Woeffle

Route d'Herrlisheim
68127 Sainte-Croix-en-Plaine
Tel. 03 89 49 31 20
Fax 03 89 49 23 11

Ouvert du 1er avril au 3 novembre • 17 chambres avec salles de bains WC, presque toutes avec télévision • 40 à 80 € pour 2 personnes ; petit-déjeuner 9 € • Menus de 15 à 25 € • Jardin, parking • Petit musée d'objets alsaciens dans la cour intérieure

On a aimé **Prendre tout notre temps pour savourer le petit-déjeuner dans la cour fleurie.**

Cette ancienne minoterie (1880) constitue, avec sa cour fleurie et les maisons à colombages qui l'entourent, un véritable havre de paix... au voisinage d'un échangeur de l'A 35 ! Les chambres, assez amples, pratiques et sobrement aménagées, sont garnies de meubles en rotin. Certaines s'ouvrent sur les Ballons des Vosges, d'autres sur la plaine ; toutes sont au grand calme. Distrayant minimusée sur l'Alsace d'autrefois.

Accès : à 10 km au Sud de Colmar par la D 201, puis à Sainte-Croix-en-Plaine, la D 1

SAINTE-MARIE-AUX-MINES - 68160

52 AUX MINES D'ARGENT

Mme Willmann

8 rue du Docteur-Weisgerber
68160 Sainte-Marie-aux-Mines
Tel. 03 89 58 55 75
Fax 03 89 58 65 49

Ouvert toute l'année • 9 chambres avec douches WC et télévision • 38 à 55 € pour 2 personnes ; petit-déjeuner 6 € ; possibilité de demi-pension • Menus de 10 à 32 € • Terrasse

On a aimé **L'effervescence entourant la célèbre bourse aux minéraux, gemmes et fossiles.**

Les fenêtres à meneaux de la façade attestent l'ancienneté de la maison qui aurait été bâtie, entre rue et ru, en 1596 pour un mineur... pas vraiment désargenté ! Un escalier en colimaçon - d'origine - conduit aux chambres, dotées de grandes fenêtres et d'un mobilier d'esprit 1900 ou plus moderne. La salle à manger familiale, d'esprit winstub, est ornée de gravures sur bois mettant en scène la vie des mineurs (le filon de Ste-Marie fut exploité du 9e au 18e s.).

Accès : au centre, dans la rue parallèle à la rue principale

SIERENTZ - 68510

53 AUBERGE ST-LAURENT
M. et Mme Arbeit

1 rue Fontaine
68510 Sierentz
Tel. 03 89 81 52 81
Fax 03 89 81 67 08
info@auberge-saintlaurent.fr
www.auberge-saintlaurent.fr

Fermé lundi et mardi, 15 jours en mars et 15 jours en août • 10 chambres à l'étage, toutes climatisées et équipées de salles de bains WC et télévision • 100 à 120 € ; petit-déjeuner 13 € ; possibilité de demi-pension • Menus 39 à 70 € • Terrasse, parking

On a aimé **La délicieuse cuisine classique maison assaisonnée d'un zeste de modernité.**

Faire étape dans cet ex-relais de poste est un vrai régal pour les yeux, l'âme et le palais ! On se laisse déjà gagner par la bonne humeur avec l'accueil chaleureux des maîtres des lieux. La décoration des pimpantes chambres évoque les ancêtres de la famille Arbeit : Sophie la boulangère, Marie la « grand-maman », Gustave le laboureur, etc. Les pièces rivalisent de charme et comportent de séduisants détails. Au restaurant, tons doux, collection de coqs, bibelots et tableaux ; belle terrasse.

Accès : accés par sortie autoroute Sierentz

THANN - 68800

54 LE MOSCHENROSS
M. Geyer

42 rue du Général-de-Gaulle
68800 Thann
Tel. 03 89 37 00 86
Fax 03 89 37 52 81
info@le-moschenross.com
www.le-moschenross.com

• 23 chambres dont 1 accessible aux handicapés physiques, équipées de douches WC ou de bains WC et de télévision • 38 à 52 € pour 2 personnes ; petit-déjeuner 7 € ; possibilité de demi-pension • Menus de 9 à 46 € • Terrasse, parking fermé

On a aimé **Le sentier grimpant, à travers les vignes, sur la montagne du Rangen.**

Près de la poste, face à la gare, pimpant hôtel (1839) dont la façade ocre rouge abrite un intérieur refait de A à Z. Les petites chambres, actuelles et fonctionnelles, sont bien insonorisées ; quelques-unes offrent une échappée sur le fameux vignoble pentu du Rangen. La spacieuse salle à manger présente un décor mi-bourgeois, mi-contemporain. Accueil charmant.

Accès : dans la traversée du village

THANNENKIRCH - 68590

55 AUBERGE LA MEUNIÈRE

M. et Mme Dumoulin

30 rue Sainte-Anne
68590 Thannenkirch
Tel. 03 89 73 10 47
Fax 03 89 73 12 31
info@aubergelameuniere.com
www.aubergelameuniere.com

Fermé du 20 décembre au 20 mars • 25 chambres donnant sur l'arrière et disposant de salles de bain WC ou douches WC et de télévision • 56 à 79 € ; petit-déjeuner 7 € ; possibilité de demi-pension • Restaurant fermé lundi midi, mardi midi et mercredi midi ; menus de 17 (en semaine) à 36 € • Terrasse, parking, garage • Sauna, salle de remise en forme, ping-pong, billard

On a aimé **La vue reposante sur la forêt... depuis certaines salles de bains !**

La massive façade fleurie de cette auberge dissimule bien des attraits. Les chambres donnent presque toutes sur l'arrière (éviter celles côté rue), regardant la vallée du Bergenbach et les tours du château du Haut-Koenigsbourg où fut tourné le film La Grande Illusion ; les plus récentes offrent un beau décor en brique et bois, de larges baies et d'agréables balcons. Le restaurant possède un charmant cachet rustique. La terrasse, enfin, s'ouvre sur la campagne vosgienne.

Accès : entre Ribeauvillé et Sélestat, village tout proche du Haut-Koenisbourg

WINKEL - 68480

56 AU CERF

M. Koller

76 rue Principale
68480 Winkel
Tel. 03 89 40 85 05
Fax 03 89 08 11 10
g.koller@tiscali.fr

Fermé du 7 février au 28 février • 6 chambres à l'étage avec salles de bains WC, quelques télévisions • 47 à 50 € pour 2 personnes (42 à 47 € basse saison) ; petit-déjeuner 7 € ; possibilité de demi-pension • Menus 10 à 25 € • Chiens non admis • Point de départ de randonnées pédestres

On a aimé **L'ambiance familiale derrière ces murs rubiconds.**

Pimpante façade rouge sur la traversée d'un village proche de la frontière suisse. Les chambres, un peu nues, sont carrelées et meublées de façon pratique ; toutes ont été récemment rénovées et leur tenue n'a rien à envier à la proverbiale propreté helvétique. Salles à manger familiales - dont une d'esprit winstub - rafraîchies depuis peu. Source de l'Ill et nombreux sentiers de randonnées : sac au dos et alpenstock en main, vous prendrez beaucoup de plaisir à parcourir le verdoyant Sundgau.

Accès : au centre du village

AQUITAINE

Bordelais, Pays Basque, Périgord : à l'évocation de ces trois noms défilent devant vos yeux les grands vignobles, les interminables plages de l'Atlantique, bordées de dunes, et les villages périgourdins en pierre dorée où se dandinent quelques troupeaux d'oies. Ajoutons-y les sommets pyrénéens, les ravissantes maisons basques aux colombages rouges et le panorama est presque complet.

Ici pas de stress, Vous êtes dans la région de la douceur de vivre : écoutez l'accent chantant du Sud-Ouest, l' « adieu » qui n'en finit plus. Une grande partie du temps est consacré à l'art du bien manger : à la table d'hôte ou au restaurant, foies gras, confits, haricots tarbais, piments d'Espelette, gâteau basque arrosés d'un bon bordeaux, d'un montbazillac, d'un bergerac ou d'un madiran vous régaleront avant la dégustation d' un vieil Armagnac.

Une région rêvée pour séjourner dans une maison d'hôte aménagée dans un charmant château du Bordelais, une ancienne ferme périgourdine ou une superbe maison basque.

- Dordogne (24)
- Gironde (33)
- Landes (40)
- Lot et Garonne (47)
- Pyrénées Atlantiques (64)

A T L A N T I Q U E
GOLFE DE GASCOGNE
AQUITAINE
BORD
Saintes
Cogna
la Tremblade
Royan
Saujon
Cozes
Pons
Jonzac
Mirambeau
le Verdon
Soulac
GIRONDE
Lesparre-Médoc
Hourtin
Pauillac
Blaye
Carcans-Plage
Carcans
Castelnau-de-Médoc
Lacanau-Océan
Lacanau
S.te Hélène
S. Médard-en-Jalles
St André-Cubzac
Andernos
Arcachon
Cap Ferret
Gujan-Mestras
la Brède
Langon
Sanguinet
Belin-Béliet
Biscarrosse-Plage
Biscarrosse
Parentis-en-Born
S. Symphorien
Sore
Pissos
Labouheyre
Mimizan-Plage
Mimizan
Sabres
Labrit
Morcenx
Onesse-et-Laharie
S. Girons-Plage
Castets
Mont-de-Marsan
Léon
Tartas
Vieux-Boucau
Grenade
Dax
S. Sever
Hossegor
Montfort-en-Chalosse
Aire-s-l'Adour
Capbreton
S. Vincent-de-Tyrosse
Hagetmau
Peyrehorade
Bayonne
Biarritz
Orthez
Arzacq-Arraziguet
S. Jean-de-Luz
Sauveterre-de-Béarn
Hendaye
Lacq
Cambo-les-Bains
S. Palais
Navarrenx
Ascain
Pau
Mauléon-Licharre
Oloron-S.te Marie
Lestelle-Bétharram
S. Jean-Pied-de-Port
Tardets-Sorholus
Aramits
Valcarlos
Laruns
Accous
Urdos
1650 Col du Somport
Bermeo
BILBAO
Ondárroa
Galdakao
Donostia / S. Sebastian
Lasarte
Tolosa
Doneztebe
Altsasu
Irurtzun
Ochagavia
Vitoria-Gasteiz
Iruña / Pamplona
Burgui
Lizarra
Miranda de Ebro
Adour
Gave
Eyre
Gállego
A 10
A 63
A 660
A 64
A 8
A 15
A 68
N 10
N 89
N 117
N 124
N 134
N 137
N 150
N 215
N 622
N 240
N 121A
N 135
N 330
N I
D 1
D 106
D 728
D 733
D 30
D 932
D 933

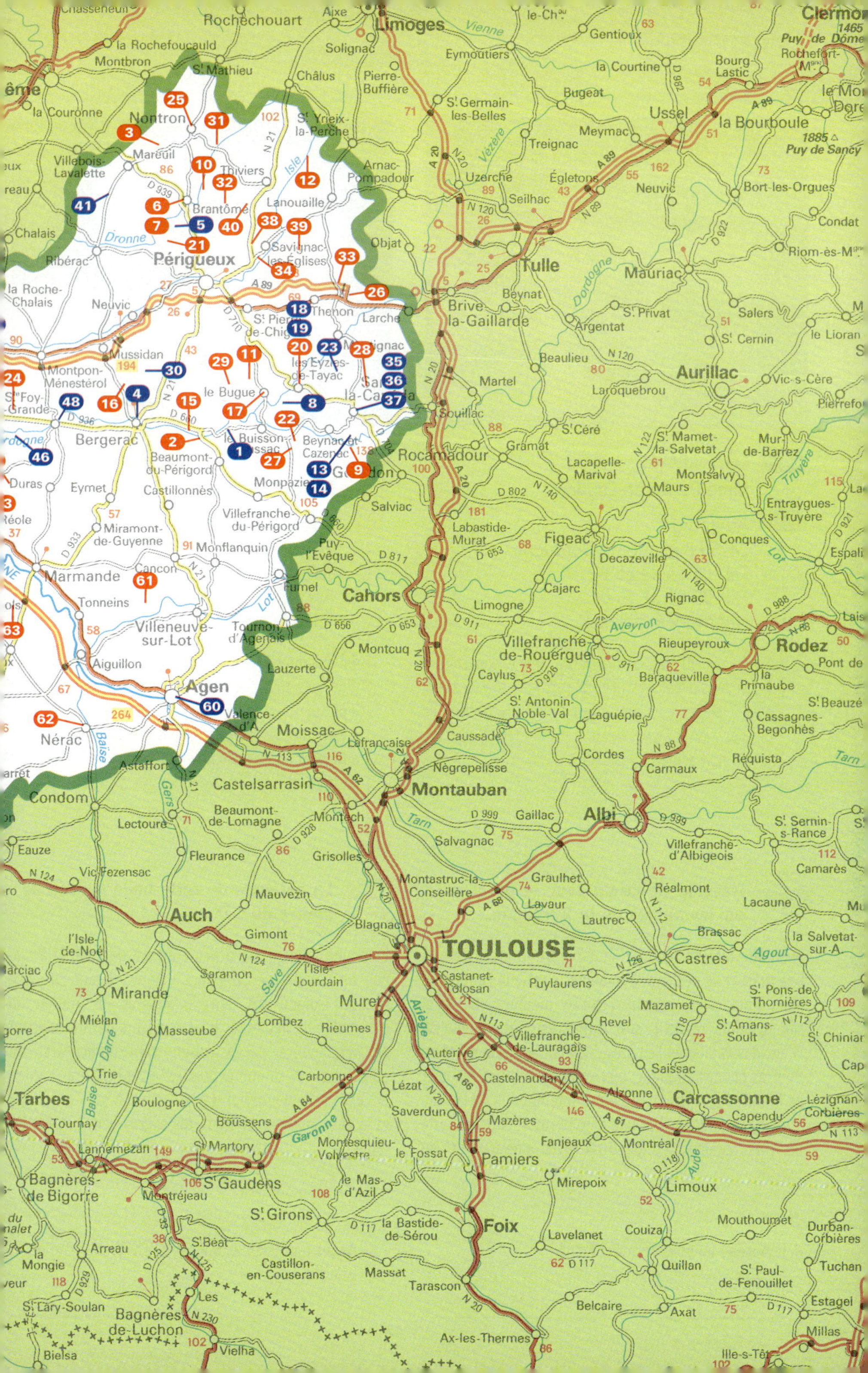

Chasseneuil
Rochechouart
Aixe
Limoges
Vienne
le-Ch.au
Gentioux
Clermont
Puy de Dôme
1465
la Rochefoucauld
Montbron
St Mathieu
Châlus
Solignac
Pierre-Buffière
Eymoutiers
la Courtine
Bourg-Lastic
Rochefort-M.
la Couronne
Nontron
St Yrieix-la-Perche
St Germain-les-Belles
Bugeat
Ussel
la Bourboule
le Mont-Dore
Meymac
1885
Puy de Sancy
Villebois-Lavalette
Mareuil
Thiviers
Isle
Arnac-Pompadour
Vézère
Treignac
Uzerche
Égletons
Neuvic
Bort-les-Orgues
Chalais
Dronne
Brantôme
Lanouaille
Seilhac
Condat
Ribérac
Périgueux
Savignac-les-Églises
Objat
Tulle
Mauriac
Riom-ès-M.
la Roche-Chalais
Neuvic
Thenon
Brive-la-Gaillarde
Beynat
Dordogne
Argentat
St Privat
Salers
St Pierre-de-Chignac
Larche
St Cernin
le Lioran
Mussidan
Montpon-Ménestérol
les Eyzies-de-Tayac
Montignac
Beaulieu
Aurillac
Vic-s-Cère
Ste Foy-la-Grande
le Bugue
Sarlat-la-Canéda
Martel
Laroquebrou
Souillac
Bergerac
le Buisson-de-Cadouin
Beynac-et-Cazenac
Gourdon
Rocamadour
Gramat
St Céré
St Mamet-la-Salvetat
Mur-de-Barrez
Beaumont-du-Périgord
Monpazier
Lacapelle-Marival
Truyère
Duras
Eymet
Castillonnès
Salviac
Maurs
Montsalvy
Entraygues-s-Truyère
La Réole
Miramont-de-Guyenne
Villefranche-du-Périgord
Labastide-Murat
Figeac
Conques
Monflanquin
Puy-l'Évêque
Decazeville
Espalion
Marmande
Cancon
Fumel
Cahors
Cajarc
Rignac
Tonneins
Lot
Limogne
Villeneuve-sur-Lot
Tournon-d'Agenais
Montcuq
Villefranche-de-Rouergue
Aveyron
Rieupeyroux
Rodez
Aiguillon
Lauzerte
Caylus
Baraqueville
la Primaube
Pont de Salars
Agen
St Antonin-Noble-Val
Laguépie
St Beauzély
Nérac
Valence-d'Agen
Moissac
Lafrançaise
Caussade
Cassagnes-Bégonhès
Baïse
Cordes
Réquista
Tarn
Astaffort
Nègrepelisse
Carmaux
Condom
Castelsarrasin
Montauban
Albi
Lectoure
Beaumont-de-Lomagne
Montech
Gaillac
St Sernin-s-Rance
Gers
Eauze
Fleurance
Grisolles
Salvagnac
Villefranche-d'Albigeois
Vic-Fezensac
Montastruc-la-Conseillère
Graulhet
Camarès
Réalmont
Auch
Mauvezin
Lavaur
Lacaune
Blagnac
Lautrec
Brassac
l'Isle-de-Noé
Gimont
TOULOUSE
Castres
Agout
la Salvetat-sur-A.
Marciac
Saramon
l'Isle-Jourdain
Castanet-Tolosan
Puylaurens
St Pons-de-Thomières
Mirande
Save
Muret
Mazamet
Miélan
Masseube
Lombez
Rieumes
Ariège
Villefranche-de-Lauragais
Revel
St Amans-Soult
St Chinian
Trie
Carbonne
Auterive
Saïssac
Tarbes
Boulogne
Lézat
Castelnaudary
Alzonne
Carcassonne
Lézignan-Corbières
Tournay
Boussens
Saverdun
Mazères
Capendu
Garonne
Lannemezan
St Martory
Montesquieu-Volvestre
le Fossat
Pamiers
Fanjeaux
Montréal
Bagnères-de-Bigorre
St Gaudens
Montréjeau
le Mas-d'Azil
Mirepoix
Limoux
Aude
St Girons
la Bastide-de-Sérou
Foix
Mouthoumet
Durban-Corbières
Arreau
St Béat
Castillon-en-Couserans
Lavelanet
Couiza
la Mongie
Massat
Quillan
Tuchan
Tarascon
St Paul-de-Fenouillet
St Lary-Soulan
Les
Bagnères-de-Luchon
Belcaire
Axat
Estagel
Ax-les-Thermes
Millas
Bielsa
Vielha
Ille-s-Têt
A 20
A 89
A 62
A 68
A 61
A 64
A 66
N 20
N 21
N 120
N 122
N 140
N 88
N 113
N 124
N 126
N 112
N 230
N 125
D 939
D 936
D 660
D 710
D 933
D 811
D 653
D 656
D 911
D 926
D 999
D 928
D 802
D 922
D 982
D 988
D 117
D 118
D 125
D 929
D 33

BADEFOLS-SUR-DORDOGNE - 24150

1 CÔTÉ RIVAGE

Mme De Roton-Couderc

Au bourg
24150 Badefols-sur-Dordogne
Tel. 05 53 23 65 00
Fax 05 53 22 56 01
coterivage@online.fr

Ouvert du 30 avril à mi-octobre, fermé dimanche • 7 chambres climatisées au décor personnalisé • 55 à 90 € pour 2 personnes ; petit-déjeuner 9 € ; possibilité de demi-pension • Menus de 20 à 29 € • Terrasse, jardin. Chiens non admis au restaurant

On a aimé **Traverser le jardin pour se promener sur les berges de la Dordogne.**

Avenante maison rénovée située entre le presbytère et une maison de pêcheur, à quelques pas de la Dordogne. Murs immaculés, rideaux colorés, meubles chinés et climatisation rendent ses chambres très agréables. D'anciens objets publicitaires décorent le bar et le salon. Poutres peintes en blanc, pierres apparentes et mobilier en fer forgé composent le cadre contemporain de la salle à manger prolongée par une jolie terrasse. À table, carte de vins régionaux à déguster avec une cuisine du marché.

Accès : au bord de la Dordogne

BAYAC - 24150

2 LE RELAIS DE LAVERGNE

Mme Pillebout

« La Vergne »
24150 Bayac
Tel. 05 53 57 83 16
Fax 05 53 57 83 16
relaisdelavergne@wanadoo.fr

• 4 chambres à l'étage, 1 suite accessible aux handicapés physiques, toutes équipées de salles de bains • 58 € pour 2 personnes, petit-déjeuner compris • Table d'hôte 20 € • Parc, terrasse, parking. Chiens non admis dans la salle à manger. Cartes de crédit non acceptées • Piscine de plein air

On a aimé **La quiétude de cette belle maison de maître du 17e s.**

Voici une adresse où, à peine arrivé, on sent déjà que l'on aura envie de prolonger l'étape. Il faut dire que l'accueil soigné des deux maîtresses de maison, la tranquillité du lieu et les bonnes odeurs qui s'échappent en permanence de la cuisine sont particulièrement agréables ! Les chambres, claires, allient charme d'antan et confort d'aujourd'hui. La très grande salle à manger et la cour intérieure offrent des cadres parfaits pour les repas.

Accès : à 10 km au Sud-Est de Lanquais, route de Beaumont

BEAUSSAC - 24340

3 L'ANCIENNE BOULANGERIE

M. Chapelle

Le Bourg
24340 Beaussac
Tel. 05 53 56 56 51
Fax 05 53 56 56 59
katerine.chapelle-welffens@wanadoo.fr

Ouvert toute l'année • 3 chambres équipées de salles d'eau avec douches et WC • 49 € pour 2 personnes, petit-déjeuner compris • Pas de table d'hôte • Jardin, parking. Cartes de crédit non acceptées • Piscine, pêche et randonnées

On a aimé **Les pains et confitures « maison » du petit-déjeuner.**

Comme son nom l'indique, cette grosse maison carrée située dans la partie haute du bourg abritait jadis une boulangerie. On peut encore y contempler l'ancien four à pain dans la salle à manger. Les chambres, calmes, sont dotées de meubles en bois blanc, de belles armoires et de quelques photos. Le salon et sa bibliothèque, riches d'informations sur la région, et le joli petit jardin invitent à la détente.

Accès : Entre Mareuil et Nontron, à quelques kilomètres au Nord de la D 708

BERGERAC - 24100

4 LA FLAMBÉE

M. Dupouts

153 avenue Pasteur
24100 Bergerac
Tel. 05 53 57 52 33
Fax 05 53 61 07 57
laflambée@wanadoo.fr

Fermé du 24 au 30 décembre et vacances de février • 21 chambres dont 7 à l'annexe avec terrasse privative, toutes équipées de salles de bains WC ou douches WC et de télévision • 55 à 83 € (43 à 68 € basse saison) ; petit-déjeuner 8 € ; demi-pension 60 à 70 € (60 à 62 € basse saison) • Restaurant fermé lundi, samedi midi, dimanche soir ; menus de 16 à 31 € • Terrasse, parc, parking • Piscine, tennis

On a aimé **La belle piscine et le terrain de tennis.**

Cette sympathique demeure ancienne située aux portes de la petite capitale française du tabac a récemment fait peau neuve. Les chambres, pratiques, spacieuses et personnalisées, portent le nom des propriétés viticoles alentour ; celles de l'annexe, plus simplement décorées, bénéficient de terrasses privatives ouvertes sur le parc arboré et joliment fleuri en saison. Chaises houssées, mobilier en fer forgé, poutres et cheminée ou véranda : les salles à manger ont beaucoup de chien !

Accès : sortir de Bergerac par la N 21, direction Périgueux

BOURDEILLES - 24130

5 HOSTELLERIE LES GRIFFONS

M. et Mme Lebrun

Le bourg
24310 Bourdeilles
Tel. 05 53 45 45 35
Fax 05 53 45 45 20
griffons@griffons.fr
www.griffons.fr

Ouvert du 9 avril au 15 octobre, fermé le lundi midi et vendredi midi en juillet et août, le midi sauf week-end et jours fériés de septembre à juin • 10 chambres dotées de salles de bains WC et télévision • 80 à 96 € pour 2 personnes (80 à 90 € basse saison); petit-déjeuner 9 € Possibilité de demi-pension • Menus de 21,70 à 40 €, salle non-fumeurs • Terrasse, parking

On a aimé **La visite des deux châteaux bourdeillais.**

Cette demeure du 16e s. située au pied des châteaux (médiéval et Renaissance) borde la Dronne et son pittoresque vieux pont. Pierres, poutres, meubles anciens, bibelots et atmosphère rustique caractérisent les chambres ; celles du 1er étage bénéficient de cheminées décoratives, tandis qu'au second la belle charpente apparente donne aux pièces une plaisante touche romantique. La salle à manger a du cachet et ouvre sur une agréable terrasse dressée en surplomb de la rivière.

Accès : au centre du village, entre le château et la rivière

BRANTÔME - 24310

6 LES HABRANS

M. Falcoz

Les Habrans
24310 Brantôme
Tel. 05 53 05 58 84
Fax 05 53 05 58 84

Fermé du 30 octobre au 1er mai • 5 chambres dont 4 au 1er étage • 55 à 60 € pour 2 personnes, petit-déjeuner compris • Pas de table d'hôte • Terrasse, jardin. Cartes de crédit non acceptées

On a aimé **S'offrir une promenade en bateau sur la Dronne.**

L'atout incontestable de cette petite maison sans prétention est sa situation au bord de l'eau. Les chambres, simples et décorées avec goût, sont agréables ; celles du premier étage, mansardées, ouvrent leurs fenêtres sur la rivière. Quand le soleil est de la partie, les petits-déjeuners sont servis en terrasse : un pur moment de bonheur !

Accès : par le chemin en face de la gendarmerie

BRANTÔME - 24310

7 LA MAISON FLEURIE

M. et Mme Robinson

54 rue Gambetta
24310 Brantôme
Tel. 05 53 35 17 04
Fax 05 53 05 16 58
info@maisonfleurie.net
www.maisonfleurie.net

Fermé du 14 février au 1er mars • 5 chambres non-fumeurs, coquettes et confortables • 60 à 85 € pour 2 personnes, petit-déjeuner compris • Pas de table d'hôte • Cartes de crédit non acceptées, chiens non admis • Piscine de plein air

On a aimé **Séjourner agréablement au cœur de la petite patrie du chroniqueur Brantôme.**

Cette demeure du 19e s. dominée par le beau clocher roman de l'abbatiale possède de nombreux atouts : sa situation en centre-ville, son accueil exemplaire, son intéressant rapport qualité-prix et surtout ses chambres coquettes et confortables. Dès que le temps s'y prête, les copieux petits-déjeuners sont servis dans la cour fleurie, et la petite piscine est toujours bienvenue les jours de forte chaleur.

Accès : au centre-ville

CAMPAGNE - 24260

8 HÔTEL DU CHÂTEAU

Mme Petit

Le bourg
24260 Campagne
Tel. 05 53 07 23 50
Fax 05 53 03 93 69
hotduchateau@aol.com

Ouvert d'avril au 15 octobre • 16 chambres disposant de salles de bains WC, quelques-unes de douches WC et toutes de télévision • 45 à 60 € pour 2 personnes ; petit-déjeuner 7 € ; possibilité de demi-pension • Menus de 18 à 45 € • Terrasse, parking. Chiens non admis dans les chambres

On a aimé **Le cachet simple mais authentique de cette maison familiale.**

Belle maison de pays dans un joli petit hameau périgourdin. Les chambres, un peu passées de mode, restent spacieuses, confortables et bien tenues, et les murs très épais de la vieille demeure maintiennent la fraîcheur en été. On aperçoit le château de Campagne depuis la salle à manger-véranda où le chef régale d'une cuisine régionale soignée. Agréable terrasse ombragée et fleurie.

Accès : quitter Le Bugue au Sud-Est par la D 703 et parcourir 4 km

CÉNAC-ET-SAINT-JULIEN - 24250

9 LA GUÉRINIÈRE

M. et Mme Demassougne

« Baccas »
24250 Cénac-et-Saint-Julien
Tel. 05 53 29 91 97
Fax 05 53 30 23 89
contact@la-gueriniere-dordogne.com
www.la-gueriniere-dordogne.com

Fermé du 2 novembre au 1er avril • 5 chambres à l'étage et 2 gîtes • 75 à 90 € pour 2 personnes, petit-déjeuner compris • Table d'hôte 21 € • Terrasse, parc, parking. Cartes de crédit non acceptées, chiens non admis • Piscine de plein air, tennis, vélos, golf.

On a aimé **La table d'hôte, garnie des produits de la ferme voisine.**

Cette ancienne ferme du 18e s., maintes fois remaniée, ressemble à une chartreuse périgourdine. Ses chambres, fort spacieuses, sont très agréables avec leurs murs de pierre, leurs meubles anciens et leurs tissus choisis ; chacune d'elles porte le nom d'une fleur : Bleuet, Lys, Dahlias... Le parc de 10 ha, où folâtrent poules, canards, chats, chiens, chèvres et chevaux ravira les enfants.

Accès : sur la D 46, route de Gourdon

CHAMPAGNAC-DE-BELAIR - 24530

10 CHÂTEAU DE LA BORIE-SAULNIER

M. et Mme Duseau

24530 Champagnac-de-belair
Tel. 05 53 54 22 99
Fax 05 53 08 53 78
chateau-de-la-borie-saulnier@wanadoo.fr
www.perso.wanadoo.fr/chateau
delaboriesaulnier

Fermé en janvier • 5 chambres • 75 à 79 € pour 2 personnes, petit-déjeuner compris • Pas de table d'hôte • Parc, parking. Cartes de crédit non acceptées, chiens non admis • Piscine de plein air

On a aimé **Le tennis, gratuit pour les hôtes.**

Voilà plus de 20 ans que les propriétaires rénovent avec amour ce château médiéval aux allures de forteresse, qui jadis commandait la vallée de la Dronne. Les tours, créneaux et mâchicoulis sont parfaitement conservés et l'intérieur bénéficie d'une décoration recherchée. Les chambres, chacune d'une couleur différente – turquoise, jaune, verte, grise et bleue – donnent sur le joli parc. La salle des petits-déjeuners est superbe.

Accès : à 6 km au Nord-Est de Brantôme par la D 75 et la D 83

JOURNIAC - 24260

11 LES LANDETTES

M. Stocklouser

24260 Journiac
Tel. 05 53 54 35 19
Fax 05 53 54 35 19

Ouvert toute l'année • 2 chambres en rez-de-jardin équipées de salles de bains • 50 € pour 2 personnes, petit-déjeuner compris • Pas de table d'hôte • Cartes de crédit non acceptées, chiens non admis • Piscine de plein air

On a aimé **Les paysages de la vallée de la Vézère.**

Cette ferme périgourdine de 1850 parfaitement restaurée se trouve en pleine campagne. Les chambres, aménagées dans les dépendances, ne sont pas très grandes mais coquettes : murs pastel, sol carrelé blanc, tissus colorés, vieux meubles... Toutes ouvrent leurs fenêtres sur la piscine. La cour intérieure, ombragée d'un gros tilleul, s'avère très agréable en été.

Accès : 13 km à l'Ouest de la Madeleine

JUMILHAC-LE-GRAND - 24630

12 LES VIGNES DE CHALUSSET

M. Senee et Mme Chedeville

24630 Jumilhac-le-Grand
Tel. 05 53 52 38 25
msenee@free.fr

Fermé de novembre à avril • 5 chambres climatisées dont 1 accessible aux handicapés physiques • 42 € pour 2 personnes, petit-déjeuner compris ; possibilité de demi-pension • Table d'hôte 15 € (le soir uniquement) • Terrasse, parc, parking. Cartes de crédit non acceptées, chiens non admis au restaurant • Piscine de plein air

On a aimé **L'accueil réservé aux cavaliers et à leurs chevaux.**

Le mariage de l'ancien et du moderne est très réussi en cette ancienne grange transformée en maison d'hôte. Les chambres, spacieuses et climatisées, ont gardé leurs beaux murs de pierre et leurs poutres apparentes ; celle du rez-de-chaussée est accessible aux personnes handicapées. La cuisine familiale vous fera découvrir les recettes périgourdines, que vous dégusterez autour de l'immense table de la salle à manger, ou dans la cour intérieure en saison.

Accès : à 4 km de Jumilhac-le-Grand, vers St-Yrieix

LA ROQUE-GAGEAC - 24250

13 AUBERGE LA PLUME D'OIE

M. et Mme Walker

24250 La Roque-Gageac
Tel. 05 53 29 57 05
Fax 05 53 31 04 81
laplumedoie@wanadoo.fr
www.hotels-restau-dordogne.org

Fermé du 20 novembre au 20 décembre ; de mi-janvier au 14 février ; dimanche soir, lundi et mardi à midi • 4 chambres non-fumeurs à l'étage, disposant de salles de bains WC et de télévision • 70 à 80 € pour 2 personnes ; petit-déjeuner 12 € • Menus de 36 à 56 €

On a aimé **Le site délicieux de La Roque-Gageac.**

Demeure ancienne adossée à la falaise, au cœur du pittoresque bourg médiéval. Un escalier en colimaçon dessert quelques chambres fraîches agrémentées de tissus pastel. La salle à manger est coquette avec son plafond de poutres claires laissées au naturel, ses chaises paillées peintes et ses murs de pierres apparentes ; petit « plus » bien sympathique : elle offre la vue sur le trafic des gabares et des canoës descendant la Dordogne. On y sert une cuisine au goût du jour.

Accès : sur la traversée du village, au bord de la Dordogne

LA ROQUE-GAGEAC - 24250

14 LA BELLE ÉTOILE

Famille Ongaro

Le bourg
24250 La Roque-Gageac
Tel. 05 53 29 51 44
Fax 05 53 29 45 63
hotel.belle-etoile@wanadoo.fr

Ouvert de fin mars à début novembre • 15 chambres avec salles de bains WC et télévision • 50 à 75 € pour 2 personnes ; petit déjeuner 8 € ; possibilité de demi-pension • Menus 23 à 37 € • Terrasse, garage. Chiens non admis dans les chambres • Canoës, baignade, pêche

On a aimé **Faire une promenade en gabarre sur la Dordogne.**

Accrochée à la falaise, cette vieille maison familiale à la belle façade de pierres blondes offre une très jolie vue sur le cours paisible de la Dordogne. Ses chambres, repeintes en blanc, possèdent souvent un mobilier de style. La cuisine périgourdine, servie dans deux sympathiques salles à manger ou, en été, sous la treille, réjouira les papilles les plus difficiles. Côté distractions : canoës, baignade et pêche à deux pas.

Accès : en bordure de la D 703, entre la falaise et la rivière

LANQUAIS - 24150

15 DOMAINE DE LA MARMETTE

Mme Ossedat

« La Crabe »
24150 Lanquais
Tel. 05 53 24 99 13
Fax 05 53 24 11 48
george.ossedat@wanadoo.fr

Fermé du 1er janvier au 1er avril • 5 chambres en rez-de-jardin • 56 à 65 € pour 2 personnes, petit-déjeuner compris ; possibilité de demi-pension • Table d'hôte 23 € (uniquement le soir sur réservation) • Jardin, terrasse, parking. Cartes de crédit non acceptées, chiens non admis • Piscine de plein air

On a aimé **Faire le plein de verdure, de silence et de grands espaces.**

Cette ferme du 16e s. et ses dépendances qui en sont séparées par de belles pelouses et de nombreux massifs de fleurs, ressemblent à un hameau. Les chambres, en rez-de-jardin, ont été aménagées dans les anciens box à chevaux ; chacune d'elles est personnalisée par un tissu, une commode, un lit en fer forgé... Les installations se complètent d'un salon, d'une bibliothèque et d'une salle à manger-véranda. Une cuisine est également à disposition des hôtes.

Accès : prendre la route de Faux, puis à gauche pour Bournaz et continuer 200 m. après le bourg

LAVEYSSIÈRE - 24130

16 MAISON DE LA FORÊT

M. Swainson

Pas de l'Eyraud
24130 Laveyssière
Tel. 05 53 82 84 50
Fax 05 53 82 84 51
info@aubergerac.com
www.aubergerac.com

Fermé du 24 au 26 décembre • 5 chambres équipées de salles de bains • 65 € (55 € basse saison) pour 2 personnes ; petit-déjeuner 6 € • Pas de table d'hôte • Parc, jardin, parking. Cartes de crédit non acceptées, chiens non admis • Piscine de plein air

On a aimé **Être à 10 mn de Bergerac sans en subir l'affluence touristique.**

Un grand parc et 6 ha de forêt entourent cette accueillante demeure blanche tenue par un charmant couple d'Anglais. Les chambres, mansardées, plutôt petites et joliment colorées, ouvrent sur la campagne ; les plus agréables se trouvent à l'arrière de la maison. Dès que le temps est au beau fixe, les petits-déjeuners sont servis en terrasse.

Accès : 10 km au Nord de Bergerac par la D 709 et rte secondaire

LE BUGUE - 24260

17 MAISON OLÉA

Mme Nardou

La Combe-de-Leygue
24260 Le Bugue
Tel. 05 53 08 48 93
Fax 05 53 08 48 93
info @ olea-dordogne.com
www.olea-dordogne.com

Ouvert toute l'année • 5 chambres équipées de salles de bains ou douches et WC privés • 60 à 75 € (50 à 65 € basse saison) pour 2 personnes, petit-déjeuner compris • Jardin, parking. Cartes de crédit non acceptées • Piscine de plein air chauffée

On a aimé **Lézarder sur les terrasses des chambres, face à la piscine et à la vallée.**

Construction récente dont l'architecture s'inspire du style régional. Exposée plein Sud, elle domine une belle piscine à débordement ainsi que la vallée de la Vézère. Au rez-de-chaussée, quelques touches mauresques, patines murales, tomettes et une étonnante véranda aménagée en jardin d'hiver. Quant aux vastes chambres situées à l'étage, murs immaculés, guéridons drapés, meubles chinés et literie joliment apprêtée les rendent séduisantes. Calme garanti !

Accès : à 5 km à l'Est du Bugue par la D 703, direction Sarlat-la-Canéda et route secondaire à gauche

LES EYZIES-DE-TAYAC - 24620

18 HOSTELLERIE DU PASSEUR

M. Brun

Place de la Mairie
24620 Les Eyzies-de-Tayac
Tel. 05 53 06 97 13
Fax 05 53 06 91 63
hostellerie-du-passeur @ perigord.com
www.hostellerie-du-passeur.com

Fermé de début novembre à début mars • 19 chambres réparties sur 3 étages, en majorité dotées de douches WC, quelques-unes de salles de bains WC, toutes de télévision • 62 à 100 € pour 2 personnes ; petit-déjeuner 8 € ; possibilité de demi-pension • Restaurant fermé lundi midi et mardi midi (basse saison) ; menus 23 à 45 € • Terrasse, parking • Musée Préhistoire

On a aimé **Les conserves de foies gras « maison », en vente sur place et sur le site Internet.**

Belle maison de caractère tapissée de vigne vierge au cœur de la capitale périgourdine de la préhistoire. Les chambres sont confortables, coquettes et très gaies ; certaines donnent sur les falaises couronnées de chênes. Salle à manger classiquement aménagée et agrémentée d'une belle cheminée en pierre, véranda lumineuse ou terrasse champêtre ombragée de tilleuls et tournée vers la Vézère : trois ambiances plaisantes pour savourer une cuisine faisant honneur à la région.

Accès : en centre-ville, non loin de la Vézère

LES EYZIES-DE-TAYAC - 24620

19 LE MOULIN DE LA BEUNE

M. Soulié

2 rue du Moulin-Bas
24620 Les Eyzies-de-Tayac
Tel. 05 53 06 94 33
Fax 05 53 06 98 06
contact@moulindelabeune.com
moulindelabeune.com

Ouvert d'avril à octobre ; restaurant fermé mardi midi, mercredi midi et samedi midi • 20 chambres disposant de salles de bains WC, quelques-unes avec douches WC, toutes avec télévision • 58 à 67 € ; petit-déjeuner 7 € ; possibilité de demi-pension • Restaurant « Au Vieux Moulin » : menus de 22 à 45 € • Terrasse, jardin, parking. Chiens non admis au restaurant

On a aimé **Discuter jusqu'à point d'heure sur la terrasse longeant la Beune.**

Jadis moulin à grains et scierie, cette harmonieuse construction en pierre abrite aujourd'hui un charmant hôtel-restaurant. Vous y trouverez des chambres plaisantes, décorées avec goût et toutes au grand calme, ainsi qu'une très agréable salle à manger habillée de boiseries, offrant la vue tant sur la roue à aubes admirablement préservée que sur le jardin et la rivière. La terrasse à fleur d'eau est idyllique par beau temps.

Accès : au centre-ville, en contrebas de la route, au bord de la Beune

20 LE PANORAMIQUE

M. et Mme Spadi

Beune
24620 Les Eyzies-de-Tayac
Tel. 05 53 06 98 82
Fax 05 53 05 24 04

Ouvert toute l'année • 4 chambres • 28 à 36 € pour 2 personnes, petit-déjeuner 5 € • Pas de table d'hôte • Parc, parking, cartes de crédits non acceptées • Piscine

On a aimé **La superbe vue sur le village et le site des Eyzies-de-Tayac.**

Un joli parc d'un hectare isole du bruit ces trois jolies maisons de style régional qui dominent la « capitale de la préhistoire ». Le décor des chambres d'hôte est volontairement sobre mais plaisant ; deux d'entre elles profitent d'agréables terrasses panoramiques. Lorsque vous rejoindrez la salle des petits-déjeuners aménagée sous une véranda, ne manquez pas les belles collections de moulins à café et à poivre chinés au fil des ans par les charmants propriétaires. Deux gîtes également disponibles.

Accès : à 4 km au Sud-Est des Eyzies-de-Tayac par D 47, direction Sarlat, puis route de Saint-Cyprien

LISLE - 24350

21 LE PIGEONNIER DE PICANDINE

M. Lacourt

La Picandine
24350 Lisle
Tel. 05 53 03 41 93
Fax 05 53 03 28 43
picandine@aol.com
www.picandine.com

Fermé du 15 novembre au 15 février • 5 chambres équipées de salles d'eau ou salles de bains • 50 € pour 2 personnes ; petit-déjeuner compris ; possibilité de demi-pension • Table d'hôte 19 € • Terrasse, parking. Cartes de crédit non acceptées, chiens non admis • Piscine de plein air

On a aimé **La vue étendue sur la campagne périgourdine.**

Très bel ensemble formé par cette demeure du 17e s. et sa cour intérieure plantée de marronniers bicentenaires. Les chambres du bâtiment principal ont gardé leurs murs de pierre et leurs poutres apparentes ; les deux suites aménagées dans l'ancienne grange sont parfaites pour les familles. Côté détente, vous pourrez feuilleter un livre en toute tranquillité dans le très joli salon-bibliothèque, à moins que vous ne préfériez disputer une partie de billard.

Accès : À Lisle, direction Périgueux (D1), puis 3ème à droite

MARNAC - 24440

22 LA GRANDE MARQUE

Mme Cockcroftt

24440 Marnac
Tel. 05 53 31 61 63
grande.marque@perigord.com
www.lgmfrance.com

Ouvert toute l'année • 5 chambres équipées de sanitaires complets • 65 à 75 € pour 2 personnes, petit-déjeuner 5,50 € • Table d'hote 32 € • Terrasse, parc, parking. Cartes de crédit non acceptées, chiens non admis • Piscine de plein air

On a aimé **Flâner dans le superbe parc de 4 ha.**

Cette vénérable demeure périgourdine du 17e s. perchée sur les hauteurs de Marnac jouit d'une vue imprenable sur la vallée de la Dordogne et le village de Siorac-en-Périgord. Les chambres, aménagées sous les combles, viennent tout juste d'être rénovées ; leur décoration est simple et agréable. Sur place, les activités ne manquent pas : salle de musculation, sauna et tennis.

Accès : à 9 km au Nord-Est par la D 703, route de Sarlat et à droite

MARQUAY - 24620

23 HÔTEL DES BORIES

M. et Mme Dalbavie

Le bourg
24620 Marquay
Tel. 05 53 29 67 02
Fax 05 53 29 64 15
hotel.des.bories@wanadoo.fr
www.membres.lycos.fr/hoteldesbories/

Ouvert du 1er avril au 2 novembre • 30 chambres dont 20 à l'annexe, 5 d'entre elles avec terrasse privative, toutes disposant de salles de bains WC ou douches WC et de télévision • 33 à 61 € ; petit-déjeuner 8 € ; possibilité de demi-pension • Restaurant fermé le samedi midi ; menus de 15 à 38 € • Terrasse, jardin, parking • 2 piscines de plein air

On a aimé **Le grand calme assuré.**

Rassurez-vous, vous ne logerez pas dans des « bories », ces cabanes de pierres sèches typiques de la région et un brin rudimentaires : l'établissement, familial, vous accueille dans des chambres certes sans grand luxe, mais bénéficiant de tout le confort moderne ; certaines disposent d'une terrasse où on vous servira le petit-déjeuner. La plus charmante s'agrémente d'une cheminée monumentale et de poutres apparentes. Pour décompresser : piscine double avec vue sur la campagne.

Accès : en sortant de Sarlat-la-Canéda prendre direction Les Eyzies-de-Tayac et suivre la D 6

MONTCARET - 24230

24 CHÂTEAU DAME DE FONROQUE

Mme Fried

Fonroque
24230 Montcaret
Tel. 05 53 58 65 83
Fax 05 53 58 60 04
brigittefried@wanadoo.fr

Fermé de décembre au 15 février • 5 chambres équipées de salles de bains • 65 € pour 2 personnes ; petit-déjeuner 6 € ; possibilité de demi-pension • Table d'hôte 21 € (tous les jours sauf le dimanche) • Terrasse, parc, parking • Piscine de plein air

On a aimé **Visiter les ruines gallo-romaines de Montcaret.**

La propriétaire de cette vénérable ferme fortifiée du 16e s. réussit à conduire de front ses deux activités : la viticulture et les chambres d'hôte. Ces dernières, confortables et souvent vastes, sont très agréables avec leurs belles tonalités et leurs vieux meubles ; toutes ouvrent leurs fenêtres sur le parc planté d'arbres centenaires. À table, vous vous régalerez de recettes familiales.

Accès : dans le parc de Fonroque

NONTRON - 24300

25 CHRISTINE ET MAURICE BIRON

M. et Mme Biron

Le Domaine du Petit-Houx « Brégou »
24300 Nontron
Tel. 05 53 60 78 82
Fax 05 53 60 78 81
layourte@wanadoo.fr
www.perigord.com/lepetithoux

Ouvert toute l'année • 3 chambres à l'étage, équipées de salles de bains et WC privés • 57 € pour 2 personnes, petit-déjeuner compris • Table d'hôte 18 € • Salon, parc, parking. Cartes de crédit non acceptées, chiens non admis • Randonnées pédestres, équestres, VTT

On a aimé **Flâner dans le parc ouvert sur la campagne du Haut-Périgord.**

Un parc de 4 ha planté de magnifiques chênes centenaires entoure cette ancienne métairie. Son style régional a été préservé, malgré une récente et profonde rénovation qui a métamorphosé grange, bergerie et bâtisse principale. Celle-ci abrite un plaisant salon-bibliothèque réchauffé par une belle cheminée en pierre et, à l'étage, d'agréables et confortables chambres : murs égayés de couleurs vives, literie neuve, jonc de mer au sol et salle de bains complète.

Accès : à 6 km à l'Est de Nontron par la D 707, direction Thiviers et la D 85 à gauche route de Châlus

PEYRIGNAC - 24210

26 CHAMBRE D'HÔTE LE CLOS-VALLIS

M. Bosio

Croix-d'Alon
24210 Peyrignac
Tel. 05 53 28 95 64
Fax 05 53 28 95 21
br.b@wanadoo.fr
www.closvallis.fr.fm

Ouvert de Pâques à fin octobre • 4 chambres non-fumeurs, dont 2 à l'étage, toutes équipées de salles d'eau • 50 € pour 2 personnes, petit-déjeuner compris • Pas de table d'hôte • Salon, jardin, parking. Cartes de crédit non acceptées, chiens non admis

On a aimé **Profiter du calme de la campagne à deux tours de roue de Sarlat.**

Les bâtiments de cette vieille ferme soigneusement restaurée s'organisent autour d'une jolie cour de style périgourdin. L'ancienne grange abrite désormais les chambres ; celles-ci sont simples (murs en pierre apparente ou peints en blanc, sol carrelé ou en coco, mobilier en pin), claires et reposantes. Même sobriété accueillante dans le décor du salon doté d'une cheminée et de la salle des petits-déjeuners meublée en teck. Accueil sympathique et discret.

Accès : à 4 km au Nord-Est de Peyrignac par la D 47 et la D 56, route de Proissans et chemin à gauche

SAGELAT - 24170

27 LE BRANCHAT

M. et Mme Ginioux

Lieu-dit de Branchat
24170 Sagelat
Tel. 05 53 28 98 80
Fax 05 53 28 90 82
lebranchat@lebranchat.com
www.lebranchat.com

Ouvert d'avril à octobre • 6 chambres équipées de salles de bains ou douche et WC privés • 63 à 69 € (53 à 63 € basse saison) pour 2 personnes, petit-déjeuner compris • Table d'hôte de 20 à 25 € • Équipements spéciaux pour enfants, parc, parking. Chiens non admis • Piscine de plein air, poneys

On a aimé **Les deux chambres disposant d'une terrasse privée tournée vers le village perché de Belvès.**

Ces anciens bâtiments – bergerie, étable, grange et maison des fermiers – bénéficient tous d'une remarquable restauration permettant d'accueillir aujourd'hui des chambres d'hôte. Murs blancs, parquet et mobilier en bois en composent le décor. Entouré par 5 ha de nature (vallons, bois et noisetiers), vous dormirez sur vos deux oreilles. Pour la détente : piscine, promenade dans le parc ou balade à dos de poney.

Accès : à 3 km au Sud de Belvès par la D 710, direction Fumel et route secondaire à gauche

SAINT-CRÉPIN-ET-CARLUCET - 24590

28 LES GRANGES HAUTES

M. Fauste

Le Poujol
24590 Saint-Crépin-et-Carlucet
Tel. 05 53 29 35 60
Fax 05 53 28 81 17
fauste@netcourrier.com
www.les-granges-hautes.fr

Fermé du 15 décembre au 28 février • 5 chambres non-fumeurs toutes équipées de salles de bains WC ou douches WC • 55 à 76 € pour 2 personnes ; petit-déjeuner 7 € • Table d'hôte 25 € • Jardin, parking. Chiens non admis

On a aimé **L'ambiance raffinée de cette belle maison de pays.**

Difficile de résister au charme de cette demeure périgourdine des 18e s. et 19e s. entourée d'un magnifique jardin où une piscine d'eau salée invite à la détente. Les chambres sont raffinées : poutres apparentes, tons ensoleillés, salles de bains soignées... Le salon, agencé autour d'une grande cheminée, s'avère propice au repos ou à la lecture. N'hésitez pas à demander aux charmants propriétaires quelques conseils pour visiter la région.

Accès : à 12 km au Nord-Est de Sarlat direction Brive puis Salignac

SAINTE-ALVÈRE - 24510

29 LE MOULIN NEUF

MM. Chappell et Stuart

Paunat
24510 Sainte-Alvère
Tel. 05 53 63 30 18
Fax 05 53 63 30 55
moulin-neuf@usa.net
www.the-moulin-neuf.com

Fermé du 15 au 31 octobre • 6 chambres équipées de salles de bains WC • 60 à 65 € pour 2 personnes ; petit-déjeuner 10 € • Pas de table d'hôte • Terrasse, jardin. Cartes de crédit non acceptées, chiens non admis

On a aimé **Le rire des enfants qui se baignent dans l'étang de la propriété.**

Ce joli petit moulin se dresse au cœur d'un parc bucolique à souhait, s'achevant par un étang. L'intérieur, de style anglais, est des plus « cosy » : tonalités claires, sofas, tissus fleuris... Les chambres, pas très grandes mais décorées avec soin, ont été aménagées dans une ancienne grange parfaitement restaurée. L'été vous prendrez votre petit-déjeuner sous la tonnelle, et l'hiver près de la cheminée du salon.

Accès : prendre la D2 vers le Sud

SAINT-JULIEN-DE-CREMPSE - 24140

30 LE MANOIR DU GRAND VIGNOBLE

M. Scoty

Le grand vignoble
24140 Saint-Julien-de-Crempse
Tel. 05 53 24 23 18
Fax 05 53 24 20 89
grand.vignoble@wanadoo.fr
www.manoirdugrandvignoble.com

Ouvert de fin mars à mi-novembre • 44 chambres dotées de salles de bains WC et télévision • 82 à 109 € pour 2 personnes (58 à 79 € basse saison) ; petit-déjeuner 9 € ; possibilité de demi-pension • Menus de 23 à 44 € • Parc, parking • Piscine, tennis, practice de golf, sauna, jacuzzi, salle de musculation, centre équestre, cours d'œnologie

On a aimé **Faire une balade à cheval grâce au centre équestre présent sur le domaine.**

Cet ancien manoir (17e s.) profite de la tranquillité d'un vaste parc de 43 ha. La demeure principale abrite la réception, un salon et une salle à manger sobrement décorée où l'on sert cuisine régionale et vins du cru (Bergerac, Pécharmant). On y trouve également une dizaine de chambres, parfois dotées de lits à baldaquin. La seconde partie de l'hôtel est située dans des dépendances qui offrent davantage d'ampleur et une décoration plus contemporaine.

Accès : à 16 km au Nord de Bergerac par la N 21 jusqu'à Campsegret, puis, à gauche la route direction St-julien-de-Crempse, avant St-Julien

SAINT-PARDOUX-LA-RIVIÈRE - 24470

31 LA FOMPEYRINIÈRE

M. et Mme Vandamme

Lapeyronnie
24470 Saint-Pardoux-la-Rivière
Tel. 05 53 56 75 16
Fax 05 53 60 53 30

Ouvert toute l'année • 4 chambres équipées de salles de bains et WC privés • 40 € pour 2 personnes, petit-déjeuner compris • Table d'hôte 17 € (le soir seulement sur réservation) • Salon, jardin, parking. Cartes de crédit non acceptées, chiens non admis • Baignade, pêche à proximité

On a aimé **Les confitures « maison » fabriquées par la maîtresse des lieux.**

Cette ancienne ferme située en plein cœur du bourg s'ouvre sur un agréable jardin et un horizon verdoyant. L'intérieur, où cohabitent en harmonie meubles anciens et contemporains, tapis et tissus de couleurs variées, est séduisant. Les chambres, pas très grandes, sont joliment décorées et impeccablement tenues. À table le patron, ancien charcutier-traiteur, vous régalera de petits plats « maison ».

Accès : au centre du village

SAINT-PIERRE-DE-CÔLE - 24800

32 DOUMARIAS

M. et Mme Fargeot

24800 Saint-Pierre-de-Côle
Tel. 05 53 62 34 37
Fax 05 53 62 34 37
doumarias@aol.com

Fermé du 1er janvier au 31 mars et du 30 septembre au 31 décembre • 6 chambres • 58 € pour 2 personnes, petit-déjeuner compris ; demi-pension 43 € • Table d'hôte 16 € • Jardin, parking. Chiens non admis • Piscine de plein air

On a aimé **Ferrer le poisson dans la rivière Côle qui coule à deux pas.**

Un majestueux tilleul ombrage la cour de cette jolie demeure tapissée de vigne vierge s'élevant au pied des tours ruinées du château de Bruzac, en plein cœur du Périgord vert. L'ensemble possède un charme indéniable. Les chambres, coquettes et tranquilles, renferment des meubles anciens et de nombreux objets et tableaux. La piscine et le jardin sont très plaisants et l'accueil, vraiment sympathique.

Accès : à 12 km à l'Est de Brantôme par la D 78

SAINT-RABIER - 24210

33 VILLA DES COURTISSOUS

M. et Mme Dalibard

24210 Saint-Rabier
Tel. 05 53 51 02 26
Fax 05 53 50 73 55
villa.courtissous@libertysurf.fr
www.bienvenue-montignac.com

Ouvert sur réservation • 4 chambres équipées de salles de bains WC • 74 € pour 2 personnes, petit-déjeuner compris • Pas de table d'hôte • Terrasse, jardin, parking. Cartes de crédit non acceptées, chiens non admis • Piscine de plein air

On a aimé

La visite du château de Hautefort tout proche.

Cette grosse maison carrée a vu le jour en 1800 au milieu d'un joli petit parc. Ses chambres, bien dimensionnées, viennent tout juste d'être rénovées : murs blancs agrémentés ici et là de photos, parquet, tissus choisis et meubles anciens restaurés ; leurs salles de bains sont très bien équipées. Selon la saison, vous prendrez votre petit-déjeuner sur la grande table d'hôte de la cuisine, devant la cheminée, ou sur la terrasse au bord de la piscine

Accès : à 12 km au Sud d'Hautefort par la D 704

SAINT-VINCENT-SUR-L'ISLE - 24420

34 CHAMBRE D'HÔTE LA CALADE

Mme Hottiaux

Le Bourg
24420 Saint-Vincent-sur-l'Isle
Tel. 05 53 07 87 83
j.hottiaux@libertysurf.fr

Fermé une semaine fin décembre • 5 chambres dont 1 accessible aux handicapés physiques, toutes équipées de salles de bains WC • 50 € pour 2 personnes, petit-déjeuner compris • Pas de table d'hôte • Jardin, parking. Cartes de crédit non acceptées, chiens non admis au restaurant • Piscine de plein air

On a aimé

L'accueil familial, simple et chaleureux à la fois.

Les origines de cette ferme située aux portes du bourg remonteraient aux alentours de 1750. Réparties entre le corps principal et une grange entièrement restaurée, les chambres présentent une décoration de bon goût associant meubles anciens (chinés ou familiaux) et récents. Bibliothèque, piano, jeux de société et portique pour les enfants dans le jardin où trône un magnifique marronnier.

Accès : à 15 km au Nord-Est par la N 21 direction Limoges et à droite par la D 705

35

HÔTEL DE LA MADELEINE

M. Mélot

1 place de la Petite-Rigaudie
24200 Sarlat-la-Canéda
Tel. 05 53 59 10 41
Fax 05 53 31 03 62
hotel.madeleine@wanadoo.fr
www.hoteldelamadeleine-sarlat.com

Fermé du 1er janvier au 12 février • 39 chambres dont 2 accessibles aux handicapés physiques, avec salles de bains WC ou douches WC, toutes avec télévision et climatisation • 73 à 94 € (61 à 74 € basse saison) ; petit-déjeuner 9 € ; possibilité demi-pension • Menus de 26 à 44 € • Terrasse

On a aimé **La situation de l'hôtel, aux portes du vieux Sarlat.**

Façade aux volets bleus fraîchement ravalée, chambres joliment refaites, fonctionnelles et actuelles, nouvelle et confortable salle de restaurant dans les tons rouge-orangé, spacieux salon agrémenté de gravures et de plantes vertes... La bâtisse, qui daterait de 1840 et serait le plus vieil hôtel de la ville encore en activité, vient d'achever une complète et efficace cure de jouvence. Garage bien pratique (avec supplément).

Accès : sur une agréable place du centre, à l'entrée de la ville médiévale

SARLAT-LA-CANÉDA - 24200

36

HÔTEL DES RÉCOLLETS

M. Larequie

4 rue Jean-Jacques-Rousseau
24200 Sarlat-la-Canéda
Tel. 05 53 31 36 00
Fax 05 53 30 32 62
contact@hotel-recollets-sarlat.com
www.hotel-recollets-sarlat.com

Ouvert toute l'année • 18 chambres équipées de salles de bains WC et de télévision • 42 à 62 € pour 2 personnes ; petit-déjeuner 7 € • Pas de restaurant • Parking

On a aimé **La quiétude de cet hôtel situé au coeur de la cité médiévale.**

Le cloître du couvent des Récollets bâti au 17e s. abrite désormais un hôtel de caractère. Glycines et rosiers agrémentent sa jolie façade en pierres du pays. Un étroit escalier conduit aux petites chambres bien refaites. Elles offrent toutes un aménagement différent, mais partout mobilier contemporain, poutres et murs d'origine y font bon ménage. Le petit-déjeuner est proposé dans une belle salle toute en pierre ou dans un charmant patio. Service de bagages depuis le parking public.

Accès : dans la vieille ville

SARLAT-LA-CANÉDA - 24200

37 LE MAS DE CASTEL

Mme Castalian

Sudalissant
24200 Sarlat-la-Caneda
Tel. 05 53 59 02 59
Fax 05 53 28 25 62
castalian@wanadoo.fr

Ouvert de Pâques au 11 novembre • 13 chambres dont la moitié en rez-de-jardin, toutes disposent de salles de bains WC ou de douches WC et de télévision • 48 à 66 € (46 à 56 € basse saison) ; petit-déjeuner 6,80 € • Pas de restaurant • Jardin, parking. Chiens non admis • Piscine de plein air

On a aimé **L'atmosphère tendance « Le Bonheur est dans le pré » de cette étape.**

Ce corps de ferme situé en pleine campagne est devenu une sympathique hostellerie proposant des chambres rustiques à l'étage ou en rez-de-jardin (nos préférées !). Le coq, seul survivant de l'ancien poulailler, se fera un plaisir de vous réveiller - pas trop tôt, on se donne le temps de vivre en Périgord - à point pour pouvoir « piquer une tête » dans la piscine avant le petit-déjeuner... Vous verrez, les nuits sont si calmes que vous prendrez ses cocoricos avec philosophie !

Accès : à 3 km de Sarlat-la-Canéda par la D 704, direction Gourdon, puis à droite, route de la Canéda et route secondaire

SORGES - 24420

38 CHAMBRE D'HÔTE AU VILLAGE

M. Valentini

Le Bourg
24420 Sorges
Tel. 05 53 05 05 08
Fax 05 53 05 05 08

Fermé en octobre • 3 chambres équipées de douches WC et de télévision • 34 € pour 2 personnes ; petit-déjeuner 5 € • Pas de table d'hôte • Terrasse, jardin. Cartes de crédit non acceptées

On a aimé **Déguster « le diamant noir », qui fait la renommée de Sorges.**

Cette petite maison de village, sans doute bâtie au 15e s., est voisine du musée de la Truffe et de l'Office de tourisme. Elle abrite de coquettes chambres d'esprit rustique : planchers, murs de pierres apparentes, plafonds lambrissés et meubles anciens. En saison, prendre son petit-déjeuner dans la cour intérieure, sous l'énorme tilleul, est un enchantement.

Accès : au village

TOURTOIRAC - 24390

39 L'ENCLOS

M. et Mme Ornsteen

Pragelier
24390 Tourtoirac
Tel. 05 53 51 11 40
Fax 05 53 50 37 21
rornsteen@yahoo.com
www.hotellenclos.com

Fermé d'octobre à avril • 5 chambres • 60 à 100 € pour 2 personnes ; petit-déjeuner 9 € • Table d'hôte de 15 à 30 € • Parc, parking. Cartes de crédit non acceptées • Piscine de plein air

On a aimé **L'originalité de l'adresse, composée de sept cottages indépendants.**

À l'instar de quelques vedettes du cinéma américain qui y séjournent régulièrement, vous apprécierez ce surprenant hameau de cottages. Les chambres, personnalisées, sont réparties dans les différentes dépendances, magnifiquement décorées et reliées entre elles par le jardin : chapelle, boulangerie, maison du régisseur... De style résolument rustique, elles s'agrémentent de beaux tissus provençaux. Le domaine, planté de noyers et d'arbres fruitiers, offre de belles possibilités de balades.

Accès : à 5 km à l'Ouest de Hautefort par la D 62, puis la D 67

VAUNAC - 24800

40 FERME DES GUEZOUX

M. Fouquet

Les Guezoux
24800 Vaunac
Tel. 05 53 62 06 39
Fax 05 53 62 88 74
escargot.perigord@wanadoo.fr
www.escargotduperigord.com

Ouvert toute l'année • 3 chambres • 34 € (30 € basse saison) pour 2 personnes ; petit-déjeuner 4 € • Pas de table d'hôte • Jardin, parking

On a aimé **Le gâteau aux noix « maison » servi au petit-déjeuner.**

Isolée au milieu des bois, cette ferme en pierres de pays restaurée en 1990 fera le bonheur des amateurs de tranquillité. Ses chambres ont été aménagées simplement : murs blanchis, carrelage au sol et meubles en pin ; leur tenue est impeccable. Pour les repas, une cuisine totalement indépendante est à disposition des hôtes. Le patron, très aimable, se fera un plaisir de vous faire découvrir son élevage d'escargots.

Accès : à 9 km au Nord par la RN 21 et chemin à droite

SAINT-MARTIAL-VIVEYROLS - 24320

41 HOSTELLERIE LES AIGUILLONS

M. Beeuwsaert

Le Beuil
24320 Saint-Martial-Viveyrols
Tel. 05 53 91 07 55
Fax 05 53 91 00 43
lesaiguillons@aol.com
www.hostellerielesaiguillons.com

Fermé du 1er janvier au 15 avril et du 15 octobre au 31 décembre • 8 chambres dont 1 accessible aux handicapés physiques, toutes avec salles de bains WC et télévision • 62 à 107 € pour 2 personnes, petit-déjeuner compris ; possibilité de demi-pension • Menus de 25 à 42 € • Terrasse, parc, parking • Piscine de plein air

On a aimé **Avoir bois, champs et coteaux à perte de vue.**

Ah ça ! Vous l'avez voulu... Le calme, la campagne, la nature, les petits oiseaux, etc. Eh bien tout est là, devant vous, avec en prime une place au soleil ! Cet hôtel bâti sur les ruines d'une ferme périgourdine dispose de chambres fraîches et spacieuses, d'un restaurant aux faux airs d'hacienda et d'une terrasse donnant sur un parc cerné par la campagne. Vous regrettez les embouteillages, la pollution, le bruit, le stress ? 500 km à tout casser, et vous serez rendu à Paris...

Accès : à 5 km au Nord-Ouest de Verteillac par la D 1, puis à droite la D 101, le C 201 et enfin une route secondaire

BELIN-BÉLIET - 33830

42 CHAMBRE D'HÔTE M. CLÉMENT

M. et Mme Clément

1 rue du Stade
33830 Belin-Béliet
Tel. 05 56 88 13 17
maison.clem@wanadoo.fr

Ouvert toute l'année • 5 chambres • 46 € pour 2 personnes, petit-déjeuner 6 € • Pas de table d'hôte • Parc, parking. Cartes de crédit non acceptées

On a aimé **La décoration raffinée de cette demeure du 16e s.**

Cette belle maison bourgeoise s'élève au milieu d'un parc planté de chênes centenaires et d'essences rares. À l'intérieur, le raffinement est présent dans les moindres détails : boiseries habillant l'entrée, portes aux ferrures ouvragées, parquet et cheminée en marbre dans chaque pièce à vivre... Même élégance dans les chambres, lumineuses et ouvrant pour la plupart leurs fenêtres sur la verdure. Accueil discret.

Accès : dans le parc

BORDEAUX - 33000

43 CONTINENTAL

M. Landereethe

10 rue Montesquieu
33000 Bordeaux
Tel. 05 56 52 66 00
Fax 05 56 52 77 97
continental@hotel-le-continental.com
www.hotel-le-continental.com

Fermé du 25 décembre au 3 janvier • 51 chambres dont 22 climatisées, toutes avec bains WC ou douches WC et télévision • 71 à 95 € pour 2 personnes ; petit-déjeuner à 7 € • Pas de restaurant à l'hôtel • Parking public à proximité

On a aimé **La situation, pratique pour découvrir Bordeaux à pied.**

Hôtel particulier du 18e s. bordant une rue semi-piétonne et commerçante du vieux Bordeaux. Le hall d'entrée, l'escalier et la salle des petits-déjeuners coiffée d'une verrière ont conservé leur cachet d'origine. Les chambres possèdent un peu moins de personnalité, mais sont confortables et régulièrement rafraîchies par le maître des lieux, soucieux du bien-être de ses hôtes. Joli petit salon « cosy ».

Accès : dans la zone piétonne

CASTELNAU-DE-MÉDOC - 33480

44 DOMAINE DE CARRAT

M. et Mme Péry

Route de Sainte-Hélène
33480 Castelnau-de-Médoc
Tel. 05 56 58 24 80
Fax 05 56 58 24 80

Fermé à Noël • 3 chambres • 53 à 59 € pour 2 personnes, petit-déjeuner compris • Pas de table d'hôte • Parc, parking. Cartes de crédit non acceptées

On a aimé **L'atmosphère romantique de cette demeure de 1885.**

Cette majestueuse maison aux volets rouges se niche au creux d'un parc cerné par 20 ha de forêt. Jadis écurie du château voisin, elle abrite aujourd'hui des chambres confortables, très calmes et garnies d'un beau mobilier de famille ; les plus agréables sont celles du rez-de-chaussée, donnant directement sur la pelouse. L'hiver, on papote au coin du feu. L'été, le jardin résonne des éclats de rire des enfants qui se baignent dans la Jalette. Accueil particulièrement attentionné.

Accès : à 1 km au Sud-Ouest de Castelnau-de-Médoc

COUTRAS - 33230

45 HENRI IV

M. Chalvet de Recy

Place du 8-Mai-1945
33230 Coutras
Tel. 05 57 49 34 34
Fax 05 57 49 20 72
hotel-henriIV.gironde@wanadoo.fr

Ouvert toute l'année • 14 chambres réparties sur 2 étages et équipées de salles de bains WC ou douches WC et de télévision • 49 à 51 € pour 2 personnes ; petit-déjeuner 7 € • Pas de restaurant • Jardin, parking

On a aimé **La tenue rigoureuse de cet hôtel.**

La bataille que livra Henri de Navarre, futur Henri IV, en 1587 a fait entrer Coutras dans l'histoire de France. Face à la gare, une maison de maître du 19e s. devancée d'une cour-jardin abrite cet hôtel aux chambres bien tenues, simplement garnies d'un solide mobilier en pin. Double vitrage et double fenêtre luttent efficacement contre la rumeur ferroviaire et les pièces mansardées du dernier étage bénéficient de la climatisation.

Accès : au centre-ville, en face de la gare

GENSAC - 33890

46 LES REMPARTS

M. Povéromo

16 rue du Château
33890 Gensac
Tel. 05 57 47 43 46
Fax 05 57 47 46 76

Fermé du 11 novembre au 31 décembre, dimanche soir, lundi et mardi midi • 7 chambres dont une accessible aux handicapés physiques proposant toutes salles de bains WC ou douches WC et télévision • 60 € (55 € basse saison) pour 2 personnes ; petit-déjeuner 7,50 € ; possibilité de demi-pension • Menus 24 (en semaine) à 40 € • Parking, jardin

On a aimé **L'accueil chaleureux et convivial de toute la famille.**

Cette maison jouit d'un emplacement privilégié : bâtie sur le site des anciens remparts, elle domine le vieux village et la campagne environnante. Les chambres, installées dans un presbytère du 11e s., sont simples mais coquettes avec leurs meubles rustiques et leurs tissus frais et colorés. De l'autre côté du joli petit jardin, la salle de restaurant ménage une vue panoramique sur la vallée de la Durèze.

Accès : à deux pas de l'église

MARGAUX - 33460

47 LE PAVILLON DE MARGAUX

Mme Laurent

3 rue Georges-Mandel
33460 Margaux
Tel. 05 57 88 77 54
Fax 05 57 88 77 73
le-pavillon-de-margaux@wanadoo.fr
www.pavillondemargaux.com

Ouvert toute l'année • 14 chambres, dont 5 en annexe, toutes dotées de salles de bains WC et télévision, 10 sont climatisées • 81 à 110 € pour 2 personnes ; petit-déjeuner 10 € ; possibilité de demi-pension • Restaurant fermé mardi et mercredi du 16 novembre au 31 mars ; menus de 12 (le midi en semaine) à 51 € • Parking fermé • Au coeur du vignoble

On a aimé **La remarquable cave à vins aménagée dans l'hôtel.**

En contemplant cette ravissante demeure du 19e s. postée en bordure des vignes, il est bien difficile d'imaginer qu'elle abritait jadis l'école communale. Adieu l'animation de la cour de récréation, place au raffinement et à une atmosphère des plus feutrées. Chaque chambre porte le nom et affiche un décor inspiré d'un château du Médoc ; celles logées dans une aile récente sont plus petites, mais toujours confortables. Élégante salle à manger et véranda ouverte sur le vignoble.

Accès : à l'entrée du village de Margaux

PORT-SAINTE-FOY - 33220

48 L'ESCAPADE

M. Bolton

La Grâce
33220 Port-Sainte-Foy
Tel. 05 53 24 22 79
Fax 05 53 57 45 05
info@escapade-dordogne.com
www.escapade-dordogne.com

Ouvert de février à novembre ; fermé dimanche soir et vendredi en février et mars • 12 chambres avec salles de bains WC ou douches WC et télévision • 48 à 52 €, petit-déjeuner 7 €, possibilité de demi-pension • Restaurant (dîner seulement), menus de 18 à 50 € (sur réservation) • Terrasse, parking. Chiens non admis • Piscine, salle de remise en forme, sauna, squash

On a aimé **Faire une escapade champêtre et sportive dans un cadre préservé.**

Cette ferme à tabac du 17e s. tenue par un couple franco-anglais est dotée d'un équipement de loisirs complet comprenant une piscine, une salle de fitness, un court de squash et un sauna. Les chambres, de style rustique, bénéficient du silence ambiant et de la vue sur la campagne ; certaines ouvrent leurs fenêtres sur les poulains, juments et étalons du centre équestre voisin. Salle de restaurant campagnarde.

Accès : à l'Ouest de Sainte-Foy-la-Grande, par la D 936 puis une route secondaire

RIONS - 33410

49 CHÂTEAU DU BROUSTARET

M. et Mme Brunet

Le Broustaret
33410 Rions
Tel. 05 56 62 96 97
Fax 08 26 07 04 44
broustaret@libertysurf.fr
www.broustaret.net

Fermé de janvier à Pâques et de la Toussaint au 31 décembre • 5 chambres équipées de salles de bains et WC • 45 à 50 € pour 2 personnes, petit-déjeuner compris • Pas de table d'hôte • Parc, parking. Cartes de crédit non acceptées, chiens non admis

On a aimé **S'immerger dans le vignoble bordelais.**

Cette noble demeure édifiée à la fin du 19e s. sur un domaine viticole occupe une situation privilégiée au cœur du terroir des premières Côtes de Bordeaux. Ses chambres, spacieuses et tranquilles, ouvrent leurs fenêtres sur les collines, les vignes et les bois. Pour les petits-déjeuners, une cuisine équipée est à disposition des hôtes. Dégustation des vins de la propriété et visite de chais organisée sur demande.

Accès : à 6 km au Nord de Cadillac par la D 11 direction Targon puis la D 120

SAINT-ÉMILION - 33330

50 CHÂTEAU MEYLET

Mme Favard

La Gomerie
33330 Saint-Émilion
Tel. 05 57 24 68 85
Fax 05 57 24 77 35
château.meylet@free.fr
www.chateau.meylet.free.fr

Ouvert toute l'année • 4 chambres équipées de salles de bains WC • 52 à 58 € pour 2 personnes, petit-déjeuner compris • Pas de table d'hôte • Salon, jardin, parking. Cartes de crédit non acceptées

On a aimé **Le charme rustique des chambres.**

Cette demeure girondine de 1789 s'élève au cœur d'une petite exploitation viticole de 2 ha. Ses chambres au sol parqueté possèdent un beau mobilier du 18e s. hérité de la famille ou chiné dans les brocantes. Certaines d'entre elles ont vue sur le vignoble, d'autres sur le catalpa qui trône dans le jardin. Les petits-déjeuners sont servis l'hiver dans la véranda et l'été sous la tonnelle.

Accès : 1,5 km à l'Ouest de Saint-Émilion, route de Libourne (D 243)

SAINT-FERME - 33580

51 LE MANOIR DE JAMES

M. et Mme Dubois

Route de Sainte-Colombe
33580 Saint-Ferme
Tel. 05 56 61 69 75
Fax 05 56 61 89 78
midubois2@wanadoo.fr
www.manoir-de-james.com

Fermé du 1er au 15 janvier • 4 chambres, toutes équipées de salles de bains et WC • 65 € pour 2 personnes, petit-déjeuner compris • Pas de table d'hôte • Parking. Cartes de crédit non acceptées, chiens non admis • Barbecue, piscine de plein air, vélos, ping-pong, pétanque, jeux de sociétés

On a aimé **La situation du manoir au centre d'une riche région touristique.**

Ce manoir du 18e s. entouré d'arbres centenaires et de prairies s'avère idéal pour la découverte des coteaux de l'Entre-Deux-Mers. Les chambres, spacieuses, garnies de meubles anciens, sont calmes et offrent de belles échappées sur la campagne alentour. La maîtresse de maison, guide touristique de son état, vous donnera de précieuses informations sur la région. Excellent accueil.

Accès : à 15 km à l'Est de Sauveterre-de-Guyenne par la D 230 et la D 139

SAINT-HIPPOLYTE - 33330

52 CHÂTEAU MONLOT CAPET

M.et Mme Rivals

33330 Saint-Hippolyte
Tel. 05 57 74 49 47
Fax 05 57 24 62 33
mussetrivals@belair-monlot.com
www.belair-monlot.com

Ouvert toute l'année • 6 chambres équipées de salles de bains WC • 65 à 115 € pour 2 personnes, petit-déjeuner compris • Pas de table d'hôte • Jardin, parking

On a aimé **La décoration personnalisée des chambres.**

Avec sa façade crayeuse et son beau toit de tuiles, ce « château » est l'archétype des demeures bourgeoises de la région. Ses chambres, agrémentées de meubles de style, tableaux et photos anciennes, portent chacune le nom d'un cépage : merlot, cabernet, sauvignon... La salle des petits-déjeuners, naturellement décorée sur le thème de la vigne, est fort agréable. L'été, vous profiterez du joli jardin arboré.

Accès : à 3 km à l'Est de St-Émilion direction Castillon par la D 245

SAINT-MARTIN-DE-LERM - 33540

53 LA LÉZARDIÈRE

M. et Mme Mattei

Boimier-Gabouriaud
33540 Saint-Martin-de-Lerm
Tel. 05 56 71 30 12
Fax 05 56 71 30 12
lalezardiere@free.fr
www.lalezardiere.free.fr

Fermé du 1er mars au 31 décembre • 6 chambres et 1 gîte équipés de salles d'eau ou salles de bains et WC • 60 € pour 2 personnes, petit-déjeuner compris ; possibilité de demi-pension • Table d'hôte 20 € • Jardin, parking. Cartes de crédit non acceptées • Piscine, vélos, jeux d'enfants, pétanque, ping-pong

On a aimé **Le vaste jardin avec piscine ouvert sur la vallée.**

Cette métairie du 17e s. superbement restaurée jouit d'un point de vue incomparable sur la vallée de la Dropt. Ses chambres, aménagées dans les anciennes étables au décor de pierre et de bois, sont très chaleureuses. La salle des petits-déjeuners, avec sa charpente apparente, ses dalles en terre cuite, son immense table, sa cheminée monumentale et ses crèches où s'alimentait le bétail vaut le coup d'œil. À noter aussi la belle documentation sur les vins et autres richesses du terroir.

Accès : à 8 km au Sud-Est de Sauveterre-de-Guyenne par la D 670, la D 230 puis la D 129

ANGRESSE - 40150

54 TY-BONI

M. et Mme Boniface

1831 route de Capbreton
40150 Angresse
Tel. 05 58 43 98 75
Fax 05 58 43 98 75
info@ty-boni.com
www.ty-boni.com

Ouvert toute l'année • 5 chambres • 70 € (55 € basse saison) pour 2 personnes, petit-déjeuner compris • Pas de table d'hôte • Parc, parking. Cartes de crédit non acceptées, chiens non admis • Piscine de plein air

On a aimé **L'accueil particulièrement chaleureux des propriétaires.**

Une douce quiétude, à peine troublée par le chant des oiseaux et le vent sifflant dans les pins, règne en cette maison contemporaine dont l'architecture emprunte au style régional. Les chambres, d'une grande sobriété, sont agréables. Une cuisine est à disposition des hôtes. Dès les premiers rayons de soleil, vous serez séduit par le parc et sa piscine, jouxtant un étang. Verdict : une étape privilégiée à deux pas d'Hossegor, de ses plages et de son animation.

Accès : 3 km à l'Est d'Hossegor par la D 133

BETBEZER-D'ARMAGNAC - 40240

55 LE DOMAINE DE PAGUY

M. et Mme Darzacq

Domaine de Paguy
40240 Betbezer-d'Armagnac
Tel. 05 58 44 81 57
Fax 05 58 44 68 09
albert.darzacq@wanadoo.fr

Fermé le mercredi à partir du 1er juillet jusqu'au 15 septembre • 6 chambres • 40 à 63 € pour 2 personnes, petit-déjeuner compris • Table d'hôte de 16 (semaine) à 31 € • Parc, terrasse, parking. Les cartes de crédit ne sont pas acceptées, chiens non admis dans les chambres • Piscine de plein air, visite du chai

On a aimé

La visite commentée des chais d'Armagnac.

Cette noble maison de maître du 16e s. se dresse au centre d'un vaste domaine viticole dominant la vallée de la Douze. Ses chambres en partie rénovées, spacieuses et agréables, donnent sur le joli parc et sur les vignes au milieu desquelles folâtrent poules et canards. Une excellente table honorant la cuisine landaise complète la palette d'agréments de ce bel établissement.

Accès : à 5 km au Nord-Est de Labastide-d'Armagnac par la D 11 puis la D 35

HAGETMAU - 40700

56 LES LACS D'HALCO

M. et Mme Demen

Route de Cazalis
40700 Hagetmau
Tel. 05 58 79 30 79
Fax 05 58 79 36 15
contact@hotel-des-lacs-dhalco.fr
www.hotel-des-lacs-dhalco.com

Ouvert toute l'année • 24 chambres climatisées, orientées lac ou forêt, toutes avec salles de bains WC et télévision • 64 à 98 € pour 2 personnes; petit-déjeuner 10 € ; possibilité de demi-pension • Restaurant climatisé ; menus de 25 à 50 € • Parking. Chiens non admis au restaurant • Piscine couverte, tennis, location de vélos

On a aimé

L'architecture résolument futuriste et parfaitement intégrée à ce site typique des Landes.

Acier, verre, bois et pierre composent cette étonnante architecture design ouverte sur lacs et forêt. Les nombreuses baies vitrées de ce bâtiment en arc de cercle invitent à la contemplation. Le rez-de-chaussée est occupé par un vaste hall, le bar très contemporain et une remarquable salle à manger dressée dans une rotonde qui semble « posée » sur l'eau. À l'étage, le décor des chambres, amples et modernes, est épuré mais fort agréable. Belle piscine couverte, barques et minigolf.

Accès : à 3 km au Sud-Ouest d'Hagetmau sur la route de Cazalis

MIMBASTE - 40350

57 CAPCAZAL DE PACHIOU

Mme Dufourcet

606 route de Pachiou
40350 Mimbaste
Tel. 05 58 55 30 54
Fax 05 58 55 30 54

Ouvert toute l'année • 4 chambres • 48 à 65 € pour 2 personnes, petit-déjeuner compris • Table d'hôte 20 € le soir • Parking. Cartes de crédit non acceptées

On a aimé

L'authenticité des lieux et de l'accueil.

Cette demeure appartient à la même famille depuis le 17e s., époque de sa construction. Superbement restaurée, elle conserve de nombreux vestiges du passé : colombier, cage à ortolans, boiseries, parquet... Cadre et décor chargés d'histoire se retrouvent dans les chambres dotées de lits à baldaquin, cheminées ouvragées, gravures anciennes... Et ce n'est pas l'assiette qui vous décevra : garbure, confits et foies gras poêlés ou en terrine vous mettront infailliblement en appétit !

Accès : à 11km par N947 direction Dax-Orthez

SABRES - 40630

58 LES ARBOUSIERS

Mme Labri

Le Gaille
40630 Sabres
Tel. 05 58 07 52 52
Fax 05 58 07 52 52
lesarbousiers@aol.com
www.chambres-landes.com

Ouvert toute l'année • 6 chambres • 49 € (45 € basse saison) pour 2 personnes, petit-déjeuner compris ; possibilité de demi-pension • Table d'hôte 18 € • Parc, parking. Cartes de crédit non acceptées, chiens non admis

On a aimé

L'environnement préservé de cette maison à colombages.

Nichée dans une clairière au milieu des pins, cette demeure typiquement landaise a incontestablement fière allure. Ses chambres, neuves, sont lumineuses et confortables. Sa salle à manger, éclairée par de larges baies vitrées, s'ouvre directement sur le parc riche de curiosités entretenues par la patronne, passionnée de nature et d'ornithologie. Pour couronner le tout, un accueil simple et naturel vous sera réservé.

Accès : à 7,5 km à l'Ouest de Sabres par la D 44

TARNOS - 40220

59 CHAMBRE D'HÔTE M. LADEUIX

M. et Mme Ladeuix

26 avenue Salvador-Allende
40220 Tarnos
Tel. 05 59 64 13 95
Fax 05 59 64 13 95
heleneladeuix@hotmail.com
www.enaquitaine.com

Ouvert toute l'année • 5 chambres et 1 gîte • 65 € pour 2 personnes ; petit-déjeuner compris • Pas de table d'hôte • Parc, parking. Cartes de crédit non acceptées • Piscine de plein air

On a aimé **Être surpris par l'insoupçonnable cadre campagnard de l'adresse.**

De la route, on ne peut deviner que cette demeure tapissée de glycine s'ouvre sur un si joli parc où poussent chênes, châtaigniers, érables, mimosas, bananiers et poiriers. Les chambres sont décorées assez simplement ; l'une d'elles fait exception en affichant un style résolument basque. Une buanderie et une cuisine sont à disposition des hôtes. L'enclos où paissent les brebis, près des cages à lapins et du poulailler, ravira les enfants.

Accès : à 5 km au Nord de Bayonne par la N 10

AGEN - 47000

60 CHÂTEAU DES JACOBINS

Mme Bujan

1 ter place des Jacobins
47000 Agen
Tel. 05 53 47 03 31
Fax 05 53 47 02 80
www.chateau-des-jardins.com

Ouvert toute l'année • 15 chambres dotées de salles de bains ou douches WC et télévision, 13 sont climatisées • 94 à 103 € pour 2 personnes ; petit-déjeuner 12 à 14 € • Pas de restaurant • Parc, parking fermé

On a aimé **La plaisante atmosphère « vieille France » qui règne dans cette demeure de caractère.**

Cet hôtel particulier construit en 1832 profite à la fois d'un emplacement central et d'une quiétude très appréciée par les clients. Après avoir traversé une cour arborée, on gagne le rez-de-chaussée composé de deux salons joliment meublés et d'un bel escalier qui conduit aux chambres. De tailles variées, toutes personnalisées, bourgeoises et confortables, elles jouissent d'un charme délicieusement suranné. Une bien agréable antithèse à l'hôtellerie de chaîne !

Accès : au centre ville, près de l'église des Jacobins

MONCLAR-D'AGENAIS - 47380

61 CHÂTEAU DE LA SEIGLAL

M. et Mme Decourty

47380 Monclar-d'Agenais
Tel. 05 53 41 81 30
decourty-chambres-hotes@wordonline.fr

Ouvert toute l'année (sur réservation) • 5 chambres • 60 € pour 2 personnes, petit-déjeuner compris • Table d'hôte 18 € (uniquement le soir) • Parc, parking. Cartes de crédit non acceptées, chiens non admis • Piscine de plein air, ping-pong, baby-foot, terrain de foot, pêche, bicyclettes

On a aimé **La convivialité de cette belle demeure du 19e s.**

Niché dans un parc planté d'arbres centenaires, ce petit château édifié en 1820 respire la tranquillité. Ses chambres rénovées, spacieuses et confortables, baptisées du nom des cinq sœurs du propriétaire, ouvrent leurs fenêtres sur le parc et les prairies environnantes. La salle à manger recèle bien des trésors : meubles d'époque, scène de chasse sculptée et superbe cheminée en marbre et faïence. Nullement en reste, la table se garnit de produits des fermes alentour et de pâtisseries maison.

Accès : à 6 km au Nord de Fongrave par la D 238 puis la D 667, à la borne kilométrique n° 25

NÉRAC - 47600

62 LE DOMAINE DU CAUZE

SCI du Cauze

47600 Nérac
Tel. 05 53 65 54 44
Fax 05 53 65 54 44
cauze.pope@wanadoo.fr
www.domaineducauze.com

Fermé du 23 décembre au 2 janvier • 4 chambres • 53 € pour 2 personnes, petit-déjeuner compris ; possibilité de demi-pension • Table d'hôte 18 à 24 € (sauf en juillet-août) • Parking. Chiens non admis • Piscine de plein air

On a aimé **Le calme de cette maison centenaire.**

Cette vénérable ferme magnifiquement restaurée a tout pour plaire. Sa situation d'abord, sur une colline verdoyante qui ménage, par temps clair, une jolie perspective sur les premières forêts des Landes et le Gers. La tranquillité des chambres ensuite, toutes décorées avec goût. Les repas enfins, servis l'été sous la tonnelle et concoctés par le patron, passionné de cuisine. L'accueil y est particulièrement convivial.

Accès : à 2,5 km à l'Est de Nérac en direction d'Agen (D 656)

SAMAZAN - 47250

63 **CHÂTEAU CANTET**

M. et Mme Raitrie

47250 Samazan
Tel. 05 53 20 60 60
Fax 05 53 89 63 53
jbdelaraitrie@wanadoo.fr

Fermé du 15 décembre au 15 janvier • 4 chambres dont 1 suite, toutes équipées de salles d'eau WC ou salles de bains WC • 56 à 70 € pour 2 personnes, petit-déjeuner compris • Table d'hôte 23 € • Parc, parking. Cartes de crédit non acceptées, chiens non admis • Piscine de plein air, salle de jeux pour les enfants

On a aimé **Les nombreuses activités proposées.**

Voici une très élégante demeure du 16e s. entourée d'un vaste parc bien entretenu, en pleine campagne. Les chambres, aux tons jaune et bleu, sont garnies d'un plaisant mobilier rustique ou bourgeois. Selon la saison, le couvert est dressé dans la belle salle à manger de style Louis XIII ou sous la tonnelle, au bord de la piscine. Côté détente, bon choix d'activités : salle de jeux pour les enfants, vélos, croquet, billard, ping-pong, basket et pétanque. Golf et tennis à Marmande (10 km).

Accès : à 10 km au Sud de Marmande, direction Casteljaloux

ASCAIN - 64310

64 **CHAMBRE D'HÔTE ARRAYOA**

M. Ibarburu

Ferme « Arrayoa »
64310 Ascain
Tel. 05 59 54 06 18

Ouvert toute l'année • 4 chambres avec salles de bains WC • 50 € pour 2 personnes, petit-déjeuner compris • Pas de table d'hôte • Salle à vivre équipée d'une cuisine et d'une bibliothèque. Cartes de crédits non acceptées

On a aimé **Se réfugier à la campagne sans trop s'éloigner des mondanités de la côte.**

Dans cette belle bâtisse, tout invite à prendre la vie du bon côté : les chambres offrent un charme campagnard, les petits-déjeuners sont servis dans l'ancienne étable et confits et foies gras sont confectionnés sur place par les propriétaires eux-mêmes... Un peu d'exercice vous ferait du bien ? Le fronton – privé – attend les pelotari en herbe et la montagne de la Rhune dévoile son panorama aussi bien aux randonneurs qu'aux passagers du petit train embarqués au col de Saint-Ignace.

Accès : à 800 mètres du fronton

BUZY - 64260

65 MAÏMADE

Mme Augareils

6 place Cazenave
64260 Buzy
Tel. 05 59 21 01 01
Fax 05 59 21 01 01
rolande.augareils@wanadoo.fr

Fermé en janvier • 6 chambres • 48 à 52 € pour 2 personnes, petit-déjeuner compris ; possibilité de demi-pension • Table d'hôte de 16 à 20 € • Parking. Cartes de crédit non acceptées, chiens non admis

On a aimé **L'accueil particulièrement sympathique de Rolande et des siens.**

Au cœur du village, voici une jolie ferme béarnaise avec son portail en fer forgé, ses fenêtres fleuries et sa cour où trône une immense table pouvant accueillir jusqu'à 25 convives. C'est là que se déroulent en été les plus chaleureux des repas, mêlant hôtes et membres de la famille qui n'hésitent pas à pousser la chansonnette... Les chambres, agrémentées de meubles et dentelles, sont très coquettes, mais attention, il n'y a pas de chauffage ! Cuisine cent pour cent béarnaise.

Accès : à 4 km au Nord d'Arudy par la D 920

CASTAGNÈDE - 64270

66 LA BELLE AUBERGE

M. et Mme Vicassiau

64270 Castagnède
Tel. 05 59 38 15 28
Fax 05 59 65 03 57

Fermé du 1er au 15 juin, du 20 décembre au 31 janvier, dimanche soir et lundi soir • 14 chambres tournées vers la campagne, quelques-unes avec salles de bains WC ou douches WC, toutes avec télévision • 37 à 50 € ; petit-déjeuner 5,50 € ; demi-pension 40 € • Restaurant fermé dimanche soir et lundi soir ; menus 12 à 22 € • Terrasse, jardin, parking. • Piscine de plein air

On a aimé **Paresser au bord de la piscine dans un environnement calme et verdoyant.**

Qu'elle est accueillante, cette adresse familiale nichée dans un pittoresque hameau au bord du gave d'Oloron ! La maison ancienne abrite le bar et deux salles à manger de style campagnard où l'on propose une généreuse cuisine largement inspirée par le terroir. La partie hôtel occupe un autre bâtiment : chambres fraîches, sans faste mais fort bien tenues et agréablement tournées vers un grand jardin et une piscine à la forme originale. La « Belle Auberge », quoi !

Accès : quitter Salies-de-Béarn par la D 17 (vers Peyrehorade), puis à gauche la D 27 et à droite la D384

FÉAS - 64570

67 LE CHÂTEAU DE BOUES

Mme Dornon

64570 Féas
Tel. 05 59 39 95 49
Fax 05 59 39 95 49

Fermé de fin septembre à avril • 4 chambres • 59 € pour 2 personnes, petit-déjeuner compris • Pas de table d'hôte • Jardin, parking. Cartes de crédit non acceptées, chiens non admis • Piscine de plein air

On a aimé **La chaleur de l'accueil.**

Situé aux portes de la vallée de Baretous, ce fier château du 18e s. à la façade immaculée domine de sa haute taille la campagne béarnaise. Les chambres, aménagées dans le bâtiment central (les tours sont occupées par les propriétaires), profitent toutes de la vue sur le jardin, la piscine et le magnifique potager. Les petits-déjeuners sont très conviviaux et l'accueil, exemplaire.

Accès : à 8 km au Sud-Ouest d'Oloron-Ste-Marie par la D 919

GUÉTHARY - 64210

68 BRIKÉTÉNIA

M. et Mme Ibarboure

142 rue de l'Église
64210 Guéthary
Tel. 05 59 26 51 34
Fax 05 59 54 71 55

Ouvert du 15 mars au 15 novembre • 21 chambres dont 12 avec balcon, 1 accessible aux handicapés physiques, disposant toutes de salles de bains WC et télévision • 65 à 90 € (60 à 80 € basse saison) pour 2 personnes ; petit-déjeuner 10 € • Pas de restaurant • Parking

On a aimé **Prendre son makhila et parcourir les rues de la station.**

Ce relais de poste bâti en 1680 sur les hauteurs de Guéthary est typique de l'architecture basque traditionnelle : toit de tuiles en débord, balcon, crépi blanc, pans de bois et volets rouges. Peut-être est-ce la vue sur l'océan, offerte par certaines chambres, qui séduisit Napoléon Bonaparte, hôte ô combien célèbre du Brikéténia. L'établissement ne dort pas pour autant sur ses lauriers : il vient de bénéficier d'une complète cure de jouvence.

Accès : près de l'église

ISPOURE - 64220

69 FERME ETXEBERRIA

M. Mourguy

64220 Ispoure
Tel. 05 59 37 06 23
Fax 05 59 37 06 23

Ouvert toute l'année • 4 chambres • 44 € pour 2 personnes, petit-déjeuner compris • Pas de table d'hôte • Parking. Chiens non admis • Visite du chai et dégustation sur place

On a aimé **Les balades à dos d'âne au milieu des vignes d'Irouleguy.**

Cette belle maison s'élevant au milieu des vignes d'Irouleguy constitue une étape de choix pour la découverte intime du Pays basque. Ses chambres, aménagées dans l'ancienne grange, sont modernes, sobres et fort agréables. Une kitchenette, une belle salle des petits-déjeuners et une véranda grande ouverte sur les coteaux sont à disposition des hôtes. Les propriétaires, à la fois vignerons et éleveurs d'ânes, mettent sur pied de nombreux circuits de randonnée.

Accès : à 0,8 km au Nord-Est de Saint-Jean-Pied-de-Port par la D 933

ISSOR - 64570

70 LA FERME AUX SANGLIERS

M. Delhay-Cazaurang

Micalet
64570 Issor
Tel. 05 59 34 43 96
Fax 05 59 34 49 56

Ouvert toute l'année • 5 chambres, toutes équipées de sanitaires complets • 37 à 50 € pour 2 personnes, petit-déjeuner 5 € • Table d'hôte 14 € • Parking. Cartes de crédit non acceptées, chiens non admis • Dégustation et vente de charcuteries « maison »

On a aimé **La vue exceptionnelle depuis toutes les chambres.**

Une route étroite grimpe jusqu'à cette ferme béarnaise remarquablement restaurée. Vous y attendent un accueil des plus chaleureux et des chambres très confortables bénéficiant toutes d'une splendide vue sur la vallée et les sommets pyrénéens. La table d'hôte fait la part belle aux produits du terroir. Par ailleurs le propriétaire, éleveur de bestiaux, organise sur demande la visite de ses parcs à sangliers. Les enfants adorent !

Accès : à 10 km à l'Ouest de St-Christau par la D 918 jusqu'à Asasp puis la N 134 et la D 918, direction Arette

71 HÔTEL DU CHÊNE

Mme Salaberry

64250 Itxassou
Tel. 05 59 29 75 01
Fax 05 59 29 27 39

Fermé en janvier, février, le mardi d'octobre à juin et le lundi • 16 chambres avec salles de bains WC, quelques-unes avec télévision • 43 € (41 € basse saison) ; petit-déjeuner 6,50 € ; possibilité de demi-pension • Menus de 15 à 38 € • Terrasse, jardin, parking. Chiens non admis au restaurant

On a aimé **À Cambo, la belle villa Arnaga qui appartint à Edmond Rostand.**

Les portes de cette sympathique petite auberge rustique sont ouvertes depuis 1696. Les chambres, parfois agrémentées de cheminées en marbre et de vieux meubles basques, ouvrent leurs fenêtres sur les célèbres cerisiers d'Itxassou. Vous dégusterez la fameuse confiture à la cerise noire sous les poutres bleues de la salle à manger ou à l'ombre d'une délicieuse glycine.

Accès : près de l'église

ITXASSOU - 64250

72 SOUBELETA

Mme Régérat

64250 Itxassou
Tel. 05 59 29 78 64

Ouvert toute l'année • 5 chambres • 46 à 52 € pour 2 personnes, petit-déjeuner compris • Pas de table d'hôte • Jardin, parking. Cartes de crédit non acceptées, chiens non admis

On a aimé **Le calme de cette jolie demeure du 17e s.**

Cette imposante maison édifiée en 1675 bénéficie d'une appréciable situation sur les hauteurs du village. Ses chambres aux volumes généreux, nanties de beaux meubles de famille, s'ouvrent sur les prés et le verger ; deux d'entre elles possèdent une cheminée en marbre. Le salon, clair et joliment agencé, est agréable. Les enfants seront ravis d'aller jeter un coup d'œil à l'élevage de vaches laitières dans la ferme attenante.

Accès : au village, rester sur la D 918 jusqu'au pont de la Nive, puis tourner à droite

PAGOLLE - 64120

73 MAISON ELIXONDOA

M. et Mme Walther

64120 Pagolle
Tel. 05 59 65 65 34
Fax 05 59 65 72 15
jean.walther@wanadoo.fr
www.elixondoa.com

Ouvert toute l'année • 4 chambres • 48 € pour 2 personnes, petit-déjeuner compris • Table d'hôte 20 € • Jardin, parking. Cartes de crédit non acceptées

On a aimé

Le charme pastoral de ce lieu retiré.

Repos garanti en cette ferme du 17e s. plantée au milieu des champs, sur l'une des anciennes routes menant à Saint-Jacques-de-Compostelle. Les chambres, récemment aménagées avec tout le confort moderne, donnent sur les collines environnantes. Pour les repas, vous vous attablerez dans la grande salle à manger aux murs de pierres apparentes coiffés d'une imposante charpente. Accueil sympathique.

Accès : 13 km à l'Ouest de Mauléon-Licharre par la D 918 puis la D 302

SAINT-JEAN-DE-LUZ - 64500

74 VILLA ARGI-EDER

M. Basset

Avenue Napoléon III
64500 Saint-Jean-de-Luz
Tel. 05 59 54 81 65
Fax 05 59 54 81 65
villa-argi-eder@wanadoo.fr

Ouvert toute l'année • 4 chambres • 50 € pour 2 personnes, petit-déjeuner 5 € • Pas de table de table d'hôte • Terrasse, jardin, parking. Cartes de crédit non acceptées

On a aimé

Admirer les exploits des surfeurs aux prises avec les déferlantes.

Cette maison basque qui vient juste d'être repeinte en gris et blanc a tout ce qu'il faut pour séduire : tranquillité du site, joli jardin gazonné et fleuri, situation privilégiée à 100 m de la plage des surfeurs... Ses vastes chambres flambant neuf, qui ont opté pour une décoration zen, s'ouvrent sur des terrasses privatives côté jardin ; leurs salles de bains sont confortablement équipées. Une des adresses les plus sympathiques de la station !

Accès : à 5 km au Nord-Est de Saint-Jean-de-Luz par la N 10, direction Biarritz puis route secondaire

SALIES-DE-BÉARN - 64270

75 LA CLOSERIE DU GUILHAT

Mme Potiron

Le Guilhat
64270 Salies-de-Béarn
Tel. 05 59 38 08 80
Fax 05 59 38 31 90
guilhat@club-internet.fr

Ouvert toute l'année • 4 chambres et 1 gîte • 48 à 54 € pour 2 personnes, petit-déjeuner compris ; possibilité de demi-pension • Table d'hôte 20 € tous les soirs sauf le jeudi • Parc, parking. Cartes de crédit non acceptées, chiens non admis

On a aimé **Les soirées en terrasse, face à la chaîne des Pyrénées.**

Cette ancienne maison de maître béarnaise possède de précieux atouts en tête desquels figurent un remarquable parc paysager et une exquise terrasse ouverte sur la vallée, avec en toile de fond les cimes pyrénéennes. Les chambres, spacieuses, calmes et colorées, portent chacune le nom d'une fleur. L'accueil de la maîtresse de maison est charmant. Les dîners, pris dans la véranda en hiver et sur la terrasse en été, vous laisseront un souvenir inoubliable.

Accès : à 4 km au Nord de Salies direction Puyoo, sur les hauteurs de Salies

SARE - 64310

76 ARRAYA

M. Fagoaga

64310 Sare
Tel. 05 59 54 20 46
Fax 05 59 54 27 04
hotel@arraya.com
www.arraya.com

Fermé du 2 novembre au 27 mars • 23 chambres équipées de salles de bains WC pour la plupart, d'autres avec douches WC et toutes de télévision • 69 à 120 € ; petit-déjeuner 9 € ; possibilité de demi-pension • Restaurant fermé dimanche soir et lundi midi sauf du 3 juillet au 12 septembre ; menus 21 à 31 € • Terrasse, jardin. Chiens non admis dans les chambres • Boutique de linge basque et produits du terroir

On a aimé **Prendre le petit train à crémaillère de la Rhune (1924).**

Évoqué par Pierre Loti dans Ramuntcho, le village, adossé aux contreforts de la Rhune, est un vrai conservatoire du patrimoine basque. Ne voulant pas être en reste, ce relais du 17e s. qui accueillait jadis les pèlerins de St-Jacques offre un décor typiquement régional : poutres, boiseries sombres, vieux meubles et tissus colorés. Alentour, l'ancien « paradis des contrebandiers » est devenu celui des promeneurs : les sentiers sillonnent les pâturages, fiefs des pottoks et des brebis.

Accès : au cœur du village, près de la place centrale, à côté du fronton

AUVERGNE

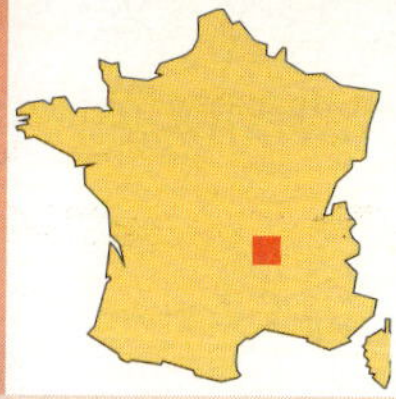

Contrastée l'Auvergne ? Oui. A l'ouest la chaîne des volcans, avec ses magnifiques paysages de puys sculptés par le feu, ses églises romanes en lave, ses profonds lacs de cratère et ses robustes et obscures maisons, se déploie du nord du Puy de Dôme au Cantal. À l'est la vallée de l'Allier déroule ses doux paysages ocre ponctués de villages qui annoncent déjà le midi avec leurs toits de tuiles et quelques vignobles. L'eau est omniprésente : rivières chères aux pêcheurs mais aussi la précieuse eau thermale qui a donné naissance à des stations aussi connues que Vichy et La Bourboule. Pour vraiment découvrir cette région il ne faut pas hésiter à prendre les petites routes qui serpentent et à s'arrêter dans une ferme auberge où l'on vous servira une potée auvergnate ou l'une de ces recettes à base de fromage : la truffade ou l'aligot. N'oublions pas qu'ici nous sommes dans un pays bien rural et l'Auvergnat même s'il habite en ville et travaille en usine (chez Michelin par exemple) reste toujours très attaché à son lopin de terre et à ses cultures.

- Allier (03)
- Cantal (15)
- Haute-Loire (43)
- Puy-de-Dôme (63)

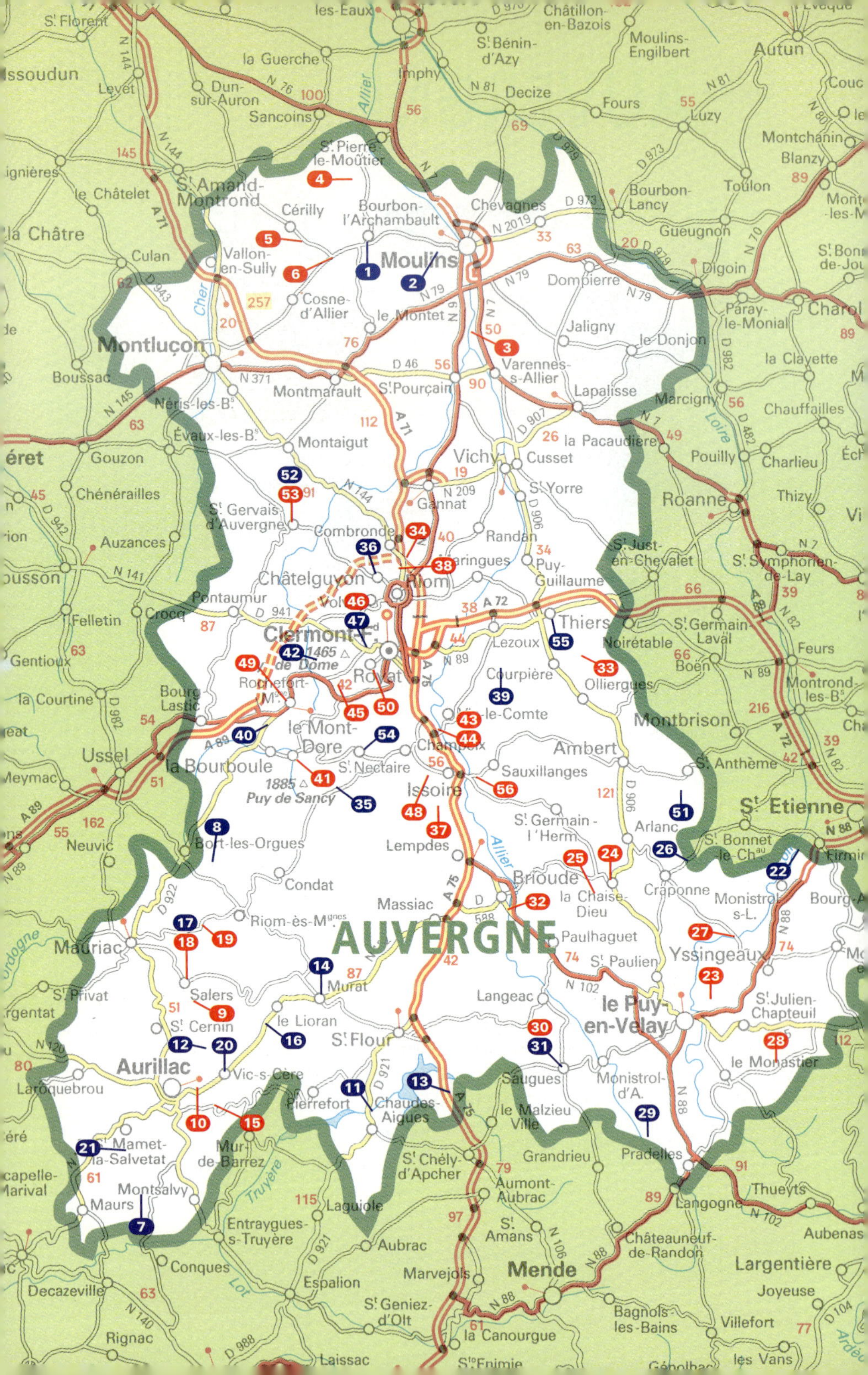
AUVERGNE
Moulins
Montluçon
Vichy
Clermont-F.
Riom
Thiers
Ambert
Issoire
Brioude
Aurillac
St Flour
le Puy-en-Velay
Mauriac
Murat
Ussel
la Bourboule
le Mont-Dore
1465 Puy de Dôme
1885 Puy de Sancy
Châtelguyon
Gannat
Cusset
St Yorre
Lapalisse
St Pourçain
Montmarault
Varennes-s-Allier
le Donjon
Jaligny
Dompierre
Chevagnes
Bourbon-l'Archambault
Cérilly
Cosne-d'Allier
le Montet
St Pierre-le-Moûtier
Vallon-en-Sully
Néris-les-B.
Évaux-les-B.
Montaigut
St Gervais-d'Auvergne
Combronde
Randan
Aigueperse
Maringues
Puy-Guillaume
Lezoux
Courpière
Olliergues
Noirétable
Pontaumur
Rochefort-M.
Royat
Vic-le-Comte
Champeix
St Nectaire
Sauxillanges
St Germain-l'Herm
Arlanc
Craponne
la Chaise-Dieu
Paulhaguet
St Paulien
Yssingeaux
Monistrol-s-L.
St Julien-Chapteuil
le Monastier
Langeac
Saugues
Monistrol-d'A.
Pradelles
Lempdes
Massiac
Condat
Riom-ès-Mgnes
Bort-les-Orgues
Salers
St Cernin
Vic-s-Cère
le Lioran
Pierrefort
Chaudes-Aigues
Laroquebrou
St Mamet-la-Salvetat
Maurs
Montsalvy
Mur-de-Barrez
Entraygues-s-Truyère
Laguiole
Aubrac
St Chély-d'Apcher
Aumont-Aubrac
le Malzieu Ville
Grandrieu
Langogne
Châteauneuf-de-Randon
Mende
Marvejols
St Amans
Espalion
St Geniez-d'Olt
la Canourgue
Laissac
Conques
Decazeville
Rignac
Bagnols-les-Bains
Villefort
les Vans
Largentière
Joyeuse
Aubenas
Thueyts
St Etienne
Firminy
Bourg-Argental
St Bonnet-le-Chau
St Anthème
Montbrison
Boën
Feurs
St Germain-Laval
Montrond-les-B.
St Just-en-Chevalet
St Symphorien-de-Lay
Roanne
Thizy
Pouilly
Charlieu
Chauffailles
Marcigny
la Pacaudière
la Clayette
Paray-le-Monial
Digoin
Gueugnon
Bourbon-Lancy
Toulon
Montchanin
Blanzy
Autun
Luzy
Fours
Decize
St Bénin-d'Azy
Châtillon-en-Bazois
Moulins-Engilbert
Imphy
la Guerche
Dun-sur-Auron
Sancoins
St Amand-Montrond
le Châtelet
la Châtre
Culan
Levet
St Florent
Issoudun
Boussac
Gouzon
Chénérailles
Auzances
Felletin
Crocq
Gentioux
la Courtine
Bourg-Lastic
Meymac
Neuvic
St Privat
Cher
Allier
Loire
Truyère
Lot
A 71
A 72
A 75
A 89
N 7
N 9
N 79
N 88
N 102
N 209
N 371
Gérolhac
Ste Enimie
1 2 3 4 5 6 7 8 9 10 11 12 13 14 15 16 17 18 19 20 21 22 23 24 25 26 27 28 29 30 31 32 33 34 35 36 37 38 39 40 41 42 43 44 45 46 47 48 49 50 51 52 53 54 55 56

BOURBON-L'ARCHAMBAULT - 03160

1 G. H. MONTESPAN-TALLEYRAND

M. Livertout

Place des Thermes
03160 Bourbon-L'Archambault
Tel. 04 70 67 00 24
Fax 04 70 67 12 00
hotelmontespan@wanadoo.fr
www.hotel-montespan.com

Ouvert du 1er avril au 20 octobre • 44 chambres, toutes dotées de salles de bains WC ou douches WC et de télévision, 4 sont équipées de cuisinettes • 56 à 100 € pour 2 personnes ; petit-déjeuner 10 € ; possibilité de demi-pension • Menus de 22 (en semaine) à 45 € • Garage. Chiens non admis • Piscine de plein air, salle de gymnastique

On a aimé **Le joli jardin fleuri aménagé au pied d'une tour médiévale.**

Trois vieilles maisons voisines des thermes, avec le château des ducs de Bourbon pour toile de fond. Presque partout aux plafonds règne la belle symétrie des poutres sombres. Les jolis murs en pierre blanche, sur lesquels s'appuient d'élégantes cheminées, éclairent des chambres personnalisées et feutrées. Mme de Montespan, Mme de Sévigné et Talleyrand, venus prendre les eaux dans la cité, logèrent ici : avec une telle demeure de caractère, nous sommes loin du banal hôtel de station thermale !

Accès : au centre de la station, accolé aux Thermes

COULANDON - 03000

2 LE CHALET

M. Schweizer

03000 Coulandon
Tel. 04 70 46 00 66
Fax 04 70 44 07 09
hotel-chalet@cs3i.fr
www.hotel.lechalet.com

Fermé de décembre à janvier • 28 chambres dont 19 à l'annexe et 1 accessible aux handicapés physiques, disposant toutes de salles de bains WC ou douches WC et de télévision • 65 à 80 € pour 2 personnes ; petit-déjeuner 9 € ; possibilité de demi-pension • Restaurant « Le Montégut » ; menus de 18 (en semaine) à 39 € • Terrasse, parc, parking • Piscine de plein air

On a aimé **Les copieux petits-déjeuners servis comme en Suisse, pays d'origine du patron.**

Trois bâtiments nichés dans un bosquet : les chambres se répartissent entre le « chalet » - qui abrite aussi la réception - et les anciennes écuries, tandis que le restaurant occupe une maison récemment construite. L'ensemble, complété d'une piscine, se situe au cœur d'un parc centenaire de 4 ha agrémenté d'un étang (pêche possible). Vous vous éveillerez donc en pleine campagne bourbonnaise lors de cette étape placée sous le signe de la détente.

Accès : à 7 km au Sud-Ouest de Moulins par la D 945 (direction Souvigny) puis à droite par une route secondaire

LA FERTÉ-HAUTERIVE - 03340

3 DEMEURE D'HAUTERIVE

Mme Lefebvre

03340 La Ferté-Hauterive
Tel. 04 70 43 04 85
Fax 04 70 43 00 62
j.lefebvre@demeure-hauterive.com
www.demeure-hauterive.com

Ouvert toute l'année • 5 chambres dont 1 au rez-de-chaussée • 70 à 76 € (67 à 73 € basse saison) pour 2 personnes, petit-déjeuner compris • Parc, parking • Piscine, possibilité de promenade en attelage

On a aimé **Flâner dans le parc paré de ses couleurs automnales**

Il fait bon vivre dans cette majestueuse demeure de 1850 sise au milieu d'un parc de 3 ha. Les chambres, et tout particulièrement celle du rez-de-chaussée, sont spacieuses et décorées avec goût. Côté détente, la maison propose un bon choix d'activités : billard, badminton, ping-pong... et balades dans le parc clos où se disséminent kiosques et petits bassins. L'ambiance ? Elle est parfaitement conviviale !

Accès : à 12 km au Nord de St-Pourçain-sur-Sioule par la N 9 puis la D 32

POUZY-MÉSANGY - 03320

4 MANOIR LE PLAIX

Mme Raucaz

03320 Pouzy-Mésangy
Tel. 04 70 66 24 06
Fax 04 70 66 25 82
leplaix@yahoo.fr

Fermé du 15 décembre au 15 mars • 4 chambres non-fumeurs disposant de salles d'eau et WC privés • 40 à 44 € pour 2 personnes, petit-déjeuner compris ; possibilité de demi-pension • Table d'hôte 16 € (le soir uniquement) • Salon, parking. Cartes de crédit non acceptées • À proximité : tennis, golf miniature

On a aimé **Se promener sur les berges de la Bieudre, bucolique rivière qui traverse la propriété.**

Accueillante maison forte du 16e s. située sur une exploitation agricole. Un bel escalier à vis vous conduira vers l'une des chambres d'hôte. Tomettes, poutres apparentes, meubles anciens et cheminées en pierre y créent une atmosphère propice à un agréable séjour. Les dîners sont l'occasion de savourer de goûteux produits du terroir, dont le bœuf charolais élevé sur place. Suivant la saison, balade, pêche ou cueillette de champignons.

Accès : RD 234, au Nord-Ouest à 1,5 km par route secondaire

THENEUILLE - 03350

5 L'OMBRE DE GOZINIÈRE

Mme Pamela Line

03350 Theneuille
Tel. 04 70 67 59 17
Fax 04 70 67 59 17
pamelaline@wanadoo.fr

Ouvert d'avril à septembre • 3 chambres mansardées • 45 € pour 2 personnes, petit-déjeuner compris • Table d'hôte 17 € (uniquement sur réservation) • Salon, jardin, parking. Cartes de crédit non acceptées • Piscine de plein air

On a aimé

La piscine circulaire aménagée dans un jardin tourné vers la campagne.

Rénovation réussie en cette jolie bâtisse du 17e s., ancienne dépendance du manoir voisin. Elle accueille aujourd'hui de ravissantes chambres mansardées où tissus vichy, poutres massives et meubles de style rustique créent une plaisante atmosphère campagnarde. Petits-déjeuners et dîners sont servis dans une douillette salle à manger prolongée par un salon.

Accès : à la sortie du village sur la D 953

YGRANDE - 03160

6 LE CHALET DE LA NEVERDIÈRE

M. et Mme Vrel

Les Ferrons
03160 Ygrande
Tel. 04 70 66 31 67
Fax 04 70 66 32 64

Ouvert toute l'année • 4 chambres situées dans une petite maison à 100 m de l'exploitation • 42 € pour 2 personnes, petit-déjeuner compris • Jardin, parking. Cartes de crédit non acceptées, chiens non admis

On a aimé

Les gargantuesques petits-déjeuners.

Cette maison du début du 20e s. sise au cœur du bocage bourbonnais ne ressemble nullement à un chalet avec sa façade bordée d'ocre et son toit haut perché... Mais peu importe ! Ses chambres, de bonne taille et plaisamment arrangées, ouvrent sur une verdoyante campagne. Les petits-déjeuners sont très copieux, l'accueil, fort sympathique, et la forêt de Tronçais, à 12 km, réserve de belles balades.

Accès : À 10 km au Sud-Ouest de Bourbon-l'Archambault par la D 953 puis route secondaire

CALVINET - 15340

7 BEAUSÉJOUR

M. Puech

15340 Calvinet
Tel. 04 71 49 91 68
Fax 04 71 49 98 63
beauséjour.puech@wanadoo.fr
www.cantal-restaurant-puech.com

Fermé du 9 janvier au 12 février • 10 chambres proposant toutes salles de bains WC ou douches WC et télévision • 58 à 130 € pour 2 personnes ; petit-déjeuner 10 € ; possibilité de demi-pension • Menus de 25 (en semaine) à 58 € (réservation conseillée) • Parking fermé

On a aimé **Le caractère affirmé de la châtaigneraie cantalienne.**

Un « bonséjour » plutôt, avec cette diable de cuisine mariant inventivité et traditions du terroir cantalien ! Champignon, cochon, châtaigne : une trilogie en C majeur composée par un « artisan cuisinier » de ce bout du monde auvergnat qui régale ses hôtes dans une élégante salle à manger-véranda aux tons brique. Les chambres sont plus fonctionnelles que charmantes ? Oublions volontiers ce léger reproche, largement compensé par le plaisir de la table...

Accès : sur la route de Figeac à Aurillac, quitter la N 122 à Maurs pour la D 19. Au centre du village

CHAMPS-SUR-TARENTAINE - 15270

8 AUBERGE DU VIEUX CHÊNE

Mme Moins

34 route des Lacs
15270 Champs-sur-Tarentaine
Tel. 04 71 78 71 64
Fax 04 71 78 70 88
danielle.moins@wanadoo.fr

Fermé du 1er janvier au 1er avril ; du 1er novembre au 31 décembre ; dimanche et lundi hors saison • 15 chambres sur 2 étages avec salles de bains WC, quelques-unes avec télévision • 62 à 80 € (50 à 71 € basse saison) pour 2 personnes ; petit-déjeuner 9 € ; possibilité de demi-pension • Restaurant ouvert le soir seulement ; menus de 23 à 31 € • Terrasse, jardin, parking

On a aimé **L'Artense, cette pittoresque « Scandinavie auvergnate ».**

La façade de la vieille ferme familiale (19e s.) se perd sous les fleurs et la vigne vierge. Les chambres, aussi coquettes que chaleureuses, ouvrent sur le paisible et riant jardin. Poutres, murs de solides moellons et cheminée monumentale : l'ancienne grange fournit un décor de caractère à la salle à manger. La terrasse ombragée permet, quant à elle, de profiter du délicieux paysage champêtre, vallonné et ponctué d'herbages où gambadent les chevaux des propriétaires.

Accès : un peu à l'écart du centre du village

FONTANGES - 15140

9 AUBERGE DE L'ASPRE

M. Landau

15140 Fontanges
Tel. 04 71 40 75 76
Fax 04 71 40 75 27
auberge.aspre@worldonline.fr
www.auberge-aspre.com

Fermé du 17 novembre au 4 février ; dimanche soir, lundi et mercredi soir d'octobre à mai • 8 chambres dont 1 accessible aux handicapés physiques, toutes disposent d'originales salles de bains WC (en mezzanine) et de télévision • 50 € pour 2 personnes ; petit-déjeuner 8 € ; possibilité de demi-pension • Menus de 16 à 32 € • Terrasse, jardin, parking • Piscine de plein air

On a aimé

Le tintement des clochettes suspendues au cou des salers... Oubliés, les coups de klaxon !

Cette vieille ferme de la vallée de l'Aspre coiffée d'un lourd toit de lauzes fait partie d'un hameau isolé dans la campagne à proximité de Salers. Aménagées dans l'ancienne grange, les chambres, actuelles et colorées, sont dotées d'originales salles de bains en mezzanine. Salle à manger rustique, véranda et plaisante terrasse tournée vers le jardin : trois espaces où goûter, dans un cadre serein, une cuisine faisant honneur au terroir auvergnat.

Accès : à 5 km au Sud de Salers par la D 35

GIOU-DE-MAMOU - 15130

10 DE BARATHE

M. et Mme Breton

15130 Giou-de-Mamou
Tel. 04 71 64 61 72
Fax 04 71 64 85 10
barathe@wanadoo.fr

Ouvert toute l'année • 5 chambres • 45 € pour 2 personnes, petit-déjeuner compris ; possibilité de demi-pension • Table d'hôte 12 € (le soir uniquement) • Jardin, parking. Cartes de crédit non acceptées, chiens non admis

On a aimé

Le goût de l'authentique, entretenu par les propriétaires.

Si l'idée d'ouvrir vos fenêtres, le matin, sur une verdoyante campagne où tintent les clochettes des vaches de Salers vous séduit, cette adresse est pour vous ! Les chambres, simples mais confortables, sont idéales pour les familles. La salle à manger a conservé son authentique cadre rustique : pierres apparentes, meubles anciens, cheminée, cantou et « souillarde ». À table, vous ferez connaissance avec les produits de la ferme.

Accès : À 7 km à l'Est d'Aurillac par la N 122 puis la D 58

LANAU - 15260

11 AUBERGE DU PONT DE LANAU

M. et Mme Kergoat

Lanau
15260 Neuvéglise
Tel. 04 71 23 57 76
Fax 04 71 23 53 84
aubergedupontdelanau@wanadoo.fr
auberge-du-pont-de-lanau.com

Fermé en janvier, lundi et mardi midi de la Toussaint à Pâques • 8 chambres réparties sur 2 étages, toutes dotées de salles de bains WC ou de douches WC • 55 à 60 € pour 2 personnes ; petit-déjeuner 9 € ; possibilité de demi-pension • Menus de 25 (en semaine) à 50 € (uniquement sur réservation) • Terrasse, jardin, parking

On a aimé **Suivre les profondes gorges de la Truyère jusqu'au viaduc de Garabit.**

Cet ancien relais de diligences fut construit en 1821 à l'un des rares points de franchissement de la Truyère. Les chambres, bien tenues, sont garnies d'un solide mobilier rustique. Boiseries patinées par les ans, poutres alignées au centimètre et cheminées en pierres du pays : les propriétaires successifs n'ont pas dilapidé le patrimoine décoratif typiquement auvergnat de la salle à manger. Reposant jardinet et agréable terrasse ombragée.

Accès : à 4,5 km de Chaudes-Aigues par la D 921 (route de Saint-Flour)

LASCELLE - 15590

12 LAC DES GRAVES

M. Barbério

Jaulhac
15590 Lascelle
Tel. 04 71 47 94 06
Fax 04 71 47 96 55
lac.des.graves@wanadoo.fr
www.lacdesgraves.com

Ouvert toute l'année, fermé le mardi et mercredi • 24 chambres dont 5 non-fumeurs et 2 accessibles aux handicapés physiques, toutes sont dotées de salles de bains WC ou douches WC et télévision • 54 à 58 € ; petit-déjeuner 6 € ; possibilité de demi-pension • Menus 13 à 38 € • Parking fermé, parc, terrasse • Piscine, pêche sur le lac, équitation

On a aimé **S'initier aux plaisirs de la pêche à vue ou de la pêche à la mouche.**

L'architecture « à la canadienne » de cet hôtel se fond parfaitement bien dans le superbe environnement de la vallée de la Jordanne. Plusieurs chalets en bois bâtis au bord du lac abritent des chambres toutes neuves (simples et chaleureuses à la fois) et un restaurant panoramique : chaque espace jouit ainsi de la vue sur l'eau ou sur les monts du Cantal. Beau parc de 38 ha doté d'un grand centre équestre.

Accès : à 25 km au Sud d'Aurillac par la N 122 et D 66

LOUBARESSE - 15320

13 LA PAGNOUNE

Mme et Mlle Coutarel

Valadour
15320 Loubaresse
Tel. 04 71 73 74 69
auberge-lapagnoune@wanadoo.fr
www.auberge-lapagnoune.com

Fermé en janvier et février, dimanche soir et lundi du 1er septembre au 1er juillet. • 7 chambres dont 1 accessible aux handicapés physiques, toutes pourvues de salles de bains WC • 50 € pour 2 personnes (44 € basse saison) ; petit-déjeuner 5,50 € • Menus de 13 € (en semaine) à 18 € (les dimanches et vacances scolaires)

On a aimé

Visiter la Ferme de Pierre Allègre, musée paysan situé au cœur du village.

Adieu veaux, vaches, cochons ! Cette ex-ferme bâtie en 1877 abrite désormais une sympathique auberge qui saura vous séduire par sa simplicité et son authenticité. Pierres et poutres apparentes, imposantes cheminées, horloge ancienne, outils agrestes et mobilier rustique affirment le style campagnard de la salle à manger ; on y propose une cuisine toute régionale. Les chambres, certes sans luxe, sont néanmoins confortables, bien tenues et aménagées dans le même esprit rustique.

Accès : à 5 km au Sud du viaduc de Garabit par la D 909, prendre la direction de Charmensac

MURAT - 15300

14 HOSTELLERIE LES BREUILS

M. et Mme Rochès

34 avenue Docteur Mallet
15300 Murat
Tel. 04 71 20 01 25
Fax 04 71 20 33 20
info@hostellerie-les-breuils.com
www.hostellerie-les-breuils.com

Fermé du 2 novembre à début mai • 10 chambres en majorité dotées de salles de bains WC, quelques unes avec télévision • 62 à 78 € (60 à 76 € basse saison) pour 2 personnes ; petit-déjeuner 7 € • Pas de restaurant • Jardin, parking fermé. Chiens non admis • Piscine couverte, sauna, espace détente

On a aimé

L'accueil aimable et personnalisé façon « guesthouse ».

Petite maison de maître du 19e s. voisine de la vieille ville, dont toutes les chambres viennent d'être récemment relookées dans des coloris actuels ; quelques-unes ont conservé leur mobilier Louis XVI. Les salles de bains, assez spacieuses, disposent d'un équipement moderne. Confortable salon de lecture agrémenté d'une cheminée et d'un piano. Au fond du jardin, un autre bâtiment abrite la piscine.

Accès : à l'extérieur des remparts, au bord de la Nationale

SAINT-ÉTIENNE-DE-CARLAT - 15130

15 LOU FERRADOU

M. et Mme Balleux

Caizac
15130 Saint-Étienne-de-Carlat
Tel. 04 71 62 42 37
Fax 04 71 62 42 37
lou.ferradou@tiscali.fr
www.louferradou.com

Ouvert toute l'année • 6 chambres non-fumeurs équipées de salles de bains WC • 42 à 54 € pour 2 personnes, petit-déjeuner compris ; possibilité de demi-pension • Parking, jardin, terrasse. Cartes de crédit non acceptées, chiens non admis • Salle de jeux

On a aimé **Aux beaux jours, prendre petit-déjeuner et dîner dans le ravissant jardin.**

Cette vieille demeure à l'imposante façade typiquement auvergnate était autrefois une ferme. Pierres apparentes, poutres et cheminée ont été mises en valeur grâce à une récente restauration. L'une des trois chambres de la bâtisse principale dispose d'un petit salon, tandis qu'une ancienne dépendance héberge deux duplex. Toutes sont garnies d'un mobilier campagnard. Grande salle de jeux. À table, vous dégusterez les légumes du potager et des spécialités du terroir, dont la fameuse truffade.

Accès : 4 km par route secondaire

SAINT-JACQUES-DES-BLATS - 15800

16 LE GRIOU

M. Troupel

15800 Saint-Jacques-des-Blats
Tel. 04 71 47 06 25
Fax 04 71 47 00 16
hotel.griou@wanadoo.fr
www.hotel-griou.com

Fermé du 20 octobre au 20 décembre • 16 chambres bénéficiant toutes de salles de bains WC ou douches WC, 1 est accessible aux handicapés physiques, quelques-unes avec télévision • 40 à 47 € pour 2 personnes, petit-déjeuner 6 € ; possibilité de demi-pension • Menus 13 à 29 € • Parking, jardin

On a aimé **Découvrir les richesses naturelles et architecturales du Parc régional des Volcans d'Auvergne.**

Construit en deux étapes, l'hôtel propose deux types de chambres : mobilier de style Louis-Philippe pour les plus récentes, décor plus classique pour les autres ; toutes sont impeccablement tenues et la plupart possèdent un balcon. Des deux salles à manger du restaurant, il faut préférer celle dotée de larges baies vitrées ménageant une jolie vue sur le clocher du village et les monts du Cantal. Agréable jardin en terrasses grand ouvert sur la campagne environnante.

Accès : à la sortie du village

SALERS - 15140

17 LE BAILLIAGE

M. et Mme Gouzon

Rue Notre-Dame
15140 Salers
Tel. 04 71 40 71 95
Fax 04 71 40 74 90
info@salers-hotel-bailliage.com
www.salers-hotel-bailliage.com

Fermé du 15 novembre au 1er février • 26 chambres dont 4 à l'annexe (La Demeure Jarriges, à 300 mètres). Toutes les chambres disposent de salles de bains WC et de télévision • 48 à 78 € ; petit-déjeuner 9 € ; possibilité de demi-pension • Menus de 14 à 40 € • Terrasse, jardin, garage, parking • Piscine de plein air

On a aimé

Flâner parmi les vieilles maisons de Salers.

Cette bâtisse trapue à allure de cottage fut bâtie dans les années 1960 au cœur de la ravissante petite cité médiévale. Les chambres, spacieuses et confortables, sont tournées vers le jardin, le bourg ou les pentes du puy Violent. Lumière tamisée, chaises en rotin et voilages rouge-orangé : le restaurant vient d'être joliment relooké. La fameuse viande de Salers ainsi que le fromage éponyme figurent naturellement sur la carte, pour le plus grand bonheur des gourmets. Agréable jardin-terrasse.

Accès : à l'entrée du village, à côté du grand parking

SALERS - 15140

18 CHAMBRE D'HÔTE M. PRUDENT

M. et Mme Prudent

Rue des Nobles
15140 Salers
Tel. 04 71 40 75 36
Fax 04 71 40 75 36

Ouvert toute l'année • 6 chambres avec entrée indépendante • 42 € pour 2 personnes, petit-déjeuner compris • Pas de table d'hôte • Jardin.

On a aimé

Contempler l'exceptionnel panorama sur les puys cantaliens.

Cette ravissante maison du 17e s. occupe une place privilégiée en plein cœur de Salers, attirante cité médiévale perchée sur sa planèze. Les chambres, simples et confortables, possèdent toutes une entrée indépendante ; certaines offrent une jolie vue sur les volcans. Les petits-déjeuners sont servis soit au lit, soit dans la belle salle à manger auvergnate ou encore, lorsque le temps le permet, dans l'agréable jardin panoramique. Sur place également, une petite boutique de souvenirs.

Accès : au centre-ville

TRIZAC - 15400

19 LE COUVENT

M. et Mme Belaiche

Le Bourg
15400 Trizac
Tel. 04 71 78 67 51
Fax 04 71 78 67 51
le-couvent@wanadoo.fr
www.lecouvent.fr

Fermé de la Toussaint à Pâques • 4 chambres dotées de salles de bains WC • 60 à 70 € pour 2 personnes, petit-déjeuner 10 € • pas de table d'hôte • Parc. Cartes de crédit non acceptées Chiens admis sur demande

On a aimé

Paresser dans le paisible jardin aménagé entre cet ancien couvent et l'église romane du village.

Demandez à vos charmants hôtes de vous conter la longue histoire de cette très ancienne demeure à la façade un brin solennelle. Vous apprécierez d'autant mieux les importants travaux qu'ils ont réalisés à partir de 1995 pour la transformer en une ravissante maison qui n'a plus rien de monacal. Un bel escalier conduit à la grande chambre et aux trois suites, toutes différentes, très confortables, joliment décorées et calmes. Copieux petit-déjeuner servi dans un salon-bibliothèque « cosy ».

Accès : au centre du village, par la D 678 entre Mauriac et Riom-ès-Montagne

VIC-SUR-CÈRE - 15800

20 AUBERGE DES MONTAGNES

M. et Mme Combourieu

15800 Vic-sur-Cère
Tel. 04 71 47 57 01
Fax 04 71 49 63 83
info@auberge-des-montagnes.com
www.auberge-des-montagnes.com

Fermé du 12 octobre au 20 décembre • 25 chambres dont 10 en annexe et 1 accessible aux handicapés physiques, avec salles de bains WC ou douches WC certaines avec télévision • 46 à 50 € (42 à 48 € basse saison) ; petit-déjeuner 7 € ; possibilité de demi-pension • Restaurant fermé mardi hors saison ; menus 14 (en semaine) à 23 € • Terrasse, parking, garage • 2 piscines VTT

On a aimé

Visiter la ferme où fut tourné le film Harry, un ami qui vous veut du bien.

Une ancienne ferme coiffée d'un toit de lauzes et devancée d'une terrasse en pierre, et une maison récente flanquée d'une tourelle dont la silhouette se mire dans un étang : les vastes chambres, rustiques ou contemporaines, sont réparties entre l'auberge et son annexe, distantes de quelques centaines de mètres. Piscine, V.T.T., randonnées, balades en roulotte, pêche, ski... La liste des activités proposées est la meilleure preuve du dynamisme des propriétaires ! Goûteuse cuisine auvergnate.

Accès : à Vic-sur-Cère, quitter la N 122 (axe Aurillac-Murat) pour emprunter la D 54 pour Pailherol

VITRAC - 15220

21 AUBERGE DE LA TOMETTE

M. Chausi

15220 Vitrac
Tel. 04 71 64 70 94
Fax 04 71 64 77 11
latomette@wanadoo.fr
www.auberge-la-tomette.com

Fermé du 15 novembre au 1er avril • 15 chambres dont 1 accessible aux handicapés physiques, avec salles de bains WC ou douches WC et télévision • 73 à 77 € (63 à 68 € basse saison) pour 2 personnes ; petit-déjeuner 9 € ; possibilité de demi-pension • Menus de 24 à 38 € • Parking fermé, jardin, terrasse. Chiens non admis au restaurant • Piscine, salle de remise en forme

On a aimé **Le charme bucolique et la quiétude du jardin arboré et fleuri.**

Trois maisons (la plus ancienne daterait du 19e s.) composent cette sympathique auberge nichée au cœur d'un paisible village. La tranquillité est également au rendez-vous dans les chambres actuelles et bien tenues, portant toutes un nom d'oiseau ou de fleur. Jolie salle de restaurant (boiseries, tomettes, quelques meubles anciens) prolongée d'une terrasse grande ouverte sur la nature environnante. Piscine découvrable, espace relaxation, location de vélos, jeux pour les enfants.

Accès : au centre du village

AUREC-SUR-LOIRE - 43110

22 LES CÈDRES BLEUS

M. et Mme Duverney

Route de la Rivière
43110 Aurec-sur-Loire
Tel. 04 77 35 48 48
Fax 04 77 35 37 04
www.lescedresbleus.com

Fermé du 2 au 25 janvier ; dimanche soir et lundi midi • 15 chambres dont 1 accessible aux handicapés physiques, dotées en majorité de salles de bains WC ou de douches WC et toutes de télévision • 53 à 55 € pour 2 personnes ; petit-déjeuner 8 € ; possibilité de demi-pension • Restaurant climatisé ; menus de 18 (en semaine) à 75 € • Terrasse, jardin, parking. Chiens non admis dans les chambres

On a aimé **S'essayer au ski nautique sur le lac de Grangent.**

Ce n'est pas tout à fait les séquoias géants, les grizzlys et les cabanes en rondins des lodges de parcs nationaux américains, mais l'esprit qui anime ce lieu est le même : accueil et restaurant se trouvent dans une vieille maison de famille, et trois « chalets » récents abritent des chambres fonctionnelles dont les fenêtres ouvrent sur un joli jardin planté de cèdres. Une terrasse agréablement fleurie complète ces installations en parfaite osmose avec la nature.

Accès : au Sud-Ouest de Saint-Étienne par la D 46, puis à Aurec-sur-Loire, direction Bas-en-Basset

CHASPINHAC - 43700

23 LA PARAVENT

M. Jourde

43700 Chaspinhac
Tel. 04 71 03 54 75
michel-jourde@wanadoo.fr

Ouvert toute l'année • 5 chambres • 44 à 48 € pour 2 personnes, petit-déjeuner compris • Table d'hôte 16 € • Jardin. Cartes de crédit non acceptées, chiens non admis

On a aimé **La chaleureuse atmosphère de cette belle maison du début du 20e s.**

À quelques kilomètres seulement du Puy-en-Velay, voici une maison de campagne dont les propriétaires se singularisent par l'exemplarité de leur accueil et leur souci constant du bien-être des clients. Le décor intérieur, rustique, est empreint d'authenticité. Les chambres, douillettes, sont parfois assorties d'un petit salon ; toutes disposent d'une entrée indépendante. L'hiver, la maîtresse des lieux organise des stages d'initiation au patchwork.

Accès : à 10 km au Nord-Est du Puy par la D 103 direction Retournac puis la D 71

LA CHAISE-DIEU - 43160

24 LA JACQUEROLLE

Mme Chailly

Rue Marchédial
43160 La Chaise-Dieu
Tel. 04 71 00 07 52
lajacquerolle@hotmail.com

Ouvert toute l'année • 4 chambres • 55 à 58 € pour 2 personnes, petit-déjeuner compris ; possibilité de demi-pension • Table d'hôte 22 € • Parking. Cartes de crédit non acceptées, chiens non admis

On a aimé **Participer à la cueillette des cèpes dans les forêts alentour.**

Cette maison de caractère, entièrement construite en pierres du pays, se trouve dans la partie basse de la ville. L'intérieur, où domine le bois, est décoré avec recherche à l'aide de nombreux meubles de famille, dont une belle armoire Louis-Philippe et de gracieuses psychés. Dans les chambres règne une atmosphère à la fois douce et douillette. La salle à manger, réchauffée d'une magnifique cheminée en granit, est très agréable

Accès : dans la ville basse

LAMOTHE - 43100

25 **LE PRIEURÉ**

Mme Pougheon

Le Prieuré
43100 Lamothe
Tel. 04 71 76 44 61
spougheon@hotmail.com
www.auprieure.com

Fermé du 1er juillet au 31 août • 5 chambres dont 1 accessible aux handicapés physiques, toutes sont dotées de salles de bains WC • 70 € pour 2 personnes, petit-déjeuner compris • Pas de table d'hôte • Jardin, parking. Cartes de crédit non acceptées, chiens non admis

On a aimé

La chambre avec salle de bains aménagée dans le donjon du 12e s.

Magnifique panorama sur Brioude et la vallée de l'Allier depuis cette belle demeure en pierre datant des 12e et 18e s. Les meubles de style, bibelots et tableaux de famille, agencés avec goût, donnent du cachet à l'ensemble : les chambres spacieuses et personnalisées, le salon (belle cheminée d'époque), la grande salle à manger et la cuisine décorée à l'ancienne ont vraiment fière allure. Prenez également le temps de goûter aux bons petits déjeuners accompagnés de confitures maison.

Accès : à 4 km au Nord-Est de Brioude, par la D 19 direction La Chaise-Dieu

PONTEMPEYRAT - 43500

26 **MISTOU**

M. et Mme Roux

43500 Pontempeyrat
Tel. 04 77 50 62 46
Fax 04 77 50 66 70
moulin.de.mistou@wanadoo.fr
www.mistou.fr

Ouvert de fin avril à fin octobre • 14 chambres dont une accessible aux handicapés physiques, avec salle de bains WC ou douches WC et télévision, 4 avec balnéothérapie, 1 réservée aux non-fumeurs • 95 à 130 € ; petit-déjeuner 12 € ; possibilité de demi-pension • Restaurant fermé le midi sauf le dimanche ; menus de 32 à 58 € • Parc, parking. Chiens non admis au restaurant • Piscine de plein air, salle de remise en forme

On a aimé

Le silence à peine troublé par le murmure de la rivière.

Difficile d'imaginer que cette avenante hostellerie isolée dans la campagne abritait jadis un moulin tout simple édifié vers 1730 au bord de l'Ance. Aujourd'hui, le confort est tel que le pauvre meunier serait bigrement désorienté ! Calme absolu, grandes chambres raffinées, parfois de plain-pied avec le parc, élégante salle à manger bordée de baies vitrées tournées sur la verdure, accueil aux petits soins, fitness et agréable piscine : les atouts ne manquent vraiment pas.

Accès : au Nord-Est de Craponne-sur-Arzon par la D 498, direction Saint-Étienne

RETOURNAC - 43130

27 LES REVERS

M. et Mme Chevalier

43130 Retournac
Tel. 04 71 59 42 81
Fax 04 71 59 42 81
jean-pierre.chevalier6@libertysurf.fr
www.lesrevers.fr.st

Fermé d'octobre à avril • 4 chambres avec vue sur la forêt et les prés • 44 € pour 2 personnes, petit-déjeuner compris • Table d'hôte à 16 € (uniquement le soir et sur réservation) • Jardin, parking. Cartes de crédit non acceptées, chiens non admis

On a aimé **La nature intacte entourant cette demeure.**

Les visiteurs avides de silence, de nature et d'authenticité apprécieront ce lieu entre prairies et forêts, extraordinairement isolé. Les chambres, bien dimensionnées et équipées d'une literie de qualité, ouvrent leurs fenêtres sur la verdure ; deux d'entre elles possèdent une mezzanine. Le propriétaire, passionné de chevaux, entretient un élevage et organise des balades avec ses hôtes. L'ambiance ? Sereine et décontractée.

Accès : à 8 km au Sud-Est de Retournac par la D 103, puis suivre le fléchage

SAINT-FRONT - 43550

28 L'HERMINETTE

M. Mathieu

Bigorre - Les Maziaux
43550 Saint-Front
Tel. 04 71 59 57 58
Fax 04 71 56 34 91
lherminette@wanadoo.fr

Ouvert toute l'année • 6 chambres équipées de salles de bains • 66 à 70 € (56 à 60 € basse saison) pour 2 personnes, petit-déjeuner compris ; possibilité de demi-pension • Restaurant fermé le dimanche soir et le lundi ; menus de 11 (en semaine) à 20 € • Jardin, parking. Chiens non admis • À proximité : visite de l'écomusée

On a aimé **Le dépaysement offert par ce hameau.**

Un ravissant hameau aux maisons de pierre encapuchonnées sous des toits de chaume bien peignés forme le cadre de cette auberge typique. Grandes chambres agréables à vivre - dont deux avec mezzanine -, salle à manger de style régional et savoureuse cuisine du pays à prix sages. Curieux de la vie d'autrefois dans les chaumières et des techniques de fabrication de leur toiture ? La visite de l'écomusée vous donnera toutes les réponses !

Accès : 5 km au Nord-Ouest de Saint-Front par la D 39 et chemin à droite

SAINT-HAON - 43340

29 AUBERGE DE LA VALLÉE

M. et Mme Merle

43340 Saint-Haon
Tel. 04 71 08 20 73
Fax 04 71 08 29 21
aubergevallée43@aol.com
www.auberge-de-la-vallee.fr

Fermé du 1er janvier au 15 mars ; dimanche soir et lundi d'octobre à avril • 10 chambres disposant de salles de bains WC ou douches WC • 37 à 43 € pour 2 personnes ; petit-déjeuner 7 € ; possibilité de demi-pension • Menus de 15 à 33 € • Terrasse • Point de départ pour randonnées pédestres et sports d'eau vive

On a aimé **Plonger dans l'eau limpide du lac du Bouchet niché au fond d'un cratère.**

Cette modeste auberge toute proche des étroites gorges de l'Allier, en Gévaudan, est un paisible rendez-vous de randonneurs et d'amoureux de la nature. Ses petites chambres, crépies et garnies de meubles rustiques, jouissent d'un grand calme et sont très bien tenues. La salle à manger, récemment actualisée, possède l'attrait du neuf : spots, plafond de lambris clairs et chaleureux coloris.

Accès : entre le Puy-en-Velay et Pradelles, à 10 km de la N 88 (à l'Ouest de La Sauvetat)

SAUGUES - 43170

30 LES GABALES

M. Gauthier

Route du Puy-en-Velay
43170 Saugues
Tel. 04 71 77 86 92
Fax 04 71 77 86 92
pierrelesgabales@wanadoo.fr
www.lesgabales.com

Fermé du 1er décembre à fin février • 5 chambres non-fumeurs • 45 à 72 € pour 2 personnes, petit-déjeuner compris ; possibilité de demi-pension • Salon, parc, parking. Cartes de crédit non acceptées, chiens non admis

On a aimé **La visite du musée fantastique de la Bête du Gévaudan.**

Au pays de « La Bête », trouvez refuge dans cette imposante maison bourgeoise des années 1930 dont le propriétaire, passionné par sa région, vous contera mille et une histoires et vous conviera à quelques randonnées pédestres. À votre retour, vous ne manquerez pas d'apprécier le confort douillet du salon-bibliothèque, de la salle à manger agrémentée de belles boiseries d'origine et des chambres personnalisées au délicieux charme « rétro ». N'hésitez pas non plus à profiter du joli parc !

Accès : sur la route du Puy-en-Velay

SAUGUES - 43170

31 LA TERRASSE
M. Fargier

Cours Dr. Gervais
43170 Saugues
Tel. 04 71 77 83 10
Fax 04 71 77 63 79
laterrasse-saugues@wanadoo.fr

Fermé du 1er janvier au 28 février ; du 30 novembre au 31 décembre ; dimanche soir et lundi (hors saison) • 9 chambres sur 2 étages, dotées de salles de bains WC ou douches WC et télévision • 55 à 69 € (50 à 69 € basse saison) pour 2 personnes ; petit-déjeuner 8 € ; possibilité de demi-pension • Restaurant climatisé ; menus de 21 (en semaine) à 55 € • Garage

On a aimé **Frissonner en parcourant le pays sur les traces de la Bête du Gévaudan.**

Installée à Saugues depuis plusieurs générations (1795), la famille Fargier vous accueille aujourd'hui dans une ancienne maison de notaire restaurée et transformée en hôtel. Les chambres, habilement rénovées, sont actuelles, confortables et généralement assez spacieuses (sauf deux plus exiguës). Chaleureuse salle à manger mi-rustique, mi-contemporaine dotée d'une cheminée en pierre. Cuisine traditionnelle et beau chariot de fromages... auvergnats avant tout.

Accès : au centre du village

VIEILLE-BRIOUDE- 43100

32 ERMITAGE SAINT VINCENT
M. et Mme Boyer

Place de l'Église
43100 Vieille-Brioude
Tel. 04 71 50 96 47

Fermé en décembre et janvier (sauf groupes, sur réservation) • 5 chambres dotées de salles de bains WC • 49 € pour 2 personnes, petit-déjeuner compris • Table d'hôte 20 € (sur réservation) • Terrasse, jardin. Cartes de crédit non acceptées, chiens non admis

On a aimé **N'entendre que le murmure de la rivière et le chant des oiseaux.**

Cet ancien presbytère restauré domine la rivière et ménage une jolie vue sur la vallée de l'Allier. La maison offre partout de beaux volumes : large hall orné de vieux outils agricoles, vaste salon-bibliothèque, grand escalier en pierre desservant des chambres elles-mêmes spacieuses et confortables (mobilier contemporain de bonne facture). Accueil d'une rare gentillesse de la part du propriétaire qui se met également en quatre pour organiser votre séjour, qu'il soit culturel ou sportif.

Accès : à 4 km au Sud de Brioude, par la N 102, près de l'Allier

AUBUSSON-D'AUVERGNE - 63120

33 LE MOULIN DES VERNIÈRES

Mme Hansen

63120 Aubusson-d'Auvergne
Tel. 04 73 53 53 01
Fax 04 73 53 53 01
www.lemoulindesvernières.com

Fermé 1er novembre au 1er mars ; dimanche soir et lundi • 5 chambres non-fumeurs • 60 à 70 € pour 2 personnes, petit-déjeuner compris • Table d'hôte 20 € (le soir) • Salon, parc, parking. Chiens non admis • Piscine de plein air.

On a aimé **La table d'hôte exaltée par les bons produits locaux et l'inventivité de la maîtresse de maison.**

On comprend que la propriétaire ait eu le coup de foudre pour cet ancien moulin planté au cœur d'une nature intacte, son jardin savamment aménagé, le bruit du torrent... Les chambres, douillettes, installées dans une maison noyée sous les roses et le jasmin, portent des noms évocateurs : Roses anglaises, Myosotis, Pavots et Cosmos. La décoration est partout soignée : mobilier chiné chez les antiquaires, clichés de Doisneau, peintures naïves... La table, inventive, réserve de belles surprises.

Accès : 7 km à l'Est de Coupière par la D 7 et la D 311

BEAUREGARD-VENDON - 63460

34 CHAMBRE D'HÔTE MME BEAUJEARD

Mme Beaujeard

8 rue de la Limagne à Chaptes
63460 Beauregard-Vendon
Tel. 04 73 63 35 62

Fermé du 1er novembre au 1er mars sauf sur réservation • 3 chambres non-fumeurs • 58 à 64 € pour 2 personnes, petit-déjeuner compris • Pas de table d'hôte • Jardin. Cartes de crédit non acceptées, chiens non admis

On a aimé **Le charmant décor à l'ancienne.**

Charme et tranquillité se sont donné rendez-vous dans cette maison bourgeoise de la fin du 18e s. bâtie en pleine campagne. Ses chambres, garnies d'un joli mobilier et toutes non-fumeurs, sont très agréables à vivre. Le salon « cosy » disposé autour de la cheminée, le jardin abondamment fleuri en saison, les copieux petits-déjeuners, l'accueil excellent et les petits prix en font une adresse précieuse.

Accès : à 9 km au Nord de Riom par la N 144 puis la D 122

BESSE-EN-CHANDESSE - 63610

35 HOSTELLERIE DU BEFFROY

M. Legros

26 rue Abbé-Blot
63610 Besse-en-Chandesse
Tel. 04 73 79 50 08
Fax 04 73 79 57 87

Fermé du 4 novembre au 26 décembre ; lundi et mardi (sauf le soir en juillet-août) et mercredi midi (juillet-août) • 12 chambres équipées de salles de bains WC ou douches WC et de télévision • 50 à 85 € pour 2 personnes ; petit-déjeuner 10 € ; possibilité de demi-pension • Repas de 24 à 60 € • Garage. Chiens non admis au restaurant

On a aimé

Au choix, Besse la médiévale ou Super-Besse la sportive.

Cette maison du 15e s. jouxtant le beffroi de la porte de ville aurait abrité jadis le corps de garde communal. Quelques meubles anciens accordent du cachet aux chambres qui conservent un petit côté désuet. Larges tapis posés de-ci de-là, lourdes tentures, poutres en bois sombre et jusqu'aux chaises paillées que l'on vient de recouvrir de toile écrue : on s'applique à donner à la salle à manger principale tout le caractère que mérite ce lieu chargé d'histoire.

Accès : au centre du village médiéval

CHATELGUYON - 63140

36 RÉGENCE

M. et Mme Porte

31 avenue des États-Unis
63140 Chatelguyon
Tel. 04 73 86 02 60
Fax 04 73 86 02 49
hotel-regence3@wanadoo.fr
www.hotel-regence-central.com

Fermé du 1er octobre au 15 mars ; lundi et dimanche soir • 26 chambres dotées de salles de bains WC ou douches WC, quelques-unes avec télévision • 46 à 48 € pour 2 personnes ; petit-déjeuner 8 € ; possibilité de demi-pension • Menus de 16 (semaine) à 26 € • Jardin, parking fermé. Chiens non admis au restaurant • Navette gratuite pour se rendre aux Thermes

On a aimé

L'architecture thermale de cette petite station du pays brayaud.

Une belle cheminée en bois sculpté, de vieux meubles patinés par les ans, un piano demi-queue... Les précieux témoignages de l'atmosphère 1900 du Régence ont été habilement préservés. Un programme de rénovation s'est toutefois attaché à rafraîchir l'ensemble du rez-de-chaussée : salon et salle à manger en rouge et or, peintures refaites, pose de doubles vitrages... Les chambres, pour l'heure un brin désuètes, devraient suivre prochainement. Verdoyant jardin.

Accès : à l'entrée de la station, sur l'axe central

COLLANGES - 63340

37 CHÂTEAU DE COLLANGES

M. et Mme Félus

63340 Collanges
Tel. 04 73 96 47 30
Fax 04 73 96 58 72
chateau-de-collanges@wanadoo.fr
www.chateaudecollanges.com

Fermé du 3 janvier au 10 février et du 7 novembre au 15 décembre • 6 chambres • 79 à 129 € pour 2 personnes, petit-déjeuner compris • Table d'hôte 38 € • Parc, parking. Chiens non admis au restaurant • Piscine

On a aimé

Remonter si confortablement le temps.

Dans ce château entouré d'un beau parc de 2,5 ha, les hôtes sont reçus comme des princes. Salles voûtées, parquets d'origine et mobilier choisi vous feront voyager de la Renaissance au 18e s. Chaque chambre, ouverte sur le parc, dotée d'un lit à baldaquin et tendue de tissus aux riches motifs, forme un élégant petit théâtre pour vos levers et vos couchers. Un authentique piano Gaveau et un billard marqueté ajoutent au raffinement du séjour.

Accès : à 12 km au Sud d'Issoire. Par la A 75 sortie Saint-Germain-Lembron

DAVAYAT - 63200

38 LA MAISON DE LA TREILLE

M. et Mme Honnorat

25 rue de l'Église
63200 Davayat
Tel. 04 73 63 58 20
honnorat.la.treille@wanadoo.fr
http://honnorat.la.treille.free.fr

Ouvert toute l'année • 4 chambres dont 1 suite familiale, équipées de salles de bains ou douches • 67 à 80 € pour 2 personnes, 105 € la suite pour 4 personnes, petit-déjeuner compris • Pas de table d'hôte • Parc, parking. Cartes de crédit non acceptées, chiens non admis

On a aimé

Au petit-déjeuner, savourer les confitures maison concoctées avec les fruits du verger.

Cette belle demeure bourgeoise (1810) offre de jolies lignes inspirées par le néoclassicisme italien. Au rez-de-chaussée, plaisant salon agrémenté par un piano et salle des petits-déjeuners réchauffée par une cheminée en pierre de lave. Vous serez logé à l'orangerie, élégante dépendance nichée dans un ravissant jardin. Les chambres, coquettes et soignées, portent des noms évocateurs d'une décoration personnalisée : blés, oiseaux, raisins et ruche (pour quatre personnes...).

Accès : à 7 km au Nord de Riom par la N 144

GLAINE-MONTAIGUT - 63160

39 AUBERGE DE LA FORGE

M. et Mme Zuk

Place de l'Église
63160 Glaine-Montaigut
Tel. 04 73 73 41 80
Fax 04 73 73 33 83
a.delaforge@wanadoo.fr
www.aubergedelaforge.com

Fermé du 1er au 20 septembre • 4 chambres disposant de douches WC • 39 à 50 € (28 à 39 € basse saison) ; petit-déjeuner 6 € ; possibilité demi-pension • Restaurant fermé dimanche soir et mardi ; menus de 15 à 30 € • Terrasse

On a aimé **Les casse-croûtes campagnards à toute heure.**

Face à la belle église romane des 11 et 12e s., café et forge du village ne font désormais plus qu'un, formant cette « auberge de pays » habilement restaurée. Pimpante façade aux volets bleu clair, murs en pisé travaillés à l'ancienne, chambres toutes simples et néanmoins assez coquettes, restaurant abritant la reconstitution de l'atelier du maréchal-ferrant (foyer, soufflet, enclume) et cuisine du terroir : une rénovation aussi authentique qu'intelligente.

Accès : à environ 5 km au Nord-Est de Billom, vers Thiers par la 229 et la D 212

LAQUEUILLE - 63820

40 AUBERGE DE FONDAIN

Mme Demossier

lieu-dit Fondain
63820 Laqueuille
Tel. 04 73 22 01 35
Fax 04 73 22 06 13
auberge.de.fondain@wanadoo.fr
www.auberge-fondain.com

Fermé 10 jours début mars ; novembre ; dimanche soir et lundi • 6 chambres avec salles de bains WC ou douches WC • 66 € (58 € basse saison) pour 2 personnes ; petit-déjeuner 8 € ; possibilité de demi-pension • Menus de 12 (en semaine) à 23 € • Terrasse, jardin, parking • Salle de sport avec sauna, randonnées pédestres, VTT

On a aimé **Les sentiers balisés « thématiques » (faune, flore, lacs de cratère, etc.).**

Cette demeure bourgeoise du 19e s. perdue au milieu des champs et des prés aurait appartenu au créateur du bleu de Laqueuille (fromage au lait de vache). Les chambres, qui répondent à de doux noms de fleurs, sont récentes : tons clairs et lumineux contrastant avec les parquets foncés, sobres aménagements actuels et, parfois, fenêtres donnant sur la Banne d'Ordanche. Sympathique salle à manger campagnarde. Fitness, sauna et une quinzaine de V.T.T. annoncent un séjour très « sport et nature ».

Accès : à 2 km au Nord-Est de Laqueuille, par la D 922 puis une route secondaire

LE MONT-DORE - 63240

41 LA CLOSERIE DE MANOU

Mme Larcher

Au Genestoux - BP 30
63240 Le Mont-Dore
Tel. 04 73 65 26 81
Fax 04 73 65 58 34
lacloseriedemanou@club-internet.fr

Fermé du 1er novembre au 1er mars • 5 chambres non-fumeurs • 75 € pour 2 personnes, petit-déjeuner compris • Pas de table d'hôte • Jardin, parking. Cartes de crédit non acceptées, chiens non admis

On a aimé

La riche documentation fournie sur la région.

Nichée dans la verdure, cette maison auvergnate du 18e s. à la belle façade de pierre et aux volets blancs est une pure merveille ! Ses chambres, spacieuses, balancent entre style épuré et atmosphère « cosy » ; toutes sont non-fumeurs. Le salon et la salle à manger, pourvus de meubles anciens, offrent un cadre parfait aux succulents petits-déjeuners. Quant au délicieux accueil de votre hôtesse, il vous donnera envie de revenir !

Accès : à 3 km à l'Ouest du Mont-Dore par la D 996

MAZAYE - 63230

42 AUBERGE DE MAZAYES

M. Michy

à Mazayes-Basses
63230 Mazaye
Tel. 04 73 88 93 30
Fax 04 73 88 93 80
www.restolit-auvergne.com

Fermé du 13 décembre au 21 janvier, lundi et mardi midi hors saison • 15 chambres, dont une accessible aux handicapés physiques, disposant de douches WC et de télévision • 56 à 65 € pour 2 personnes ; petit-déjeuner 8 € ; possibilité de demi-pension • Menus 15,50 (en semaine) à 35 € • Terrasse, parking

On a aimé

La situation de la ferme, pied-à-terre idéal pour découvrir les monts Dôme.

À proximité du puy de Dôme, jolie ferme auvergnate bâtie en solides moellons de basalte. Couleurs vives, tissus choisis et parfois meubles anciens agrémentent les chambres, mi-campagnardes, mi-actuelles. Sol en pierre de lave, rigoles et plafond bas soutenu par un réseau de poutres sombres en témoignent : la salle à manger a pris la place de l'écurie. On s'y attable autour de bons petits plats régionaux.

Accès : au Sud de Pontgibaud, à 6 km par la D 986, traverser la Sioule à St Pierre-le-Chastel et rejoindre Mazaye

MONTPEYROUX - 63114

43 CHAMBRE D'HÔTE MME BOISSIÈRE

Mme Boissière

Rue de la Poterne
63114 Montpeyroux
Tel. 04 73 96 69 42
Fax 04 73 96 95 39
jules.boissiere@wanadoo.fr

Ouvert toute l'année • 5 chambres non-fumeurs • 48 à 58 € pour 2 personnes, petit-déjeuner compris • Pas de table d'hôte • Parking. Cartes de crédit non acceptées

On a aimé

Prendre part à la vie de ce village dominant l'Allier.

Au pied d'un donjon du 13e s., jolie maison en grès méritant bien une petite grimpette depuis le parking municipal (le maître des lieux dispose toutefois de quelques places de stationnement devant la demeure). Chacune des chambres s'enorgueillit d'un petit « plus » : terrasse, cheminée, lit à baldaquin ou jacuzzi. Après une halte dans la salle à manger voûtée, une promenade au fil des ruelles sera l'occasion de rencontrer peintres et potiers qui ont remplacé les viticulteurs d'autrefois.

Accès : à 8 km au Sud-Ouest de Vic-le-Comte ou par l'A 75 sortie N° 7

MONTPEYROUX - 63114

44 LES PRADETS

Edith Grenot

Les Pradets
63114 Montpeyroux
Tel. 04 73 96 63 40
Fax 04 73 96 63 40
grenot@maison-hotes.com
www.auvergne.maison-hotes.com

Ouvert toute l'année • 3 chambres disposant de salles d'eau et WC • 68 € pour 2 personnes, petit-déjeuner compris • Pas de table d'hôte • Salon, jardin. Cartes de crédit non acceptées

On a aimé

Le délicieux accueil d'Édith Grenot.

Cette jolie maison est à dénicher au fond d'une ruelle du pittoresque village fortifié de Montpeyroux. Au rez-de-chaussée, un salon « cosy » invite à la détente ; meubles anciens, piano et sélection d'ouvrages sur l'Auvergne. Aux beaux jours, vous pourrez également profiter du jardin aménagé dans la cour intérieure où l'on dresse quelques tables pour servir le petit-déjeuner. Les chambres sont agréablement décorées : parquet, tapis, tableaux d'artistes régionaux et mobilier rustique.

Accès : au cœur du village

NÉBOUZAT - 63210

45 LES GRANGES

Mme Gauthier

Recoleine
63210 Nébouzat
Tel. 04 73 87 10 34
Fax 04 73 87 10 34
gauthier.jocelyne@free.fr

Fermé du 15 novembre au 1er février • 3 chambres • 43 à 46 € pour 2 personnes, petit-déjeuner compris ; possibilité de demi-pension • Table d'hôte 14 € • Cartes de crédit non acceptées, chiens non admis

On a aimé **Le cadre naturel bucolique, à deux pas de la chaîne des Puys.**

Un accueil chaleureux vous attend dans cette ancienne grange joliment restaurée par un couple d'agriculteurs. Les chambres, confortables et soignées, ouvrent leurs fenêtres sur la verdure. La vaste pièce à vivre et son salon, pourvu d'un imposant canapé, sont agréables. Pour vos randonnées, n'hésitez pas demander conseil à la patronne, charmante et communicatrice. En bref, une adresse idéale pour les amoureux de la nature.

Accès : à 3 km de Randanne par la N 89

ORCINES - 63870

46 DOMAINE DE TERNANT

Mme Piollet

Ternant
63870 Orcines
Tel. 04 73 62 11 20
Fax 04 73 62 29 96
domaine.ternant@free.fr
www.domaine.ternant.free.fr

Fermé du 15 novembre au 15 mars • 5 chambres non-fumeurs • 72 à 86 € pour 2 personnes, petit-déjeuner compris • Pas de table d'hôte • Salon, parc, parking. Cartes de crédit non acceptées, chiens non admis • Tennis, salle de billard

On a aimé **L'environnement protégé de cette bâtisse ancienne.**

Belle demeure bâtie au 19e s. dans un parc de 10 ha au pied des monts Dôme. Dans les spacieuses chambres comme au salon, à la bibliothèque ou dans la salle de billard, les meubles de famille créent une atmosphère chaleureuse et confortable. La maîtresse de maison, artiste en patchwork, a su apporter une touche personnelle à la décoration. Le tennis se pratique sur la propriété, et d'autres sports sont accessibles à brève distance, de même que Vulcania, le parc de découverte des volcans.

Accès : à 11 km au Nord-Ouest de Clermont-Ferrand par la D 941 A et la D 90

ORCINES - 63870

47 HOSTELLERIE LES HIRONDELLES

M. Amblard

Route de Limoges
63870 Orcines
Tel. 04 73 62 22 43
Fax 04 73 62 19 12
info@hotel-leshirondelles.com
www.hotel-leshirondelles.com

Fermé du 8 novembre au 8 février, dim. soir, lun. et mar. midi d'octobre à avril • 18 chambres avec salles de bains WC, ou douches WC, toutes ont la télévision • 59,50 à 66,50 € pour 2 personnes ; petit-déjeuner 7,40 € ; possibilité de demi-pension • Restaurant fermé le lun. midi et mar. midi (en mai-juin et sept.), menus de 16,20 € (semaine) à 40 € • Terrasse, parking

On a aimé **La fascinante chaîne des Puys.**

Au pied des monts Dôme, vieille ferme familiale en pierres grises du pays récemment convertie à l'hôtellerie. Aménagées dans la grange, les chambres, plus amples et lumineuses du côté de la façade principale, sont avant tout fonctionnelles. Vous trouverez davantage de caractère à la salle à manger voûtée sise dans l'ancienne étable : son cadre campagnard s'agrémente d'authentiques... nids d'hirondelles !

Accès : à l'Ouest de Clermont-Ferrand, prendre la D 941 A, puis la D 941 B

PERRIER - 63500

48 CHAMBRE D'HÔTE PAUL GEBRILLAT

M. Gebrillat

Chemin de Siorac
63500 Perrier
Tel. 04 73 89 15 02
Fax 04 73 55 08 85
lequota@club-internet.fr

Fermé du 1er décembre au 31 janvier • 4 chambres dont 1 suite • 48 à 55 € pour 2 personnes, petit-déjeuner compris • Pas de table d'hôte • Jardin, parking. Cartes de crédit non acceptées, chiens non admis

On a aimé **Flâner dans le parc longé par la Couze de Pavin.**

Belle maison de famille du 18e s. invitant à prolonger l'étape dans ce village bâti au pied des monts Dore. Ses chambres, joliment décorées, allient charme et confort. Dès les premiers rayons de soleil, et même s'il fait frisquet, la table du petit-déjeuner est dressée dehors sous un auvent chauffé et fort bien aménagé donnant sur un délicieux jardin intérieur. L'accueil est courtois et les conseils touristiques du patron toujours avisés.

Accès : à 3 km à l'Ouest d'Issoire par la D 996

ROCHEFORT-MONTAGNE - 63210

49 CHÂTEAU DE VOISSIEUX

M. et Mme Phillips

Saint-Bonnet-d' Orcival
63210 Rochefort-Montagne
Tel. 04 73 65 81 02
Fax 04 73 65 81 27

Fermé de novembre à janvier • 3 chambres équipées de salles de bains • 52 à 60 € pour 2 personnes, petit-déjeuner compris • Pas de table d'hôte • Terrasse, parc, parking. Cartes de crédit non acceptées • À proximité : VTT, équitation, baignade, golf, parapente, ski

On a aimé **Être reçu en seigneur au cœur du Parc naturel régional d'Auvergne.**

Tout naturellement, c'est la pierre volcanique qui a servi à bâtir ce château au 13e s., et à le restaurer confortablement plus tard. Dans le parc, un tilleul de 400 ans veille, présage de nuit calme. Deux chambres sont sobrement meublées, la troisième offre un décor rococo. Le petit-déjeuner se savoure dans la cuisine devant la belle cheminée, ou sur la terrasse fleurie surplombant le parc. Pas de table d'hôte, mais dans cette région touristique, les restaurants ne sont pas loin.

Accès : à 4 km au Nord-Est d'Orcival par la D 27

ROYAT - 63130

50 CHÂTEAU DE CHARADE

M. et Mme Gaba

63130 Royat
Tel. 04 73 35 91 67
Fax 04 73 29 92 09
gaba@chateau-de-charade.com
www.chateau-de-charade.com

Fermé de début novembre à fin mars • 5 chambres équipées de salles de bains • 72 à 81 € pour 2 personnes, petit-déjeuner compris • Pas de table d'hôte • Parc, parking. Cartes de crédit non acceptées, chiens non admis

On a aimé **Le côté « villégiature » de ce château à tourelles voisin de Clermont.**

Ce château posté en lisière du golf de Royat reçoit majestueusement ses hôtes. L'intérieur, avec ses hauts plafonds, son escalier en pierre et ses chambres garnies de meubles anciens jusque dans les salles de bains, témoigne d'un brillant passé. Laissez-vous aussi charmer par l'instant présent : l'accueil aimable de la maîtresse de maison, les notes du piano s'égrenant dans le salon, le cliquetis des boules de billard... Et si la ville vous semble encore trop proche, filez vers les monts Dôme !

Accès : à 6 km au Sud-Ouest de Royat par la D 941 C et la D 5, en direction du circuit automobile et du golf

SAINT-ANTHÈME - 63660

51 AU PONT DE RAFFINY

M. et Mme Beaudoux

Raffiny
63660 Saint-Anthème
Tel. 04 73 95 49 10
Fax 04 73 95 80 21
hotel.pont.raffiny@wanadoo.fr
www.hotel-pont-raffiny.com

Fermé du 3 janvier au 25 février ; dimanche soir et lundi sauf en juillet-août • 12 chambres et 2 chalets avec jardin privatif, dotés de salles de bains WC ou douches WC et télévision • 38 à 44 € ; petit-déjeuner 7 € ; possibilité de demi-pension • Menus de 15 à 30 € • Parking • Billard, randonnées pédestres, VTT

On a aimé **Emprunter l'autorail panoramique « Livradois-Forez ».**

Cuisinettes et jardinets privatifs : les deux récents chalets complétant les installations de l'hôtel séduiront les familles. Les chambres de la maison mère - un ancien café de village - restent plus sobrement aménagées, même si celles du second étage, lambrissées, possèdent un sympathique petit air montagnard. Une fontaine en rocaille égaie la salle à manger rustique. Au total, l'atmosphère campagnarde de l'adresse vous laissera un bon souvenir.

Accès : quitter Saint-Anthème au Sud par la D 261 et parcourir 5,5 km

SAINT-GERVAIS-D'AUVERGNE - 63390

52 CASTEL HÔTEL 1904

M. Mouty

Rue du Castel
63390 Saint-Gervais-d'Auvergne
Tel. 04 73 85 70 42
Fax 04 73 85 84 39
castel.hotel.1904@wanadoo.fr
www.castel-hotel-1904.com

Ouvert de mars à novembre ; restaurant fermé lundi, mardi et mercredi • 17 chambres avec salles de bains WC ou douches WC, disposant toutes de télévision • 65 à 75 € pour 2 personnes ; petit-déjeuner 8 € ; possibilité de demi-pension • Menus de 35 à 55 € • Jardin, parking. Chiens non admis

On a aimé **La sympathique ambiance « rétro » de l'établissement.**

1616 : la date gravée sur le fronton d'une cheminée témoigne de l'ancienneté des murs. L'hôtel particulier, construit pour le marquis de Maintenon, fut acquis au 19e s. par un ordre religieux avant de devenir relais de diligences en 1904. Poutres, parquet grinçant, meubles patinés, argenterie rutilante, statuettes et luminaires 1900 : la maison cultive une certaine forme de nostalgie... et l'on se prend au jeu ! Bonne « cuisine de mère » au Comptoir à Moustaches, un bistrot campagnard.

Accès : au centre du village

SAINT-GERVAIS-D'AUVERGNE - 63390

53 MONTARLET

M. et Mme Pelletier

Lieu-dit Montarlet
63390 Saint-Gervais-d'Auvergne
Tel. 04 73 85 87 10
Fax 04 73 85 75 79
montarlet@libertysurf.fr
www.montarlet-chambresdhotes.com

Fermé du 1er janvier au 29 février • 3 chambres équipées de salles de bains • 44 € pour 2 personnes, petit-déjeuner compris • Pas de table d'hôte • Parc arboré et fleuri, parking. Cartes de crédit non acceptées

On a aimé **Le joli cadre de verdure entourant cette ferme.**

Les clients apprécient le charme et le calme de cette ferme restaurée située en pleine nature. Les chambres sont délicieuses : murs travaillés à l'éponge, meubles chinés chez les antiquaires et brocanteurs de la région, draps et rideaux assortis, salles de bains spacieuses... Supplément d'atouts : le salon s'agrémente d'une cheminée et d'un joli sol en pierre de Volvic, le parc arboré et fleuri a vue sur les monts d'Auvergne et l'accueil est d'une rare gentillesse !

Accès : 3 km à l'Ouest de St-Gervais-d'Auvergne par D 90, direction Espinasse et chemin à gauche

SAINT-NECTAIRE - 63710

54 RÉGINA

M. et Mme Vircondelet

63710 Saint-Nectaire
Tel. 04 73 88 54 55
Fax 04 73 88 50 56
regina.st-nectaire@wanadoo.fr

Ouvert de Pâques à Toussaint • 25 chambres dont 6 à l'annexe, en majorité dotées de douches WC, quelques salles de bains WC, toutes avec télévision • 46 à 56 € (40 à 46 € basse saison) pour 2 personnes ; petit-déjeuner 6 € ; possibilité de demi-pension • Menus de 16 à 23 € • Parking • Piscine de plein air chauffée avec solarium

On a aimé **La visite (et la dégustation !) des caves d'affinage du saint-nectaire.**

Grâce à sa tourelle, ce bâtiment de 1904 est facilement repérable au sein de la ville thermale. Les petites chambres, bien insonorisées et récemment rafraîchies, sont sobrement décorées ; évitez toutefois celles de l'annexe. Poutres apparentes et boiseries d'époque apportent un peu de caractère à la salle à manger. En outre les clients fréquentent assidûment la belle piscine dotée d'un vaste solarium.

Accès : dans Saint-Nectaire-bas, au bord de la route qui traverse le village

THIERS - 63300

55 LE PARC DE GEOFFROY

M. Brugere

49 avenue du Général-de-Gaulle
63300 Thiers
Tel. 04 73 80 87 00
Fax 04 73 80 87 01
reservation@parc-de-geoffroy.com
www.parc-de-geoffroy.com

Ouvert toute l'année • 31 chambres réparties sur 3 étages, toutes tournées vers le jardin, dotées de salles de bains WC et de télévision • 67 à 75 € pour 2 personnes ; petit-déjeuner 8 € ; possibilité de demi-pension • Menus de 11 à 38 € • Terrasse, jardin arboré, parking

On a aimé **Trancher dans le vif du sujet avec la visite de la Maison des Couteliers.**

Un luxuriant jardin clos préserve la demeure des nuisances que pourrait occasionner la proximité d'une zone commerciale animée. Un ancien logis de coutelier abrite la réception et les salles à manger bourgeoises décorées de fresques. Les chambres, aménagées dans une annexe moderne située au calme, sont printanières et fonctionnelles. Le petit-déjeuner bien garni fournira les vitamines nécessaires à l'ascension des « peddes » tortueuses de la ville haute.

Accès : à 5 km sur la N 89, direction Clermont-Ferrand

VARENNES-SUR-USSON - 63500

56 LES BAUDARTS

Mme Verdier

63500 Varennes-sur-Usson
Tel. 04 73 89 05 51
Fax 04 73 89 05 51

Fermé du 1er octobre au 1er mai • 3 chambres • 60 à 72 € (58 à 70 € basse saison) pour 2 personnes, petit-déjeuner compris • Pas de table d'hôte • Jardin, parking. Cartes de crédit non acceptées, chiens non admis

On a aimé **Le raffinement, présent dans toutes les pièces.**

L'endroit, perdu dans la campagne, n'est pas facile à dénicher, mais persévérez car cette demeure rose aux allures de bastide vaut le détour : tout, ici, est en effet raffinement, calme et confort. Les chambres, vastes et exquisément décorées dans des tonalités claires, sont superbes. Le salon, réchauffé l'hiver par une cheminée, regorge de livres. Quant à l'accueil de la maîtresse de maison, il est particulièrement charmant !

Accès : en sortant de Varennes, 1re à droite (D 123), puis prendre l'allée boisée dans le 1er virage

BOURGOGNE

Nés du goût d'absolu des Ducs d'Occident, nobles châteaux et riches abbayes (Cluny, Autun, Vézelay, Fontenay) témoignent d'un passé ou grandiloquence rimait avec prestige. Qui leur reprocherait cette folie des grandeurs devant la réussite que représente Dijon, ville d'art par excellence, et comment leur contester le titre de « princes des meilleurs vins de la chrétienté » lorsque des légions de gourmets armés de leur taste-vin sillonnent la Côte d'Or pour visiter ses caves. Moelleuses gougères, fromage d'époisses coulant à souhait ou pain d'épice rappellent que les Bourguignons sont de grands gourmands qui aiment à partager ce péché mignon avec leurs visiteurs. Que vous soyez en péniche sur le canal de Bourgogne ou sur les petites routes qui sillonnent les paysages vallonnés, vous trouverez dans les villes et villages de délicieuses maisons d'hôtes ou d'accueillants hôtels où vous installer quelques jours pour partir à la découverte de toutes ces richesses culturelles et gastronomiques.

- Côte-d'Or (21)
- Nièvre (58)
- Saône-et-Loire (71)
- Yonne (89)

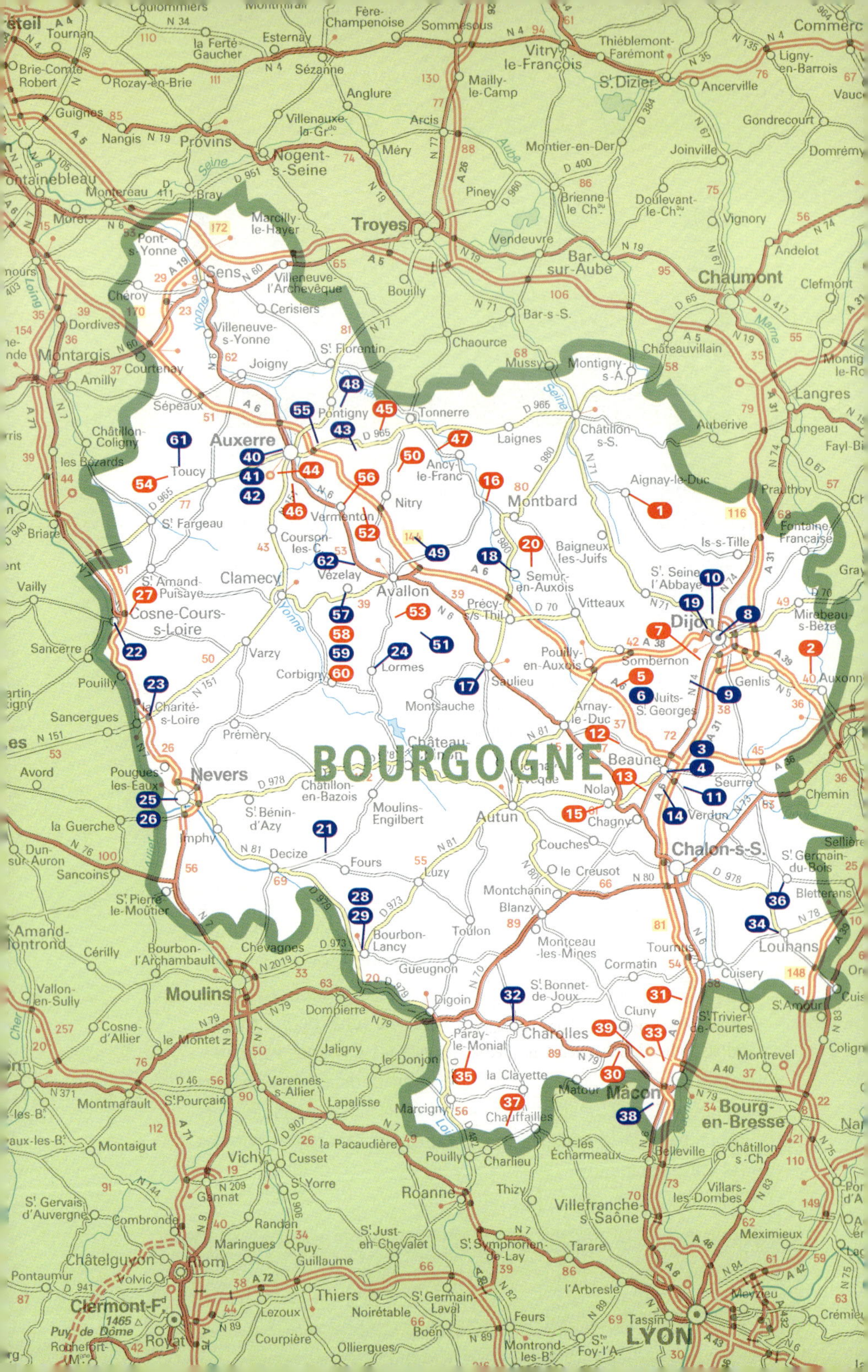

BOURGOGNE
Troyes
Chaumont
Langres
Dijon
Auxerre
Sens
Nevers
Moulins
Mâcon
Chalon-s-S.
Beaune
Autun
Avallon
Vézelay
Clamecy
Montbard
Tonnerre
Joigny
Pontigny
Semur-en-Auxois
Saulieu
Vitteaux
Sombernon
Nuits-S. Georges
Arnay-le-Duc
Nolay
Chagny
le Creusot
Montceau-les-Mines
Paray-le-Monial
Charolles
Cluny
Tournus
Louhans
Cuisery
Digoin
Bourbon-Lancy
Decize
Luzy
Château-Chinon
Lormes
Corbigny
Varzy
Cosne-Cours-s-Loire
la Charité-s-Loire
Toucy
S. Fargeau
Châtillon-s-S.
Aignay-le-Duc
Is-s-Tille
S. Seine-l'Abbaye
Mirebeau-s-Bèze
Auxonne
Genlis
Seurre
Verdun
Bourg-en-Bresse
Roanne
Vichy
Riom
Clermont-Fd
LYON
Villefranche-s-Saône
Montargis
Provins
Nogent-s-Seine
S. Dizier
Vitry-le-François
Bar-sur-Aube

AIGNAY-LE-DUC - 21510

1 MANOIR DE TARPERON

M. de Champsavin

Route de Saint-Marc
21510 Aignay-le-Duc
Tel. 03 80 93 83 74
Fax 03 80 93 83 74
manoir-de-tarperon@wanadoo.fr

Fermé de novembre à mars • 5 chambres équipées de salles de bains • 62 € pour 2 personnes, petit-déjeuner compris • Table d'hôte 20 à 25 € • Salon, terrasse, jardin. Cartes de crédit non acceptées, chiens non admis • Relais équestre, concerts, expositions

On a aimé **La situation « les pieds dans l'eau ».**

Ce manoir et son écrin de verdure au bord de la Coquille ne manquent pas de charme. Les chambres, de tailles variées, sont colorées et meublées avec soin. Le salon, doté d'une bibliothèque, est prolongé d'une plaisante véranda dominant le jardin. Les amateurs de pêche seront ravis de ferrer le poisson : un parcours spécial mouche a été aménagé pour eux. Les autres apprécieront les promenades en barque et l'excursion aux sources de la Seine.

Accès : prendre la petite route en direction de Saint-Marc

ATHÉE - 21130

2 LES LAURENTIDES

Mme Royer-Cottin

27 rue du Centre
21130 Athée
Tel. 03 80 31 00 25

Ouvert toute l'année • 4 chambres dont 2 donnent sur le jardin • 45 € pour 2 personnes, petit-déjeuner compris • Table d'hôte 19 €, uniquement les week-ends • Jardin, parking. Cartes de crédit non acceptées, chiens non admis au restaurant

On a aimé **La décoration personnalisée des chambres.**

Cette accueillante ferme fleurie, bâtie en 1870 au cœur du village, allie charme et confort. Ses chambres, aménagées dans l'ancien grenier, sont toutes décorées d'œuvres de la maîtresse de maison, peintre à ses heures ; les plus agréables donnent sur le magnifique jardin. Attention, pour goûter aux plaisirs de la table, il vous faudra venir le week-end ou les jours fériés, et réserver. Autre détail qui a son importance : les hôtes savent recevoir.

Accès : à 6 km au Nord d'Auxonne par la D 24

3 GRILLON

M. et Mme Grillon

21 route de Seurre
21200 Beaune
Tel. 03 80 22 44 25
Fax 03 80 24 94 89
joel.GRILLON@wanadoo.fr
www.hotel-grillon.fr

Fermé du 31 janvier au 1er mars • 18 chambres climatisées, dotées pour la plupart de salles de bains WC et de télévision (plusieurs réservées aux non-fumeurs) • 52 à 65 € pour 2 personnes ; petit-déjeuner 8 € • Pas de restaurant • Jardin, terrasse fleurie, parking fermé • Piscine

On a aimé

Cet écrin de verdure à un saut de grillon de l'hôtel-Dieu.

La pimpante maison rose aux volets vert amande que l'on devine derrière un rideau de marronniers vous incite à pousser la grille en fer forgé ? Vous faites bien ! L'intérieur de cette jolie demeure du 19e s. blottie dans son jardin clos confortera votre première impression : chambres printanières ou « cosy », meublées parfois de pièces chinées chez les antiquaires, et salon-bar aménagé sous les voûtes d'un caveau. Terrasse fleurie pour petits-déjeuners placés sous d'heureux... auspices.

Accès : à l'entrée de Beaune en venant de Seurre (D 973, route de Dôle)

BEAUNE - 21200

4 VILLA FLEURIE

Mme Chartier

19 place Colbert
21200 Beaune
Tel. 03 80 22 66 00
Fax 03 80 22 45 46
la.villa.fleurie@wanadoo.fr
www.lavillafleurie.fr

Fermé du 1er janvier au 1er février • 10 chambres disposant pour la plupart de salles de bains WC, toutes avec télévision • 67 à 77 € pour 2 personnes ; petit-déjeuner 8 € • Pas de restaurant • Jardin, parking fermé

On a aimé

L'atmosphère familiale de la maison.

Les rameaux d'une glycine odoriférante s'entrelacent sur la grille de cette petite villa 1900 vous proposant trois types de chambres : contemporaines, bourgeoises ou familiales, ces dernières - deux duplex - installées au dernier étage. La salle des petits-déjeuners possède un charme délicieusement « british » avec ses rideaux fleuris, sa cheminée et ses moulures, tandis que les transats du jardinet-terrasse invitent à la paresse.

Accès : en retrait du passage, sur une placette proche de la piscine

5 CHAMBRE D'HÔTE MME BAGATELLE

Mme Bagatelle

Rue des Moutons
21320 Châteauneuf
Tel. 03 80 49 21 00
Fax 03 80 49 21 49
jean-michel.bagatelle@wanadoo.fr

Fermé vacances de février • 4 chambres équipées de salles d'eau et WC privés • 50 à 60 € pour 2 personnes, petit-déjeuner compris • Table d'hôte 23 € • Jardin, parking. Cartes de crédit non acceptées, chiens non admis

On a aimé **Sillonner les ruelles étroites de ce séduisant bourg fortifié.**

Adresse très accueillante que cette ancienne bergerie en pierre située au cœur d'un village médiéval bordé par le canal de Bourgogne. L'intérieur, où dominent la pierre et le bois, est aménagé avec goût. Les chambres - l'une d'elles avec cheminée - sont agréables à vivre ; celles dotées d'une mezzanine conviennent parfaitement aux familles.

Accès : dans le village

6 HOSTELLERIE DU CHÂTEAU

M. Hartmann

21320 Châteauneuf
Tel. 03 80 49 22 00
Fax 03 80 49 21 27
hdc@hostellerie-chateauneuf.com
www.hostellerie-chateauneuf.com

Fermé de décembre à février ; lundi et mardi sauf en juillet-août • 17 chambres dont 8 à l'annexe, 4 en duplex pour les familles et 1 accessible aux handicapés physiques ; toutes disposent de salles de bains WC ou douches WC • 45 à 70 € pour 2 personnes ; petit-déjeuner 8 € ; possibilité de demi-pension • Menus de 23 à 36 € • Terrasse, jardin avec vue sur le château

On a aimé **Lire ou relire le Pape des escargots sur les terres d'Henri Vincenot.**

Le bourg, haut perché, surplombe « l'autoroute du soleil » : fortifié, il commandait jadis la plaine ; aujourd'hui, il ouvre ses lourdes portes le temps d'une paisible étape. L'hostellerie se niche à un trait d'arbalète du majestueux château féodal que l'on contemple à loisir - à l'heure du Kir ! - depuis son jardin. Le bâtiment principal et l'annexe (une maison du 17e s.) abritent quelques chambres de caractère avec poutres patinées et vieilles pierres. Chaleureux salon d'esprit médiéval.

Accès : au centre du village, à côté du château

COUCHEY - 21160

7 CHAMBRE D'HÔTE LES BRUGÈRES

M. et Mme Brugère

7 rue Jean-Jaurès
21160 Couchey
Tel. 03 80 52 13 05
Fax 03 80 52 93 20
brugeref@aol.com
www.francoisbrugere.com

Fermé de décembre à mars • 4 chambres équipées de douches et WC privés • 52 à 60 € pour 2 personnes, petit-déjeuner compris • Pas de table d'hôte • Parking.

On a aimé

Dormir tout son soûl chez un viticulteur du Marsannay.

Une étape parfaite, pour parler vin et le goûter, que cette charmante habitation du 17e s., propriété d'un viticulteur du Marsannay. Ses chambres, joliment restaurées, s'agrémentent de poutres apparentes et de meubles chinés chez les antiquaires ; l'une d'elles possède en outre un piano. De belles flambées réchauffent en hiver la salle des petits-déjeuners décorée de nombreuses tapisseries. La cave est ouverte aux visites et aux dégustations.

Accès : à 2 km au Sud de Marsannay par la D 122

DIJON - 21000

8 WILSON

Mmes Descaillot et Etievant

1 rue Longvic
21000 Dijon
Tel. 03 80 66 82 50
Fax 03 80 36 41 54
hotelwilson@wanadoo.fr
www.wilson-hotel.com

Ouvert toute l'année • 27 chambres dont 18 avec salles de bains WC, 9 avec douches WC, toutes avec télévision • 70 à 88 € pour 2 personnes ; petit-déjeuner 10 € • Pas de restaurant • Garage

On a aimé

L'atmosphère intime et douillette qui règne en cette maison de caractère.

Une restauration habile et soignée a doté ce séduisant relais de poste du 17e s. de tout le confort moderne, en conservant intacte sa belle architecture bourguignonne. Les chambres, réparties autour d'une cour intérieure, ne manquent pas de charme avec leurs poutres apparentes et leur décor d'une élégante sobriété ; toutes sont très bien insonorisées. L'hiver, le petit-déjeuner est servi au coin du feu.

Accès : depuis le centre-ville, gagner la place du Théâtre et emprunter la rue Chabot-Charny

GEVREY-CHAMBERTIN - 21220

9 LES GRANDS CRUS

Mme Farnier

Rue de Lavaux
21220 Gevrey-Chambertin
Tel. 03 80 34 34 15
Fax 03 80 51 89 07
hotel.lesgrandscrus@ipac.fr
www.hoteldesgrandscrus.com

Ouvert du 1er mars au 30 novembre • 24 chambres réparties sur 2 étages, bénéficiant toutes de salles de bains WC et de télévision • 70 à 80 € pour 2 personnes ; petit-déjeuner 10 € • Pas de restaurant • Jardin fleuri, parking fermé

On a aimé

La fierté - bien légitime ! - que les Bourguignons tirent de leur vin.

Accordez-vous une halte au royaume du vin : la bâtisse appartient au vieux village tant de fois célébré par les écrivains - l'un d'eux, Gaston Roupnel, s'y essaya même à la viticulture - et justement apprécié par les amateurs. Les chambres, bourgeoises ou rustiques, offrent de belles échappées sur les vignes. L'hiver, auprès d'une bonne flambée quelques fauteuils moelleux incitent à deviser gaiement sur les bienfaits du « french paradox ». Joli jardin fleuri et terrasse d'été.

Accès : à l'angle de la route des Grands Crus et de la rue de Lavaux

HAUTEVILLE-LÈS-DIJON - 21121

10 LA MUSARDE

M. Ogé

7 rue des Riottes
21121 Hauteville-lès-Dijon
Tel. 03 80 56 22 82
Fax 03 80 56 64 40
hotel.rest.lamusarde@wanadoo.fr

Fermé du 20 décembre au 10 janvier • 12 chambres, la plupart avec vue sur le jardin, disposant de salles de bains WC ou douches WC, toutes de télévision • 54 à 61 € pour 2 personnes ; petit-déjeuner 8 € ; possibilité de demi-pension • Restaurant fermé dimanche soir et lundi ; menus de 17 € (en semaine) à 64 € • Terrasse, jardin, parking

On a aimé

La campagne aux portes de Dijon.

Puisque l'enseigne même invite à musarder, remettez donc à plus tard la visite de la capitale des ducs de Bourgogne pour profiter de la nature environnante. Cyprès, noisetiers et chênes unissent leurs feuillages pour procurer à la terrasse un ombrage bien agréable aux beaux jours, et la tranquillité de ce village situé sur les hauteurs de Dijon ajoute au charme des lieux : les chambres, familiales et meublées simplement dans un esprit rustique, se tournent vers le paisible jardin.

Accès : à 6 km au Nord-Ouest de Dijon, par la N 71 (direction Troyes), puis à droite, la D 107

LEVERNOIS - 21200

11 PARC

M. Oudot

13 rue du Golf
21200 Levernois
Tel. 03 80 24 63 00
Fax 03 80 24 21 19
hotel.le.parc@wanadoo.fr
www.hotelleparc.fr

Fermé du 1er au 22 janvier et du 23 novembre au 31 décembre • 25 chambres toutes équipées de salles de bains WC ou douches WC et de télévision • 40 à 89 € pour 2 personnes ; petit-déjeuner 7 € • Pas de restaurant • Parking, parc. Chiens non admis

On a aimé **Paresser dans le parc, sous les frondaisons d'arbres centenaires.**

Une jolie cour agréablement fleurie sépare ces deux bâtisses dont les façades au style bourguignon affirmé sont tapissées de vigne vierge. En toile de fond, quelques grands arbres composent un parc fort plaisant. Dans les chambres, meubles anciens, luminaires « rétro » et tentures fleuries créent une douce atmosphère de maison de famille. Toutes parfaitement entretenues, elles sont un peu plus grandes dans la seconde demeure. Accueil familial des plus attentifs.

Accès : au Sud-Est de Beaune à 5 km par route de Verdun-sur-le-Doubs, D 970 et D 111

LUSIGNY-SUR-OUCHE - 21360

12 LA SAURA

M. et Mme Berthaud

Route de Beaune
21360 Lusigny-sur-Ouche
Tel. 03 80 20 17 46
Fax 03 80 20 07 73
la-saura@wanadoo.fr
www.douix.com/la-saura

Ouvert toute l'année • 6 chambres équipées de douches et WC privés • 60 à 80 € pour 2 personnes, petit-déjeuner compris • Pas de table d'hôte • Jardin, parking. Cartes de crédit non acceptées • Piscine de plein air, équitation, tennis, golf, promenades sur le canal

On a aimé **La belle collection d'art contemporain.**

Le propriétaire de cette ferme, peintre à ses heures, collectionne des œuvres contemporaines, en particulier des toiles abstraites qui s'intègrent à merveille au cadre d'origine : cheminée, poutres, sol en pierre... Les chambres adoptent des styles différents : parquet et mobilier ancien dans une, terre cuite, lit en fer forgé et meubles peints dans l'autre, etc. Toutes donnent sur le jardin en terrasses. Une salle d'expositions et une piscine viennent d'être aménagées dans les dépendances.

Accès : à 2 km au Sud de Bligny-sur-Ouche par la D 970

MEURSAULT - 21190

13 DOMAINE DU MOULIN AUX MOINES

M. Hanique

Auxey-Duresses
21190 Meursault
Tel. 03 80 21 60 79
Fax 03 80 21 60 79
contact@laterrasse.fr
www.laterrasse.fr

Ouvert toute l'année • 3 chambres et un gîte au Moulin et 3 chambres à 500 mètres, à Meursault, toutes équipées de sanitaires • 70 à 110 € pour 2 personnes ; petit-déjeuner 7 € • Pas de table d'hôte • Jardin, parking

On a aimé **La situation au cœur du vignoble de Meursault.**

Cette belle demeure au milieu des vignes dépendait jadis de l'abbaye de Cluny. Ses chambres, spacieuses et décorées avec goût, ont beaucoup de charme : murs de pierre, poutres, tomettes, cheminée... Celles aménagées dans le moulin sont très réussies. La cour intérieure, bordée par une rivière, est très agréable. Sur place, les activités ne manquent pas : caveau de dégustation des vins de la propriété, visite du pigeonnier et du petit musée viticole avec son joli pressoir du 15e s., etc.

Accès : au milieu des vignes du Domaine

MONTAGNY-LÈS-BEAUNE - 21200

14 LE CLOS

M. Oudot

22 rue des Gravières
21200 Montagny-lès-Beaune
Tel. 03 80 25 97 98
Fax 03 80 25 94 70
hotelleclos@wanadoo.fr
www.hotelleclos.com

Fermé du 25 novembre au 15 janvier • 19 chambres et 5 suites, dont 2 (chambres) accessibles aux handicapés physiques, avec salles de bains WC ou douches WC et télévision • 65 à 110 € (60 à 100 € basse saison) pour 2 personnes ; petit-déjeuner 9 € • Pas de restaurant • Parking, jardin. Chiens non admis

On a aimé **Dormir au calme à cinq minutes de Beaune, la prestigieuse cité du vin.**

Un ancien pressoir trône au milieu de la grande cour de cette jolie demeure du 18e s. qui abritait jadis une exploitation viticole. Entièrement restaurée, la maison dispose aujourd'hui de chambres de bonne ampleur, garnies d'un plaisant mobilier d'inspiration rustique et dotées d'une literie de qualité. La grande tranquillité qui règne sur la propriété compte parmi les atouts de l'hôtel.

Accès : à 3 km au Sud de Beaune par l'avenue Charles-de-Gaulle et la D113

NOLAY - 21340

15 AU TEMPS D'AUTREFOIS

M. Pocheron

Place Monge
21340 Nolay
Tel. 03 80 21 76 37
Fax 03 80 21 76 37
noellepocheron@wanadoo.fr
www.terroirs-b.com/gite

Ouvert toute l'année • 4 chambres dont une suite • 60 € pour 2 personnes, petit-déjeuner compris • Pas de table d'hôte

On a aimé **L'ancienneté des lieux, joliment préservée.**

Une atmosphère délicieusement surannée règne en cette jolie maison à colombages du 14e s. dressée sur une placette où coule une fontaine. L'intérieur est très chaleureux : murs enduits, poutres apparentes, mobilier ancien, rideaux à carreaux, parterre de tomettes... Les chambres, coquettes et calmes, recèlent de vieux clichés en noir et blanc de Nolay. L'été, les petits-déjeuners sont servis sur la terrasse de l'auberge, située de l'autre côté de la place.

Accès : au cœur du village

ROUGEMONT - 21500

16 CHAMBRE D'HÔTE MME BACCHIERI

Mme Bacchieri

La Forge, bord du Canal de Bourgogne
21500 Rougemont
Tel. 03 80 92 35 99
Fax 03 80 92 35 99

Fermé Noël au 1er janvier inclus • 3 chambres équipées de salles de bains et WC • 50 € pour 2 personnes, petit-déjeuner compris • Pas de table d'hôte • Parking. Cartes de crédit non acceptées • Promenade en barque

On a aimé **Les promenades en barque sur les eaux du canal de Bourgogne.**

Belle promesse de séjour faite par cette charmante petite maison régionale bordant le canal de Bourgogne, dans la vallée de l'Armançon. Les chambres, de caractère, sont accueillantes, bien tenues et surtout très calmes ; toutes possèdent une cheminée. Le coquet jardin près de l'écluse et la piste cyclable le long du chemin de halage ajoutent au charme du lieu. Copieux petit-déjeuner et accueil parfait.

Accès : à 10 km au Nord-Ouest de Montbard par la D 905

SAULIEU - 21210

17 HOSTELLERIE DE LA TOUR D'AUXOIS

M. Prevost

Square Alexandre-Dumaine
21210 Saulieu
Tel. 03 80 64 36 19
Fax 03 80 64 93 10
jlprevost@tourdauxois.com
www.tourdauxois.com

Ouvert toute l'année • 35 chambres climatisées dont 6 en duplex et 2 accessibles aux handicapés physiques, avec salles de bains WC ou douches WC et télévision • 78 à 102 € (75 à 98 € basse saison) pour 2 personnes ; petit-déjeuner 9 € • Menus de 19 (semaine) à 34 € • Terrasse, jardin paysagé, garage, parking fermé • Piscine de plein air chauffée, piano bar

On a aimé

Le duplex aménagé dans l'ancien presbytère.

La célèbre ville-étape s'est un peu assoupie depuis que l'A 6 double la traditionnelle « route des vacances ». C'est dommage car, à l'instar de cette hostellerie du 17e s., on cultive ici un certain sens du service et de l'accueil. La bâtisse a été rénovée de fond en comble : murs chaulés, tomettes, meubles peints, poutres apparentes dans certaines chambres, et chaleureuse salle de restaurant en rotonde ouverte sur un jardin paysager s'étendant jusqu'à une tour vestige du 14e s.

Accès : sur la route qui traverse la ville, à côté de la Tour du 14ème siècle

SEMUR-EN-AUXOIS - 21140

18 HÔTEL - BUREAU LES CYMAISES

M. et Mme Faidide

7 rue Renaudot
21140 Semur-en-Auxois
Tel. 03 80 97 21 44
Fax 03 80 97 18 23
hotel.cymaises@libertysurf.fr
www.hotelcymaises.com

Ouvert toute l'année • 18 chambres dont 1 accessible aux handicapés physiques, en majorité dotées de salles de bains WC, d'autres de douches WC, toutes avec télévision • 55 à 59 € pour 2 personnes ; petit-déjeuner 7 € • Pas de restaurant • Jardin fleuri, parking fermé

On a aimé

Flâner sur les remparts semurois.

La petite capitale de l'Auxois se situe à portée de canon - c'est une image ! - des joyaux de la Bourgogne : l'abbaye de Fontenay, le village fortifié de Flavigny, les fouilles d'Alésia, etc. Une ruelle voisine de la porte Sauvigny mène à cette massive maison bourgeoise du 18e s. abritant des chambres insonorisées et dotées d'un solide mobilier rustique, et un salon bourgeois complété d'une véranda où l'on sert les petits-déjeuners. Sur l'arrière, un discret jardin invite au repos.

Accès : dans une petite rue tranquille du centre ville, dans la cité médiévale

TALANT - 21240

19

LA BONBONNIÈRE

M. Kreis

24 rue des Orfèvres
21240 Talant
Tel. 03 80 57 31 95
Fax 03 80 57 23 92
labonbonniere@wanadoo.fr
www.labonbonnierehotel.fr

Ouvert toute l'année • 20 chambres dotées de salles de bains WC ou douches WC, toutes avec télévision • 65 à 90 € pour 2 personnes ; petit-déjeuner 8 € • Pas de restaurant • Parking fermé. Chiens non admis

On a aimé

Savourer la quiétude du joli jardin fleuri, à quelques kilomètres à peine de Dijon.

C'est dans un joli petit village surplombant le lac Kir, à deux pas d'une église du 13e s., que se trouve cette maison particulière transformée en hôtel. L'aménagement intérieur justifie l'enseigne : meubles de style et couleurs tendres donnent un petit côté « bonbonnière » à l'ensemble. Chambres spacieuses et calmes, salon bourgeois et salle des petits-déjeuners accueillante. Atout majeur : les patrons sont aux petits soins pour leurs hôtes.

Accès : au centre du village, prés de l'église

VILLARS-ET-VILLENOTTE - 21140

20

LES LANGRONS

Mme Collins Mary

21140 Villars-et-Villenotte
Tel. 03 80 96 65 11
Fax 03 80 97 32 28
langrons@club-intenet.fr

Fermé en décembre • 3 chambres à l'étage • 55 € pour 2 personnes, petit-déjeuner compris • Pas de table d'hôte • Jardin, parking. Cartes de crédit non acceptées, chiens non admis

On a aimé

La chaleur du poêle après une journée passée au grand air.

Cette ferme de caractère, entièrement restaurée, se trouve tout près du pittoresque bourg médiéval de Villars. Les chambres, desservies par un bel escalier, sont agréables : murs blanchis, poutres apparentes, tapis, rideaux et couvre-lits de style anglais. Les petits-déjeuners, copieux, sont servis dans la salle à manger rustique au beau dallage de pierre, réchauffée l'hiver par la chaleur communicative du poêle. Sur place, location de VTT.

Accès : à 5,5 km au Nord-Ouest de Semur-en-Auxois par la D 954 puis la D 9A

CERCY-LA-TOUR - 58340

21 LE VAL D'ARON

M. Terrier

5 rue des Écoles
58340 Cercy-la-Tour
Tel. 03 86 50 59 66
Fax 03 86 50 04 24
val.aron@wanadoo.fr
www.hotelrestaurant-aron.com

Fermé du 15 décembre au 15 janvier ; samedi et dimanche d'octobre à mai • 12 chambres disposant de salles de bains WC et de télévision ; 4 côté jardin bénéficient d'un balcon • 54 à 71 € (54 à 61 € basse saison) pour 2 personnes ; petit-déjeuner 9 € ; possibilité de demi-pension • Menus de 18 (en semaine) à 45 € • Terrasse, jardin, parking • Piscine de plein air

On a aimé **Naviguer quelques heures sur le canal du Nivernais.**

Ce bâtiment datant du 19e s. abritait la gendarmerie avant d'être transformé en hôtel. Poutres apparentes et colombages sous les mansardes du dernier étage, terrasses ouvertes sur le jardin au rez-de-chaussée : choisissez votre chambre - toujours vaste et fraîche - lors de la réservation. Les repas ont lieu en hiver dans la salle à manger rustique agrémentée d'une cheminée, et l'été sur la « terrasse » dressée sous la charpente d'une ferme reconstituée.

Accès : à mi-chemin entre Decize et Saint-Honoré-les-Bains

COSNE-COURS-SUR-LOIRE - 58200

22 LES FORGES

M. Marcellot

21 rue Saint-Agnan
58200 Cosne-Cours-sur-Loire
Tel. 03 86 28 23 50
Fax 03 86 28 91 60
denis.cathye@wanadoo.fr

Fermé en juillet et décembre • 7 chambres dotées de salles de bains WC, télévision et prise Internet • 45 à 60 € pour 2 personnes ; petit-déjeuner 7 € • Fermé dimanche soir et lundi ; restaurant climatisé ; menu de 18 € à 60 € • Chiens non admis dans le restaurant

On a aimé **Le charme discret mais bien réel de cet établissement joliment rénové.**

Vive la couleur ! La ravissante façade verte de cette maison traditionnelle joliment restaurée incite à pousser sa porte d'entrée. Les chambres, petites mais pimpantes, optent quant à elles pour des papiers peints rayés jaune et blanc, des tons pastel et des tentures assorties. Au restaurant, c'est l'ocre qui domine, tandis que les nappes bordeaux et les napperons blancs s'intègrent parfaitement à cette chaleureuse salle à manger où l'on sert une cuisine dans l'air du temps.

Accès : en centre ville

LA CHARITÉ-SUR-LOIRE - 58400

23 LE BON LABOUREUR

M. Boulin

Quai Romain Mollot
58400 La Charité-sur-Loire
Tel. 03 86 70 22 85
Fax 03 86 70 23 64
lebonlaboureur@wanadoo.fr
www.lebonlaboureur.com

Ouvert toute l'année • 16 chambres dotées de salles de bains WC ou douches WC et télévision • 40 à 50 € pour 2 personnes ; petit-déjeuner 6 € • Pas de restaurant • jardin, chiens non admis • salon de lecture

On a aimé **Aux beaux jours, profiter de la quiétude du jardin.**

Cet ancien relais de poste complété par une grange qui servait jadis aux mariniers est situé sur une île de la Loire. Les propriétaires de l'hôtel cultivent l'art de recevoir avec un savoir-faire indéniable. Toutes les chambres sont rénovées, lumineuses et parfaitement tenues. Atout maître de l'adresse, la salle des petits-déjeuners comporte une partie véranda tournée sur un charmant jardin arboré.

Accès : près du centre ville, sur la Loire, par la D 955 en direction de Sancerre

LORMES - 58140

24 PERREAU

M. et Mme Girbal

8 route d'Avallon
58140 Lormes
Tel. 03 86 22 53 21
Fax 03 86 22 82 15

Fermé du 25 décembre au 31 janvier, dimanche soir et lundi d'octobre à mai • 17 chambres, dont 9 dans une annexe, avec salles de bains WC ou douches WC, toutes avec télévision • 44 à 60 € ; petit-déjeuner 6 € ; possibilité de demi-pension • Menus de 16 à 32 € • Parking fermé. Chiens non admis • Point de départ de randonnées pédestres ou équestres, VTT

On a aimé **Les jolies vues sur le Morvan depuis Lormes et le mont de la Justice.**

Dans la traversée de la sympathique petite cité morvandelle, cette hostellerie traditionnelle à la façade récemment rafraîchie vous ouvre toutes grandes les portes de ses chambres. Celles de l'annexe bénéficient d'un décor plus actuel et de davantage de calme. La salle à manger vous paraîtra accueillante avec ses murs de pierres apparentes, ses poutres sombres et ses lampes-vitraux en pâte de verre.

Accès : au centre du village situé à 29 km au Sud d'Avalllon par la D 944

25 CLOS SAINTE-MARIE

M. et Mme F. Vincent

25 rue du Petit Mouësse
58000 Nevers
Tel. 03 86 71 94 50
Fax 03 86 71 94 69
clos.ste.marie@wanadoo.fr

Fermé du 24 décembre au 2 janvier • 17 chambres dotées de salles de bains ou de douches WC et télévision, 8 sont non-fumeurs • 66 € à 80 pour 2 personnes (62 € basse saison) • pas de restaurant • jardin, parking fermé, chiens non acceptés

On a aimé **Se laisser bercer par le murmure des bassins aménagés dans la cour de l'hôtel.**

Quelques chambres de cet hôtel situé près d'un axe passant donnent côté rue et bénéficient d'une bonne isolation phonique garantissant le repos des clients, mais la plupart se répartissent autour d'un verdoyant et paisible patio agrémenté de bassins où nagent quelques poissons rouges. Les pièces, souvent grandes et toujours bien tenues, sont garnies de meubles anciens parfois chinés dans les brocantes de la région ; certaines ont été récemment rénovées.

Accès : à 2 km du centre ville sur N 81 direction Dijon

26 VERDUN

M. et Mme Prat

4 rue de Lourdes
58000 Nevers
Tel. 03 86 61 30 07
Fax 03 86 57 75 61
hotel.de.verdun@wanadoo.fr
www.hoteldeverdun-nevers.com

Fermé du 7 au 23 août et du 26 décembre au 13 janvier • 21 chambres réparties autour d'un patio ou dans un bâtiment annexe, dotées de salles de bains avec ou sans WC et de télévision, 1 est accessible aux handicapés physiques • 30 à 52 € ; petit-déjeuner 5,50 € • Pas de restaurant • Chiens non admis • à deux pas du quartier historique

On a aimé **Flâner dans le parc Roger Salengro qui fait face à l'hôtel.**

Cure de jouvence bienvenue pour cet hôtel du centre-ville qui déclinait gentiment. Grâce à la volonté et l'implication des nouveaux propriétaires, l'adresse s'avère être une sympathique étape de la cité ducale. Pas de luxe ostentatoire, mais couleurs gaies, revêtements neufs, literies récentes et salles de bains refaites donnent aux chambres un aspect engageant. Le petit-déjeuner est servi sous forme de buffet dans une sobre salle rustique ou, l'été, dans un joli patio.

Accès : au centre ville, face au parc municipal

SAINT-PÈRE - 58200

27 L'ORÉE DES VIGNES

Mme Kandin

Croquant
58200 Saint-Père
Tel. 03 86 28 12 50
Fax 03 86 28 12 50
loreedesvignes@wanadoo.fr
www.loreedesvignes.com

Ouvert toute l'année • 5 chambres non-fumeurs, toutes équipées de salles d'eau et wc privatifs. Espace fumeurs à disposition dans la maison. • 50 à 52 € pour 2 personnes, petit-déjeuner compris ; possibilité de demi-pension • Table d'hôte (sur réservation) 22 € • Terrasse, jardin, parking. Cartes de crédit non acceptées, chiens non admis

On a aimé **Le point Informations installé dans l'entrée.**

Cette jolie fermette en pierre coiffée d'un toit de tuiles plates possède de précieux atouts. Ses chambres, mansardées, sont amples et décorées avec goût. Sa belle salle à manger garnie de meubles bourguignons ou de style Renaissance espagnole offre un cadre agréable pour les repas. Son salon enfin, agrémenté d'un vieux four à pain, invite au repos, de même que la terrasse ouvrant sur le plus délicieux des jardins.

Accès : 3,2 km à l'Est de Cosne-sur-Loire par la D 33 et la D 168

BOURBON-LANCY - 71140

28 LE GRAND HOTEL

M. Monssus

Parc Thermal
71140 Bourbon-Lancy
Tel. 03 85 89 08 87
Fax 03 85 89 32 23
bourbon.thermal@wanadoo.fr
www.grand-hotel-thermal.com

Fermé de novembre à mars • 27 chambres équipées de salles de bains WC ou douches WC, toutes avec télévision et 8 avec cuisinette • 53 à 75 € ; petit-déjeuner 6 € ; possibilité de demi-pension • Menus de 10 à 31 € • Terrasse, cour intérieure fleurie, parc, parking

On a aimé **Le sentier des remparts : une balade tranquille autour de la ville d'eaux.**

L'hôtel, un ancien couvent, borde le parc arboré de l'établissement thermal. Ses spacieuses chambres, progressivement rénovées et pourvues de meubles fonctionnels ou de style « rétro », profitent du calme des lieux. La salle à manger, éclairée par de larges baies, accueille curistes et hôtes de passage, mais s'il fait beau, vous lui préférerez sans doute la jolie terrasse dressée dans le cloître.

Accès : au centre de la localité, attenant au centre thermal et au parc thermal

BOURBON-LANCY - 71140

29 VILLA DU VIEUX PUITS

M. et Mme Perraudin

7 rue de Bel-Air
71140 Bourbon-Lancy
Tel. 03 85 89 04 04
Fax 03 85 89 13 87

Fermé du 15 février au 15 mars, dimanche soir et lundi • 7 chambres à l'étage avec salles de bains WC ou douches WC, toutes avec télévision • 40 à 50 € ; petit-déjeuner 8 € ; possibilité de demi-pension • Menus de 16 à 45 € • Terrasse, jardin, parking. Chiens non admis au restaurant

On a aimé **Le jardin, fleuri, arboré et agrémenté d'une pièce d'eau.**

Coquette auberge rustique installée dans les murs d'une ancienne tannerie. Chambres de tailles variées, douillettes et actuelles ; réservez-en une de préférence côté jardin pour profiter de la vue et du calme. Salle à manger campagnarde, agréable terrasse et salon un brin désuet nanti d'un piano complètent les aménagements de cette petite adresse familiale sans prétention où l'on vous réserve un accueil aimable en toutes circonstances.

Accès : tout près de la place d'Aligre et du centre thermal

BOURGVILAIN - 71520

30 LE MOULIN DES ARBILLONS

M. et Mme Dubois-Favre

71520 Bourgvilain
Tel. 03 85 50 82 83
Fax 03 85 50 86 32
arbillon@club-internet.fr
www.club-internet.fr/perso/arbillon

Ouvert 15 avril au 15 octobre • 5 chambres • 58 à 79 € pour 2 personnes, petit-déjeuner compris • Pas de table d'hôte • Salon, terrasse, jardin, parc. Cartes de crédit non acceptées, chiens non admis • Cave à vin, dégustation et vente à emporter.

On a aimé **L'environnement bucolique de cet ensemble de bâtiments (18e-20e s.).**

Ce moulin du 18e s. flanqué d'une plaisante demeure du 19e s. se dresse au milieu d'un parc agrémenté d'une rivière et d'un étang. Les chambres, souvent bien dimensionnées, possèdent de belles armoires d'époque ; toutes ont vue sur le vallon et le village. La plus petite, voûtée, affiche de belles tonalités bleue et blanche. Vous prendrez votre petit-déjeuner dans l'orangerie datant du 20e s., très agréable avec ses murs peints, son mobilier en métal et son poêle en faïence.

Accès : à 8 km au Sud de Cluny par la D 980 puis la D 22

CHARDONNAY - 71700

31 MANOIR DE CHAMPVENT
Mme Rullière

Lieu-dit Champvent
71700 Chardonnay
Tel. 03 85 40 50 23
Fax 03 85 40 50 18

Fermé du 1er novembre au 1er mars • 5 chambres • 52 à 58 € (50 à 55 € basse saison) pour 2 personnes, petit-déjeuner compris • Pas de table d'hôte • Jardin, parc, parking. Cartes de crédit non acceptées, chiens non admis • Salle d'exposition

On a aimé **Les représentations théâtrales régulièrement données.**

Il faut franchir le porche pour découvrir ce beau manoir en pierres jaunes. Les dépendances abritent les chambres, agrémentées de meubles anciens, de natures mortes et de tableaux abstraits peints par un aïeul. Une salle est réservée à des expositions de sculptures et à des représentations de pièces de théâtre. Les extérieurs sont également fort agréables : grand pré où peuvent se défouler les enfants et jolie cour fleurie.

Accès : à 11 km au Sud-Ouest de Tournus par la D 56 puis la D 463

CHAROLLES - 71120

32 LA POSTE
M. et Mme Doucet

2 avenue de la Libération
71120 Charolles
Tel. 03 85 24 11 32
Fax 03 85 24 05 74
hotel-de-la-liberation-doucet@wanadoo.f
www.la-poste-hotel.com

Fermé en novembre, dimanche soir et lundi • 14 chambres, dont 3 avec terrasse, disposant de salles de bains WC et de télévision • 48 à 120 € pour 2 personnes ; petit-déjeuner 8 € ; possibilité de demi-pension • Menus de 23 (en semaine) à 70 € • Terrasse, garage

On a aimé **L'ambiance animée des foires charollaises.**

Face à l'église, auberge trapue de style bourguignon abritant des chambres-bonbonnières confortables et bien tenues, parfois dotées d'un balcon ou d'une terrasse. Le décor bourgeois recherché de la salle à manger fait dialoguer statues nichées, bibelots, meubles anciens et vaisselle en faïence de Charolles. La cuisine, qui offre toute la générosité de la Bourgogne, met bien sûr à l'honneur la célèbre viande bovine. À la belle saison, le service s'effectue dans l'agréable cour fleurie.

Accès : en angle de rues, face à l'église, dans la traversée du centre ville

HURIGNY - 71870

33 CHÂTEAU DE SALORNAY

M. Guérin

71870 Hurigny
Tel. 03 85 34 25 73
Fax 03 85 20 11 43

Ouvert toute l'année • 4 chambres • 45 à 52 € pour 2 personnes, petit-déjeuner compris • Pas de table d'hôte • Jardin, parking. Cartes de crédit non acceptées

On a aimé **La jolie vue sur Mâcon depuis la terrasse du château.**

Ce château des 11e et 15e s. a beaucoup d'allure avec ses belles tours et ses épaisses murailles couronnées d'un chemin de ronde. Ses chambres, très grandes et nanties de meubles anciens, ouvrent sur les champs. Celle du donjon a gardé son sol en terre cuite et ses fenêtres à meneaux. Poutres, dallage de pierre et cheminée agrémentent la plaisante salle des petits-déjeuners. Les enfants seront ravis de visiter la basse-cour de la ferme attenante. Deux gîtes sont également disponibles.

Accès : 6 km à l'Ouest de Mâcon par la D 82 puis route secondaire

LOUHANS - 71500

34 MOULIN DE BOURGCHÂTEAU

M. Donatelli

Rue du Guidon
71500 Louhans
Tel. 03 85 75 37 12
Fax 03 85 75 45 11
bourgchateau@netcourrier.com
www.bourgchateau.com

Fermé du 1er au 25 janvier et lundi • 19 chambres avec salles de bains WC ou douches WC et télévision. Belle vue sur la Seille et le parc des 2ème et 3ème étages • 54 à 85 € ; petit-déjeuner 9 € ; possibilité de demi-pension • Menus de 22 (en semaine) à 50 € • Parc, parking. Chiens non admis au restaurant • Pédalos, boutique de vins régionaux dans une dépendance

On a aimé **Le salon aménagé au beau milieu des engrenages du vieux moulin.**

Ce charmant moulin de 1778 qui enjambe la Seille fut exploité jusqu'en 1973. Les chambres, actuelles et scrupuleusement tenues, profitent, aux derniers étages, de la vue pittoresque sur le parc arboré et la rivière. Le caisson d'une meule et sa trémie, qui comptent parmi les vestiges de l'ancienne activité meunière, donnent du caractère à la jolie salle à manger. Boutique de vins régionaux dans une dépendance. Détail amusant : on met deux pédalos à la disposition de la clientèle !

Accès : quitter Louhans en direction de Chalon : rue du 11-Novembre-1918 et rue du Guidon, puis à droite chemin de Bourgchâteau

POISSON - 71600

35 CHAMBRE D'HÔTE M. MATHIEU

M. et Mme Mathieu

Sermaize
71600 Poisson
Tel. 03 85 81 06 10
Fax 03 85 81 06 10

Fermé du 1er novembre au 15 mars • 5 chambres équipées de salles d'eau et WC privés • 48 à 58 € pour 2 personnes, petit-déjeuner compris ; possibilité de demi-pension • Table d'hôte 20 € • Jardin, parking. Cartes de crédit non acceptées, chiens non admis au restaurant

On a aimé **La bibliothèque, richement documentée sur la région.**

Très bel ensemble formé par cet ancien relais de chasse du 14e s., son imposante tour ronde et sa cour d'honneur fleurie. Un escalier d'origine en colimaçon mène aux chambres personnalisées. Deux d'entre elles ont leurs salles de bains installées dans la tour. La suite est très agréable avec ses poutres massives, ses fauteuils capitonnés et ses murs tapissés de photos de Doisneau et de reproductions de peintures du 19e s. L'été, vous apprécierez le jardin ouvert sur la campagne.

Accès : à 12,5 km au Sud-Est de Paray-le-Monial par la D 34 puis la D 458, direction Saint-Julien-de-Civry

SAINT-GERMAIN-DU-BOIS - 71330

36 HOSTELLERIE BRESSANE

M. et Mme Giot

2 route de Sens
71330 Saint-Germain-du-Bois
Tel. 03 85 72 04 69
Fax 03 85 72 07 75

Ouvert toute l'année • 8 chambres à l'étage disposant de salles de bains WC ou douches WC • 17 à 41 € pour 2 personnes ; petit-déjeuner 13 € ; possibilité de demi-pension • Restaurant fermé le dimanche soir et le lundi sauf juillet et août ; menus de 11(semaine) à 35 € • Parking fermé

On a aimé **L'écomusée de la Bresse bourguignonne à Pierre-de-Bresse.**

Cet hôtel particulier construit au 18e s. pour le compte du marquis de Scorailles fut transformé en auberge dès 1815. Le décor assez vieillot des chambres est compensé par leur belle dotation en meubles régionaux patinés. Parquet de chêne ciré, poutrage sombre et cheminée dans la salle à manger rustique, jolies fresques 1900 dans l'autre plus citadine. Vous y dégusterez, outre des plats traditionnels, quelques spécialités de la Bresse bourguignonne.

Accès : en plein centre du village

ST-MAURICE-LÈS-CHÂTEAUNEUF - 71740

37 LA VIOLETTERIE

Mme Chartier

71740 Saint-Maurice-lès-Châteauneuf
Tel. 03 85 26 26 60
Fax 03 85 26 26 60
madeleinechartier@yahoo.fr

Fermé du 1er janvier au 15 mars et du 11 novembre au 31 décembre • 3 chambres dont 1 sous les combles, équipées de salles de bains et WC séparés • 50 € pour 2 personnes, petit-déjeuner compris • Table d'hôte 18 € (dîner seulement et sur réservation) • Jardin, parking. Cartes de crédit non acceptées, chiens non admis

On a aimé

L'atmosphère raffinée du 19e s.

Cette demeure bourgeoise du 19e s. est charmante avec son joli perron, son portail en fer forgé gardant l'entrée de la cour et son jardin en arrondi. Autrefois villégiature de l'architecte lyonnais Roux-Spitz, elle abrite aujourd'hui des chambres claires et agréables ; celle aménagée sous les combles, garnie de meubles peints, a conservé ses tomettes et poutres d'origine. Le salon et la salle à manger possèdent de jolies boiseries et une cheminée.

Accès : à 10 km au Nord-Est de Charlieu par la D 487 puis la D 987, direction La Clayette

SAINT-VÉRAND - 71570

38 AUBERGE DU SAINT-VÉRAN

Mme Leguet

La Roche
71570 Saint-Vérand
Tel. 03 85 23 90 90
Fax 03 85 23 90 91
www-auberge-saint-veran.com

Fermé 3 semaines en janvier, lundi et mardi hors saison • 11 chambres avec douches WC et télévision • 56 à 68 € pour 2 personnes ; petit-déjeuner 8,50 € ; possibilité de demi-pension • Menus 21 (en semaine) à 58,50 € • Terrasse, jardin, parking fermé.

On a aimé

Entendre beaucoup de bruits... mais pas pour rien !

Le crissement de la meule et des engrenages de ce vieux moulin à farine a laissé place aux rythmes jazzy des dîners-concerts ; le superbe piano qui trône dans la salle à manger rustique témoigne par ailleurs de la passion de la maîtresse des lieux pour la musique. Le réveil, quant à lui, se fait avec les cancans des canards. Détente assurée sur les rives bucoliques du Pétry, bercé par un doux clapotis... et par les rires des enfants pour lesquels elles constituent un excellent terrain de jeu !

Accès : quitter la N 6 à Crêches-sur-Saône, pour la D 31 vers Saint-Vérand

VERZÉ - 71960

39 LE CHÂTEAU D'ESCOLLES

M. et Mme de Potter

71960 Verzé
Tel. 03 85 33 44 52
Fax 03 85 33 34 80
info@gite-escolles.com

Ouvert toute l'année • 4 chambres équipées de salles de bains • 70 € pour 2 personnes, petit-déjeuner compris • Pas de table d'hôte • Parc, parking. Cartes de crédit non acceptées, chiens non admis

On a aimé

La décoration sans faute de cette jolie maison.

Un accueil sympathique vous sera réservé en cette dépendance d'un château du 17e s., sise en bordure d'un parc de 5 ha agrémenté d'un étang et entouré de vignes et de bois. Les chambres, aménagées sous les toits, sont douillettes : moquette épaisse, poutres, mobilier ancien... Les petits-déjeuners, assortis de confitures « maison » et de jus de fruits frais, sont servis dans une salle plaisamment agencée : vaisselier, pétrin, lustre en fer forgé... La terrasse sous le micocoulier est délicieuse.

Accès : à 2 km au Nord de la Roche-Vineuse par la D 85

AUXERRE - 89000

40 MAXIME

M. et Mme Leclerc

2 quai de la Marine
89000 Auxerre
Tel. 03 86 52 14 19
Fax 03 86 52 21 70
hotel-maxime@wanadoo.fr
www.lemaxime.com

Ouvert toute l'année • 25 chambres disposant de salles de bains WC et de télévision • 75 à 120 € pour 2 personnes ; petit-déjeuner 10 € ; possibilité de demi-pension • Terrasse, parking fermé

On a aimé

Ne pas être pris pour un Parisien en prononçant bien « Ausserre » et non « Auxerre »...

Musée du Coche d'Eau et maisons à pans de bois des voituriers d'eau : le quartier de la marine est aux portes de cet hôtel auxerrois. Les chambres côté quai, disposant de la vue sur l'Yonne, sont peu à peu rénovées ; pour plus de calme, demandez celles situées sur l'arrière. Le restaurant, typiquement bourguignon, et le bistrot aux jolies voûtes constituent un peu l'annexe de l'A.J. Auxerre : Guy Roux y a son rond de serviette et les murs se souviennent de troisièmes mi-temps bien arrosées...

Accès : sur la voie qui longe la rive gauche de l'Yonne

41 NORMANDIE

M. Ramisse

41 boulevard Vauban
89000 Auxerre
Tel. 03 86 52 57 80
Fax 03 86 51 54 33
reception@hotelnormandie.fr
www.hotelnormandie.fr

Ouvert toute l'année • 47 chambres climatisées, toutes dotées de salles de bains WC ou douches WC et de télévision, 4 sont réservées aux non-fumeurs • 57 à 77 € pour 2 personnes ; petit-déjeuner 8 € • Pas de restaurant • Terrasse, garage • Billard

On a aimé **Entretenir des discussions de café du Commerce en faisant une partie de billard...**

La vigne vierge court sur la jolie façade en briques rouges et pierres blanches de cette maison bourgeoise du 19e s. précédée d'une cour gravillonnée où l'on dresse la terrasse pour les petits-déjeuners d'été. La plupart des chambres, progressivement rénovées, sont logées dans un bâtiment plus récent situé au calme ; l'atmosphère y est feutrée, et certaines disposent de douches à jets hydromassants. Plateaux-repas possibles. Le bien-être de la clientèle est ici un souci constant.

Accès : sur le boulevard qui contourne la ville, à droite au rond-point en venant de l'A 6 (Paris) et de la N 6 (Sens)

42 LE PARC DES MARÉCHAUX

M. et Mme Leclerc

6 avenue Foch
89000 Auxerre
Tel. 03 86 51 43 77
Fax 03 86 51 31 72
contact@hotel-parcmarechaux.com
www.hotel-parcmarechaux.com

Ouvert toute l'année • 14 chambres climatisées, disposant toutes de salles de bains WC et de télévision • 79 à 110 € pour 2 personnes ; petit-déjeuner 12 € ; possibilité de demi- pension • Pas de restaurant, mais room service de 18,50 à 29,50 €. Etablissement entièrement climatisé • Terrasse, parc, parking • Piscine

On a aimé **La piscine récemment créée, comme noyée sous les frondaisons.**

Un magistrat parisien fit édifier ce bel hôtel particulier en 1854 dans le style Napoléon III. Le transformant en hôtel dans les années 1980, les propriétaires d'alors ont fait preuve de perspicacité en y conservant l'esprit initial. Les chambres, de style Empire, portent le nom des maréchaux de France, et les salons et salle des petits-déjeuners évoquent les boudoirs victoriens. Le splendide parc planté d'arbres centenaires apporte, lui aussi, à la maison sa part de romantisme.

Accès : depuis l'A 6 (Paris) ou la N 6 (Sens) prendre à droite au rond-point le boulevard Vauban, puis à droite après le musée d'Histoire Naturelle

CHABLIS - 89800

43 HOSTELLERIE DES CLOS

M. et Mme Vignaud

18 rue Jules-Rathier
89800 Chablis
Tel. 03 86 42 10 63
Fax 03 86 42 17 11
host.clos@wanadoo.fr
www.hostellerie-des-clos.fr

Fermé du 20 décembre au 16 janvier • 32 chambres et 4 appartements avec salles de bains WC et télévision • 60 à 183 € pour 2 personnes ; petit-déjeuner 10 € ; possibilité de demi-pension • Menus de 35 à 72 € • Jardin, parking

On a aimé **Le fumoir qui permet de savourer son havane sans être accablé d'opprobre.**

Cet ancien hôtel-Dieu dont on a conservé intacte la petite chapelle du 14e s. possédait jadis de nombreux clos. Le séduisant caveau voûté rend hommage au passé viticole de la maison, puisque l'on y propose une trentaine de chablis. Étoffes chatoyantes et équipement actuel dans les chambres, refaites, plaisant restaurant avec bow-windows donnant sur le patio où l'on sert apéritifs, digestifs et petits-déjeuners, cuisine sincère et généreuse, riche livre de cave : à « taster » d'urgence !

Accès : au centre du village

CHEVANNES - 89240

44 CHÂTEAU DE RIBOURDIN

M. et Mme Brodard

89240 Chevannes
Tel. 03 86 41 23 16
Fax 03 86 41 23 16

Ouvert toute l'année • 5 chambres dont 1 au rez-de-chaussée accessible aux handicapés physiques • 60 à 70 € pour 2 personnes, petit-déjeuner compris • Pas de table d'hôte • Jardin. Cartes de crédit non acceptées, chiens non admis • Piscine de plein air

On a aimé **L'ambiance feutrée de ce magnifique petit château.**

Dressés en contrebas du village, au milieu des champs de blé, ce château du 16e s. et son pigeonnier ont fière allure. La restauration des lieux a été menée avec beaucoup de goût. La grange, datant du 18e s., accueille désormais les chambres, baptisées chacune du nom d'un château des environs, et la grande salle des petits-déjeuners agrémentée d'une cheminée. La décoration est à dominante rustique et toutes les pièces ouvrent sur la campagne. Une belle adresse.

Accès : à 9 km au Sud-Ouest d'Auxerre par la N 151 puis la D 1 et route secondaire

COLLAN - 89700

45 LA MARMOTTE

M. et Mme Lecolle

2 rue de l'École
89700 Collan
Tel. 03 86 55 26 44
Fax 03 86 55 00 08
lamarmotte.glecolle@wanadoo.fr
www.bonadresse.com/bourgogne/collan.htm

Ouvert toute l'année • 3 chambres non-fumeurs, équipées de sanitaires • 43 € pour 2 personnes, petit-déjeuner compris • Pas de table d'hôte • Jardin, parking. Cartes de crédit non acceptées, chiens non admis • À proximité : promenades en calèche ou sur le canal de Bourgogne, pêche

On a aimé **Les randonnées pédestres dans les vignes du chablisien.**

Cette maison ancienne à la belle façade en pierre du pays se trouve au cœur d'un petit village typique de l'Yonne. Les chambres, toutes différentes, portent chacune le nom de la couleur dominante dans laquelle elles ont été décorées. La « Bleue » est meublée en rotin blanc. La « Rose » possède de jolies poutres et un lit à baldaquin en fer forgé. Les petits-déjeuners sont servis dans le jardin d'hiver, agrémenté d'une fontaine.

Accès : à 7,5 km au Nord-Est de Chablis par la D 150, puis la D 35

ESCOLIVES-SAINTE-CAMILLE - 89290

46 DOMAINE BORGNAT LE COLOMBIER

Mme Borgnat

1 rue de l'Église
89290 Escolives-Sainte-Camille
Tel. 03 86 53 35 28
Fax 03 86 53 65 00
regine@domaineborgnat.com

Ouvert toute l'année • 5 chambres dont 3 avec salles d'eau et WC et 2 autres avec salles de bains et WC • 48 à 50 € pour 2 personnes, petit-déjeuner compris Possibilité de demi-pension • Table d'hôte de 22 à 35 €, chiens non admis dans le restaurant • Jardin, parking • Piscine de plein air, visite des caves.

On a aimé **La visite des magnifiques caves superposées.**

Cette ferme fortifiée du 17e s. à la tête d'une belle propriété viticole est magnifique. Côté hébergement, vous avez le choix entre les chambres d'hôte, au confort simple, et le gîte aménagé dans un ancien colombier. La salle des petits-déjeuners est agréable avec ses tables de bistrot, son piano et sa terrasse au bord de la piscine. Les repas font découvrir les vins du domaine, que vous pourrez également déguster lors de la visite des superbes caves des 12e et 17e s.

Accès : à 9,5 km au Sud d'Auxerre par la D 239

LÉZINNES - 89160

47 CHAMBRE D'HÔTE M. PIEDALLU

M. et Mme Piedallu

5 avenue de la Gare
89160 Lézinnes
Tel. 03 86 75 68 23

Ouvert toute l'année • 3 chambres • 43 € pour 2 personnes, petit-déjeuner compris • Pas de table d'hôte • Salon, jardin, parking. Cartes de crédit non acceptées, chiens non admis

On a aimé **La tenue impeccable de cette maison contemporaine.**

Cette maison toute neuve construite dans le respect de la tradition locale a beaucoup de charme avec sa tour carrée en pierre. L'intérieur est tout aussi séduisant : les chambres, spacieuses bien qu'aménagées sous les toits, sont garnies de meubles anciens et la salle à manger, agrandie d'une véranda, offre un cadre agréable pour les petits-déjeuners. Les hôtes pourront s'adonner à la lecture en toute tranquillité dans le petit salon qui leur est exclusivement réservé.

Accès : à 11 km au Sud-Est de Tonnerre par la D 905

LIGNY-LE-CHATEL - 89144

48 LE RELAIS SAINT VINCENT

Mme Vuillemin

14 Grande-rue
89144 Ligny-le-Chatel
Tel. 03 86 47 53 38
Fax 03 86 47 54 16
relais.saint.vincent@libertysurf.fr

Fermé du 20 décembre au 2 janvier • 15 chambres dont une accessible aux handicapés physiques, réparties dans 2 bâtiments et toutes équipées de salles de bains WC et télévision • 42 à 69 € ; petit-déjeuner 8 € ; possibilité de demi-pension • Menus de 13 à 26 € • Terrasse, cour intérieure, parking fermé • Situation aisée pour la visite du vignoble et des abbayes

On a aimé **Les vins blancs de Chablis, y compris les « petits chablis ».**

Le porche franchi, ces murs du 17e s. où demeurèrent les baillis de Ligny livrent peu à peu les indices précieusement conservés de leur passé historique. Chambres un brin anciennes, mais spacieuses et calmes. Cheminée monumentale, poutres apparentes et tapisseries : les souvenirs Renaissance du restaurant séduisent les hôtes. Par beau temps, on dresse la terrasse dans la cour intérieure entourée de façades en pierres de taille ou à pans de bois. La prestigieuse abbaye de Pontigny est à 4 km.

Accès : quitter Auxerre par la N 77, direction St-Florentin, puis tourner à droite entre Montigny-la-Resle et Pontigny (D 8)

L'ISLE-SUR-SEREIN - 89440

49 AUBERGE LE POT D'ÉTAIN

M. et Mme Pechery

24 rue Bouchardat
89440 L'Isle-sur-Serein
Tel. 03 86 33 88 10
Fax 03 86 33 90 93
potdetain@ipoint.fr
www.potdetain.com

Fermé en février, une semaine fin octobre, dimanche soir, lundi (en juillet-août) et mardi midi • 9 chambres, dont une plus spacieuse avec cheminée, disposant de salles de bains WC ou douches WC, toutes avec télévision • 56 à 75 € pour 2 personnes ; petit-déjeuner 8 € ; possibilité de demi-pension • Menus 23 (en semaine) à 49 € • Terrasse, garage

On a aimé

Les repas d'été servis dans la cour intérieure fleurie.

Vous n'allez tout de même pas rester sur l'A 6 tandis que la bucolique vallée du Serein vous tend les bras ? D'autant que nous vous indiquons « la » bonne adresse, le coup de cœur dévastateur : ce relais de poste du 18e s. choyant sa clientèle au-delà de l'imaginable ! Choisissez votre chambre sur le site Internet de la maison, toutes y sont montrées sur 360°... Elles ont du caractère, à l'instar du restaurant qui régale de plats bourguignons arrosés de chablis (belle sélection).

Accès : dans la traversée du village, sur la D 86 : quitter Avallon au Nord-Est par la D 957, puis à gauche 2 km après Montréal

MOLAY - 89310

50 LE CALOUNIER

M. et Mme Collin

5 rue de la Fontaine
Hameau de Arton
89310 Molay
Tel. 03 86 82 67 81
Fax 03 86 82 67 81
info@lecalounier.fr
www.lecalounier.fr

Ouvert toute l'année • 5 chambres non-fumeurs dont 2 au rez-de-chaussée, accessibles aux handicapés physiques et toutes équipées de sanitaires et WC privés • 56 € pour 2 personnes, petit-déjeuner compris ; possibilité de demi-pension • Table d'hôte 22 € • Salon, bibliothèque, jardin, parking. Cartes de crédits non acceptées, chiens non admis

On a aimé

Les stages de cuisine organisés par la patronne, fin cordon-bleu.

Tout concourt à vous charmer en cette ferme bourguignonne magnifiquement restaurée, dont le nom patois est aussi celui des noyers plantés sur le domaine. Les chambres se répartissent dans les deux ailes du bâtiment. Leur décor, d'inspiration mi-« british » mi-régionale, est très réussi : couleurs gaies, meubles chinés chez les antiquaires, œuvres d'artistes locaux... La grange, éclairée par deux grandes verrières, accueille la salle à manger et le salon. À table, produits du terroir.

Accès : à 8 km au Nord de Noyers par la D 86 et route secondaire

QUARRÉ-LES-TOMBES - 89630

51 AUBERGE DES BRIZARDS

M. Besancenot

Les Brizards
89630 Quarré-les-Tombes
Tel. 03 86 32 20 12
Fax 03 86 32 27 40
lesbrizards@free.fr
www.aubergedesbrizards.com

Fermé du 5 janvier au 15 février, lundi et mardi • 20 chambres, dont 7 en annexe, équipées en majorité de salles de bains WC, quelques-unes de télévision • 39 à 115 € ; petit-déjeuner 9 € ; possibilité de demi-pension • Menus 23 (en semaine) à 46 € • Terrasse, jardin, parc, parking • Tennis, étangs

On a aimé **Le sentier forestier menant jusqu'à l'abbaye de la Pierre-qui-Vire.**

Lacs, étangs, forêts, sites sauvages et grand calme : le Morvan tel qu'on l'imagine, voici ce que vous découvrirez en arrivant à l'auberge, composée d'un ensemble de bâtiments incluant deux exquises maisons de poupée nichées dans le parc. Chambres douillettes et presque toutes rénovées, restaurant élégant tourné vers le jardin fleuri, cuisine du terroir (très...) copieuse : l'adresse comblera amoureux de la nature et amateurs de bonne chère. Un étang invite à taquiner le goujon.

Accès : au Sud-Est de Quarré-les-Tombes , 10 km par la D 55 et la D 355, après Moulin-Colas et Trinquelin

SACY - 89270

52 LES VIEILLES FONTAINES

M. et Mme Moine

89270 Sacy
Tel. 03 86 81 51 62
Fax 03 86 81 54 86
lesvieillesfontaines@tiscali.fr
http://lesvieillesfontaines.free.fr

Fermé en janvier et février • 4 chambres • 55 € pour 2 personnes, petit-déjeuner compris • Table d'hôte 25 € (uniquement le soir) • Jardin, salon, parking. Cartes de crédit non acceptées, chiens non admis

On a aimé **Avancer la lecture d'un roman dans la magnifique cave voûtée transformée en salon.**

Cette jolie maison en pierre nichée au cœur d'un très vieux village bourguignon appartenait jadis à un vigneron. Ses chambres, simples mais de bon confort, sont parquetées. Le salon et la cuisine, aménagés dans l'ancienne cave à vins voûtée, valent le coup d'œil. Les repas sont servis dans la salle à manger des propriétaires (dotée d'une cheminée et d'un très beau lustre en fer forgé) ou sur la terrasse couverte si le temps le permet.

Accès : 6 km à l'Est de Vermenton par la D 11

SAINT-GERMAIN-DES-CHAMPS - 89630

53 LE HARAS DE KENMARE

Mmes O'Sullivan

19 route du Morvan. Le Meix
89630 Saint-Germain-des-Champs
Tel. 03 86 34 27 63
Fax 03 86 34 24 91
kenmare89@aol.com
www.harasdekenmare.com

Ouvert toute l'année • 5 chambres toutes équipées de sanitaires privés • 52 € pour 2 personnes, petit-déjeuner compris • Table d'hôte (sur réservation uniquement) de 20 à 28 € • Salon, terrasse, jardin, parking

On a aimé **L'ambiance « guesthouse » de cette demeure familiale.**

L'objet fétiche de cette demeure du 19e s., c'est la tapisserie qui orne l'entrée, copie d'un original du Moyen Âge intitulée l'Offrande du cœur. Qualificatif qui sied fort bien à l'endroit, car ici tout est fait pour que l'on se sente dans une maison de famille. Chacune des chambres, personnalisée, porte le nom d'une sommité de la région et célèbre son œuvre : Vauban, Colette, Lamartine, Vincenot et la conteuse Marie Noël. Le haras, également propriété familiale, se trouve juste à côté.

Accès : à 10 km au Sud d'Avallon par la D 944, la D 10 puis la D 75

TANNERRE-EN-PUISAYE - 89350

54 LE MOULIN DE LA FORGE

M. et Mme Gagnot

89350 Tannerre-en-Puisaye
Tel. 03 86 45 40 25
renegagnot@aol.com

Ouvert toute l'année • 5 chambres dont 3 au rez-de-chaussée, toutes équipées de salles de bains et WC • 52 € pour 2 personnes, petit-déjeuner compris • Pas de table d'hôte • Terrasse, jardin, parking. Cartes de crédit non acceptées • Piscine de plein air

On a aimé **Ferrer le poisson dans la rivière qui traverse la propriété.**

Ce moulin à tan du 14e s. a bénéficié d'une belle restauration. Sa roue à aubes a été refaite et l'ancienne scierie est devenue une jolie salle rustique équipée d'un coin cuisine, exclusivement réservée aux hôtes. Les chambres, confortables, possèdent de belles poutres apparentes et un mobilier des années 1930. Vous serez charmé par le parc paysager agrémenté d'une rivière, d'une cascade et d'un étang poissonneux.

Accès : à 11 km au Nord-Est de Saint-Fargeau par la D 18 puis la D 160

VENOY - 89290

55 LE MOULIN DE LA COUDRE

M. et Mme Vaury

La Coudre
89290 Venoy
Tel. 03 86 40 23 79
Fax 03 86 40 23 55
moulin89@wanadoo.fr
www.moulin-de-la-coudre.com

Ouvert toute l'année • 14 chambres, dont 5 logées dans une maison de l'autre côté du jardin, disposant de salles de bains WC ou douches WC et de télévision • 60 à 80 € (57 à 76 € basse saison) pour 2 personnes ; petit-déjeuner 9 € ; possibilité de demi-pension • Restaurant fermé dimanche soir et lundi ; menus 20 à 62 € • Terrasse, jardin fleuri, parking

On a aimé

Le grand calme à quelques encablures d'une bretelle de l'A 6.

Bassins où coassent des grenouilles, parterres de pensées et de primevères, allées bichonnées, etc. : le jardinier-factotum travaille ici à plein temps et ça se voit ! Ce moulin du 19e s. bordant la Sinotte constitue une halte reposante. Les chambres, campagnardes, sont au grand calme et vous prendrez vos repas l'été sous l'ombrage de hautes frondaisons. La roue à aubes, amoureusement restaurée, sera actionnée sur demande pour le plus grand plaisir des petits... et des autres !

Accès : quitter Auxerre par la N 65, direction Chablis et après avoir dépassé l'A 6 (échangeur Auxerre-Sud), prendre à gauche

VERMENTON - 89270

56 LE MOULINOT

M. et Mme Wootton

Route d'Auxerre - RN 6
89270 Vermenton
Tel. 03 86 81 60 42
Fax 03 86 81 52 21
lemoulinot@aol.com
www.moulinot.com

Fermé du 20 décembre au 10 janvier • 6 chambres équipées de salles de bains • 55 à 80 € pour 2 personnes, petit-déjeuner compris • Pas de table d'hôte • Jardin, parc, parking. Cartes de crédit non acceptées, chiens non admis • Piscine de plein air

On a aimé

Les nombreuses activités aquatiques.

Ce moulin du 18e s., auquel on accède par un étroit pont enjambant les eaux vives de la Cure, offre un cadre bucolique à souhait. Ses chambres, spacieuses, coquettes et personnalisées, sont desservies par un bel escalier en bois. Le salon et la salle à manger, dotés de meubles en rotin, poutres, cheminée et reproductions de tableaux impressionnistes, donnent sur l'étang. Sur place, les activités ne manquent pas : baignade, pêche, canoë, VTT... Le port fluvial est à cinq minutes à pied.

Accès : prendre le petit pont privé enjambant la Cure

57 **LES AQUARELLES**

Mme Basseporte

Fontette, 6 ruelle des Grands Prés
89450 Vézelay
Tel. 03 86 33 34 35
Fax 03 86 33 29 82

Fermé du 1er janvier au 15 mars ; du 12 novembre au 5 décembre ; mardi et mercredi • 10 chambres dont 1 accessible aux handicapés, chacune équipée d'une salle de bain WC • 46 à 52 € pour 2 personnes ; petit-déjeuner 6 € ; possibilité de demi-pension • Repas à la carte de 12 à 34 € • Terrasse, parking. Chiens non admis au restaurant

On a aimé **Le sentier qui serpente à travers champs jusqu'à Vézelay.**

La ferme familiale a été transformée en hôtel avec la volonté affirmée de préserver atmosphère et cachet d'origine. Le salon s'est substitué à l'écurie, les chambres, garnies d'un mobilier rustique en chêne, sont aménagées dans l'ex-grenier à foin et on dresse deux grandes tables fermières pour servir les repas aux hôtes. L'été, à l'heure du dîner, Mme Basseporte tient à mettre « tout le monde dehors » : la belle pierre calcaire des façades diffuse alors une délicieuse chaleur.

Accès : à 5 km à l'Est de Vézelay par la D 957 (route d'Avallon)

58 **CABALUS, L'ANCIENNE HÔTELLERIE DE L'ABBAYE**

Albert Schmidij

Rue Saint-Pierre
89450 Vézelay
Tel. 03 86 33 20 66
Fax 03 86 33 38 03
contact@cabalus.com
www.cabalus.com

Fermé lundi et mardi • 4 chambres • 42 à 56 € pour 2 personnes ; petit-déjeuner 9 € • Repas à la carte de 9 à 19 € • Terrasse

On a aimé **La galerie d'art exposant poteries, sculptures et tableaux contemporains.**

Voici une adresse qui ne ressemble à aucune autre, tant par sa situation exceptionnelle à 100 m de la basilique que par son atmosphère magique. Le site est celui de l'ancienne hôtellerie de l'abbaye de Vézelay, dont la magnifique salle voûtée du 12e s. accueille désormais salon de thé et galerie d'art. Les chambres, très spacieuses et confortables, sont décorées avec originalité. La terrasse, ombragée d'une glycine, offre un cadre enchanteur pour les copieux petits-déjeuners.

Accès : proche de l'abbaye

VÉZELAY - 89450

59 CRISPOL

Mme Schori

Fontette
89450 Vézelay
Tel. 03 86 33 26 25
Fax 03 86 33 33 10

Fermé mardi midi et lundi • 12 chambres dans un batiment indépendant, dont une accessible aux handicapés physiques. Toutes avec salles de bains WC et télévision • 71 à 115 € pour 2 personnes ; petit-déjeuner 9 € ; possibilité de demi-pension • Menus de 20 à 48 € • Terrasse, jardin, parking

On a aimé **L'irréprochable tenue des lieux.**

Au cœur d'un hameau du vézelien, bâtisse en pierres de taille réservant deux agréables surprises. Les chambres, d'une part, offrent un décor contemporain plutôt original : angles vifs, plafonds tendus laqués, œuvres de la patronne-artiste, etc. Et profitent du calme du jardin, bien que la route dessine à cet endroit un virage en épingle. L'élégant restaurant, d'autre part, se tourne tout entier vers la vallée de la Cure, avec en toile de fond la basilique couronnant la colline éternelle.

Accès : quitter Vézelay par la D 957, direction Avallon et parcourir 5 km ; l'hôtel est en bordure de route

VÉZELAY - 89450

60 LA PALOMBIÈRE

M. Danguy

Place du Champ-de-Foire
89450 Vézelay
Tel. 03 86 33 28 50
Fax 03 86 32 35 61
lapalomberie-host@wanadoo.fr

Fermé de janvier à mi-février et lundi • 10 chambres équipées de salles de bains • 55 à 78 € pour 2 personnes petit-déjeuner 9 € • Pas de table d'hôte • Jardin, parking

On a aimé **La décoration qui mêle agréablement les styles et les époques.**

Située dans la ville basse, cette jolie maison de maître du 18e s. tapissée de vigne vierge a du caractère. Ses chambres, spacieuses et cossues, font cohabiter en douceur les styles et les époques : Louis XIII, Louis XIV Empire, dessus-de-lit en satin et salles de bain « rétro ». Les petits-déjeuners, garnis de confiture « maison », sont servis dans la véranda, grande ouverte sur la campagne. Le jardin fleuri est bienvenu en saison

Accès : dans la ville basse

VILLIERS-SAINT-BENOÎT - 89130

61 LE RELAIS SAINT BENOÎT

M. et Mme Roche

89130 Villiers-Saint-Benoît
Tel. 03 86 45 73 42
Fax 03 86 45 77 90
micheline.roche@wanadoo.fr
www.relais-saintbenoit.fr

Fermé du 3 au 16 février, du 25 au 30 décembre, dimanche soir et lundi • 6 chambres dotées de douches WC et de télévision • 41 à 60 € ; petit-déjeuner 7,50 € Possibilité de demi-pension • Menus 18 à 36 € • Terrasse, jardin • On fait, aussi, un peu brocante au fond du jardin

On a aimé

Chiner dans l'arrière-salle de cet « hôtel-restaurant-brocante » !

Claudine à l'école, La Maison de Claudine, Sido... Plongez-vous dans la Bourgogne des sens et des sentiments, celle de Colette, enfant du pays (sa maison natale est à St-Sauveur). Ce village de la vallée de l'Ouanne invite d'ailleurs à prolonger la découverte avec son musée d'art et d'histoire de Puisaye situé à deux pas de l'hôtel. Chambres refaites, collection de grès de la région au restaurant, miniterrasse ombragée... Une auberge campagnarde sans fausse note.

Accès : quitter l'axe Auxerre-Saint-Fargeau (N 965) à Toucy pour prendre la D 950 pendant 8,5 km

VOUTENAY-SUR-CURE - 89270

62 AUBERGE LE VOUTENAY

M. et Mme Poirier

89270 Voutenay-sur-Cure
Tel. 03 86 33 51 92
Fax 03 86 33 51 91
auberge.voutenay@wanadoo.fr
www.monsite.wanadoo.fr/auberge.voutenay

Fermé 3 semaines en janvier ; 1 semaine en juin et 1 semaine en novembre ; dimanche soir, lundi et mardi • 8 chambres disposant de salles de bains WC et 1 appartement donnant sur le jardin • 45 à 62 € pour 2 personnes ; petit-déjeuner 7 € ; possibilité de demi-pension • Menus de 23 à 52 € (nombre de couverts limité, prévenir) • Jardin, parking. Chiens non admis

On a aimé

Que V.T.T. et canoë soient mis à la disposition de la clientèle.

Lafayette, la mascotte canine de l'auberge, vous fera visiter cette imposante maison de notable du 18e s. qui s'offre depuis quelques années une nouvelle jeunesse : les chambres sont peu à peu rénovées et un appartement indépendant de 45 m^{2} vient d'être créé. Belle cheminée à manteau de bois sculpté au restaurant. Le vaste jardin est un vrai bonheur : clos, un rien sauvage et planté d'arbres bicentenaires, il s'étend jusqu'à un affluent de la Cure. Le GR 13 longe l'établissement.

Accès : en bordure de la N 6 reliant Auxerre à Avallon

BRETAGNE

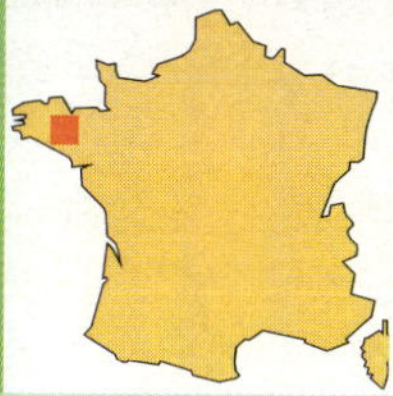

Rude comme ses côtes de granit, riante comme ses petits ports de pêche, émouvante comme ses enclos paroissiaux, mystérieuse comme ses forêts, la Bretagne doit son charme à son essence maritime, à ses habitants « nés avec l'eau de mer autour du cœur ».

Attachés à leurs légendes, à leur langue, à leurs coutumes, hérités d'un lointain passé celte, les Bretons cultivent leur identité au travers de manifestations folkloriques où se défient bardes et sonneurs. Des pauses friandes ponctuent cette palette festive de bolées de cidre, de crêpes et de galettes-saucisses après des orgies de fruits de mer. Aux amateurs d'une cuisine plus raffinée, la terre et l'océan réserve des trésors de légumes, de viandes, de produits laitiers, de poissons, de crustacés dont la qualité fait la renommée de la gastronomie bretonne.

Petits manoirs à l'intérieur des terres, robustes maisons de granit faisant face à la mer, de nombreuses adresses vous sont proposées pour abriter vos nuits entre quelques visites ou randonnées passionnantes où vous serez saoulés par le vent et l'air marin.

- Côte-d'Armor (22)
- Finistère (29)
- Ille-et-Vilaine (35)
- Morbihan (56)

Perros-Guirec
Lannion
Roscoff
Brignogan-Plages
St. Pol-de-Léon
Ploudalmézeau
Lesneven
Plestin
Morlaix
Landivisiau
Belle-Isle-en-Terre
d'Ouessant
Brest
Landerneau
le Conquet
Sizun
Callac
Brennilis
Aulne
Plougastel-Daoulas
Pnte de St. Mathieu
Carhaix-Plouguer
Crozon
le Faou
Châteaulin
Rostrenen
Châteauneuf-du-Faou
Douarnenez
Ile de Sein
Pnte du Raz
Audierne
Gourin
Coray
Quimper
Guéméné
le Faouët
Concarneau
Quimperlé
Plouay
St. Guénolé
Pont-l'Abbé
Hennebont
Pnte de Penmarch
Lorient
Ile de Groix
Quiberon
BELLE-ILE
N 12
N 165
N 164
D 789
D 887
D 765
D 785
D 764
D 769
D 786
D 788
D 767
D 768
D 58

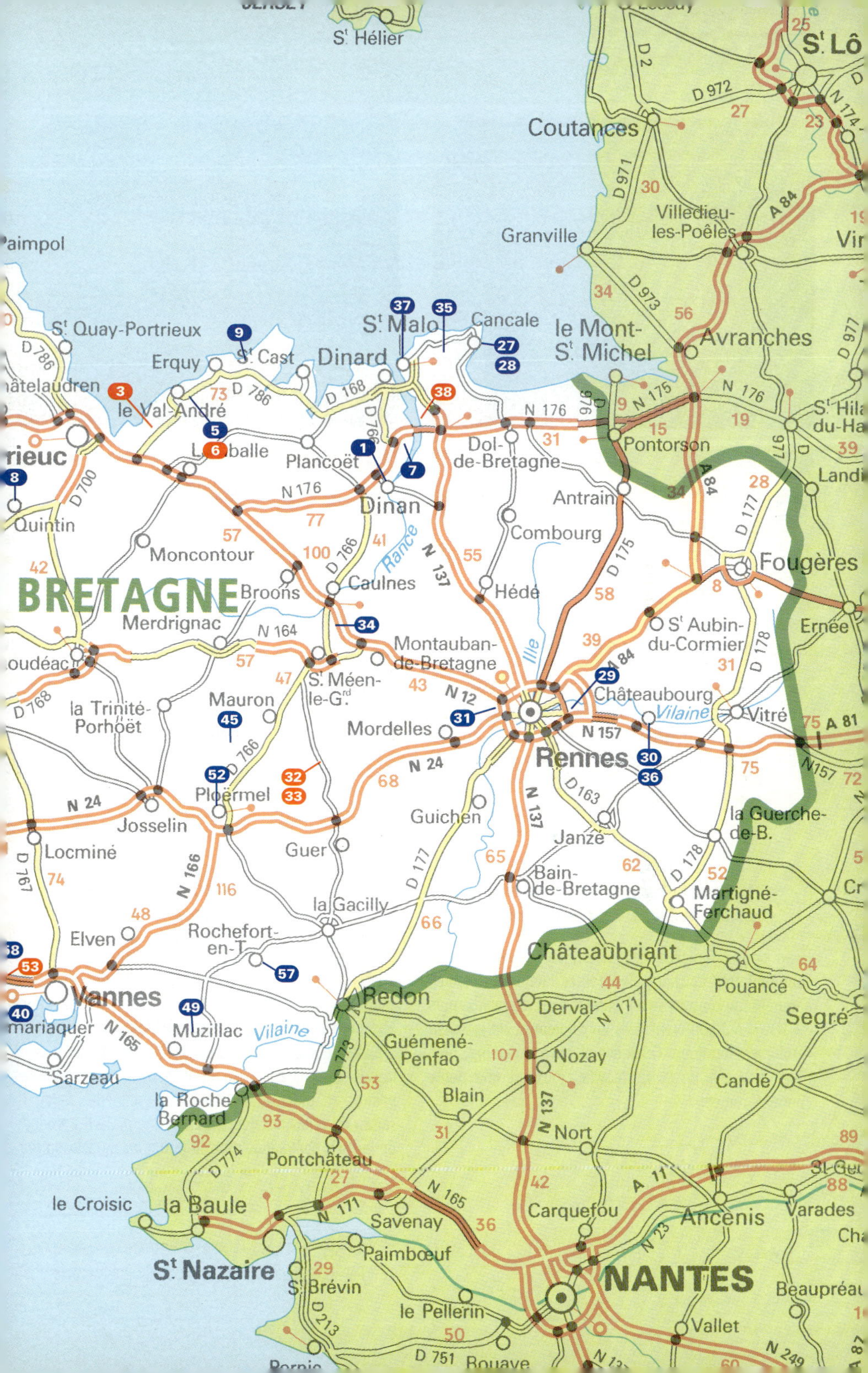

Jersey
St Hélier
St Lô
Coutances
Granville
Villedieu-les-Poêles
Vire
Paimpol
St Quay-Portrieux
Erquy
St Cast
Dinard
St Malo
Cancale
le Mont-St Michel
Avranches
Châtelaudren
le Val-André
Lamballe
Plancoët
Dol-de-Bretagne
Pontorson
St Hilaire-du-Harcouët
St Brieuc
Quintin
Dinan
Antrain
Landivy
Combourg
Moncontour
BRETAGNE
Broons
Caulnes
Hédé
Fougères
Merdrignac
Montauban-de-Bretagne
St Aubin-du-Cormier
Ernée
Loudéac
St Méen-le-Gd
la Trinité-Porhoët
Mauron
Châteaubourg
Vitré
Mordelles
Rennes
Ploërmel
Josselin
Locminé
Guichen
Janzé
la Guerche-de-B.
Guer
Bain-de-Bretagne
Martigné-Ferchaud
la Gacilly
Elven
Rochefort-en-T.
Châteaubriant
Pouancé
Vannes
Redon
Segré
Locmariaquer
Muzillac
Vilaine
Derval
Guémené-Penfao
Nozay
Sarzeau
la Roche-Bernard
Blain
Candé
Pontchâteau
Nort
le Croisic
la Baule
Savenay
Carquefou
Ancenis
Varades
St Nazaire
Paimbœuf
St Brévin
NANTES
Beaupréau
le Pellerin
Vallet
Pornic
Bouaye
Rance
Ille
A 84
A 81
A 11
N 176
N 175
N 174
N 137
N 12
N 157
N 24
N 164
N 166
N 165
N 171
N 23
N 249
D 972
D 971
D 973
D 977
D 786
D 168
D 766
D 700
D 177
D 175
D 178
D 163
D 768
D 767
D 773
D 774
D 213
D 751

DINAN - 22100

1 ARVOR

M. Renault

5 rue A. Pavie
22100 Dinan
Tel. 02 96 39 21 22
Fax 02 96 39 83 09
hote-arvor@wanadoo.fr
www.hotel-arvor-dinan.com

Fermé en janvier • 24 chambres dont une accessible aux handicapés physiques, avec salles de bains WC ou douches WC, toutes dotées de télévision • 47 à 100 € ; petit-déjeuner 6 € • Pas de restaurant • Parking fermé

On a aimé **Les rues dinannaises bordées de belles maisons à pans de bois.**

Beau portail Renaissance ouvrant sur la réception et chambres très fonctionnelles, toutes identiques et bien équipées : le contraste est étonnant entre ces vieux murs du 18e s. qui abritèrent jadis un couvent et cet intérieur résolument pratique. Quelques places de parking, bien utiles au cœur de la vieille ville, jouxtent une petite chapelle ruinée.

Accès : dans la vieille ville, presqu'en face du théâtre

KERBORS - 22610

2 MANOIR DE TROÉZEL VRAS

M. et Mme Maynier

22610 Kerbors
Tel. 02 96 22 89 68
Fax 02 96 22 90 56
troezel.vras@free.fr
http://troezel.vras.free.fr

Fermé du 20 octobre au 1er avril • 6 chambres • 63 € (57 € basse saison) petit-déjeuner compris • Table d'hôte 19 € (sauf le dimanche) • Jardin, parking. Cartes de crédit non acceptées, chiens non admis

On a aimé **Les nombreuses possibilités de balades à pied ou à vélo.**

Ce joli manoir du 17e s. entouré de verdure et de calme a tous les atouts pour séduire. Le décor des chambres est très réussi : carreaux de terre cuite au sol, murs abricot travaillés à la chaux, armoires anciennes et gravures d'inspiration régionale. Même ambiance dans la salle à manger, plaisante avec ses poutres massives peintes en blanc et sa cheminée en pierre. Selon la saison les repas, où figurent en bonne place les produits de la mer, sont servis dans le jardin ou au coin du feu.

Accès : à 9 km au Nord-Est de Tréguier route de Paimpol, direction Pleumeur-Gautier puis Kerbors

MORIEUX - 22400

3 LE MANOIR DE LA VILLE GOURIO

M. et Mme Guihot

22400 Morieux
Tel. 02 96 32 72 60
Fax 02 96 32 75 68
golf@lacriniere.fr
www.lacriniere.fr

Fermé fin décembre • 5 chambres équipées de salles de bains, WC privés et télévision • 58 à 107 € pour 2 personnes ; petit-déjeuner 9 € • Table d'hôte 11 € • Salon, terrasse, jardin, parc, parking. Chiens non admis

On a aimé **S'initier au golf avec un professionnel.**

Ce manoir breton du 17e s. s'ouvre sur un golf de 9 trous planté, sur son pourtour, d'arbres séculaires. Les chambres rustiques aménagées aux étages profitent toutes de la vue sur le jardin, les fairways et les plans d'eau. Le rez-de-chaussée se partage entre un salon de lecture, un billard et une salle des petits-déjeuners réchauffée d'une cheminée. Les anciennes écuries abritent le club-house (leçons de golf possibles), le bar, le grill et la discothèque.

Accès : 11 km au Sud de Val-André par la D 786 et la D 34

PERROS-GUIREC - 22700

4 LE MANOIR DU SPHINX

M. et Mme Le Verge

67 chemin de la Messe
22700 Perros-Guirec
Tel. 02 96 23 25 42
Fax 02 96 91 26 13
lemanoirdusphinx@wanadoo.fr

Fermé du 16 janvier au 24 février • 20 chambres, avec vue sur mer, salle de bains WC et télévision, 1accessible aux handicapés physiques • 107 à 122 € pour 2 personnes ; petit-déjeuner 9 € ; possibilité de demi-pension • Restaurant fermé dimanche soir d'octobre à mars, lundi midi et vendredi midi sauf jours fériés. Menus 29,50 à 50 € • Jardin, parking. Chiens non admis • Plage, sports nautiques et pêche à proximité

On a aimé **Contempler à loisir la mer et l'archipel des Sept-Îles.**

Ce Sphinx-là, qui prend l'apparence d'une jolie villa centenaire dominant la mer, ne vous soumettra aucune énigme afin que vous puissiez profiter de son petit bar décoré dans un esprit « british », de sa plaisante salle à manger bordée de baies vitrées et garnie de chaises de style Empire, et, bien sûr, de ses chambres. Celles-ci, élégantes et dotées d'un mobilier d'inspiration anglaise, offrent toutes une vue sur le large ; certaines possèdent même des bow-windows.

Accès : à l'écart du centre, sur la plage de Trestrignel

PLÉNEUF-VAL-ANDRÉ - 22370

5 GRAND HÔTEL DU VAL ANDRÉ

M. Crété

80 rue Amiral-Charner
22370 Pléneuf-Val-André
Tel. 02 96 72 20 56
Fax 02 96 63 00 24
accueil@grand-hotel-val-andre.fr
www.grand-hotel-val-andre.fr

Fermé en janvier • 39 chambres dont 2 pour handicapés physiques, 36 avec salles de bain WC et 3 avec douches WC • 75,80 à 86,10 € (72 à 82 € basse saison) ; petit-déjeuner 9 € ; possibilité de demi-pension • Menus 35 (en semaine) à 70 € • Parking clos. Chiens non admis au restaurant • Tennis, équitation et sports nautiques à proximité

On a aimé **L'emplacement, idéal au bord de la belle plage de sable fin.**

De cette bâtisse en briques et pierre construite en 1895 émane le charme désuet propre aux grands hôtels balnéaires... Soyez rassurés, la majorité des chambres bénéficie d'une rénovation récente : murs clairs, moquette et dessus de lit bleu marine, fauteuils en rotin et sanitaire complet. Si vous en choisissez une côté mer, le bonheur sera presque parfait ! Ample salle à manger panoramique et terrasse ombragée de quelques pins parasols centenaires.

Accès : en bord de mer

PLÉNEUF-VAL-ANDRÉ - 22370

6 VILLA MARGUERITE

M. et Mme Campion-Levive

34 rue des Garennes
22370 Pléneuf-Val-André
Tel. 02 96 72 85 88
Fax 02 96 72 85 88

Ouvert d'avril à septembre (sur réservation en basse saison) • 4 chambres sur 2 étages dont 3 avec balcon et vue sur la mer • 57 à 63 € pour 2 personnes, petit-déjeuner compris • Pas de table d'hôte • Jardin. Cartes de crédit non acceptées, chiens non admis

On a aimé **Flâner sur la promenade réservée aux piétons, au bord de la plage du Val-André.**

Cette charmante villa construite dans le délicieux style balnéaire du 19e s. domine agréablement la baie de St-Brieuc. Le plaisir de la contemplation marine est aussi offert par les chambres, la plupart bénéficiant de balcons. Le décor s'avère à la fois sobre et coquet : planchers, murs colorés et, parfois, lit à baldaquin. Le jardin qui entoure la demeure assure la tranquillité de vos nuits. De jolis meubles chinés agrémentent la salle des petits-déjeuners.

Accès : à 300 mètres du centre ville, en bord de mer

PLOUËR-SUR-RANCE - 22490

7 MANOIR DE RIGOURDAINE

M. Van Valenberg

Route de Langrolay
22490 Plouër-sur-Rance
Tel. 02 96 86 89 96
Fax 02 96 86 92 46
hotel.rigourdaine@wanadoo.fr
www.hotel-rigourdaine.fr

Fermé du 11 novembre au 2 avril • 19 chambres, dont 5 en duplex, dotées de salles de bains WC ou douches WC et de télévision ; 2 sont accessibles aux handicapés physiques • 66 à 82 € (58 à 74 € basse saison) pour 2 personnes ; petit-déjeuner 7 € • Pas de restaurant • Parc, parking fermé. Chiens non admis • Salle de jeux avec billard, pêche en étang privé

On a aimé **Les nombreux sentiers longeant la Rance.**

Une petite route conduit à ce beau corps de ferme dont les origines se perdent dans la nuit des temps. Isolé dans la campagne au-dessus de l'estuaire de la Rance : l'emplacement rêvé pour profiter d'une nuit au grand calme et n'être réveillé que par le cri des mouettes ! Solide mobilier rustique et tissus colorés dans les chambres, vieilles poutres, murs de pierres apparentes et grande table d'hôte dans la salle des petits-déjeuners... Une adresse de caractère.

Accès : à 3 km au Nord de Plouer-sur-Rance, par la D 12, direction Langrolay, puis à droite une voie privée

QUINTIN - 22800

8 COMMERCE

M. Gourdin

2 rue Rochonen
22800 Quintin
Tel. 02 96 74 94 67
Fax 02 96 74 00 94

Fermé du 1er au 4 janvier, du 22 au 28 mars, du 23 au 29 août, lundi, vendredi soir et dimanche soir (sauf réservation) • Etablissement non-fumeurs ; 11 chambres, toutes dotées de douches WC et de télévision • 51 à 57 € (47 à 53 € basse saison) pour 2 personnes ; petit-déjeuner 7 € ; possibilité de demi-pension • Menus 14 (en semaine) à 39 €

On a aimé **Les promenades le long du Gouët.**

Cette imposante maison en granit tapissée de vigne vierge daterait du 18e s. Les chambres, actuelles et personnalisées, ont été récemment rénovées et chacune porte un nom qui met en appétit : « fleur de sel », « paprika », « cannelle », etc. La salle à manger campagnarde, habillée de boiseries, abrite un petit trésor : une belle cheminée d'époque au manteau de bois sculpté.

Accès : au centre de la localité, desservie par la D 790 reliant Saint-Brieuc à Rostrenen

SABLES-D'OR-LES-PINS - 22240

9 MANOIR SAINT-MICHEL

M. et Mme Fournel-Besnier

La Carquois
22240 Sables-d'Or-les-Pins
Tel. 02 96 41 48 87
Fax 02 96 41 41 55
manoir-st-michel@fournel.de
www.fournel.de

Ouvert de fin mars à début novembre • 20 chambres réparties sur 2 étages, toutes équipées de salles de bains WC ou douches WC et de télévision • 43 à 106 € (38 à 90 € basse saison) pour 2 personnes ; petit déjeuner 7 € • Pas de restaurant • Parking, jardin • Pêche sur le lac

On a aimé **À la belle saison, prendre son petit-déjeuner face au jardin, avec la mer en toile de fond.**

Ce manoir des 16e et 17e s. s'avère être une adresse idéale pour un séjour romantique. L'étroite petite route qui mène à la propriété est vite oubliée, tant les belles bâtisses en pierres du pays, l'immense jardin et son étang attirent le regard. Vous pourrez même admirer au loin la superbe plage de Sables-d'Or-les-Pins. Les chambres sont décorées à l'ancienne avec de belles armoires et autres meubles aux styles très variés (rustique, Louis XIII et Louis XV). Accueil très attentionné.

Accès : à 1,5 km à l'Est par la D 34

ARZANO - 29300

10 CHÂTEAU DE KERLAREC

M. et Mme Bellin

Kerlarec
29300 Arzano
Tel. 02 98 71 75 06
Fax 02 98 71 74 55
château-de-kerlarec@wanadoo.fr
www.chateaux-France.com

Ouvert toute l'année • 6 chambres personnalisées • 78 à 110 € pour 2 personnes, petit-déjeuner compris • Pas de table d'hôte • Salon, parc, parking. Cartes de crédit non acceptées • Piscine de plein air, tennis, exposition. À proximité : golf 18 trous, équitation

On a aimé **L'atmosphère Second Empire admirablement conservée.**

On comprend que les actuels propriétaires aient eu le coup de foudre pour ce château de 1830 dressé au milieu d'un parc agrémenté d'un bassin. À l'intérieur, tout exhale le raffinement cher au Second Empire : fresques d'époque, meubles anciens et objets d'art glanés chez les antiquaires et brocanteurs, souvenirs de voyages... Les chambres, spacieuses et personnalisées, sont tranquilles. N'oubliez pas de jeter, pendant votre séjour, un coup d'œil à la salle Jeanne d'Arc.

Accès : 6 km à l'Est de Quimperlé par la D 765 route de Lorient et à gauche route d'Arzano (D 22)

BERRIEN - 29690

11 LA FERME DE PORZ KLOZ

M. et Mme Berthou

Trédudon-le-Moine
29690 Berrien
Tel. 02 98 99 61 65
Fax 02 98 99 67 36
porzkloz@wanadoo.fr

Ouvert de mars à novembre • 5 chambres et 1 appartement équipés de salles de bains et WC • 45 à 100 € (39 à 90 € basse saison) pour 2 personnes ; petit-déjeuner 7 € • Sur réservation seulement (20 €) • Parking. Cartes de crédit non acceptées, chiens non admis • À proximité : centre équestre, piscine, tennis, golf

On a aimé **Se laisser séduire par l'authenticité de l'arrière-pays breton.**

Le temps semble s'être arrêté dans cet ensemble de fermes du 17e s., jadis dépendances de l'abbaye de Releq. Ses chambres, garnies de meubles de famille, s'avèrent particulièrement douillettes ; la plupart sont suffisamment grandes pour accueillir les familles. La salle abritant la réception expose des photos relatant la vie quotidienne des Bretons au 19e s. Les dîners font exclusivement appel aux produits du terroir.

Accès : à 11 km au Nord-Ouest de Huelgoat par la D 14, route de Berrien et la D 42 à gauche

CLÉDER - 29233

12 COS-MILIN

Mme Moysan

29233 Cléder
Tel. 02 98 69 42 16
Fax 02 98 69 42 16

Ouvert toute l'année • 3 chambres non-fumeurs, toutes équipées de sanitaires complets • 50 € pour 2 personnes, petit-déjeuner compris • Pas de table d'hôte • Salon, jardin, parking. Cartes de crédit non acceptées, chiens non admis

On a aimé **Les copieux petits-déjeuners « maison ».**

La mer et les sentiers côtiers se trouvent tout près de cette jolie construction en pierre coiffée d'un toit d'ardoises. Les chambres, personnalisées, mêlent avec brio l'ancien et le contemporain. Le rez-de-chaussée se partage entre un élégant salon et la salle des petits-déjeuners, meublés dans le même style dualiste. Au petit-déjeuner, vous vous régalerez de crêpes, far et gâteaux bretons « maison ». Le jardin fleuri, agrémenté de chaises longues, est très agréable.

Accès : à 10 km à l'Ouest de St-Pol, prendre la D 10, à Lléder direction « les plages »

CONCARNEAU - 29900

13 KER MOOR

M. Violant

Plage des Sables-Blancs
29900 Concarneau
Tel. 02 98 97 02 96
Fax 02 98 97 84 04
kermoor@lespiedsdansleau.com

Ouvert toute l'année • 12 chambres • 80 à 160 € pour 2 personnes ; petit-déjeuner 14 € • Pas de restaurant • Parking. Chiens non admis

On a aimé

Le panorama grand écran sur l'océan.

Un lieu enchanteur : jolie villa 1900 « les pieds dans l'eau », idéalement posée sur la plage des Sables-Blancs, face à l'océan. L'intérieur, résolument maritime, est ravissant avec ses lambris peints en blanc, ses gravures et photos à thème nautique et ses maquettes de bateaux. Les chambres regardent toutes vers le large ; trois d'entre elles possèdent une terrasse. À découvrir absolument !

Accès : au Nord, en direction de la Forêt-Fouesnant

CONCARNEAU - 29900

14 LE MANOIR DE COAT CANTON

M. et Mme Simon

Grandbois
29140 Rosporden
Tel. 02 98 66 31 24

Ouvert toute l'année • 4 chambres dont 2 au rez-de-chaussée, équipées de salles d'eau et WC privés • 40 à 45 € pour 2 personnes, petit-déjeuner compris • Pas de table d'hôte • Salon, parking. Cartes de crédit non acceptées, chiens non admis • Centre équestre sur place

On a aimé

Les promenades à cheval dans la verdoyante campagne bretonne.

Étape de caractère que ce joli manoir dont la construction s'est échelonnée entre le 13e et le 17e s. Les chambres, aménagées dans une ancienne longère restaurée, possèdent chacune un style propre : médiéval, breton ou anglais. Le salon, doté de meubles anciens, offre un cadre plaisant pour les petits-déjeuners. Les propriétaires, qui tiennent en parallèle un centre équestre, proposent à ceux qui rêvent de faire la plus noble conquête de l'homme des cours d'équitation.

Accès : à 13 km au Nord-Est de Concarneau par la route de Pont-l'Abbé (D 783) et à droite par la route de Rosporden (D 70)

DOUARNENEZ - 29100

15 AUBERGE DE KERVEOC'H
M. et Mme Chacun

42 route de Kerveoc'h
29100 Douarnenez
Tel. 02 98 92 07 58
Fax 02 98 92 03 58
auberge.de-kerveoch@worldonline.fr
www.auberge-kerveoch.com

Ouvert toute l'année • 14 chambres dont 10 dans un pavillon indépendant, toutes avec salles de bains WC ou douches WC et télévision • 54 à 70 € (45 à 60 € basse saison) pour 2 personnes ; petit-déjeuner 7 € ; possibilité de demi-pension • Menus de 18 à 22 € • Terrasse, parking. Chiens non admis au restaurant

On a aimé **L'excellent accueil des propriétaires.**

Successivement ferme, centre équestre et hôtel, l'auberge de Kerveoc'h permet de profiter du calme de la campagne bretonne tout en séjournant à proximité de nombreuses curiosités : le Port-Musée de Douarnenez, l'étonnante place médiévale de Locronan et le spectacle prodigieux des pointes rocheuses battues par l'océan. Les chambres, logées dans une pimpante maisonnette blanche, sont simples et peu spacieuses, mais toutes ont été refaites (literie neuve). Vous dînerez dans les anciennes écuries.

Accès : à 4 km de Douarnenez par la route de Quimper

FOUESNANT - 29170

16 LA POINTE DU CAP COZ
M. et Mme Le Torc'h

153 avenue de la Pointe - Cap Coz
29170 Fouesnant
Tel. 02 98 56 01 63
Fax 02 98 56 53 20
bienvenue@hotel-capcoz.com
www.hotel-capcoz.com

Fermé du 1er janvier au 10 février, dimanche soir et lundi midi du 15 septembre au 15 juin et mercredi • 16 chambres avec salle de bains WC ou douche WC et télévision • 62 à 88 € ; petit-déjeuner 8 € • Menus 20,50 à 41 € (restaurant accessible aux handicapés) • Terrasse. Chiens non admis • Salon-billard ; à proximité : golf, plage, activités nautiques

On a aimé **Le site, qui n'a rien à envier à certaines destinations plus exotiques.**

L'hôtel est bâti sur une belle langue de sable fin bordée d'un côté par l'océan et de l'autre par une petite baie aux eaux limpides. Les chambres offrent un décor plutôt sobre, comme pour mieux s'effacer devant la beauté du littoral. Elles sont toutes calmes et certaines disposent de terrasses propices à la contemplation. Les deux salles à manger, récemment rénovées et réservées aux non-fumeurs, servent de cadre à une savoureuse cuisine au goût du jour inspirée par la mer. Charmant salon-bar.

Accès : à 2,5 km au Sud-Est de Fouesnant par route secondaire

ÎLE-DE-BATZ - 29253

17 TI VA ZADOU

M. et Mme Prigent

Le bourg
29253 Île-de-Batz
Tel. 02 98 61 76 98
Fax 02 98 61 76 98

Fermé du 15 novembre au 1er février • 4 chambres sur 2 étages, toutes équipées de sanitaires privés, sauf 1 « la familiale » avec salle de bains sur le palier • 55 € pour 2 personnes, petit-déjeuner compris • Pas de table d'hôte • Salon. Cartes de crédit non acceptées, chiens non admis

On a aimé **Sillonner à vélo les rues de ce petit village insulaire.**

Gaieté et art de vivre règnent en maîtres dans cette demeure en pierre aux volets bleus, dont l'enseigne bretonne signifie « la maison de mes pères ». Les chambres, coquettes et douillettes, mêlent harmonieusement l'ancien et le contemporain ; toutes jouissent d'une très belle vue sur le port, un chapelet d'îlots et le continent. Le salon et la salle des petits-déjeuners, tous deux réchauffés d'une cheminée, renferment de vieux meubles de famille. Location de vélos à proximité.

Accès : près du port

ÎLE-DE-SEIN - 29990

18 AR-MEN

M. Fouquet-Portais

Route du Phare
29990 Île-de-Sein
Tel. 02 98 70 90 77
Fax 02 98 70 93 25
hotel.armen@wanadoo.fr
www.hotel-armen.com

Fermé du 10 au 25 janvier et du 27 septembre au 19 octobre • 10 chambres avec vue sur l'océan, toutes équipées de douches WC • 50 à 65 € ; petit-déjeuner 7 € ; possibilité de demi-pension • Restaurant fermé dimanche soir et mercredi (en saison). Menus de 18 à 24 € • Salon-bibliothèque

On a aimé **Goûter au charme d'une ambiance toute insulaire.**

Pour oublier les nuisances de la vie urbaine durant quelques jours, direction l'île de Sein ! Après une minicroisière, traversez le village puis suivez la route du phare pour gagner cette grande bâtisse à la façade rose. Les chambres, petites, assez simples, mais joliment colorées, offrent toutes une vue sur le large. Le repas sera sans prétention mais riche en saveurs iodées ; essayez le ragoût de homard, une spécialité îlienne. Salon-bibliothèque agrémenté d'une cheminée. Accueil convivial.

Accès : à la sortie du village, vers le phare

LOC-EGUINER-ST-THÉGONNEC - 29410

19 TY-DREUX

Mme Martin

29410 Loc-Eguiner-Saint-Thégonnec
Tel. 02 98 78 08 21
Fax 02 98 78 01 69
ty-dreux@club-internet.fr

Ouvert toute l'année • 7 chambres confortables avec douche et WC privés • 45 € pour 2 personnes, petit-déjeuner compris • Table d'hôte 18 € • Jardin. Cartes de crédit non acceptées, chiens non admis

On a aimé **Goûter au cidre produit sur place.**

Située en pleine campagne, cette ferme laitière dont l'enseigne signifiant « la maison du tisserand » évoque son passé textile, mérite le détour. Meubles d'époque, grande cheminée en granit du 18e s. et exposition permanente de costumes anciens ayant appartenu aux aïeux : le décor est fidèle à la tradition bretonne. Les chambres, rénovées, possèdent des lits à baldaquin contemporains. La table d'hôte accommode avec habileté les produits de la ferme.

Accès : 3,5 km au Sud-Est de Guimiliau par la route de Plouneour-Menez (D 111)

PLOGOFF - 29770

20 AN TIEZ BIHAN

M. et Mme Ganne

Kerhuret
29770 Plogoff
Tel. 02 98 70 34 85

Ouvert toute l'année • 4 chambres • 38 € pour 2 personnes, petit déjeuner compris • Table d'hôte 18 € le soir sur réservation (sauf mercredi et dimanche) • Parking, jardin. Cartes de crédit non acceptées

On a aimé **Au petit-déjeuner, déguster les crêpes maison avec de bonnes confitures.**

Cette ancienne ferme débute une seconde vie grâce à une récente restauration. Les nouveaux propriétaires en ont judicieusement préservé les proportions et les matériaux originaux. Plusieurs maisonnettes, autrefois écuries et granges, hébergent de jolies chambres, simplement meublées. Un gîte est également disponible. La bâtisse principale, quant à elle, abrite la salle à manger où l'on régale de produits de la mer. Les bons marcheurs pourront, par le sentier côtier, gagner la pointe du Raz.

Accès : à 2,5 km sur la D 784 en direction de la Pointe du Raz

PLOGOFF - 29770

21 DE LESCOFF

M. et Mme Le Corre

29 rue des Hirondelles - Lieu-dit « Lescoff »
29770 Plogoff
Tel. 02 98 70 38 24

Ouvert toute l'année • 3 chambres avec salles de bains WC • 40 € pour 2 personnes (38 € basse saison), petit-déjeuner compris • Pas de table d'hôte • Parking, jardin, terrasse. Cartes de crédit non acceptées

On a aimé **Marcher jusqu'à la pointe du Raz, un jour de gros temps.**

Le bourg de Lescoff concentre les dernières habitations visibles avant le célèbre site de la pointe du Raz. Aménagés autour d'une courette, les bâtiments de cette ancienne exploitation agricole offrent un aspect très avenant. Les chambres, sans ampleur mais bien restaurées, renferment des meubles rustiques et leurs murs sont crépis ou laissés bruts. Pratique, une cuisinette trouve place dans la salle mansardée des petits-déjeuners, située au 1er étage.

Accès : à 300 mètres du parking de la Pointe-du-Raz

PLOMODIERN - 29550

22 PORZ-MORVAN

M. Nicolas

Route de Lescuz
29550 Plomodiern
Tel. 02 98 81 53 23
Fax 02 98 81 28 61
christian.nicolas19@wanadoo.fr

Fermé du 10 janvier à fin février • 12 chambres, 4 à l'étage, les autres dans un bâtiment indépendant, toutes disposant de salles de bains WC ou douches WC et de télévision • 46 à 50 € pour 2 personnes ; petit-déjeuner 6 € • Crêperie rustique dans l'ancienne grange • Terrasse, joli jardin avec étang, parking • Tennis

On a aimé **Faire une orgie... de crêpes et de galettes !**

L'adresse séduira les amoureux de nature et de calme : cette jolie fermette en pierre fut bâtie en 1830 à un coup d'aile de mouette du célèbre Ménez-Hom (330 m), d'où l'on jouit d'un panorama splendide sur la région. La plupart des chambres, progressivement rénovées, sont aménagées en rez-de-jardin, dans l'ancienne étable. La grange a été transformée en une sympathique crêperie : charpente préservée et murs en épais moellons. Grand jardin avec étang, et accueil aimable garanti !

Accès : à 3 km à l'Est de Plomodiern par une route secondaire

PLOUIGNEAU - 29610

23 MANOIR DE LANLEYA

M. Marrec

Au bourg de Lanleya
29610 Plouigneau
Tel. 02 98 79 94 15
Fax 02 98 79 94 15
manoir.lanleya@libertysurf
www.multimania.com/lanleya

Ouvert toute l'année • 5 chambres non-fumeurs équipées de douche WC • 61 € pour 2 personnes, petit-déjeuner compris • Pas de table d'hôte • Jardin, parking. Cartes de crédit non acceptées, chiens non admis

On a aimé **La légende attachée au manoir, contée par le maître de céans.**

Vu la remarquable restauration, on a du mal à croire que ce manoir du 16e s. et sa malouinière du 18e s. furent sauvés in extremis de la ruine. L'intérieur est un petit bijou : meubles bretons, plafond sous-tendu de poutres, sol en schiste, murs de pierres apparentes, bel escalier à vis, cheminée en granit rose, tissus choisis... La chambre Louis XV, notamment, est superbe ; les autres, plus petites, sont également décorées avec goût. Le jardin fleuri bordant un ruisseau est délicieux.

Accès : à 5 km au Nord-est de Morlaix par la D 712 et la D 64 direction Lanmeur

PONT-AVEN - 29930

24 LE MOULIN DE ROSMADEC

M. et Mme Sébilleau

29930 Pont-Aven
Tel. 02 98 06 00 22
Fax 02 98 06 18 00

Fermé vacances de février, du 14 au 30 octobre, dimanche soir hors saison et mercredi • 4 chambres dans un bâtiment indépendant, disposant de salles de bains WC et télévision • 80 à 100 € pour 2 personnes ; petit-déjeuner 9 € • Menus de 28 à 70 € ; nombre de couverts limité, prévenir

On a aimé **Le petit-déjeuner dans la ravissante véranda tournée vers la rivière.**

Ce moulin bucolique à souhait fut bâti en 1456. « Pont-Aven, ville de renom, quatorze moulins, quinze maisons » prévient le fier dicton... Les meuniers, attirés par l'impétuosité de la rivière, ont certes contribué à la célébrité de la petite cité - n'oubliez pas la fameuse galette ! -, mais ce sont les peintres qui lui ont assuré la postérité mondiale : le restaurant, typiquement breton, est agrémenté de toiles de « l'école ». Spacieuses chambres contemporaines.

Accès : au centre-ville, près du pont

SAINT-THÉGONNEC - 29410

25 AR PRESBITAL KOZ

Mme Prigent

18 rue Lividic
29410 Saint-Thégonnec
Tel. 02 98 79 45 62
Fax 02 98 79 48 47
andre.prigent@wanadoo.fr

Ouvert toute l'année • 6 chambres sur deux étages dont 4 avec salles de bains et WC et 2 avec douche et WC • 44 à 47 € pour 2 personnes, petit-déjeuner compris • Table d'hôte 17 € (dîner seulement) • Jardin, parking. Cartes de crédit non acceptées, chiens non admis

On a aimé **La situation sur la route des enclos paroissiaux.**

Cet ancien presbytère du 18e s. caché derrière un rideau de cyprès abrite des chambres spacieuses et confortables, chacune d'une couleur différente : rose, bleu, jaune... et dotées de meubles anciens ; la plus grande possède une cheminée. Le fumoir et le salon, agrémenté d'une collection de canards rapportés du monde entier, sont plaisants. À la belle saison, vous pourrez profiter du jardin et du potager, ou vous balader à vélo (location sur place) à travers la lande.

Accès : prés de la maison de retraite Sainte-Bernadette

TRÉGUNC - 29910

26 AUBERGE LES GRANDES ROCHES

M. Raday

Les Grandes-Roches
29910 Trégunc
Tel. 02 98 97 62 97
Fax 02 98 50 29 19
hrlesgrandesroches@club-internet.fr
www.hotel-lesgrandesroches.com

Fermé du 20 décembre au 1er février • 17 chambres réparties dans plusieurs maisons et chaumières, toutes dotées de salles de bains WC ou douches WC • 75 à 130 € pour 2 personnes ; petit-déjeuner 12 € ; possibilité de demi-pension • Menus à 41 € • Parc avec dolmen et menhir, parking. Chiens non admis

On a aimé **Le côté « full Breizh » de cette adresse entre Armor et Argoat.**

Charmant hameau de vieilles fermes et de chaumières bicentenaires niché dans un joli parc de 5 ha mi-domestiqué, mi-sauvage et où se dressent un énorme dolmen et un magnifique menhir « consacré » ! Les coquettes chambres, décorées avec goût et régulièrement refaites, bénéficient d'un calme olympien et du bon air iodé de l'arrière-pays concarnois. Le restaurant possède, quant à lui, le caractère des authentiques demeures bretonnes (épais moellons et cheminées monumentales).

Accès : à 0,6 km au Nord-Est de Trégunc par route secondaire

27 LE CHATELLIER

Mme Lescarmure

Route de Saint-Malo
35260 Cancale
Tel. 02 99 89 81 84
Fax 02 99 89 61 69
hotelchatel@aol.com
www.hotellechatellier.com

Ouvert toute l'année • 13 chambres dont 1 accessible aux handicapés physiques, proposant salles de bains WC ou douches WC et télévision • 43 à 71 € pour 2 personnes ; petit-déjeuner 8 € • Pas de restaurant • Jardin, salon, parking

On a aimé

Contempler le paysage tourmenté de la pointe du Grouin située à deux pas.

Cette belle maison en pierre, ancienne ferme convertie en hôtel, est un port d'attache idéal pour visiter la région aux beaux jours en échappant partiellement à l'effervescence du centre de la station. Quatre nouvelles chambres ; les autres sont assez spacieuses, meublées dans le style rustique et parfaitement entretenues. Le salon réchauffé par une cheminée offre un cadre agréable pour les veillées d'hiver.

Accès : à 2 km à l'Ouest par la D 355, en direction de Saint-Malo

28 LA POINTE DU GROUIN

Mme Simon

À la Pointe-du-Grouin
35260 Cancale
Tel. 02 99 89 60 55
Fax 02 99 89 92 22
hotel-pointe-du-grouin@wanadoo.fr
www.hotelpointedugrouin.com

Ouvert toute l'année • 16 chambres réparties sur 2 étages et équipées de salles de bains WC ou douches WC, toutes avec télévision • 78 à 98 € pour 2 personnes ; petit-déjeuner 8 € ; possibilité de demi-pension • Restaurant fermé le mardi et le jeudi midi hors saison ; menus de 20 à 61 € • Parking. • Situé à 400 mètres de la plage

On a aimé

La balade sur la pointe... au coucher du soleil !

Évidemment, par beau temps, c'est un peu la cohue ! La mythique pointe du Grouin, d'où s'élancent tous les quatre ans les monocoques et multicoques de la célèbre route du Rhum, est à découvrir au crépuscule, ce que permet cette maison bretonne du bout du monde perchée sur la falaise. Les chambres, coquettes et confortables, et le restaurant panoramique offrent une double échappée vers l'île des Landes, refuge de myriades d'oiseaux de mer, et la baie du Mont-St-Michel. Grandiose !

Accès : à 5 km au Nord de Cancale, par la D 201

CESSON-SÉVIGNÉ - 35510

29 GERMINAL

M. et Mme Goualin

9 cours de la Vilaine
35510 Cesson-Sévigné
Tel. 02 99 83 11 01
Fax 02 99 83 45 16
le-germinal@wanadoo.fr
www.legerminal.com

Fermé vacances scolaires de Noël • 20 chambres réparties sur 3 étages, toutes dotées de salles de bains WC et de télévision • 68 € pour 2 personnes ; petit-déjeuner 10 € • Restaurant fermé le lundi en été et dimanche ; menus 17 à 45 € • Terrasse, parking.

On a aimé **La terrasse surplombant la rivière.**

Ce moulin édifié en 1883 sur un îlot de la Vilaine séduit par son emplacement insolite. Une seconde petite île abrite le parking, relié à l'établissement par une passerelle. Les nouveaux propriétaires ont à cœur de faire évoluer la bâtisse : les chambres sont, comme le restaurant, en cours de rénovation. La vue, le calme, le site... La maison compte d'indéniables atouts et redevient peu à peu une adresse aussi plaisante qu'originale de la périphérie rennaise.

Accès : à 6 km à l'Est de Rennes, sur un îlot de la Vilaine

CHÂTEAUBOURG - 35220

30 AR MILIN'

M. Burel

30 rue de Paris
35220 Châteaubourg
Tel. 02 99 00 30 91
Fax 02 99 00 37 56
resa.armilin@wanadoo.fr
www.armilin.com

Fermé 1er au 4 janvier • 32 chambres réparties entre le Moulin et la résidence du Parc dotées de salles de bains WC ou douches WC et télévision • 83 € pour 2 personnes (77 € basse saison) ; petit-déjeuner 11 € ; possibilité de demi-pension • Menus 26,50 € à 42 € • Parc de 5 ha traversé par la Vilaine, arboretum de 60 essences différentes, terrasse, parking • Tennis

On a aimé **Le superbe parc de 5 ha agrémenté d'un arboretum et d'expositions de sculptures.**

Bienvenue à Ar Milin', joli moulin à farine construit au 19e s. au bord de la Vilaine. La bâtisse abrite deux restaurants : l'un dressé dans une confortable salle à manger coiffée de poutres apparentes et complétée par une véranda tournée sur la rivière ; l'autre est un bistrot au plaisant cadre contemporain. Quelques chambres de caractère occupent le moulin, mais l'hébergement se situe en majorité dans un pavillon entouré de verdure, plus calme, mais au décor plus fonctionnel.

Accès : à 16 km à l'ouest de Rennes par la N 157 sortie Châteaubourg, à 900 m de la sortie, au cœur de la ville

LE RHEU - 35650

31 MANOIR DU PLESSIS

M. Desmots

Route de Lorient
35650 Le Rheu
Tel. 02 99 14 79 79
Fax 02 99 14 69 60
info@manoirduplessis.fr
www.manoirduplessis.fr

Fermé du 1er au 3 janvier et du 15 au 28 février • 5 chambres dotées de salles de bains WC et télévision • 95 € pour 2 personnes ; petit-déjeuner 9 € • menus de 16 € (le midi en semaine) à 37 € • Terrasses et parc plein sud, parking, chiens non admis dans les chambres • Salon-billard

On a aimé **Faire une partie de billard au salon avant de savourer la cuisine du chef.**

Un joli parc de 2,5 ha aménagé en retrait de la route de Lorient entoure cette belle maison de maître. L'adresse est surtout connue pour la qualité de sa cuisine, très au goût du jour, le charme de ses salles à manger (parquets, boiseries, cheminées et sièges de style Louis XVI) et sa verdoyante terrasse. Mais il ne faudrait surtout pas ignorer ses ravissantes chambres, toutes spacieuses et tournées sur la verdure, qui associent équipements actuels et cadre agréablement « rétro ».

Accès : à 6 km à l'Ouest de Rennes par la route de Lorient

PAIMPONT - 35380

32 LA CORNE DE CERF

Mme Morvan

Le Cannée
35380 Paimpont
Tel. 02 99 07 84 19

Fermé en janvier • 3 chambres équipées de sanitaires privés • 50 € pour 2 personnes, petit-déjeuner compris • Pas de table d'hôte • Salon, bibliothèque, jardin. Cartes de crédit non acceptées, chiens non admis

On a aimé **Le raffinement présent dans toutes les pièces.**

Cette vénérable demeure très joliment restaurée surgit au cœur de la forêt de Brocéliande, terre de légendes et d'excursions « vertes ». L'intérieur, décoré de peintures, tapisseries et meubles peints, a beaucoup de classe. Les chambres, lumineuses et printanières, s'ouvrent sur un délicieux jardin arboré et fleuri. Sur place, les activités ne manquent pas : nombreux sentiers de randonnées et activités nautiques à pratiquer sur le plan d'eau du village.

Accès : à 2 km au Sud de Paimpont par la D 71

PAIMPONT - 35380

33 LE MANOIR DE LA RUISSELÉE

Mme Hermenier

Lieu-dit la Ruisselée
35380 Paimpont
Tel. 02 99 06 85 94

Ouvert toute l'année • 3 chambres • 50 € pour 2 personnes, petit-déjeuner compris • Pas de table d'hôte • Salon, jardin, parking. Cartes de crédit non acceptées

On a aimé **Le site, couvert de forêt et de lande.**

Ce joli manoir de 1769 bordé par les ruines mélancoliques d'une ferme abandonnée s'élève au voisinage immédiat de la forêt de Brocéliande. Ses chambres, confortables et d'une agréable sobriété, s'agrémentent parfois de parquets anciens. Les petits-déjeuners sont servis, l'hiver, devant un beau feu de cheminée et l'été, dans le jardin.

Accès : à deux pas de la forêt de Brocéliande

QUEDILLAC - 35290

34 RELAIS DE LA RANCE

M. Guitton-Chevrier

6 rue de Rennes
35290 Quedillac
Tel. 02 99 06 20 20
Fax 02 99 06 24 01
relaisdelarance@21s.fr

Fermé du 20 décembre au 20 janvier, vendredi soir et dimanche soir • 13 chambres dotées de salles de bains WC ou douches WC et télévision • 45 à 60 € pour 2 personnes; petit-déjeuner 9 € ; possibilité de demi-pension • menus de 19 à 66 € • parking

On a aimé **La gentillesse de l'accueil assuré par la famille Guitton depuis 1946.**

Voilà une maison qui, sans tambour ni trompette, fait son petit bonhomme de chemin pour le plus grand plaisir des habitués, chaque année plus nombreux. Pourquoi reviennent-ils ? Pour la plaisante atmosphère familiale qui règne dans cette demeure de style régional, pour sa goûteuse cuisine traditionnelle complétée par un menu dédié au terroir et pour profiter de ses chambres récemment rénovées, personnalisées, confortables et équipées de salles de bains modernes.

Accès : à la limite du département, entre Rennes et Saint-Brieuc, par la N 12 et la D 220, au centre du village

SAINT-COULOMB - 35350

35 AUBERGE DE LA MOTTE JEAN

Mme Simon

35350 Saint-Coulomb
Tel. 02 99 89 41 99
Fax 02 99 89 92 22
hotel-pointe-du-grouin@wanadoo.fr
www.hotelpointedugrouin.com

Ouvert toute l'année • 11 chambres réparties dans 2 bâtiments modernes, équipées de salles de bains WC ou de douches WC, toutes dotées de télévision • 78 à 130 € (65 à 110 € basse saison) pour 2 personnes ; petit-déjeuner 7 € ; possibilité de demi-pension • Menus de 20 à 61 € • Jardin, parking. Chiens non admis dans les chambres • Étang avec canards

On a aimé **Le petit-déjeuner, servi au coin du feu l'hiver et face au jardin en été.**

Belle ferme (1707) isolée dans la campagne cancalaise, à 2 km à peine des pics, des caps, que dis-je, des péninsules sculptés par l'océan, et de l'île Du Guesclin dont le fort appartint à Léo Ferré. Meubles anciens et décor « cosy » : les chambres ont été rénovées avec goût, mais la maîtresse de maison a particulièrement soigné le détail de celles de l'ex-écurie. On s'attend presque à découvrir Miss Marple, un sécateur à la main, dans les massifs de rosiers du délicieux Jardin à la française.

Accès : à la sortie de Cancale, prendre la D 355, direction St-Malo

SAINT-DIDIER - 35220

36 PEN'ROC

M. Froc

La Peinière
35220 Châteaubourg
Tel. 02 99 00 33 02
Fax 02 99 62 30 89
hotellerie@penroc.fr
www.penroc.fr

Fermé du 22 décembre au 7 janvier • 29 chambres climatisées dotées de salles de bains WC ou douches WC et télévision • 101 à 183 € ; petit-déjeuner 11 € ; possibilité de demi-pension • Une salle non-fumeurs ; menus 20 (en semaine) à 64 € • Terrasse ombragée, jardin, parking. Chiens non admis dans restaurant • piscine, salle de remise en forme, sauna

On a aimé **Le calme de la campagne bretonne.**

Difficile d'imaginer qu'autrefois Pen'Roc n'était qu'une ferme, tant ce lieu a évolué. Certes, demeurent le cadre champêtre et la proximité d'une chapelle (pèlerinage), mais aujourd'hui, place au confort ! Les chambres, contemporaines et colorées, sont parfois garnies de meubles chinés ou d'inspiration asiatique ; certaines salles de bains bénéficient de baignoires à remous ou de douches à jets. Enfilade de petites salles et agréable terrasse pour une cuisine mi-actuelle, mi-traditionnelle.

Accès : à 23 km à l'ouest de Rennes par la N 157 sortie Châteaubourg, puis la D 33 vers Saint-Didier et la D 105 direction Saint-Jean-sur-Vilaine

SAINT-MALO - 35400

37 QUIC-EN-GROIGNE

Mme Roualec

8 rue d'Estrées
35400 Saint-Malo
Tel. 02 99 20 22 20
Fax 02 99 20 22 30
rozenn.roualec@wanadoo.fr
www.quic-en-groigne.com

Fermé du 7 au 21 janvier • 15 chambres réparties sur 2 niveaux, avec salles de bains WC ou douches WC, toutes avec télévision • 57 à 63 € (52 à 57 € basse saison) ; petit-déjeuner 6 € • Pas de restaurant • Garage. Chiens non admis

On a aimé **Le calme de l'hôtel, au cœur de la cité malouine.**

Quic en Groigne... Le joli nom de la tour accolée au château rappelle la fière réplique d'Anne de Bretagne aux Malouins peu satisfaits de voir s'ériger un tel symbole de puissance au cœur de leur ville : « Qui qu'en groigne, ainsi sera, car tel est mon bon plaisir ». L'hôtel est installé dans une vieille maison en pierre voisine des plages. Chambres actuelles, peu à peu rafraîchies. Selon le temps, les petits-déjeuners optent pour la véranda meublée en rotin ou l'agréable jardinet.

Accès : dans Saint-Malo intra-muros, prendre la rue de Toulouse par la porte Saint-Louis et, au bout, tourner 2 fois à droite

SAINT-SULIAC - 35430

38 LES MOUETTES

Mme Rouvrais

17 Grande-Rue
35430 Saint-Suliac
Tel. 02 99 58 30 41
Fax 02 99 58 39 41
contact@les-mouettes-saint-suliac.com

Ouvert toute l'année • 5 chambres dont 1 accessible aux handicapés physiques, toutes équipées de sanitaires complets • 41 à 46 € pour 2 personnes, petit-déjeuner compris • Pas de table d'hôte • Jardin. Cartes de crédit non acceptées, chiens non admis

On a aimé **L'accueil, d'une très grande gentillesse.**

Située dans la grande rue conduisant aux berges de la Rance, maison en pierre de 1870 qui abrita longtemps l'épicerie et la charcuterie du village. Elle renferme aujourd'hui des chambres douillettes aux murs pastel, agrémentées de tableaux et de meubles chinés dans les brocantes ; l'une d'elles est accessible aux personnes handicapées. La salle des petits-déjeuners, pourvue d'une bibliothèque, est très agréable, de même que le petit jardin aménagé sur l'arrière.

Accès : au cœur du village

AURAY - 56400

39 LES CHAUMIÈRES DE CAHIRE

Mme Rault

Hameau de Cahire
56400 Auray
Tel. 02 97 57 97 26

Fermé du 15 décembre à fin janvier • 3 chambres confortables avec douche et WC privés • 60 à 65 € pour 2 personnes, petit-déjeuner compris • Pas de table d'hôte • Jardin, parking. Cartes de crédit non acceptées, chiens non admis • À proximité : tennis, équitation

On a aimé **L'environnement très agréablement fleuri de ces trois chaumières.**

Cet ensemble de trois chaumières du 17e s. faisant partie d'un hameau classé a beaucoup d'allure. Les chambres, spacieuses et raffinées, recèlent de beaux meubles et tableaux contemporains. Deux d'entre elles ont été aménagées dans l'ancien pressoir, une autre dans une maisonnette où jadis on cuisait le pain, et la dernière dans l'habitation principale. Les copieux petits-déjeuners sont servis dans la belle cuisine, devant la cheminée.

Accès : à 7 km route de Vannes, sortie Plougoumelen puis direction Cahire

BADEN - 56870

40 GAVRINIS

M. et Mme Justum

Toulbroch – 56870 Baden
Tel. 02 97 57 00 82
Fax 02 97 57 09 47
gavrinis@wanadoo.fr
www.gavrinis.com

Fermé du 9 janvier au 13 février, samedi midi, lundi midi en saison, dimanche soir et lundi hors saison • 18 chambres, dont 4 non-fumeurs, dotées de salles de bains WC ou douches WC et de télévision. • 72 à 86 € ; petit-déjeuner 11 € ; possibilité de demi-pension • Fermé le lundi. Menus de 18 à 65 € • Terrasse, jardin, parking • À proximité : randonnées VTT et pédestres, pêche, voile

On a aimé **Faire du Gavrinis son QG pour découvrir le golfe du Morbihan et ses îles.**

Cette sage architecture néo-bretonne entourée d'un jardin dissimule une plaisante adresse. Ses chambres, confortables et fort bien tenues, bénéficient parfois d'un petit balcon ; certaines sont joliment rajeunies. La salle à manger offre un agréable décor composé de tons pastel, de lustres originaux en bois flotté et de bibelots marins. Toutefois, à la belle saison, vous préférerez sans doute la terrasse fleurie. Dans les deux cas, vous apprécierez la savoureuse cuisine au goût du jour maison.

Accès : depuis Baden, prendre la route en direction de Vannes pour rejoindre le hameau de Toulbroch

CARNAC - 56340

41 ### L'ALCYONE

Mme Balsan

Impasse de Beaumer - Carnac-plage
56340 Carnac
Tel. 02 97 52 78 11

Fermé 15 jours en novembre • 5 chambres équipées de sanitaires privés • 55 à 59 € pour 2 personnes, petit-déjeuner compris • Pas de table d'hôte • Salon, jardin, parking. Cartes de crédit non acceptées

On a aimé **Les excellents petits-déjeuners et leurs confitures « maison ».**

Cette longère de 1870 joliment tapissée de vigne vierge jouit d'une situation intéressante, entre mer et menhirs, à 500 m de l'une des plus belles plages de la baie de Carnac. Les chambres sont agréables : murs blanchis, parquet et tissus choisis. Le calme ambiant, les moelleux canapés du salon et les transats du jardin, face à la campagne, incitent au repos. Au petit-déjeuner, vous vous régalerez de confitures « maison ».

Accès : à la sortie de Carnac-Plage, vers la Trinité-sur-Mer

CARNAC - 56340

42 ### AUBERGE LE RÂTELIER

M. et Mme Bouvart

4 chemin du Douet
56340 Carnac
Tel. 02 97 52 05 04
Fax 02 97 52 76 11
bouvart@infonie.fr
www.le-ratelier.com

Fermé du 5 janvier au 5 février ; mardi et mercredi hors saison • 8 chambres, quelques unes avec douches WC et télévision • 46 à 55 € (38 à 43 € basse saison) ; petit-déjeuner 7 € ; possibilité de demi-pension • Menus de 17 à 40 € • Cour fleurie, parking

On a aimé **Voir les alignements de menhirs carnacois... sans se ruiner !**

Cette longère bordant une ruelle calme du vieux village fut, dit-on, construite par un soldat de l'Empire. Sa belle façade en granit, envahie de vigne vierge, renferme un chaleureux intérieur rustique. Les chambres, peu spacieuses et très simplement aménagées, possèdent néanmoins un charme campagnard. La longue salle à manger dressée dans l'ancienne étable a conservé ses poutres et son râtelier ; des tissus fleuris y apportent une petite note de gaieté.

Accès : dans le vieux village, à deux pas de l'église

CARNAC - 56340

43 TY ME MAMM

Mme Daniel

56340 Carnac
Tel. 02 97 52 45 87

Ouvert toute l'année • 4 chambres dont 1 au rez-de-chaussée • 45 € pour 2 personnes, petit-déjeuner compris • Pas de table d'hôte • Jardin, parking. Cartes de crédit non acceptées

On a aimé **L'hospitalité et la spontanéité de vos hôtes.**

En pleine campagne, précédée d'un grand jardin bordé d'un étang, belle ferme de 1900 entièrement restaurée dont les chambres, très soignées et portant chacune le nom d'une des plages de Carnac, conjuguent avec succès rustique et contemporain. La salle des petits-déjeuners, dotée d'une grande cheminée en granit, est très plaisante. Un réfrigérateur et un four à micro-ondes sont à disposition des hôtes.

Accès : à 5 km au Nord de Carnac par la D 768 et la route de Quelvezin (C 202)

ÉTEL - 56410

44 LE TRIANON

Mme Guezel

14 rue du Général-Leclerc
56410 Étel
Tel. 02 97 55 32 41
Fax 02 97 55 44 71
hotel.letrianon@wanadoo.fr
www.hotel-le-trianon.com

Fermé en janvier ; lundi midi, samedi midi et dimanche soir de novembre à mars • 20 chambres dotées de salles de bains WC ou douches WC et de télévision • 58 à 80 € (48 à 60 € basse saison) pour 2 personnes ; petit-déjeuner 9 € ; possibilité de demi-pension • Menus de 20 à 45 € • Jardin, parking

On a aimé **Par gros temps, le spectacle prodigieux de la barre d'Étel.**

Ne soyez pas rebuté par la façade plutôt banale de cette bâtisse située au cœur du petit port de pêche, car l'intérieur réserve quelques bonnes surprises : des chambres-bonbonnières de tailles et de conforts variés - il reste quelques baignoires sabots... - dont vous aurez soin de choisir les plus agréables aménagées dans la villa au fond du paisible jardinet, une assez coquette salle à manger mi-rustique, mi-familiale et un accueil très chaleureux.

Accès : dans la traversée du village, au centre et proche de l'église

GUILLIERS - 56490

45 RELAIS DU PORHOËT

M. et Mme Courtel

11 place de l'Église
56490 Guilliers
Tel. 02 97 74 40 17
Fax 02 97 74 45 65
aurelaisduporhoet@wanadoo.fr
www.aurelaisduporhoet.com

Fermé du 1er au 22 janvier, du 1er au 8 octobre, du 1er au 8 juillet, dimanche soir et lundi hors saison • 12 chambres pourvues de salles de bains WC ou douches WC et de télévision • 32 à 45 € pour 2 personnes ; petit-déjeuner 6 € ; possibilité de demi-pension • Menus de 10 (semaine) à 36 € • Jardin, parking fermé. Chiens non admis

On a aimé **Le jeune couple de propriétaires, aimables et intarissables sur leur région.**

Avouons-le tout de go : cette belle hostellerie campagnarde à la façade joliment fleurie en saison est une bonne adresse ! On y dort très bien, dans des chambres spacieuses meublées en style rustique, et on y mange avec beaucoup de plaisir, dans une coquette salle à manger agrémentée d'une cheminée monumentale, une copieuse et goûteuse cuisine régionale. Le jardin fera le bonheur des petits.

Accès : au centre du village, face à l'église

ILE DE GROIX - 56590

46 LA GREK

M. et Mme Le Touze

3 place du Leurhé
56590 Île de Groix
Tel. 02 97 86 89 85
Fax 02 97 86 58 28
groe@infonie.fr
www.groix.com

Fermé en février • 4 chambres non-fumeurs, équipées de salles de bains et WC privés • 50 € (38 € basse saison) pour 2 personnes, petit-déjeuner compris • Pas de table d'hôte • Salon, jardin, parking. Cartes de crédit non acceptées, chiens non admis

On a aimé **L'atmosphère insulaire, fouettée par l'air du large.**

Cette demeure de style Art déco, jadis propriété d'un armateur de thoniers, doit son enseigne au surnom donné aux Groisillons. Restaurée en 1993 et 1997, elle conserve son attachante ambiance insulaire. Ses chambres, élégantes et confortables, sont dotées d'immenses salles de bains. Ses salons, garnis de meubles anciens, sont très agréables ; l'un d'eux expose une belle collection de cafetières. Grand jardin clos invitant à la paresse.

Accès : dans le village

ÎLE DE GROIX - 56590

47 LA MARINE

Mme Hubert

7 rue du Général-de-Gaulle
56590 Île de Groix
Tel. 02 97 86 80 05
Fax 02 97 86 56 37
hotel.dela.marine@wanadoo.fr
www.hoteldelamarine.com

Fermé janvier, dimanche soir et lundi hors saison sauf vacances scolaires • 22 chambres équipées de salles de bains WC ou de douches avec ou sans WC • 42 à 86 € (36 à 76 € basse saison) pour 2 personnes ; petit-déjeuner 8 € ; possibilité de demi-pension • Menus de 16 à 25 € • Terrasse, jardin

On a aimé **Faire le tour de l'île sur un cotre.**

La petite promenade séparant l'embarcadère du bourg principal de l'île vous a ouvert l'appétit ? Attablez-vous donc ici ! Le restaurant de cette maison bourgeoise du 19e s. est coquet et propose une généreuse cuisine au goût du jour. Vous voilà maintenant requinqué et prêt à partir à la rencontre du délicieux charme îlien de Groix. Chambres simples et bien tenues, terrasse ombragée d'un pin aux larges branches et jardin clos complètent les installations de cette plaisante adresse.

Accès : dans le bourg, à 5 minutes à pied du port

LA TRINITÉ-SUR-MER - 56470

48 STIREN AR MOR

M. et Mme Hans

1 clos du Poulbert
56470 La Trinité-sur-Mer
Tel. 02 97 30 15 28
Fax 02 97 30 15 28
danchant@libertysurf.fr
www.stiren-ar-mor.fr.st

Fermé du 16 novembre à Pâques • 4 chambres (dont 2 avec salon privé) équipées de salles d'eau ou de bains, WC et télévision • 45 à 60 € pour 2 personnes, petit-déjeuner compris • Pas de table d'hôte • Jardin, terrasse. Cartes de crédit non acceptées, chiens non admis

On a aimé **Oublier sa voiture pour gagner plages et sentiers côtiers à pied.**

Cette maison néo-bretonne entourée par un agréable jardin profite de la quiétude d'un quartier résidentiel proche de la plage. Bleue, saumon, jaune ou verte, chaque chambre bénéficie d'un bon confort, d'aménagements récents et de meubles rustiques ou plus sobres. Celles du premier étage sont spacieuses et dotées d'un coin salon, et celles du second, mansardées, offrent le charme des poutres apparentes. Mobilier de famille et bibelots chinés égayent le rez-de-chaussée.

Accès : à 300 mètres de la plage

NOYAL-MUZILLAC - 56190

49 MANOIR DE BODREVAN

M. et Mme Rüfenacht

56190 Noyal-Muzillac
Tel. 02 97 45 62 26
Fax 02 97 45 61 40

Fermé du 7 janvier au 1er avril et du 2 novembre au 20 décembre • 6 chambres dont 1 pour handicapés physiques, toutes dotées de salles de bains WC ou douches WC et de télévision • 70 à 94 € (65 à 82 € basse saison) pour 2 personnes ; petit-déjeuner 10 € ; possibilité de demi-pension • Menu 21 € (dîner seulement) • Parking fermé, jardin. Chiens non admis au restaurant

On a aimé **Le ravissant jardin égayé de nombreux rosiers.**

Loin de l'agitation urbaine, vous serez séduit par le calme de la campagne bretonne qui entoure cet ancien pavillon de chasse bâti au 16e s. À l'intérieur règne une plaisante ambiance de « pension de prestige » comme le revendique un panneau placé à l'entrée du manoir. Les spacieuses chambres sont décorées de façon originale, frisant même parfois le style baroque. Le restaurant n'accueille que les résidents autour d'un appétissant menu du jour.

Accès : à 2 km au Nord-Est par la D 153 et route secondaire

PLOEMEL - 56400

50 CHAMBRE D'HÔTE M. MALHERBE

M. et Mme Malherbe

Kerimel
56400 Ploemel
Tel. 02 97 56 84 72
Fax 02 97 56 84 72
elisabeth.malherbe@wanadoo.fr
http://kerimel.free.fr

Fermé du 15 novembre au 1er février • 4 chambres non-fumeurs, équipées de télévision, salles d'eau et WC privés • 65 à 70 € pour 2 personnes, petit-déjeuner compris • Pas de table d'hôte • Jardin, parking. Cartes de crédit non acceptées, chiens non admis

On a aimé **La douce chaleur du poêle à bois après une journée au grand air.**

Cet ensemble de chaumières du 17e s. ordonné autour d'une grande cour gazonnée et fleurie dégage un charme indéniable. Les chambres, mansardées, ont été restaurées avec un goût sûr : meubles anciens, literie de qualité et salles de bains bien équipées. Les petits-déjeuners assortis de douceurs bretonnes : croissants, far, crêpes, confitures maison... sont servis, en hiver, devant l'imposante cheminée en granit. Le salon et sa bibliothèque sont très agréables.

Accès : à 8 km au Nord de Carnac par la D 119, traverser le bourg direction Erdeven à 1,5 km à droite, puis suivre Kerimel

PLOEMEUR - 56270

51 LIBEURTHEU

M. et Mme Le Lostec-Demaret

23 rue de l'Anse de Stole
56270 Ploemeur
Tel. 02 97 82 86 22
Fax 02 97 82 86 22

Ouvert toute l'année • 3 chambres dotées de salles de bains WC et télévision • 44 € (40 € basse saison) pour 2 personnes, petit-déjeuner compris • Pas de table d'hôte • Parking, jardin, terrasse, salon. Cartes de crédit non acceptées

On a aimé **Se balader sur le vivifiant sentier côtier où alternent plages et rochers.**

Plage de l'anse de Stole, marais de Pen-Palud et pittoresque port de pêche de Lomener : cette maison de style néo-breton bénéficie d'un séduisant voisinage. Quelques vieux meubles régionaux chinés et restaurés par le propriétaire agrémentent le salon et la salle des petits-déjeuners. Les trois chambres, sans ampleur mais confortables, portent des noms évocateurs : coquillage, bateau et phare. Il y règne une plaisante atmosphère de villégiature balnéaire.

Accès : à 50 mètres de la plage de l'Anse-de-Stole

PLOËRMEL - 56800

52 LE THY

M. et Mme Dinael

19 rue de la Gare
56800 Ploërmel
Tel. 02 97 74 05 21
Fax 02 97 74 02 97
hotel@le-thy.com
www.le-thy.com

Ouvert toute l'année • 7 chambres dotées de salles de bains WC ou douches WC et de télévision • 50 à 60 € ; petit-déjeuner 5 € • Pas de restaurant, mais bar servant des tartines à l'ardoise • Petit parking. Chiens non admis • Salle de concert ou de théâtre (organisés en fin de semaine)

On a aimé **Le sentier des hortensias (220 variétés) sur les berges du lac au Duc.**

Cet hôtel atypique bouscule les traditions hôtelières... pour le plus grand plaisir de la clientèle ! Ses chambres célèbrent de manière très contemporaine des artistes de toutes époques : « Tapiès », « Hooper », « Bonnard », « Hugo Pratt », « Klimt », « L'atelier » et son chevalet, « Van Gogh » évoquant l'auberge Ravoux... Et son cabaret décoré de vieux clubs de golf patinés par le temps organise des concerts en fin de semaine. Branché, personnalisé, soigné... Un régal !

Accès : au centre-ville

PLOUGOUMELEN - 56400

53 FERME DE GUERLAN

M. Le Douaran

Guerlan
56400 Plougoumelen
Tel. 02 97 57 65 50
Fax 02 97 57 65 50
ledouaran@aol.com
www.bedbreak.com/guerlan

Fermé janvier et février • 5 chambres dont 1 familiale et 1 pour handicapés physiques • 36 à 50 € pour 2 personnes, petit-déjeuner compris • Pas de table d'hôte • Salon, jardin, parking. Cartes de crédit non acceptées

On a aimé

Les mines réjouies des enfants visitant la ferme.

Cette charmante et imposante bâtisse du 18e s. constitue un pied-à-terre pratique pour partir à la découverte du golfe du Morbihan. Ses chambres, où cohabitent avec bonheur l'ancien et le moderne, sont d'une propreté exemplaire. L'une d'elles est prévue pour les familles, une autre est accessible aux personnes handicapées. La salle à manger, très spacieuse, s'agrémente d'une cheminée. Les hôtes disposent à discrétion d'une cuisine et du jardin arboré. Sur demande, visite de la ferme.

Accès : A l' O de Vannes par la N 165, sortie Plougoumelen, direction Meriadec

PLOUHINEC - 56680

54 HÔTEL DE KERLON

M. et Mme Coeffic

56680 Plouhinec
Tel. 02 97 36 77 03
Fax 02 97 85 81 14
hotel-de-kerlon@wanadoo.fr
www.auberge-de-kerlon.com

Hôtel ouvert de fin mars à début novembre • 16 chambres dont quelques-unes dotées de salles de bains WC, les autres de douches WC, toutes de télévision • 50 à 59 € pour 2 personnes ; petit-déjeuner 7 € ; possibilité de demi-pension • Restaurant le soir seulement ; menus à 16 € • Jardin, parking. Chiens non admis

On a aimé

La sauvage ria d'Étel et ses villages de pêcheurs.

Cette ferme du 19e s. en pierres de taille, nichée dans un paisible hameau morbihanais dominant la ria d'Étel, abrite des petites chambres un peu anciennes, mais bien tenues. Proposées à prix doux, elles profitent de la quiétude des lieux ; toutes donnent sur un joli jardin arboré et fleuri. Le restaurant a conservé les attributs rustiques de son passé agricole ; on y sert volailles et agneaux élevés sur place. L'océan est à 10 mn.

Accès : à 1,5 km au Nord-Est de Plouhinec, par la D 158 puis une route secondaire

QUELVEN - 56310

55 AUBERGE DE QUELVEN

SCI de la Lande

À La Chapelle
56310 Quelven
Tel. 02 97 27 77 50
Fax 02 97 27 77 50

Ouvert toute l'année, fermé mercredi • 7 chambres bénéficiant toutes de douches WC et télévision • 43 à 48 € pour 2 personnes ; petit-déjeuner 6 € • Menus de 10 à 16 € • Parking

On a aimé

« Napoléonville » : Pontivy, tirée au cordeau par la volonté de l'Empereur.

La longue façade en granit s'étire au cœur d'un hameau perdu dans la campagne morbihannaise. Chambres fonctionnelles, impeccablement tenues, donnant pour certaines sur une jolie chapelle du 16e s., et typique crêperie faisant admirer ses beaux murs de pierres apparentes et sa cheminée ancienne : une sympathique adresse où l'on vous réserve le meilleur accueil.

Accès : à 10 km au Sud-Ouest de Pontivy sur la route de Plouay, face à la chapelle

RIANTEC - 56670

56 LA CHAUMIÈRE DE KERVASSAL

M. et Mme Watine

Lieu-dit Kervassal
56670 Riantec
Tel. 02 97 33 58 66
Fax 02 97 33 58 66
gonzague.watine@wanadoo.fr
http://pro.wanadoo.fr/chaumiere.kervassal

Ouvert toute l'année • À l'étage, 3 chambres non-fumeurs, mansardées et équipées de salles de bains modernes • 64 € pour 2 personnes, petit-déjeuner compris • Pas de table d'hôte • Salon, jardin, parking. Cartes de crédit non acceptées, chiens non admis • À proximité : la plage

On a aimé

La décoration sans faute de cette adorable maison.

Cette chaumière du 17e s. amoureusement restaurée suscite un attachement hors du commun. Superbe toit de chaume, poutres et pierres apparentes, meubles de style, tissus choisis, fleurs partout... L'endroit, à l'intérieur comme à l'extérieur, est une vraie récompense pour le regard. Les chambres, très calmes et d'une belle hauteur sous plafond, sont équipées de salles de bains modernes. L'été, exquis petits-déjeuners servis dans le jardin.

Accès : 8 km à l'Est de Port-Louis par la D 781 puis la D 33, route de Merlevenez

ROCHEFORT-EN-TERRE - 56220

57 LE PÉLICAN

M. Nays

Place des Halles
56220 Rochefort-en-Terre
Tel. 02 97 43 38 48
Fax 02 97 43 42 01

Fermé du 18 janvier au 18 février et lundi • 7 chambres disposant de salles de bains WC ou douches WC et de télévision • 53 à 63 € pour 2 personnes ; petit-déjeuner 7 € ; possibilité de demi-pension • Menus de 17 (le midi en semaine) à 36 €

On a aimé

Immortaliser ce site si pittoresque par le pinceau... ou, plus modestement, l'appareil photo !

Dans un charmant petit bourg breton, demeure des 16e et 18e s. aux fenêtres fleuries de géraniums à la belle saison. Les chambres sont actuelles, comme neuves, et garnies d'un mobilier fonctionnel, sauf une, plus typique avec son armoire et son lit anciens. La salle à manger, sous un haut plafond à poutres apparentes, possède un charme rustique et s'agrémente d'une belle cheminée en solides moellons.

Accès : sur la place centrale où voisinent la Mairie et l'Office de tourisme

SAINTE-ANNE-D'AURAY - 56400

58 L'AUBERGE

M. et Mme Larvoir

56 route de Vannes
56400 Sainte-Anne-d'Auray
Tel. 02 97 57 61 55
Fax 02 97 57 69 10
auberge-jl-larvoir@wanadoo.fr
www.auberge-larvoir.com

Fermé du 24 février au 13 mars ; de mi-novembre à mi-décembre ; mardi (sauf en juillet-août) et mercredi • 6 chambres avec salles de bains WC ou douches WC, toutes avec télévision • 44 à 50 € (38 à 45 € basse saison) pour 2 personnes ; petit-déjeuner 7 € ; possibilité de demi-pension • Restaurant climatisé ; menus de 20 € (semaine) à 67 € • Parking

On a aimé

Les pardons de Sainte-Anne, mêlant ferveur et pittoresque.

Imposante basilique, maison de Nicolazic et pardons honorant sainte Anne, patronne des Bretons : découvrez la Bretagne mystique et authentique depuis cette pimpante auberge à la façade abondamment fleurie. Ses chambres, actuelles et égayées de tissus colorés, sont garnies de meubles régionaux ou d'inspiration Art déco. Des assiettes en faïence de Quimper ornent les tables de l'élégante salle à manger dotée, elle aussi, d'un plaisant mobilier breton. La cuisine fait la part belle au terroir.

Accès : à l'entrée du village, sur la rue principale

59 CHAMBRE D'HÔTE MADAME GOUZER

Mme Gouzer

17 route de Québan (C 203)
56470 Saint-Philibert
Tel. 02 97 55 17 78
Fax 02 97 30 04 11
fgouzer@club-internet.fr
http://chrisgouzer.free.fr

Ouvert toute l'année • 3 chambres • 50 à 65 € pour 2 personnes, petit-déjeuner compris • Pas de table d'hôte • Jardin, parking. Cartes de crédit non acceptées

On a aimé

La vue panoramique sur la rivière de Crach et ses parcs à huîtres.

Une aubaine pour les amoureux de la mer et de la Bretagne ! Cette charmante maison d'ostréiculteurs jouit d'un emplacement exceptionnel, au milieu des pins maritimes, au-dessus de la rivière de Crach et face à la Trinité-sur-mer. L'accueil y est des plus sympathiques. Les chambres, lumineuses et calmes, profitent toutes de la vue sur le fascinant paysage littoral. Deux d'entre elles sont équipées d'une cuisinette, et la plus grande possède un large balcon.

Accès : 2 km route d'Auray et 1er feu à gauche après le pont de Kérisper

CENTRE

Chambord, Azay-le-Rideau, Chenonceau, les grands châteaux de la Loire...autant d'architectures enchanteresses agrémentées de jardins étourdissants de beauté. Les spectacles son et lumière font revivre aujourd'hui les fastes de la Cour et les exploits amoureux ou guerriers des chevaliers. Poètes et écrivains, de Ronsard à Maurice Genevoix, en passant par Balzac et George Sand, ont immortalisé la Vallée des rois, trempé leur plume aux étangs de la giboyeuse Sologne ou dépeint l'envoûtante atmosphère du bocage berrichon. La nuit venue, après avoir englouti un délicieux poulet en barbouille, frissonnez en prêtant l'oreille aux histoires de loups-garous narrées par vos hôtes... Vous constaterez que les gens du Berry manient aussi bien les mots et les casseroles que les vielles et les cornemuses, soutenant la comparaison avec les talents qui éclosent chaque année au Printemps de Bourges.

- Cher (18)
- Eure-et-Loir (28)
- Indre (36)
- Indre-et-Loire (37)
- Loir-et-Cher (41)
- Loiret (45)

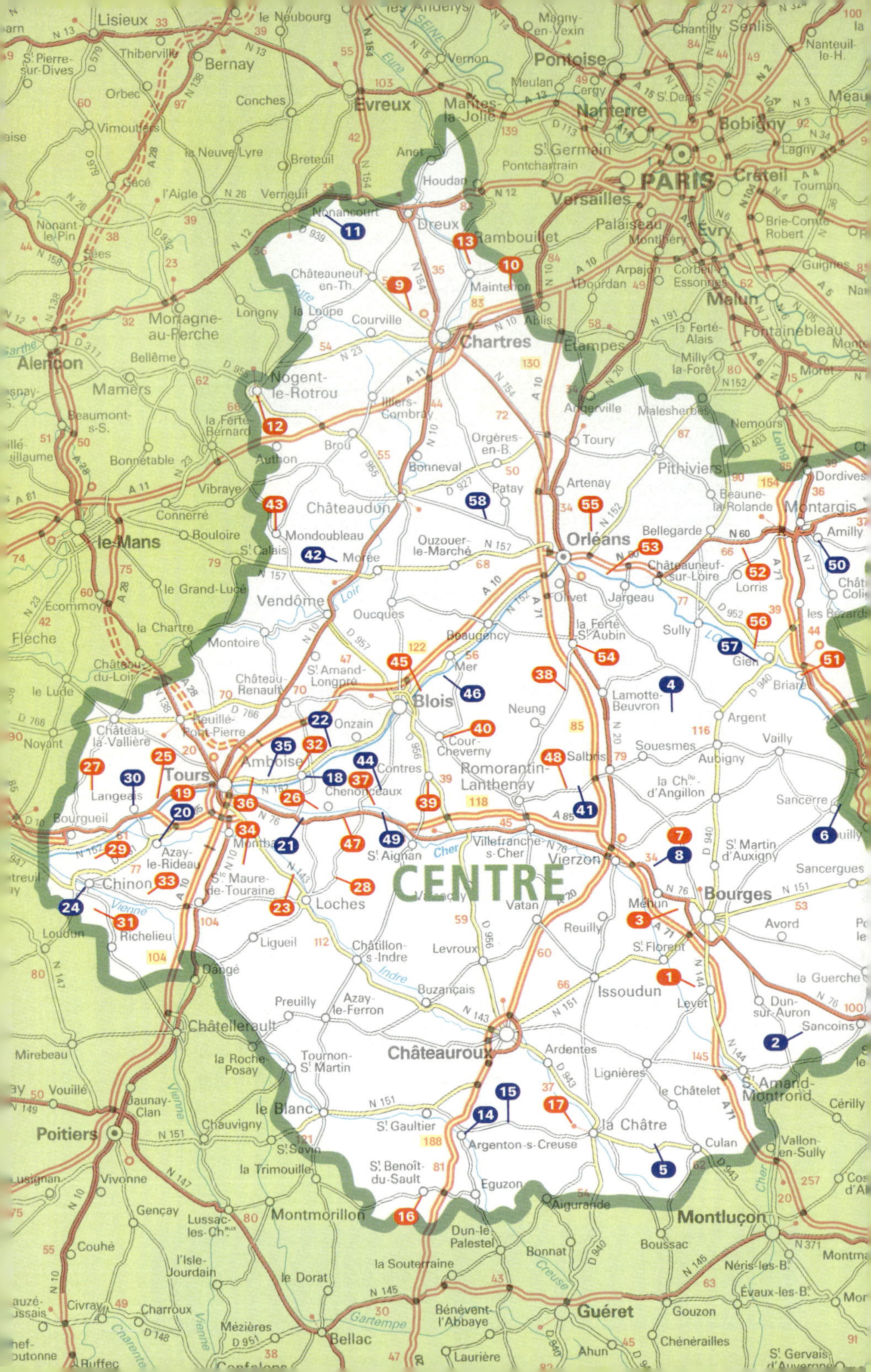
CENTRE
PARIS
Lisieux
le Neubourg
les Andelys
Magny-en-Vexin
Chantilly
Senlis
St Pierre-sur-Dives
Thiberville
Bernay
Vernon
Pontoise
Nanteuil-le-H.
Orbec
Conches
Évreux
Mantes-la-Jolie
Meulan
Cergy
St Denis
Vimoutiers
Nanterre
Bobigny
la Neuve-Lyre
Breteuil
Anet
St Germain
Lagny
Gacé
Pontchartrain
Créteil
l'Aigle
Verneuil
Houdan
Versailles
Tournan
Nonancourt
Dreux
Palaiseau
Évry
Brie-Comte-Robert
Nonant-le-Pin
Sées
Rambouillet
Montlhéry
Arpajon
Corbeil-Essonnes
Guignes
Châteauneuf-en-Th.
Maintenon
Dourdan
Melun
la Loupe
Courville
Longny
Mortagne-au-Perche
Chartres
Ablis
Étampes
la Ferté-Alais
Fontainebleau
Alençon
Bellême
Milly-la-Forêt
Moret
Nogent-le-Rotrou
Mamers
Illiers-Combray
Angerville
Malesherbes
Nemours
Beaumont-s-S.
la Ferté-Bernard
Orgères-en-B.
Toury
Pithiviers
Brou
Bonnétable
Authon
Bonneval
Patay
Artenay
Dordives
Beaune-la-Rolande
Montargis
Vibraye
Châteaudun
Connerré
le Mans
Bouloire
Mondoubleau
Ouzouer-le-Marché
Orléans
Bellegarde
Amilly
St Calais
Morée
Châteauneuf-sur-Loire
Lorris
le Grand-Lucé
Vendôme
Olivet
Jargeau
Ecommoy
Loir
Oucques
Sully
les Bézards
la Chartre
la Ferté-St Aubin
Fléche
Montoire
Beaugency
Gien
Château-du-Loir
St Amand-Longpré
Mer
Briare
Château-Renault
Blois
Lamotte-Beuvron
le Lude
Neung
Argent
Château-la-Vallière
Neuillé-Pont-Pierre
Onzain
Noyant
Cour-Cheverny
Souesmes
Vailly
Aubigny
Amboise
Salbris
Tours
Contres
Romorantin-Lanthenay
la Ch.ie-d'Angillon
Langeais
Chenonceaux
Sancerre
Bourgueil
Villefranche-s-Cher
Vierzon
St Martin-d'Auxigny
Azay-le-Rideau
Montbazon
St Aignan
Cher
Sancergues
Chinon
Ste Maure-de-Touraine
Valençay
Bourges
Mehun
Loches
Vatan
Avord
Loudun
Vienne
Reuilly
Richelieu
Ligueil
Châtillon-s-Indre
Levroux
St Florent
Dangé
Indre
Issoudun
Levet
la Guerche
Preuilly
Azay-le-Ferron
Buzançais
Dun-sur-Auron
Châtellerault
Sancoins
Mirebeau
la Roche-Posay
Tournon-St Martin
Châteauroux
Ardentes
Lignières
Vouillé
Jaunay-Clan
St Amand-Montrond
le Châtelet
Cérilly
Poitiers
le Blanc
Chauvigny
St Gaultier
la Châtre
Argenton-s-Creuse
Culan
Vallon-en-Sully
St Savin
la Trimouille
St Benoît-du-Sault
Eguzon
Aigurande
Vivonne
Lusignan
Montmorillon
Montluçon
Gençay
Lussac-les-Ch.aux
Dun-le-Palestel
Bonnat
Boussac
Couhé
l'Isle-Jourdain
le Dorat
la Souterraine
Creuse
Néris-les-B.
Évaux-les-B.
Civray
Charroux
Bénévent-l'Abbaye
Guéret
Gouzon
Mézières
Gartempe
Bellac
Chénérailles
Charente
Ruffec
Confolens
Laurière
Ahun
St Gervais-d'Auvergne
Seine
Eure
Loing

ARCAY - 18340

1 CHÂTEAU DE BEL AIR

M. et Mme Maginiau

Lieu-dit le Grand-Chemin
18340 Arcay
Tel. 02 48 25 36 72
Fax 02 48 25 36 72

Ouvert toute l'année • 6 chambres équipées de salles de bains et WC • 45 € pour 2 personnes, petit-déjeuner compris • Pas de table d'hôte • Parc, parking. Cartes de crédit non acceptées

On a aimé **Le très bon rapport qualité-prix.**

Ce château du 19e s. érigé au milieu d'un parc ombragé de 4 ha offre calme et confort. La plupart de ses chambres, spacieuses, sont meublées dans le style Louis XVI. L'une d'elles possède un coin salon avec cheminée ; une autre communique avec une pièce attenante pouvant abriter deux lits d'enfant. La salle à manger châtelaine, dotée d'une cheminée monumentale, ne manque pas de caractère. Sur place, location de VTT et practice de golf.

Accès : à 11 km au Nord de Châteauneuf par la D 73

BANNEGON - 18210

2 LE MOULIN DE CHAMÉRON

MM. et Mmes Rommel et Mérilleau

18210 Bannegon
Tel. 02 48 61 83 80
Fax 02 48 61 84 92
moulindechameron@wanadoo.fr
www.moulindechameron.fr.st

Fermé du 15 novembre au 28 février et lundi hors saison • 13 chambres réparties dans 2 petits bâtiments disposant de salles de bains WC ou douches WC et toutes de télévision • 65 à 88 € pour 2 personnes ; petit-déjeuner 10 € • Restaurant fermé lundi et mardi midi, menus de 23 à 46 € • Terrasse, jardin, parking • Piscine, petit musée de la meunerie

On a aimé **Payer sa note dans la machinerie du moulin. Si, si, un vrai plaisir...**

Un régal pour les amoureux de la nature ! En entrée, deux maisonnettes où sont logées les chambres, plutôt bourgeoises et un brin désuètes, mais surtout d'un calme à faire pâlir les adeptes de la règle trappiste. Le plat principal ? Un moulin du 18e s. perdu au milieu des champs et qui fait aujourd'hui office - la roue tourne... - d'aimable restaurant rustique. Le dessert enfin, avec cette terrasse au cadre éminemment bucolique : un petit étang où barbotent quelques palmipèdes.

Accès : quitter Bannegon par la D 76, puis emprunter une route secondaire, en tout : 3 km

BERRY-BOUY - 18500

3 DOMAINE DE L'ERMITAGE

M. et Mme De La Farge

L'Ermitage
18500 Berry-Bouy
Tel. 02 48 26 87 46
Fax 02 48 26 03 28
domaine-ermitage@wanadoo.fr

Fermé du 20 au 31 décembre • 5 chambres équipées de salles d'eau et WC privés • 55 à 58 €, petit-déjeuner compris • Pas de table d'hôte • Parking. Cartes de crédit non acceptées, chiens non admis

On a aimé **La quiétude du parc, seulement troublée par le chant des oiseaux.**

Cette belle demeure, jadis prieuré dépendant de l'abbaye Saint-Sulpice de Bourges, doit son nom à l'ermite Jacques qui y séjourna un temps. Le moulin à papier attenant daterait de 1495. Les deux bâtiments abritent aujourd'hui des chambres plutôt spacieuses et décorées avec soin ; toutes profitent du calme ambiant. Le parc aux arbres centenaires promet de belles promenades.

Accès : à 6 km au Nord-Ouest de Bourges par la D 60

BRINON-SUR-SAULDRE - 18410

4 LA SOLOGNOTE

M. et Mme De Passos

34 Grande-Rue
18410 Brinon-sur-Sauldre
Tel. 02 48 58 50 29
Fax 02 48 58 56 00
lasolognote@wanadoo.fr
www.lasolognote.com

Fermé du 21 février au 9 mars • 13 chambres ave salles de bains WC ou douches WC et télévision • 58 à 78 €, petit-déjeuner 10 € ; possibilité de demi-pension • Restaurant climatisé ; menus de 26 à 45 € (de juillet à septembre, ouvert mardi et mercredi au dîner) • Jardin parking. Chiens non admis dans les chambres

On a aimé **Potiner au caquetoire du village...**

Raboliot, inspiré à Maurice Genevoix par un habitant du village et publié en 1925, traduit bien l'âme de la région. La discrète façade de l'hôtel est située dans la rue principale dont l'alignement de maisons en briques rouges compose un tableau pittoresque. Les chambres « cosy » ou contemporaines, sont réparties autour d'une ravissante cour-jardin. Cadre typiquement solognot au restaurant : tomettes, vitraux, meubles anciens... La vaisselle provient, pour sa part, de la faïencerie de Gien.

Accès : quitter la N 20 à Lamotte-Beuvron pour emprunter la D 923

CHÂTEAUMEILLANT - 18370

5 AUBERGE DU PIET À TERRE

M. Finet et Mme Piet

21 rue du Château
18370 Châteaumeillant
Tel. 02 48 61 41 74
Fax 02 48 61 41 88
TFINET@wanadoo.fr
http://le.piet.a.terre.free.fr

Ouvert de mars au 11 novembre et fermé dimanche soir, lundi et mardi (ouvert en juillet-août) • 5 chambres équipées de salles de bains WC ou de douches WC, toutes avec télévision • 46 à 74 € pour 2 personnes ; petit-déjeuner 12 € • Restaurant climatisé ; menus 35 (en semaine) à 88 € ; nombre de couverts limité • Chiens non admis

On a aimé

La « suite parentale » et sa vraie chambre d'enfant.

Oyez, oyez, bonnes gens ! Il est une accueillante auberge où il vous faut mettre pied à terre au plus vite ! Confiez votre monture au palefrenier - n'ayez crainte, l'écurie, pardon, le parking est partagé avec la maréchaussée voisine - et gagnez votre havre berrichon. Les chambres y sont fort jolies et la taverne réserve aux fines gueules de joyeuses bombances : le chef, ferronnier d'art de son état, se piqua tellement pour la cuisine qu'il décrocha une étoile au Michelin...

Accès : à côté de la gendarmerie

SAINT-THIBAULT - 18300

6 HÔTEL DE LA LOIRE

M. Harison

2 quai de la Loire
18300 Saint-Thibault
Tel. 02 48 78 22 22
Fax 02 48 78 22 29
hotel-de-la-loire@hotmail.com
www.hotel-de-la-loire.com

Fermé du 20 décembre au 5 janvier • 10 chambres dont une accessible aux handicapés physiques, disposant de salles de bains WC ou douches WC et de télévision • 65 à 85 € pour 2 personnes ; petit déjeuner 7 € • Pas de restaurant • Parking

On a aimé

Lire ou relire un roman de Georges Simenon, face à la Loire.

Georges Simenon séjourna plusieurs fois dans cet hôtel ancré au bord de la Loire. Le célèbre auteur y écrivit deux romans, dont « Monsieur Gallet décédé ». Vous pourrez dormir dans la chambre qu'il occupa au cours des années 1930, dont le joli style « rétro » respecte l'esprit de l'époque. Le décor des autres décline différents thèmes : Afrique, Provence, Louis XV, Régence, etc. Toutes bénéficient d'un charme indéniable et d'un confort actuel.

Accès : au cœur du village le long des quais

VIGNOUX-SUR-BARANGEON - 18500

7 VILLEMENARD

M. et Mme Gréaud

18500 Vignoux-sur-Barangeon
Tel. 02 48 51 53 40
Fax 02 48 51 58 77
villemenard@wanadoo.fr

Ouvert toute l'année • 6 chambres • 44 à 55 € pour 2 personnes, petit-déjeuner compris • Pas de table d'hôte • Parc, terrasse, parking. Cartes de crédit non acceptées, chiens non admis • Étang, rivière dans la propriété. Salle de billard

On a aimé — Les promenades dans le parc planté d'arbres centenaires.

Le chemin, bordé de petits étangs, franchit une rivière avant d'atteindre cette magnifique demeure du 19e s. à la tête d'une vaste exploitation agricole. Un soin tout particulier a été accordé à la décoration intérieure : azulejos dans l'entrée et la salle à manger, armes et lithographies dans la cage d'escalier, superbe bar en bois verni dans la salle de billard... Les chambres, spacieuses et tranquilles, ont vue sur la campagne berrichonne.

Accès : à 6 km au Nord de Méhun sur la D 79 direction Vouzeron

8 LE PRIEURÉ

Famille Ribail

2 route de Saint-Laurent
18500 Vignoux-sur-Barangeon
Tel. 02 48 51 58 80
Fax 02 48 51 56 01
prieurehotel@wanadoo.fr
www.leprieurehotel.com

Ouvert toute l'année • 7 chambres à l'étage, dotées de douches WC et de télévision • 54 à 66 € (49 à 60 € basse saison) ; petit-déjeuner 6,50 € ; possibilité de demi pension • Menus de 26 (en semaine) à 64 € Restaurant fermé mardi et mercredi sauf jours fériés • Terrasse jardin, parking • Piscine de plein air

On a aimé — Voir Vierzon... Avant Vesoul, Honfleur, Hambourg, Anvers, etc.

Les fenêtres en ogive de la façade témoignent de l'éphémère passé religieux de cette demeure construite en 1860 pour le curé du village. Le spirituel a laissé place au temporel : le presbytère s'est mué en paisible hôtel dont les chambres, intimes et fraîches, portent de doux noms de fleurs. Cuisine au goût du jour et vin du Berry à déguster sous le barnum de l'agréable terrasse. Délicate attention : les assiettes sont en porcelaine de Foëcy... Vous l'aviez remarqué Chapeau !

Accès : en léger retrait du passage, sur la D 30 (direction Neuvy-sur-Barangeon), près de l'église

BAILLEAU-L'ÉVÊQUE - 28300

9 LA FERME DU CHÂTEAU

M. et Mme Vasseur

À Lévesville
28300 Bailleau-l'Évêque
Tel. 02 37 22 97 02
Fax 02 37 22 97 02

Ouvert toute l'année • 3 chambres • 50 à 55 € pour 2 personnes, petit-déjeuner compris • Table d'hôte 18 € • Jardin, parking. Cartes de crédit non acceptées, chiens non admis

On a aimé

Le calme des lieux cernés par la verdure.

Cette jolie ferme beauceronne ordonnée autour d'une vaste cour intérieure jouxte un petit château. Ses chambres, de bonnes dimensions, gaies et bien équipées, profitent toutes du calme ambiant. L'accueil simple et naturel, les prix très corrects, le joli jardin et la proximité de Chartres, distant d'une quinzaine de km, en font une adresse fort intéressante.

Accès : à 8 km au Nord-Ouest de Chartres par la N 154 puis la D 134

ÉCROSNES - 28320

10 CHÂTEAU DE JONVILLIERS

M. et Mme Thompson

17 rue L.-Petit-Jonvilliers
28320 Écrosnes
Tel. 02 37 31 41 26
Fax 02 37 31 56 74
info@chateaudejonvilliers.com
www.chateaudejonvilliers.com

Fermé en janvier • Etablissement non-fumeur, 5 chambres avec salles d'eau et WC • 60 à 70 € pour 2 personnes, petit-déjeuner compris • Pas de table d'hôte • Jardin, parking. Chiens non admis

On a aimé

L'élégance de cette demeure de notable.

Une agréable allée mène à cette jolie maison de maître du 18e s. dressée au milieu d'un parc ombragé jouxtant un bois épais. Les chambres, spacieuses et décorées avec soin, jouissent toutes du calme ambiant. Les copieux petits-déjeuners sont servis dans une vaste salle à manger garnie d'un plaisant mobilier de style. Bon à savoir : l'établissement est entièrement non-fumeurs.

Accès : à 4 km au Nord-Est de Gallardon par la D 32

MONTIGNY-SUR-AVRE - 28270

11 LE MOULIN DES PLANCHES

Mme Maï

28270 Montigny-sur-Avre
Tel. 02 37 48 25 97
Fax 02 37 48 35 63
moulin.des.planches@wanadoo.fr
www.moulin-des-planches.fr

Fermé janvier, dimanche soir et lundi • 18 chambres en majorité équipées de salles de bains WC, télévision partout • 49 à 99 € pour 2 personnes ; petit-déjeuner 9,00 € • Menus de 26 (en semaine) à 55 € • Terrasse, parc, parking. Chiens non admis dans les chambres • Jeux de société, billard

On a aimé **La reposante terrasse dominant le bief.**

Tendez l'oreille... Ne vous parviennent que les bruits de la nature ? Sans doute le temps a-t-il fait son oeuvre, car cette partie de la « ligne de l'Avre », frontière franco-normande jadis âprement disputée, résonna longtemps de clameurs guerrières. Aujourd'hui le moulin, véritable havre de sérénité, propose des chambres garnies de meubles de style et ouvertes sur la rivière ou le parc. Le restaurant présente de même un agréable décor rustique associant poutres, tomettes et briques.

Accès : à 1 km au Nord-Est par la D 102 (direction Tillières-sur-Avre)

NOGENT-LE-ROTROU - 28400

12 L'AULNAYE

M. et Mme Dumas

Route d'Alençon
28400 Nogent-le-Rotrou
Tel. 02 37 52 02 11
http://laulnaye-accueil-France.com

Ouvert toute l'année • 3 chambres meublées à l'ancienne, équipées de salles de bains WC • 58 à 59 € pour 2 personnes, petit-déjeuner compris • Pas de table d'hôte • Parc, parking. Cartes de crédit non acceptées, chiens non admis

On a aimé **La quiétude du parc, à deux pas du centre-ville.**

Cette maison du 19e s. nichée au cœur d'un parc planté de nombreuses espèces d'arbres et de fleurs a des allures de demeure victorienne. Son intérieur, bourgeois est plaisant. Ses chambres, desservies par un bel escalier en bois, adoptent toutes le même style : parquet, meubles anciens et cheminée en marbre. Les copieux petits-déjeuners sont servis l'hiver dans la salle à manger habillée de boiseries et l'été dans la coquette véranda en fer forgé.

Accès : 3,5 km à l'Ouest de Nogent-le Rotrou direction Alençon

VILLIERS-LE-MORHIER - 28130

13 LES CHANDELLES

M. et Mme Simon

19 rue des Sablons, village les Chandelles
28130 Villiers-le-Morhier
Tel. 02 37 82 71 59
Fax 02 37 82 71 59
info@chandelles-golf.com
www.chandelles-golf.com

Ouvert toute l'année • 5 chambres non-fumeurs, équipées de salles de bains WC et télévision • 60 à 80 € pour 2 personnes, petit-déjeuner compris • Pas de table d'hôte • Jardin, parking. Chiens non admis

On a aimé **La variété des loisirs proposés.**

Un grand portail en bois garde l'entrée de cette jolie ferme de 1840 agréablement restaurée, s'élevant dans un vaste jardin où paissent des chevaux. Les chambres, aménagées dans l'ancienne grange, affichent de belles couleurs printanières et leurs salles de bains sont de qualité. La salle des petits-déjeuners est très agréable avec ses meubles chinés dans les brocantes de la région. Côté loisirs : promenades à cheval, pêche et golf auquel pourra vous initier le propriétaire, golfeur émérite.

Accès : à 8 km au Nord de Maintenon par la D 116, direction Coulomb

ARGENTON-SUR-CREUSE - 36200

14 MANOIR DE BOISVILLERS

M. et Mme Fournal

11 rue du Moulin-de-Bord
36200 Argenton-sur-Creuse
Tel. 02 54 24 13 88
Fax 02 54 24 27 83
manoir.de.boisvilliers@wanadoo.fr
www.manoir-de-boisvillers.com

Fermé du 26 décembre au 17 janvier • 16 chambres réparties dans 2 bâtiments de part et d'autre de la cour, disposant toutes de salles de bains WC ou douches WC et de télévision • 56 à 102 € (55 à 94 € basse saison) ; petit-déjeuner 8 € • Pas de restaurant • Jardin, parking fermé. Chiens non admis • Piscine de plein air

On a aimé **Piquer une tête dans la piscine après une journée bien remplie.**

Les Boisvilliers s'exilèrent à la Révolution, mais leur maison du vieil Argenton perpétue le souvenir de la noble famille. Gaieté des toiles de Jouy, meubles d'antiquaire et vue sur la vallée dans le bâtiment principal, souffle de printemps sur l'annexe : toutes les chambres de l'hôtel ont été délicieusement rénovées par les charmants propriétaires. Canapés Hugues Chevalier, télévision Bang Olufsen, tableaux contemporains : le salon, lui, tourne résolument le dos au passé ! Ravissant jardin.

Accès : du centre-ville, prendre direction Gargilesse, puis à droite rue Paul-Bert, à gauche rue d'Orion et immédiatement à droite

BOUESSE - 36200

15 CHÂTEAU DE BOUESSE

M. et Mme Lorry

36200 Bouesse
Tel. 02 54 25 12 20
Fax 02 54 25 12 30
château.bouesse@wanadoo.frf
www.chateau-bouesse.de

Fermé de janvier à mars, lundi et mardi du 1er avril au 15 mai • 12 chambres dotées de salles de bains WC, 6 de télévision • 85 à 100 € pour 2 personnes ; petit-déjeuner 10 € ; possibilité de demi-pension • Menus de 28 à 35 € • Terrasse, parc, parking

On a aimé

La chambre du donjon, coiffée d'une forêt de poutres.

Jeanne d'Arc, Charles VII, Louis XI, Charles VIII, etc. : ce petit château fort du 13e s. peut se targuer d'avoir un « livre d'or » bien fourni ! Il est vrai que l'adresse ne manque pas d'appas : spacieuses chambres à l'atmosphère médiévale (lits à baldaquin, cheminées) ou au charme romantique, élégant restaurant (fresque du 15e s. au plafond) et plaisante terrasse tournée vers le jardin à la française. Non, vraiment, il fait bon mener la vie de château !

Accès : au cœur du village, à 11 km d'Argenton-sur-Creuse par la N 20

SAINT-BENOÎT-DU-SAULT - 36170

16 LE PORTAIL

Mme Boyer

Rue Émile-Surun
36170 Saint-Benoît-du-Sault
Tel. 02 54 47 57 20
Fax 02 54 47 57 20

Ouvert toute l'année • 3 chambres dont 1 studio • 42 à 54 € pour 2 personnes, petit-déjeuner compris • Pa de table d'hôte • Cartes de crédit non acceptées, chien non admis

On a aimé

Sillonner à pied la cité médiévale.

De nombreux vestiges - porte fortifiée, croix de pierr sculptée, bel escalier à vis... - attestent l'authenticité d cette demeure des 14e et 15e s., jadis propriété de Templiers. Les chambres et le studio, avec leurs belle poutres apparentes et leurs meubles d'inspiratio médiévale ou Renaissance, montrent beaucoup d caractère. La salle des petits-déjeuners est très agréabl et l'accueil de la propriétaire, particulièremer charmant.

Accès : dans la cité mediévale

SARZAY - 36230

17 MONTGARNI

M. et Mme Labaurie

36230 Sarzay
Tel. 02 54 31 31 05
Fax 02 54 31 30 10

Ouvert toute l'année • 5 chambres • 43 € pour 2 personnes, petit-déjeuner compris ; possibilité de demi-pension • Table d'hôte 17 € • Parc, parking. Chiens non admis • Piscine de plein air. Dégustation des produits du domaine

On a aimé

Le savoir-faire culinaire du patron, passionné de gastronomie.

Voilà plus de 15 ans que ce couple d'exploitants agricoles héberge et nourrit, dans une ambiance très conviviale, tous ceux qui apprécient le calme et la bonne chère. Les chambres, aménagées dans une maison de maître du 19e s. à demi cachée dans la verdure, sont très confortables. La cuisine, élaborée uniquement avec les produits du Berry, des Cévennes et du Périgord, est saine et goûteuse. Côté détente, le parc grand ouvert sur la campagne berrichonne promet de belles balades.

Accès : à 1,5 km au Sud de Sarzay par la D 41 direction Chassignolles

AMBOISE - 37400

18 LE BLASON

M. Varin

11 place Richelieu
37400 Amboise
Tel. 02 47 23 22 41
Fax 02 47 57 56 18
leblason@wanadoo.fr
www.leblason.fr

Fermé du 10 janvier au 10 février • 26 chambres dont 2 accessibles aux handicapés physiques, toutes avec douches WC et télévision • 49 à 54 € pour 2 personnes ; petit-déjeuner 6 € • Terrasse, garage

On a aimé

L'atmosphère débonnaire du Blason.

Dans la ville où s'éteignit Léonard de Vinci, auberge familiale au charme provincial abritant d'avenantes chambres en partie mansardées ; petit détail à l'attention des esprits chagrins : celles du devant s'ouvrent sur la « rue Joyeuse »... Ambiance sagement rustique dans la salle à manger et sa terrasse-véranda aménagée au fond de la cour, où vous serez conviés à déguster des petits plats traditionnels.

Accès : sur une place du centre-ville

19 LE CLOS PHILLIPA

Mme de Drezigue

10-12 rue de Pineau
37190 Azay-le-Rideau
Tel. 02 47 45 26 49
Fax 02 47 45 31 46
le.clos-philippa@wanadoo.fr
http://le-clos-philippa.monsite.wanadoo.fr

Ouvert toute l'année • 5 chambres spacieuses équipées de sanitaires • 58 à 88 € pour 2 personnes, petit-déjeuner compris • Table d'hôte 27 € (uniquement le soir) • Salon, jardin, parking. Chiens non admis au restaurant

On a aimé **La situation exceptionnelle de cette plaisante maison de maître.**

Emplacement de choix pour cette agréable maison bourgeoise du 18e s. située en centre-ville, à deux minutes à pied du château. Les chambres, spacieuses et fort bien arrangées, recèlent quelques belles antiquités. Le grand salon est convivial. Le très joli jardin, où l'on sert les petits-déjeuners en saison, jouxte le parc du château. Sur place, dégustations de vins régionaux.

Accès : au centre-ville

AZAY-LE-RIDEAU - 37190

20 DE BIENCOURT

Mme Marioton

7 rue Balzac
37190 Azay-le-Rideau
Tel. 02 47 45 20 75
Fax 02 47 45 91 73
biencourt@infonie.fr
www.hotelbiencourt.com

Ouvert du 1er mars au 15 novembre • 16 chambre réparties entre le bâtiment principal et « La Classe (ancienne école), disposant de salles de bains WC ou d douches WC, quelques-unes avec télévision • 37 à 52 pour 2 personnes ; petit-déjeuner 7 € • Pas de restaurar • Cour intérieure fleurie. Chiens non admis

On a aimé **La proximité du château entouré d'eau et de verdure.**

Belle demeure du 18e s. nichée dans une ru semi-piétonne menant au célèbre château, joyau de l Renaissance. Les chambres, spacieuses et garnies d'u mobilier rustique, sont mansardées au dernier étage. A fond de la cour, un bâtiment qui abritait naguère ur école compte également quelques chambres, décoré cette fois dans le style Directoire. Coquet salon meubl en rotin, salle à manger bourgeoise et véranda faço « jardin d'hiver » où est servi le petit-déjeuner.

Accès : au centre-ville (près de la poste), rue semi-piétonne conduisant au château

BLÉRÉ - 37150

21 LE CHEVAL BLANC

M. et Mme Blériot

Place de l'Église
37150 Bléré
Tel. 02 47 30 30 14
Fax 02 47 23 52 80
le.cheval.blanc.blere@wanadoo.fr
www.lechevalblancblere.com

Fermé de janvier à mi-février ; dimanche soir, lundi et vendredi midi • 12 chambres, orientées pour la plupart vers la cour intérieure fleurie, équipées de salles de bains WC ou douches WC et de télévision • 58 à 90 € ; petit-déjeuner 9 € ; possibilité de demi-pension • Restaurant climatisé ; menus 20 (en semaine) à 58 € • Terrasse, jardin, parking fermé • Piscine

On a aimé **Dîner dans la verdoyante cour intérieure.**

Cette demeure édifiée au 17e s. face à l'église paroissiale fut transformée en auberge de ville au 19e s. La disposition des chambres autour d'un paisible jardin intérieur compense leur aménagement ancien. Les repas se prennent dans les deux élégantes salles à manger - celle dotée d'une cheminée a plus de caractère - ou sur l'agréable cour-terrasse fleurie ; la cuisine servie fait honneur à la tradition culinaire française.

Accès : au centre de la localité, dans le quartier piétonnier près de l'église

CANGEY - 37530

22 LE FLEURAY

M. et Mme Newington

37530 Cangey
Tel. 02 47 56 09 25
Fax 02 47 56 93 97
lefleurayhotel@wanadoo.fr
www.lefleurayhotel.com

Fermé du 21 janvier au 2 février et du 03 au 14 novembre • 14 chambres dotées de salles de bains WC ou douches WC, 6 sont accessibles aux handicapés physiques • 78 à 110 € pour 2 personnes (72 à 98 € basse saison) ; petit-déjeuner 10 € ; possibilité de demi-pension • Dîner seulement et sur réservation, salle non-fumeurs ; menus de 28 à 38€ • Terrasse, jardin, garage • Piscine chauffée

On a aimé **Flâner dans le jardin, entre les arbres fruitiers et le petit étang.**

Charme de la campagne, calme absolu et accueil aux petits soins : tiercé gagnant pour cette ancienne ferme joliment restaurée. Vous aurez le choix entre les chambres confortables et douillettes de la bâtisse principale ou celles de la grange, plus spacieuses et agréablement aménagées en rez-de-jardin, au bord d'une belle piscine. Le décor de la salle à manger cultive le style « campagnard chic » ; l'été, on dresse la ravissante terrasse face à la nature. Le plus dur sera de repartir !

Accès : à 15 km au nord d'Amboise, par la D 31 et la D i1 jusqu'à Cangey puis par la D 74 entre Fleuray et Dame-Marie-des-Bois

CHAMBOURG-SUR-INDRE - 37310

23 LE CLOS DU PETIT MARRAY

M. et Mme Plantin

37310 Chambourg-sur-Indre
Tel. 02 47 92 50 67
Fax 02 47 92 50 67
serge.plantin@wanadoo.fr
www.opencom.fr/petitmarray

Ouvert toute l'année • 4 chambres spacieuses, équipées de sanitaires • 60 € pour 2 personnes, petit-déjeuner compris • Table d'hôte 25 € (dîner seulement et sur réservation) • Jardin, parking. Cartes de crédit non acceptées, chiens non admis au restaurant • Jeux et pêche pour les enfants

On a aimé

Se promener au bord de l'Indre.

Cette ancienne ferme du 19e s. se trouve en pleine campagne, au milieu d'un grand jardin agrémenté d'un étang où les enfants peuvent pêcher. Ses chambres, spacieuses et joliment décorées, portent des noms évocateurs de rêve et de bien-être : « Voyage », « Petite Maison », « Chantereine »... Côté loisirs : bibliothèque et, à proximité, forêt et circuits de randonnée.

Accès : à 5 km au Nord de Loches par la N 143, direction Tours

CHINON - 37500

24 DIDEROT

M. et Mme Dutheil

4 rue Buffon - 7 rue Diderot
37500 Chinon
Tel. 02 47 93 18 87
Fax 02 47 93 37 10
hoteldiderot@hoteldiderot.com
www.hoteldiderot.com

Ouvert toute l'année • 27 chambres dont 1 accessibl aux handicapés physiques, toutes dotées de salles d bains WC ou douches WC et de télévision • 50 à 71 € pour 2 personnes ; petit-déjeuner 7 € • Pas de restauran • Terrasse, parking fermé. Chiens non admis

On a aimé

Les tartines à la confiture maison de lavande... maison !

Oliviers, bananiers, citronniers, mandariniers, néfliers... Ce n'est qu'un rideau de verdure, mais il forme l délicieux décor exotique de cette demeure bourgeois du 18e s. rachetée dans les années 1970 par u Cypriote. Les chambres, au calme côté cour, sont pe à peu restaurées dans l'esprit classique. Confiture « maison » sur la table du petit-déjeuner, servi auprè d'une belle flambée l'hiver, et en terrasse dès qu'u rayon de soleil perce les nuages.

Accès : à deux pas du centre-ville, rue calme reliant la place Jeanne-d'Arc à la rue Diderot

CINQ-MARS-LA-PILE - 37130

25 LA MEULIÈRE

M. et Mme Manier

10 rue de la Gare
37130 Cinq-Mars-la-Pile
Tel. 02 47 96 53 63
Fax 02 47 96 53 63
cgmanier-lameuliere@planetes.com
www.lameuliere.free.fr

Ouvert toute l'année • 3 chambres équipées de sanitaires • 42 à 50 € pour 2 personnes, petit-déjeuner compris • Pas de table d'hôte • Jardin, parking. Cartes de crédit non acceptées, chiens non admis

On a aimé **La tranquillité de l'établissement, pourtant situé à deux pas de la gare.**

L'atout incontestable de cette belle demeure du 19e s. est de se situer tout près de la gare sans en subir les désagréments. Ses chambres, colorées, bien insonorisées et garnies de meubles de style, sont desservies par un bel escalier en bois. Les petits-déjeuners ont pour cadre une plaisante salle à manger bourgeoise. L'été, les chaises longues installées dans l'agréable jardin invitent au farniente.

Accès : près de la gare

CIVRAY-DE-TOURAINE - 37150

26 CHAMBRE D'HÔTE LA MARMITTIÈRE

M. et Mme Boblet

22 Vallée-de-Mesvres
37150 Civray-de-Touraine
Tel. 02 47 23 51 04
marmittiere@libertysurf.fr
http://perso.libertysurf.fr/marmittiere

Ouvert du 16 mars au 14 novembre • 3 chambres non-fumeurs • 55 € pour 2 personnes, petit-déjeuner compris • Table d'hôte 22 € (tous les jours sauf le week-end et uniquement sur réservation) • Terrasse, jardin, parking. Cartes de crédit non acceptées, chiens non admis

On a aimé **Les petits-déjeuners et la cuisine préparés uniquement avec des produits « bio ».**

Cette accueillante adresse se compose d'une demeure de vigneron du 17e s. (salle des petits-déjeuners et table d'hôte) et d'une maison en pierre du début du 20e s. abritant les chambres. La décoration des espaces intérieurs, bien que contemporaine et très colorée, se marie harmonieusement aux murs anciens. Pour compléter le tableau, profitez du paisible jardin où vous croiserez sans doute quelques animaux (poules, ânes, etc.).

Accès : à 4 km à l'Ouest de Chenonceaux par la D 40 et route secondaire

CONTINVOIR - 37340

27 LA BUTTE DE L'ÉPINE

M. Bodet

37340 Continvoir
Tel. 02 47 96 62 25
Fax 02 47 96 07 36

Fermé du 15 décembre au 15 janvier • Etablissement non-fumeur, 3 chambres dont 1 à l'étage • 57 € pour 2 personnes, petit-déjeuner compris • Pas de table d'hôte • Parc. Cartes de crédit non acceptées, chiens non admis

On a aimé **L'architecture du lieu, qu'on jurerait dater des 16e et 17e s.**

Les propriétaires ont mis toute leur passion à reconstituer fidèlement cette charmante demeure d'inspiration 16e et 17e s. à partir de matériaux anciens. La pièce à vivre, agrémentée de meubles de diverses époques et d'une grande cheminée, sert de salle des petits-déjeuners et de salon. Les chambres, impeccables, sont de véritables bonbonnières ; la plus romantique se trouve à l'étage. Le parc, aménagé à l'arrière de la maison, est égayé de beaux massifs de fleurs.

Accès : 2 km à l'Est de Gizeux par la D 15

GENILLÉ - 37460

28 LE MOULIN DE LA ROCHE

Mme Mieville

37460 Genillé
Tel. 02 47 59 56 58
Fax 02 47 59 59 62
clive.mieville@wanadoo.fr
www.moulin.de.la.roche.com

Fermé en hiver • 4 chambres non-fumeurs • 60 à 65 € pour 2 personnes, petit-déjeuner compris • Pas de table d'hôte • Jardin, parking. Cartes de crédit non acceptées, chiens non admis

On a aimé **L'environnement bucolique, propice à la pêche et aux pique-niques.**

Un petit paradis que cet ancien moulin à eau tapissé de vigne vierge et baigné par l'onde parfois capricieuse de l'Indrois. Les parties les plus anciennes, datant des 17e et 18e s., ont conservé leurs poutres et leurs carreaux de terre cuite originels. Les chambres, au charme anglais, ouvrent leurs fenêtres sur le jardin et la rivière ; chacune dispose d'un nécessaire à thé et à café. Le salon est très douillet avec ses livres, ses meubles d'antiquaire et sa cheminée.

Accès : à 10 km au Nord-Est de Loches par la D 31 et la D 764, route de Montrichard

HUISMES - 37420

29 LA PILLETERIE
Mme Prunier

37420 Huismes
Tel. 02 47 95 58 07
Fax 02 47 95 58 07

Ouvert toute l'année • 4 chambres • 55 à 60 € pour 2 personnes, petit-déjeuner compris • Pas de table d'hôte • Jardin, parking. Cartes de crédit non acceptées, chiens non admis • À proximité : visite des châteaux d'Azay-le-Rideau, Villandry, etc

On a aimé **La situation stratégique à proximité des châteaux d'Azay et de Villandry.**

Cette ferme du 19e s. située en pleine campagne est un bonheur pour qui recherche le calme absolu. Les chambres, de style rustique, ont conservé leur sol en tomettes ; les plus tranquilles occupent une maisonnette indépendante. Le domaine est aussi celui des moutons, oies et autres animaux d'élevage réunis dans un enclos pour la plus grande joie des enfants. Accueil très aimable.

Accès : 6 km au Nord de Chinon par la D 16

LANGEAIS - 37130

30 ERRARD-HOSTEN
M. et Mme Errard

2 rue Gambetta
37130 Langeais
Tel. 02 47 96 82 12
Fax 02 47 96 56 72
info@errard.com
www.errard.com

Fermé décembre, janvier, lundi, mardi midi et dimanche soir d'octobre à avril • 10 chambres disposant de salles de bains WC et télévision • 65 à 92 € pour 2 personnes ; petit-déjeuner 12 € • Menus de 28 à 47 € • Terrasse, garage

On a aimé **La « substantifique moelle » de cette auberge provinciale.**

Luynes, Villandry, Saché, Azay-le-Rideau, Ussé, Chinon : les plus beaux châteaux de Touraine environnent cette hostellerie traditionnelle située elle-même à 100 m de la majestueuse forteresse langeaisienne. Bourgeoise ou contemporaine, vous choisirez le style de votre chambre, plus bruyante côté rue, même si le trafic routier décroît à la nuit tombante. Cuisine du Val de Loire et « dives bouteilles » : le restaurant lève les doutes éventuels, vous êtes bien au pays de Gargantua !

Accès : au centre-ville, face à l'Office de tourisme

LIGRÉ - 37500

31 LA MILAUDIÈRE

M. et Mme Marolleau

5 rue St-Martin
37500 Ligré
Tel. 02 47 98 37 53
Fax 02 47 98 37 52
milaudiere@club-internet.fr
www.milaudiere.com

Ouvert toute l'année • 6 chambres dont 1 au rez-de-chaussée et 3 à l'étage • 43 à 60 € pour 2 personnes, petit-déjeuner compris • Pas de table d'hôte • Parking. Cartes de crédit non acceptées, chiens non admis

On a aimé

L'accueil vraiment charmant des propriétaires.

Étape chinonaise de choix que cette maison du 18e s. bâtie en tuffeau de Touraine. Les propriétaires, qui ont réalisé la majorité des travaux de restauration, peuvent se féliciter du résultat : les chambres aménagées sous les toits sont très agréables et celle du rez-de-chaussée a beaucoup de caractère avec ses tomettes anciennes, ses voilages fins et son mobilier rustique. La salle des petits-déjeuners, qui recèle un vieux four à pain, produit aussi son petit effet.

Accès : 8 km au Sud-Est de Chinon, direction l'Île-Bouchard par la D 749 puis la D 29

NAZELLES-NÉGRON - 37530

32 CHÂTEAU DE NAZELLES

M. et Mme Fructus

16 rue Tue-la-Soif
37530 Nazelles-Négron
Tel. 02 47 30 53 79
Fax 02 47 30 53 79
info@chateau-nazelles.com
www.chateau-nazelles.com

Ouvert toute l'année sauf Noël et nouvel an • 5 chambres • 90 à 105 € pour 2 personnes, petit-déjeuner compris • Table d'hôte (en été uniquement et sur réservation) 23 € • Terrasse, jardin, parking, chiens non admis • Piscine

On a aimé

S'offrir un moment de détente dans le salon agrémenté d'un billard.

Difficile de résister au charme de cette noble demeure du 16e s. bâtie à flanc de coteau par Thomas Boyer, architecte du château de Chenonceau. Les chambres du premier étage, qui marient plaisamment l'ancien au moderne, ouvrent leurs fenêtres sur la vallée et le château d'Amboise ; celle du pavillon indépendant plaît beaucoup avec ses tomettes anciennes, ses poutres et sa douche en terre cuite. La piscine creusée dans le roc et le jardin en terrasses, enfin, sont un véritable enchantement.

Accès : 3 km au Nord de Négron par la D 5

PANZOULT - 37220

33 DOMAINE DE BEAUSÉJOUR

M. et Mme Chauveau

37220 Panzoult
Tel. 02 47 58 64 64
Fax 02 47 95 27 13
info@domainedebeausejour.com
www.domaine.de.beausejour.com

Ouvert toute l'année • 3 chambres • 70 à 84 € (66 à 77 € basse saison) pour 2 personnes, petit-déjeuner compris • Pas de table d'hôte • Parking. Cartes de crédit non acceptées • Piscine de plein air

On a aimé

Le repos... et les bonnes bouteilles dans la patrie de Gargantua !

Beau - et bon - séjour garanti en cette charmante maison construite en 1978 à partir de matériaux de récupération glanés dans la région, et dont on jurerait qu'elle date du 18e s. ! Dès l'arrivée, vous serez époustouflé par la vue splendide sur le vignoble chinonais tant loué par Rabelais. Les chambres, joliment décorées, possèdent un sol en ardoise du meilleur effet et de belles antiquités. Si vous aimez le vin, le propriétaire vous conviera avec plaisir à déguster ses meilleurs crus.

Accès : 5 km au Nord-Ouest de Bouchard par la D 757 puis direction Chinon (D 21)

SAINT-BRANCHS - 37320

34 LE LOGIS DE LA PAQUERAIE

M. et Mme Binet

La Paqueraie
37320 Saint-Branchs
Tel. 02 47 26 31 51
Fax 02 47 26 39 15
monique.binet@wanadoo.fr
http://perso.wanadoo.fr/lapaqueraie/

Ouvert toute l'année • 4 chambres équipées de salles de bains et 1 gîte • 79 € pour 2 personnes, petit-déjeuner compris • Table d'hôte 25 € • Jardin, parking. Cartes de crédit non acceptées • Piscine de plein air. A proximité : pêche, randonnées pédestres, tennis, golf 18 trous, club équestre

On a aimé

Le joli jardin paysager et sa piscine.

Architecture typiquement tourangelle, façade tapissée de vigne vierge et chênes centenaires qui l'entourent : on jurerait cette maison récemment bâtie bien plus ancienne ! Les chambres sont à la fois fonctionnelles, confortables et raffinées. Le salon agrémenté de miroirs, de meubles anciens et d'une cheminée originale est agréable. À la table d'hôte, on vous propose une cuisine bourgeoise réalisée avec des produits du terroir. La tranquillité du parc, enfin, vous séduira.

Accès : à la sortie de Cormery (en venant de Tours), prendre la D 32 à droite après le passage à niveau

VERNOU-SUR-BRENNE - 37210

35 LES PERCE-NEIGE

Mme Chemin et M. Laguette

13 rue Anatole-France
37210 Vernou-sur-Brenne
Tel. 02 47 52 10 04
Fax 02 47 52 19 08
perceneige@perceneige.com
www.perceneige.com

Fermé novembre • 5 chambres disposant pour la plupart de salles de bains WC ou douches WC • 45 à 60 € pour 2 personnes ; petit-déjeuner 5 € • Pas de restaurant • Terrasse, vaste jardin arboré, parking fermé

On a aimé **Ce village tranquille cerné par le vignoble de Vouvray.**

Cette jolie maison bourgeoise aurait abrité naguère l'étude du notaire de Vernou. Les chambres, à l'atmopshère un brin « vieille France », offrent un confort variable ; réservez en priorité celles dont les fenêtres ouvrent sur le beau et vaste jardin arboré agrémenté d'un vieux puits. Plats et vins du Val de Loire sont servis dans deux élégantes salles à manger ainsi qu'en terrasse, dans un cadre verdoyant et fleuri.

Accès : au centre du village, à 4 km à l'Est de Vouvray (D 46)

VOUVRAY - 37210

36 DOMAINE DES BIDAUDIÈRES

Mme Suzanne

rue du Peu-Morier
37210 Vouvray
Tel. 02 47 52 66 85
Fax 02 47 52 62 17
resa@bidaudieres.com
www.bidaudieres.com

Ouvert toute l'année • 6 chambres • 110 à 130 € pour 2 personnes, petit-déjeuner compris • Pas de table d'hôte • Parc, parking. Cartes de crédit non acceptées, chiens non admis • Piscine

On a aimé **Jouer au châtelain en parcourant ce ravissant domaine.**

Proximité des vignes, joli parc de 15 ha, séduisant château du 18e s. et terrasse panoramique : difficile d'imaginer un environnement plus idyllique pour un séjour ! Mais les accueillants propriétaires ne se contentent pas pour autant de ce cadre envoûtant, ils ont superbement restauré l'intérieur de cette prestigieuse demeure. Les différents décors des chambres d'hôte, spacieuses et très confortables, rivalisent de charme pour vous inciter à revenir au Domaine des Bidaudières.

Accès : à 3 km à l'Est de Vouvray par la D 46 direction Château-Renault, entre Vouvray et Vernou-sur-Brenne

BOURRÉ - 41400

37 MANOIR DE LA SALLE DU ROC

M. Jean Boussard

69 route de Vierzon
41400 Bourré
Tel. 02 54 32 73 54
Fax 02 54 32 47 09
boussard.patricia@wanadoo.fr
www.manoirdelasalleduroc.monsite.wanadoo.fr

Ouvert toute l'année • 4 chambres • 70 à 110 € pour 2 personnes, petit-déjeuner compris • Pas de table d'hôte • Parc, parking. Chiens non admis. Carte Américan Express non acceptée • Tennis

On a aimé

Luxe, calme et volupté, à deux pas du village troglodytique de Bourré.

Une belle allée bordée de grands arbres conduit à ce joli manoir bâti à flanc de rocher. Le regard se porte sur son avenante façade, mais aussi sur le magnifique parc qui l'entoure : bassins, vieux escaliers en pierre, haies de buis taillés, statues, massifs de fleurs et plus de 500 rosiers. À l'intérieur, le charme s'affiche également, tant dans les salons du rez-de-chaussée et la superbe bibliothèque que dans les ravissantes chambres bourgeoises très agréablement meublées.

Accès : à 2 km au Nord de Montrichard par D 62

CHAUMONT-SUR-THARONNE - 41600

38 LA FARGE

M. de Grangeneuve

41600 Chaumont-sur-Tharonne
Tel. 02 54 88 52 06
Fax 02 54 88 51 36
sylvie.lansier@wanadoo.fr

• 4 chambres disposant de salle de bains WC • 60 à 75 € pour 2 personnes, petit-déjeuner compris • Pas de table d'hôte • piscine. Cartes de crédit non acceptées, chiens non admis

On a aimé

La forêt alentour, véritable terrain d'aventures.

Cette ferme solognote des 16e et 19e s. perdue en pleine forêt a fière allure avec ses murs en briques, ses colombages et sa tourelle. Les chambres sont réparties dans trois bâtiments. La plus agréable s'agrémente de poutres et de tissus tendus ; les autres, dont l'atout premier est l'ampleur, sont meublées dans l'esprit campagnard. La piscine, le jardin arboré et le centre équestre voisin font aussi de cette adresse une étape de choix pour l'exploration de la secrète Sologne.

Accès : 4 km au Nord-Est de Chaumont direction Vouzon par route secondaire

CONTRES - 41700

39 LA RABOULLIÈRE

Mme Thimonnier

Chemin de Marçon
41700 Contres
Tel. 02 54 79 05 14
Fax 02 54 79 59 39
raboullière@wanadoo.fr
www.larabouillere.com

Ouvert toute l'année • 6 chambres dont 1 à l'étage • 59 à 107 € pour 2 personnes, petit-déjeuner compris • Pas de table d'hôte • Salon, parc, parking. Chiens non admis

On a aimé **La décoration recherchée et raffinée.**

Cette jolie longère solognote réalise un tour de force : habilement reconstituée à partir de matériaux anciens glanés dans les fermes voisines, on la jurerait authentique ! Les chambres, dotées de plafonds à poutres apparentes, sont richement meublées. Vous prendrez vos petits-déjeuners près du feu en hiver et dans le jardin en été. La campagne alentour invite, quant à elle, à de belles promenades.

Accès : 10 km au Sud de Cheverny par la D 102 et route secondaire

COUR-CHEVERNY - 41700

40 LE BÉGUINAGE

M. et Mme Deloison

41700 Cour-Cheverny
Tel. 02 54 79 29 92
Fax 02 54 79 94 59
le.beguinage@wanadoo.fr
www.multimania.com/beguinage

Ouvert toute l'année • 6 chambres dont 4 à l'annexe • 50 à 95 € pour 2 personnes, petit-déjeuner compris • Pas de table d'hôte • Parc, parking • Possibilité de vol en montgolfière, golf, randonnées

On a aimé **Survoler en montgolfière les châteaux de la Loire.**

Le très joli parc arboré et son étang ne sont pas les seuls trésors de cette belle maison basse tapissée de vigne vierge. Les chambres, qui portent chacune un nom de couleur, sont splendides : parquet ou tomettes au sol, poutres apparentes, cheminée, grands lits, élégance du décor, amples volumes (la plus petite mesure 20 m^2)... Côté loisirs, le propriétaire, pilote de montgolfière, vous propose le survol des châteaux de la Loire. Si cet endroit n'est pas le paradis, il y ressemble fort !

Accès : situé dans un parc

41 AUBERGE À LA TÊTE DE LARD

M. Benni

13 place des Tilleuls
41300 La Ferté-Imbault
Tel. 02 54 96 22 32
Fax 02 54 96 06 22
www.aubergealatetedelard.com

Fermé du 20 janvier au 11 février et du 10 au 20 septembre • 11 chambres avec salles de bains WC ou douches WC, toutes avec télévision • 43 à 72 € pour 2 personnes ; petit-déjeuner 7 € ; possibilité de demi-pension • Restaurant climatisé ; menus de 16 € (semaine) à 48 € • Terrasse, parking. Chiens non admis dans les chambres

On a aimé **Les activités proposées, typiquement solognotes.**

Un parcours de pêche privé sur les berges de la Sauldre (on prête volontiers une barque), des dizaines de kilomètres de sentiers balisés à parcourir en VTT (location à l'hôtel), des journées de chasse régulièrement organisées (chenil à disposition) : vous n'allez tout de même pas faire votre tête de lard ? D'autant que cette auberge dispose aussi de confortables chambres actuelles, d'une jolie salle à manger campagnarde, d'une terrasse ombragée et propose une cuisine entièrement faite maison !

Accès : sur la place du village

42 LE MANOIR DE LA FORÊT

M. et Mme Redon

Fort Girard
41160 La Ville-aux-Clercs
Tel. 02 54 80 62 83
Fax 02 54 80 66 03
manoirdelaforet@wanadoo.fr
www.manoirdelaforet.fr

Ouvert toute l'année • 18 chambres réparties sur 2 étages, toutes équipées de salles de bains WC ou douches WC et télévision • 51 à 75 € pour 2 personnes ; petit-déjeuner 9 € ; possibilité de demi-pension • Restaurant fermé le dimanche soir et le lundi d'octobre à Pâques ; menus de 27 à 48 € • Terrasse, parc, parking

On a aimé **L'appartement avec terrasse donnant sur le parc (c'est le plus cher !).**

Ce pavillon de chasse en briques rouges fut édifié en 1832 en pleine nature, à la lisière de la forêt de Fréteval. Les chambres, garnies de meubles de style, mais au décor parfois un brin désuet, donnent toutes sur le coquet parc de plus de 2 ha. Les portes-fenêtres de la spacieuse salle à manger ouvrent sur la terrasse et le jardin fleuri. Les deux salons, également dotés d'un mobilier ancien, sont parfaits pour les digestifs.

Accès : à 1,5 km à l'Est par route secondaire

MONDOUBLEAU - 41170

43 CHAMBRE D'HÔTE PEYRON-GAUBERT

M. et Mme Peyron-Gaubert

Carrefour de l'Ormeau
41170 Mondoubleau
Tel. 02 54 80 93 76
Fax 02 54 80 93 76
i.peyron1@tiscali.fr
www.carrefour-de-lormeau.com

Ouvert toute l'année • 5 chambres équipées de sanitaires • 42 à 47 € pour 2 personnes, petit-déjeuner compris • Table d'hôte 21 € (service uniquement le soir sur réservation) • Jardin, parking. Cartes de crédit non acceptées, chiens non admis • Salle d'exposition et de concert

On a aimé **La singularité du lieu qui abrite également un atelier d'ébéniste.**

Adresse originale que cette demeure du 17e s. en briques rouges, à la fois maison d'hôte et lieu d'exposition des œuvres du propriétaire, créateur de mobilier. Les chambres, de tailles variées, sont nanties de meubles en orme, frêne ou acacia aux formes épurées, douces et polies. Le dernier étage se transforme parfois en salle de concert. Et le jardin, aménagé sur l'arrière, est très sympathique.

Accès : dans le bourg, face au garage Ford

PONTLEVOY - 41400

44 HÔTEL DE L'ÉCOLE

M. et Mme Preteseille

12 route de Montrichard
41400 Pontlevoy
Tel. 02 54 32 50 30
Fax 02 54 32 33 58

Fermé du 16 novembre au 11 décembre et du 16 février au 16 mars ; dimanche soir et lundi sauf juillet-août et jours fériés • 11 chambres disposant de salles de bains WC ou douches WC, quelques-unes avec télévision • 50 à 69 € pour 2 personnes ; petit-déjeuner 9 € ; possibilité de demi-pension • Menus de 19 à 50 € • Terrasse, jardin, parking fermé. Chiens non admis

On a aimé **Le ravissant jardin fleuri où murmure une fontaine.**

Jolie maison ligérienne à la pimpante façade envahie de vigne vierge et aux abords généreusement plantés de géraniums. L'ampleur et la tenue méticuleuse des chambres compense un décor un peu ancien. Les tables joliment dressées, que ce soit dans les deux salles à manger rustiques ou sur la plaisante terrasse ombragée, mettent en confiance : c'est que le chef ne plaisante pas avec la cuisine, ses petits plats orientés terroir en sont la - délicieuse - preuve !

Accès : au centre de la localité, traversée par la D 764 qui relie Montrichard à Blois

SAINT-DENIS-SUR-LOIRE - 41000

45 LA VILLA MÉDICIS

M. et Mme Cabin-Saint-Marcel

1 rue Médicis, Macé
41000 Saint-Denis-sur-Loire
Tel. 02 54 74 46 38
Fax 02 54 78 20 27
www.lavillamedicis.fr

Ouvert toute l'année (sur réservation en hiver) • 6 chambres • 68 à 98 € pour 2 personnes, petit-déjeuner compris • Table d'hôte de 18 à 32 € (uniquement sur réservation) • Parc, parking. Cartes de crédit non acceptées, chiens non admis

On a aimé

L'environnement très verdoyant.

Ce bâtiment de 1852, autrefois hôtel thermal, doit son nom à Marie de Médicis qui, jadis, venait prendre les eaux aux sources du parc. Certaines des chambres, arrangées avec soin, ménagent une perspective sur ce dernier. Le petit salon, doté d'un nécessaire à thé et à café, est plaisant. Dès que le temps le permet, vous prendrez votre petit-déjeuner dehors. À proximité : canoë-kayak, golf, équitation et randonnées.

Accès : à 4 km au Nord-Est de Blois par la N 152, direction Orléans

SAINT-DYÉ-SUR-LOIRE - 41500

46 MANOIR DE BEL AIR

M. Abel

1 route d'Orléans
41500 Saint-Dyé-sur-Loire
Tel. 02 54 81 60 10
Fax 02 54 81 65 34
manoirbelair@free.fr
www.manoirbelair.com

Fermé du 15 janvier au 20 février • 43 chambres réparties dans 3 ailes de bâtiments, disposant de salles de bains WC, 3 de douches WC, toutes de télévision • 60 à 89 € (54 à 75 € basse saison) pour 2 personnes ; petit-déjeuner 7 € ; possibilité de demi-pension • Menus de 22 à 45 € • Cour intérieure, parc, parking fermé. Chiens non admis au restaurant

On a aimé

Se promener sur le vieux chemin de halage bordant l'hôtel.

Un courtier en vins et un gouverneur de la Guadeloupe comptèrent parmi les propriétaires successifs de cette jolie demeure bourgeoise du 17e s. bâtie en tuffeau de Touraine. Les chambres, pour la plupart rénovées, ainsi que le restaurant, agrémenté d'une belle cheminée en pierre et de meubles régionaux, offrent de jolies échappées sur la Loire. Plaisant parc arboré.

Accès : à 15 km de Blois, direction Orléans, par la D 951 qui longe le cours de la Loire

SAINT-GEORGES-SUR-CHER - 41400

47 LE PRIEURÉ DE LA CHAISE

Mme Duret-Therizols

8 rue du Prieuré - Lieu-dit la Chaise
41400 Saint-Georges-sur-Cher
Tel. 02 54 32 59 77
Fax 02 54 32 69 49
prieuredelachaise@yahoo.fr
http://www.prieuredelachaise.com

Ouvert toute l'année • 4 chambres non-fumeurs • 60 à 115 € pour 2 personnes, petit-déjeuner compris • Pas de table d'hôte • Jardin, parc, parking. Carte de crédit non acceptées, chiens non admis • Piscine de plein air

On a aimé **Déguster les vins de la propriété.**

Une étape de caractère que cet ancien prieuré édifié au sein d'un domaine viticole. Attenant à une magnifique chapelle du 13e s. (on y célèbre encore une messe annuelle), le manoir du 16e s. et ses chambres d'une grande élégance : tuffeau, tomettes, poutres, cheminée, meubles et tapisseries anciens. Les dépendances du 17e s. hébergent un authentique musée du vigneron, à découvrir après une flânerie dans le beau parc arboré.

Accès : à 2 km au Sud de St-Georges-sur-Cher par la D 27A

SELLES-SAINT-DENIS - 41300

48 LES ATELLERIES

Mme Quintin

41300 Selles-Saint-Denis
Tel. 02 54 96 13 84
Fax 02 54 96 13 78
caroline.quintin@wanadoo.fr
www.lesatelleries.com

Fermé pour les vacances de février • 4 chambres équipées de salles de bains et WC privés • 50 € pour 2 personnes, petit-déjeuner compris • Pas de table d'hôte • Salon, parc. Cartes de crédit non acceptées, chiens non admis

On a aimé **Les paysages typiquement solognots qui entourent cette ferme.**

Nichée au cœur d'un domaine de 65 ha de bois, friches et étangs, cette vieille ferme solognote a de quoi séduire les amateurs de chasse aux petits gibiers : des forfaits « chasse accompagnée sur le territoire » sont proposés et des chenils pour les chiens sont à disposition. Côté hébergement, vous serez accueilli dans des chambres sobres et bien tenues ; deux d'entre elles ont été aménagées dans une ancienne boulangerie qui a conservé son four à pain. Location de vélos sur place.

Accès : à 16 km au Nord-est de Romorantin-Lanthenay sur la D123 entre Selles-Saint-Denis et Marcilly

49 LE MOULIN DE LA RENNE

M. Suraud

11 Route de Vierzon
41140 Thésée
Tel. 02 54 71 41 56
Fax 02 54 71 75 09
contact@moulindelarenne.com
www.moulindelarenne.com

Fermé de mi-janvier à mi-mars, dimanche soir, lundi et mardi midi (haute saison) • 15 chambres, réparties sur 2 étages, presque toutes équipées de salles de bains WC ou douches WC • 26 à 51 € ; petit-déjeuner 8 € ; possibilité de demi-pension • Menus de 16 (en semaine) à 39 € • Terrasse, jardin, parking • Jeux pour enfants

On a aimé

Longer la paisible petite rivière jusqu'aux premiers étangs solognots.

Il était une fois un vieux moulin entouré d'un jardin ombragé traversé par la Renne... Voici le décor planté, passons aux détails ! Les chambres, simplement aménagées, sont presque toutes rénovées, à l'instar de la salle à manger désormais égayée de couleurs vives. Le spacieux salon de repos agrémenté d'une cheminée et d'un aquarium, les jeux pour les enfants et la terrasse dressée au bord du bief complètent les installations de cette sympathique adresse familiale.

Accès : entre Montrichard et Noyers-sur-Cher, par la D 176, au bord de la Renne

50 BELVÉDÈRE

M. Massicard

192 rue Jules Ferry
45200 Amilly
Tel. 02 38 85 41 09
Fax 02 38 98 75 63
h.belvedere@wanadoo.fr
http://perso.wanadoo.fr/hbelvedere

Fermé du 1er au 2 janvier • 24 chambres dotées de salles de bains WC ou de douches WC et télévision, 12 sont non-fumeurs • 49 € pour 2 personnes (39 € le samedi et dimanche du 15 nov. au 08 mai) • pas de restaurant • parking fermé, garages, jardin, chiens non acceptés dans la salle du petit-déjeuner

On a aimé

Le calme qui règne au sein de cet hôtel familial.

Un jardin fleuri et arboré devance cette maison nichée dans un quartier résidentiel de la périphérie montargoise. À ce cadre bucolique s'ajoute le charme des chambres, certes sans ampleur, mais arrangées avec goût et personnalisées : papiers peints colorés, tissus choisis, mobilier chiné, bibelots, plantes, etc. Lors de votre réservation, vous pourrez même indiquer si vous souhaitez dormir dans une chambre dédiée aux non-fumeurs.

Accès : à 4 km au sud de Montargis, par la D 943 direction Auxerre puis centre ville, en face de l'école

BRIARE - 45250

51 DOMAINE DE LA THIAU

Mme Bénédicte François

Route de Gien
45250 Briare
Tel. 02 38 38 20 92
Fax 02 38 38 06 20
lathiau@club-internet.fr
http://perso.club-internet.fr/lathiau

Ouvert toute l'année • 4 chambres non-fumeurs à l'étage • 46 à 59 € pour 2 personnes, petit-déjeuner compris ; possibilité de demi-pension • Pas de table d'hôte • Jardin, parc. Cartes de crédit non acceptées • Tennis, location de vélos

On a aimé **Emprunter la petite allée privée du domaine pour rejoindre les bords de Loire.**

Cette élégante maison de maître du 18e s. se dresse au coeur d'un parc de 3 ha agrémenté d'arbres centenaires (dont un majestueux cèdre multiséculaire). Les chambres possèdent un petit air « rétro » non dénué de charme : meubles anciens (chinés ou familiaux) et murs couverts de tapisseries fleuries et toiles de Jouy. Tennis, ping-pong et location de vélos sur place.

Accès : à 300 m de la Loire

CHAILLY-EN-GÂTINAIS - 45260

52 LA FERME DU GRAND CHESNOY

M. et Mme Chevalier

45260 Chailly-en-Gâtinais
Tel. 02 38 96 27 67
Fax 02 38 96 27 67
bclechesnoy@yahoo.fr

Fermé du 1er décembre au 31 mars • 4 chambres non-fumeurs, équipées de salles de bains • 60 € pour 2 personnes, petit-déjeuner compris • Pas de table d'hôte • Salon, jardin, parking. Cartes de crédit non acceptées, chiens non admis dans les chambres • Tennis, billard

On a aimé **La décoration, restée fidèle à l'esprit campagnard.**

Une immense propriété de 80 ha comprenant bois, champs et étangs entoure cette vénérable ferme postée au bord du canal d'Orléans. Ses chambres, aménagées dans une tour datant de 1896, ont heureusement préservé leur cachet ancien : parquet, meubles de famille ou d'antiquaire, tapisseries... Les salles de bains, très spacieuses, offrent de bons équipements. Pour la détente : jardin agrémenté d'un charmant pigeonnier, tennis et nombreux sentiers rejoignant la forêt domaniale.

Accès : à 8,5 km au Nord de Lorris par la D 44, route de Bellegarde et route secondaire à droite

CHÉCY - 45430

53 LES COURTILS

Mme Meunier

Rue de l'Avé
45430 Chécy
Tel. 02 38 91 32 02
Fax 02 38 91 48 20
les-courtils@wanadoo.fr
www.france-bonjour.com/les-courtils/

Ouvert toute l'année • 4 chambres équipées de salles de bains • 50 € pour 2 personnes, petit-déjeuner compris • Pas de table d'hôte • Jardin. Cartes de crédit non acceptées, chiens non admis

On a aimé

La décoration pensée dans ses moindres détails.

Voici une maison d'hôte où, à peine arrivé, on se sent déjà comme chez soi ! La vue sur la Loire y est magnifique et la décoration intérieure particulièrement réussie : étoffes fleuries, dégradés de beige et blanc cassé, meubles anciens ou modernes, tomettes... Les chambres portent chacune le nom d'une plante : Coloquinte, Volubilis (joli coup d'œil sur le canal), Chèvrefeuille et Capucine (la plus colorée). Les salles de bains sont décorées de frises au pochoir. Le jardin est lui aussi délicieux.

Accès : 10 km à l'Est d'Orléans par la N 460

LA FERTÉ-SAINT-AUBIN - 45240

54 LA VIEILLE FORÊT

Mme Ravenel

Route de Jouy-le-Potier
45240 La Ferté-Saint-Aubin
Tel. 02 38 76 57 20
Fax 02 38 64 82 80
www.vieilleforetra@aol.com

Fermé pendant les vacances scolaires de février • 2 chambres • 46 € pour 2 personnes, petit-déjeuner compris • Pas de table d'hôte • Salon, jardin, parking. Cartes de crédit non acceptées, chiens non admis

On a aimé

Les paysages typiquement solognots qui entourent cette propriété de 9 ha.

Située au bout d'un chemin forestier que traversent parfois les chevreuils, cette ferme solognote en briques séduit aussi bien les familles que les randonneurs, les amateurs de pêche (étang) et de tranquillité. Les chambres, aménagées dans les anciennes écuries, ont opté pour le style contemporain, sauf une, dotée d'un beau sol en terre cuite et d'une cheminée.

Accès : à 5,5 km au Nord-Ouest de la Ferté-Saint-Aubin par la D 18 et chemin à droite

MARIGNY-LES-USAGES - 45760

55 LES USSES

M. Marin

145 rue du Courtasaule
45760 Marigny-les-Usages
Tel. 02 38 75 14 77
Fax 02 38 75 90 65
kris.marin@wanadoo.fr
www.france-bonjour.com/marigny

Fermé du 20 au 29 décembre • 3 chambres équipées de salles de bains WC, de télévision et téléphone • 55 € pour 2 personnes, petit-déjeuner compris • Pas de table d'hôte • Jardin, parking. Cartes de crédit non acceptées, chiens non admis • Aire de jeux pour les petits, terrain de badminton et VTT

On a aimé **La proximité immédiate de la forêt d'Orléans.**

Après deux ans de travaux titanesques, cette maison paysanne datant de 1850 renaît à la vie. La façade en pierres du pays est avenante, et l'intérieur tout aussi séduisant. Les chambres, dotées de meubles de style, sont assorties de belles salles de bains. Les petits-déjeuners son servis dans l'ancienne écurie qui a conservé sa mangeoire. Le vaste jardin arboré, pour finir, invite à prolonger l'étape.

Accès : 12 km au Nord-Est d'Orléans, direction Pithiviers par la N 152

NEVOY - 45500

56 LE DOMAINE DE SAINTE-BARBE

Mme Le Lay

45500 Nevoy
Tel. 02 38 67 59 53
Fax 02 38 67 28 96
annielelay@aol.com
www.france-bonjour.com/sainte-barbe/

Fermé du 20 décembre au 6 janvier • 4 chambres dont 3 équipées de sanitaires complets et 1 gîte à 25 mètres de la maison • 60 € pour 2 personnes, petit-déjeuner compris • Pas de table d'hôte • Jardin, parking. Cartes de crédit non acceptées, chiens non admis • Piscine de plein air, jacuzzi et tennis

On a aimé **L'ambiance « guesthouse » entretenue par la sympathique maîtresse de maison.**

Cette agréable demeure possède le charme des vieilles maisons de famille. L'intérieur, de style anglais, est très coquet : tissus fleuris, tomettes, bibelots, meubles anciens... Les chambres, parfois dotées d'un lit à baldaquin, ouvrent sur le jardin. En saison, vous prendrez votre petit-déjeuner sur la terrasse, face aux champs et aux bois. Côté détente : piscine, jacuzzi et tennis. Également, une petite maison solognote indépendante pour prolonger le séjour en version gîte.

Accès : 4 km au Nord-Ouest de Gien, direction Lorris, prendre la 2ème route à gauche après le passage à niveau suivre le fléchage

POILLY-SUR-LOIRE - 45500

57 VILLA HÔTEL

M. et Mme Petit

Z. A. Le Clair Ruisseau
45500 Poilly-sur-Loire
Tel. 02 38 38 27 03
Fax 02 38 27 03 43

Hôtel ouvert toute l'année • 24 chambres dotées de douches WC et télévision, 2 chambres sont accessibles aux handicapés physiques, 10 chambres sont non-fumeurs • 32 € pour 2 personnes, petit déjeuner 5 €, possibilité de demi-pension • Restaurant fermé le vendredi, samedi et dimanche, la veille de jours fériés et les jours fériés, menus de 11 à 14 € dîner seulement, • Parking

On a aimé **Visiter les séduisants musées de Gien, l'un dédié à la faïence, l'autre à la chasse.**

Pensez à réserver votre chambre à l'avance car cet hôtel affiche souvent complet. Les raisons du succès ? Un environnement résidentiel calme, un accueil convivial, des aménagements modernes et confortables ainsi qu'une tenue rigoureuse. Les chambres, coquettes, n'offrent cependant pas beaucoup d'ampleur. En cuisine, Madame mitonne chaque soir un plat du jour différent et propose entrées et desserts sous forme de buffets. Des assiettes de la faïencerie de Gien égayent les murs du restaurant.

Accès : à 2 km au Sud-Ouest de Gien par la D 940 direction Bourges

TOURNOISIS - 45310

58 LE RELAIS SAINT-JACQUES

SCI Trépigneuse

35 rue de la Mairie
45310 Tournoisis
Tel. 02 38 80 87 03
Fax 02 38 80 82 04

Fermé vacances de février, dimanche soir et lundi • 5 chambres disposant toutes de salles de bains avec WC et de télévision • 41 € pour 2 personnes ; petit-déjeuner 6 € ; possibilité de demi-pension • Menus de 16 (en semaine) à 25 € • Parking fermé

On a aimé **Un intérieur modeste mais authentique.**

Ce vieux relais de poste accueille pèlerins de Saint-Jacques et voyageurs « ordinaires » depuis le 16e s. Un bel assemblage de poutres en chêne coiffe certaines chambres et leur apporte ce supplément d'âme qui caractérise les maisons anciennes. Murs de briques ou de pierres apparentes, sol de tomettes ou de dalles patinées, cheminée et four à pain : salon et salle à manger ont la chaleur des auberges de campagne. La « resserre » des diligences est aujourd'hui aménagée en salle de banquet.

Accès : dans la traversée du village, situé entre Orléans et Châteaudun

CHAMPAGNE-ARDENNE

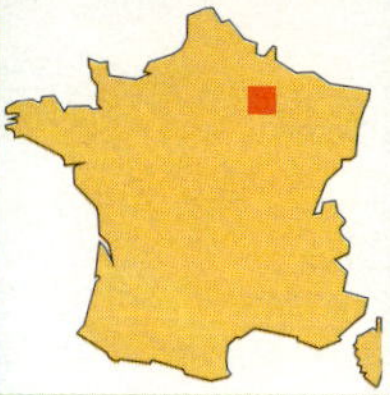

Évoquez la Champagne, vous vous voyez déjà sablant le champagne, ce subtil breuvage baptisé « vin du diable », avant qu'un moine ne perce le secret de ses bulles, au pied de la sublime cathédrale de Reims. Puis vous poursuivrez vers Troyes, où vous vous laisserez séduire par les ruelles bordées de maisons à colombages d'où s'échappe le fumet de friandes andouillettes. Mais vous préférerez peut-être une retraite dans les profondeurs boisées des Ardennes, où se lovent les méandres de la Meuse, pour y déguster un ragoût de marcassin après avoir été sur les pas de Rimbaud à Charleville-Mézières. Région discrète marquée par l'histoire, les rois de France étaient sacrés à Reims et les ombres deux grands hommes y planent toujours : celle de Bonaparte à Brienne et celle de Charles de Gaulle à Colombey-les-Deux-Églises. Vastes maisons de craie et châteaux s'ouvriront devant vos pas pour vous offrir l'hospitalité.

- Ardennes (08)
- Aube (10)
- Marne (51)
- Haute-Marne (52)

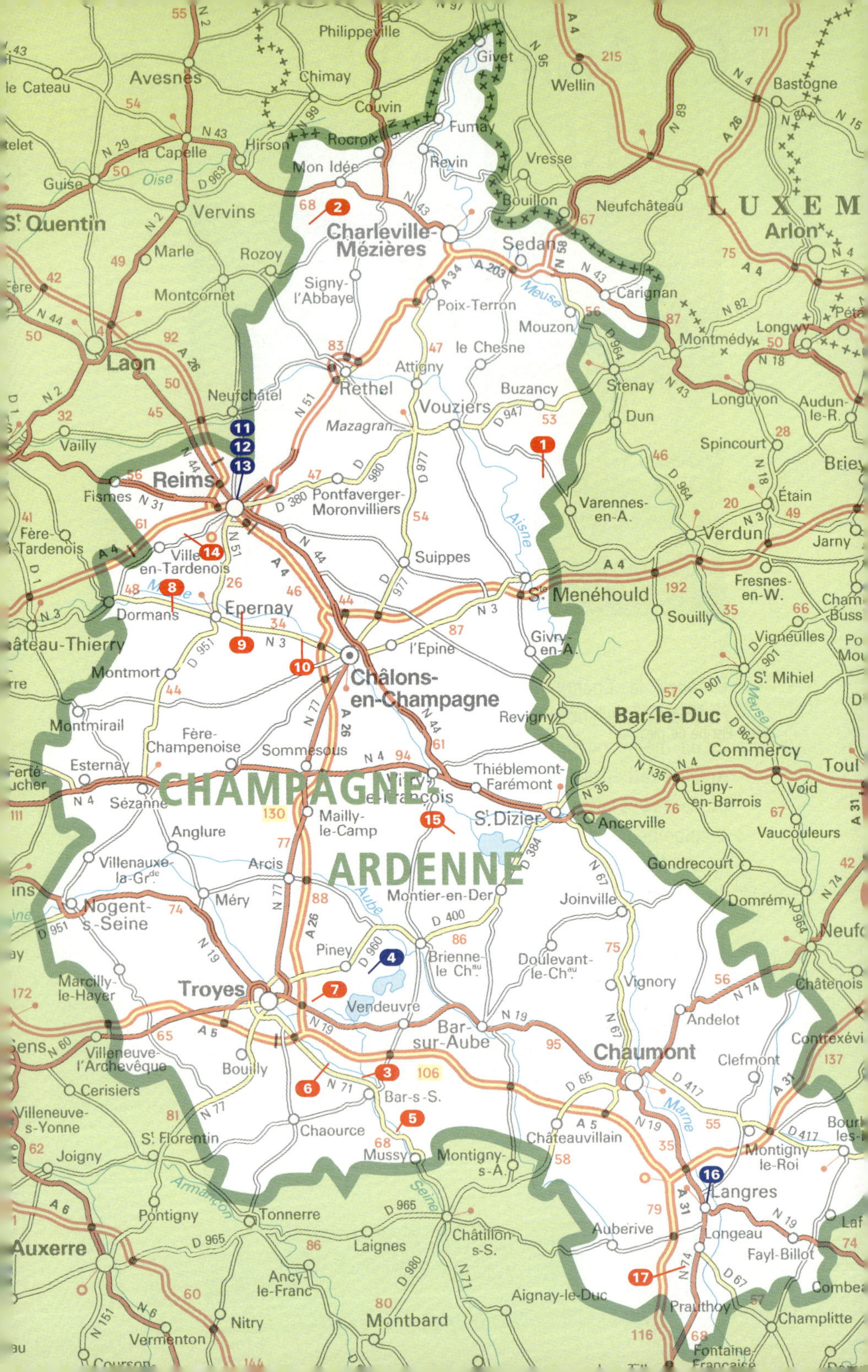

CHAMPAGNE-
ARDENNE
LUXEM
Philippeville
Avesnes
Chimay
Givet
Wellin
Bastogne
le Cateau
Couvin
Fumay
Rocroi
Revin
Vresse
la Capelle
Hirson
Mon Idée
Guise
Bouillon
Neufchâteau
Arlon
St Quentin
Vervins
Charleville-
Mézières
Sedan
Marle
Rozoy
Signy-
l'Abbaye
Poix-Terron
Carignan
Montcornet
Mouzon
Longwy
Montmédy
le Chesne
Attigny
Laon
Rethel
Buzancy
Stenay
Neufchâtel
Vouziers
Longuyon
Audun-
le-R.
Dun
Vaily
Mazagran
Spincourt
Reims
Pontfaverger-
Moronvilliers
Briey
Fismes
Varennes-
en-A.
Étain
Fère-
en-Tardenois
Ville-
en-Tardenois
Verdun
Jarny
Suippes
Fresnes-
en-W.
Dormans
Epernay
Ste Menehould
Souilly
Château-Thierry
l'Epine
Givry-
en-A.
Vigneulles
Montmort
St Mihiel
Châlons-
en-Champagne
Montmirail
Revigny
Bar-le-Duc
Fère-
Champenoise
Commercy
Sommesous
Toul
Esternay
Thiéblemont-
Farémont
Vitry-
le-François
Ligny-
en-Barrois
Void
Sézanne
Mailly-
le-Camp
St Dizier
Ancerville
Vaucouleurs
Anglure
Villenauxe-
la-Gde
Arcis
Gondrecourt
Montier-en-Der
Joinville
Domrémy
Nogent-
s-Seine
Méry
Neufc
Piney
Brienne-
le Chau
Doulevant-
le-Chau
Marcilly-
le-Hayer
Châtenois
Troyes
Vignory
Vendeuvre
Andelot
Contrexévi
Bar-
sur-Aube
Chaumont
Villeneuve-
l'Archevêque
Bouilly
Clefmont
Sens
Cerisiers
Bar-s-S.
Villeneuve-
s-Yonne
Chaource
Châteauvillain
St Florentin
Mussy
Montigny-
le-Roi
Joigny
Montigny-
s-A.
Langres
Pontigny
Tonnerre
Auberive
Longeau
Auxerre
Châtillon-
s-S.
Laignes
Fayl-Billot
Ancy-
le-Franc
Aignay-le-Duc
Prauthoy
Nitry
Montbard
Vermenton
Champlitte
Fontaine-
Française
Oise
Meuse
Aisne
Marne
Aube
Seine
Armançon
A 4
A 5
A 6
A 26
A 31
A 34
A 203
N 2
N 3
N 4
N 19
N 31
N 43
N 44
N 51
N 67
N 71
N 74
N 77
D 380
D 400
D 417
D 951
D 960
D 964
D 965
D 977
1
2
3
4
5
6
7
8
9
10
11
12
13
14
15
16
17

CHÂTEL-CHÉHÉRY - 08250

1 CHÂTEAU DE CHÂTEL

M. et Mme Huet

08250 Châtel-Chéhéry
Tel. 03 24 30 78 54
Fax 03 24 30 25 51
jacques.huet@wanadoo.fr

Fermé le dimanche soir • 3 chambres • 75 € (65 € basse saison) pour 2 personnes, petit-déjeuner compris ; possibilité de demi-pension • Table d'hôte de 20 à 25 € • Parc, parking. Cartes de crédit non acceptées, chiens non admis • Piscine de plein air

On a aimé **La coupe de champagne offerte avec le forfait « Séjour gastronomique ».**

Ce château du 18e s. et son parc à flanc de coteau dominant la vallée de l'Aire ne manquent pas de charme. Malgré une importante rénovation, les appartements conservent de nombreux vestiges de leur splendeur passée : superbe escalier, cheminées monumentales, meubles de style... Les chambres, spacieuses, sont équipées de belles salles de bains. Les loisirs sont également au rendez-vous : piscine, tennis sur demande et randonnées pédestres ou cyclistes.

Accès : à 9 km au Nord-Ouest de Varennes-en-Argonne par la D 38A et la D 42

RUMIGNY - 08290

2 LA COUR DES PRÉS

Mme Avril

08290 Rumigny
Tel. 03 24 35 52 66
Fax 03 24 35 52 66

Fermé de novembre à mars • 2 chambres • 65 à 70 € pour 2 personnes, petit-déjeuner compris • Pas de table d'hôte • Parc, parking. Cartes de crédit non acceptées, chiens non admis • Visite du château (sauf le mardi), dîners-concerts en été

On a aimé **L'accueil extrêmement chaleureux de la propriétaire.**

Étape pleine d'authenticité dans cette maison forte entourée de douves, construite en 1546 par le prévôt de Rumigny. Si vous le lui demandez, la propriétaire actuelle, en digne descendante, vous en racontera toute l'histoire. Les chambres ont gardé leurs boiseries et mobilier d'époque, de même que la magnifique salle à manger aménagée dans l'ancienne salle des gardes. Le parc, planté de hêtres centenaires, invite à la promenade.

Accès : sur la D 877, à l'entrée Est du village, à l'angle de la D 27

BOURGUIGNONS - 10110

3 CAPITAINERIE DE SAINT-VALLIER

M. et Mme Gradelet

Rue du Pont
10110 Bourguignons
Tel. 03 25 29 84 43

Ouvert tous les jours • 4 chambres • 38 à 56 € pour 2 picto « piécettes » personnes, petit-déjeuner compris • Pas de table d'hôte • Jardin, terrasse, parking. Cartes de crédit non acceptées, chiens non admis

On a aimé **Les petits-déjeuners placés sous le signe de l'érudition.**

Cette ancienne maison éclusière ne laisse personne indifférent. Sa propriétaire, passionnée d'art et de culture, adore y recevoir artistes et érudits, et organise régulièrement des expositions et des concerts. Les chambres, personnalisées, ouvrent sur la Seine. La salle des petits-déjeuners est décorée de vieilles porcelaines. Celle du four à pain abrite l'atelier de peinture sur œufs, spécialité du patron. Quant au grand jardin ombragé et fleuri, il fait oublier la proximité de la route.

Accès : à 3 km au Nord de Bar-sur-Seine par la N 71

BRÉVONNES - 10220

4 AU VIEUX LOGIS

M. et Mme Baudesson

1 rue de Piney
10220 Brévonnes
Tel. 03 25 46 30 17
Fax 03 25 46 37 20
logisbrevonnes@wanadoo.fr
www.auvieuxlogis.com

Fermé du 21 février au 16 mars, dimanche soir et lundi • 5 chambres dotées de douches WC et télévision • 40 à 45 € pour 2 personnes ; petit-déjeuner 6,50 € ; possibilité de demi-pension • Menus de 15 (en semaine) à 37 € • Terrasse, jardin, parking fermé • A la lisière du parc régional de la Forêt d'Orient

On a aimé **Les 140 km de circuits balisés sillonnant la forêt d'Orient.**

Pêche, sports nautiques, randonnées, plages... Les lacs d'Orient et du Temple, dont les noms évoquent les ordres religieux médiévaux qui furent propriétaires des lieux, proposent une multitude d'activités. Tout à côté se trouve ce « vieux logis » à la façade récemment toilettée, dont l'intérieur « rétro » possède le charme désuet des maisons de nos grands-mères. Meubles rustiques, bibelots et papier peint à fleurs : ni luxe, ni grand caractère, mais une sympathique atmosphère familiale.

Accès : au Nord-Est de Troyes, à 25 km par la D 960, puis à Piney, prendre la D 11

COURTERON - 10250

5 FERME DE LA GLOIRE DIEU

M. Ruelle

10250 Courteron
Tel. 03 25 38 20 67
Fax 03 25 38 21 78

Fermé en janvier • 3 chambres • 36 € pour 2 personnes, petit-déjeuner compris • Parc, terrasse, parking. Cartes de crédit non acceptées

On a aimé **Les goûteux produits de la ferme, à déguster sur place ou à emporter.**

L'enseigne vend pieusement la mèche : d'intéressants vestiges architecturaux d'un monastère du 13e s. subsistent en ce vaste corps de ferme fortifié du 16e s., niché au creux d'un vallon. Les chambres, coquettes et bien tenues, ont conservé leurs beaux murs de pierres apparentes. La table d'hôte, garnie des pâtés, charcuteries et volailles produits sur place, réjouira les papilles les plus difficiles. L'accueil est chaleureux et les prix, tout petits.

Accès : à 10 km à l'Est des Riceys par la D 70 puis la N 71

FOUCHÈRES - 10260

6 LE PRIEURÉ

M. et Mme Berthelin

1 place de l'Église
10260 Fouchères
Tel. 03 25 40 98 09
Fax 03 25 40 98 09

Ouvert toute l'année • 5 chambres dans une des tours du prieuré, toutes équipées de salles de bains • 38 à 48 € pour 2 personnes, petit-déjeuner compris • Pas de table d'hôte • Jardin, parking. Cartes de crédit non acceptées

On a aimé **Les petits-déjeuners à la québécoise.**

Cet ancien prieuré aujourd'hui en charge d'une exploitation agricole a fière allure avec ses tours du 11e s. et ses ailes de style Renaissance. Sa restauration, patiemment menée, est une réussite. Les chambres, amples et calmes, sont meublées dans le style régional des 18e et 19e s. ; deux possèdent une cheminée champenoise. Les familles nombreuses sont bienvenues (une chambre peut recevoir jusqu'à quatre enfants). L'accueil des patrons, d'origine québécoise, est très chaleureux.

Accès : à 10 km au Nord-Ouest de Bar-sur-Seine par la N 71

LAUBRESSEL - 10270

7 LES COLOMBAGES CHAMPENOIS

Mme Jeanne

33 rue du Haut
10270 Laubressel
Tel. 03 25 80 27 37
Fax 03 25 80 80 67

Ouvert toute l'année • 6 chambres disposant de salles d'eau et WC privés • 40 € pour 2 personnes, petit-déjeuner compris • Pas de table d'hôte • Jardin, parking. Cartes de crédit non acceptées, chiens non admis • Piscine de plein air

On a aimé **S'attabler en terrasse, avec les prés pour seul horizon.**

Ces deux ravissantes maisons champenoises à colombages ont été construites il y a 10 ans seulement à l'aide de matériaux de récupération glanés dans des fermes en ruine voisines. Le résultat est surprenant... Le propriétaire s'est même ingénié à reconstituer un pigeonnier ! Les chambres, où cohabitent poutres anciennes et meubles modernes, ont beaucoup de cachet. Les clients peuvent cuisiner les produits de la ferme !

Accès : à 7 km au Nord-Ouest de Lusigny-sur-Barse par la N 19 et la D 186

BOURSAULT - 51480

8 LA BOURSAULTIÈRE

Mme De Coninck

44 rue de la Duchesse-d'Uzès
51480 Boursault
Tel. 03 26 58 47 76
Fax 03 26 58 47 76

Ouvert toute l'année • 4 chambres • 58 € pour 2 personnes, petit-déjeuner compris • Pas de table d'hôte • Jardin, parking. Cartes de crédit non acceptées

On a aimé **Les copieux petits-déjeuners, servis avec le sourire.**

Au cœur du vignoble champenois, jolie maison en pierres de pays disposant de ravissantes chambres tendues de tissus imprimés à motifs médiévaux ou Renaissance. Les salles de bains, haut de gamme, sont égayées de beaux carreaux en faïence venant d'Italie. Dès les premiers beaux jours, vous apprécierez la fraîcheur de la cour pavée où s'épanouissent de superbes plantes grasses. Accueil exemplaire.

Accès : à 9 km à l'Ouest d'Épernay par la N 3 et la D 222

MAREUIL-SUR-AY - 51160

9 LA FAMILLE GUY CHARBAUT

M. et Mme Charbaut

12 rue du Pont
51160 Mareuil-sur-Ay
Tel. 03 26 52 60 59
Fax 03 26 51 91 49
champagne.guy.charbaut@wanadoo.fr
www.champagne-guy-charbaut.com

Ouvert toute l'année sauf Noël et Jour de l'An • 6 chambres équipées de salles de bains WC • 65 € pour 2 personnes, petit-déjeuner compris • Table d'hôte 40 € (uniquement le soir) • Parking. Chiens non admis au restaurant • Visites des vignobles et des caves de la maison familiale

On a aimé

La visite du vignoble, des caves et des pressoirs du domaine familial.

Vignerons de père en fils depuis 1930, les Charbaut se mettent en quatre pour vous accueillir dignement dans leur jolie maison centenaire, vous faire découvrir ses pressoirs et caveaux creusés dans la craie et déguster leurs meilleures cuvées de champagne blanc et rosé. Les chambres, spacieuses et garnies de meubles anciens, disposent d'un salon. Le soir, les repas sont servis dans un magnifique cellier où, bien sûr, le champagne coule à flots !

Accès : au cœur du domaine viticole

MATOUGUES - 51510

10 LA GROSSE HAIE

M. et Mme Songy

Chemin de Saint-Pierre
51510 Matougues
Tel. 03 26 70 97 12
Fax 03 26 70 12 42
songy.chambre@wanadoo.fr

Fermé les 24 et 25 décembre • 3 chambres à l'étage non-fumeurs • 45 € pour 2 personnes, petit-déjeuner compris • Table d'hôte de 18 à 27 € (fermé le dimanche) • Jardin, parc, parking. Cartes de crédit non acceptées, chiens non admis • Visite de la ferme

On a aimé

Flâner dans le verger aux parfums d'enfance retrouvée.

Tout près d'une ferme où paissent de splendides charolaises, voici bien une maison qui sait mettre la campagne à la portée de ses hôtes. Au verger, les enfants peuvent jouer ; le jardin dévoile le nom de ses arbres et au potager, fraises, artichauts et compagnie se laissent cueillir sans résistance... Pas étonnant que la table d'hôte ait un bon goût de terroir ! Les chambres, simples, sont colorées en bleu, blanc et rose et au moment de s'endormir, la route voisine a retrouvé son calme. Sympa !

Accès : 12 km à l'Ouest de Châlons-en-Champagne par la D 3, direction Épernay

REIMS - 51100

11 CRYSTAL

Mme Jantet

86 place Drouet-d'Erlon
51100 Reims
Tel. 03 26 88 44 44
Fax 03 26 47 49 28
hotelcrystal@wanadoo.fr
www.hotel-crystal.fr

Fermé du 24 décembre au 5 janvier • 31 chambres dont 8 avec salles de bains WC et 23 avec douches WC, toutes avec télévision • 48 à 67 € pour 2 personnes ; petit-déjeuner 8 € • Pas de restaurant • Jardin

On a aimé

La jolie cage d'ascenseur d'origine.

Un étonnant îlot de verdure et de calme en plein centre-ville : voilà ce que propose cette maison des années 1920 préservée de l'agitation de la place Drouet-d'Erlon par un rideau d'immeubles. Les chambres ont été récemment garnies de meubles de qualité et d'excellentes literies ; leurs salles de bains sont pratiques et nettes. L'été, on sert les petits-déjeuners dans une charmante courette-jardin fleurie et arborée.

Accès : au centre-ville, non loin de la gare

REIMS - 51100

12 GRAND HÔTEL CONTINENTAL

M. Delvaux

93 place Drouet-d'Erlon
51100 Reims
Tel. 03 26 40 39 35
Fax 03 26 47 51 12
grand-hotel-continental@wanadoo.fr
www.grandhotelcontinental.com

Fermé du 23 décembre au 9 janvier • 50 chambres avec salles de bains WC ou douches WC et télévision • 56 à 155 € pour 2 personnes ; petit-déjeuner à 11 € • Pas de restaurant • Parking public à proximité • Visite des caves et du vignoble

On a aimé

Les salons Belle Époque « pur jus ».

La jolie façade fin 19e s. du Grand Hôtel Continental borde une place piétonne, principal centre animé de la ville. Les chambres, de divers styles, sont rénovées ; celles du dernier étage, mansardées, optent pour un décor plus actuel. Pour avoir davantage de calme, évitez le côté donnant sur le boulevard du Général-Leclerc. Confortable salon bourgeois avec plafond mouluré, beau lustre d'époque et rampe d'escalier en fer forgé.

Accès : au centre-ville

13 UNIVERS

M. Bombaron

41 boulevard Foch
51100 Reims
Tel. 03 26 88 68 08
Fax 03 26 40 95 61
contact@hotel-univers-reims.com
www.hotel-univers-reims.com

Ouvert toute l'année • 42 chambres dont 36 avec salles de bains WC, 6 avec douches WC, toutes avec télévision • 75 à 82 € (68 à 74 € basse saison) pour 2 personnes ; petit-déjeuner 10 € ; possibilité de demi-pension • Menus de 16 (en semaine) à 30 € • Parking public à proximité

On a aimé **La dégustation de champagnes au bar de l'hôtel.**

Quelques éléments de la façade de cet immeuble d'angle édifié en 1932 face au square Colbert reflètent l'inspiration Art déco du moment. Bonne isolation phonique, lits king-size, système wi-fi, meubles en loupe d'orme et salles de bains de belle facture : les chambres, régulièrement rafraîchies, sont confortables. Le salon-bar « cosy » et le restaurant revêtu d'élégantes boiseries sombres ont également du cachet.

Accès : proche de la gare, face au jardin Colbert

14 CHAMBRE D'HÔTE DELONG

M. et Mme Delong

24 rue des Tilleuls
51390 Saint-Euphraise-et-Clairizet
Tel. 03 26 49 20 86
Fax 03 26 49 24 90
jdscom@wanadoo.fr

Ouvert toute l'année • 4 chambres dans une ancienne étable rénovée, toutes sont équipées de salles de bains WC • 56 € pour 2 personnes, petit-déjeuner compris • Pas de table d'hôte • Salon, parking. Chiens non admis • Visite de la cave, du pressoir. Randonnées pédestres et VTT

On a aimé **Sabler le champagne après la visite des caves de la propriété.**

Ancienne étable joliment ramenée à la vie au cœur d'une exploitation viticole familiale. Les chambres - murs en pierre, poutres et charpente apparentes - possèdent une literie et des meubles de qualité ; leurs salles de bains sont très agréables. Également avenante, la salle des petits-déjeuners avec son décor de briques et son immense table campagnarde. Le propriétaire, digne descendant d'une famille de vignerons, vous fera découvrir sa cave et son pressoir.

Accès : au cœur du village

SAINT-RÉMY-EN-BOUZEMONT - 51290

15 AU BROCHET DU LAC

M. Gringuillard

15-17 Grande-Rue
51290 Saint-Rémy-en-Bouzemont
Tel. 03 26 72 51 06
Fax 03 26 73 06 95
info@au-brochet-du-lac.com
www.au-brochet-du-lac.com

Fermé à Noël et Nouvel An • 5 chambres • 42 € pour 2 personnes, petit-déjeuner compris ; possibilité de demi-pension • Table d'hôte 17 € • Grande salle avec cheminée, terrasse, parking. Chiens non admis au restaurant • Location de VTT et de canoës

On a aimé

Observer le passage des oiseaux migrateurs au-dessus du lac de Der tout proche

Cette ravissante demeure à pans de bois est le lieu rêvé pour découvrir le lac du Der-Chantecoq et ses multiples activités (bateau, ski nautique, pêche, baignade...). La maison est elle-même fort bien équipée, puisqu'elle loue VTT et canoës. Les chambres, d'une tenue soignée, sont dotées d'un plaisant mobilier campagnard. La salle commune, avec son décor tout bois, ses tomettes et sa cheminée, est chaleureuse.

Accès : 6 km à l'Ouest d'Arrigny par la D 57 et la D 58, au cœur du village et à deux pas du lac

LANGRES - 52200

16 LE CHEVAL BLANC

M. et Mme Chevalier

4 rue de l'Estres
52200 Langres
Tel. 03 25 87 07 00
Fax 03 25 87 23 13
info@hotel-langres.com
www.hotel-langres.com

Fermé du 15 au 30 novembre • 22 chambres dont 11 en annexe et 1 accessible aux handicapés physiques. Toutes disposent de salles de bains WC ou douches WC et de télévision • 62 à 80 € pour 2 personnes ; petit-déjeuner 9 € ; possibilité de demi-pension • Restaurant fermé le mercredi midi ; menus de 24 à 69 € • Garage

On a aimé

Un passé chargé d'histoire : Bossuet reçut ici le sous-diaconat.

Abbaye, église paroissiale puis auberge à partir de la Révolution : les murs épais du Cheval Blanc peuvent être du 12e, du 14e ou du 16e s., ils assurent tous une excellente climatisation... naturelle ! Les chambres du « pavillon Diderot », une maison en pierre située face à l'hôtel, ont été récemment refaites ; celles qui conservent voûtes et ogives montrent davantage de caractère. Tableaux et luminaires contemporains décorent le restaurant.

Accès : au centre-ville

17 **L'ORANGERIE**

M. et Mme Trinquesse

Place Adrien-Guillaume
52190 Prangey
Tel. 03 25 87 54 85

Ouvert toute l'année • 3 chambres • 55 à 60 € pour 2 personnes, petit-déjeuner compris • Pas de table d'hôte • Cartes de crédit non acceptées, chiens non admis

On a aimé **La décoration très féminine.**

Une atmosphère douce et romantique règne en cette maison tapissée de lierre, jouxtant le château et l'église d'un sympathique petit village isolé dans la campagne champenoise. Les chambres, fraîches et douillettes, ont beaucoup de charme ; l'une d'elles, décorée dans des tons bleus, donne sur le logis seigneurial et sa tour du 12e s... Mais l'accueil, direz-vous ? Eh bien, il est par-fait !

Accès : à 16 km au Sud de Langres par la N 74 et la D 26

CORSE

Joyau émergeant de la Méditerranée, la Corse éblouit quiconque la visite. Les citadelles campées sur ses côtes rocheuses rappellent combien accéder à ses trésors se mérite. Il faut en effet un brin de témérité et de patience pour affronter ses routes sinueuses et pentues ou s'aventurer dans le maquis, impénétrable enchevêtrement végétal recouvrant les massifs les plus sauvages. Mais heureux le promeneur qui croise une chapelle isolée, traverse un village hors du temps, tombe nez à nez avec un troupeau de mouflons ou découvre un merveilleux panorama. Les Corses défendent avec fierté ce patrimoine naturel, leur histoire et leurs traditions. Ils savent réconforter le randonneur fourbu par une simple assiette de cochonnailles, un morceau de fromage ou une pâtisserie maison. Et que les adeptes du farniente sur la plage se rassurent : les anses sableuses de l'île de beauté, aux eaux d'une limpidité tropicale, offrent de merveilleux moments de détente.

- Corse-du-Sud (2A)
- Haute-Corse (2B)

CAP CORSE
Rogliano
Bastia
St. Florent
l'Ile Rousse
Calvi
Belgodère
N 197
N 1197
N 193
68
89
Vescovato
Ponte-Leccia
D81
N 198
2706
Mte. Cinto
70
Cervione
Corte
Évisa
Porto
Mte. Rotondo
2622
48
N 200
159
Vizzavona
Aléria
D 81
Cargèse
84
Ghisonaccia
N 193
CORSE
Ajaccio
Ste. Marie-Sicché
N 198
Solenzara
N 196
100
Zonza
Olmeto
140
Propriano
Porto-Vecchio
Sartène
D 859
N 196
Bonifacio
1
2
3
4
5
6
7
8
9
10
11
12
13

FELICETO - 20225

1 MARE E MONTI

M. et Mme Renucci

20225 Feliceto
Tel. 04 95 63 02 00
Fax 04 95 63 02 01

Fermé du 1er janvier au 1er avril et du 1er novembre au 31 décembre • 16 chambres dotées de salles de bains WC ou douches WC • 114 € (57 à 92 € basse saison) pour 2 personnes ; petit-déjeuner 7 € • Pas de restaurant • Parking. Chiens non admis • Piscine

On a aimé **La terrasse parcourue par un léger vent chaud exhalant le doux parfum des « immortelles » corses.**

Une étape exquise entre mer et montagne (« mare e monti » en corse) : il s'agit de l'un des rares « palais américains » de Balagne, présents en plus grand nombre sur le pourtour du Cap Corse. Fortune faite dans la canne à sucre, les ancêtres de la famille revinrent de Porto Rico au 19e s. pour édifier cette séduisante demeure blanche aux volets bleus. Les chambres, un brin monacales, ont du caractère : lits en laiton, tomettes, cheminées, etc. Ravissante petite chapelle et jardin exubérant.

Accès : à 20 km au Sud de l'Ile-Rousse

GALÉRIA - 20245

2 A MARTINELLA

Mme Corteggiani

Route du Port
20245 Galéria
Tel. 04 95 62 00 44

Fermé de novembre à février • Au 1er étage 5 chambres avec terrasse privée • 52 € pour 2 personnes ; petit-déjeuner 6 € • Pas de table d'hôte • Jardin, parking. Cartes de crédit non acceptées, chiens non admis • Plage et réserve naturelle de la Scandola à proximité

On a aimé **Explorer les fonds sous-marins de la réserve de Scandola.**

Voici une adresse sans prétention, mais d'une excellente tenue. Ajoutez à cela une situation de rêve, à 150 m d'une grande plage de galets et tout près de la réserve naturelle de Scandola, et vous comprendrez qu'il faut s'y arrêter. Les chambres, au confort simple, possèdent toutes une terrasse privée. La tranquillité du jardin et l'accueil particulièrement chaleureux de la propriétaire sont toujours appréciés.

Accès : à 150 m de la plage

L'ÎLE-ROUSSE - 20220

3 FUNTANA MARINA
M. et Mme Khaldi

Route de Monticello
20220 L'Île-Rousse
Tel. 04 95 60 16 12
Fax 04 95 60 35 44
hotel-funtana-marina@wanadoo.fr
www.hotel-funtana.com

• 29 chambres équipées de salles de bains ou douches • 84 à 90 € (50 à 61 € basse saison) ; petit-déjeuner 9 € • Pas de restaurant • Parking. Chiens non admis • Piscine de plein air

On a aimé

La situation dominant le port de l'Île-Rousse.

La petite route de montagne qui grimpe jusqu'à cette bâtisse récente immergée dans une végétation luxuriante mérite qu'on l'emprunte, ne serait-ce que pour profiter de la magnifique vue sur la mer et le port de l'Île-Rousse. Les chambres, rénovées et assorties de belles salles de bains, sont confortables et agréables. La piscine panoramique et l'accueil exemplaire des propriétaires ajoutent au charme de l'endroit.

Accès : sur les hauteurs de l'Ile-Rousse, à 1 km

LURI - 20228

4 LI FUNDALI
M. et Mme Gabelle-Crescioni

Spergane
20228 Luri
Tel. 04 95 35 06 15

Fermé de novembre à mars • 16 chambres • 40 à 45 € pour 2 personnes, petit-déjeuner compris ; possibilité de demi-pension • Table d'hôte 13 € • Terrasse, jardin, parking. Cartes de crédit non acceptées, chiens non admis

On a aimé

L'hospitalité généreuse des propriétaires.

Une douce atmosphère règne en cette charmante maison blottie au creux (fundali) de la verdoyante vallée de Luri. Après avoir crapahuté sur les nombreux sentiers de randonnées entourant la propriété, vous y retrouverez votre chambre, simple mais impeccablement tenue. Vous vous installerez ensuite autour d'une table conviviale pour savourer de bonnes recettes familiales, sous le regard bienveillant de vos hôtes.

Accès : dans la vallée

OLMETO - 20113

5 SANTA MARIA

M. et Mme Ettori

Place de l'Église
20113 Olmeto
Tel. 04 95 74 65 59
Fax 04 95 74 60 33
ettorinathalie@aol.com
www.hotel-restaurant-santa-maria.com

Fermé en novembre et décembre • 12 chambres climatisées équipées de douches WC et de télévision • 53 à 55 € (40 à 53 € basse saison) pour 2 personnes ; petit-déjeuner 6 € ; possibilité de demi-pension • Menus de 16 (le midi seulement) à 23 € • Terrasse

On a aimé **Constater avec plaisir que le mot « stress » est presque déplacé sur l'île de Beauté...**

Colomba Bartoli, dont la vie inspira Prosper Mérimée, termina ses jours à Olmeto à l'âge de 96 ans. Sans doute a-t-elle connu cette vieille maison en granit dressée face à l'église et au golfe de Valinco. Une volée d'escaliers un peu abrupte mène à des chambres sans charme particulier, mais fonctionnelles et bien tenues. La salle à manger voûtée, vestige d'un moulin à huile, est plaisante, mais c'est surtout sur l'agréable terrasse fleurie que l'on sert les plats typiquement corses de « Mimi » !

Accès : au centre du village, à 8 km au Nord de Propriano par la N 196

PIGNA - 20220

6 LA CASA MUSICALE

M. et Mme Casalonga

Fondu di u paese
20220 Pigna
Tel. 04 95 61 77 31
Fax 04 95 61 74 28
infos@casa-musicale.org
www.casa-musicale.org

Fermé du 7 janvier au 10 février et lundi de novembre à mars • 7 chambre disposant de salles de bains WC ou douches WC • 61 à 93 € pour 2 personnes (46 à 70 € basse saison) ; petit-déjeuner 6 € ; possibilité de demi-pension • Repas à la carte de 25 à 40 € • Chiens non admis • Salle de concert (concerts polyphoniques corses)

On a aimé **La chambre dite « Terza » et sa miniterrasse que l'on atteint par une échelle de meunier.**

Motus et bouche cousue ! Gardez pour vous l'adresse de ce bijou, vieille maison pétrie de charme accessible seulement à pied par les venelles envahies de bougainvillées de ce superbe village perché. Les chambres, agrémentées de fresques travaillées à l'éponge, ouvrent sur la mer ou la montagne. Pressoir à huile d'olive converti en restaurant, idyllique terrasse et salle de concert pour soirées musicales enfiévrées... Mais, chut ! N'allez pas le chanter sur les toits !

Accès : de l'Île-Rousse vers Calvi, par la N 197 puis, à 2 km, prendre à gauche la D 151 (8 km) ; se garer sur la place (village piétonnier)

7 A TRAMULA

M. Giovanetti

20259 Pioggiola
Tel. 04 95 61 93 54

Ouvert toute l'année • 8 chambres • 52 à 70 € pour 2 personnes ; petit-déjeuner 7 € • Pas de restaurant • Parc, parking. Cartes de crédit non acceptées

On a aimé **L'accueil du propriétaire, Corse authentique qui ne se lasse pas de conter son pays.**

Les chambres de cette belle maison en pierre, aménagées à l'étage, ont toutes été conçues sur le même modèle : murs saumon, sol en carreaux de terre cuite, mobilier neuf et salle de bains moderne. Le bar et le salon, réchauffés d'un poêle et d'une cheminée, sont avenants. Le parc, qui mord sur les premières pentes de la montagne, invite à la promenade. Le propriétaire fabrique lui-même le miel servi - à volonté - à l'heure du petit-déjeuner.

Accès : 1,9 km à l'Ouest d'Olmi-Cappella en direction de la forêt de Tartagine

8 PIAGGIOLA

M. et Mme Paolini

20166 Porticcio
Tel. 04 95 24 23 79

Fermé fin janvier au 15 avril • 6 chambres • 62 € pour 2 personnes, petit-déjeuner compris • Table d'hôte 20 € • Parking. Cartes de crédit non acceptées, chiens non admis • Piscine

On a aimé **Être à quelques minutes des plus belles plages de l'île.**

Chaleur de l'accueil, sens de l'hospitalité, cuisine honorant les produits du terroir... Cette grande bâtisse en granit nichée au cœur d'une magnifique propriété ne manque pas d'atouts pour séduire. Ses chambres, immenses, renferment des armoires de toute beauté ; leurs fenêtres s'ouvrent généreusement sur le golfe de Valinco ou sur la forêt. Côté détente, le vaste domaine entourant la maison s'avère riche de curiosités.

Accès : à 13 km au Sud-Est de la plage d'Agosta par la D 255 A (direction Pietrosella) puis la D 255 à droite

9 CHÂTEAU CAGNINACCI

Famille Cagninacci

20200 San-Martino-di-Lota
Tel. 06 78 29 03 94
Fax 06 76 43 01 44

Fermé du 1er octobre au 14 mai • 4 chambres avec vue sur l'Île d'Elbe • 79 à 83 € (70 à 73 € basse saison) pour 2 personnes, petit-déjeuner compris • Pas de table d'hôte • Terrasse. Cartes de crédit non acceptées, chiens non admis

On a aimé **Le calme absolu de ce lieu noyé dans la verdure.**

Agrippé à flanc de montagne, divin couvent de capucins du 17e s. remanié au 19e s. dans l'esprit des demeures toscanes. Rénové avec goût, il offre des chambres spacieuses meublées à l'ancienne et des salles de bains modernes impeccablement tenues. La vue sur l'île d'Elbe et la mer est partout superbe. L'été, prendre son petit-déjeuner sur la terrasse, face à la nature, vous enchantera.

Accès : à 10 km au Nord-Ouest de Bastia par la D 80 (vers Cap Corse) puis la D 131 à Pietranera

SAN-MARTINO-DI-LOTA - 20200

10 LA CORNICHE

M. Anziani

20200 San-Martino-di-Lota
Tel. 04 95 31 40 98
Fax 04 95 32 37 69
info@hotel-lacorniche.com
www.hotel-lacorniche.com

Fermé en janvier • 19 chambres disposant de salles de bains WC et télévision • 69 à 99 € (50 à 62 € basse saison) pour 2 personnes ; petit-déjeuner 8 € ; possibilité de demi-pension • Restaurant fermé lundi et mardi midi ; menus de 25 à 46 € • Terrasse, parking • Piscine de plein air

On a aimé **La piscine à flanc de montagne, entourée d'une châtaigneraie.**

La terrasse ombragée de platanes de cet établissement perché sur les hauteurs de Bastia est un régal pour les yeux : l'élégant clocher à double étage et les maisons du vieux village agrippées au rocher se découpent délicatement sur fond de « grande bleue ». Les chambres, fonctionnelles, sont progressivement personnalisées (terre cuite, murs patinés) ; elles aussi bénéficient d'une vue plongeante sur la mer. La clientèle, particulièrement les Bastiais, apprécie la cuisine, typiquement corse.

Accès : à 13 km au Nord de Bastia par la D 80 puis à gauche la D 131

SARTÈNE - 20100

11 DOMAINE DE CROCCANO

M. et Mme Perrier

Route de Granace
20100 Sartène
Tel. 04 95 77 11 37
christian.perrier@wanadoo.fr
www.corsenature.com

Fermé en décembre • 4 chambres non-fumeurs • 72 € (60 € basse saison) pour 2 personnes, petit-déjeuner compris ; possibilité de demi-pension • Restaurant non-fumeurs, reservé à la demi-pension • Terrasse, parc, parking. Chiens non admis • Centre équestre au domaine

On a aimé

S'éveiller face au spectacle des chevaux à l'exercice.

Les voyageurs avides de nature, de silence et de vie paisible seront séduits par cette confortable maison en granit émergeant fièrement d'une nature intacte, parmi les chênes-lièges et les oliviers. Les chambres, avec leurs beaux murs de pierre et leur sol en carreaux de terre cuite, sont de véritables cocons. Les propriétaires, d'une rare gentillesse, vous feront partager leur amour pour les chevaux lors de balades dans le maquis corse.

Accès : à 3,5 km au Nord-Est de Sartène par la D 148

SPELONCATO - 20226

12 A SPELUNCA

Mme Princivalle

Place de l'Église
20226 Speloncato
Tel. 04 95 61 50 38
Fax 04 95 61 53 14
hotel.a.spelunca@wanadoo.fr

Fermé du 1er novembre au 31 mars • 17 chambres • 60 à 70 € (50 à 60 € basse saison) ; petit-déjeuner 6 € • Pas de restaurant • Terrasse

On a aimé

Le superbe panorama sur toute la haute Balagne.

Cette noble architecture n'est autre que l'ancien palais du cardinal Savelli, ministre de la police du pape Pie IX. De sa splendeur passée, l'édifice a gardé ses pièces immenses, ses salons riches en mobilier de style, ses lustres, sa tourelle... Dans les chambres au luxe discret règne une douce atmosphère ; trois d'entre elles offrent une vue enchanteresse sur la vallée et le village. Très belle adresse en vérité.

Accès : au cœur du village

13 L'AIGLON

M. Quilichini

20124 Zonza
Tel. 04 95 78 67 79
Fax 04 95 78 63 62
info@aiglonhotel.com
www.aiglonhotel.com

Fermé lundi hors saison • 10 chambres • 51 à 70 €, petit-déjeuner 7 € ; possibilité de demi-pension • Menus de 15,50 à 25 € • Terrasse, parking

On a aimé

Les soirées musicales corses régulièrement organisées.

Cette vénérable maison en granit s'élevant au cœur du village se veut le refuge de l'âme corse. La décoration intérieure est recherchée, exposant des collections d'objets tels que vieux moulins à café, fers à repasser... Les chambres, chacune de couleur différente - rouge, bleu, jaune, vert... - sont petites mais adorables ; deux d'entre elles sont mansardées. Côté cuisine, l'adresse s'avère idéale pour effectuer un tour gourmand de l'île de Beauté.

Accès : au cœur du village

FRANCHE-COMTÉ

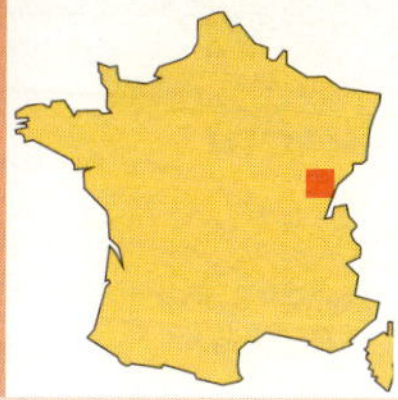

La sombre forêt de résineux s'étend par monts et par vaux sur le massif calcaire du Jura, dissimulant les grottes, gouffres et gorges. La magie des lieux tient aussi à la multitude des torrents, cascades et lacs majestueux dont les larges tâches bleutées contrastent avec le vert des pâturages. De la citadelle de Besançon aux salines d'Arc-et-Senans vous admirerez quelques chefs d'œuvre de l'architecture militaire et industrielle. A côté des usines Peugeot, les artisans comtois transforment comme par enchantement le bois en horloges, en jouets et en pipes appréciés des touristes en quête de souvenirs. Les robustes maisons de pierre sous leurs immenses toits en tuiles vous accueilleront entre deux promenades en forêt ou dans la douce campagne vallonnée. Vous pourrez apprécier l'éventail d'arômes déployés par les produits du terroir: fromage de comté au puissant goût de noisette, né du lait des montbéliardes et du savoir-faire des maîtres affineurs, salaisons dévoilant de délicates saveurs de sapin ou de genévrier et vins distillant des bouquets subtils et fruités.

- Doubs (25)
- Jura (39)
- Haute-Saône (70)
- Ter.-de-Belfort (90)

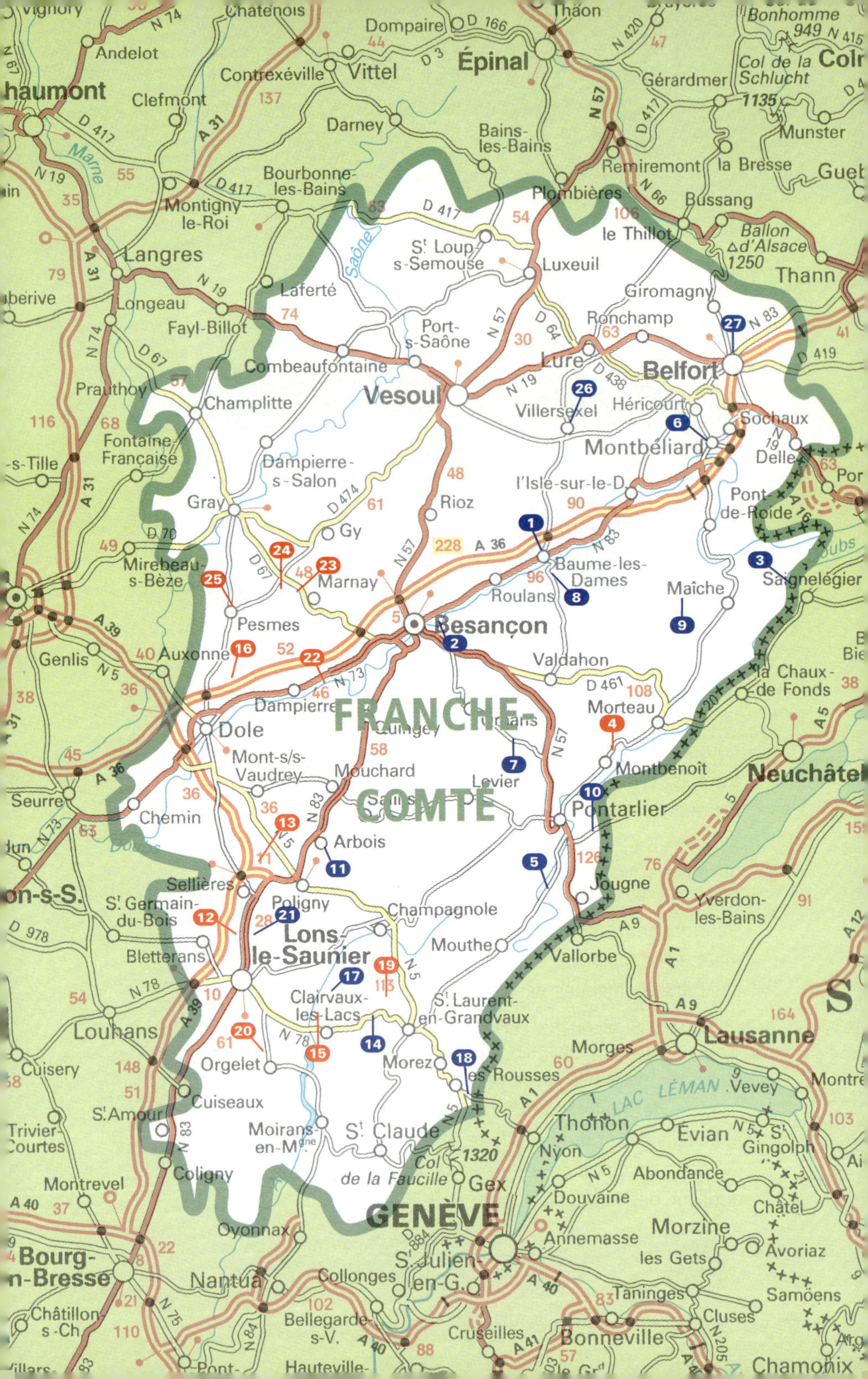
FRANCHE-COMTÉ
Besançon
Vesoul
Belfort
Montbéliard
Dole
Lons-le-Saunier
Épinal
Chaumont
Langres
Neuchâtel
Lausanne
GENÈVE
LAC LÉMAN
Bourg-en-Bresse
Luxeuil
Lure
Héricourt
Sochaux
Delle
Pont-de-Roide
Saignelégier
Maîche
Baume-les-Dames
Roulans
Villersexel
l'Isle-sur-le-D.
Ronchamp
Giromagny
le Thillot
Plombières
Remiremont
St Loup-s-Semouse
Port-s-Saône
Combeaufontaine
Champlitte
Dampierre-s-Salon
Gray
Gy
Rioz
Marnay
Pesmes
Auxonne
Dampierre
Quingey
Mont-s/s-Vaudrey
Mouchard
Salins
Arbois
Poligny
Champagnole
Ornans
Levier
Valdahon
Morteau
Montbenoît
Pontarlier
Jougne
Vallorbe
Mouthe
St Laurent-en-Grandvaux
Clairvaux-les-Lacs
Morez
les Rousses
St Claude
Moirans-en-Mgne
Orgelet
Cuiseaux
St Amour
Coligny
Bletterans
Sellières
St Germain-du-Bois
Chemin
Seurre
Louhans
Col de la Faucille
Gex
Oyonnax
Nantua
La Chaux-de-Fonds
Yverdon-les-Bains
Morges
Thonon
Evian
Nyon
Annemasse
St Julien-en-G.
Vittel
Contrexéville
Dompaire
Darney
Bains-les-Bains
Bourbonne-les-Bains
Montigny-le-Roi
Laferté
Fayl-Billot
Prauthoy
Fontaine-Française
Mirebeau-s-Bèze
Genlis
Andelot
Clefmont
Longeau
Gérardmer
Col de la Schlucht
Munster
la Bresse
Bussang
Ballon d'Alsace 1250
Thann
Saône
Doubs
Marne
A 36
A 39
A 31
N 57
N 5
N 83
N 19
N 73
N 78
D 417
D 461

BAUME-LES-DAMES - 25110

1 HOSTELLERIE DU CHÂTEAU D'AS

MM. Patrick et Laurent Cachot

24 rue du Château-Gaillard
25110 Baume-les-Dames
Tel. 03 81 84 00 66
Fax 03 81 84 39 67
chateau.das@wanadoo.fr
www.château-das.fr

Fermé du 24 janvier au 7 février, du 21 novembre au 4 décembre, dimanche soir et lundi • 6 chambres dotées de salles de bains WC ou douches WC et télévision • 54 à 71 € pour 2 personnes ; petit-déjeuner 9 € ; possibilité de demi-pension • Menus 19 à 68 € • Terrasse, parking

On a aimé

... Ou pas, la fameuse et surprenante cancoillotte !

Cette maison trapue qui s'inscrirait à merveille dans un paysage helvète ou germanique fut construite sur les hauteurs de la petite cité doubiste dans les années 1930. Les chambres, spacieuses, lumineuses et bien équipées, viennent d'être rénovées. La salle à manger conserve, quant à elle, son atmosphère d'antan : appliques et lustres façon monnaie-du-pape, comtoise, etc. À table, cuisine classique.

Accès : sur les hauteurs du bourg, en sortie de ville

CHALEZEULE - 25220

2 A L'HÔTEL DES TROIS ÎLES

M. Thierry

1 rue des vergers
25220 Chalezeule
Tel. 03 81 61 00 66
Fax 03 81 61 73 09
hotel.3iles@wanadoo.fr
www.hoteldes3iles.com

Fermé du 26 décembre au 6 janvier • 17 chambres dont 2 non-fumeurs, disposant de salles de bains WC ou douches WC et de télévision • 46 à 63 € pour 2 personnes ; petit-déjeuner 7 € ; possibilité de demi-pension • Menu unique le soir à 16 € • Terrasse, parking. Chiens non admis au restaurant

On a aimé

La quiétude de ce village niché sur la rive droite du Doubs.

Cette grande maison au toit pentu est appréciée pour son calme et son environnement verdoyant. Les chambres, sans réelle ampleur mais bien rénovées, disposent d'un plaisant mobilier d'inspiration rustique. En cuisine, le patron prépare chaque jour un menu unique à l'intention exclusive des clients de l'hôtel. La salle à manger ne manque pas de charme avec ses grandes baies vitrées, ses poutres en pin massif et ses nappes colorées.

Accès : à 4 km au Nord-Est de Besançon, au cœur du village

GOUMOIS - 25470

3 TAILLARD

M. Taillard

3 route de la Corniche
25470 Goumois
Tel. 03 81 44 20 75
Fax 03 81 44 26 15
hotel.taillard@wanadoo.fr
www.hoteltaillard.com

Fermé de novembre à mars • 21 chambres dont 1 accessible aux handicapés physiques, toutes dotées de salles de bains WC ou douches WC et télévision • 58 à 85 € ; petit-déjeuner 10 € ; possibilité de demi-pension • Menus de 28,50 à 52 € • Terrasse, jardin, parking • Salon de lecture, piscine de plein air, fitness

On a aimé

Le charme d'une hostellerie traditionnelle nichée dans un écrin de verdure.

La famille Taillard perpétue l'art de l'hospitalité depuis 1874 dans ce séduisant hôtel tourné vers la vallée du Doubs. Vous préférerez les chambres de l'annexe, plus grandes et plus agréables que celles de la maison principale : parfois un brin désuètes, ces dernières devraient évoluer grâce à un programme de rénovation. Au restaurant, cuisine classique mâtinée d'influences régionales, belle carte des vins et chaleureux décor de boiseries ouvragées. Exposition des peintures du maître des lieux.

Accès : en surplomb du village

LA LONGEVILLE - 25650

4 LE CRÊT L'AGNEAU

M. et Mme Jacquet-Pierroulet

Les auberges
25650 La Longeville
Tel. 03 81 38 12 51
lecret.lagneau@wanadoo.fr
www.lecret-lagneau.com

Fermé du 1er au 31 juillet • 7 chambres • 72 à 84 € pour 2 personnes, petit-déjeuner compris • Table d'hôte 21 à 23 € • Parking. Cartes de crédit non acceptées, chiens non admis • possibilité de randonnées en raquettes et skis de fond

On a aimé

Les nombreuses sorties organisées par le patron, moniteur de ski de fond.

Voici plus de 20 ans que cette magnifique ferme franc-comtoise du 17e s. nichée entre sapins et pâturages accueille tous les chanceux en possession de l'adresse. Les chambres, où domine le bois, sont douillettes. Mais c'est surtout la généreuse cuisine du terroir, préparée par la maîtresse de maison, et les balades à pied, en VTT, raquettes ou skis de fond organisées par le patron, qui vous donneront l'envie de revenir. Nombreux week-ends à thème et, en automne cueillette des champignons.

Accès : à 5,5 km au Nord de Montbenoît par la D 131 jusqu'à La Longeville-Auberge

MALBUISSON - 25160

5 LE BON ACCUEIL

M. et Mme Faivre

Rue de la Source
25160 Malbuisson
Tel. 03 81 69 30 58
Fax 03 81 69 37 60
lebonaccueilfaivre@wanadoo.fr

Fermé du 11 au 19 avril, du 24 octobre au 2 novembre, du 12 décembre au 11 janvier, dimanche soir, lundi et mardi midi • 12 chambres dotées de douches WC et salles de bains WC, toutes avec télévision • 45 à 70 € ; petit-déjeuner 8 € ; possibilité de demi-pension • Menus de 26 à 46 € • Jardin, garage, parking. Chiens non admis

On a aimé **Le petit-déjeuner avec brioche, confitures, yaourt « maison » et jus de fruit « minute ».**

Cette pimpante auberge villageoise située à l'orée d'une forêt de sapins réserve un très, très « bon accueil » et fait partie de ces merveilleuses petites adresses familiales que l'on se communique entre amis. Les chambres, spacieuses et actuelles, sont méticuleusement tenues. La salle à manger a été récemment agrandie : belle charpente en épicéa, jolis stores multicolores façon madras et larges baies vitrées ouvertes sur la nature. La délicieuse cuisine inventive est la cerise sur le gâteau !

Accès : sur la traversée du village, dans un virage au bord de la route

MONTBÉLIARD - 25200

6 LA BALANCE

M. et Mme Receveur

40 rue de Belfort
25200 Montbéliard
Tel. 03 81 96 77 41
Fax 03 81 91 47 16
hotelbalance@wanadoo.fr
www.hotel-la-balance.com

Fermé à Noël • 44 chambres disposant de salles de bains WC et de télévision, 2 sont accessibles aux handicapés physiques et 5 sont réservées aux non-fumeurs • 75 à 100 € pour 2 personnes ; petit-déjeuner 9 € ; possibilité de demi-pension • Menus 14 à 22 € • Terrasse, parking fermé

On a aimé **Le musée de l'Aventure Peugeot.**

Au pied du château, maison du 16e s. qui hébergea le Q.G. de De Lattre de Tassigny pendant la préparation de la campagne Rhin et Danube. Le vieil et bel escalier en bois sculpté mène à des chambres rénovées, fonctionnelles et de tailles variées. La salle à manger a conservé son chaleureux décor « rétro » et ses boiseries blondes. La véranda enfin, où l'on sert le petit-déjeuner, est très appréciée de la clientèle.

Accès : dans la rue commerçante du centre, au pied du Château

MOUTHIER-HAUTE-PIERRE - 25920

7 LA CASCADE

M. et Mme Savonet

4 route des Gorges-de-Noailles
25920 Mouthier-Haute-Pierre
Tel. 03 81 60 95 30
Fax 03 81 60 94 55
hotellacascade@wanadoo.fr

Fermé du 1er janvier au 13 mars • 19 chambres sur l'arrière avec vue sur la Loue, 1 est accessible aux handicapés physiques ; la plupart dispose de salles de bains WC, d'autres de douches WC et chacune de télévision • 49 à 63 € ; petit-déjeuner 8 € ; possibilité de demi-pension • Salle de restaurant non-fumeurs, menus de 20 à 43 € • Parking. Chiens non admis • Sur la Loue, pêche à la truite, descentes en canoë

On a aimé **Descendre en canoë les pittoresques gorges de la Loue.**

Toutes les chambres de cette hostellerie traditionnelle, tournées vers la vallée de la Loue, ont bénéficié d'une récente cure de jouvence (papier peint, peintures et moquettes). Les petits plats familiaux que l'on sert au restaurant se dégustent dans une « atmosphère » non-fumeurs, et les larges baies vitrées font profiter les convives d'un panorama aussi verdoyant que bucolique.

Accès : sur la route principale et au centre du village

PONT-LES-MOULINS - 25110

8 L'AUBERGE DES MOULINS

M. et Mme Porru

Route de Pontarlier
25110 Pont-les-Moulins
Tel. 03 81 84 09 99
Fax 03 81 84 04 44
auberge.desmoulins@wanadoo.fr

Fermé du 22 décembre au 20 janvier ; vendredi, samedi midi, dimanche soir de septembre à juin (sauf fériés) • 14 chambres équipées de salles de bains WC ou douches WC, toutes avec télévision • 50 € pour 2 personnes petit-déjeuner 7 € ; possibilité de demi-pension • Menus de 17 (en semaine) à 20 € • Parc, parking • Parcours de pêche privé

On a aimé **Les magnifiques sites naturels de la région : grottes, parcs naturels, réserves, belvédères...**

C'est bien connu, le Jura est le pays de la truite ! Voici justement une adresse qui intéressera les mordus de la gaule : cette maison champêtre se niche dans un parc recelant un parcours privé de pêche. Si le poisson vous fuit, offrez-vous du moins quelques moments de détente, côté hôtel : chambres de styles et d'ampleur divers, ou côté restaurant : plats régionaux servis dans un décor « cosy ».

Accès : au Sud de Baume-les-Dames, à 6 km par la D 50

VAUCLUSE - 25380

9 LE MOULIN

M. et Mme Malavaux

Le Moulin du Milieu
Route de Consolation
25380 Vaucluse
Tel. 03 81 44 35 18

Fermé du 15 octobre au 1er mars et mercredi • 6 chambres dont certaines avec terrasse, toutes équipées de salles de bains WC ou douches WC et de télévision • 42 à 65 € pour 2 personnes ; petit déjeuner 7 € ; possibilité de demi-pension • Menus de 18 à 30 € • Jardin, parking. Chiens non admis au restaurant • Parcours de pêche

On a aimé **L'agréable jardin ombragé qui borde la rivière.**

Cette insolite villa des années 1930, agrémentée d'une tourelle et de galeries à colonnades, fut construite pour un meunier de la vallée. L'ambiance mi-« rétro », mi-Art déco (chaise longue Le Corbusier dans le hall), pieusement préservée, fait tout le charme de l'adresse. Certaines chambres sont dotées de terrasses. Les fenêtres de la salle à manger ouvrent sur le bucolique jardin ombragé aménagé au bord du Dessoubre.

Accès : depuis Montbéliard, quitter la D 437 à St-Hippolyte, prendre la D 39 et au Pont-Neuf, à gauche direction Consolation

VERRIÈRES-DE-JOUX - 25300

10 AUBERGE LE TILLAU

M. Parent

Le Mont-des-Verrières
25300 Verrières-de-Joux
Tel. 03 81 69 46 72
Fax 03 81 69 49 20
luc.parent@wanadoo.fr
www.letillau.com

Fermé vacances scolaires d'avril ; du 15 novembre au 15 décembre ; dimanche soir et lundi • 11 chambres • 38 à 52 € pour 2 personnes ; petit-déjeuner 7 € ; possibilité de demi-pension • Menus de 14 à 33 € • Salon, terrasse • Sauna, salle de jeux, randonnées pédestres ou en VTT

On a aimé **La chaleur d'un bon feu de cheminée après une journée au grand air.**

Cette charmante auberge de montagne est l'adresse idéale pour faire le plein d'oxygène, à 1 200 m d'altitude, au milieu des pâturages et des sapins. Les chambres, décorées dans l'esprit jurassien, vous séduiront. Le salon de lecture et le sauna sont parfaits pour se détendre. À table, vous vous régalerez de charcuterie, fromages et petits plats locaux, assortis de temps à autre de recettes créatives.

Accès : 7 km à l'Est de La Cluse-et-Mijoux par la D 67 bis et route secondaire

ARBOIS - 39600

11 MESSAGERIES

M. et Mme Ricoux

2 rue de Courcelles
39600 Arbois
Tel. 03 84 66 15 45
Fax 03 84 37 41 09
hotel.lesmessageries@wanadoo.fr
www.hoteldesmessageries.com

Fermé décembre, janvier et mercredi • 26 chambres avec salles de bains ou douches, 8 n'ont pas les WC dans la chambre, la majorité ont la télévision • 30 à 59 € pour 2 personnes ; petit-déjeuner 7 € • Pas de restaurant • Dégustation de vins d'Arbois à proximité, visite du musée Pasteur

On a aimé **La dégustation de crus locaux dans les nombreuses caves du village.**

Amateurs de bonnes bouteilles, une escale s'impose à Arbois, ville phare du vignoble jurassien bâtie au seuil d'une magnifique reculée qui cache bien des trésors ! Cet ancien relais de poste dont la façade est tapissée de lierre offre un confort modeste, mais pratique des prix très raisonnables que vous apprécierez chaudement si vous venez assister à la procession du Biou. Réservez de préférence une chambre sur l'arrière, dotée d'un équipement sanitaire complet.

Accès : en centre-ville

ARLAY - 39140

12 LE JARDIN DE MISETTE

M. et Mme Petit

Rue Honoré-Chapuis
39140 Arlay
Tel. 03 84 85 15 72
jardindemisette@aol.com

Ouvert toute l'année • 4 chambres équipées de salles d'eau et WC • 45 € pour 2 personnes, petit-déjeuner compris • Table d'hôte 20 € (vin compris) • Jardin paysager. Cartes de crédit non acceptées • Bibliothèque régionaliste

On a aimé **La cuisine familiale préparée par ce couple de restaurateurs chevronnés.**

Cette habitation vigneronne des bords de Seille propose des chambres de bon confort, agréablement décorées et surtout très calmes ; la « Chabotte », aménagée dans une maisonnette au fond du jardin, est la plus plaisante. Le salon, avec piano, cheminée et bibliothèque régionaliste, est fort agréable, surtout lorsque le patron, honnête chanteur et musicien à ses heures, vient l'animer de quelques morceaux d'accordéon... Misette !

Accès : à 12 km à l'Ouest de Château-Chalon par la D 5 jusqu'à Voiteur puis la D 120, au cœur du village

BERSAILLIN - 39800

13 LA FERME DU CHÂTEAU

Association E. de Villeneuve-Bargemont

Rue de la Poste
39800 Bersaillin
Tel. 03 84 25 91 31
Fax 03 84 25 93 62

Fermé en janvier • 9 chambres dont 1 accessible aux handicapés physiques • 58 à 60 € pour 2 personnes ; petit-déjeuner 8 € • Pas de table d'hôte • Parking • Expositions de peinture, concerts en été

On a aimé **La situation à deux pas du vignoble jurassien et de la route du comté.**

Cette ferme du 18e s. remarquablement restaurée a conservé nombre de ses aménagements d'origine dont la salle des colonnes, dotée de magnifiques voûtes et piliers, qui accueille en été expositions de peintures et concerts. Les chambres, sobres mais élégantes, ouvrent leurs fenêtres sur la campagne ; l'une d'elles est accessible aux personnes handicapées. Les hôtes ont aussi à leur disposition une cuisine très bien équipée.

Accès : à 9 km à l'Ouest de Poligny par la N 83 et la D 22

BONLIEU - 39130

14 L'ALPAGE

M. Lerch

1 chemin de la Madone
39130 Bonlieu
Tel. 03 84 25 57 53
Fax 03 84 25 50 74
reservation@alpage-hotel.com
www.alpage-hotel.com

Fermé du 15 novembre au 15 décembre, lundi et mardi midi hors vacances scolaires • 9 chambres • 53 à 60 € pour 2 personnes ; petit-déjeuner 8 € ; possibilité de demi-pension • Menus 22 (en semaine) à 35 € • Terrasse, parking. Chiens non admis dans les chambres

On a aimé **La situation dominante qui permet d'embrasser du regard toute la vallée des lacs.**

Une route étroite grimpe jusqu'à ce coquet hôtel bâti sur les hauteurs de Bonlieu. Les chambres, confortables, ouvrent presque toutes leurs fenêtres sur la vallée des lacs et les collines boisées. La salle de restaurant, au plafond tapissé de plantes vertes et aux larges baies vitrées, et la terrasse bien à l'abri du vent jouissent elles aussi du magnifique panorama. Dans l'assiette, saveurs franc-comtoises.

Accès : sur la N 78, en direction de Saint-Laurent-en-Grandvaux

CHAREZIER - 39130

15 CHAMBRE D'HÔTE MME DEVENAT

Mme Devenat

17 rue du Vieux-Lavoir
39130 Charezier
Tel. 03 84 48 35 79

Ouvert toute l'année • 4 chambres • 35 € pour 2 personnes, petit-déjeuner compris ; possibilité de demi-pension • Table d'hôte 10 € • Jardin, paking. Cartes de crédit non acceptées, chiens non admis au restaurant

On a aimé **La table d'hôte, véritable ambassadrice de la cuisine régionale.**

On se sent tout de suite comme chez soi dans cette grande et accueillante demeure familiale nichée au cœur d'un tout petit village, entre Clairvaux-les-Lacs et le lac de Chalain. Les chambres aménagées dans la maisonnette, près du petit bois, sont plus indépendantes ; les autres sont desservies par un bel escalier en bois. La table d'hôte qui, chaque jour, propose une spécialité régionale nouvelle, vous laissera un excellent souvenir.

Accès : à 13 km au Sud-Ouest du lac de Chalain par la D 27

CHÂTENOIS - 39700

16 À LA THUILERIE DES FONTAINES

M. et Mme Meunier

2 rue des Fontaines
39700 Châtenois
Tel. 03 84 70 51 79
Fax 03 84 70 57 79
michel.meunier2@wanadoo.fr

Ouvert toute l'année • 4 chambres • 40 € pour 2 personnes, petit-déjeuner compris • Pas de table d'hôte • Terrasse, parc, parking. Cartes de crédit non acceptées, chiens non admis • Piscine de plein air

On a aimé **Les riches échanges culturels avec les propriétaires, amoureux de leur région.**

Un accueil chaleureux et un service attentionné vous attendent dans cette maison de maître du 18e s., située entre le massif forestier de la Serre et la basse vallée du Doubs. En haut d'une volée d'escalier en pierre, vous trouverez les chambres, soignées, très confortables et d'un calme absolu. Le joli parc et les chaises longues posées au bord de la piscine, près des anciennes écuries, invitent au repos.

Accès : à 7,5 km au Nord-Est de Dole par la N 73, direction Besançon puis la D 10 et la D 79 jusqu'à Châtenois

DOUCIER - 39130

17 LE COMTOIS

M. Menozzi

806 route des 3 lacs
39130 Doucier
Tel. 03 84 25 71 21
Fax 03 84 25 71 21
restaurant.comtois@wanadoo.fr

Fermé du 19 décembre au 13 février ; mardi soir, mercredi et dimanche soir • 8 chambres équipées de douches avec ou sans WC • 40 à 50 € pour 2 personnes, petit-déjeuner compris ; possibilité de demi-pension • Menus de 19 à 58 € • Terrasse

On a aimé **Le superbe circuit des cascades du Hérisson, à seulement quelques kilomètres.**

Le Comtois : une autre manière de découvrir la région... Au cœur d'un paisible village jurassien, coquette petite auberge abritant quelques chambres et surtout une table digne de vos papilles délicates : dans un chaleureux décor néo-rustique, vous dégusterez de généreux plats au goût du jour préparés avec des produits du terroir. Le patron, qui est aussi le président des sommeliers du Jura, n'a pas son pareil pour vanter mets et vins, qu'il accorde harmonieusement dans ses menus

Accès : au centre du village, face à la poste

LA CURE - 39220

18 ARBEZ FRANCO-SUISSE

M. Arbez

La Cure
39220 Les Rousses
Tel. 03 84 60 02 20
Fax 03 84 60 08 59
hotelarbez@netgde.com
www.hotelarbez.fr.st

Ouvert toute l'année • 10 chambres situées pour moitié en France, moitié en Suisse et disposant de salles de bains WC ou douches WC, toutes avec télévision • 55 à 59 € (55 € basse saison) ; petit-déjeuner 7 € ; possibilité de demi-pension • Menus de 13 à 35 € • Parking. Chiens non admis au restaurant

On a aimé **Tester son équilibre sur les parcours « commando » du fort - démilitarisé - des Rousses.**

Auberge helvéto-gauloise où l'on franchit la frontière pour gagner sa salle de bains, ou l'on dort la tête en Suisse et les pieds en France dans des chambres actuelles revêtues de boiseries blondes, où l'on propose deux formules de restauration (classique et plats de brasserie), le tout à proximité des pistes de ski alpin, de ski de fond et de raquettes, du lac des Rousses... Non, vraiment, nous n'avons rien d'autre à déclarer !

Accès : à la frontière suisse, au Sud-Est des Rousses, à 2,5 km par la N 5 (direction Genève)

LE FRASNOIS - 39130

19 LES CINQ LACS

M. et Mme Colombato

66 route des Lacs
39130 Le Frasnois
Tel. 03 84 25 51 32
Fax 03 84 25 51 32
pcolomba@club-internet.fr
http://auberge.5.lacs.free.fr

Ouvert toute l'année (sur réservation) • 5 chambres non-fumeurs dont 1 accessible aux handicapés physiques ; 2 chalets aménagés en gîtes • 48 € pour 2 personnes, petit-déjeuner compris ; possibilité de demi-pension • Table d'hôte 16 € • Terrasse. Cartes de crédit non acceptées, chiens non admis • Point de départ de promenades autour des lacs

On a aimé **Les précieux conseils de visite des propriétaires.**

Les randonneurs prisent cette ancienne ferme jurassienne nichée au cœur d'une nature verdoyante, entre lacs, cascades et forêts. Les chambres, confortables et joliment décorées par la maîtresse des lieux, portent chacune le nom d'un des nombreux lacs de la région. La table d'hôte est riche de spécialités locales, que vous dégusterez « au coin du feu » l'hiver et sur la terrasse bien à l'abri du vent l'été.

Accès : à 3,5 km au Nord d'Illay par la D 75

PRÉSILLY - 39270

20 LA BARATTE

M. et Mme Chalet

39270 Présilly
Tel. 03 84 35 55 18
Fax 03 84 25 43 49
labaratte@free.fr
www.labaratte.fr

Ouvert toute l'année • 4 chambres • 52 € pour 2 personnes, petit-déjeuner compris ; possibilité de demi-pension • Table d'hôte 19 € • Parking. Cartes de crédit non acceptées, chiens non admis

On a aimé **L'alliance du confort moderne et du charme rustique.**

Cette maison de village se trouve à deux pas de l'impressionnant barrage de Vouglans. Sa restauration, habilement menée, l'a dotée de tout le confort actuel en conservant intacts de nombreux éléments d'origine, telles les superbes cadettes (dalles de pierre) de la salle à manger où l'on sert une bonne cuisine franc-comtoise. La décoration rustique des chambres est ponctuée de quelques touches modernes. Les chevaux de passage disposent aussi d'un toit.

Accès : à 5 km au Nord d'Orgelet par la D 52 puis la D 175

SAINT-GERMAIN-LES-ARLAY - 39210

21 HOSTELLERIE SAINT-GERMAIN

M. et Mme Bertin

39210 Saint-Germain-les-Arlay
Tel. 03 84 44 60 91
Fax 03 84 44 63 64

Ouvert toute l'année • 8 chambres dotées de salles de bains WC, d'autres de douches WC et chacune de télévision • 50 à 70 € pour 2 personnes ; petit-déjeuner 6 € ; possibilité de demi-pension • Menus 18 à 34 € • Terrasse, parking.

On a aimé **Le pâté en croûte au vin jaune !**

La région, fière de ses traditions et riche de légendes, a suscité en vous l'envie d'approfondir sa découverte ? Des chambres au calme et rigoureusement entretenues vous attendent à l'Hostellerie Saint-Germain, située au cœur du vignoble jurassien. Et si votre estomac est tenaillé par une petite faim, vous prendrez place dans l'une des trois salles à manger voûtées agrémentées de poutres et pierres apparentes, pour faire ripaille de recettes traditionnelles.

Accès : au centre du village, face à l'église

SALANS - 39700

22 LE CHÂTEAU DE SALANS

M. Guillemin

39700 Salans
Tel. 03 84 71 16 55
Fax 03 84 79 41 54

Ouvert toute l'année • 4 chambres dotées de salles de bains • 95 € pour 2 personnes, petit-déjeuner compris • Pas de table d'hôte • Parc, parking. Cartes de crédit non acceptées, chiens non admis

On a aimé **Ouvrir les volets de sa chambre sur une nature domestiquée.**

Ce magnifique château bâti au 17e s. s'élève au milieu d'un superbe parc de 3 ha. D'illustres personnages, tels que Charles Nodier et Montalembert, appréciaient d'ailleurs la beauté et le calme du domaine. Aujourd'hui, on y trouve davantage de confort, mais l'esprit aristocratique de la demeure subsiste tant dans les ravissants salons du rez-de-chaussée que dans les chambres : meubles de styles Louis XVI et Directoire, belles salles de bains habillées de carreaux rouges et blancs.

Accès : à 5 km au Nord de Courtefontaine par route secondaire

CULT - 70150

23 CHAMBRE D'HÔTE LES ÉGRIGNES

Mme Lego-Deiber

Le Château - Route d'Hugier
70150 Cult
Tel. 03 84 31 92 06
Fax 03 84 31 92 06
lesegrignes@wanadoo.fr
www.les-egrignes.com

Ouvert toute l'année • 3 chambres non-fumeurs à l'étage avec vue sur le parc, toutes équipées de salles de bains • 70 € pour 2 personnes, petit-déjeuner compris • Table d'hôte 25 € (uniquement le soir sur réservation) • Salon, parc, parking. Cartes de crédit non acceptées, chiens non admis

On a aimé

Goûter aux petits plats mitonnés par la maîtresse de maison.

Cette maison de maître du 19e s. se dresse dans un beau parc arboré et fleuri. Une restauration soignée et respectueuse du décor intérieur a mis en valeur moulures, stucs, escalier et marbres en trompe-l'œil d'origine. Les chambres, élégantes, sont dotées de meubles de style Louis-Philippe, Directoire ou Napoléon III et offrent toutes une jolie vue bucolique. À remarquer dans la salle à manger, le beau poêle alsacien en faïence datant de 1805.

Accès : à 4 km au Nord-Est de Marnay

HUGIER - 70150

24 LES PÉTUNIAS

M. et Mme Knab

70150 Hugier
Tel. 03 84 31 58 30

Fermé en décembre et en janvier • 4 chambres • 40 à 45 € pour 2 personnes, petit-déjeuner compris • Pas de table d'hôte • Terrasse, parking. Cartes de crédit non acceptées, chiens non admis

On a aimé

Goûter au vin d'Alsace en compagnie des charmants propriétaires.

Cette imposante ferme du 18e s. couverte de vigne vierge se trouve dans la basse vallée de l'Ognon, vouée aux plaisirs de la pêche et du canoë-kayak. L'enseigne dévoile la passion des propriétaires actuels, couple d'horticulteurs en retraite. Les chambres, confortables et soignées, sont dotées de meubles de famille. La véranda, garnie de plantes vertes et pourvue de jeux, le jardin équipé d'un barbecue et l'agréable piscine s'avèrent parfaits pour la détente.

Accès : à 7 km au Nord-Ouest de Marnay par la D 67 et la D 228, à la sortie du village

PESMES - 70140

25 LA MAISON ROYALE

M. Hoyet

70140 Pesmes
Tel. 03 84 31 23 23
Fax 03 84 31 23 23

Fermé du 1er janvier au 15 mars et du 15 octobre au 31 décembre • 7 chambres • 65 à 70 € pour 2 personnes, petit-déjeuner compris • Pas de table d'hôte • Jardin fleuri, parking. Cartes de crédit non acceptées, chiens non admis • Bibliothèque, billard, orgue, exposition d'art et manifestations culturelles

On a aimé **Le luxe et le confort à prix raisonnables.**

Cette splendide maison forte du 15e s. admirablement restaurée mérite bien son nom. Les propriétaires, très chaleureux, l'ont décorée d'objets rapportés de leurs nombreux voyages. Les chambres, personnalisées - « Amarante », « La Persane », « Les Oiseaux »... -, offrent souvent une vue exceptionnelle sur les toits du village et la campagne. Côté détente, vous pourrez lire, jouer au billard, pianoter quelques notes sur l'orgue ou profiter du petit jardin fleuri.

Accès : au centre-ville, près d'une station service

VILLERSEXEL - 70110

26 LA TERRASSE

Mme Routhier

Route de Lure
70110 Villersexel
Tel. 03 84 20 52 11
Fax 03 84 20 56 90

Fermé du 18 décembre au 2 janvier ; dimanche soir et vendredi soir hors saison • 13 chambres dotées de salles de bains WC ou douches WC, toutes de télévision • 40 à 49 € ; petit-déjeuner 6 € ; possibilité de demi-pension • Menus de 12 à 28 € • Terrasse, jardin, parking • Location de vélos, tennis de table, pétanque

On a aimé **Les anciennes sablières du val de Bonnal, aménagées en plans d'eau.**

Les pêcheurs tiennent en estime cette auberge campagnarde bordant l'Ognon, rivière réputée poissonneuse. Les chambres, de tailles variées, ont été récemment ravivées, de même que la salle à manger tournée vers le jardin. L'été, le lourd feuillage de grands arbres apporte ombrage et fraîcheur à la terrasse. Une adresse reposante.

Accès : à la sortie du village, en direction de Lure

27 **VAUBAN**

M. Lorange

4 rue du Magasin
90000 Belfort
Tel. 03 84 21 59 37
Fax 03 84 21 41 67
hotel.vauban@wanadoo.fr
www-hotel-vauban.com

Fermé de Noël au Jour de l'An ; vacances de février et dimanche • 14 chambres équipées de salles de bains WC ou douches WC, toutes de télévision • 69 à 73 € pour 2 personnes ; petit-déjeuner 8 € • Pas de restaurant • Jardin. Chiens non admis

On a aimé

L'ambiance « maison de famille » de cet hôtel.

On a ici davantage l'impression d'être un hôte qu'un client : derrière les façades multicolores de ces maisons de ville accolées officie un plaisant hôtel égayé de centaines de toiles peintes par le propriétaire et ses amis artistes. Les chambres, peu à peu rénovées, sont assez coquettes et bien insonorisées ; pensez à en réserver une donnant sur l'arrière où un joli jardin fleuri et arboré s'étend jusqu'à la Savoureuse.

Accès : proche de l'Office de tourisme, la rue longe la Savoureuse

ILE-DE-FRANCE

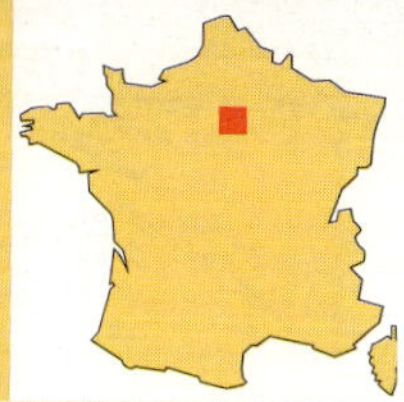

L'Île- de-France s'identifie souvent à Paris. Historique, culturelle, moderne, chic, cosmopolite, la capitale, que domine la silhouette élancée de la tour Eiffel, mêle sans vergogne anciens palais royaux devenus musées, imposants bâtiments de verre contemporains, petites maisons bohèmes et arrogants immeubles haussmanniens. Mille ambiances s'y assemblent en un kaléidoscope étourdissant : du calme villageois à l'agitation des Grands Boulevards, de l'accueil feutré des tables étoilées à la convivialité bruyante des bistrots, de l'intimité des ateliers d'artistes à la foultitude des terrasses de café, des promenades en bateau-mouche aux affriolants spectacles de cabaret... Terre de tout temps féconde, la région recèle hors la métropole encore bien d'autres richesses : nobles demeures entourées de hautes futaies, parc enchanté de Disneyland, joyeuses guinguettes des bords de Marne... Sans oublier Versailles qui abrite le plus beau château du monde paré de tous ses ors.

- Seine (Paris) (75)
- Seine-et-Marne (77)
- Yvelines (78)
- Essonne (91)
- Hauts-de-Seine (92)
- Seine-Saint-Denis (93)
- Val-de-Marne (94)
- Val-d'Oise (95)

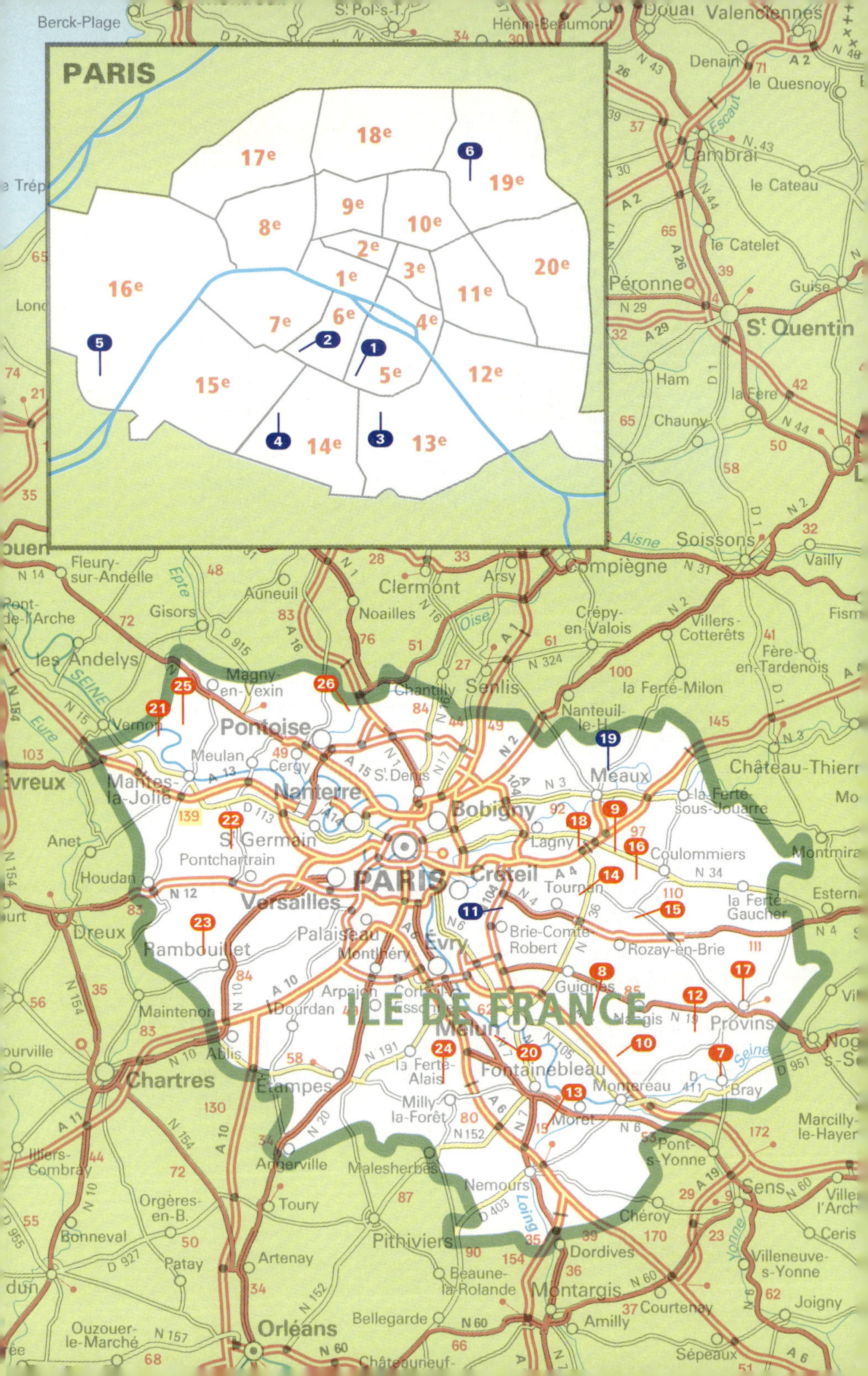
PARIS
1er
2e
3e
4e
5e
6e
7e
8e
9e
10e
11e
12e
13e
14e
15e
16e
17e
18e
19e
20e
1
2
3
4
5
6
ILE DE FRANCE
Paris
Versailles
Nanterre
Bobigny
Créteil
Evry
Pontoise
Cergy
St Germain
St Denis
Meaux
Melun
Fontainebleau
Provins
Rambouillet
Étampes
Mantes-la-Jolie
Chartres
Orléans
Montargis
Compiègne
Soissons
St Quentin
Cambrai
Clermont
Senlis
Chantilly
Dreux
Evreux
Château-Thierry
Sens
Pithiviers
Nemours
Coulommiers
Lagny
Tournan
Brie-Comte-Robert
Rozay-en-Brie
Guignes
Nangis
Montereau
Bray
Moret
Milly-la-Forêt
La Ferté-Alais
Arpajon
Corbeil-Essonnes
Dourdan
Palaiseau
Montlhéry
Houdan
Pontchartrain
Meulan
Magny-en-Vexin
Vernon
Gisors
Les Andelys
Crépy-en-Valois
Nanteuil-le-H.
Villers-Cotterêts
La Ferté-Milon
La Ferté-sous-Jouarre
La Ferté-Gaucher
Angerville
Malesherbes
Toury
Artenay
Patay
Bonneval
Illiers-Combray
Maintenon
Ablis
Anet
Dordives
Beaune-la-Rolande
Bellegarde
Courtenay
Amilly
Chéroy
Pont-s-Yonne
Villeneuve-s-Yonne
Joigny
Sépeaux
Péronne
Ham
Chauny
La Fère
Guise
Le Catelet
Le Cateau
Le Quesnoy
Denain
Valenciennes
Douai
Hénin-Beaumont
Berck-Plage
Fleury-sur-Andelle
Pont-de-l'Arche
Auneuil
Noailles
Arsy
Vailly
Fère-en-Tardenois
Montmirail
Esternay
Marcilly-le-Hayer
Orgères-en-B.
Ouzouer-le-Marché
Châteauneuf-
Seine
Oise
Aisne
Eure
Epte
Loing
Yonne
Escaut

PARIS - 75005

1 PIERRE NICOLE

M. Dayot

39 rue Pierre-Nicole
75005 Paris
Tel. 01 43 54 76 86
Fax 01 43 54 22 45
hotelpierre-nicole@voila.fr

Ouvert toute l'année • 33 chambres en majorité équipées de salles de bains WC ou douches WC et toutes de télévision • 70 à 90 € pour 2 personnes ; petit-déjeuner 6 € • Pas de restaurant • Chiens non admis

On a aimé

Flâner dans le délicieux et romantique jardin du Luxembourg.

L'enseigne de cet hôtel occupant un immeuble haussmannien rend hommage au moraliste de l'abbaye de Port-Royal de Paris. Des hôtes illustres, parmi lesquels Gabriel García Márquez et Patrick Modiano, ont séjourné avant vous dans les petites chambres sans grand charme, mais pratiques et bien tenues, qui profitent du calme - relatif ! - de cette rue proche des célèbres brasseries du boulevard du Montparnasse.

Accès : en venant du boulevard du Montparnasse, continuer sur le boulevard de Port-Royal et prendre la 3e rue à gauche

PARIS - 75006

2 SÈVRES-AZUR

M. Baguès

22 rue de l'Abbé-Grégoire
75006 Paris
Tel. 01 45 48 84 07
Fax 01 42 84 01 55
sevres.azur@wanadoo.fr
www.sevres-azur.com

Ouvert toute l'année • 31 chambres proposant salles de bains WC ou douches WC et télévision • 80 à 120 € ; petit-déjeuner 8 € • Pas de restaurant

On a aimé

L'insolite chapelle de la Médaille Miraculeuse, rue du Bac.

L'hôtel est aménagé dans un immeuble en pierres de taille du 19e s. proche du Bon Marché. Les chambres, bien insonorisées et parfois pourvues de lits en cuivre, sont garnies de tissus colorés. Lumineuse salle des petits-déjeuners agrémentée de plantes vertes. Atout supplémentaire, les tarifs préférentiels négociés avec un parking voisin pour les clients de l'établissement.

Accès : remonter la rue de Vaugirard et prendre la 2e rue à gauche après avoir franchi le boulevard du Montparnasse

PARIS - 75013

3 RESIDENCE VERT GALANT

M. et Mme Laborde

43 rue Croulebarbe
75013 Paris
Tel. 01 44 08 83 50
Fax 01 44 08 83 69

Ouvert toute l'année • 15 chambres dont 11 avec salles de bains WC, 4 avec douches WC, toutes avec télévision • 90 € pour 2 personnes ; petit-déjeuner 7 € • Menus 18 à 30 € • Chiens non admis dans les chambres

On a aimé **L'ambiance villageoise... à deux pas de la place d'Italie !**

Cette résidence du quartier des Gobelins fournit la preuve qu'il est possible de trouver un hôtel calme au cœur de Paris pour un prix tout à fait raisonnable. Toutes les chambres, fonctionnelles et bien tenues, sont tournées sur un paisible écrin de verdure. Selon le temps, on sert le petit-déjeuner dans ce jardinet bordé de ceps de vigne ou dans une salle décorée à la manière des jardins d'hiver. Les propriétaires du Vert Galant tiennent aussi la sympathique auberge basque voisine.

Accès : place d'Italie, emprunter l'avenue des Gobelins et tourner à gauche

PARIS - 75014

4 APOLLON MONTPARNASSE

M. Prigent

91 rue de l'Ouest
75014 Paris
Tel. 01 43 95 62 00
Fax 01 43 95 62 10
apollonm@wanadoo.fr
www.apollon-montparnasse.com

Ouvert toute l'année • 33 chambres dont 11 avec bains WC et 22 avec douches WC, toutes équipées de télévision et de climatisation • 79 à 89 € pour 2 personnes ; petit-déjeuner 7 € • Pas de restaurant • Parking à proximité • Proche de la gare Montparnasse

On a aimé **L'accueil courtois en plein Montparnasse.**

Proximité de la gare Montparnasse et des navettes Air France pour les allées et venues, de la rue de la Gaîté et des cinémas pour la détente, des prouesses architecturales de Ricardo Bofill - chargé de la réhabilitation du quartier - pour la culture : un petit hôtel idéalement placé si vous envisagez une courte étape parisienne. Les chambres, plus fonctionnelles que réellement coquettes, ont été rénovées récemment. Salle des petits-déjeuners voûtée.

Accès : place de Catalogne, emprunter la rue du Château et tourner à droite

PARIS - 75016

5 BOILEAU

M. Fabrice Royer

81 rue Boileau
75016 Paris
Tel. 01 42 88 83 74
Fax 01 45 27 62 98
boileau@noos.fr
www.hotel-boileau.com

Ouvert toute l'année • 31 chambres dont 1 accessible aux handicapés physiques, toutes dotées de salles de bains WC ou douches WC et télévision • 77 à 83 € (65 à 69 € basse saison) ; petit-déjeuner 8 € • Pas de restaurant

On a aimé **L'inspiration orientaliste de certaines chambres.**

L'hôtel est situé dans une jolie rue de l'ancien village d'Auteuil, près du hameau Boileau (privé) à l'ambiance provinciale. À l'intérieur, toiles et bibelots chinés chez les antiquaires content la Bretagne et le Maghreb. Le hall opte pour plus de classicisme avec ses statues nichées et son habillage de boiseries claires. Les chambres sont sagement personnalisées. Petit-déjeuner servi dans la lumineuse salle tournée vers un minipatio fleuri.

Accès : de la place Porte de Saint-Cloud, s'engager dans la rue Michel-Ange, prendre la 1re rue à droite puis la 2e à gauche

PARIS - 75019

6 HOTEL LAUMIÈRE

Mme Desprat

4 rue Petit
75019 Paris
Tel. 01 42 06 10 77
Fax 01 42 06 72 50
le-laumiere@wanadoo.fr
www.hotel-lelaumiere.com

Ouvert toute l'année • 54 chambres proposant salles de bains WC ou douches WC et télévision • 51 à 69 € pour 2 personnes ; petit-déjeuner 7 € • Pas de restaurant

On a aimé **Respirer une bouffée d'oxygène dans le pittoresque parc des Buttes-Chaumont.**

Ce charmant petit hôtel tenu par la même famille depuis 1931 compense son éloignement des curiosités parisiennes classiques par de nombreux atouts : son intérieur rénové dans un style contemporain est bien séduisant, il dispose d'un écrin de verdure où l'on prend son petit-déjeuner dès les premiers rayons du soleil et la station de métro Laumière se trouve juste à côté. Pour plus de calme et d'espace, tentez de réserver l'une des quatres chambres donnant sur le riant jardinet.

Accès : place de la Bataille de Stalingrad, s'engager avenue Jean-Jaurès, prendre à droite rue Armand-Carrel, puis 2e à gauche et 2e à droite

BRAY-SUR-SEINE - 77480

7 LA FERME DE TOUSSACQ

Mme Colas

Hameau de Toussacq
77480 Bray-sur-Seine
Tel. 01 64 01 82 90
Fax 01 64 01 82 61
toussacq@terre-net.fr
www.hameau-de-toussacq.com

Ouvert toute l'année • 5 chambres non-fumeurs avec salles de bains WC • 48 € pour 2 personnes, petit-déjeuner compris • Table d'hôte 13 à 15 € (sur réservation uniquement) • Jardin, parc, parking. Cartes de crédit non acceptées • Visite de la chapelle et du pigeonnier

On a aimé

L'environnement champêtre, sur les bords de Seine.

Ne faites surtout pas demi-tour en découvrant l'aspect un peu austère de la ferme du 17e s. qui vous fait face ; intéressez-vous plutôt aux anciens communs du château, patiemment restaurés depuis 25 ans, car c'est là que vous dormirez. Les chambres, mansardées, sont simples. La salle des petits-déjeuners, à la fois rustique et moderne, est plaisante. Le parc qui héberge une fontaine, une chapelle et un pigeonnier est également habité par quelques moutons. À table, produits « maison ».

Accès : à 20 km au Sud de Provins par la route de Nogent-sur-Seine (N 19), puis la D 78 et la D 411

BRÉAU - 77720

8 LA FERME DU COUVENT

M. et Mme Legrand

Rue de la Chapelle Gauthier
77720 Bréau
Tel. 01 64 38 75 15
Fax 01 64 38 75 15
ferme.couvent@wanadoo.fr
www.lafermeducouvent.fr

Ouvert toute l'année • 13 chambres • 50 € pour 2 personnes, petit-déjeuner compris • Table d'hôte 17 à 18 € (sur réservation, uniquement en semaine) • Jardin, parc. Cartes de crédit non acceptées • Tennis, promenades en ballon dirigeable ou montgolfière

On a aimé

Survoler la Brie en montgolfière.

On ne peut rêver endroit plus calme et plus reposant que cette ferme briarde du 18e s. sise au milieu d'un parc de 7 ha perdu en pleine campagne. Les chambres, mansardées et repeintes dans des tons crème, sont garnies d'un plaisant mobilier contemporain. Les amateurs de sensations seront ravis d'embarquer à bord de la montgolfière multicolore des propriétaires, aérostiers expérimentés. Une belle façon de découvrir la Brie !

Accès : 14,5 km à l'Est de Vaux-le-Vicomte par la route de Provins (D 408) et la D 227 à gauche

CRÉCY-LA-CHAPELLE - 77580

9 LA HÉRISSONIÈRE

M. Bordessoule et M. Besselieure

4 rue du Barrois
77580 Crécy-la-Chapelle
Tel. 01 64 63 00 72
Fax 01 64 63 09 06
laherissoniere@free.fr

Fermé du 3 janvier au 28 février et du 15 novembre au 15 décembre • 5 chambres • 60 € pour 2 personnes, petit-déjeuner compris • Table d'hôte de 20 à 35 € (dîner uniquement) • Jardin. Cartes de crédit non acceptées

On a aimé

La situation « les pieds dans l'eau ».

Cette charmante demeure du 18e s. jouit d'une situation privilégiée au bord du Morin dans un joli village où séjourna le peintre Corot. L'intérieur, agrémenté de boiseries, poutres en chêne et meubles de famille, séduit. Les chambres, élégantes et confortables, se trouvent toutes côté rivière ; celle qui possède un balcon est particulièrement agréable. L'été, dîner sous la pergola est un enchantement.

Accès : près de la place de l'Église

ÉCHOUBOULAINS - 77830

10 FERME DE LA RECETTE

Famille Dufour

Au hameau d'Échou
77830 Échouboulains
Tel. 01 64 31 81 09
Fax 01 64 31 89 42
fermedelarecette@aol.com
www.aubergeetfermeauberge.com

Fermé pendant les vacances de février • 7 chambres équipées de salles de bains WC et de télévision • 48 € pour 2 personnes, petit-déjeuner compris • Table d'hôte de 17 à 30 € • Chiens non admis dans les chambres

On a aimé

L'excellent accueil des patrons, agriculteurs de leur état.

Cette ferme dont l'origine remonte au 12e s. fut jadis la propriété de l'abbaye cistercienne de Preuilly. Elle abrite aujourd'hui des chambres douillettes pourvues de couettes moelleuses. Côté auberge, vous serez accueilli dans une salle à manger au beau décor de poutres et pierres apparentes ; réservez de préférence une table près des fenêtres, afin de profiter de la vue sur l'étang et les prés où paissent de jolies Blondes d'Aquitaine.

Accès : à 11 km au Nord de Montereau-Fault-Yonne par la N 105, route de Melun puis la D 107 à Valence-en-Brie

LÉSIGNY - 77150

11 HÔTEL DU GOLF

M. Moatti

Ferme des Hyverneaux
77150 Lésigny
Tel. 01 60 02 25 26
Fax 01 60 02 03 84
reservation@parisgolfhotel.com
www.parisgolfhotel.com

Ouvert toute l'année • 48 chambres dont 2 accessibles aux handicapés physiques, toutes disposent de salles de bains WC et de télévision • 65 à 95 € (65 à 85 € basse saison) pour 2 personnes ; petit-déjeuner 10 € • Parking fermé • Golf

On a aimé **L'insonorisation efficace des chambres : l'hôtel borde la Francilienne.**

L'hôtel a été aménagé sur les vestiges d'une abbaye du 12e s., préservés dans la mesure du possible. L'adjonction de vastes verrières et de murs en briques de verre apporte luminosité et modernité aux lieux. Chambres fonctionnelles et restaurant sous charpente donnent sur le parcours de golf 18 trous couvrant 100 ha. Le club-house dispose, pour sa part, d'une terrasse à fleur de green.

Accès : se rendre à Lésigny par la Francilienne ou par l'A 4 (sortie nº 19), puis prendre la direction du golf

LIZINES - 77650

12 CHAMBRE D'HÔTE M. DORMION

M. et Mme Dormion

2 rue des Glycines
77650 Lizines
Tel. 01 60 67 32 56
Fax 01 60 67 32 56

Ouvert toute l'année • 5 chambres non-fumeurs mansardées et disposant d'un coin cuisine • 43 € pour 2 personnes, petit-déjeuner compris • Pas de table d'hôte • Grand jardin avec verger et pelouse, parc. Cartes de crédit non acceptées, chiens non admis

On a aimé **L'entretien irréprochable des chambres.**

Voici plus de 11 ans que cette ferme, vieille de trois siècles et toujours en activité, héberge et restaure les visiteurs de la région. Ses chambres, mansardées, décorées dans un style rustique et d'une propreté sans faille, possèdent toutes un coin cuisine bien équipé. La salle des petits-déjeuners, aménagée dans l'ancienne grange, est très lumineuse avec sa grande baie vitrée. Le jardin engazonné et planté d'un verger invite à s'attarder.

Accès : à 15 km au Sud-Ouest de Provins par la N 19 et la D 209

MONTIGNY-SUR-LOING - 77690

13 CHAMBRE D'HÔTE M. GICQUEL

M. et Mme Gicquel

46 rue René-Montgermont
77690 Montigny-sur-Loing
Tel. 01 64 45 87 92

Ouvert toute l'année • 2 chambres • 46 € pour 2 personnes, petit-déjeuner compris • Pas de table d'hôte • Cartes de crédit non acceptées

On a aimé **Sillonner les ruelles de ce pittoresque village de poche.**

Une charmante cour pavée devance cette ancienne écurie reconvertie en maison d'hôte. Les chambres, aménagées sous les toits, recèlent de belles poutres apparentes et des armoires anciennes ; toutes sont très calmes. Le petit-déjeuner est servi dans une belle salle dont le plafond s'orne de paniers en osier. Adresse intéressante pour partir à la découverte de la vallée du Loing.

Accès : à 7 km au Sud-Ouest de Moret-sur-Loing par la D 104

NEUFMOUTIERS-EN-BRIE - 77610

14 BELLEVUE

M. et Mme Galpin

77610 Neufmoutiers-en-Brie
Tel. 01 64 07 11 05
Fax 01 64 07 19 27
bellevue@fr.st
www.bellevue.fr.st

Ouvert toute l'année • 7 chambres dont 5 en annexe, toutes équipées de salles de bains avec WC et de télévision • 55 à 74 € pour 2 personnes, petit-déjeuner compris • Pas de table d'hôte • Jardin, parking

On a aimé **Le cadre élégant de cette maison de maître briarde du 19e s.**

Ne rebroussez pas chemin en pénétrant dans la zone pavillonnaire : vous le regretteriez car, côté jardin, cette élégante demeure bourgeoise du 19e s. s'ouvre sur les champs de la Brie à perte de vue. Les chambres agrandies d'une mezzanine ne manquent pas de charme. Les deux lodges, avec jardin privatif et transats, sont des plus agréables. Les petits-déjeuners se prennent dans une magnifique salle à manger agrémentée de poutres, d'un dallage ancien et d'une belle table en bois.

Accès : à 10 km au Sud de Disneyland-Paris, par l'A 4 prendre la sortie nº 13, la D 231 puis la D 96

ORMEAUX - 77540

15 LA FERME DU VIEUX CHÂTEAU

Mme Maegerlein

Chemin du Pont-Levis
77540 Ormeaux
Tel. 06 78 02 25 17
BandB77@wanadoo.fr
www.chambres-table-hotes.com

Ouvert toute l'année sur réservation • 4 chambres non-fumeurs équipées de télévision • 48 à 65 € pour 2 personnes, petit-déjeuner compris • Table d'hôte de 13 à 55 € • Jardin, parking. Cartes de crédit non acceptées, chiens non admis dans les chambres

On a aimé

La chaleur de l'ambiance « guesthouse ».

Point de vieux château, mais une ferme du 18e s. magnifiquement restaurée qui satisfera les plus exigeants. La décoration intérieure est très réussie : matériaux nobles, mobilier d'époque, collections d'outils anciens et d'art populaire... Les chambres, « cosy », sont équipées de douches à hydrojets. Le salon « cathédrale » recèle une immense cheminée Louis XIII. La détente ? Promenades et initiation à l'attelage avec Ivoire, la jument comtoise, et box pour vos propres chevaux.

Accès : au bourg

POMMEUSE - 77515

16 LE MOULIN DE POMMEUSE

M. et Mme Thomas

32 avenue du Général-Herne
77515 Pommeuse
Tel. 01 64 75 29 45
Fax 01 64 75 29 45
info@le-moulin-de-pommeuse.com
www.le-moulin-de-pommeuse.com

Ouvert toute l'année • 6 chambres non-fumeurs • 58 € pour 2 personnes, petit-déjeuner compris • Table d'hôte 20 à 25 € • Parc, parking. Chiens non admis • Moulin à eau dont la 1ère datation remonte au 14e s

On a aimé

L'hospitalité chaleureuse et délicate du moulin.

Voici bien une adresse où, à peine arrivé, on se sent déjà comme chez soi. Il faut dire que la maîtresse de maison sait recevoir : pot de bienvenue, muguet pour les dames le 1er mai, cadeaux à Noël... Le cadre - un moulin à eau dont l'origine remonte au 14e s. - est ravissant, de même que les chambres aux noms évocateurs : Semailles, Moisson, Batteuse... Pour la détente, vous hésiterez entre le petit salon aménagé dans l'ancienne machinerie et le parc où se cache... une île !

Accès : à 5 km à l'Ouest de Coulommiers par la N 34 puis route secondaire

PROVINS - 77160

17 **FERME DU CHATEL**

M. Lebel

5 rue de la Chapelle-Saint-Jean
77160 Provins
Tel. 01 64 00 10 73
Fax 01 64 00 10 99
fermeduchatel@wanadoo.fr

Ouvert toute l'année • 5 chambres non-fumeurs, toutes équipées de salles de bains • 44 à 46 € pour 2 personnes • Pas de table d'hôte • Jardin, parking. Chiens non admis

On a aimé **Paresser dans le jardin-verger.**

Cette habitation dont la construction s'est échelonnée du 12e au 18e s. jouit d'un atout majeur : sa situation au cœur de la cité médiévale. Ses chambres, sous charpente apparente, sont calmes et impeccablement tenues, et leurs salles de bains sont bien équipées. Vous prendrez vos petits-déjeuners dans une salle rustique fort sympathique et digérerez dans le vaste jardin planté d'arbres fruitiers, mis à la disposition des hôtes.

Accès : dans la cité médiévale

SAINT-GERMAIN-SUR-MORIN - 77860

18 **LES HAUTS DE MONTGUILLON**

M. et Mme Legendre

22 rue de Saint-Quentin
Hameau de Montguillon
77860 Saint-Germain-sur-Morin
Tel. 01 60 04 45 53
Fax 01 60 42 28 59
chantal.legendre@wanadoo.fr

Ouvert toute l'année • 3 chambres dont 2 à l'étage équipées de salles de bains WC • 60 € pour 2 personnes, petit-déjeuner compris • Jardin, parking. Cartes de crédit non acceptées • À proximité de Disneyland Paris

On a aimé **La décoration gaie et colorée.**

Cet ancien corps de ferme patiemment restauré se trouve à quelques encablures de Disneyland Paris. Ses chambres, où contrastent dominante pastel et poutres sombres, sont dotées de grands lits, d'armoires ou commodes glanées dans les brocantes et de salles de bains dernier cri. Dans les pièces à vivre, notamment le hall d'entrée avec son ancien four à pain, cohabitent aussi l'ancien et le moderne. Aux beaux jours, vous apprécierez le jardin arboré, impeccablement entretenu.

Accès : au sud de St-Germain-sur-Morin, sur les hauteurs de Montguillon

VARREDDES - 77910

19 AUBERGE DU CHEVAL BLANC

Mme Cousin

55 rue Victor-Clairet
77910 Varreddes
Tel. 01 64 33 18 03
Fax 01 60 23 29 68
r.cousin2@libertysurf.fr
www.auberge-cheval-blanc.fr

Fermé du 1er au 24 août, dimanche soir, lundi et mardi midi • 8 chambres avec salles de bains WC et télévision • 76 à 95 € pour 2 personnes ; petit-déjeuner 9 € • Menus 33 à 49 € • Jardin, parking clos

On a aimé **L'agréable terrasse arborée et fleurie.**

Cet ancien relais de poste abrite des chambres-bonbonnières récemment refaites - tissus Lelièvre, meubles en pin et en fer forgé, planchers en teck dans les salles de bains - et une salle à manger bourgeoise décorée de natures mortes, où l'on sert une cuisine au goût du jour mettant en valeur les produits du terroir... N'oubliez surtout pas de goûter à l'incontournable brie de Meaux !

Accès : sur la rue principale du village

VOSVES - 77190

20 LA FERME DE VOSVES

Mme Lemarchand

155 rue de Boissise
77190 Vosves
Tel. 01 64 39 22 28
Fax 01 64 79 17 26
contact@fermedevosves.com
www.fermedevosves.com

Fermé du 21 décembre au 3 janvier • 2 chambres • 50 à 65 € pour 2 personnes, petit-déjeuner compris • Pas de table d'hôte • Jardin, parking. Cartes de crédit non acceptées, chiens non admis

On a aimé **La simplicité des lieux et de l'accueil.**

On se sent très vite à l'aise dans cette ancienne ferme aux volets verts, agrémentée d'un joli puits et de deux coquets jardins plantés d'arbres fruitiers et de fleurs. La maîtresse de maison, d'une grande gentillesse, cultive la simplicité. Les chambres, réparties dans différents bâtiments, sont sans luxe mais très tranquilles. Plaisants salon doté d'un piano et salle à manger décorée d'une cheminée et d'aquarelles « maison ».

Accès : à 10 km au Nord de Barbizon par la N 7 et la D 372, puis la rue de la Gare

MOISSON - 78840

21 LE PRIEURÉ MAÏALEN

M. et Mme Lévi

4 allée du Jamboree
78840 Moisson
Tel. 01 34 79 37 20
Fax 01 34 79 37 58
blevi@free.fr

Ouvert toute l'année • 3 chambres avec salles de bains WC • 59 € pour 2 personnes, petit-déjeuner compris • Table d'hôte 21 € (uniquement sur réservation) • Jardin, parking. Cartes de crédit non acceptées, chiens non admis • Piscine de plein air. À proximité : golf, équitation, tennis et base de loisirs

On a aimé **Faire une balade dans une des voitures de collection du patron.**

Très agréable étape, au cœur d'un village cher à Monet, que cet ancien prieuré du 16e s. La décoration intérieure a été longuement pensée et chaque pièce est une réussite. La chambre « Bateau » renferme une authentique maquette de voilier du 18e s., « Shéhérazade » invite au dépaysement et « Provence » affiche de belles couleurs ensoleillées. Le salon, agrémenté de meubles anciens, bibelots et d'une collection de disques vinyle, et le grand jardin fleuri sont parfaits pour la détente.

Accès : à 3 km au Sud-Est de la Roche-Guyon

MONTAINVILLE - 78124

22 LA FAUCONNERIE DU ROY

M. et Mme Oger

1 rue de l'Ormoir
78124 Montainville
Tel. 01 34 75 17 24
oger@lafauconnerie.com
www.lafauconnerie.com

Fermé les 24 et 25 décembre • 2 chambres et 1 gîte • 75 à 80 € pour 2 personnes • Pas de table d'hôte • Parking. Cartes de crédit non acceptées, chiens non admis • Piscine de plein air

On a aimé **La dimension historique des bâtiments, remarquablement conservés.**

Étape de caractère que cette fauconnerie bâtie en 1680 à la demande de Louis XIV. L'authenticité y est omniprésente : escalier et portes en bois sculpté d'origine, sol carrelé de terre cuite, meubles anciens, piano dans la salle des petits-déjeuners... Les chambres, équipées d'une très bonne literie et de salles de bains de qualité, s'agrémentent d'un ciel de lit ou d'un baldaquin. Côté détente : piscine, parc avec jeux pour les enfants et prêt de vélos.

Accès : 6 km à l'Est de Thoiry par la D 45, route de Maule et route à droite

POIGNY-LA-FORÊT - 78125

23 LE CHÂTEAU

M. Le Bret

2 rue de l'Église
78125 Poigny-la-Forêt
Tel. 01 34 84 73 42
Fax 01 34 34 74 38
lemanoirdepoigny@wanadoo.fr

Ouvert toute l'année • 6 chambres dont 1 familiale • 60 à 68 € pour 2 personnes, petit-déjeuner compris • Pas de table d'hôte • Jardin, parking. Chiens non admis

On a aimé **La décoration très recherchée de cette demeure du 19e s.**

Magique ! C'est le mot qui définit le mieux cet étonnant manoir du 19e s. décoré de meubles et d'objets rapportés du monde entier. Partout, les époques et les styles s'entrechoquent en douceur. Chacune des chambres développe un thème : Maroc, Indonésie, Louis XIII, Coca-Cola... Le jardin, peuplé de canards, jars, chiens et chevaux, a quant à lui un petit air d'arche de Noé fort sympathique. Une adresse à découvrir absolument !

Accès : à 8 km au Nord-Ouest de Rambouillet par la D 936 puis la D 107

MOIGNY-SUR-ÉCOLE - 91490

24 CHAMBRE D'HÔTE MONSIEUR LENOIR

M. Lenoir

9 rue du Souvenir
91490 Moigny-sur-École
Tel. 01 64 98 47 84
lenoir@aol.com
www.compagnie-des-clos.com

Ouvert toute l'année • 4 chambres dont 1 de plain-pied • 55 à 60 € pour 2 personnes, petit-déjeuner compris • Table d'hôte 16 € • Jardin. Cartes de crédit non acceptées

On a aimé **Le jardin clos paysager, bien à l'abri des regards.**

De hauts murs de clôture protègent des regards cette belle maison en pierre ordonnée autour d'un jardin aux essences variées. Les chambres, décorées avec soin, sont d'un calme absolu. Celle qui possède une mezzanine est très pratique pour les familles. La salle des petits-déjeuners, aménagée dans l'ancien poulailler, a conservé les niches en pierre où jadis pondaient les poules. Une adresse attrayante où vous serez reçu, qui plus est, avec courtoisie.

Accès : 3,5 km au Nord de Milly-la-Forêt

CHÉRENCE - 95510

25 CHAMBRE D'HÔTE LE SAINT-DENIS

Mme Pernelle

1 rue des Cabarets
95510 Chérence
Tel. 01 34 78 15 02

Ouvert toute l'année (sur réservation) • 5 chambres équipées de salles de bains • 58 à 62 € pour 2 personnes, petit-déjeuner compris • Pas de table d'hôte • Jardin, parking. Cartes de crédit non acceptées, chiens non admis

On a aimé **Les copieux petits-déjeuners.**

Cette jolie bâtisse en pierre du délicieux village médiéval de Chérence abritait jadis un hôtel-restaurant. Reconvertie en maison d'hôte en 1996, elle propose de petites chambres simples, parfois un peu biscornues en raison de l'ancienneté du lieu. Le rez-de-chaussée, également plein de recoins, abrite la salle à manger et le salon agrémenté d'une cheminée. Le ravissant jardin constitue aussi un bel atout, et y lézarder en été est un vrai bonheur. Accueil prévenant.

Accès : à 4 km au Nord-Est de la Roche-Guyon par la D 100

PARMAIN - 95620

26 CHAMBRE D'HÔTE MONSIEUR DELALEU

M. Delaleu

131 rue du Maréchal-Foch
95620 Parmain
Tel. 01 34 73 02 92
Fax 01 34 08 80 76
ladelaleu@minitel.net

Ouvert toute l'année • 4 chambres • 49 € pour 2 personnes, petit-déjeuner compris • Pas de table d'hôte • Jardin, parking. Cartes de crédit non acceptées, chiens non admis

On a aimé **Les salles de bains particulièrement originales.**

Voici une maison d'hôte où, à peine les bagages posés, on se sent déjà parfaitement bien. Les chambres, spacieuses et colorées, ont chacune été baptisées d'un nom de carte à jouer : Pique, Cœur, Carreau et Trèfle. Mais ce sont les salles de bains, originales et toutes différentes, qui vous étonneront le plus. La cave voûtée transformée en salle de jeux, le miniterrain de football et la visite de la ferme, toujours en activité, amuseront les enfants.

Accès : 1 km à l'Ouest de l'Isle-Adam par la D 64

LANGUEDOC-ROUSSILLON

Kaléidoscope, voici le mot qui convient pour évoquer la diversité des paysages et des cultures du Languedoc-Roussillon : au rythme endiablé des sardanes et des ferias, vous serez tour à tour séduit par la beauté vertigineuse des gorges du Tarn, l'altière splendeur des Pyrénées catalanes, l'envoûtante atmosphère des grottes peuplées de statues de pierre, l'admirable solitude des « citadelles du vertige » témoins du drame cathare, les entêtants parfums de la garrigue brûlée par le soleil méditerranéen, la grâce nonchalante des flamands roses colonisant les étangs littoraux, la splendeur des remparts de Carcassonne, l'exubérance ornementale des retables catalans, la quiétude du canal du Midi, la rude majesté des montagnes cévenoles… Saisissants contrastes, générateurs de sensations fortes qui mettent l'estomac à rude épreuve : à vous d'y remédier avec une pleine assiette d'aligot, une bourride « comme on n'en fait plus » ou une ventrée de cassoulet, suivis d'un roquefort affiné juste ce qu'il faut et arrosés d'un petit vin de pays à la belle couleur rubis.

- Aude (11)
- Gard (30)
- Hérault (34)
- Lozère (48)
- Pyrénées-Orientales (66)

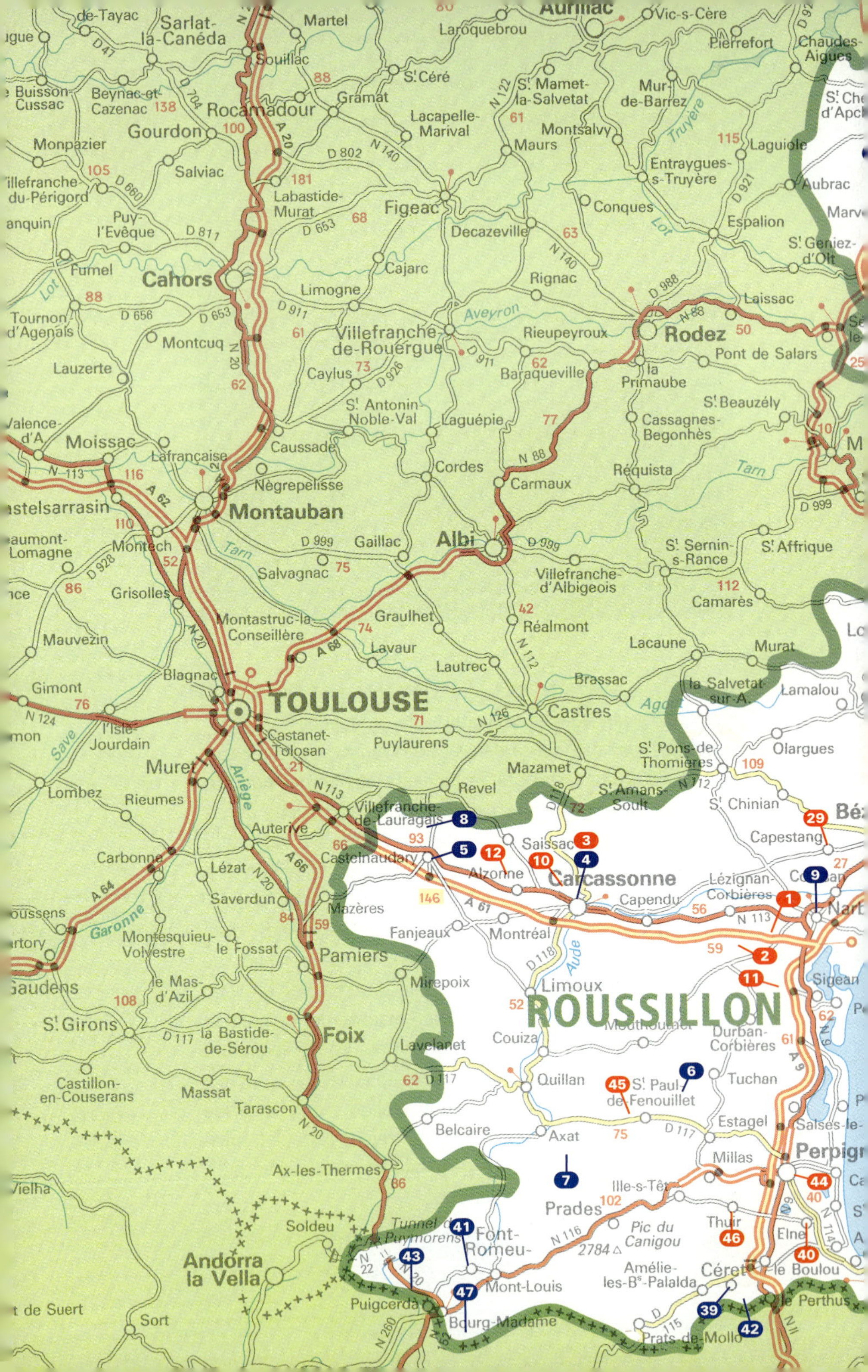

de-Tayac
Sarlat-la-Canéda
Martel
Laroquebrou
Aurillac
Vic-s-Cère
Pierrefort
Chaudes-Aigues
Souillac
Buisson-Cussac
Beynac-et-Cazenac
Rocamadour
Gramat
St Céré
St Mamet-la-Salvetat
Mur-de-Barrez
Truyère
St Chely-d'Apcher
Gourdon
Lacapelle-Marival
Montsalvy
Laguiole
Monpazier
Salviac
Maurs
Entraygues-s-Truyère
Villefranche-du-Périgord
Labastide-Murat
Figeac
Conques
Aubrac
Marvejols
Puy-l'Evêque
Decazeville
Espalion
St Geniez-d'Olt
Fumel
Cahors
Cajarc
Rignac
Lot
Limogne
Laissac
Tournon-d'Agenais
Montcuq
Villefranche-de-Rouergue
Aveyron
Rieupeyroux
Rodez
Pont de Salars
Lauzerte
Caylus
Baraqueville
la Primaube
St Antonin-Noble-Val
Laguépie
St Beauzély
Valence-d'A
Moissac
Lafrançaise
Caussade
Cassagnes-Begonhès
Cordes
Carmaux
Réquista
Tarn
Nègrepelisse
Castelsarrasin
Montauban
Beaumont-de-Lomagne
Montech
Gaillac
Albi
St Sernin-s-Rance
St Affrique
Salvagnac
Villefranche-d'Albigeois
Grisolles
Camarès
Graulhet
Réalmont
Montastruc-la-Conseillère
Mauvezin
Lavaur
Lacaune
Murat
Lautrec
Gimont
Blagnac
Brassac
la Salvetat-sur-A.
Lamalou
TOULOUSE
Castres
Agout
L'Isle-Jourdain
Castanet-Tolosan
Puylaurens
St Pons-de-Thomières
Olargues
Save
Muret
Mazamet
Lombez
Rieumes
Ariège
Revel
St Amans-Soult
St Chinian
Villefranche-de-Lauragais
Saissac
Capestang
Auterive
Castelnaudary
Carbonne
Lézat
Alzonne
Carcassonne
Lézignan-Corbières
Capendu
Saverdun
Mazères
Garonne
Montesquieu-Volvestre
le Fossat
Fanjeaux
Montréal
Pamiers
Mirepoix
Limoux
Aude
Sigean
le Mas-d'Azil
ROUSSILLON
St Girons
la Bastide-de-Sérou
Foix
Durban-Corbières
Couiza
Mouthoumet
Lavelanet
Castillon-en-Couserans
Massat
Quillan
St Paul-de-Fenouillet
Tuchan
Tarascon
Belcaire
Axat
Estagel
Salses-le-Château
Ax-les-Thermes
Millas
Perpignan
Vielha
Ille-s-Têt
Prades
Soldeu
Tunnel du Puymorens
Font-Romeu
Pic du Canigou
Thuir
Elne
Andorra la Vella
2784
Amélie-les-Bs-Palalda
Céret
le Boulou
Mont-Louis
Puigcerdà
le Perthus
Bourg-Madame
Sort
Prats-de-Mollo
Pont de Suert

LANGUEDOC-
Monistrol-d'A.
le Cheylard
la Voulte
Chabeuil
Léoncel
de-C.
Clelles
Pradelles
Privas
Livron
Crest
Die
Loriol
le Pouzin
Saillans
Drôme
Châtillon-en-Diois
Langogne
Thueyts
Vals-les-Bains
Aubenas
Rochemaure
le Teil
Bourdeaux
Luc-en-Diois
Châteauneuf-de-Randon
Largentière
Montélimar
Dieulefit
Aspres
Joyeuse
Viviers
Vallon-Pont-d'Arc
Rémuzat
Bagnols-les-Bains
Villefort
Grignan
Serre
Génolhac
les Vans
Bourg-St-Andéol
Pierrelatte
Nyons
Florac
Barjac
Bollène
Buis-les-Baronnies
Laragne-Montéglin
la Grand-Combe
Pont-St-Esprit
Vaison-la-Romaine
Barre-des-Cévennes
St-Ambroix
Cèze
Séderon
Sist
Bagnols-s-Cèze
Malaucène
1909
Mt Ventoux
Orange
Alès
Sault
St-Jean-du-Gard
Vézénobres
Carpentras
Banon
Anduze
Uzès
Sorgues
Forcalquier
Vigan
Ledignan
Remoulins
Avignon
Apt
Ganges
Gard
Quissac
St-Rémy-de-P.
Cavaillon
Manosque
Nîmes
Beaucaire
Cadenet
St-Martin-de-Londres
Sommières
Tarascon
Sénas
Pertuis
les Baux
Durance
St-Gilles
Salon-de-P.
Lambesc
Hérault
Gignac
Lunel
Arles
Peyrolles
Montpellier
Petit Rhône
Istres
Aix-en-Pro
Palavas
la Gde Motte
Aigues-Mortes
Martigues
St-Maxim
la-Ste-Ba
Fos
Sète
Stes-Maries-de-la-Mer
Port-St-Louis
Aubagn
MARSEILLE
le Cap d'Agde
Cassis
la Ciotat
Band
-Plage
GOLFE DU LION
M É D I T E R R

BIZANET - 11200

1 DOMAINE DE SAINT-JEAN

M. et Mme Delbourg

11200 Bizanet
Tel. 04 68 45 17 31
Fax 04 68 45 17 31

Ouvert toute l'année • 4 chambres à l'étage de l'ancienne cuverie, toutes équipées de salles de bains • 55 à 65 € pour 2 personnes, petit-déjeuner compris • Pas de table d'hôte • Jardin. Cartes de crédit non acceptées, chiens non admis

On a aimé **Les délicieux moments passés au salon, aménagé dans l'ancienne cave à vins.**

Entre vignes et pins, cette grande maison vigneronne du 19e s. ouvre ses portes aux amateurs de calme et d'authenticité. Ses chambres, décorées de motifs peints à la main sur les meubles et les murs, empruntent leur nom aux aïeux des propriétaires ; celle dotée d'une terrasse privative offre une jolie vue sur le massif de Fontfroide. Le jardin, entretenu par le patron pépiniériste, invite au repos.

Accès : à 2,5 km au Nord-Ouest de l'abbaye par la D 613, direction Lagrasse puis par une route secondaire

BOUTENAC - 11200

2 LA BASTIDE DES CORBIÈRES

M. et Mme Camel

17 rue de la Révolution
11200 Boutenac
Tel. 04 68 27 20 61
Fax 04 68 27 62 71
bastide.corbières@wanadoo.fr
www.bastide-corbieres.com

Fermé du 15 janvier au 15 février et du 15 au 30 novembre • 5 chambres équipées de salles de bains et de WC • 79 à 84 € (70 à 75 € basse saison) pour 2 personnes, petit-déjeuner compris • Table d'hôte 29 € (uniquement le soir sauf le mardi et le vendredi) • Terrasse, jardin. Chiens non admis • Salon de lecture ping-pong, location de VTT

On a aimé **L'apéritif offert pour vous souhaiter la bienvenue.**

Maison de maître de la fin du 19e s.où le confort d'aujourd'hui cohabite à merveille avec l'atmosphère d'antan. « Cinsault », « Carignan », « Grenache » « Syrah », « Chardonnay » : les chambres, amples colorées et parfois dotées de meubles anciens, portent chacune le nom d'un cépage entrant dans l'élaboration du corbières. Le jardin, où abondent rosiers, iris pivoines, buis et acacias, offre un cadre plaisant pour les petits-déjeuners et les repas.

Accès : à 7,5 km au Sud de Lézignan par la D 61 direction Luc-sur-Orbieu

3 LA MAISON SUR LA COLLINE

Mme Galinier

Lieu-dit Sainte-Croix
11000 Carcassonne
Tel. 04 68 47 57 94
Fax 04 68 47 57 94
contact@lamaisonsurlacolline.com
www.lamaisonsurlacolline.com

Fermé du 1er décembre à février • 6 chambres équipées de salles de bains et de télévision • 65 à 85 € pour 2 personnes, petit-déjeuner compris • Table d'hôte 27 € (uniquement dîner sur réservation) • Jardin, parking. Cartes de crédit non acceptées • Piscine de plein air

On a aimé **Paresser dans le jardin qui, l'été venu, résonne du chant des cigales.**

Idéale pour se détendre, cette paisible ferme juchée sur une colline où poussent genêts, cyprès, thym et menthe sauvage... face à la cité de Carcassonne ! Les chambres, spacieuses, carrelées de tomettes anciennes, sont garnies de meubles et bibelots chinés ici et là. Chacune d'entre elles se voit attribuer une couleur différente : bleu, jaune, beige... ; la « blanche » possède un jardinet privatif. L'été, les petits-déjeuners sont servis au bord de la piscine.

Accès : à 1 km au Sud de la Cité par la route de Sainte-Croix

CARCASSONNE - 11000

4 MONTSÉGUR

M. Faugeras

27 allée d'Iéna
11000 Carcassonne
Tel. 04 68 25 31 41
Fax 04 68 47 13 22
info@hotelmontsegur.com
www.hotelmontsegur.com

Fermé du 20 décembre au 1er février • 21 chambres réparties sur 3 étages, avec salles de bains WC ou douches WC, toutes climatisées et disposant de télévision • 70 à 92 € (67 à 88 € basse saison) pour 2 personnes ; petit-déjeuner 9 € ; possibilité de demi-pension • Menus de 22 à 40 € • Parking fermé

On a aimé **L'inoubliable tour des remparts de la Cité.**

Maison de maître de la fin du 19e s. aux portes de la ville basse. Les chambres, progressivement rafraîchies, conservent un indéniable charme désuet grâce à leurs jolis meubles anciens fleurant bon l'encaustique. Parquet en point de Hongrie, luminaire « rétro » et cheminée en marbre : le salon a préservé ses attributs bourgeois. La salle des petits-déjeuners s'agrémente, pour sa part, d'un vieux vaisselier.

Accès : en venant de Castelnaudary par la N 113 (av. du Président F.- Roosevelt), tourner à droite au Pont d'Artigues

CASTELNAUDARY - 11400

5 HÔTEL DU CANAL

M. Brajeux et Mme Geli

2 ter avenue Arnaut-Vidal
11400 Castelnaudary
Tel. 04 68 94 05 05
Fax 04 68 94 05 06
hotelducanal@wanadoo.fr
www.hotelducanal.com

Ouvert toute l'année • 38 chambres : la moitié ont vue sur le canal, les autres sur le jardin ; toutes sont dotées de salles de bains WC et de télévision, 2 sont accessibles aux handicapés physiques. ADSL illimité 5€ la nuit • 49 à 59 € pour 2 personnes ; petit-déjeuner de 6 à 9 € • Pas de restaurant • Jardin, parking • Salon de billard

On a aimé **La promenade aménagée sur la berge du canal du Midi, aux portes de l'hôtel.**

Cette belle bâtisse ocre abrita une usine à chaux au 19e s. Les chambres, fonctionnelles, manifestent peu de caractère, mais toutes sont au calme et donnent soit sur le jardin, soit sur le canal du Midi. L'hôtel, en effet, est idéalement implanté sur les bords de ce dernier, permettant de petit-déjeuner l'été au fil de l'eau ! Et n'oubliez pas que le fameux cassoulet amoureusement mitonné dans les restaurants castelnaudariens n'attend que votre joli coup de fourchette...

Accès : direction Pamiers, au bord du Canal du Midi

CUCUGNAN - 11350

6 AUBERGE DE CUCUGNAN

M. Villa

2 place de la Fontaine
11350 Cucugnan
Tel. 04 68 45 40 84
Fax 04 68 45 01 52

Fermé en janvier, février, du 1er au 15 mars et le mercredi • 6 chambres à l'étage, toutes climatisées, avec salles de bains WC ou douches WC et télévision • 43 à 50 € pour 2 personnes ; petit-déjeuner 6,50 €; possibilité de demi-pension • Restaurant fermé le mercredi. Menus de 16 à 40 € • Terrasse, parking

On a aimé **Parcourir les petites routes qui bordent le charmant vignoble des Corbières.**

Depuis plusieurs années, cette adresse nichée dans un pittoresque village des Corbières jouit d'une solide réputation grâce à la qualité de sa cuisine du terroir ; une ancienne grange tient lieu de salle à manger et les prix ont le grand mérite de rester sages. Désormais, les clients de l'auberge peuvent aussi compter sur des chambres récemment aménagées : murs immaculés, sobre décor égayé de meubles en fer forgé et de tissus colorés, calme et confort les caractérisent. Pensez à réserver !

Accès : dans une ruelle au coeur du village

GINCLA - 11140

7 HOSTELLERIE DU GRAND DUC

M. et Mme Bruchet

2 route de Boucheville
11140 Gincla
Tel. 04 68 20 55 02
Fax 04 68 20 61 22
host-du-grand-duc@ataraxie.fr
www.host-du-grand-duc.com

Fermé du 3 novembre au 1er avril • 12 chambres dotées de salles de bains WC ou douches WC et de télévision • 60 à 67 € ; petit-déjeuner 8 € ; possibilité de demi-pension • Restaurant fermé mercredi midi sauf en juillet-août ; menus de 28 à 58 € • Terrasse, jardin, garage, parking fermé • Situation privilégiée pour partir à la découverte de la Haute Vallée de l'Aude

On a aimé **Dîner aux chandelles face au jardin agrémenté d'un charmant bassin.**

L'imposante façade de cette maison de maître bâtie en 1780 se dresse fièrement au cœur d'une paisible bourgade perdue en plein pays cathare. Les chambres, quoique un peu anciennes, possèdent du caractère. Trois autres, coquettement aménagées, viennent d'être créées dans une seconde bâtisse. Élégante salle à manger rustique que complète une terrasse ombragée par les tilleuls du joli jardin. La forêt voisine réserve aux adeptes des sous-bois de belles balades.

Accès : à Lapradelle, quitter la D 117 (de Quillan à Perpignan) pour prendre la D 22 qui longe le cours de la Bouizane

LA POMARÈDE - 11400

8 HOST. DU CHÂTEAU DE LA POMARÈDE

M. Garcia

Place du Château
11400 La Pomarède
Tel. 04 68 60 49 69
Fax 04 68 60 49 71

Fermé du 12 au 25 mars ; du 11 novembre au 4 décembre ; dimanche soir hors saison, lundi et mardi toute l'année • 6 chambres (et 1 appartement) disposant toutes de salles de bains WC et télévision • 75 à 160 € pour 2 personnes ; petit-déjeuner 12 € ; possibilité de demi-pension • Menus de 16 (en semaine) à 70 € • Terrasse, parking

On a aimé **... Un peu, beaucoup, passionnément cette exquise vie de château !**

Plaisante adresse tenue par un jeune couple passionné, dans un paisible hameau proche de la Montagne noire. Récemment créé dans les dépendances d'une forteresse médiévale, l'établissement ne manque ni d'atouts, ni de charme avec ses sept chambres aménagées de fraîche date, son élégante salle à manger (colombages et mobilier en fer forgé), sa terrasse tournée vers la vallée et sa cuisine de caractère, très au goût du jour, qui lui a valu un « macaron » au Michelin en 2002.

Accès : en léger retrait de la D 624 qui relie Castelnaudary à Revel

NARBONNE - 11100

9 LA RÉSIDENCE

La Résidence SA

6 rue du 1er-Mai
11100 Narbonne
Tel. 04 68 32 19 41
Fax 04 68 65 51 82

Fermé du 15 janvier au 15 février • 25 chambres réparties sur 2 étages, équipées de salles de bains WC ou douches WC et télévision • 68 à 96 € pour 2 personnes ; petit-déjeuner 8 € • Pas de restaurant • Petit garage • À quelques pas du centre historique

On a aimé **Le plateau du petit-déjeuner accompagné du journal du matin.**

Demeure de la fin du 19e s. transformée en hôtel dans les années 1950. À l'intérieur, le caractère un peu « vieille France » pieusement conservé donne un petit charme « rétro » à l'ensemble. Certaines chambres ouvrent leurs fenêtres sur le palais des Archevêques et la cathédrale. Le livre d'or est bien fourni : hommes politiques, sportifs et artistes ont fait leur cette Résidence, notamment Louis de Funès qui y séjourna longuement lors du tournage du Petit Baigneur.

Accès : sortie Narbonne-Sud, direction centre-ville, franchir le Canal de la Robine, prendre à droite rue Jean-Jaurès et 2ème rue à gauche

PENNAUTIER - 11610

10 CHÂTEAU LE LIET

M. Meynier

11610 Pennautier
Tel. 04 68 11 19 19
Fax 04 68 47 05 22
claudemeynier@aol.com

Fermé de novembre à février • 6 chambres avec vue sur le parc, équipées de salles de bains et WC • 54 à 69 € pour 2 personnes, petit-déjeuner compris • Pas de table d'hôte • Jardin, parc, parking. Chiens non admis • Piscine de plein air, tennis et VTT

On a aimé **Jouer au châtelain, le temps d'un week-end.**

Ce château du 19e s. dresse son imposante façade et ses tourelles au milieu d'un parc boisé, riche d'une flore variée et d'une faune composée de paons, lièvres, faisans, poneys et autres animaux faisant la joie des enfants. Les chambres et suites, au décor soigné, bénéficient de la vue sur cette nature généreuse ; certaines possèdent un balcon. La salle des petits-déjeuners, ouverte sur la verdure, est magnifique.

Accès : à 9 km au Nord-Ouest de Carcassonne par la N 113 puis la D 203

PORTEL-DES-CORBIERES - 11490

11 DOMAINE DE LA PIERRE CHAUDE

M. et Mme Pasternack

Les Campets
11490 Portel-des-Corbières
Tel. 04 68 48 89 79
Fax 04 68 48 14 03
lescampets@aol.com
www.lapierrechaude.com

Fermé du 1er janvier au 15 février • 4 chambres dotées de salles de bains • 69 à 78 € pour 2 personnes, petit-déjeuner compris • Pas de table d'hôte • Terrasse, jardin, parking. Cartes de crédits non acceptées, chiens non admis

On a aimé **Tout !**

Cet ancien chai (18e s.) niché dans un hameau, au milieu des vignes et d'une pinède, fut très joliment restauré en 1960 par un élève de l'architecte Gaudi. Depuis, de constantes améliorations ont permis de transformer le domaine en un agréable lieu de villégiature : ravissantes chambres (terre cuite, fer forgé, meubles patinés, teintes chaleureuses, etc.), joli patio de style andalou aménagé en salon, terrasse ombragée de figuiers, jardin aux essences méridionales... Inoubliable !

Accès : au lieu dit les campets, à 6 km de la réserve africaine, par la D 611 A direction Durban-Corbières

SAINT-MARTIN-LE-VIEIL - 11170

12 ABBAYE DE VILLELONGUE

M. Eloffe

11170 Saint-Martin-le-Vieil
Tel. 04 68 76 92 58
Fax 04 68 76 92 58

Fermé 10 jours en novembre et 10 jours à Noël • 4 chambres • 60 € pour 2 personnes, petit-déjeuner compris • Pas de table d'hôte • Parking, parc, jardin. Cartes de crédit non acceptées, chiens non admis • Visites libres ou guidées tous les jours

On a aimé **Méditer dans les jardins de l'abbaye, avant ou après l'arrivée des visiteurs.**

Vous voilà plongé dans le silence et la solennité d'une ancienne abbaye cistercienne bâtie au 12e s. Mais rassurez-vous, le confort proposé est loin d'être monacal : jolis meubles d'antan, ciels de lit et salles de bains privatives. Toutes les fenêtres des chambres d'hôte s'ouvrent sur le ravissant cloître et son jardinet. L'été, on y dresse quelques tables pour les petits-déjeuners, servis l'hiver dans le cellier des moines restauré en 1998.

Accès : à 5 km au Nord-Ouest par D 64

BAGNOLS-SUR-CEZE - 30200

13 CHÂTEAU DU VAL DE CÈZE

M. Vanneville

69 route d'Avignon
30200 Bagnols-sur-Cèze
Tel. 04 66 89 61 26
Fax 04 66 89 97 37
hotelvaldeceze@sud-provence.com
www.sud-provence.com

Fermé du 1 er janvier au 5 janvier, le samedi et le dimanche d'octobre à mars • 22 chambres climatisées dotées de salles de bains WC et télévision, 1 est accessible aux handicapés physiques ; Internet haut débit dans les chambres • 100 à 123 € pour 2 personnes (98 € basse saison) ; petit-déjeuner 10 € • Pas de restaurant • Parc, parking fermé • Piscine, tennis

On a aimé **Le charme du parc planté d'arbres centenaires.**

Cette élégante demeure du 17e s. nichée dans un parc de 8 ha accueillait autrefois un relais de chasse. Aujourd'hui, la bâtisse principale abrite la réception, le salon et des salles de séminaires. Les chambres, quant à elles, occupent des pavillons répartis sur le domaine. Leur décor opte pour un sobre style provençal : sol en tomettes, mobilier en fer forgé ou en bois peint, tissus aux couleurs régionales et murs blanchis à la chaux. Toutes bénéficient d'une terrasse privative.

Accès : à 1 km au Sud-Est de Bagnols-sur-Cèze sur la route d'Avignon

BARJAC - 30430

14 LA SÉRÉNITÉ

Mme L'Helgoualch

Place de la Mairie
30430 Barjac
Tel. 04 66 24 54 63
Fax 04 66 24 54 63

Fermé de décembre à Pâques • 3 chambres personnalisées, équipées de salles d'eau ou de salles de bains et WC • 70 à 115 € pour 2 personnes, petit-déjeuner compris • Pas de table d'hôte • Terrasse. Cartes de crédit non acceptées, chiens non admis

On a aimé **« Cocooner » dans la chambre-bibliothèque ou devant la cheminée.**

Difficile de ne pas succomber au charme de cette haute demeure du 17e s. qui sent si bon la lavande et la douceur de vivre. Tout ici exhale le raffinement : murs chaulés d'ocre, frises au pochoir, tomettes impeccablement cirées, tentures, bibelots et meubles acquis par la propriétaire antiquaire, chambres personnalisées garnies de draps de lin et de dentelles... On s'y sent bien, et en sus on y savoure, devant la cheminée ou sur la terrasse fleurie en saison, de délicieux petits-déjeuners !

Accès : 6 km à l'Ouest de l'Aven d'Orgnac par la D 317 et la D 176

CASTILLON-DU-GARD - 30210

15 VIC

M. Vic

Mas de Raffin
30210 Castillon-du-Gard
Tel. 04 66 37 13 28
Fax 04 66 37 62 55
m.v.castillon@net-up.com
www.chambresdhotes-vic.com

Ouvert toute l'année • 5 chambres • 70 à 80 € pour 2 personnes, petit-déjeuner compris • Pas de table d'hôte • Jardin, parking. Cartes de crédit non acceptées • Piscine de plein air

On a aimé

La décoration mariant avec bonheur ancien et moderne.

Endroit idyllique que cette ancienne ferme viticole plantée dans un décor naturel de garrigue odorante, d'oliviers centenaires et de vignes. Dans les chambres, colorées de rouge et de jaune, le confort moderne flirte avec les vieilles pierres et les meubles anciens ; certaines sont voûtées, d'autres possèdent une mezzanine. L'été, les petits-déjeuners sont servis sous le mûrier.

Accès : à 4 km au Nord-Est du Pont-du-Gard par la D 19 et la D 228

LA ROQUE-SUR-CÈZE - 30200

16 LA TONNELLE

M. et Mme Rigaud

Place des Marronniers
30200 La Roque-sur-Cèze
Tel. 04 66 82 79 37
Fax 04 66 82 79 37
latonnelle30@aol.com

Ouvert toute l'année • 6 chambres • 72 € pour 2 personnes, petit-déjeuner compris • Pas de table d'hôte • Chiens non admis

On a aimé

La descente en canoë de la Cèze qui coule à deux pas de là.

Située à l'entrée du village, l'adresse est facile à trouver. Sitôt franchi le pas de la porte, vous serez gagné par la joyeuse humeur de la patronne, très accueillante, qui vous fera visiter sa plaisante maison cévenole. Les chambres, sobres et impeccablement tenues, ont chacune été baptisées du nom d'une fleur. L'été, vous prendrez votre petit-déjeuner à l'ombre de la tonnelle, en profitant de la vue en contre-plongée sur le village et sa crête couronnée de cyprès.

Accès : à 17 km au Nord-Ouest de Bagnols-sur-Cèze par la N 86 puis la D 298 direction Barjac et la D 166

LE VIGAN - 30570

17 CHÂTEAU DU REY

Mme Cazalis de Fondouce

Le Rey
30570 Le Vigan
Tel. 04 67 82 40 06
Fax 04 67 82 47 79
abeura@neuf.fr
www.château-du-rey.com

Fermé en janvier et février • 13 chambres équipées de salles de bains WC et de télévision • 70 à 97 € pour 2 personnes ; petit-déjeuner 8 € ; possibilité de demi-pension • Restaurant fermé dimanche soir et lundi sauf en juillet-août ; menus de 25 à 55 € • Terrasse, parc au bord de la rivière, parking • Piscine de plein air, parcours de pêche

On a aimé **L'ambiance délicieusement « vieille France ».**

Cette jolie forteresse du 13e s. revue et corrigée par l'infatigable Viollet-le-Duc appartient à la même famille depuis... toujours ! Les chambres, parfois dotées d'une cheminée, sont garnies de beaux meubles de style. L'ancienne bergerie abrite la salle à manger dont les voûtes en solides moellons conservent une agréable fraîcheur en été. La terrasse donne sur le vaste parc traversé par une rivière, parcours de pêche à la truite réputé.

Accès : à 5 km à l'Est par la D 999 (direction Ganges), à gauche un peu avant Pont-d'Hérault

MONTCLUS - 30630

18 LA MAGNANERIE DE BERNAS

M. et Mme Keller

Le Hameau de Bernas
30630 Montclus
Tel. 04 66 82 37 36
Fax 04 66 82 37 41
lamagnanerie@wanadoo.fr
www.magnanerie-de-bernas.com

Fermé du 29 octobre à Pâques • 15 chambres et 2 duplex, 1 chambre est accessible aux handicapés physiques, toutes disposent de salles de bains WC et télévision • 65 à 120 € ; petit-déjeuner 10 € ; possibilité de demi-pension • Restaurant fermé mardi, mercredi en mars, avril et octobre ; menus de 20 à 40 € • Terrasse, jardin, parking • Piscine

On a aimé **Chercher le trésor des Templiers dans ces murs ayant abrité une commanderie au 13e s.**

Cette ancienne magnanerie a été récemment rénovée par un couple de Suisses : vous ne serez donc pas surpris d'apprendre que la tenue des lieux est irréprochable ! Beaux murs de pierre, poutres apparentes et tissus chatoyants : les chambres ont été refaites avec goût et la plupart offrent une jolie vue sur la vallée de la Cèze. La salle à manger voûtée ne manque pas de caractère, la cour-terrasse ombragée et le jardin méridional non plus : le patron est paysagiste de formation et ça se voit !

Accès : entre Barjac et Bagnols-sur-Cèze, puis à 2 km à l'Est de Monclus

PORT-CAMARGUE - 30240

19 RELAIS DE L'OUSTAU CAMARGUEN

M. Daweritz

3 route des Marines
30240 Port-Camargue
Tel. 04 66 51 51 65
Fax 04 66 53 06 65
oustaucamarguen@wanadoo.fr
www.chateauxhotels.com/camarguen

Hôtel ouvert du 19 mars au 1 novembre • 39 chambres de plain-pied pour la plupart, toutes sont climatisées et dotées de salles de bains WC et télévision • 100 à 147 € ; petit-déjeuner 11 € ; possibilité de demi-pension • Restaurant climatisé ; menus de 27 à 31 € (dîner seulement) • Terrasse, jardin, parking fermé • Piscine de plein air

On a aimé

L'atmosphère reposante qui règne dans ce petit mas.

L'architecture de cet hôtel de construction récente a opté pour le style camarguais comme le laisse entendre l'enseigne. Les chambres, toutes spacieuses et de plain-pied, bénéficient parfois de petites terrasses verdoyantes et ouvertes sur le plaisant jardin. Quant au décor, il est plutôt sobre, sagement inspiré par la Provence voisine. Au restaurant, cadre rustique agrémenté de poutres massives, agréable terrasse dressée près de la piscine et carte traditionnelle volontairement courte.

Accès : sur la route des marines

SAINT-HILAIRE-D'OZILHAN - 30210

20 L'ARCEAU

M. et Mme Brunel

1 rue de l'Arceau
30210 Saint-Hilaire-d'Ozilhan
Tel. 04 66 37 34 45
Fax 04 66 37 33 90
patricia.brunel2@wanadoo.fr
www.multimania.com/arceau

Fermé du 20 novembre au 15 février, dimanche soir, mardi midi et lundi du 1er octobre à Pâques • 25 chambres avec salles de bains WC ou douches WC, disposant toutes de télévision • 50 à 60 € ; petit-déjeuner 8 €. Possibilité de demi-pension • Menus de 22,50 (semaine) à 61 € • Terrasse, parking fermé. Chiens non admis

On a aimé

La garrigue et ses senteurs infinies.

Un village entouré par la garrigue à deux pas d'une bretelle de l'A 9, une demeure du 18e s. et sa belle façade en pierres sèches, une terrasse ombragée bien agréable lorsque le soleil devient de plomb... Halte fort sympathique à proximité d'une merveille de l'architecture antique : le Pont du Gard. Si vous choisissez de prolonger l'étape, demandez une des chambres refaites, aux murs de solides moellons et plafonds à poutres apparentes.

Accès : à 4,5 km au Nord-Est de Remoulins par la D 792

SAINT-MAMERT-DU-GARD - 30730

21 LA MAZADE

Mme Couston

Dans le village
30730 Saint-Mamert-du-Gard
Tel. 04 66 81 17 56
Fax 04 66 81 17 56
www.bbfrance.com/couston.html

Ouvert toute l'année • 3 chambres équipées de salles de bains • 53 à 60 € pour 2 personnes, petit-déjeuner compris • Table d'hôte 20 € (sur réservation) • Jardin, parking. Cartes de crédit non acceptées, chiens non admis

On a aimé **La décoration fantaisiste de cette demeure du 19e s.**

Au cœur d'un petit village tranquille, voici une maison de famille véritablement originale où dans chaque pièce vivent en harmonie décor et mobilier design, tapis, tableaux et objets d'art rapportés du Mexique et profusion de plantes vertes. Le résultat est détonnant ! Les chambres donnent toutes sur le jardin. Les soirs d'été, dîner « à la fraîche » sous la treille est un véritable plaisir.

Accès : à 17 km à l'Ouest de Nîmes par la D 999 et la D 1

SAINT-QUENTIN-LA-POTERIE - 30700

22 LE MAS DU CAROUBIER

Mme Charpentier

684 route de Vallabrix
30700 Saint-Quentin-la-Poterie
Tel. 04 66 22 12 72
Fax 04 66 22 12 72
contact@mas-caroubier.com
www.mas-caroubier.com

Fermé en janvier • 4 chambres non-fumeurs, dotées de salles de bains WC • 70 à 85 € pour 2 personnes, petit-déjeuner compris • Pas de table d'hôte • Jardin. Cartes de crédit non acceptées, chiens non admi • Piscine de plein air

On a aimé **L'atmosphère, d'une grande sérénité.**

Ce mas du 18e s. à la façade ocre et aux volets bleu surgit comme par magie au bout d'un chemin d campagne. À l'intérieur, tout concourt à vous séduire le délicieux accueil, la grâce des chambres garnies d meubles chinés dans les brocantes, les petits-déjeuner et leurs confitures « maison »... Dehors, l'enchantemer continue : quiétude du jardin, eau bleue de la piscin les journées chaudes... Et pour vous distraire, des stage de poterie, de peinture ou de cuisine provençale.

Accès : à 5 km au Nord-Est de saint-Quentin-la-Poterie par la D 982 et la D 5

SAINT-VICTOR-DE-MALCAP - 30500

23 LA BASTIDE DES SENTEURS

M. Subileau

30500 Saint-Victor-de-Malcap
Tel. 04 66 60 24 45
Fax 04 66 60 26 10
subileau@bastide-senteurs.com
www.bastide-senteurs.com

Fermé de novembre à mars • 9 chambres disposant de salles de bains WC et de télévision, 1 est accessible aux handicapés physiques • 60 à 75 € pour 2 personnes ; petit-déjeuner 8 € ; possibilité de demi-pension • Menus de 25 à 75 € • Parking fermé, terrasse • Piscine

a aimé

La belle sélection de vins régionaux accompagnant la cuisine du chef.

Magnanerie du 19e s. adossée à un joli village défendu par un château médiéval. Entièrement rénovée, la demeure dispose de chambres plaisantes, agréablement colorées et garnies de meubles anciens ou en fer forgé. Certaines profitent d'une belle vue sur la vallée de la Cèze, et toutes jouissent d'une grande tranquillité. Les gourmands s'attableront dans l'élégante salle à manger au décor méridional ou sur la terrasse qui surplombe la piscine à débordement.

Accès : dans le village

SOMMIÈRES - 30250

24 MAS FONTCLAIRE

Mme Labbé

8 rue Émile-Jamais
30250 Sommières
Tel. 04 66 77 78 69
Fax 04 66 77 78 69

Ouvert toute l'année • 3 chambres • 67 à 80 € pour 2 personnes, petit-déjeuner compris • Pas de table d'hôte • Jardin, parking. Cartes de crédit non acceptées • Piscine de plein air

On a aimé

Paresser dans le joli jardin fleuri.

Maison vigneronne ancienne où, sitôt le porche franchi, on sait déjà que l'on aura envie de rester plus longtemps que prévu. Car ici le plus grand bruit, c'est le silence... Chuuut ! Aménagées dans les dépendances, les chambres offrent chacune un style différent : provençal, moderne, Louis XVI... Les petits-déjeuners, servis dans le patio l'été et au coin du feu l'hiver, sont généreusement garnis de confitures « maison » et de jus d'oranges fraîchement pressés. Une adresse très accueillante.

Accès : au village

TAVEL - 30126

25 LE PONT DU ROY

M. Schorgere

Route de Nîmes - D 976
30126 Tavel
Tel. 04 66 50 22 03
Fax 04 66 50 10 14
contact@hotelpontduroy.fr
www.hotelpontduroy.fr

Ouvert du 25 mars au 30 septembre • 14 chambres climatisées avec salles de bains WC ou douches WC et télévision • 69 à 73 € (57 à 61 € basse saison) ; petit-déjeuner 7 € ; possibilité de demi-pension • Menus de 23 à 43 € (le soir) • Terrasse, jardin, parking fermé. Chiens non admis au restaurant • Piscine de plein air, jeux de boules, jeux d'enfants

On a aimé **L'inévitable partie de pétanque disputée sous le « cagnard »... et les galéjades !**

Cette maison particulière bâtie dans l'esprit des mas provençaux fut transformée en hôtel en 1986. Chambres aux murs pastel d'où vous aurez, au choix, vue sur le joli jardin arboré ou sur le célèbre vignoble de Tavel. Le restaurant a conservé un air champêtre bien agréable et l'été, on dresse les tables sur la terrasse ombragée. Le patron, chef autodidacte, compose ses menus régionaux en fonction des arrivages du marché. Agréable piscine où se rafraîchir si « ça cogne » pour de bon.

Accès : à 3 km au Sud-Est de Tavel, par la D 4 puis la D 976 (axe Roquemaure-Remoulins)

VERGÈZE - 30310

26 LA PASSIFLORE

M. et Mme Booth

1 rue Neuve
30310 Vergèze
Tel. 04 66 35 00 00
Fax 04 66 35 09 21

Ouvert toute l'année • 11 chambres climatisées, orien tées sur la cour intérieure ou le petit jardin, disposan toutes de salles de bains WC ou douches WC • 43 à 62 € pour 2 personnes ; petit-déjeuner 7 € ; possibilit de demi-pension • Restaurant fermé du 2 oct. au 3 mars, dimanche et lundi ; menus 26 € (dîner uniquement • Terrasse, parking fermé. Chiens non admis a restaurant

On a aimé **Dévorer un roman de « l'English écrevisse » (Peter Mayle) dans la fraîche cour intérieure.**

Ce mas du 18e s. situé au cœur d'un joli village gardoi est tenu par un couple d'Anglais : rien d'étonnant, donc à ce que l'on y trouve un salon « cosy », idéal à l'heur du thé. On sait aussi combien nos amis d'outre-manch apprécient le Sud de la France : restaurant et salle de petits-déjeuners, coquettement décorés dans le styl provençal, témoignent de cette attirance. Les menue chambres, bien tenues et calmes, donnent sur l verdoyante cour intérieure ou sur un jardinet.

Accès : entre Nîmes et Lunel, quitter la N 113 pour Codognan, et suivre par D 104 pour rejoindre Vergèze

VILLENEUVE-LÈS-AVIGNON - 30400

27 L'ATELIER

M. et Mme Burret

5 rue de la Foire
30400 Villeneuve-lès-Avignon
Tel. 04 90 25 01 84
Fax 04 90 25 80 06
hotel-latelier@libertysurf.fr
www.hoteldelatelier.com

Fermé du 3 janvier au 19 février • 23 chambres toutes équipées de salles de bains WC ou douches WC et de télévision • 56 à 91 € (46 à 71 € basse saison) pour 2 personnes ; petit-déjeuner 8 € • Pas de restaurant • Jardin, garage • Expositions de peintures, sculptures, salon de thé

On a aimé

Le gracieux patio et la miniterrasse contemplant Avignon.

Cette demeure du 16e s. sise au cœur de la pittoresque petite cité vient d'être délicieusement relookée par une décoratrice de cinéma. Bibelots choisis, meubles chinés chez les antiquaires, sols en jonc de mer, élégantes salles de bains, etc. Les rénovations, habiles, respectent le charme ancestral des lieux : poutres apparentes, cheminées et bel escalier. Salle des petits-déjeuners méditerranéenne, expositions de peintures et de sculptures... Un Atelier de l'hôtellerie !

Accès : dans la vieille ville

ARGELLIERS - 34380

28 AUBERGE DE SAUGRAS

M. et Mme Aurelle

Domaine Saugras
34380 Argelliers
Tel. 04 67 55 08 71
Fax 04 67 55 04 65
auberge.saugras@wanadoo.fr

Fermé du 9 au 25 août, du 20 décembre au 20 janvier, lundi et mardi midi en juillet-août et mercredi • 7 chambres climatisées, équipées de salles de bains WC et de télévision • 40 à 85 € ; petit-déjeuner 8 € ; possibilité de demi-pension • Menus de 18 à 50 € • Terrasse, parking • Piscine

On a aimé

Cette impression de bout du monde... à deux tours de roue de Montpellier.

L'accès à l'auberge ressemble parfois à un jeu de piste, mais une fois sur place vous serez comblé. Ce vieux mas en pierres brutes dont l'origine remonte au 12e s. bénéficie en effet d'un isolement total, entre garrigue et vallons boisés. La savoureuse cuisine du terroir, servie dans une plaisante salle à manger rustique ou sur la terrasse panoramique, incite également à fréquenter la maison. Enfin, les amateurs de nuits paisibles apprécieront les confortables chambres récemment rénovées.

Accès : à 12 km au Sud de St-Martin-de-Londres par la D 32, la D 127 et D 127 E

CAPESTANG - 34310

29 LA BASTIDE VIEILLE

M. et Mme Fouissac

La Bastide Vieille
34310 Capestang
Tel. 04 67 93 46 23
Fax 04 67 93 46 56

Fermé du 1er novembre au 1er mars • 3 chambres • 51 € pour 2 personnes, petit-déjeuner compris • Terrasse, jardin, parking. Cartes de crédit non acceptées, chiens non admis

On a aimé **La découverte du canal du Midi à vélo, en calèche ou en péniche (sur demande).**

Cette sereine bastide dresse sa vénérable façade flanquée d'une tour du 12e s. parmi les vignes, à l'écart du monde... Le calme y est garanti ! Les spacieuses chambres aménagées dans les anciennes dépendances possèdent un joli décor provençal. La table d'hôte a été installée dans la pièce où, jadis, on cuisait le pain. Côté détente, vous pourrez vous adonner aux joies de la lecture dans le charmant salon-bibliothèque, ou paresser dans le petit jardin.

Accès : à 13 km à l'Ouest de Béziers route de Castres par la D 39

LE CAYLAR - 34520

30 LE BARRY DU GRAND CHEMIN

M. et Mme Clarissac

88 faubourg Saint-Martin
34520 Le Caylar
Tel. 04 67 44 50 19
Fax 04 67 44 52 36

Ouvert toute l'année • 5 chambres • 50 € pou 2 personnes, petit-déjeuner compris ; possibilité d demi-pension • Table d'hôte 18 € • Parking. Cartes d crédit non acceptées, chiens non admis

On a aimé **La campagne secrète et silencieuse entourant cette ferme typique du causse.**

Cette maison de 1850 à belle façade en pierre, posté au pied du roc Castel, aux confins du causse du Larza est environnée d'une nature intacte. Les chambres, d plain-pied, pas très grandes, sont incroyablemen calmes et fort bien tenues. À table, vous vous régalere de grillades cuites dans la cheminée et servies sous le voûtes de la charmante salle à manger dont la fraîche est très appréciée en été.

Accès : au village

MONTAGNAC - 34530

31 **CHAMBRE D'HÔTE MONSIEUR GENER**

M. et Mme Gener

34 avenue Pierre-Sirven
34530 Montagnac
Tel. 04 67 24 03 21
Fax 04 67 24 03 21

Ouvert toute l'année • 4 chambres dans les anciennes écuries, équipées de douches et WC, toutes climatisées • 45 € pour 2 personnes, petit-déjeuner compris • Pas de table d'hôte • Terrasse, jardin, parking. Cartes de crédit non acceptées

On a aimé **La proximité de Pézenas et de ses échoppes d'artisans.**

En 1750, ces bâtiments agencés autour d'une grande cour intérieure bien à l'abri des regards appartenaient à la maréchaussée. Aujourd'hui, les anciennes écuries hébergent des chambres spacieuses, calmes et bien équipées ; dans certaines d'entre elles apparaissent encore les cloisons en chêne massif des anciennes stalles. L'été, les petits-déjeuners sont servis sur l'agréable terrasse située à l'étage.

Accès : à 6,5 km au Nord-ouest de Pézenas par la N 9 puis la N 113

MONTPELLIER - 34000

32 **PARC**

Mme Jacquin

8 rue Achille-Bège
34000 Montpellier
Tel. 04 67 41 16 49
Fax 04 67 54 10 05
hotelduparc@ifrance.com
www.hotelduparc-montpellier.com

Ouvert toute l'année • 19 chambres en majorité dotées de douches WC, quelques-unes de salles de bains WC ou douches sans WC, toutes sont climatisées et possèdent une télévision • 48 à 72 € pour 2 personnes ; petit-déjeuner 9 € • Pas de restaurant • Parking

On a aimé **L'accueil toujours aimable des propriétaires.**

Le parc est aujourd'hui loti, mais la noble façade de cette demeure seigneuriale du 18e s. a conservé sa superbe. Les chambres, bourgeoises, sont personnalisées et progressivement rénovées avec un goût sûr. Le centre-ville est à deux pas, mais les clients fidèles - universitaires et officiers de l'ECAT voisine - apprécient de ne pas en subir les nuisances : l'hôtel borde une rue calme et sa cour fait office de parking. L'été, on sert parfois le petit-déjeuner en terrasse.

Accès : remonter la rue Proudhon (direction Parc Zoologique) et, à hauteur de l'E.C.A.T., prendre à gauche la rue Turgot

SAINT-CLÉMENT-DE-RIVIÈRE - 34980

33 DOMAINE DE SAINT-CLÉMENT

Mme Bernabe Calista

34980 Saint-Clément-de-Rivière
Tel. 04 67 66 70 89
Fax 04 67 84 07 96
calista.bernabe@wanadoo.fr
www.ledomainesc.com

Fermé de décembre à février • 5 chambres équipées de salles de bains très spacieuses • 66 à 76 € pour 2 personnes, petit-déjeuner 7 € • Pas de table d'hôte • Salon, jardin, parking. Cartes de crédit non acceptées, chiens non admis • Piscine de plein air

On a aimé **La décoration sans faute de cette demeure de caractère.**

Havre de paix et de silence que cette très belle maison de maître du 18e s. située à seulement 10 mn du centre de Montpellier. Les vastes chambres, garnies de meubles anciens et de tableaux, donnent sur le parc ou la piscine. Au rez-de-chaussée, belle enfilade de salons, avec tomettes au sol et murs égayés de toiles contemporaines. La bibliothèque, nantie d'une cheminée, et le patio, décoré d'azulejos, méritent qu'on s'y prélasse.

Accès : à 10 km au Nord de Montpellier par la D 17 puis la D 112

SAINT-SATURNIN-DE-LUCIAN - 34725

34 OSTALARIA CARDABELA

M. et Mme Pugh

10 place de la Fontaine
34725 Saint-Saturnin-de-Lucian
Tel. 04 67 88 62 62
Fax 04 67 88 62 82
ostalaria.cardabela@wanadoo.fr

Fermé du 1er janvier au 10 mars et du 31 octobre au 31 décembre • 7 chambres réparties sur 2 étages équipées de salles de bains WC • 65 à 90 € pour 2 personnes ; petit-déjeuner 10 € • Pas de restaurant ici mais les propriétaires tiennent aussi un restaurant à St-Guiraud : le Mimosa • Chiens non admis

On a aimé **L'authenticité judicieusement préservée de l'« Ostalaria ».**

Seule une enseigne discrète signale que cette ravissante maison de village est un hôtel. Les chambres, récemment refaites, ont du cachet : boutis colorés, luminaires design et meubles provençaux sont parfaitement assortis aux jolis murs de pierres apparentes, larges tomettes cirées, poutres patinées et cheminée d'origine. Certaines donnent sur l'exquise placette ombragée et paisible de Saint-Saturnin. Le petit-déjeuner est servi autour d'une conviviale table d'hôte. Une adresse séduisante !

Accès : sur la place du village, près de l'église

AUMONT-AUBRAC - 48130

35 GRAND HÔTEL PROUHÈZE

M. et Mme Roudgé

2 route du Languedoc
48130 Aumont-Aubrac
Tel. 04 66 42 80 07
Fax 04 66 42 87 78
prouheze@prouheze.com
www.prouheze.com

ouvert toute l'année sauf du 1er décembre au 31er janvier • 24 chambres bénéficiant de salles de bains WC et télévision • 67 à 90 € ; petit-déjeuner 10 € ; possibilité de demi-pension • Restaurant fermé le lundi ; menus de 33 et 58 € ; au Compostelle (bistrot) menus de 18 à 27 € • Terrasse, parking

On a aimé **L'accueil plein de chaleur des propriétaires.**

Cette hostellerie traditionnelle fut fondée en 1891 par l'arrière grand-mère des actuels propriétaires. Les chambres, douillettes, sont garnies de meubles en bois peint ou de style Louis-Philippe. Les tissus multicolores des chaises égayent depuis peu la confortable salle à manger principale où l'on régale de copieux plats régionaux. Un bistrot campagnard accueille les pèlerins de St-Jacques (le G.R. passe par le village). Également, boutique de porcelaine et de conserves « maison ».

Accès : dans la traversée du village, face à la gare

COCURÈS - 48400

36 LA LOZERETTE

Mme Agulhon

48400 Cocurès
Tel. 04 66 45 06 04
Fax 04 66 45 12 93
lalozerette@wanadoo.fr

Ouvert de Pâques à la Toussaint • 21 chambres dont 1 accessible aux handicapés physiques, toutes dotées de salles de bains WC ou douches WC et télévision • 52 à 72 € (50 à 70 € basse saison) pour 2 personnes ; petit-déjeuner 8 € ; possibilité de demi-pension • Restaurant fermé mardi et mercredi midi sauf en juillet-août ; menus de 15 (en semaine) à 23 € • Parking, jardin. Chiens non admis au restaurant

On a aimé **Le gracieux jardin avec ses vases d'Anduze plantés de lauriers roses.**

Un hameau situé aux portes du Parc national des Cévennes et une vraie maison de famille puisque la jeune propriétaire des lieux y est née et que l'auberge fut créée par sa grand-mère ! Les chambres rénovées sont charmantes avec leurs dessus-de-lit et voilages coordonnés et leurs balcons fleuris donnant sur le village et la campagne environnante. Salle à manger d'esprit « campagnard chic » agrémentée d'un beau plafond menuisé. L'attractive carte des vins est élaborée par la patronne-sommelière.

Accès : à 5,5 km au Nord-Est de Florac, par la N 106, puis à droite la D 998

LA GARDE-GUÉRIN - 48800

37 AUBERGE RÉGORDANE

M. Nogier

48800 La Garde-Guérin
Tel. 04 66 46 82 88
Fax 04 66 46 90 29
pierre.nogier@free.fr
www.regordane.com

Fermé du 1er janvier au 26 mars et du 2 octobre au 31 décembre • 15 chambres dotées de salles de bains WC ou douches WC, quelques-unes avec télévision • 49 à 60 € pour 2 personnes ; petit-déjeuner 8 € ; possibilité de demi-pension • Menus de 17 à 32 € • Terrasse dans une cour intérieure

On a aimé **Le site : le village domine les vertigineuses gorges de Chassezac.**

Ce village fortifié fut fondé par les évêques de Mende, sur l'antique voie Régordane reliant l'Auvergne au Languedoc, pour éradiquer le brigandage : les « pariers » de la Garde-Guérin, une communauté de seigneurs, reçurent ainsi mission d'escorter les voyageurs. La maison forte d'un parier a été transformée en auberge de caractère disposant de petites chambres éclairées par des fenêtres à meneaux, d'un restaurant sous croisées d'ogives et d'une cour-terrasse au beau dallage de granit.

Accès : au cœur du village

MEYRUEIS - 48150

38 LE SAINT-SAUVEUR

M. Bourguet

Place Jean-Séquier
48150 Meyrueis
Tel. 04 66 45 62 12
Fax 04 66 45 65 94
saint-sauveur@demeures.de.lozere.com
www.demeures-de-lozere.com

Fermé du 15 novembre au 25 mars • 10 chambres toute dotées de salles de bains WC et télévision • 39 à 44 (37 à 42 € basse saison) pour 2 personnes ; petit-déjeune 6 € ; possibilité de demi-pension • Menus de 15 à 30 • Terrasse

On a aimé **La terrasse en pierre, ombragée par un splendide sycomore.**

Cet élégant hôtel particulier du 18e s. offre une étap de caractère - pour un prix tout à fait raisonnable - dan une région riche en spectaculaires curiosités naturelles aven Armand, grotte de Dargilan et gorges de la Jonte Les chambres, fonctionnelles, sont garnies d'un mobilie en merisier massif. Le double vitrage assure une bonn insonorisation. Les deux salles à manger ont ét entièrement redécorées.

Accès : au centre de la localité

CÉRET - 66400

39 LES ARCADES

M. Astrou

1 place Picasso
66400 Céret
Tel. 04 68 87 12 30
Fax 04 68 87 49 44
hotelarcades.ceret@wanadoo.fr
www.hotelarcades-ceret.com

Ouvert toute l'année • 30 chambres, réparties sur 4 étages desservis par ascenseur ; elles possèdent salles de bains WC ou douches WC, 7 sont climatisées, 12 disposent d'une cuisinette • 42 à 57 € pour 2 personnes ; petit-déjeuner 7 € • Pas de restaurant • Garage. Chiens non admis.

On a aimé **Visiter les belles collections du musée d'Art moderne de la ville de Céret.**

Une grande terrasse de café ombragée par des parasols bicolores et des platanes devance cet aimable hôtel situé face aux remparts de la petite cité catalane. Avant de gagner votre chambre, prenez le temps d'admirer dans le hall, l'escalier et les couloirs, les tableaux, affiches et lithographies qui évoquent les peintres de « L'École de Céret ». La bonne tenue, le solide mobilier régional et le confort de cette adresse à l'atmosphère toute familiale composent les autres atouts de la maison.

Accès : au coeur de la ville, près du musée d'archéologie

ELNE - 66200

40 CAN OLIBA

M. Boisard et Mme Le Corre

24 rue de la Paix
66200 Elne
Tel. 04 68 22 11 09
elna@club-internet.fr
www.can-oliba.com

Ouvert toute l'année • 6 chambres non-fumeurs dotées de salles de bains • 60 € pour 2 personnes, petit-déjeuner compris • Table d'hôte 22 € (sur reservation et le soir uniquement) • Jardin. Cartes de crédits non acceptées, chiens non admis • Piscine

On a aimé **La superbe décoration réalisée par le propriétaire, architecte d'intérieur.**

Coup de cœur garanti pour cette séduisante demeure catalane du 17e s. postée près de la cathédrale. Le bel escalier en pierre et le ravissant salon garni de meubles chinés donnent immédiatement le ton : tout est fait pour le plaisir des yeux. Dans les chambres, couleurs, mobilier, bibelots et tableaux rivalisent de charme et d'originalité pour vous inciter à revenir pour toutes les essayer... Ne manquez pas non plus le petit jardin de curé agrémenté d'une piscine. Nous, on « craque » !

Accès : au centre historique de la ville, a proximité de la cathédrale Sainte-Eulalie

FONT-ROMEU - 66120

41 Y SEM BÉ

M. et Mme Blanche

5 rue des Écureuils
66120 Font-Romeu
Tel. 04 68 30 00 54
Fax 04 68 30 25 42
www.hotel-ysembe.com

Fermé du 7 novembre au 3 décembre • 22 chambres équipées de salles de bains WC ou douches WC et de télévision, 2 bénéficient d'une cuisinette • 33 à 80 € (30 à 60 € basse saison) pour 2 personnes ; petit-déjeuner 7 € ; possibilité de demi-pension • Menus de 12 à 20 € • Terrasse, petit jardin • Ski et promenades en montagne, pêche

On a aimé **L'orientation plein Sud permettant de jouir de l'ensoleillement optimal de la Cerdagne.**

Chalet des années 1950 en pierre et bois dans un secteur résidentiel et calme de la station. Atmosphère de « pension de famille » où l'on met un point d'honneur à choyer les clients et chambres modestes, mais dotées de balcons et peu à peu rafraîchies : pas étonnant si Y Sem Bé (« on y est bien » en catalan)... et si on y revient !

Accès : par l'avenue d'Espagne (direction Toulouse, Andorre), puis tourner à droite rue des Écureuils

LAS ILLAS - 66480

42 HOSTAL DELS TRABUCAYRES

M. Davesne

66480 Las Illas
Tel. 04 68 83 07 56
Fax 04 68 83 07 56

Fermé du 6 janvier au 15 mars ; du 25 au 30 octobre mardi et mercredi hors saison • 5 chambres à l'étage dont 3 avec terrasse • 28 à 32 € pour 2 personnes petit-déjeuner 5 € ; possibilité de demi-pension • Menu de 12 € (en semaine) à 41 € • Terrasse, parking. Chien non admis dans les chambres • Site idéal pour le randonnées

On a aimé **Les balades dans les suberaies (forêts de chênes-lièges) entourant l'hôtel.**

Les lacets de cette petite route de montagne vou paraissent interminables ? C'est peut-être qu'il fau mériter ce hameau du bout du monde où vous trouverez outre un calme olympien, une vieille auberge qu accueillit en 1936 - proximité de la frontière oblige des officiers de l'armée républicaine espagnole en rout pour l'exil. Ses chambres, simples mais sympathique sont dotées de terrasses offrant une jolie vue. L restaurant installé dans l'ancienne grange sert des pla catalans.

Accès : emprunter la D 618 entre Céret et Le Boulou ; à Maureillas-las-Illas, prendre la D 13 au Sud-Ouest pendant 11 km

LATOUR-DE-CAROL - 66760

43 AUBERGE CATALANE

Mme Ernst

10 avenue du Puymorens
66760 Latour-de-Carol
Tel. 04 68 04 80 66
Fax 04 68 04 95 25
auberge-catalane@club-internet.fr
www.auberge-catalane.fr

Fermé 15 jours en mai ; du 12 novembre au 20 décembre ; dimanche soir et lundi hors vacances scolaires • 10 chambres avec douches WC et télévision • 52 € (48 € basse saison) pour 2 personnes ; petit-déjeuner 6 € ; possibilité de demi-pension • Menus de 15 à 31 € • Terrasse, parking

On a aimé

Faire un tour de « canari », ce train jaune parcourant la Cerdagne pittoresque depuis 1910.

L'auberge, bâtie en 1929, fut rachetée il y a quelques années par les petits-enfants du fondateur, et les fourneaux se trouvent pour l'heure entre les mains de son arrière petit-fils : une véritable affaire de famille ! Les chambres ont été rénovées et mises au goût du jour, mais le mobilier d'origine, inspiré de l'Art déco, a été conservé ; certaines disposent de balcons surplombant les toits du village. Salle à manger-véranda.

Accès : sur l'axe principal du village (N 20) entre Bourg-Madame et le col de Puymorens

PERPIGNAN - 66100

44 DOMAINE DU MAS BOLUIX

M. et Mme Ceilles

Chemin du Pou de les Colobres
66100 Perpignan
Tel. 04 68 08 17 70
Fax 04 68 08 17 71
www.domaine-de-boluix.com

Ouvert toute l'année • 7 chambres personnalisées et équipées de salles de bains avec WC • 73 € pour 2 personnes, petit-déjeuner compris • Pas de table d'hôte • Terrasse, jardin, parking. Cartes de crédit non acceptées, chiens non admis • Piscine et tennis à proximité

On a aimé

La situation, loin de l'agitation, mais tout près de Perpignan.

Une atmosphère paisible et décontractée règne en ce mas du 18e s. perdu au milieu des vergers et des vignes de Cabestany. Restauré en 1998, il offre un intérieur neuf, confortable, spacieux et impeccablement tenu. Ses chambres aux murs immaculés, égayées de superbes tissus catalans, portent chacune le nom d'un artiste du pays : Dali, Rigaud, Maillol, Picasso, Casals... La vue étendue sur le Roussillon, le Canigou et la mer vaut le détour.

Accès : à 5 km au Sud de Perpignan direction Argelès, puis Cabestany, Midipole et Mas Guivido

PRUGNANES - 66220

45 DOMAINE DE COUSSÈRES

Joo et Ann Maes

Domaine de Coussères
66220 Prugnanes
Tel. 04 68 59 23 55
Fax 04 68 59 23 55
www.cousseres.com

Fermé du 1er novembre au 15 mars • 6 chambres • 68 € pour 2 personnes, petit-déjeuner compris • Table d'hôte 23 € (le soir uniquement) • Parking, parc. Chiens non admis • Piscine

On a aimé **Réapprendre à goûter au silence et n'entendre que le chant des oiseaux.**

Le site est à couper le souffle : posée sur une butte au milieu des vignes, cette superbe bastide domine un majestueux paysage de montagne et de garrigue. L'intérieur n'est pas en reste avec ses grandes chambres personnalisées, décorées avec beaucoup de goût et son accueillante salle à manger où trône la table d'hôte. Le beau jardin, la piscine et les multiples terrasses entourant la maison ajoutent au charme de cet endroit où règne en outre un calme absolu... Divin !

Accès : à 5 km au Nord-Ouest de Saint-Paul-de-Fenouillet par D 117 et D 20

THUIR - 66300

46 CASA DEL ARTE

Mme Toubert

Mas Petit
66300 Thuir
Tel. 04 68 53 44 78
Fax 04 68 53 44 78
casadelarte@wanadoo.fr
www.casadelarte.fr.fm

Ouvert toute l'année • 5 chambres personnalisées • 75 à 100 € (70 à 95 € basse saison) pour 2 personnes, petit-déjeuner compris • Repas 22 € • Salon, jardin, parking • Piscine de plein air, solarium

On a aimé **La décoration originale des chambres.**

Le propriétaire, peintre de son état, a transformé ce mas des 11e et 14e s. en véritable galerie d'art. Les chambres et leurs salles de bains souvent très spacieuses sont tapissées d'œuvres picturales colorées ; celle consacrée à la Rome antique est très réussie. Le salon, agencé autour d'une cheminée médiévale, expose les toiles d'artistes locaux. Le solarium dominant la belle piscine et le parc planté de chênes centenaires et d'une petite bambouseraie invitent au farniente.

Accès : 17 km à l'Ouest de Perpignan, direction Thuir et Ille-sur-Têt

47 AUBERGE LES ÉCUREUILS

M. et Mme Laffitte

66340 Valcebollère
Tel. 04 68 04 52 03
Fax 04 68 04 52 34
auberge-ecureuils@wanadoo.fr

Fermé du 5 au 20 mai et du 15 octobre au 20 décembre • 15 chambres avec salles de bains WC, certaines avec télévision • 70 à 95 € pour 2 personnes ; petit-déjeuner 9 à 11 € ; possibilité de demi-pension • Menus 18 (en semaine) à 45 € • Terrasse, salle de remise en forme • Ski de fond, randonnée nordique, parcours en raquettes

Un a aimé

Le patron, vraie mine d'or qui vous indique chemins de contrebandiers, bons coins de pêche...

Le village, à demi abandonné - en cul-de-sac, à 1 500 m d'altitude, au fin fond des Pyrénées -, ne compte guère plus d'une vingtaine d'âmes. Vous êtes tentés ? Bonne initiative, car on bénéficie rarement d'un accueil aussi chaleureux et concerné que celui des propriétaires de cette bergerie du 18e s. devenue auberge au caractère affirmé. Chambres confortables, avec salles de bains en marbre d'Espagne, et élégant restaurant rustique.

Accès : à 9 km au Sud-Est de Bourg-Madame par la D 70, puis la D 30

LIMOUSIN

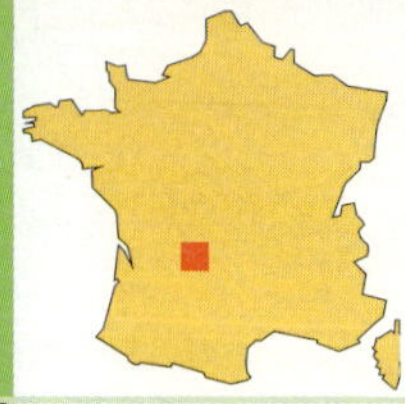

La vie en Limousin ressemble à un long fleuve tranquille. Les citadins en mal de verdure y goûtent la simplicité de joies bucoliques : humer l'air vivifiant du plateau de Millevaches, flâner le long des rivières poissonneuses, fouler le tapis humide des tourbières, se perdre dans les bois à la recherche de champignons et de châtaignes...Et tout un chacun de s'extasier devant les placides bœufs à robe « froment vif » ou le spectacle attendrissant des agneaux tétant leur mère. En automne la forêt se pare d'une éblouissante palette d'ocre, de rouges et de bruns profonds sous-tendue de reflets mordorés, qui a inspiré bien des peintres. Charmants villages de granit ou de grès – voyez la rouge Collonges – et cités paisibles détentrices de savoir-faire ancestraux : porcelaines à Limoges, émaux à Saint-Yrieix, tapisseries à Aubusson, qui n'hésitent pas s'ouvrir à l'art contemporain, encouragés par la réussite du centre de Vassivière. Les plaisirs de la table sont authentiques, comme la région : soupe au lard, pâté de pommes de terre, potée limousine et viandes exquises.

- Corrèze (19)
- Creuse (23)
- Haute-Vienne (87)

LIMOUSIN
Châteauroux
Ardentes
la Roche-Posay
Tournon-St Martin
Lignières
le Châtelet
le Blanc
N 151
St Gaultier
la Châtre
Chauvigny
St Savin
Argenton-s-Creuse
Culan
la Trimouille
St Benoît-du-Sault
Eguzon
Aigurande
Montmorillon
Lussac-les-Chaux
Montluçon
Dun-le-Palestel
Bonnat
Boussac
l'Isle-Jourdain
le Dorat
la Souterraine
Néris-les-Bains
N 145
Évaux
Bénévent-l'Abbaye
Guéret
Gouzon
Gartempe
Creuse
Mézières
Bellac
Chénérailles
Confolens
Laurière
Ahun
Ambazac
Pontarion
Auzances
Bourganeuf
Aubusson
Chabanais
St Junien
St Léonard-de-Noblat
N 141
Felletin
Crocq
Rochechouart
Aixe
Limoges
Vienne
Peyrat-le-Chau
Gentioux
Solignac
Eymoutiers
la Courtine
St Mathieu
Châlus
Pierre-Buffière
Bugeat
Bourg-Lastic
St Germain-les-Belles
Ussel
St Yrieix-la-Perche
Meymac
Treignac
Vézère
Isle
Thiviers
Arnac-Pompadour
Uzerche
Égletons
Neuvic
Brantôme
Lanouaille
Seilhac
Savignac-les-Églises
Objat
Tulle
Périgueux
Mauriac
Dordogne
Beynat
Thenon
Larche
Brive-la-Gaillarde
St Privat
Argentat
St Pierre-de-Chignac
Montignac
Beaulieu
les Eyzies-de-Tayac
Sarlat-la-Canéda
Martel
Aurillac
Laroquebrou
le Bugue
Souillac
St Céré
le Buisson-Cussac
Beynac-et-Cazenac
Gramat
St Mamet-la-Salvetat
Rocamadour
Beaumont-du-Périgord
Gourdon
Lacapelle-Marival
Montsalvy
Monpazier
Maurs
Salviac
Villefranche-du-Périgord
Labastide-Murat
Figeac
Puy-l'Evêque
Monflanquin
Decazeville
A 20
A 89
A 71
N 20
N 21
N 120
N 122
N 140
N 147
D 940
D 942
D 943
D 951
D 948
D 982
D 922
D 939
D 660
D 710
D 47
D 704
D 802
D 653
D 817

AUBAZINE - 19190

1 LA TOUR

M. Lachaud

Place de l'Église
19190 Aubazine
Tel. 05 55 25 71 17
Fax 05 55 84 61 83

Fermé du 2 janvier au 24 janvier • 19 chambres disposant de salles de bains WC ou douches WC et de télévision • 48 € pour 2 personnes; petit-déjeuner 6 € ; possibilité de demi-pension • Menus de 15 (semaine) à 35 €

On a aimé **Flâner le long du joli canal des Moines, creusé au 12e s.**

Sur la place du village, face à l'abbaye cistercienne, deux maisons de caractère composent cet hôtel ; la plus ancienne est flanquée d'une tour. Le papier peint très coloré apporte une petite note de gaieté aux chambres. La salle à manger principale et les salons plus intimes réservés aux repas familiaux ou d'affaires sont décorés dans un esprit rustique bien accordé aux spécialités régionales proposées sur la carte. La terrasse ne sert que pour les apéritifs et le café.

Accès : sur la place centrale du village, face à l'Abbaye

BEAULIEU-SUR-DORDOGNE - 19120

2 LA MAISON

M. Henriet

11 rue de la Gendarmerie
19120 Beaulieu-sur-Dordogne
Tel. 05 55 91 24 97
Fax 05 55 91 51 27

Fermé d'octobre à mars • 6 chambres dont 4 orientées vers un ravissant patio, toutes sont équipées de salles de bains et WC • 52 à 62 € pour 2 personnes, petit-déjeuner compris • Pas de table d'hôte • Cartes de crédit non acceptées, chiens non admis • Jardin suspendu, piscine de plein air

On a aimé **Le dépaysement offert par cette adresse plus tropicale que limousine.**

Il règne une délicieuse ambiance exotique en cette étonnante demeure du 19e s. édifiée par un général d'Empire nostalgique du Mexique. Galeries à arcades, patio fleuri d'hortensias, rosiers et citronniers, murs aux tons ocre rouge... On se croirait dans une hacienda ! Le décor des chambres, qui répondent à des noms charmants : « La Mariée », « Les Indiens », « Les Caricatures »... mise sur l'originalité et la créativité ; deux d'entre elles donnent sur le superbe jardin suspendu et la piscine.

Accès : au village

BEAULIEU-SUR-DORDOGNE - 19120

3 LEMANOIR DE BEAULIEU

M. et Mme Bessière

4 place du Champ-de-Mars
19120 Beaulieu-sur-Dordogne
Tel. 05 55 91 01 34
Fax 05 55 91 23 57

Fermé du 3 janvier au 4 mars • 20 chambres disposant de salles de bains WC ou douches WC, certaines avec télévision • 45 à 52 € ; petit-déjeuner 6,50 € ; demi-pension 42 à 50 € • Menus de 16 (en semaine) à 35 € • Terrasse, parking fermé

On a aimé **La vieille ville et son labyrinthe de ruelles étroites.**

Enseigne-vérité : cet hôtel trapu fondé en 1912 par Amélie Fournié se trouve bien au cœur de Beaulieu ! Lors de la réservation, pensez à demander une chambre refaite. Les généreux plats traditionnels et du terroir qui ont fait la réputation de la maison sont servis dans une jolie salle à manger rustique et en terrasse où vous apprécierez la douceur du climat de la « Riviera Limousine ».

Accès : sur la grande place, au centre du village

COLLONGES-LA-ROUGE - 19500

4 LA RAZE

Mme Tatien

19500 Collonges-la-Rouge
Tel. 05 55 25 48 16
domainedelaraze@yahoo.fr
http://chambrelaraze.free.fr

Ouvert toute l'année • 3 chambres • 65 à 70 € pour 2 personnes, petit-déjeuner compris • Pas de table d'hôte • Parking, jardin. Cartes de crédit non acceptées, chiens non admis

On a aimé **La vue, le matin au réveil, sur la campagne environnante.**

Une douce quiétude, à peine troublée par le criaillement du paon à la saison des amours, règne en cette ferme du 18e s. sise à 800 m du village de grès pourpre. Les chambres, confortables, sont toutes décorées de dessins au pochoir réalisés par la maîtresse des lieux. La salle des petits-déjeuners, garnie de meubles de famille et de bibelots anciens, et le parc à l'anglaise planté d'arbres fruitiers et de rosiers sont tout simplement magnifiques.

Accès : à 5,5 km au Sud-Ouest de Collonges par la D 38 et la D 19, suivre le fléchage La Raze

DONZENAC - 19270

5 LE RELAIS DU BAS LIMOUSIN

M. et Mme Delavier

Sadroc
19270 Donzenac
Tel. 05 55 84 52 06
Fax 05 55 84 51 41
relais-du-bas-limousin@wanadoo.fr
www.relaisbaslimousin.fr

Fermé du 9 au 16 janvier ; du 23 au 29 février et du 1er au 14 novembre • 22 chambres proposant salles de bains WC ou douches WC et télévision • 38 à 63 € ; petit-déjeuner 7 € ; possibilité de demi-pension • Restaurant fermé dimanche soir sauf juillet-août et lundi midi ; menus de 16 (en semaine) à 47 € • Terrasse, jardin, garage, parking • Piscine de plein air

On a aimé

Les pans de Travassac : la visite de ces ardoisières désaffectées vous donnera le vertige !

Cette construction massive inspirée de l'architecture régionale date des années 1960. Les chambres, coquettement personnalisées (tissus, couettes et abat-jour coordonnés), offrent, à l'arrière, une vue reposante sur la campagne. Accueillante salle à manger familiale, lumineuse véranda et terrasse jouxtant le jardin agrémenté d'une piscine et de jeux d'enfants.

Accès : 6 km sur la D 920 vers Uzerche

NAVES - 19460

6 CHEZ MONSIEUR ET MADAME PERROT

M. et Mme Perrot

Gourdinot
19460 Naves
Tel. 05 55 27 08 93
brunhild.perrot@wanadoo.fr
www.hotes-naves-correze.com

Ouvert toute l'année • 3 chambres à l'étage dont 1 avec loggia • 36 à 40 € pour 2 personnes, petit-déjeuner compris ; possibilité de demi-pension • Table d'hôte 14 € • Parking. Cartes de crédit non acceptées, chiens non admis

On a aimé

La sensation de se trouver au bout du monde.

Cette ancienne ferme bâtie en pierre brute au creux d'un joli vallon boisé est un port d'attache idéal pour visiter la région : le plateau de Millevaches, le lac de Seilhac, Uzerche... Vous y apprécierez le calme ambiant, les chambres « cosy », le salon doté d'une cheminée et la convivialité des jeunes propriétaires. Le matin, vous serez réveillé par l'odeur du pain chaud qui accompagne les copieux petits-déjeuners assortis de pain d'épice « maison » et d'une ribambelle de confitures.

Accès : à 5 km au Nord de Naves par la N 20 puis route secondaire

NESPOULS - 19600

7 À LA TABLE DE LA BERGÈRE

Mme Verlhac

Belveyre
19600 Nespouls
Tel. 05 55 85 82 58

Ouvert toute l'année • 5 chambres avec sanitaires privatifs • 28 à 38 € pour 2 personnes, petit-déjeuner compris ; possibilité de demi-pension • Table d'hôte 14 € • Jardin, parking. Cartes de crédit non acceptées, chiens non admis

On a aimé **La qualité de l'accueil, objet de multiples récompenses.**

Cette ferme du causse corrézien entre chênes, prairies et cabanes de pierre constitue une base commode pour découvrir les multiples curiosités du bas Limousin. Les chambres, garnies de meubles de famille, sont agréables, surtout celles du deuxième étage. La cuisine, régionale, est pleine de saveurs, l'ambiance toujours conviviale, et la maîtresse de maison n'a pas son pareil pour vous mettre à l'aise.

Accès : sortie 53 Nespouls, au rond-point à droite puis 1re à droite et 1ère à gauche

SAINT-MARTIN-LA-MÉANNE - 19320

8 LES VOYAGEURS

M. et Mme Chaumeil

Place de la Mairie
19320 Saint-Martin-la-Méanne
Tel. 05 55 29 11 53
Fax 05 55 29 27 70
info@hotellesvoyageurs.com
www.hotellesvoyageurs.com

Ouvert de mi-février à mi-novembre ; fermé dimanche soir et lundi hors saison • 8 chambres à l'étage dotées de salles de bains WC ou douches WC, quelques-unes de télévision • 39 à 50 € pour 2 personnes ; petit-déjeuner 6 € ; possibilité de demi-pension • Menus de 15 à 24 € • Terrasse, jardin, parking • Étang privé pour les amateurs de pêche

On a aimé **L'accueil chaleureux de la patronne.**

Détente et calme assurés dans cette sympathique adresse familiale : une solide maison en pierre édifiée en 1853 et gérée par les mêmes propriétaires depuis 5 générations. Les chambres sont simples mais bien tenues. Belle salle à manger rustique décorée de sculptures en bois, dans laquelle le chef-patron propose une cuisine traditionnelle... En guise de promenade digestive, pourquoi ne pas aller flâner dans le jardin et pousser jusqu'à l'étang où nagent carpes et brochets ?

Accès : sur une place au centre du village

TURENNE - 19500

9 LA MAISON DES CHANOINES

M. et Mme Cheyroux

Chemin de l'Église
19500 Turenne
Tel. 05 55 85 93 43
Fax 05 55 85 93 43
www.maison-des-chanoines.com

Ouvert de Pâques à fin septembre • 6 chambres réparties dans 2 bâtiments et disposant de salles de bains WC ou douches WC • 60 à 85 € pour 2 personnes ; petit-déjeuner 9 € ; possibilité de demi-pension • table d'hôte 30 € (dîner seulement et sur réservation) • Terrasse. Chiens non admis dans les chambres

On a aimé **La terrasse, dressée face à un délicieux « jardin de curé ».**

Une belle porte d'entrée de style gothique flamboyant orne la façade de cette jolie maison du 16e s. s'élevant au cœur du pittoresque village des La Tour d'Auvergne. L'intérieur montre aussi pas mal de caractère : salle à manger voûtée, cheminée, escalier à vis desservant des chambres garnies de meubles chinés chez les antiquaires, etc. À table, produits du terroir choisis et nombre de couverts limité donnent libre cours à la créativité du chef.

Accès : au centre du village

SAINT-PARDOUX-LE-NEUF- 23200

10 CHAMBRE D'HÔTE M. DUMONTANT

M. et Mme Dumontant

Les Vergnes
23200 Saint-Pardoux-le-Neuf
Tel. 05 55 66 23 74
Fax 05 55 67 74 16
sylvie.dumontant@freesbee.fr
www.lesvergnes.com

Fermé de fin octobre à début avril • 6 chambres équipées de salles de bains et WC indépendants • 55 à 77 € pour 2 personnes, petit-déjeuner compris ; possibilité de demi-pension • Table d'hôte de 15 à 23 € • Terrasse, parking. Cartes de crédit non acceptées • Étang de pêche

On a aimé **Ferrer le poisson dans l'étang voisin.**

Ceux qui recherchent le calme et la détente trouveront leur bonheur avec cette ferme du 18e s. sise en pleine campagne au cœur d'un domaine agricole de 30 ha, à seulement 7 km de la capitale française de la tapisserie. Les chambres, spacieuses, toutes rénovées, s'ouvrent sur l'étang et les bois voisins. La salle à manger a conservé ses beaux murs de pierres apparentes et sa grande cheminée à foyer ouvert.

Accès : à 7 km à l'Est d'Aubusson sur la N 141

COUSSAC-BONNEVAL - 87500

11 LE MOULIN DE MARSAGUET

M. Gizardin

87500 Coussac-Bonneval
Tel. 05 55 75 28 29
Fax 05 55 75 28 29
www.tourismorama-moulindemarsaguet.com

Fermé du fin septembre à mi-avril • 3 chambres • 35 à 40 € pour 2 personnes, petit-déjeuner compris • Table d'hôte 17 € • Jardin, terrasse, parking. Cartes de crédit non acceptées, chiens non admis • Étang de pêche, barque à disposition et possibilité de baignade

On a aimé **Les stages de transformation et dégustation des produits de la ferme.**

L'hospitalité chaleureuse de cette famille d'exploitants agricoles vous donnera envie de revenir dans sa grande ferme du 18e s. bordée d'un bel étang poissonneux de 13 ha. Les mordus de la gaule seront bien sûr ravis de ferrer le brochet, les autres goûteront aux joies de la baignade et des promenades en barque. Les chambres sont simples et lumineuses, et la table régale de produits du terroir autour de grandes tablées conviviales.

Accès : à 3,6 km au Nord de Coussac par la D 17, direction La Roche-l'Abeille puis la D 57

LA CROIX-DU-BREUIL - 87250

12 MANOIR HENRI IV

M. Broussac

D 220
87250 La Croix-du-Breuil
Tel. 05 55 76 00 56
Fax 05 55 76 14 14
manoirhenriiv@tele2.fr

Fermé le lundi d'octobre à mai et le dimanche soir toute l'année • 11 chambres réparties sur 2 étages, disposant de salles de bains WC ou douches WC et toutes de télévision • 45 à 58 € pour 2 personnes ; petit-déjeuner 6 € • Menus de 15 (en semaine) à 42 € • Terrasse, jardin, parking

On a aimé **Ces vieux murs chargés d'histoire, près d'un échangeur de l'A 20.**

Cette ferme fortifiée du 16e s. flanquée d'une jolie tourelle porte fièrement le nom de son hôte le plus célèbre, venu à La Croix-du-Breuil pour quelques journées de chasse. Les chambres, rustiques et bien tenues, sont plus petites et un peu sombres sous les mansardes du dernier étage. Salles à manger campagnardes avec poutres apparentes au plafond et objets paysans décorant les murs ; l'une d'elles possède une belle cheminée.

Accès : à 3 km au Nord de Bessines-sur-Gartempe

SAINT-PRIEST-TAURION - 87480

13 LE RELAIS DU TAURION

M. Roger

2 chemin des Contamines
87480 Saint-Priest-Taurion
Tel. 05 55 39 70 14
Fax 05 55 39 67 63

Fermé du 15 décembre au 15 janvier • 8 chambres dotées de salles de bains WC ou douches WC et presque toutes de télévision • 48 à 70 € pour 2 personnes ; petit-déjeuner 9 € ; possibilité de demi-pension • Restaurant fermé dimanche soir et lundi ; menus de 19 (semaine) à 33 € • Terrasse, jardin, parking • Baignade, pêche, canoë à proximité

On a aimé

L'accueil charmant des propriétaires.

Grande maison de notable centenaire à la façade tapissée de vigne vierge. Petites chambres propres et fraîches, parfois agrémentées de cheminées anciennes en marbre. Coquette salle à manger avec poutres apparentes et mobilier rustique. À la belle saison, les tables sont dressées dans le beau jardin verdoyant et fleuri. Cuisine traditionnelle.

Accès : à 11 km au Nord-Est de Limoges par la D 29

SAINT-VICTURNIEN - 87420

14 DOMAINE DU LOUBIER

M. et Mme Dauriac

Lieu-dit « Le Petit-Loubier »
87420 Saint-Victurnien
Tel. 05 55 03 29 22

Fermé en décembre et en janvier • 4 chambres spacieuses dont 1 accessible aux handicapés physiques, toutes sont équipées de salles de bains WC • 48 € pour 2 personnes, petit-déjeuner compris • Pas de table d'hôte • Parc, parking. Cartes de crédit non acceptées • À proximité : pêche, canoë, baignade, équitation et tennis

On a aimé

L'accueil particulièrement chaleureux.

Lieu de séjour très attachant que cette demeure des 18e et 19e s. nichée au milieu d'un parc planté de tilleuls, chênes, marronniers, thuyas géants et d'un splendide araucaria. Les chambres, spacieuses et décorées avec goût, ont été meublées par le propriétaire, brocanteur de son état.

Accès : 5 km au Sud d'Oradour-sur-Glane par la D 9 puis la D 3

SOLIGNAC - 87110

15 **SAINT-ÉLOI**

Mme Ashton

66 avenue Saint-Éloi
87110 Solignac
Tel. 05 55 00 44 52
Fax 05 55 00 55 56
lesaint.eloi@wanadoo.fr
www.lesainteloi.fr

Fermé janvier, du 1er au 10 septembre, lundi, samedi midi et dimanche soir • 15 chambres dont 1 accessible aux handicapés physiques, toutes disposent de salles de bains WC et télévision • 44 à 61 € ; petit-déjeuner 7 à 10 € ; possibilité de demi-pension • Menus 20 (en semaine) à 39 € • Terrasse • Expositions de peinture et sculpture

On a aimé **L'heureux mariage des styles médiéval et contemporain.**

Face à l'abbaye fondée par le bon saint Éloi, cette bâtisse régionale en pierre rehaussée de colombages accueille les voyageurs en quête de calme et de sérénité. Les chambres, spacieuses et bien insonorisées, sont agrémentées de tentures et peintures ensoleillées. De son vitrail coloré, le trésorier de Dagobert veille sur la salle à manger du 12e s. où l'on déguste, près de la robuste cheminée en granit, la cuisine du terroir préparée par le patron.

Accès : à 10 km au Sud de Limoges, par la D 704 (direction St-Yrieix), puis à droite la D 32

THOURON - 87140

16 **LA POMME DE PIN**

M. Mounier

Étang de Tricherie
87140 Thouron
Tel. 05 55 53 43 43
Fax 05 55 53 35 33

Fermé pendant les vacances de février, en septembre, le lundi et mardi midi • 7 chambres disposant de salles de bains WC et télévision • 48 à 65 € pour 2 personnes ; petit-déjeuner 6 € ; possibilité de demi-pension • Menus de 24 (en semaine) à 37 € • Terrasse, jardin. Chiens non admis dans les chambres

On a aimé **Se mettre au vert parmi étangs, lacs et forêts.**

Les chambres, spacieuses, calmes et tournées vers la rivière, sont aménagées dans une ancienne filature, tandis que le vieux moulin érigé en bordure d'un étang accueille trois salles à manger ; l'une offre un authentique cadre rustique, avec murs de pierres apparentes et cheminée monumentale où l'on prépare les grillades, une autre, plus lumineuse, s'ouvre pleinement sur la campagne limousine. Le murmure du cours d'eau berce l'agréable terrasse.

Accès : au Nord de Limoges, par la A 20 jusqu'à la sortie no 26, puis la D 5, direction Nantiat

LORRAINE

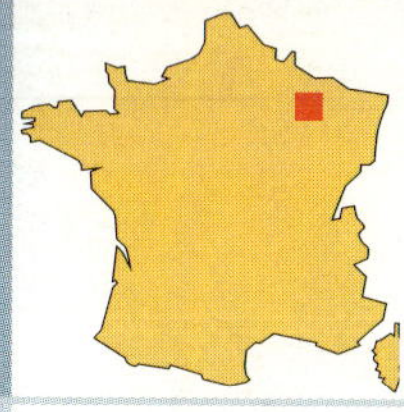

En passant par la Lorraine, vous commencerez par un pèlerinage sur les hauts lieux du souvenir militaire de la Grande Guerre, première étape d'un périple qui vous réserve bien des coups de cœur : splendide héritage artistique de Nancy magnifiée par Stanislas et de Metz la « ville lumière ». Vous découvrirez ensuite les stations thermales dispensatrices d'amincissants bienfaits comme Vittel ou Contrexeville. Et au passage vous vous arrêterez à Baccarat pour y admirer le cristal, à Longwy pour les émaux et à Lunéville pour les faïences. De temps à autre le poignant silence des hauts fourneaux répond à celui des carreaux de mine endormis tandis que des visions inspirées de l'histoire se réveillent à Domrémy avec Jeanne d'Arc. N'oublions pas le parc naturel régional des Vosges avec ses lacs, ses épaisses forêts et sa faune sauvage, ni les collines ondulantes du plateau lorrain semées de vergers de mirabelles. Accordez-vous au passage une halte gourmande dans une marcairie : le géromé ou le munster y clôture des repas généreux consacrés par l'indispensable quiche, à moins qu'il ne soit le prélude à un dessert arrosé de kirsch...

- Meurthe-et-Moselle (54)
- Meuse (55)
- Moselle (57)
- Vosges (88)

LORRAINE
LUXEMBOURG
BUNDES
DEUT
Wellin
Bastogne
Bitburg
Wittlich
Simmern
Vresse
Ettelbrück
Echternach
Morbach
Bad K
Bouillon
Neufchâteau
Arlon
Luxembourg
Trier
Sedan
Carignan
Pétange
Primstal
Mouzon
Longwy
Montmédy
Sierck
Buzancy
Stenay
Longuyon
Audun-le-R.
Thionville
Dun
Spincourt
Bouzonville
Saarlouis
Saarbrücken
Briey
Boulay-Moselle
Étain
Forbach
Sarreguemines
Bitche
Varennes-en-A.
Verdun
Jarny
Metz
St Avold
Faulquemont
Puttelange
Ste Menéhould
Fresnes-en-W.
Chambley-Bussières
Souilly
Sarre-Union
Ingwiller
Givry-en-A.
Vigneulles
Pont-à-Mousson
Delme
Morhange
Fénétrange
St Mihiel
Château-Salins
Sarrebourg
Revigny
Bar-le-Duc
Dieulouard
Commercy
Toul
Arracourt
Abreschviller
Nancy
Lunéville
Thiéblemont-Farémont
Ligny-en-Barrois
Void
Neuves-Maisons
Blâmont
Molsheim
St Dizier
Ancerville
Vaucouleurs
Meurthe
Schirmeck
Baccarat
Obernai
Gondrecourt
Colombey-les-Belles
Senones
Barr
Joinville
Domrémy
Charmes
St Dié-des-Vosges
Neufchâteau
Rambervillers
Ste Marie-aux-Mines
Doulevant-le-Ch.
Mirecourt
Ribeau
Vignory
Châtenois
Thaon
Bruyères
Col du Bonhomme
Andelot
Dompaire
Colmar
Contrexéville
Vittel
Épinal
Chaumont
Clefmont
Gérardmer
Schlucht
Darney
Bains-les-Bains
Munster
Remiremont
la Bresse
Bourbonne-les-Bains
Guebwiller
Châteauvillain
Montigny-le-Roi
Plombières
Bussang
Ballon d'Alsace
le Thillot
Langres
St Loup-s-Semouse
Luxeuil
Thann
Auberive
Laferté
Giromagny
Longeau
Fayl-Billot
Port-s-Saône
Ronchamp
Mulho
Lure
Aignay-le-Duc
Combeaufontaine
Belfort
Altki
Prauthoy
Champlitte
Vesoul
Villersexel
Héricourt
Sochaux
Fontaine-Française
Montbéliard
Delle
Is-s-Tille
Dampierre-s-Salon
Porrentruy
St Seine-l'Abbaye
Gray
Rioz
l'Isle-sur-le-D.
Pont-de-Roide
Gy
Dijon
Mirebeau-s-Bèze
Marnay
Baume-les-Dames
Maîche
Saignelégier
Meuse
Moselle
Sarre
Marne
Saône
Doubs
Aisne

Fred/PHOTONONSTOP

ANCEMONT - 55320

1 CHÂTEAU DE LABESSIÈRE

M. Eichenauer

9 rue du Four
55320 Ancemont
Tel. 03 29 85 70 21
Fax 03 29 87 61 60
rene.eichenauer@wanadoo.fr
www.labessiere.com

Fermé pour Noël et le Jour de l'An • 4 chambres • 70 € pour 2 personnes, petit-déjeuner compris ; possibilité de demi-pension • Table d'hôte 25 € • Jardin, parking. Cartes de crédit non acceptées, chiens non admis • Piscine de plein air

On a aimé

Le charme un brin suranné des chambres.

Entre Argonne et Côtes de Meuse, château du 18e s. à taille humaine, port d'attache idéal pour visiter la région. Les chambres, avec leurs tapisseries pastel, leurs ciels de lit et leurs vieux meubles, ne manquent pas de charme. Même plaisante atmosphère dans le salon remarquablement fourni en guides, dépliants et livres sur la Meuse. La table d'hôte ouverte tous les soirs, le jardin arboré et la jolie piscine découverte ajoutent leur supplément d'atouts à cette fort aimable adresse.

Accès : à 15 km au Sud de Verdun par la D 34 (rte de Saint-Mihiel)

GORZE - 57680

2 HOSTELLERIE DU LION D'OR

M. Erman

105 rue du Commerce
57680 Gorze
Tel. 03 87 52 00 90
Fax 03 87 52 09 62

Fermé dimanche soir et lundi • 15 chambres réparties dans 2 bâtiments, disposant de salles de bains WC ou douches WC, toutes avec télévision • 48 à 55 € pour 2 personnes ; petit-déjeuner 8 € ; possibilité de demi-pension • Menus de 25 (le midi en semaine) à 57 € • Terrasse, jardin, parking • Aire de jeux pour enfants

On a aimé

La terrasse et son agréable ombrage naturel.

Ce relais de poste du 19e s. tenu par la même famille depuis 1949 s'adapte à l'air du temps sans toutefois perdre son âme. Les chambres sont progressivement rénovées ; nous vous conseillons de réserver une de celles qui ouvrent sur le précieux patio agrémenté d'un vivier à truites et dont la charpente mise à nu ménage son effet. Côté restaurant, la cheminée monumentale en pierre paraissant échappée d'un château tient dignement sa place dans une salle à manger plutôt contemporaine.

Accès : au Sud-Ouest de Metz, par la D 6

MANDEREN - 57480

3 AU RELAIS DU CHÂTEAU DE MENSBERG

M. Schneider

15 rue du Château
57480 Manderen
Tel. 03 82 83 73 16
Fax 03 82 83 23 37
aurelaismensberg@aol.com

Fermé du 26 décembre au 19 janvier • 13 chambres dont 1 accessible aux handicapés physiques, dotées de douches WC ou salles de bains WC et télévision • 60 € (51 € basse saison) ; petit-déjeuner 7 € ; possibilité de demi-pension • Restaurant fermé le mardi ; menus de 19 à 44 € • Terrasse, jardin, parking

On a aimé **Les spectacles variés donnés dans le cadre somptueux du château.**

« Malbrouck s'en va-t-en guerre, mironton, mironton, mirontaine » : la célèbre chanson populaire raille un épisode de la vie du duc de Marlborough qui, ayant établi son QG au château de Mensberg, ne put livrer bataille. Trois chambres regardent la belle forteresse, habilement restaurée, qui accueille spectacles, expositions et récitals. La salle à manger rustique, agrémentée d'une cheminée monumentale en pierre, se complète de deux salons en mezzanine. Terrasse au calme sur l'arrière.

Accès : depuis Sierck-les-Bains, prendre au Nord la N 153 sur 2 km, puis à Apach tourner à droite sur la D 64

MEISENTHAL - 57960

4 AUBERGE DES MÉSANGES

M. et Mme Walter

2 rue du Tiseur
57960 Meisenthal
Tel. 03 87 96 92 28
Fax 03 87 96 99 14
hotel-restaurant.auberge-mesanges@wanadoo.fr
www.aubergedesmesanges.com

Fermé du 12 au 28 février et du 23 au 27 décembre • 22 chambres dotées de douches WC, la moitié possède une télévision • 45 à 51 € (32 à 44 € basse saison) ; petit-déjeuner 7 € ; possibilité de demi-pension • Restaurant fermé dimanche soir et lundi ; menus 10 (en semaine) à 20 € • Terrasse, parking

On a aimé **La situation géographique et le cadre propice au ressourcement.**

À l'orée forestière du Parc naturel des Vosges du Nord, l'auberge des Mésanges vous offre le calme de la nature environnante et la proximité de nombreux centres d'intérêt : randonnées, golf, musées, châteaux... Vous séjournerez dans de spacieuses chambres fonctionnelles impeccablement tenues. Les repas sont quant à eux servis dans une salle à manger misant sur la simplicité, tant pour le décor, de style rustique, que pour la cuisine, d'influence régionale.

Accès : près du centre du village

METZ - 57000

5 LA CATHÉDRALE

M. Hocine

25 place de la Chambre
57000 Metz
Tel. 03 87 75 00 02
Fax 03 87 75 40 75
hotelcathedrale-metz@wanadoo.fr
www.hotelcathedrale-metz.fr

Ouvert toute l'année • 20 chambres réparties sur 3 étages, équipées de salles de bains WC pour la plupart, d'autres de douches WC, toutes de télévision • 68 à 95 € pour 2 personnes ; petit-déjeuner 11 € • Pas de restaurant

On a aimé **La vue splendide sur la cathédrale St-Étienne offerte par la plupart des chambres.**

La gracieuse façade de cet ancien relais de poste (1627) a traversé les siècles sans coup férir. L'intérieur, en revanche, vient d'être relooké de fond en comble. Les chambres, personnalisées, assortissent le mobilier en fer forgé de tissus chatoyants, ou se garnissent de belles pièces dénichées en salle des ventes ou chez les antiquaires. Cloisons à colombages, cheminées, parquet... Toutes conservent les précieux témoignages de près de 400 ans de bons et loyaux services... hôteliers !

Accès : au centre-ville, à côté de la cathédrale Saint-Étienne

AUTREVILLE - 88300

6 LE RELAIS ROSE

M. Loëffler

24 rue de Neufchâteau
88300 Autreville
Tel. 03 83 52 04 98
Fax 03 83 52 06 03

Ouvert toute l'année • 16 chambres distribuées dans 3 bâtiments, disposant pour la plupart de salles de bains WC ou douches WC, toutes de télévision. Quelques-unes sont réservées aux non-fumeurs • 45 à 75 € pour 2 personnes ; petit-déjeuner 8 € ; possibilité de demi-pension • Menus de 12 à 30 € • Terrasse, jardin, garage, parking

On a aimé **Que toute une famille se mette en quatre pour satisfaire ses clients.**

Un prie-Dieu ici, là une belle armoire ancienne, un profond « club » patiné par le temps, un patchwork insolite de papiers peints de toutes les époques, parfois ornés de grosses fleurs à la mode kitsch, etc. Cet étonnant bric-à-brac sans style ni âge donne l'impression d'entrer dans la maison du temps qui passe : les « bobos » vont adorer ! Sachez néanmoins que les chambres rénovées sont assez coquettes, et que des porcelaines de Limoges et de Lunéville décorent les tables du restaurant.

Accès : dans la traversée du village, par la N 74 entre Colombey-les-Belles et Neufchâteau

BULGNÉVILLE - 88140

7 CHAMBRES D'HÔTES M. BRETON

M. Breton

74 rue des Récollets
88140 Bulgnéville
Tel. 03 29 09 21 72
Fax 03 29 09 21 72
benoit.breton@wanadoo.fr

Ouvert toute l'année (seulement sur réservation en hiver) • 4 chambres • 68 € pour 2 personnes, petit-déjeuner compris • Pas de table d'hôte • Jardin, parking. Cartes de crédit non acceptées

On a aimé **La décoration sans faute de cette noble demeure.**

Cette accueillante maison de notable qui date de 1720 a été entièrement redécorée par son propriétaire, antiquaire de son état. Résultat : des chambres spacieuses et confortables où meubles de style et décor moderne se marient à merveille. Les salles de bains en grès sont aussi très réussies. Le jardin, aménagé à l'arrière du logis, invite à s'attarder.

Accès : à 7,5 km à l'Ouest de Contrexéville par la D 164

CONTREXÉVILLE - 88140

8 LA SOUVERAINE

M. Paris

Parc Thermal
88140 Contrexéville
Tel. 03 29 08 09 59
Fax 03 29 08 16 39
contact@hotel-souveraine.com
www.hotel-souveraine.com

Ouvert toute l'année • 31 chambres, dont la moitié tournées vers le parc, toutes dotées de salles de bains WC ou douches WC et de télévision • 35 à 85 € pour 2 personnes ; petit-déjeuner 9 € ; possibilité de demi-pension • Parking

On a aimé **L'ambiance hitchcockienne du parc thermal lorsque les corneilles s'abattent sur les arbres !**

Marquise, garde-corps chantournés, frises... Ces détails de la gracieuse façade rose et blanche attestent le noble passé de cette élégante demeure où vécut la grande-duchesse Wladimir, tante du tsar Nicolas II. À la Belle Époque, en effet, le gotha européen venait prendre les eaux à Contrexéville. La rénovation récente des chambres n'a pas gommé leur séduisant décor « rétro » agrémenté de cheminées en marbre, plafonds moulurés et lits en laiton ; certaines donnent sur le parc thermal.

Accès : dans le Parc Thermal

9 LE CHALET DU LAC

M. Vallcaneras

97 chemin de la Droite du Lac
88400 Gérardmer
Tel. 03 29 63 38 76
Fax 03 29 60 91 63

Fermé du 1er au 31 octobre • 11 chambres dont 4 dans un chalet annexe, disposant de douches WC et de télévision • 56 € pour 2 personnes ; petit-déjeuner 8 € ; possibilité de demi-pension • Menus de 20 à 40 € • Jardin, parking • Ping-pong

On a aimé

Voir, au bord du lac, le temps suspendre son vol.

Typique et fringant chalet vosgien bâti en 1866, rare rescapé de ces lieux de villégiature bucoliques qui fleurissaient au 19e s. autour du lac de Gérardmer. Les chambres, sobres et à la tenue irréprochable, sont parfois garnies de vieux meubles de famille ; réservez-en une rénovée. Vaisselle alsacienne et verres en cristal taillé sur les tables du restaurant façon « stube » qui offre une vue panoramique. Le jardin dégringole jusqu'au lac et flâner dans ses allées est un vrai bonheur.

Accès : sur la route d'Épinal, à 1 km à l'Ouest, face au lac

10 JAMAGNE

Famille Jeanselme

2 boulevard Jamagne
88400 Gérardmer
Tel. 03 29 63 36 86
Fax 03 29 60 05 87
hotel.jamagne@wanadoo.fr
www.jamagne.com

Fermé 6 au 25 mars et 13 nov. au 23 déc. • 48 chambres avec salles de bains WC ou douches WC, toutes avec télévision • 70 à 90 € (55 à 85 € basse saison) ; petit-déjeuner 10 € ; possibilité de demi-pension • Menus 13 à 40 € • Terrasse, parking clos. Chiens non admis dans le restaurant • Piscine couverte, fitness, sauna, hammam, jacuzzi, randonnées, activités nautiques

On a aimé

Le respect de la tradition, perpétué depuis 1905.

Vous ne pourrez manquer cet imposant immeuble d'angle situé à mi-chemin entre le centre de la station et le lac. Ses propriétaires ont su concilier les intétêts des familles (plusieurs chambres sont compartimentées), les attentes des paresseux (bar et salons confortables), les aspirations des gastronomes (goûteuse cuisine régionale servie dans deux belles salles à manger) et les exigences des sportifs (piscine, espace forme et balades en forêt hiver comme été) : c'est Byzance !

Accès : au centre-ville

GIRMONT-VAL-D'AJOL - 88340

11 AUBERGE DE LA VIGOTTE

M. et Mme Bouguerne

88340 Girmont-Val-d'Ajol
Tel. 03 29 61 06 32
Fax 03 29 61 07 88
courrier@lavigotte.com
www.lavigotte.com

Ouvert toute l'année • 18 chambres et 1 suite dotées de salles de bains WC, quelques douches WC, pas de télévision • 55 à 65 € pour 2 personnes ; petit-déjeuner 6 € ; possibilité de demi-pension • Restaurant fermé mardi et mercredi ; menus 25 à 38 € • Terrasse, jardin, parking. Chiens non admis • Tennis, pêche et baignade en étangs privés, jeux pour enfants, randonnées, ski de fond

On a aimé **Le grand calme, l'air pur, la vue, les activités, le charme des lieux, la cuisine... Tout, quoi !**

Le site Internet de la « via gotta » (le chemin des sources, en patois) vous donnera un aperçu du dynamisme de ses nouveaux propriétaires. C'est que « ça décoiffe » depuis l'an 2000 ! La vieille ferme de 1750, perchée à 700 m d'altitude entre forêt de sapins et étangs, est devenue en peu de temps une adorable et très prisée auberge vosgienne grâce à ses chambres coquettes et son restaurant « campagnard chic » à la mode mégevanne. La cuisine, inventive, est un régal pour les yeux et le palais.

Accès : entre le Val-d'Ajol et Remiremont (D 23), à Faymon prendre la D 83 sur 5 km

LA CHAPELLE-AUX-BOIS - 88240

12 LES GRANDS PRÉS

Mme Chassard

9 les Grands-Prés
88240 La Chapelle-aux-Bois
Tel. 03 29 36 31 00
Fax 03 29 36 31 00

Ouvert toute l'année • 3 chambres et 2 gîtes • 40 € pour 2 personnes, petit-déjeuner compris ; possibilité de demi-pension • Table d'hôte 14 € • Salon, jardin, parking. Cartes de crédit non acceptées, chiens non admis au restaurant

On a aimé **Le calme de cette maison de maître du 19e s.**

Cette vaste demeure ancienne entourée d'une verdoyante campagne se trouve à quelques minutes de la station thermale de Bains-les-Bains. Ses chambres, sobres et impeccablement tenues, s'ouvrent sur un plaisant jardin où gazouille un ruisseau poissonneux (pêche possible). La table d'hôte est garnie des légumes du potager, et parfois de volailles et lapins élevés sur place.

Accès : à 3,5 km au Sud-Est de Bains-les-Bains, direction Saint-Loup et route secondaire

LA PETITE-FOSSE - 88490

13 AUBERGE DU SPITZEMBERG

M. et Mme Fleury

88490 La Petite-Fosse
Tel. 03 29 51 20 46
Fax 03 29 51 10 12

Fermé lundi • 10 chambres à l'étage, quelques-unes avec salles de bains WC, les autres équipées de douches WC, certaines avec télévision • 46 à 61 € pour 2 personnes ; petit-déjeuner 7 € ; possibilité de demi-pension • Menus 18 (en semaine) à 25 € • Jardin, garage, parking • Mini-golf et point de départ de promenades en forêt

On a aimé

Se poser dans un écrin de verdure.

Prenez vos distances avec les petits soucis de la vie quotidienne dans ce havre de tranquillité perdu en pleine forêt vosgienne : les chambres, confortables, offrent un visage familier qui met à l'aise, et une cuisine simple et bonne, à base de produits régionaux bien choisis, est servie dans la grande salle à manger rustique. Il ne vous reste donc plus qu'à vous inquiéter des loisirs... Lors de vos randonnées, inutile de semer des petits cailloux blancs, les sentiers sont bien balisés !

Accès : à 3,5 km de Provenchères-sur-Fave par la D 45 et une route forestière

LE VAL-D'AJOL - 88340

14 LA RÉSIDENCE

Mme Bongeot

5 rue des Mousses
88340 Le Val-d'Ajol
Tel. 03 29 30 68 52
Fax 03 29 66 53 00
contact@la-residence.com
www.la-residence.com

Fermé du 26 novembre au 26 décembre • 49 chambres équipées de salles de bains WC ou douches WC et télévision • 58 à 85 € ; petit-déjeuner 9 € ; possibilité de demi-pension • Restaurant fermé dimanche soir du 1er novembre au 30 avril ; menus de 17 (en semaine) à 50 € • Parc, parking • Piscine équipée d'un toit amovible, tennis

On a aimé

Être réveillé par le chant des oiseaux.

Les chambres, de style Louis XV ou contemporaines, sont réparties dans les trois bâtiments adossés à la forêt qui composent la Résidence : une maison de maître du milieu du 19e s. reliée à son « orangerie » par une galerie vitrée et un ancien relais de diligences distant de 50 m. La salle à manger, lumineuse, s'agrémente d'une cheminée centrale. Piscine recouvrable, tennis, parc planté d'arbres centenaires : pour le plein air, l'hôtel n'est pas en reste.

Accès : à la sortie de village, sur la petite route d'Hamanxard

LE VALTIN - 88230

15 LE VAL JOLI

M. et Mme Laruelle

12 bis Le Village
88230 Le Valtin
Tel. 03 29 60 91 37
Fax 03 29 60 81 73
le-val-joli@wanadoo.fr
www.levaljoli.com

Fermé du 11 novembre au 31 décembre, dimanche soir, lundi soir et mardi midi (sauf vacances scolaires) • 7 chambres équipées de salles de bains WC ou douches WC • 75 à 187 € ; petit-déjeuner 10 € ; Possibilité de demi-pension • Restaurant fermé lundi midi ; menus de 18 € (en semaine) à 60 € • Terrasse, jardin, parking • Tennis, randonnées

On a aimé **Entendre le brame des cerfs... depuis les balcons des chambres !**

Cette sympathique auberge campagnarde proche de la magnifique route des Crêtes dispose de quelques chambres rénovées à réserver en priorité ; toutes regardent les forêts de sapins et les montagnes alentour. Coquette salle à manger rustique avec plafond menuisé d'origine (19e s.) et véranda plus actuelle servent des repas orientés terroir. Le patron-maire vous indiquera le « sentier des panoramas » : circulaire, dominant le village, il est équipé de panneaux contant l'histoire des lieux.

Accès : le long de la D 23 qui mène de Fraize au col de la Schlucht

XONRUPT-LONGEMER - 88400

16 LE COLLET

M. et Mme Lapôtre

Col de la Schlucht
88400 Xonrupt-Longemer
Tel. 03 29 60 09 57
Fax 03 29 60 08 77
hotcollet@aol.com
www.chalethotel-lecollet.com

Fermé du 10 au 24 avril et du 13 novembre au 11 décembre • 25 chambres équipées de salles de bains WC ou douches WC et de télévision • 69 à 85 € ; petit-déjeuner 9 € ; possibilité de demi-pension • Restaurant fermé le mercredi midi et le jeudi ; menus de 15 (semaine) à 26 € • Terrasse, parking. Chiens non admis au restaurant • Pistes de ski et chemins de randonnées

On a aimé **L'ambiance familiale chaleureuse et conviviale.**

La façade de ce chalet-hôtel entouré d'une forêt de sapins dissimule l'essentiel : un coquet décor montagnard (tissus choisis, meubles peints), une délicieuse cuisine du terroir et, surtout, un état d'esprit, car on cultive ici un art de recevoir à l'origine de mille détails qui font la différence : les brioches et confitures « maison » du petit-déjeuner, les précieux conseils sur les randonnées, les spectacles de magie pour les enfants... Une très bonne adresse sur la somptueuse route des Crêtes.

Accès : à 2 km du Col de la Schlucht, sur la route de Gérardmer, au bord de la D 417

MIDI-PYRÉNÉES

Offrant protection à une flore et une faune exceptionnelles – il s'y cache encore des ours sauvages – voici d'abord la barrière pyrénéenne, ses hauts sommets et sa succession d'entailles profondes parcourues par l'eau tumultueuse des gaves qui devient miraculeuse à Lourdes. Souvent perchées sur un piédestal rocheux, cités médiévales et forteresses de Gaston Phœbus partent à l'assaut du ciel. Albi la rouge, Toulouse la rose, les bastides aux reflets corail éblouissent après l'obscurité des grottes préhistoriques de Pech-Merle et de Niaux. Tout le long du chemin de Saint-Jacques se succèdent de merveilleux monuments romans, dont la remarquable abbatiale de Conques, et la liste serait incomplète si l'on n'évoquait la beauté toscane des paysages du Gers et la fertilité des pays de Garonne, généreux producteurs de fruits, de vins et de céréales. La vie de cocagne n'est pas ici un vain mot : garbure, cassoulet, confits et foies gras ne sont pas de trop pour satisfaire le fabuleux appétit des descendants des mousquetaires et de leurs hôtes.

- Ariège (09)
- Aveyron (12)
- Haute-Garonne (31)
- Gers (32)
- Lot (46)
- Hautes-Pyrénées (65)
- Tarn (81)
- Tarn-et-Garonne (82)

BORDEAUX
MIDI-
de-Médoc
St André-de-Cubzac
Libourne
St-Foy-la-Grande
Montpon-Ménestérol
Mussidan
de-Chignac
Montignac
les Eyzies-de-Tayac
Sarlat-la-Canéda
le Bugue
Jalles
Branne
Dordogne
Bergerac
le Buisson-Cussac
Beynac-et-Cazenac
Gourdon
Salviac
Sauveterre-de-Guyenne
Duras
Eymet
Beaumont-du-Périgord
Castillonnès
Monpazier
Villefranche-du-Périgord
la Brède
Podensac
la Réole
Miramont-de-Guyenne
Langon
GARONNE
Marmande
Cancon
Monflanquin
Puy-l'Évêque
Belin-Béliet
Bazas
Grignols
Tonneins
Fumel
Cahors
St Symphorien
Villeneuve-sur-Lot
Tournon-d'Agenais
Lot
Sore
Pissos
Captieux
Casteljaloux
Aiguillon
Montcuq
Lauzerte
Agen
Houeillès
Labrit
Valence-d'A.
Moissac
Lafrançaise
Nérac
Baïse
Astaffort
Roquefort
St Justin
Gabarret
Condom
Castelsarrasin
Gers
Cazaubon
Lectoure
Beaumont-de-Lomagne
Montech
Mont-de-Marsan
Villeneuve-de-M.
Eauze
Fleurance
Grisolles
Grenade
Nogaro
Vic-Fezensac
Adour
St Sever
Aire-s-l'Adour
Mauvezin
Montfort-Chalosse
Auch
Blagnac
Riscle
Hagetmau
Gimont
l'Isle-de-Noé
l'Isle-Jourdain
Save
Saramon
Garlin
Marciac
Arzacq-Arraziguet
Mirande
Muret
Maubourguet
Miélan
Lombez
Rieumes
Lacq
Vic-en-Bigorre
Masseube
Gave
Navarrenx
Morlaàs
Darré
Trie
Carbonne
Pau
Oloron-Ste-Marie
Tarbes
Boulogne
Boussens
Lestelle-Bétharram
Tournay
Garonne
Montesquieu-Volvestre
Aramits
Lourdes
Lannemezan
St Martory
St Gaudens
Montréjeau
le Mas-d'Azil
Col d'Aubisque
Argelès-Gazost
Bagnères-de-Bigorre
Laruns
St Girons
Accous
Col du Tourmalet
2115
S. Béat
Cauterets
Arreau
la Mongie
Castillon-en-Couserans
Massat
Urdos
Luz-St Sauveur
St Lary-Soulan
Les
1650
Col du Somport
3298
Vignemale
Bagnères-de-Luchon
Gavarnie
Vielha
Bielsa
Jaca
Biescas
Aragón
Gállego
Cinca
A 89
A 63
A 62
A 64
N 89
N 113
N 124
N 21
N 134
N 117
N 125
N 230
N 330
D 936
D 660
D 933
D 932
D 934
D 935
D 920
D 918
D 125
D 928
D 656
D 653
D 811
D 117
D 106
D 30
D 6

Aurillac
St Cernin
le Lioran
St Flour
en-Velay
Beaulieu
Laroquebrou
Vic-s-Cère
Pierrefort
Chaudes-Aigues
Saugues
Monistrol-d'A.
le Malzieu Ville
St Céré
Gramat
Lacapelle-Marival
St Mamet-la-Salvetat
Mur-de-Barrez
Truyère
St Chély-d'Apcher
Grandrieu
Pradelles
Aumont-Aubrac
Montsalvy
Maurs
Laguiole
Entraygues-s-Truyère
Aubrac
St Amans
Langogne
Châteauneuf-de-Randon
Figeac
Conques
Espalion
Marvejols
Mende
Decazeville
Lot
St Geniez-d'Olt
Bagnols-les-Bains
Cajarc
Rignac
Laissac
la Canourgue
Ste Enimie
Génolhac
Aveyron
Villefranche-de-Rouergue
Rieupeyroux
Rodez
Séverac-le-Chau
Florac
Baraqueville
la Primaube
Pont de Salars
la Malène
Barre-des-Cévennes
St Antonin-Noble-Val
Laguépie
Cassagnes-Begonhès
St Beauzély
le Rozier
Meyrueis
Millau
St Jean-du-Gard
Cordes
Réquista
Tarn
la Cavalerie
Carmaux
le Vigan
Gaillac
Albi
St Sernin-s-Rance
St Affrique
Ganges
le Caylar
Villefranche-d'Albigeois
Camarès
St Martin-de-Londres
PYRÉNÉES
Graulhet
Réalmont
Lodève
Lavaur
Lautrec
Lacaune
Murat
Hérault
Gignac
Brassac
la Salvetat-sur-A.
Lamalou
Bédarieux
Montpellier
TOULOUSE
Castres
Agout
Clermont-l'Hérault
Puylaurens
Olargues
Mazamet
St Pons-de-Thomières
Pézenas
Palavas
Revel
St Amans-Soult
St Chinian
Béziers
Sète
Villefranche-de-Lauragais
Saissac
Capestang
Agde
Castelnaudary
Alzonne
Carcassonne
Coursan
le Cap d'Agde
Lézignan-Corbières
Capendu
Narbonne
Valras-Plage
Fanjeaux
Montréal
Narbonne-Plage
GOLFE
Aude
Mirepoix
Limoux
Sigean
Port-la-Nouvelle
Mouthoumet
Durban-Corbières
Couiza
Lavelanet
Quillan
St Paul-de-Fenouillet
Tuchan
Port-Barcarès
Belcaire
Axat
Estagel
Salses-le-Chau
Millas
Perpignan
Ille-s-Têt
Canet-Plage
Prades
Thuir
St Cyprien-Plage
Tunnel de Puymorens
Pic du Canigou
2784
Font-Romeu
Elne
Argelès
Collioure
A 75
A 9
A 61
N 88
N 120
N 122
N 140
N 9
N 113
N 112
N 109
N 106
N 116
N 126
D 921
D 988
D 999
D 911
D 926
D 802
D 117
D 118

AULUS-LES-BAINS - 09140

1 LES OUSSAILLÈS

Mme Charrue

09140 Aulus-les-Bains
Tel. 05 61 96 03 68
Fax 05 61 96 03 70
jcharrue@free.fr

Ouvert toute l'année • 12 chambres sur 2 niveaux, dotées de salles de bains WC ou douches WC et avec télévision • 47 à 53 € ; petit-déjeuner 6,50 € ; possibilité de demi-pension • Menus de 10 à 23 € • Terrasse, jardin, garage. Chiens non admis

On a aimé **L'accueil familial charmant, qui donne un peu l'impression d'être chez soi.**

Maison des années 1920 en pierres de taille, flanquée d'une tourelle. Deux galeries courent sur la façade, côté jardin : les quelques chambres qu'elles desservent - à réserver en priorité - profitent d'une vue délicieuse sur une verdoyante vallée ; vous pourrez en outre y prendre le petit-déjeuner sur le balcon. L'espace restauration, convivial, se double aux beaux jours d'une terrasse dressée sous les arbres du jardin.

Accès : au cœur du village, situé à 33 km au Sud-Est de Saint-Girons

FOIX - 09000

2 AUBERGE LES MYRTILLES

M. et Mme Blazy

Col des Marrous 09000 Foix
Tel. 05 61 65 16 46
Fax 05 61 65 16 46
aubergelesmyrtilles@wanadoo.fr
http://perso.wanadoo.fr/auberge.les.myrtilles

Fermé du 1er janvier au 6 février, novembre-décembre, lundi, mardi, mercredi midi (basse saison) • 7 chambres dont 2 avec terrasse, douches WC, 2 avec salles de bains WC ; toutes ont la télévision • 60 à 75 € ; petit-déjeuner 7 € ; possibilité de demi-pension • Menus de 16 à 22 € • Terrasse, jardin, parking. Chiens non admis au restaurant • Piscine, sauna, jacuzzi

On a aimé **Les deux chambres récemment rénovées dans l'esprit montagnard.**

Dévorer une tarte aux myrtilles, écouter le brame des cerfs, choisir un grand bordeaux sur la carte des vins, « piquer » un plongeon dans la piscine, emprunter un sentier balisé parcourant la forêt de hêtres, contempler la vallée de l'Arget depuis la terrasse, profiter du grand calme des lieux, etc. : mélangez le tout, et vous obtiendrez un savant cocktail « sports et loisirs » dans une nature préservée. Ceci dit, on peut tout aussi bien paresser du matin au soir...

Accès : à 19 km à l'Ouest de Foix par la D 17

SAINT-GIRONS - 09200

3 **EYCHENNE**

Famille Bordeau

8 avenue Paul-Laffont
09200 Saint-Girons
Tel. 05 61 04 04 50
Fax 05 61 96 07 20
eychen@club-internet.fr

Fermé décembre et janvier ; dimanche soir et lundi de novembre à mars (sauf fériés) • 43 chambres dotées de salles de bains WC ou douches WC et de télévision • 50 à 180 € (40 à 160 € basse saison) pour 2 personnes ; petit-déjeuner 9 € ; possibilité de demi-pension • Menus de 25 à 53 € • Parking fermé • Piscine

On a aimé **Flâner le long du Salat, sous l'ombrage d'une belle rangée de platanes.**

Les Bordeau dirigent ce relais de poste ariégeois depuis... 7 générations ! Autant dire que vous y recevrez assurément un accueil prévenant et que l'ambiance « vieille France » est cultivée avec délectation. Ainsi, les chambres possèdent souvent des meubles anciens fraîchement cirés, un papier peint parfois un brin désuet, voire quelques lampes « rétro », autant de petits détails rappelant l'atmosphère d'une « maison de famille ». Plats classiques et vins du Sud-Ouest honorent dignement la table.

Accès : quitter le boulevard du Général-de-Gaulle pour emprunter l'avenue d'Aulot puis la rue F. Arnaud et tourner à droite

SALSEIN - 09800

4 **MAISON DE LA GRANDE OURSE**

Mme Matulova

09800 Salsein
Tel. 05 61 96 16 51

Ouvert le week-end en hiver • 3 chambres dont 1 indépendante, 1 avec douche et 2 avec salon privatif et salle de bains • 45 € pour 2 personnes, petit-déjeuner compris • Table d'hôte 15 € • Parking. Cartes de crédit non acceptées

On a aimé **La décoration raffinée de cette habitation montagnarde.**

Cette vénérable maison de village a été restaurée de façon remarquable. Les chambres, décorées avec goût, sont très agréables. L'une d'elles, aménagée sous les combles, accueille dans sa salle de bains une superbe baignoire à pied et un grand aquarium. Les petits-déjeuners et les repas sont servis dans la charmante cuisine au beau sol dallé, garnie de meubles anciens. Une belle adresse...

Accès : à 3 km à l'Ouest de Castillon-en-Couserans

AUBRAC - 12470

5 HÔTEL - RESTAURANT LA DÔMERIE

Mme David

12470 Aubrac
Tel. 05 65 44 28 42
Fax 05 65 44 21 47
david.mc@wanadoo.fr
www.hoteldomerie.com

Fermé de mi-novembre à mi-février • 28 chambres réparties sur 2 étages, dotées de salles de bains WC ou douches WC, quelques-unes avec télévision • 48 à 76 € pour 2 personnes ; petit-déjeuner 9 € ; possibilité de demi-pension • Restaurant fermé mercredi midi, jeudi midi et vendredi midi (basse saison), menus de 19 à 38 € • Jardin, parking • Nombreuses suggestions de ballades et d'excursions

On a aimé **Ne pas passer à Aubrac sans déguster l'aligot !**

Une ancienne voie romaine, d'immenses forêts de hêtres, des burons perdus au milieu de pâturages où paissent les fameuses vaches à robe fauve, une flore exceptionnelle : la région n'aura plus de secrets pour vous après avoir parcouru les sentiers de randonnée conseillés par le patron. À l'intérieur de cette demeure de 1870 en basalte, chambres bien tenues, garnies d'un solide mobilier rustique, et salle à manger agrémentée de boiseries blondes et poutres apparentes.

Accès : au centre du village

BELCASTEL - 12390

6 HÔTEL DU VIEUX PONT

Mmes Fagegaltier

12390 Belcastel
Tel. 05 65 64 52 29
Fax 05 65 64 44 32
hotel-du-vieux-pont@wanadoo.fr
www.hotelbelcastel.com

Fermé du 1er janvier au 15 mars ; dimanche soir, lundi et mardi midi • 7 chambres aménagées dans une ancienne grange, dont 1 accessible aux handicapés physiques disposant toutes de salles de bains WC et de télévision • 73 à 87 € pour 2 personnes ; petit-déjeuner 11 € possibilité de demi-pension • Menus de 26 (en semaine à 75 € • Parking

On a aimé **Le superbe village de Belcastel avec son château et ses étroites « calades ».**

Deux maisons anciennes en pierre de part et d'autre du vieux pont (15e s.) en dos d'âne enjambant l'Aveyron. Rive gauche, l'hôtel qui abrite de sobres et coquettes petites chambres parquetées donnant - pour la plupart - sur la rivière, et le jardin où se prennent, l'été, les petits-déjeuners. Rive droite, l'élégant restaurant mi contemporain, mi-rustique qui régale les gourmets de plats du terroir cuisinés au goût du jour : la maison est « étoilée » au Michelin depuis 1991.

Accès : au cœur du village, face au vieux pont

BOZOULS - 12340

7 À LA ROUTE D'ARGENT

M. Catusse

La Rotonde
12340 Bozouls
Tel. 05 65 44 92 27
Fax 05 65 48 81 40
yves.catusse@wanadoo.fr

Fermé en janvier, février, dimanche soir et lundi sauf le soir en juillet-août • 21 chambres, dont 6 en annexe - avec balcon ou jardinet - toutes équipées de salles de bains WC ou douches WC et télévision, 1 accessible aux handicapés physiques • 40 à 56 € ; petit-déjeuner 6 € ; possibilité de demi-pension • Restaurant climatisé. Menus de 15 € (en semaine) à 35 € • Parking, garage • Piscine de plein air

On a aimé **La savoureuse cuisine traditionnelle mitonnée par le patron.**

La discrète façade de cette hostellerie familiale dissimule un intérieur contemporain. Métal brut, luminaires modernes, chaleureuses boiseries et voilages composent le décor de la réception et du restaurant. Le bar-salon éclairé par une véranda fait également preuve d'originalité avec sa fresque et une carte de la région dessinée sur une plaque de verre. Les chambres sont confortables et colorées ; celles de l'annexe bénéficient de plus d'ampleur et de balcons tournés sur un jardinet.

Accès : à l'entrée de Bozouls, à l'intersection de la D 988 et de la D 920

ENTRAYGUES-SUR-TRUYÈRE - 12140

8 AUBERGE DU FEL

Mme Albespy

Le Fel
12140 Entraygues-sur-Truyère
Tel. 05 65 44 52 30
Fax 05 65 48 64 96
info@auberge-du-fel.com

Ouvert du 3 avril au 3 novembre • 10 chambres dont 1 pour handicapés physiques, équipées de salles de bains WC ou douches WC et télévision, 1 possède une terrasse panoramique. • 50 à 59 € pour 2 personnes ; petit-déjeuner 7 € ; possibilité de demi-pension • Restaurant fermé le midi sauf samedi, dimanche, vacances scolaires et fériés. Menus de 18 à 38 €. • Terrasse ombragée, jardin

On a aimé **L'atmosphère de « bout du monde » de ce hameau surplombant la vallée du Lot.**

Cette maison en pierre tapissée de vigne vierge et nichée dans un paisible hameau conviendra parfaitement aux amateurs de grand calme. La patronne ne se repose pourtant pas sur cet environnement privilégié, elle bichonne aussi l'intérieur de son auberge : coquettes chambres personnalisées portant chacune le nom d'un cépage et chaleureuse salle à manger en partie tournée vers la vallée du Lot. Pounti, charcuterie, truffade et autres plats du terroir s'y dégustent, par exemple, avec un vin du Fel.

Accès : à 10 km à l'Ouest d'Entraygues-sur-Truyère, prendre la D 107, puis tourner à droite sur la D 573

ESTAING - 12190

9 AUBERGE SAINT-FLEURET

Mme Moreau

19 rue François d'Estaing
12190 Estaing
Tel. 05 64 44 01 44
Fax 05 65 44 72 19
auberge.st.fleuret@wanadoo.fr

Ouvert du 15 mars au 15 novembre, fermé dimanche soir et lundi hors saison • 14 chambres dotées de douches WC, certaines avec télévision • 46 à 50 € pour 2 personnes (41 à 43 € basse saison) ; petit-déjeuner 7 € ; possibilité de demi-pension • Menus de 17 à 50 € • Jardin, garage

On a aimé **Déguster une savoureuse cuisine près de la cheminée ou face au jardin selon la saison.**

« Bonne chère et bonne nuit », tel est le programme proposé par cette sympathique auberge qui abritait autrefois un relais de poste. Les chambres, certes pas bien grandes mais rénovées, colorées et insonorisées, donnent soit sur le village, soit sur le jardin. Pensez à réserver une table au restaurant : le patron se lève avant l'aube pour sélectionner les meilleurs produits du moment afin de mitonner de goûteuses recettes inspirées par le terroir.

Accès : au cœur du village

GISSAC - 12360

10 CHÂTEAU DE GISSAC

Mme Wolkowitzky

12360 Gissac
Tel. 05 65 98 14 60
Fax 05 65 98 14 61
château.gissac@wanadoo.fr
www.chateau.gissac.com

Ouvert toute l'année • 31 chambres dotées de salles d[e] bains WC ou douches WC et télévision, 2 accessibles au[x] handicapés physiques • 61 à 72 € ; petit-déjeuner 8 € possibilité de demi-pension • Fermé le dimanche soir, l[e] lundi et le mardi midi de mi-mars à mi-juin et d[e] mi-septembre à fin décembre ; menus de 23 € (e[n] semaine) à 35 € • Terrasse, jardin, parking. Chiens no[n] admis dans les chambres • Piscine chauffée

On a aimé **L'été, assister au festival de musique sacrée à l'abbaye de Sylvanès, située à 4 km.**

Nuits paisibles garanties en ce charmant château de 16e et 18e s. posté dans un hameau isolé. Un be[l] escalier en pierre agrémenté de ferronnerie dessert de[s] chambres dont le décor opte pour un style sobremen[t] contemporain. Le restaurant offre davantage de carac-tère grâce à sa jolie salle voûtée ; le chef y propos[e] une sage cuisine traditionnelle. Un petit jardin à l[a] française et une piscine (chauffée de mai à septembre[)] complètent agréablement les installations du domaine[.]

Accès : entre Albi et Millau par la D 999, à Saint-Affrique prendre la D 7, à Lapeyre la D 92 direction Gissac

LAGUIOLE - 12210

11 GRAND HÔTEL AUGUY

Famille Muylaert-Auguy

2 allée de l'Amicale
12210 Laguiole
Tel. 05 65 44 31 11
Fax 05 65 51 50 81
grand.hotel-auguy@wanadoo.fr
www.chateauxhotels.com/auguy

Fermé du 7 novembre au 20 mars ; dimanche soir, lundi et mardi midi sauf en juillet -août • 22 chambres avec salles de bains WC ou douches WC et télévision • 65 à 90 € (55 à 70 € basse saison) ; petit-déjeuner 10 € ; possibilité de demi-pension • Menus de 28 à 50 € • Garage. Chiens non admis au restaurant • Visite des coutelleries de Laguiole à proximité

On a aimé

Choisir son laguiole « d'origine garantie » dans un atelier de coutelier.

Cette maison de tradition fait preuve d'un étonnant dynamisme. Les chambres rénovées (réservez-les en priorité), pimpantes et actuelles, disposent de balcons tournés vers la campagne. La chaleureuse et confortable salle à manger - boiseries, poutres et tables joliment dressées avec des laguioles, bien sûr - met en appétit... Ça tombe bien, vu l'excellence de la cuisine savamment mitonnée par la petite-fille du fondateur du Grand Hôtel, récompensée d'une étoile par le Guide Michelin.

Accès : au centre-ville

MILLAU - 12100

12 CHÂTEAU DE CREISSELS

M. et Mme Austruy

Route de Saint-Affrique - Creissels
12100 Millau
Tel. 05 65 60 16 59
Fax 05 65 61 24 63
www.château-de-creissels.com

Fermé janvier et février • 30 chambres dont 2 accessibles aux handicapés physiques et 12 dans l'ancien château. Chambres en majorité avec salles de bains WC, quelques douches WC, télévision partout • 58 à 84 € pour deux personnes ; petit-déjeuner 9 € ; possibilité de demi-pension • Restaurant fermé dimanche soir et lundi midi ; menus 23 à 48 € • Terrasse, jardin, parking

On a aimé

La jolie vue sur le village et la vallée.

Parquet en damier, boiseries, cheminée en marbre, meubles anciens : la chambre dite « de l'évêque », aménagée dans le château moyenâgeux, possède du caractère. Les autres sont un peu plus ordinaires ; celles nées de l'extension des années 1970 disposent de balcons. Une salle voûtée datant du 12e s. abrite le restaurant. Par beau temps, on dresse les tables sous les arcades d'une galerie dominant les toits du village.

Accès : dans un petit village au dessus de Millau, sur la route d'Albi

NANT - 12230

13 L'HERMITAGE SAINT-PIERRE

M. et Mme Macq

Lieu-dit Saint-Pierre-de-Revens
12230 Nant
Tel. 05 65 62 27 99
madeleine.macq@wanadoo.fr
http://hermitage.st.pierre.site.voila.fr

Ouvert toute l'année • 5 chambres voutées • 79 € pour 2 personnes, petit-déjeuner compris • Table d'hôte 25 € • Cartes de crédit non acceptées, chiens non admis • À proximité une rivière ou l'on peut se baigner

On a aimé

Le rire des enfants se baignant dans les eaux pures de la Dourbie.

On comprend que les propriétaires aient eu le coup de foudre pour ce lieu chargé d'histoire qui fut tour à tour chapelle (aux 10e et 11e s.), relais des templiers et église paroissiale. Aujourd'hui transformé en maison d'hôte, il abrite de belles chambres décorées avec goût et recelant très souvent des vestiges du passé : belles voûtes en pierre, mobilier ancien, lits à baldaquin et superbe retable du 17e s. Le jardin, au pied du causse Noir et au bord de la Dourbie, est enchanteur.

Accès : à 11 km au Nord-Ouest de Nant direction Millau sur la D 991

RODEZ - 12000

14 HOSTELLERIE DE FONTANGES

M. Charrié

Route de Conques
12000 Rodez
Tel. 05 65 77 76 00
Fax 05 65 42 82 29
fontanges-hotel@wanadoo.fr
www.hostellerie-fontanges.com

Ouvert toute l'année • 48 chambres, dont 4 appartements, en majorité avec salles de bains WC, quelques douches WC et télévision • 59 à 148 € pour 2 personnes petit-déjeuner 10 € ; possibilité de demi-pension • Menus de 24 (en semaine) à 70 € • Terrasse, parc, parking • Piscine de plein air, tennis

On a aimé

Le cadre authentique.

Cette maison à allure de château fut bâtie aux 16e et 17e s. par un drapier de Rodez. Parquet, mobilier de différents styles, etc. : la plupart des chambres viennent de bénéficier d'un lifting salutaire. Le salon des petits-déjeuners s'agrémente d'une cheminée monumentale et de trophées de chasse. La salle à manger avec son beau plafond à poutres apparentes, offre un cadre approprié pour savourer des recettes régionales. Le golf municipal, quant à lui, est tout proche.

Accès : à 3,5 km au Nord de Rodez par la D 901 (direction Marcillac-Vallon)

SAINT-JEAN-DU-BRUEL - 12230

15 MIDI-PAPILLON

M. et Mme Papillon

12230 Saint-Jean-du-Bruel
Tel. 05 65 62 26 04
Fax 05 65 62 12 97

Ouvert du 26 mars au 11 novembre • 18 chambres équipées de salles de bains WC, quelques unes de douches WC • 32 à 58 € pour 2 personnes ; petit-déjeuner 5 € ; possibilité de demi-pension • Menus de 13 € (semaine) à 37 € • Jardin, parking, garage • Piscine de plein air

On a aimé **La Dourbie, entre gorges et canyon.**

Dix cochons engraissés chaque année par un fermier local, un jardinier employé à plein temps pour fournir fruits et légumes, une basse-cour « maison », des champignons glanés jusque sur le Larzac par les bergers : la famille Papillon illustre parfaitement, depuis 1850, la forte identité de ce « Jardin de l'Aveyron » authentique et généreux. Chambres personnalisées - et sans TV s'il vous plaît ! - et restaurant rustique surplombant la Dourbie, face à un pont en dos d'âne du 15e s.

Accès : dans la traversée du village, par la D 999, à côté du pont de pierres

SAINT-SERNIN-SUR-RANCE - 12380

16 CARAYON

M. Carayon

Place du Fort
12380 Saint-Sernin-sur-Rance
Tel. 05 65 98 19 19
Fax 05 65 99 69 26
carayon.hotel@wanadoo.fr
www.hotel-carayon.com

Fermé dimanche soir, mardi midi et lundi (sauf fériés et juillet-août) • 60 chambres dont 4 accessibles aux handicapés, toutes avec salles de bains WC ou douches WC et télévision • 41 à 89 € ; petit-déjeuner 8 € ; possibilité de demi-pension • Menus 14 à 54 € • Garage, parking fermé, parc, terrasse • Tennis, mini-golf, salle de remise en forme, sauna, piscines

On a aimé **Les nombreux équipements de loisirs répartis dans le parc verdoyant.**

Depuis 1876, ce relais de poste anime le paisible village aveyronnais traversé par le Rance. La famille Carayon y perpétue la tradition de l'accueil depuis quatre générations. Vous serez logé dans le bâtiment d'origine, dans une aile plus récente ou dans l'une des maisonnettes du parc. Les chambres offrent un bon confort et des aménagements pratiques ; préférez celles qui s'ouvrent sur la verdure. La spacieuse salle à manger est prolongée par une terrasse tournée vers la campagne.

Accès : au cœur du village

ALAN - 31420

17 LE POUPAT

Mme Marnay

Route de Bachas
31420 Alan
Tel. 05 61 98 98 14
Fax 05 61 98 71 45
michelle.bechard@wanadoo.fr

Ouvert toute l'année • 3 chambres dotées de salles de bains WC • 42 € pour 2 personnes, petit-déjeuner compris • Table d'hôte 15 € • Jeux pour enfants, parc, jardin, parking • Piscine de plein air, chevaux

On a aimé **Parcourir la campagne avec l'un des trois chevaux mis à disposition par les hôtes.**

Cette grande bâtisse du 16e s. est nichée dans un vaste parc isolé en pleine campagne, un site idéal pour qui veut passer une nuit paisible. Au rez-de-chaussée, salon et salle à manger sont dotés d'imposantes cheminées d'époque et garnis de meubles de style Louis XV. À l'étage, poutres apparentes, mobilier rustique, murs colorés et bibelots décorent sobrement les chambres où règne une plaisante atmosphère de maison particulière.

Accès : à 1 km d'Alan, route de Bachas

AYGUESVIVES - 31450

18 LA PRADASSE

M. et Mme Antoine

39 chemin de Toulouse
31450 Ayguesvives
Tel. 05 61 81 55 96
Fax 05 61 81 89 76
contact@lapradasse.com
www.lapradasse.com

Ouvert toute l'année • 5 chambres dotées de salles de bains WC ou douches WC dont 1 accessible aux handicapés physiques • 55 à 65 € pour 2 personnes, petit-déjeuner compris Possibilité de demi-pension • table d'hôte 25 € • Parc, parking. Chiens non admis • Piscine de plein air

On a aimé **La ravissante décoration intérieure digne de figurer à la une d'un magazine spécialisé.**

La brochure de La Pradasse évoque des « chambres d'hôte de caractère dans un havre de paix ». Une publicité mensongère, car, sur place, la réalité est bien plus séduisante encore ! Cette maison du début du 19e s. superbement restaurée abrite des chambres qui rivalisent de charme, plaisante manière de vous inciter à revenir toutes les essayer. Grand salon aménagé derrière une verrière, vaste parc avec jardin fleuri, potager, piscine et... tant d'autres choses à découvrir d'urgence !

Accès : à 15 km au Sud-Est de Toulouse, par la N 113, puis la D 16 sur 1,1 km

BARBAZAN - 31510

19 HOSTELLERIE DE L'ARISTOU

M. Géraud

Route de Sauveterre
31510 Barbazan
Tel. 05 61 88 30 67
Fax 05 61 95 55 66

Fermé du 1er décembre au 13 février • 6 chambres en majorité dotées de salles de bains WC, toutes de télévision, 2 réservées aux non-fumeurs • 52 à 58 € pour 2 personnes ; petit-déjeuner 7 € ; possibilité de demi-pension • Restaurant fermé du lundi midi au jeudi midi du 18 juillet au 11 août ; menus 19 à 37 € • Terrasse, jardin, parking fermé. Chiens non admis

On a aimé **Que la plupart des fenêtres de l'Aristou s'ouvrent sur la campagne.**

Cette ferme datant de 1832 est aujourd'hui convertie en pimpante auberge champêtre aux volets vert pomme. Les chambres, garnies de meubles peints ou de style, s'agrémentent parfois de ciels de lit. Dans les salles à manger familiales, on opte pour l'éclectisme : les bibelots tendance « seventies » cotoient des toiles classiques, et le papier peint à fleurs confère un petit côté kitsch à l'ensemble. La cour-jardin intérieure accueille la terrasse en saison.

Accès : au Sud-Ouest de Saint-Gaudens et à la sortie du village

CABANAC-SEGUENVILLE - 31480

20 CHÂTEAU DE SÉGUENVILLE

M. Lareng

Séguenville
31480 Cabanac-Séguenville
Tel. 05 62 13 42 67
Fax 05 62 13 42 68
info@chateau-de-seguenville.com
www.chateau-de-seguenville.com

Fermé du 15 décembre au 15 janvier • 5 chambres dotées de salles de bains WC ou douches WC • 95 à 110 € pour 2 personnes, petit-déjeuner compris • Table d'hôte 20 € • Parc, parking. Cartes de crédit non acceptées, chiens non admis • Piscine de plein air

On a aimé **Paresser dans le parc aux arbres centenaires avec les Pyrénées pour toile de fond.**

Les origines de ce château niché dans un parc remontent à 1271, mais son architecture présente les caractéristiques d'une demeure du 19e s. car elle fut reconstruite après la Révolution française. Les chambres d'hôte, desservies par un superbe escalier, ont beaucoup de charme : jolis parquets ou tomettes anciennes, belles cheminées, meubles chinés, couleurs gaies, bibelots et salles de bains parfaitement équipées. Au rez-de-chaussée, deux coquets salons ajoutent à l'attrait de l'adresse.

Accès : à 5 km de Cox, par la D 1, au Nord-Ouest de l'Isle-Jourdain

JUZET-DE-LUCHON - 31110

21 LE POUJASTOU

M. Cottereau

Rue du Sabotier
31110 Juzet-de-Luchon
Tel. 05 61 94 32 88
Fax 05 61 94 32 76
info@lepoujastou.com
www.lepoujastou.com

Ouvert toute l'année • 5 chambres à l'étage, toutes équipées de salles d'eau • 45 € pour 2 personnes, petit-déjeuner compris ; possibilité de demi-pension • Table d'hôte de 8 à 15 € • Terrasse, jardin, parking. Cartes de crédit non acceptées, chiens non admis

On a aimé **Les balades en raquettes l'hiver, en VTT l'été, organisées par le patron, guide de montagne.**

Cette grande bâtisse exposée plein Sud, face aux sommets du Luchonnais, abritait au 18e s. le cabaret du village. Rénovée avec goût, elle propose des chambres flambant neuf, de tailles variées, aux murs colorés d'ocre. Le rez-de-chaussée se partage entre un joli salon aux tons chauds, garni de maints ouvrages sur la faune et la flore régionales, et une salle à manger de style pyrénéen. La terrasse, le jardin et la goûteuse cuisine du pays complètent les plaisirs de ce bel établissement.

Accès : près de l'église

MONTESQUIEU-LAURAGAIS - 31450

22 CHAMBRE D'HÔTE BIGOT

M. Pinel

Lieu-dit Bigot
31450 Montesquieu-Lauragais
Tel. 05 61 27 02 83
Fax 05 61 27 02 83
joseph.pinel@libertysurf.fr

Fermé 1 semaine en février • 5 chambres dont 1 avec jacuzzi • 45 à 60 € pour 2 personnes, petit-déjeuner compris ; possibilité de demi-pension • Table d'hôte de 15 à 20 € • Salon, terrasse, parking. Cartes de crédit non acceptées, chiens non admis • Piscine de plein air

On a aimé **Le mariage réussi de l'ancien et du moderne.**

Vous ne serez pas déçu par le confort de cette ferme lauragaise du 17e s. entièrement rénovée. Les chambres renferment de beaux meubles anciens d'origine familiale ou chinés dans les brocantes ; l'une d'elles est équipée d'un jacuzzi. La salle des petits-déjeuners, aménagée dans l'ancienne écurie, a beaucoup de cachet avec ses vieilles poutres, ses murs de briques et ses mangeoires préservées. L'immense terrasse couverte est agréable à la belle saison.

Accès : à 5 km au Nord-Est par la D 11, chemin à gauche après l'A 61, direction Villenouvelle

MONTESQUIEU-VOLVESTRE - 31310

23 LA HALTE DU TEMPS

Mme Garcin

72 rue Mage
31310 Montesquieu-Volvestre
Tel. 05 61 97 56 10
Fax 05 61 90 49 03
lahaltedutemps@free.fr

Ouvert toute l'année • 5 chambres équipées de salles de bains • 54 à 62 € pour 2 personnes, petit-déjeuner compris ; demi-pension 90 € • Table d'hôte 20 € • Jardin. Cartes de crédit non acceptées • Piscine de plein air.

On a aimé **Les histoires sur le Grand Siècle contées par la maîtresse de maison.**

Une charmante cour intérieure précède cet hôtel particulier du 17e s. s'élevant en plein cœur du bourg. La façade ne paie pas de mine, mais l'intérieur est remarquable : escaliers, sols, mobilier... Tout est d'époque ! Les chambres, décorées avec goût, et leurs salles de bains nichées dans des alcôves, sont superbes. La belle salle à manger, nantie d'une grande cheminée, est à la hauteur de la cuisine, vraiment délicieuse.

Accès : au centre du bourg

REVEL-SAINT-FERRÉOL - 31250

24 HÔTELLERIE DU LAC

M. Maréchal

Avenue Pierre-Paul Riquet
31250 Saint-Ferréol
Tel. 05 62 18 70 80
Fax 05 62 18 71 13
contact@hotellerie-du-lac.com
www.hotellerie-du-lac.com

Ouvert toute l'année • 25 chambres dont 4 duplex (avec cuisinette), toutes dotées de salles de bains WC et télévision, une est accessible aux handicapés physiques • 62 € pour 2 personnes ; petit-déjeuner 8 € ; possibilité de demi-pension • Menus de 14 à 35 € • Terrasse, jardin, parking. Chiens non admis • Piscine de plein air chauffée avec vue sur le lac

On a aimé **La quiétude du lieu.**

Tranquillité assurée - foi de saint Ferréol, patron de la région ! - dans cette élégante maison dominant le lac et s'entourant de verdure, remise au goût du jour sans que son charme n'en soit altéré. Au même titre que la majorité des chambres, agréables à vivre, l'exquise piscine « suspendue » jouit d'une jolie perspective lacustre. Au rayon détente, sont encore à mentionner un bar-salon chaleureux, un sauna, un fitness et un jardin croquignolet. À table, recettes classiques.

Accès : en surplomb du lac, à 3 km au Sud-Est de Revel par la D 629

RIEUMES - 31370

25 AUBERGE LES PALMIERS

M. Vallès

13 place du Foirail
31370 Rieumes
Tel. 05 61 91 81 01
Fax 05 61 91 56 36
infos@auberge-lespalmiers.com
www.auberge-lespalmiers.com

Fermé à Pâques, début septembre et à Noël • 7 chambres dont une accessible aux handicapés physiques, avec salles de bains WC ou douches WC et télévision • 56 à 58 € pour 2 personnes ; petit-déjeuner 7 € ; possibilité de demi-pension • Restaurant fermé dimanche soir et lundi ; menus 10 (en semaine) à 35 € • Jardin, terrasse. Chiens non admis dans les chambres

On a aimé **L'accueil bon enfant des propriétaires.**

Quelques palmiers agrémentent le jardin situé derrière cette charmante auberge. Sise dans une maison du 19e s. prolongée par une construction récente, elle borde la pittoresque place du village. Les chambres se signalent par leur bonne ampleur, leur confort et le mariage réussi entre meubles rustiques, parquet et touches contemporaines. Un petit creux ou une grosse faim ? Attablez-vous sous les poutres de la salle à manger pour vous requinquer avec une généreuse cuisine traditionnelle.

Accès : au cœur du village

ST-BERTRAND-DE-COMMINGES - 31150

26 HÔTEL DU COMMINGES

Mme Alaphilippe

Place de la Basilique
31510 Saint-Bertrand-de-Comminges
Tel. 05 61 88 31 43
Fax 05 61 94 98 22

Ouvert d'avril à octobre • 14 chambres pour la plupart pourvues de salles de bains WC ou douches avec ou sans WC • 30 à 50 € pour 2 personnes ; petit-déjeuner 6 € • Pas de restaurant • Petit parking. Chiens non admis

On a aimé **L'intérieur rustique.**

Surveillant le parvis de l'intéressante cathédrale Sainte-Marie, l'hôtel, aménagé dans un ancien couvent, joui d'un calme certain, notamment l'été, lorsque les voiture n'ont plus accès à la place. Les communs et le chambres sont garnis d'un joli mobilier campagnard, e aux beaux jours une agréable terrasse est dressée sou la tonnelle, à l'arrière du bâtiment. Au total, une bien mignonne adresse, tenue par la même famille depui trois générations.

Accès : au centre du village, face à la cathédrale

SAINT-FÉLIX-LAURAGAIS - 31540

27 AUBERGE DU POIDS PUBLIC

M. Taffarello

Rue St-Roch
31540 Saint-Félix-Lauragais
Tel. 05 62 18 85 00
Fax 05 62 18 85 05
poidspublic@wanadoo.fr
www.auberge-du-poidspublic.com

Fermé du 25 octobre au 1er novembre et dimanche soir (sauf l'hôtel en juillet-août) • 10 chambres dont une suite avec terrasse panoramique, dotées de salles de bains WC ou douches WC et télévision ; 4 sont climatisées • 60 à 95 € pour 2 personnes ; petit-déjeuner 11 € ; possibilité de demi-pension • Menus de 27 à 65 € • Terrasse, garage

On a aimé **L'insolite et ancienne bascule publique jouxtant cette charmante auberge.**

Dans la région, tout le monde en parle ! Les uns évoquent la bonne qualité de la table qui panache avec talent produits du terroir, cuisine classique et créativité. D'autres apprécient le cadre rustique du restaurant et sa belle terrasse ouverte sur la campagne. Enfin, beaucoup vantent le confort des chambres, certes sobrement décorées, mais rénovées par étapes et tenues avec rigueur. Tous reviennent autant pour le plaisir des yeux que celui du palais. Une bien séduisante auberge de village.

Accès : dans la traversée du village

VACQUIERS - 31340

28 VILLA LES PINS

Mme Daigre

Route de Bouloc
31340 Vacquiers
Tel. 05 61 84 96 04
Fax 05 61 84 28 54
www.villa-les-pins.com

Ouvert toute l'année • 15 chambres avec salles de bains WC ou douches WC, toutes avec télévision • 55 à 65 € pour 2 personnes ; petit-déjeuner 7 € • Restaurant fermé mardi midi sauf fériés, dimanche soir et lundi ; menus 15 à 30 € • Parking, terrasse, jardin

On a aimé **En été, dîner sur la charmante terrasse dressée face au parc.**

Au Nord de Toulouse la trépidante, plaisante halte appréciée pour sa quiétude. Une jolie pinède entoure cette grande villa où règne une sympathique atmosphère de maison d'hôte. Les chambres, plus amples au 1er étage, présentent un cadre bourgeois : meubles anciens, lustres à pendeloques et grands rideaux. Même ambiance dans la salle à manger agrémentée d'une imposante cheminée.

Accès : à 2 km à l'Ouest par la D 30

VARENNES - 31450

29 CHÂTEAU DES VARENNES

M. et Mme Mericq

31450 Varennes
Tel. 05 61 81 69 24
Fax 05 61 81 69 24
j.mericq@wanadoo.fr

Ouvert toute l'année • 5 chambres équipées de salles de bains et WC privés • 75 à 125 € pour 2 personnes ; petit-déjeuner 5 € • Table d'hôte 30 à 35 € • Terrasse, jardin, parc, parking • Piscine de plein air. À proximité tennis, centre équestre

On a aimé **La piscine offrant une jolie vue sur les coteaux du Lauragais.**

Sitôt franchie la grille qui jouxte l'église, la séduction opère. Au bout de l'allée traversant le parc s'élève ce château du 16e s. en briques roses, précédé d'une remarquable cour d'honneur. Poussez la lourde porte, vous voici face au bel escalier à deux volées gardées par des angelots en pierre. La chambre du « Bédouin », sise au rez-de-chaussée, est magnifiquement colorée. Les autres, aménagées à l'étage, rivalisent d'élégance. Les salons et les caves voûtées ajoutent au charme du lieu.

Accès : 15 km à l'Ouest de Saint-Félix par la route de Toulouse (D 2)

VILLENEUVE-DE-RIVIÈRE - 31800

30 HOSTELLERIE DES CÈDRES

M. Taffarello

31800 Villeneuve-de-Rivière
Tel. 05 61 89 36 00
Fax 05 61 88 31 04
information@hotel-descedres.com
www.hotel-descedres.com

Ouvert toute l'année • 22 chambres et 2 suites, réparties entre le bâtiment principal et une annexe dans le jardin, toutes dotées de salles de bains WC ou douches WC et de télévision • 50 à 80 € ; petit-déjeuner 10 € ; possibilité de demi-pension • Restaurant fermé dimanche soir et lundi midi (basse saison), lundi midi et mardi midi (haute saison) ; menus 22 à 52 € • Terrasse, jardin, parking • Piscine de plein air

On a aimé **Le marché de veaux blancs du Comminges à St-Gaudens.**

Monastère du 16e s. racheté par les Montespan au siècle suivant : vieilles portes, fenêtres à meneaux et escaliers en pierre témoignent de ce passé prestigieux, de même que le regard exquis de Françoise Athénaïs de Rochechouart de Mortemart, marquise de Montespan... et maîtresse de Louis XIV, qui veillera sur votre repas dans la salle à manger récemment refaite. Chambres vieillissantes dont les épais murs protègent de la chaleur. De magnifiques cèdres embellissent le jardin.

Accès : à 5 km à l'Ouest de Saint-Gaudens par la N 117

AUCH - 32000

31 HOTEL DE FRANCE

M. Garreau

Place de la Libération
32000 Auch
Tel. 05 62 61 71 71
Fax 05 62 61 71 81
roland.garreau@wanadoo.fr

Ouvert toute l'année • 29 chambres dont 22 climatisées, toutes avec salles de bains WC ou douches WC et télévision • 78 à 146 € pour 2 personnes ; petit-déjeuner 10 € ; possibilité de demi-pension • Restaurant climatisé, fermé le dimanche soir : menus de 25 (en semaine) à 68 €

On a aimé **La cave voûtée aménagée en boutique de produits du terroir.**

Vieux relais de poste auscitain à l'élégante façade classique. Ses spacieuses chambres, peu ou prou personnalisées, devraient prochainement bénéficier d'un toilettage, mais gageons que celle qui servit de décor lors du tournage du film Le Bonheur est dans le pré conservera le style rococo immortalisé par la pellicule. Restaurant au cadre « vieille France » et généreuse cuisine à l'accent gascon : « lapin » avait adoré cette halte, entre Dole et Condom...

Accès : au centre-ville

CAUSSENS - 32100

32 AU VIEUX PRESSOIR

M. Martin

Saint-Fort
32100 Caussens
Tel. 05 62 68 21 32
Fax 05 62 68 21 32
auvieuxpressoir@wanadoo.fr

Fermé 15 jours en février • 3 chambres • 48 € pour 2 personnes, petit-déjeuner compris ; possibilité de demi-pension • Repas à l'Auberge de 15 à 25 € • Terrasse, jardin, parc, parking. Chiens non admis dans les chambres • Piscine de plein air, jacuzzi

On a aimé **La joyeuse animation qui règne les week-ends à l'auberge.**

Cette grande demeure en pierre du 17e s. jouit d'une vue exceptionnelle sur les vignes, la campagne et la ribambelle de canards élevés sur place. Les chambres, dotées de meubles anciens, sont confortables et très bien tenues. La suite familiale aménagée dans l'ancien grenier est équipée d'une salle de jeux et d'un magnétoscope. La table honore les produits de la ferme, à commencer par le foie gras confit.

Accès : 11 km de Caussens par la D 7 et chemin à droite

EAUZE - 32800

33 CHAMBRE D'HÔTE HOURCAZET

M. Lejeunne

Hourcazet
32800 Eauze
Tel. 05 62 09 99 53
Fax 05 62 09 99 53
claude.lejeunne@mageos.com

Ouvert toute l'année • 4 chambres • 55 à 60 € pour 2 personnes, petit-déjeuner compris • Pas de table d'hôte • Terrasse, parc, parking. Cartes de crédit non acceptées

On a aimé : La sérénité du lieu, au milieu des vignes.

Ces deux maisons placées côte à côte au milieu des vignes d'Armagnac respirent la tranquillité. Les chambres sont décorées avec un goût sûr : meubles et tissus choisis, belles salles de bains. Les plus grandes ont été aménagées sous les massives poutres du grenier ; les deux autres s'ouvrent en rez-de-jardin. Vous petit-déjeunerez dans la salle à manger au décor typiquement landais ou sur l'une des deux terrasses, et ferez la sieste dans le jardin agrémenté d'une petite mare.

Accès : 7 km à l'Ouest de Eauze par la D 626, route de Barbotan et chemin à droite

JUILLAC - 32230

34 AU CHÂTEAU

M. et Mme de Rességuier

32230 Juillac
Tel. 05 62 09 37 93
deresseguier@marciac.net

Fermé 1 semaine en octobre • 3 chambres équipées de salles d'eau et WC • 50 € pour 2 personnes, petit-déjeuner compris ; possibilité de demi-pension • Table d'hôte 16 € • Terrasse, jardin, parc, parking. Cartes de crédit non acceptées, chiens non admis • Pêche

On a aimé : Les balades dans le parc planté d'arbres centenaires.

Vous ne trouverez point ici un château, mais une chartreuse du 18e s. siège d'une exploitation agricole toujours en activité. Les chambres, aménagées dans une aile indépendante, sont vastes et décorées avec goût, et les salles de bains sont bien équipées. La table d'hôte puise bien sûr largement dans les produits de la ferme. Côté activités : location de vélos, pêche et nombreuses balades conseillées par la patronne, qui en tant que maire de Juillac connaît fort bien la région.

Accès : 5 km à l'Ouest de Marciac, direction Juillac par la D 255

LECTOURE - 32700

35 DE BASTARD

M. et Mme Arnaud

Rue Lagrange
32700 Lectoure
Tel. 05 62 68 82 44
Fax 05 62 68 76 81
hoteldebastard@wanadoo.fr

Fermé 20 décembre au 1er février, dimanche soir, mardi midi et lundi • 29 chambres sur 2 étages, disposant de salles de bains WC ou douches WC et télévision • 45 à 68 € ; petit-déjeuner 10 € ; possibilité de demi-pension • Menus 15 (en semaine) à 56 € • Terrasse, jardin, garage • Piscine de plein air, dans une petite maison : bar salon pour amateurs de cigares et d'armagnac

On a aimé **La maisonnette abritant un salon-bar pour amateurs de cigares et d'armagnacs.**

Ne cherchez plus ! Vous l'avez trouvé votre port d'attache gascon... Ce Bastard-là est de race pure : un hôtel particulier du 18e s. d'une grande élégance, des chambres progressivement rénovées, une enfilade de petits salons bourgeois avec parquets, moulures et cheminées accueillant le restaurant, un jardin-terrasse très agréable et cette belle cuisine tenant fermement la note « mousquetaire » : un hôtel pour tous, et tous pour cet hôtel !

Accès : venant d'Agen, suivre la rue d'Alsace-Lorraine, à hauteur de la poste, tourner à gauche, puis à droite rue Subervie et enfin à gauche

MIRANDE - 32300

36 AU PRÉSIDENT

M. Piquemil

32300 Mirande
Tel. 05 62 66 64 06
Fax 05 62 66 64 06
jacques.piquemil@wanadoo.fr
www.chez.com/aupresident

Fermé Noël et le Jour de l'An • 4 chambres avec sanitaires privés, dont 2 en rez-de-jardin • 50 € pour 2 personnes, petit-déjeuner compris • Pas de table d'hôte • Terrasse, jardin, parking. Cartes de crédit non acceptées, chiens non admis • Billard, espace enfants et jeux de plein air

On a aimé **S'exercer au billard sous les belles poutres du salon.**

Cette très belle demeure flanquée de tourelles appartenait, pendant la première moitié du 20e s., au président du tribunal de justice de Mirande, d'où son nom. Les chambres mansardées et leurs salles de bains sont flambant neuf. Celles du rez-de-chaussée, vastes, renferment de vieux meubles de famille. L'hiver, le petit-déjeuner est servi au coin du feu dans l'immense salle à manger, et l'été dans la petite cour bien à l'abri du vent. Joli jardin.

Accès : à 3 km au Nord de Mirande par la N 21 route d'Auch

SAINT-CLAR - 32380

37 LA GARLANDE

M. et Mme Cournot

Place de la Mairie
32380 Saint-Clar
Tel. 05 62 66 47 31
Fax 05 62 66 47 70
nicole.cournot@wanadoo.fr

Fermé du 1er janvier au 10 mars et du 13 novembre au 31 décembre • 3 chambres avec salles d'eau • 51 à 62 € pour 2 personnes, petit-déjeuner compris • Pas de table d'hôte • Jardin. Cartes de crédit non acceptées, chiens non admis

On a aimé **L'harmonie qui règne dans chacune des pièces.**

Solidement campée sur ses arcades, cette belle et immense demeure aux tons ocre se dresse au cœur du village, face à la halle du 16e s. Les chambres, garnies de tapisseries et meubles anciens parfaitement entretenus, conservent leurs parquets ou tomettes d'origine. Les salles de bains ont été rénovées. Le salon de lecture et le jardin de curé, clos et très fleuri, invitent au repos. Cuisine d'été à disposition des hôtes.

Accès : face à la halle

SAINT-MARTIN-D'ARMAGNAC - 32110

38 AUBERGE DU BERGERAYRE

Mme Sarran

32110 Saint-Martin-d'Armagnac
Tel. 05 62 09 08 72
Fax 05 62 09 09 74
pierrette-sarran@wanadoo.fr

Fermé en février • 12 chambres de plain-pied, réparties dans 2 bâtiments, dotées de salles de bains WC ou douches WC et de télévision • 47 à 64 € ; petit-déjeuner 10 € ; possibilité de demi-pension • Restaurant fermé mardi et mercredi (réservé aux résidents en demi-pension) ; menus 20 à 34 € • Terrasse, jardin, parking

On a aimé **Le pastis... mais gascon, et flambé à l'armagnac !**

Si les mots foie gras, magret, cèpes, armagnac tradition, ferme, familial ne provoquent chez vous aucune émotion, alors tournez la page... Sinon, réservez votre « place au soleil » dans ce petit coin de Gascogne qui fleure bon la campagne, et attablez-vous dans l'une de ses trois salles à manger rustiques ou sur la terrasse face aux vignes des fameux bas Armagnacs. Votre chambre ? Au choix, plaisante atmosphère champêtre ou cadre design avec terrasse privative.

Accès : à 8 km au Sud-Ouest de Nogaro par la D 25 puis une route secondaire

SAINT-MAUR - 32300

39 DOMAINE DE LORAN

M. et Mme Nédellec

32300 Saint-Maur
Tel. 05 62 66 51 55
Fax 05 62 66 78 58

Ouvert du 30 avril au 30 octobre (uniquement sur réservation le reste de l'année) • 3 chambres et 2 suites équipées de salles d'eau • 45 à 50 € pour 2 personnes, petit-déjeuner compris • Pas de table d'hôte • Parc, parking. Cartes de crédit non acceptées • Billard

On a aimé

Ferrer le poisson dans le lac caché au fond du parc.

Avec ses deux tours flanquantes, sa longue allée ombragée de platanes et son parc planté d'arbres centenaires, cette ancienne ferme gasconne a des allures de château. Ses chambres, desservies par un bel escalier en bois, sont spacieuses et dotées de meubles anciens ; les deux suites, notamment, sont très réussies. L'immense salle à manger du rez-de-chaussée habillée de boiseries sombres accueille pour sa part un beau mobilier de style. Côté loisirs : pêche, billard et ping-pong.

Accès : de la N 21, prendre la longue allée qui mène au Domaine

SAINT-MÉZARD - 32700

40 CHAMBRES D'HÔTES LE SABATHÉ

M. et Mme Barreteau

Le Sabathé
32700 Saint-Mézard
Tel. 05 62 28 84 26

Ouvert toute l'année • 4 chambres • 41 € pour 2 personnes, petit-déjeuner compris ; possibilité de demi-pension • Table d'hôte 10 à 15 € • Terrasse, parking. Cartes de crédit non acceptées

On a aimé

L'atmosphère reposante.

Décor sans artifice, atmosphère recueillie, séances de taï chi organisées chaque matin... Cette ancienne ferme élevée aux portes du bourg se veut un lieu propice à la méditation. Les chambres, disséminées dans les dépendances, sont totalement indépendantes. Selon le temps, les repas se prennent sur la petite terrasse ceinturée de murs de pierre, devant la grande salle d'animation surplombant la chapelle Notre-Dame-d'Esclaux ou près de la cheminée de la salle à manger.

Accès : à 12 km au Nord par la D 36

BÉLAYE - 46140

41 MARLIAC

Mme Stroobant

46140 Bélaye
Tel. 05 65 36 95 50
Fax 05 65 31 99 04

Fermé de début novembre à fin mars • 5 chambres • 60 à 66 € pour 2 personnes, petit-déjeuner compris • Table d'hôte 15 à 17 € • Parc, parking. Cartes de crédit non acceptées, chiens non admis • Piscine de plein air

On a aimé **L'atmosphère d'une grande sérénité qui imprègne ces lieux.**

Une longue route sinueuse mène à cette ferme quercynoise du 18e s., véritable havre de paix au milieu de 5 ha de bois et de prairies. Les chambres, décorées avec goût, sont agréables à vivre et le calme y est absolu ; deux appartiennent à la catégorie des duplex. La salle des petits-déjeuners, où est conservé un vieux four, s'agrémente de poutres et pierres apparentes. L'accueil, pour finir, est d'une grande gentillesse.

Accès : à 15 km à l'Ouest de Luzech par la D 8 et la D 50

FIGEAC - 46100

42 LE PONT D'OR

M. et Mme Bonnaud

2 avenue Jean-Jaurès
46100 Figeac
Tel. 05 65 50 95 00
Fax 05 65 50 95 39
contact@hotelpontdor.com
www.hotelpontdor.com

Ouvert toute l'année • 35 chambres, réparties sur 3 étages, équipées de salles de bains WC, télévision et climatisation ; 2 accessibles aux handicapés physiques, 7 réservées aux non-fumeurs • 75 à 96 € ; petit-déjeuner 10 € ; Possibilité de demi pension • Menus 11,50 à 15 € • Terrasse, garage, parking • Salle de billard, piscine à débordement, espace fitness avec sauna

On a aimé **Le musée Champollion, aménagé dans la maison natale du célèbre égyptologue.**

Cette avenante bâtisse en pierre agréablement située en bordure de la Célé, au pied du pont médiéval, a rouvert ses portes en 2001 après d'importants travaux de rénovations. Tons jaune et orangé, mobilier contemporain, literie neuve et salle de bains parfaitement équipées caractérisent les chambres ; certaines disposent d'un balcon. Bel espace remise en forme, dont une piscine aménagée sur le toit de la maison. En été petit-déjeuner servi sur la terrasse surplombant la rivière.

Accès : à l'entrée du centre historique, près du pont médiéval

GOURDON - 46300

43 DOMAINE DU BERTHIOL

M. Mays

Route de Cahors
46300 Gourdon
Tel. 05 65 41 33 33
Fax 05 65 41 14 52
domaine-du-berthiol@wanadoo.fr
www.hotelperigord.com

Ouvert d'avril à fin décembre • 29 chambres avec salles de bains WC ou douches WC et télévision • 76 à 93 € (67 à 79 € basse saison) pour 2 personnes ; petit-déjeuner 11 € ; possibilité de demi-pension • Restaurant climatisé ; menus de 17 (en semaine) à 24 € • Parc, parking. Chiens non admis dans les chambres • Piscine de plein air, tennis

On a aimé **L'environnement verdoyant.**

À l'écart de la localité, au milieu d'un parc entretenu avec soin, imposante demeure de style régional mettant à votre disposition des chambres équipées à l'identique et pourvues de sanitaires complets. Tennis, piscine et aire de jeux pour les enfants comptent parmi les distractions proposées. La salle à manger, contemporaine, s'ouvre sur un cadre de verdure ; la carte, quant à elle, marque une préférence pour les produits du terroir. Vaste salle de banquet à l'annexe.

Accès : à 1 km à l'Est de Gourdon par la D 704

GRAMAT - 46500

44 MOULIN DE FRESQUET

M. et Mme Ramelot

46500 Gramat
Tel. 05 65 38 70 60
Fax 05 65 33 60 13
moulindefresquet@ifrance.com
www.moulindefresquet.com

Fermé du 1er novembre au 1er avril • 5 chambres non-fumeurs équipées de salles de bains • 57 à 76 € pour 2 personnes, petit-déjeuner compris ; possibilité de demi-pension • Table d'hôte 21 € (uniquement le soir) • Parc, parking. Cartes de crédit non acceptées, chiens non admis

On a aimé **L'excellente cuisine périgourdine servie à la lueur des chandelles.**

Qu'il fait bon vivre ici ! Cet authentique moulin à eau quercynois du 17e s. s'élève dans un cadre bucolique à souhait, et ce, à seulement 800 m du centre de Gramat. L'intérieur est séduisant : jolis mobilier et tapisseries, pierres, poutres, nombreux livres... La plupart des chambres, élégantes et confortables, s'ouvrent sur le ravissant jardin ombragé et son ruisseau poissonneux (pêche possible). L'accueil est délicieux et la table d'hôte, succulente.

Accès : à l'entrée de Gramat

GRÉZELS - 46700

45 CHÂTEAU DE LA COSTE

M. Coppé

46700 Grézels
Tel. 05 65 21 38 28
Fax 05 65 21 38 28
gervais.coppe@wanadoo.fr

Ouvert en juillet et août • 3 chambres • 75 à 105 € pour 2 personnes, petit-déjeuner compris • Pas de table d'hôte • Cartes de crédit non acceptées, chiens non admis

On a aimé **Le musée du vin de Cahors installé dans les murs de ce château fortifié.**

Cette authentique forteresse médiévale superbement dressée au-dessus de la vallée du Lot mérite qu'on y fasse étape. Ses chambres de caractère ont été baptisées de noms évocateurs : « Cabinet du soleil couchant », « Tour du guetteur », « Logis de l'écuyer »... Toutes recèlent de beaux meubles de style. Ajoutons que la salle des repas est véritablement impressionnante et que le panorama se révèle exceptionnel. À visiter sur place : le musée du vin de Cahors.

Accès : à 16 km à l'Ouest de Luzech par la D 8

LACAPELLE-MARIVAL - 46120

46 LA TERRASSE

M. Amalric

Le Bourg
46120 Lacapelle-Marival
Tel. 05 65 40 80 07
Fax 05 65 40 99 45
hotel-restaurant-la-terrasse@wanadoo.fr

Fermé du 2 janvier au 1er mars ; dimanche soir, lundi sauf le soir en été et mardi midi • 13 chambres disposant toutes de salles de bains WC ou douches WC et de télévision • 45 à 65 € pour 2 personnes ; petit-déjeuner 7 € ; possibilité de demi-pension • Menus de 18 (en semaine) à 35 € • Jardin • Étang de pêche

On a aimé **Le jardin, reposant et fleuri.**

L'hôtel jouxte le massif donjon carré cantonné d'échauguettes du château de Lacapelle. Chambres fonctionnelles récemment rénovées et lumineuse salle à manger-véranda dont les larges baies dominent un joli jardin bordé d'un ruisseau, avec en toile de fond la vallée du Francès. Parc et étang de pêche privés à 2 km.

Accès : près du Château

47 CHÂTEAU DE GAMOT

M. et Mme Belières

46130 Loubressac
Tel. 05 65 10 92 03
Fax 01 48 83 01 91
annie-belieres@wanadoo.fr
www.domaine-de-gamot.com

Fermé en avril et octobre • 7 chambres, certaines avec salles de bains privées • 45 à 60 € pour 2 personnes, petit-déjeuner compris • Pas de table d'hôte • Jardin, parking. Cartes de crédit non acceptées, chiens non admis

On a aimé **La situation proche des principaux sites touristiques quercynois.**

Vous serez séduit par le charme de cette grande demeure aristocratique du 17e s. et son environnement pastoral, face au château de Castelnau. Les chambres sont très spacieuses et confortables ; certaines possèdent une salle de bains privative. Les hôtes séjournant en juin et septembre bénéficient de l'accès à la piscine privée des propriétaires. Parmi les autres loisirs : golf de 9 trous, tennis et équitation à proximité.

Accès : à 5 km à l'Ouest de St-Céré par la D 673 et D 30

48 LES TILLEULS

Mme Ménassol

46160 Marcilhac-sur-Célé
Tel. 05 65 40 62 68
Fax 05 65 40 74 01
michelle.menassol@wanadoo.fr
www.les-tilleuls.fr.st

Fermé du 16 novembre au 16 décembre • 4 chambres • 40 à 42 € pour 2 personnes, petit-déjeuner compris • Pas de table d'hôte • Parc, parking. Cartes de crédit non acceptées

On a aimé **L'ambiance « guesthouse » entretenue par la charmante propriétaire.**

Nichée au cœur du village, cette belle demeure du 19e s. doit son succès à la qualité de l'accueil prodiguée par la maîtresse de maison, fort bonne conseillère pour tout ce qui concerne la découverte de la région. Les chambres offrent un confort simple. Les petits-déjeuners, très copieux et assortis d'une multitude de confitures « maison » (jusqu'à 50 sortes différentes), sont mémorables. Le jardin, un rien bohème, équipé d'un hamac et d'un barbecue, est plaisant.

Accès : au village

MARTEL - 46600

49 LA COUR AU TILLEUL

Mme Bazin

Avenue du Capitani
46600 Martel
Tel. 05 65 37 34 08

Ouvert toute l'année • 3 chambres équipées de douches et WC • 55 € (50 € basse saison) pour 2 personnes, petit-déjeuner compris • Pas de table d'hôte • Cartes de crédit non acceptées

On a aimé **La décoration gaie et soignée, derrière la vénérable façade.**

Voici une adorable demeure en pierre dont la façade fleurie remonte - tenez-vous bien - au 12e s. ! Les chambres, spacieuses et décorées avec recherche, sont installées au calme, à l'arrière de la maison. Selon la saison, les petits-déjeuners sont servis dans la chaleureuse salle à manger aux tons bleu et orangé, ou dans la cour intérieure, à l'ombre d'un tilleul. L'accueil est très agréable.

Accès : au village

MAUROUX - 46700

50 HOSTELLERIE LE VERT

M. Philippe

Lieu-dit Le-Vert
46700 Mauroux
Tel. 05 65 36 51 36
Fax 05 65 36 56 84
hotellevert@aol.com
www.hotellevert.com

Fermé du 1er nov. au 31 mars • 7 chambres proposan salles de bains WC ou douches WC et télévision • 55 à 110 € pour 2 personnes (55 à 90 € basse saison) petit-déjeuner 9 € ; possibilité de demi-pension • Restaurant fermé le jeudi ; menus 42 € • Terrasse, jardin parking. Chiens non admis dans les chambres • Piscin de plein air, location de vélos et VTT en été

On a aimé **Les sentiers balisés, entre vignes et vieilles fermes.**

Un ancien domaine viticole isolé dans la campagn quercynoise, un jardin paisible planté de cèdres, le gran calme... Mettez-vous au Vert sans tarder ! D'autant qu l'hôtel sort le grand jeu pour vous recevoir : salle manger de caractère avec jolies poutres, pierre apparentes et vieux meubles, et chambres personna lisées sur le même registre. La plus insolite es aménagée dans l'ex-cellier ; sa jolie voûte en pierre e ses minifenêtres conservent la fraîcheur en été.

Accès : en pleine nature, à 12 km au Sud-Ouest de Puy-L'Évêque par la D 8 puis la D 5

PAYRIGNAC - 46300

51 CHAMBRE D'HÔTE DU SYNDIC

M. et Mme Capy

Le Syndic
46300 Payrignac
Tel. 05 65 41 15 70
Fax 05 65 41 15 70
info@internet46.fr

Fermé du 1er au 15 octobre • 6 chambres spacieuses (dont 4 climatisées) équipées de sanitaires • 50 à 55 € pour 2 personnes, petit-déjeuner compris • Pas de table d'hôte • Parc, parking. Cartes de crédit non acceptées, chiens non admis

On a aimé **Le chaleureux accueil de Madame Capy.**

Cette imposante maison bourgeoise de style régional domine la vallée de la Germaine. Son environnement campagnard garantit des nuits calmes dans des chambres spacieuses et confortables ; certaines sont aménagées sous les toits. Dès les premiers frimas, un joli feu de cheminée réchauffe le salon et la salle à manger.

Accès : à 6 km au Nord-Ouest de Gourdon par la D 704, direction Sarlat-la-Canéda et route secondaire à gauche

ROCAMADOUR - 46500

52 LE BEAU SITE

M. Menot

Cité Médiévale
46500 Rocamadour
Tel. 05 65 33 63 08
Fax 05 65 33 65 23
hotel@bw-beausite.com
www.bw.beausite.com

Fermé du 1er janvier au 7 février et du 15 novembre au 20 décembre • 39 chambres (dont 21 climatisées) dans 2 bâtiments de part et d'autre de la rue avec salles de bains WC ou douches WC et télévision • 63 à 95 € (48 à 72 € basse saison) ; petit-déjeuner 10 € ; possibilité de demi-pension • Menus de 23 à 49 € • Terrasse, garage, parking (accès par voie piétonne)

On a aimé **Le beau, le vertigineux, que dis-je, l'extraordinaire site de Rocamadour !**

De vieilles poutres noircies par les siècles, un solide escalier en bois, des murs aux pierres apparentes et de belles dalles patinées : le hall de ce logis noble du 15e s. situé au cœur de la cité vaut le coup d'œil. Les chambres, de tailles variées, sont plus actuelles à l'annexe où elles bénéficient d'une jolie vue. L'élégant restaurant-véranda et sa terrasse fleurie dominent le canyon de l'Alzou. À 2 km de l'hôtel, une piscine a été aménagée dans un parc ombragé de chênes truffiers.

Accès : rue principale de la cité médiévale (voie piétonne) entre la Porte Salmon et la Porte du Figuier

ROCAMADOUR - 46500

53 DOMAINE DE LA RHUE

M. Jooris

La Rhue
46500 Rocamadour
Tel. 05 65 33 71 50
Fax 05 65 33 72 48
domainedelarhue@wanadoo.fr
www.domainedelarhue.com

Fermé du 1er janvier au 25 mars et du 23 octobre au 31 décembre • 14 chambres équipées en majorité de salles de bains WC, quelques-unes de douches WC, toutes climatisées et certaines dotées de télévision • 65 à 125 € (65 à 90 € basse saison) pour 2 personnes ; petit-déjeuner 8 € • Pas de restaurant • Parking, jardin. Chiens non admis • Piscine de plein air

On a aimé **Gagner le site de Rocamadour à pied (environ 45 mn) en empruntant un sentier au départ du domaine.**

Ce charmant hôtel occupe d'anciennes écuries (1863) sur une propriété de 40 ha perdue dans la campagne. Le superbe espace du rez-de-chaussée (sol en pierre, cheminée, poutres, colombages, meubles anciens et modernes) abrite réception, salon et salle des petits-déjeuners. Les chambres bénéficient d'aménagements soignés panachant avec bonheur matériaux d'autrefois et exigences d'aujourd'hui. Ajoutez à ce tableau idyllique l'agrément d'une piscine et le calme... Il ne reste plus qu'à réserver !

Accès : 6 km à l'Est par la D 673, N 140 et route secondaire

ROCAMADOUR - 46500

54 LE TROUBADOUR

M. Menot

Route de Brive
46500 Rocamadour
Tel. 05 65 33 70 27
Fax 05 65 33 71 99
troubadour@rocamadour.com

Ouvert du 15 février au 15 novembre • 10 chambres disposant de salles de bains WC ou douches WC et de télévision • 70 à 85 € (60 à 85 € basse saison) pour 2 personnes ; petit-déjeuner 9 € ; possibilité de demi pension • Restaurant climatisé ; menus de 23 à 35 € (uniquement le soir) • Parking, jardin, terrasse • Piscine de plein air, salle de billard

On a aimé **Se reposer au bord de la piscine après une belle journée d'excursions.**

Un beau jardin fleuri et arboré assure la tranquillité de cette ancienne ferme joliment rénovée. Certes les chambres ne sont pas bien grandes, mais mobilier rustique, plancher et tenue rigoureuse les rendent plaisantes. Certaines profitent même de la vue sur la piscine, avec en toile de fond la campagne environnante. La restauration, proposée uniquement hors saison, joue la carte de la simplicité. Sympathique accueil familial.

Accès : au Nord-Est à 2,5 km par la D 673

ROCAMADOUR - 46500

55 LES VIEILLES TOURS

M. Brousse

Lieu-dit Lafage
46500 Rocamadour
Tel. 05 65 33 68 01
Fax 05 65 33 68 59
les.vieillestours@wanadoo.fr
www.chateauxhotels.com/vieillestours

Fermé du 1er janvier au 26 mars et du 16 novembre au 31 décembre • 17 chambres, réparties dans 2 résidences, presque toutes de plain-pied sur le jardin, avec salles de bains WC et télévision • 60 à 110 € pour 2 personnes ; petit-déjeuner 12 € ; possibilité de demi-pension • Menus de 25 € (en semaine) à 61 € • Terrasse, jardin, parking • Piscine de plein air

On a aimé

La chambre aménagée dans le fauconnier du 13e s.

13e, 16e et 17e... La construction de ce relais de chasse isolé dans la nature s'est échelonnée sur plusieurs siècles. La plupart des chambres, aménagées dans les dépendances, s'ouvrent de plain-pied sur le jardin et bénéficient d'une jolie vue sur la campagne environnante. Chaleureux restaurant campagnard, agréable terrasse ombragée et très calme : deux espaces de restauration propices à la dégustation d'une cuisine régionale soignée.

Accès : à 4 km à l'Ouest, en quittant Rocamadour par la D 673, direction Payrac, puis prendre une route secondaire

SAINT-SIMON - 46320

56 LES MOYNES

M. et Mme Le Cerf-Arets

Les Moynes de Saint-Simon
46320 Saint-Simon
Tel. 05 65 40 48 90
Fax 05 65 40 48 90
les.moynes@free.fr
http://les.moynes.free.fr

Ouvert du 16 mars au 14 novembre • 5 chambres dont 1 accessible aux handicapés physiques, toutes équipées de salles de bains et WC privés • 50 à 60 € pour 2 personnes, petit-déjeuner compris ; possibilité de demi-pension • Table d'hôte 19 € • Terrasse, parc, parking. Cartes de crédit non acceptées • Piscine de plein air, ping-pong, VTT

On a aimé

La visite de l'élevage de canards en compagnie de la propriétaire.

Une récente rénovation a transformé cette maison quercynoise (1885) située sur une exploitation agricole de 12 ha. Couleurs vives, poutres anciennes, vieilles pierres, parquet neuf et salles de bains bien équipées caractérisent ses douillettes chambres. Toutes portent un nom évoquant la région. Petit-déjeuner et dîner sont servis dans une jolie salle agrémentée d'un cantou (grande cheminée) et de mangeoires.

Accès : à 7 km au Nord-Ouest d'Assier par la D 11 et la D 25, direction Flaujac

ARCIZANS-AVANT - 65400

57 CHAMBRE D'HÔTE MADAME VERMEIL

Mme Vermeil

3 rue du Château
65400 Arcizans-Avant
Tel. 05 62 97 55 96
Fax 05 62 97 55 96

Ouvert toute l'année • 3 chambres avec vue sur la vallée ou sur la montagne • 43 € pour 2 personnes, petit-déjeuner compris • Pas de table d'hôte • Cartes de crédit non acceptées, chiens non admis

On a aimé **Le panorama grand écran sur la vallée.**

Cette belle demeure bigourdane du 19e s. possède de précieux atouts. Ses chambres tout bois - lambris, plancher, mobilier en pin - aménagées sous les combles offrent une jolie vue sur la vallée ou les montagnes. Une cuisine, une salle à manger décorée d'une carte en relief des Pyrénées et un salon de jardin sont à la disposition des hôtes. Petit « plus » pour les randonneurs, les précieux conseils du propriétaire, guide de haute montagne.

Accès : à 5 km au Sud d'Argelès par la D 101 puis la D 13

ARREAU - 65240

58 ANGLETERRE

Mme Aubiban

Route de Luchon
65240 Arreau
Tel. 05 62 98 63 30
Fax 05 62 98 69 66
hotel-angleterre@oreka.com
www.hotel-angleterre-arreau.com

Du 1er janvier au 30 mars (ouvert les week-ends et le vacances scolaires) ; fermé lundi et mardi midi • 20 chambres dotées de salles de bains WC ou douche WC et télévision • 56 à 84 € (48 à 67 € basse saison) pou 2 personnes ; petit-déjeuner 7 € ; possibilité de demi pension • Menus de 19 à 38 € • Parking, jardin. Chien non admis • Piscine chauffée

On a aimé **La gentillesse de l'accueil et l'ambiance familiale.**

Ancien relais de poste établi dans un petit village typiqu de la vallée d'Aure. Les chambres ont toutes ét récemment rajeunies. La salle à manger a de caractèr avec ses meubles campagnards, ses vieux ustensile posés de-ci de-là et ses couleurs chaudes et actuelles Repas également servis dans la véranda tournée ver le jardin (piscine et jeux pour les enfants).

Accès : en sortant d'Arreau prendre la D 618 en direction de Luchon

BEAUCENS - 65400

59 ETH BÉRYÈ PETIT

M. et Mme Vielle

15 route de Vielle
65400 Beaucens
Tel. 05 62 97 90 02
Fax 05 62 97 90 02
contact@beryepetit.com
www.beryepetit.com

Ouvert toute l'année • 3 chambres disposant de sanitaires privés • 45 à 54 € pour 2 personnes, petit-déjeuner compris • Table d'hôte 15 € • Cartes de crédit non acceptées, chiens non admis

On a aimé **L'accueil charmant de la maîtresse de maison.**

Cette demeure bigourdane dont le nom occitan signifie « petit verger » a été édifiée en 1790 dans le plus pur style du pays. Ses chambres, décorées avec goût, ouvrent sur le Lavedan et les sommets pyrénéens. Celle aménagée à l'étage est la plus spacieuse ; elle offre en outre un accès au balcon qui court sur toute la façade. Les deux autres se logent sous les combles. Au coin du feu ou en terrasse, le petit-déjeuner est toujours, ici, un vrai régal.

Accès : à 8,5 km au Sud-Est d'Argelès par la D 100 et route secondaire

CAMPARAN - 65170

60 LA COUETTE DE BIÉOU

Mme Moreilhon

65170 Camparan
Tel. 05 62 39 41 10
Fax 05 62 39 41 10

Ouvert toute l'année • 3 chambres • 40 € pour 2 personnes, petit-déjeuner compris • Pas de table d'hôte • Parking. Cartes de crédit non acceptées, chiens non admis

On a aimé **La vue exceptionnelle sur la vallée et les sommets pyrénéens.**

Située en plein bourg, cette charmante ferme en pierres de pays, aux balcons joliment fleuris, offre un panorama imprenable sur la vallée et les Pyrénées. Ses chambres coquettes, où domine le bois, profitent toutes de la vue ; l'une d'elles ouvre ses fenêtres sur Saint-Lary-Soulan. L'accueil est charmant et, si vous avez un brin de chance, vous pourrez participer à la cuisson du gâteau à la broche, que l'on tourne à la main, devant la cheminée, pendant quatre heures consécutives !

Accès : à 4 km au Nord, route d'Arreau et à droite

CASTELNAU-MAGNOAC - 65230

61 CHAMBRE D'HÔTE LE MOULIN D'ARIES

M. Dorit Weimer

À Aries-Espenan
65230 Castelnau-Magnoac
Tel. 05 62 39 81 85
Fax 05 62 39 81 82
moulindaries@aol.com
www.poterie.fr

Ouvert 15 mai au 31 octobre • 5 chambres équipées de salles d'eau complètes et WC séparés • 56 € pour 2 personnes, petit- déjeuner compris • Table d'hôte 18 à 23 € (le soir) • Salle de lecture. Chiens non admis dans la salle à manger

On a aimé **L'atmosphère d'autrefois parfaitement conservée.**

Les propriétaires ont restauré avec passion cet ancien moulin du 14e s., contigu à une jolie maison de maître dont l'intérieur a gardé tout son cachet : vieux planchers, escalier sans âge, portes à targette... Les vastes chambres, repeintes en blanc, possèdent de très grands lits ; leurs salles de bains sont bien équipées. Le moulin, qui abrite une salle de lecture et de télévision et un petit bar, possède toujours ses impressionnantes roues en pierre. À table, spécialités gasconnes.

Accès : à 4 km au Sud-Est de Castelnau-Magnonac par la D 632 dir. Boulogne, puis tourner à droite direction Aries-Espenan

CAUTERETS - 65110

62 GRANGE SAINT-JEAN

M. Igau

Quartier Calypso
65110 Cauterets
Tel. 05 62 92 58 58
Fax 05 62 92 58 58
igau.brigitte@wanadoo.fr

Fermé du 15 mai au 15 juin et du 30 septembre au 1er décembre • 2 chambres • 60 à 70 € pour 2 personnes, petit-déjeuner compris • Pas de table d'hôte • Terrasse, jardin, parking. Cartes de crédit non acceptées, chiens non admis

On a aimé **L'ambiance chaleureuse, après une journée passée au grand air.**

La façade de cette ancienne grange en bois colorée de bleu et de jaune attire le regard. L'intérieur, parfaitement rénové, a été décoré dans l'esprit montagnard : murs lambrissés faisant parfois place à la pierre de pays, teintes chaleureuses, meubles de famille... Les chambres sont très calmes ; l'une d'elles possède une terrasse privative. Le jardin et la vaste prairie, à 900 m d'altitude face aux Pyrénées, font le bonheur des enfants.

Accès : route de Lourdes

MONTGAILLARD - 65200

63 MAISON BURRET

M. Cazaux

67 le Cap-de-la-Vielle
65200 Montgaillard
Tel. 05 62 91 54 29
Fax 05 62 91 52 42
jecazaux@tiscali.fr

Ouvert toute l'année • 3 chambres dont 1 suite • 40 à 50 € pour 2 personnes, petit-déjeuner compris • Table d'hôte à 16 € • Jardin, parking. Cartes de crédit non acceptées, chiens non admis

On a aimé **Le caractère authentique de cette demeure bigourdane.**

Cette très belle ferme de 1791 conserve de nombreux aménagements d'origine : pigeonnier, fournil, écuries, étables, etc. ainsi qu'un bel escalier sculpté et des vieilles machines agricoles. Les chambres, confortables, possèdent de beaux meubles anciens ; celle du rez-de-chaussée est réchauffée, en hiver, par de douces flambées. Les repas pris dans la salle à manger sont fort conviviaux.

Accès : à 5 km au Nord de Pouzac par la D 935

NESTIER - 65150

64 LE RELAIS DU CASTERA

M. Latour

Place du calvaire
65150 - Nestier
Tel. 05 62 39 77 37
Fax 05 62 39 77 29
sarl.sergelatour@wanadoo.fr

Fermé du 1er au 8 juin ; du 3 au 21 janvier ; dimanche soir, lundi et mardi soir (hors saison) • 7 chambres à l'étage, toutes disposent de douches WC, quelques-unes de télévision • 40 à 60 € pour 2 pesonnes ; petit-déjeuner 7 € ; possibilité de demi-pension • Menus de 17 (en semaine) à 42 € • Terrasse. Chiens non admis

On a aimé **Le cassoulet « maison » longuement mitonné.**

Ce village du Comminges est dominé par le mont Arès et son insolite calvaire composé de douze oratoires échelonnés sur la pente. L'auberge dispose de chambres récemment refaites dans un esprit actuel et d'un chaleureux restaurant prisé pour sa généreuse cuisine traditionnelle honorant les produits de la région. L'intérieur rustique assez soigné en fait une halte plaisante à proximité de la jolie bastide de Montréjeau.

Accès : à l'Ouest de Montréjeau, prendre la D 638 puis la D 938 jusqu'à Saint-Laurent-de-Neste et tourner à gauche

OMEX - 65100

65 LES ROCAILLES

M. Fanlou

65100 Omex
Tel. 05 62 94 46 19
Fax 05 62 94 33 35
muriellefanlou@aol.com
www.lesrocailles.com

Fermé de Toussaint à Pâques • 3 chambres • 65 € pour 2 personnes, petit-déjeuner compris • Jardin, parking. Cartes de crédit non acceptées, chiens non admis • Piscine de plein air

On a aimé **Le luxe discret de ce petit nid douillet.**

Cette petite maison de pierre possède un charme indéniable. Ses chambres offrent un confort moderne. L'une d'elles, baptisée « La Couturière » par la patronne, ex-costumière à l'opéra de Paris, héberge une vieille machine à coudre et un mannequin, et possède une terrasse privative. Les autres, logées sous les toits, sont climatisées et offrent une jolie vue sur la vallée. La salle à manger agrémentée d'une cheminée et de meubles de brocante, le jardin fleuri et la piscine sont fort plaisants.

Accès : à 4,5 km au Sud-Ouest de Lourdes par la D 13 puis la D 213

ORINCLES - 65380

66 LE MOULIN D'ORINCLES

Mme Grimbert

Passage du Moulin
65380 Orincles
Tel. 05 62 45 40 65
Fax 05 62 45 60 50
moulindo@free.fr

Fermé du 30 octobre au 31 janvier • 3 chambres et 1 gîte • 56 € pour 2 personnes, petit-déjeuner compris • Pas de table d'hôte • Jardin, parking. Cartes de crédit non acceptées • Spa, jacuzzi

On a aimé **Le murmure du ruisseau qui traverse la propriété.**

Récemment restauré, cet ancien moulin céréalier a su garder toute son âme. Le salon et la salle à manger abritent les imposantes meules en pierre et certains éléments du mécanisme. Les noms des chambres rappellent le passé meunier du lieu : maïs, blé et orge ; leur décoration est très réussie : poutres d'origine, tons ocre, meubles d'antan et pochoirs réalisés par la maîtresse de maison. La cour intérieure, traversée par un ruisseau et assortie d'un potager, ajoute au charme de l'adresse.

Accès : à 3 km au Nord-Ouest de Loucrup par la D 937 puis la D 407

PINAS - 65300

67 DOMAINE DE JEAN-PIERRE

Mme Colombier

20 route de Villeneuve
65300 Pinas
Tel. 05 62 98 15 08
Fax 05 62 98 15 08
marie@domainedejeanpierre.com
www.domainedejeanpierre.com

Ouvert toute l'année • 3 chambres à l'étage • 48 € pour 2 personnes, petit-déjeuner compris • Pas de table d'hôte • Parc. Cartes de crédit non acceptées • À proximité : tennis, golf

On a aimé **L'environnement champêtre, propice à de belles balades.**

Cette belle demeure tapissée de vigne vierge se niche à 600 m d'altitude sur le plateau de Lannemezan, face aux Pyrénées. Ses chambres, spacieuses et calmes, sont dotées de meubles anciens et de tissus choisis ; toutes ouvrent leurs fenêtres sur la verdure du parc très bien entretenu. Le salon résonne parfois de quelques notes de piano. À la belle saison, les petits-déjeuners sont servis en terrasse. Accueil simple et courtois.

Accès : à 200 m à l'Est du bourg, sur la D 158

SAINT-ARROMAN - 65250

68 DOMAINE VÉGA

M. et Mme Mun

65250 Saint-Arroman
Tel. 05 62 98 96 77
Fax 05 62 98 96 77

Fermé de novembre à Pâques • 5 chambres équipées de douches WC ou salles de bains WC • 55 € pour 2 personnes, petit-déjeuner compris ; possibilité de demi-pension • Table d'hôte 18 à 22 € • Parc, parking. Cartes de crédit non acceptées, chiens non admis • Piscine paysagée

On a aimé **Le délicieux jardin paysager.**

Ce beau manoir du 16e s. fut à la Belle Époque propriété d'un prince russe, puis accueillit un centre bouddhiste dans les années 1970. Transformé en maison d'hôte, il abrite aujourd'hui de jolies chambres aux noms de fleurs, dotées d'originales têtes de lit en bois sculpté ; toutes donnent sur le parc planté de cèdres, thuyas géants, tilleuls... et la campagne environnante. La cuisine, recherchée, est élaborée avec des produits régionaux.

Accès : à 11 km au Nord de Sarrancolin par la D 929 puis la D 26

SAINT-LARY-SOULAN - 65170

69 LA FERME DE SOULAN

M. et Mme Amelot

Soulan
65170 Saint-Lary-Soulan
Tel. 05 62 98 43 21
Fax 05 62 98 43 21
fermedesoulan@tiscali.fr
www.fermedesoulan.free.fr

Ouvert toute l'année • 4 chambres équipées de salles de bains WC et télévision • 80 € pour 2 personnes petit-déjeuner compris ; possibilité de demi-pension • Menu 21 € (dîner seulement, boissons comprises) • Jardin, cartes de crédit non acceptées • Sauna, hammam

On a aimé

La superbe vue offerte sur la vallée d'Aure depuis ce village de montagne posté à 1 280 m.

Calme absolu et air pur (fumeurs s'abstenir) dans cette ancienne ferme située au cœur d'un village d'altitude et dont le nom signifie soleil en patois. Les bâtiments, agencés autour d'une cour pavée, abritent au rez-de-chaussée une salle à manger rustique agrémentée d'une cheminée et deux confortables chambres de même style (poutres apparentes et lambris). À l'étage, deux autres chambres joliment mansardées et un salon panoramique très prisé doté d'une baie vitrée orientée plein Sud.

Accès : au Nord-Ouest de St-Lary-Soulan : gagner Vieille-Aure puis prendre à gauche la D 123

SAINT-PÉ-DE-BIGORRE - 65270

70 LE GRAND CÈDRE

M. Peters

6 rue du Barry
65270 Saint-Pé-de-Bigorre
Tel. 05 62 41 82 04
Fax 05 62 41 85 89
chp@grandcedre.com
www.grandcedre.com

Ouvert toute l'année • 4 chambres personnalisées, équipées de salles d'eau • 60 € pour 2 personnes, petit-déjeuner compris • Table d'hôte 22 € • Terrasse, parc, parking. Cartes de crédit non acceptées

On a aimé

Les promenades botaniques dans le parc.

Cette maison noble du 17e s. doit son nom au cèdre tricentenaire planté au milieu du parc et sous lequel paressent quelques chaises longues. Les chambres, personnalisées : Art déco, Louis-Philippe, Henri II et Louis XV, sont desservies par une jolie galerie extérieure. Le salon de musique et son piano, la salle à manger bourgeoise, la serre cultivant orchidées, géraniums ou cactées et le petit potager à la française ravissent les yeux.

Accès : au village

SALLES - 65400

71 **LE BELVÉDÈRE**

Mme Crampe

6 rue de l'Église
65400 Salles
Tel. 05 62 97 23 68
Fax 05 62 97 23 68
www.argeles-pyrenees.com

Fermé en novembre • 3 chambres équipées de douches WC • 60 € pour 2 personnes, petit-déjeuner compris ; possibilité de demi-pension • Table d'hôte 14 € uniquement le soir sauf le dimanche) • Parc, parking. Cartes de crédit non acceptées, chiens non admis • Possibilités de stages et séjours en montagne, piscine

On a aimé **La perspective enchanteresse dont jouit cette demeure du 18e s.**

Cette belle maison bigourdane mérite bien son nom : le panorama sur les vallées de Luz, Cauterets et Arrens et au loin, sur la crête des Pyrénées, est exceptionnel. Les chambres aménagées sous les combles sont modernes. Celle du 1er étage possède un beau mobilier ancien et une cheminée ; toutes profitent de la vue. L'hiver, on se sustente au coin du feu et l'été, sous la tonnelle : dans tous les cas, la table est ici un vrai bonheur !

Accès : À 12,5 km au Sud de Lourdes par la N 21 puis la D 102

VISCOS - 65120

72 **LA GRANGE AUX MARMOTTES**

M. et Mme Senac

Au village
65120 Viscos
Tel. 05 62 92 91 13
Fax 05 62 92 93 75
hotel@grangeauxmarmottes.com
www.grangeauxmarmottes.com

Fermé du 20 novembre au 20 décembre • 6 chambres avec salles de bains WC ou douches WC et télévision • 60 à 72 € (55 à 67 € basse saison) pour 2 personnes ; petit-déjeuner 10 € ; possibilité de demi-pension • Menus de 19 (en semaine) à 40 € • Terrasse, jardin • Piscine de plein air

On a aimé **Comprendre le sens de l'expression « dormir comme une marmotte »...**

Pic du Midi de Bigorre, cirque de Gavarnie, pays Toy : la contrée est sauvage, et si riche en curiosités naturelles que vous aller multiplier les balades... et provoquer l'arrivée anticipée du marchand de sable ! Cette vieille grange en pierre tombera à point nommé avec ses chambres douillettes et son calme absolu garanti : le jour sera levé depuis belle lurette lorsque vous ouvrirez - péniblement - les yeux sur le spectacle somptueux de la vallée fermée de toutes parts par pics et « soums ».

Accès : au Nord-Ouest de Luz-Saint-Sauveur en direction de Pierrefitte-Nestalas

ALBI - 81000

73 **GEORGE V**

Mme Selles

29 avenue du Maréchal-Joffre
81000 Albi
Tel. 05 63 54 24 16
Fax 05 63 49 90 78
info@hotelgeorgev.com
www.hotelgeorgev.com

Ouvert toute l'année • 9 chambres dotées de douches avec ou sans WC, télévision, quelques-unes possèdent une cheminée • 33 à 44 € pour 2 personnes ; petit-déjeuner 6 € • Pas de restaurant • Cour intérieure ombragée

On a aimé **Profiter des premiers rayons du soleil au petit-déjeuner.**

Évidemment, le George V albigeois n'est pas aussi luxueux que son homonyme parisien, mais il mérite néanmoins toute votre attention. Espace, coloris tendres, mobilier de qualité et - parfois - cheminées anciennes : les chambres, récemment ravivées, profitent du calme du quartier, bien que l'hôtel soit posté face à la gare. Sur l'arrière, une courette ombragée permet de prendre son petit-déjeuner au grand air. Une bonne petite adresse pour beaucoup, beaucoup, beaucoup moins cher qu'un palace...

Accès : sur l'une des artères qui mènent à la gare

BOUT-DU-PONT-DE-LARN - 81660

74 **LA MÉTAIRIE NEUVE**

M. Tournier

Bout-du-Pont-de-L'Arn
81660 Pont-de-Larn
Tel. 05 63 97 73 50
Fax 05 63 61 94 75
metairieneuve@wanadoo.fr
www.metairieneuve.com

Fermé du 15 décembre au 25 janvier • 14 chambres, la plupart avec salles de bains WC, quelques unes avec douches WC, télévision partout • 69 à 80 € ; petit-déjeuner 9 € ; Possibilité demi-pension • Restaurant fermé dimanche soir et lundi d'octobre à Pâques et samedi midi, menus 23 à 32 € • Terrasse, jardin, parking • Piscine de plein air

On a aimé **Après une nuit au grand calme, le copieux et bon petit-déjeuner.**

Réservez en priorité l'une des trois chambres dernièrement rénovées : d'un style « campagnard chic » non dénué de caractère, elles s'ouvrent sur le plaisant jardin de cette ancienne ferme familiale (18e s.) convertie à l'hôtellerie dans les années 1980. Les deux salles à manger offrent, quant à elles, un décor rustique soigné, mais vous préférerez sans doute vous attabler sous la charpente préservée de la vieille grange qui fait office d'agréable terrasse l'été.

Accès : à 2 km à l'Est de Mazamet : sortir par la N 112, direction Saint-Pons et tourner à gauche à La Richarde

BURLATS - 81100

75 LE CASTEL DE BURLATS

M. et Mme Dauphin

8 place du 8-Mai-1945
81100 Burlats
Tel. 05 63 35 29 20
Fax 05 63 51 14 69
www.lecasteldeburlats.fr.st

Fermé du 1er au 15 mars • 10 chambres non-fumeurs disposant toutes de salles de bains WC ou douches WC et de télévision • 61 à 100 € pour 2 personnes ; petit-déjeuner 10 € • Menus 20 € • Parc avec petit jardin à la française, parking fermé • Salle de billard, salon de lecture, proximité des circuits de randonnées

On a aimé **Refaire le monde, un verre de whisky à la main, dans le salon Renaissance.**

Joli castel des 14e et 16e s. posté à l'entrée de ce village médiéval des gorges de l'Agout. Les chambres, spacieuses, personnalisées et garnies de meubles chinés chez les antiquaires, donnent sur un petit parc que Dame Nature façonne à sa guise. Atmosphère « british » autour du billard et délicieux salon de lecture de style Renaissance (cheminée, boiseries, poutres apparentes) où l'on consultera livres d'art et d'histoire sur la région. Vous serez reçus bien plus en hôte qu'en client.

Accès : à 9 km au Nord-Est de Castres par la D 89, puis la D 58 qui longe le cours de l'Agout

CASTRES - 81100

76 EUROPE

MM. Loiseau et Vialar

5 rue Victor-Hugo
81100 Castres
Tel. 05 63 59 00 33
Fax 05 63 59 21 38
hotelrenaissanceeurope@wanadoo.fr
www.hotelrenaissance.fr

Ouvert toute l'année • 38 chambres toutes pourvues de salles de bains WC ou douches WC et télévision • 60 à 80 € (50 à 70 € basse saison) pour 2 personnes ; petit-déjeuner 8 € ; possibilité de demi-pension • Menu à 10 € du lundi au samedi • Patio • Piano bar les vendredi et samedi

On a aimé **L'aménagement intérieur assez insolite.**

Dans le vieux Castres, trois maisons du 17e s. reliées entre elles par un patio garni d'un bric-à-brac plutôt séduisant : objets chinés chez les antiquaires, sculptures, tableaux figurant des putti, plantes vertes, etc. Certaines chambres ne manquent pas non plus d'originalité avec leurs murs de briques, leurs colombages et leur salle de bains non cloisonnée. Les salons tiennent lieu de salles à manger ; animation musicale en fin de semaine.

Accès : au centre-ville, dans une rue calme qui relie le boulevard des Lices à la place Jean-Jaurès

CASTRES - 81100

77 LA RENAISSANCE

M. Vialar

17 rue Victor-Hugo
81100 Castres
Tel. 05 63 59 30 42
Fax 05 63 72 11 57
hotel.renaissance.europe@wanadoo.fr
www.hotelrenaissance.fr

Ouvert toute l'année • 20 chambres disposant de salles de bains WC et de télévision • 60 à 80 € (50 à 70 € basse saison) pour 2 personnes ; petit-déjeuner 8 € ; possibilité de demi-pension • Menus 10 € (tous les jours sauf le dimanche)

On a aimé **Les nuits tranquilles au cœur de la vieille ville.**

Cette bâtisse en briques du 17e s. parée de colombages recèle quelques chambres dont la décoration n'est pas anodine, avec ses délicats ciels de lit et son mobilier choisi qui mêle élégamment les époques et les styles. Le bar chaleureux et les salons garnis de meubles et objets anciens favorisent la convivialité : une belle occasion d' échanger vos goûts et vos idées sur les arts décoratifs.

Accès : au centre-ville, entre le boulevard des Lices et la place Jean-Jaurès, dans le secteur piétonnier

CORDES-SUR-CIEL - 81170

78 AURIFAT

Mme Wanklyn

81170 Cordes-sur-Ciel
Tel. 05 63 56 07 03
Fax 05 63 56 07 03
aurifat@wanadoo.fr
www.aurifat.com

Fermé de mi-décembre à mi-février • 4 chambres non-fumeurs • 70 € (62 € basse saison) pour 2 personnes, petit-déjeuner compris • Pas de table d'hôte • Jardin, parking. Cartes de crédit non acceptées, chiens non admis • Piscine de plein air

On a aimé **Le cadre enchanteur de ce lieu chargé d'histoire.**

Cette tour de garde du 13e s. en briques et colombages a été superbement restaurée. Son nom, qui signifie « chemin d'or », a été inspiré par le ruisseau Aurosse qui coule en contrebas. Ses chambres, meublées en rotin, possèdent toutes un balcon ouvert sur les champs et la vallée. La suite aménagée dans un pigeonnier du 17e s. est très réussie. Le jardin en terrasses vous séduira. Enfin, détail non négligeable, le centre médiéval de Cordes n'est qu'à quelques minutes à pied.

Accès : à 600 m. de la cité par la route de Saint-Jean

79 HOSTELLERIE DU VIEUX CORDES

M. et Mme Thuriès

Haut de la Cité
81170 Cordes-sur-Ciel
Tel. 05 63 53 79 20
Fax 05 63 56 02 47
vieux.cordes@thuries.fr
www.thuries.fr

Fermé en janvier • 20 chambres à l'Hostellerie, certaines avec vue sur la vallée, 8 à l'annexe : La Cité, toutes avec salles de bains WC ou douches WC et télévision • 48 à 72 € pour 2 personnes ; petit-déjeuner 9 € ; possibilité de demi-pension • Menus de 15 à 33 € (pas de restaurant à l'annexe) • Terrasse ombragée

On a aimé

La « belle endormie »... bien réveillée en saison !

Les sobres chambres ne possèdent certes pas le même caractère que la demeure, un vieux monastère ayant conservé son bel escalier à vis. Elles n'en permettent pas moins de vivre pleinement la « ville aux cent ogives » : installé au cœur de la superbe cité médiévale, vous bénéficierez d'échappées sur la vallée du Cérou, de vues pittoresques sur une ruelle pavée ou bien encore du parfum de la glycine bicentenaire colonisant l'exquis patio-terrasse. Deux thèmes à la carte : le saumon et le canard.

Accès : au centre-ville, entre la halle et l'église

CORDES-SUR-CIEL - 81170

80 MAISON BAKEA

M. et Mme Aguirre

28 Le Planol
81170 Cordes-sur-Ciel
Tel. 05 63 56 29 54
Fax 05 63 56 29 54
maison bakea@tiscali.fr
www.maisonbakea.chez.tiscali.fr

Ouvert toute l'année • 5 chambres • 55 à 75 € pour 2 personnes, petit-déjeuner compris • Pas de table d'hôte • Chiens non admis. Carte de crédit acceptées en haute saison

On a aimé

L'atmosphère sereine qui règne dans cette maison d'hôte tenue par des artistes lyriques.

Imaginez une maison du 13e s. dans une pittoresque cité médiévale. Elle disposerait d'une ravissante cour intérieure joliment restaurée mettant en valeur coursives, briques et colombages. Couleurs gaies, meubles chinés, fenêtres agrémentées de vitraux, pierres et poutres apparentes personnaliseraient les chambres, toutes équipées de salles de bains modernes. Enfin, une terrasse ouverte sur la campagne vallonnée inviterait à la contemplation. Vous l'avez rêvé, la Maison Bakea l'a réalisé !

Accès : à 800 m de Cordes, situé sur le Planol, dans la cité médiévale

LACABARÈDE - 81240

81 DEMEURE DE FLORE

M. Di Bari

106 route Nationale
81240 Lacabarède
Tel. 05 63 98 32 32
Fax 05 63 98 47 56
demeure.de.flore@hotelrama.com
www.hotelrama.com

Fermé du 3 au 31 janvier et lundi hors saison • 10 chambres (3 dans un pavillon) et 1 suite dont une accessible aux handicapés physiques, avec salles de bains WC et télévision • 79 à 90 € pour 2 personnes ; petit-déjeuner 10 € ; possibilité de demi-pension • Menus 25 à 33 € • Terrasse, jardin, parking fermé. Chiens non admis • Piscine de plein air

On a aimé

Le jardin anglais, pour regarder les volutes paresseuses d'un bon havane « partir en fumée ».

On ne peut résister à l'agréable allée bordée de tilleuls majestueux qui invite à rejoindre cette charmante maison de maître (1882). Les chambres, coquettement décorées, ont été garnies d'un mobilier Louis XVI ; trois ouvrent de plain-pied sur la piscine, avec la Montagne Noire pour horizon. La cuisine servie aux principaux repas est italo-provençale, mais à l'heure du thé, la demeure prend des airs délicieusement « british » : il n'y manque guère que les sandwichs au concombre... Quel dommage !

Accès : dans la traversée de Lacabarède, quitter la N 112 pour emprunter une allée bordée de tilleuls

ROUAIROUX - 81240

82 LA RANQUIÈRE

M. et Mme Lecoutre

La Ranquière
81240 Rouairoux
Tel. 05 63 98 87 50
ranquiere@aol.com

Ouvert toute l'année • 4 chambres dotées de salles de bains WC ou douches WC • 60 à 65 € (50 à 55 € en basse saison) pour 2 personnes, petit-déjeuner compris • Table d'hôte 18 € sur réservation • Terrasse, jardin, parc, parking. Cartes de crédit non acceptées, chiens non admis • Piscine

On a aimé

Le cadre pimpant digne de figurer dans une revue de décoration.

Bleue, jaune, verte ou rose : quelle chambre aurez-vous la chance d'occuper dans cette ravissante ferme du 17e s. isolée sur un domaine de 2 ha ? Peu importe la couleur, elles sont toutes pétries de charme et délicieusement aménagées : pierres apparentes, tomettes cirées, portes patinées, tissus colorés et meubles chinés. Accueil agréable, coquet jardin, petit verger, belle piscine et jolie terrasse tournée vers la Montagne noire ajoutent à l'attrait de cette maison d'hôte.

Accès : à Lacabarède prendre la D 52 direction Rouairoux, à 800 m à gauche prendre la direction La Ranquière

ESCATALENS - 82700

83 MAISON DES CHEVALIERS

M. et Mme Choux

Place de la Mairie
82700 Escatalens
Tel. 05 63 68 71 23
Fax 05 63 30 25 90
claude.choux@wanadoo.fr
www.maisondeschevaliers.com

Ouvert toute l'année • 6 chambres équipées de salles de bains • 70 € pour 2 personnes, petit-déjeuner compris ; possibilité de demi-pension • Table d'hôte 20 à 25 € • Terrasse, jardin, parc, parking. Cartes de crédit non acceptées • Piscine de plein air

On a aimé

Les recettes originales de Madame Choux, originaire de l'Algarve.

Difficile de ne pas succomber au charme de cette belle maison de maître du 18e s. restaurée avec beaucoup de goût, et parfois un brin d'audace. Les chambres, repeintes aux couleurs du Sud, sont vastes et très bien arrangées : lits à baldaquin, meubles d'époque, superbes baignoires anciennes et lavabos en marbre du Portugal dans les salles de bains... Les dépendances abritent la salle de jeux et le salon de musique. La cour, ombragée d'un marronnier bicentenaire, est délicieuse.

Accès : 14 km à l'Ouest de Montauban, sur la RN 113

LAFRANÇAISE - 82130

84 LE PLATANE

Mme Horf

Coques-Lunel
82130 Lafrançaise
Tel. 05 63 65 92 18
Fax 05 63 65 88 18

Ouvert toute l'année • 4 chambres • 60 à 65 € pour 2 personnes, petit-déjeuner compris ; possibilité de demi-pension • Table d'hôte 20 € • Jardin, parking. Cartes de crédit non acceptées • Piscine de plein air, équitation.

On a aimé

Les chambres extrêmement confortables.

Cette belle maison de maître en briques flanquée d'écuries et d'un pigeonnier date de 1904. Restaurée avec un grand souci du confort, elle offre des chambres spacieuses de style moderne ou néo-rustique. Dès les premières chaleurs, vous pourrez lézarder au bord de la piscine ovale et profiter de la fraîcheur des magnifiques platane, tilleul et saule pleureur centenaires. Pour vos loisirs, deux activités sont privilégiées : l'équitation et le vélo.

Accès : 10 km à l'Est de Moissac par la D 927, la D 2 puis la D 68

LAUZERTE - 82110

85 LE QUERCY

M. Bacou

Faubourg d'Auriac
82110 Lauzerte
Tel. 05 63 94 66 36
Fax 05 63 39 06 56

Ouvert toute l'année • 10 chambres avec salles de bains WC ou douches WC, 4 ont vue sur la campagne • 32 à 42 € pour 2 personnes ; petit-déjeuner 6 € ; possibilité de demi-pension • Restaurant fermé lundi et dimanche soir (basse saison) ; menus 17 à 41 € • Petit parking

On a aimé **Suivre les pèlerins sur le « sentier de St-Jacques » pendant quelques kilomètres.**

Maison de la fin du 19e s. au cœur de la « Tolède du Quercy » perchée sur son promontoire et dont les belles demeures médiévales à pans de bois se pressent autour de la jolie place à couverts. Les petites chambres ont été entièrement rénovées. Quatre d'entre elles, situées à l'arrière du bâtiment, donnent sur la vallée de la Barguelonne. Le restaurant a lui aussi été refait, simplement mais coquettement. Un excellent accueil vous sera réservé.

Accès : au coeur d'un village médiéval desservi par la D 953, entre Montcuq et Valence-d'Agen

MOISSAC - 82200

86 LE MOULIN DE MOISSAC

M. Barthélémy

Esplanade du Moulin
82200 Moissac
Tel. 05 63 32 88 99
Fax 05 63 32 02 08
hotel@lemoulindemoissac.com
www.lemoulindemoissac.com

Fermé samedi midi et dimanche • 35 chambres avec ascenseur, climatisées, salles de bains WC et télévision, 2 sont accessibles aux handicapés physiques, 26 chambres non-fumeurs • 48 à 80 € ; petit-déjeuner 7,50 € • Restaurant climatisé. Menus 22 € (le midi) à 35 € • Parking fermé • Au coeur du patrimoine historique

On a aimé **Contempler le Tarn depuis ce délicieux moulin avant de visiter l'ancienne abbaye de Moissac.**

Hier producteur de farine, aujourd'hui générateur de bonheur ! Les origines de ce moulin ancré sur la rive droite du Tarn remontent à 1474. Après mult transformations et quelques fortunes diverses, l'imposante bâtisse profite depuis peu d'une sérieuse cure de jouvence qui lui procure un charme indéniable confortables chambres à thème (campagne, montagne ou marine), piano-bar « cosy » et agréable restaurant où règne une plaisante atmosphère de bistrot contemporain.

Accès : depuis l'autoroute A62 : sortie 9, direction Moissac-Centre, puis à droite après le pont Napoléon

87 LE BARRY

M. Bankes et M. Jaross

Faubourg Saint-Roch
82270 Montpezat-de-Quercy
Tel. 05 63 02 05 50
Fax 05 63 02 03 07
lebarry-montpezat@wanadoo.fr

Fermé du 24 au 26 décembre • 5 chambres • 67 € (63 € basse saison) pour 2 personnes, petit-déjeuner compris • Menus 23 € • Jardin. Cartes de crédit non acceptées, chiens non admis • Piscine de plein air

On a aimé **Le cadre, qui incite à oublier tous les soucis.**

Construite en bordure de la bastide, tout près de la collégiale, cette belle et imposante maison de village offre une vue exceptionnelle sur la vallée et les coteaux du Quercy. Les chambres, décorées avec sobriété, sont agréables ; l'une d'elles donne directement sur le ravissant jardin agrémenté d'une piscine. Le salon, meublé avec goût, renferme une bibliothèque. L'adresse paraît idéale pour une cure anti-stress.

Accès : au village

MONTPEZAT-DE-QUERCY - 82270

88 DOMAINE DE LAFON

M. et Mme Perrone

Pech de Lafon
82270 Montpezat-de-Quercy
Tel. 05 63 02 05 09
Fax 05 63 27 60 69
micheline.perrone@domainedelafon.com
www.domainedelafon.com

Fermé 15 jours en mars, 15 jours en novembre et Noël • 3 chambres équipées de salles d'eau • 72 € (65 € basse saison) pour 2 personnes, petit-déjeuner compris ; possibilité de demi-pension • Table d'hôte 22 € (le soir sur réservation) • Terrasse, jardin, parking. Cartes de crédit non acceptées, chiens non admis

On a aimé **Les stages de peinture en trompe-l'œil.**

Juchée sur une colline verdoyante, cette maison de maître du 19e s. solide et carrée offre un joli panorama sur la campagne environnante. Les chambres, immenses et décorées par le propriétaire, artiste peintre et ancien décorateur de théâtre, sont superbes. « L'Indienne » se pare de tissus orientaux, marbre et dessins d'architecture en trompe-l'œil, « Les perroquets » est ornée d'azulejos et « Les Baldaquins » s'agrémente d'un joli motif de rinceaux gris et jaune. À voir absolument !

Accès : à 2 km par la D 20, direction Molières, puis 2 km à gauche, direction Mirabel

89 LA RÉSIDENCE

M. et Mme Weijers

37 rue Droite
82140 Saint-Antonin-Noble-Val
Tel. 05 63 67 37 56
Fax 05 63 67 37 56
info@laresidence-france.com
www.laresidence-France.com

Ouvert toute l'année • 5 chambres non-fumeurs sur jardin ou sur terrasse ; toutes équipées de salles de bains et WC privés • 65 à 78 € pour 2 personnes, petit-déjeuner compris • Table d'hôte 22 € (uniquement le soir) • Jardin. Cartes de crédit non acceptées, chiens non admis

On a aimé

La situation privilégiée en plein cœur du village médiéval.

Charme « british » et couleurs du Sud se conjuguent avec bonheur dans cette maison de maître du 18e s. tenue par un couple franco-britannique. La plupart des chambres, spacieuses et décorées avec soin, ont vue sur le roc d'Anglars ; celle qui possède une terrasse privative a beaucoup de succès. L'été, le jardin clos invite les paresseux à s'attarder ; quant aux courageux, ils lui préféreront sans doute le centre d'escalade tout proche.

Accès : au cœur du village médiéval

NORD-PAS-DE-CALAIS

« Les gens viennent dans le Nord en pleurant mais ils pleurent encore plus quand ils doivent en repartir. » disent les Lillois. En effet dans quelle région trouver un accueil plus chaleureux ? Ici on aime faire la fête, on passe une partie de l'année à préparer le carnaval, les kermesses, les ducasses. Les journées sont ponctuées par le son joyeux des carillons au sommet des beffrois. On se retrouve dans les estaminets devant une chope de bière que l'on fera rapidement suivre de moules frites, de chicons ou d'un plateau de fromages odorants : maroilles, boulette d'Avesnes. Sous d'immenses cieux lumineux, le Boulonnais, l'Avesnois rivalisent de paysages verdoyants et la côte d'Opale offre de superbes perspectives avant de laisser la place aux plages du Touquet ou d'Hardelot qui n'en finissent plus à marée basse. La brique omniprésente donne de gais coloris à l'architecture. Les intérieurs offrent tout le confort cher aux ch'timis, un confort que vous aurez tout le loisir d'apprécier dans les hôtels ou maisons qui vous sont proposés dans les pages suivantes.

- Nord (59)
- Pas-de-Calais (62)

Ouddorp
Haamstede
Zierikzee
Middelburg
Goes
Breskens
Margate
Blankenberge
Oostende
Brugge
S.t Niklaas
Dover
De Panne
Veurne
Aalter
Gent
Dunkerque
Gravelines
Calais
sous la Manche
Bergues
BELGIË
Wissant
Wormhout
Kortrijk
Oudenaarde
Ardres
Cassel
Ieper
Boulogne-sur-Mer
S.t Omer
Bailleul
Tourcoing
Ronse
Desvres
Hazebrouck
Armentières
Roubaix
LILLE
Samer
Thérouanne
Lillers
Seclin
Tournai
Soignies
Le Touquet-Paris-Plage
Fruges
Béthune
Orchies
Mons
NORD-
la Bassée
S.t Amand-les-Eaux
Montreuil
Lens
S.t Pol-s-T.
Hénin-Beaumont
Douai
Valenciennes
Berck-Plage
Hesdin
Aubigny
Denain
Rue
Frévent
Beaumetz-lès-L.
Arras
PAS DE CALAIS
le Quesnoy
Maubeuge
le Crotoy
Cambrai
Ault
S.t Valery
Bernaville
Doullens
Bapaume
le Cateau
Avesnes
Tréport
Abbeville
Gamaches
Airaines
Somme
Villers-Bocage
Albert
le Catelet
la Capelle
Blangy
Oisemont
Amiens
Villers-Bretonneux
Péronne
Guise
Oise
Londinières
S.t Quentin
Poix
Moreuil
Marle
Aumale
Neufchâtel-en-Bray
Ailly-s-N.
Ham
la Fère
Grandvilliers
Roye
Montcornet
Breteuil
Montdidier
Chauny
Forges-les-Eaux
Marseille-en-B.
Noyon
Laon
Gournay-en-Bray
S.t Just-en-Chaussée
Beauvais
Soissons
Aisne
Vailly
Fleury-sur-Andelle
Compiègne
Clermont
Arsy
Reims
Fismes
Auneuil
Gisors
Noailles
Crépy-en-Valois
Villers-Cotterêts
les Andelys
Fère-en-Tardenois
Magny-en-Vexin
Chantilly
Senlis
la Ferté-Milon
Ville-en-Tardenois
Vernon
Nanteuil-le-H.
Marne
Pontoise
Dormans
Meulan
Seine
Eure
Epte

ARTRES - 59269

1 LA GENTILHOMMIÈRE

Mme Fournier

2 place de l'Église
59269 Artres
Tel. 03 27 28 18 80
Fax 03 27 28 18 81
la.gentilhommiere@wanadoo.fr

Fermé du 2 au 25 août et dimanche soir • 10 chambres dotées de salles de bains WC et de télévision • 80 € pour 2 personnes ; petit-déjeuner 10 € • Menus de 22 (semaine) à 36 € • Jardin, parking fermé • Randonnées équestres (sur réservation), pédestres, VTT, promenades en calèche

On a aimé

Le musée des Beaux-Arts de « l'Athènes du Nord » (Valenciennes).

L'année 1746 a vu naître cette ferme en briques rouges s'élevant aux portes de Valenciennes. Les chambres, spacieuses et fraîches, bénéficient du calme de la cour intérieure ou de celui du jardin soigneusement entretenu. Le lumineux restaurant, où vous dégusterez des recettes traditionnelles, est aménagé dans l'ancienne étable voûtée qui a conservé ses mangeoires. Petit « plus » divertissant : l'hôtel organise - sur réservation - des randonnées équestres et des promenades en calèche.

Accès : au Sud de Valenciennes par la D 958 (direction Le Cateau), puis prendre à gauche la D 400 après Famars

BANTEUX - 59266

2 FERME DE BONAVIS

Mme Delcambre

59266 Banteux
Tel. 03 27 78 55 08
Fax 03 27 78 55 08
delcambre-gitesdefrance@club-internet.fr

Ouvert toute l'année • 3 chambres équipées de salles de bains • 46 à 60 € pour 2 personnes, petit-déjeuner compris • Pas de table d'hôte • Cartes de crédit non acceptées, chiens non admis

On a aimé

Les yeux ébahis des enfants qui découvrent la vie de la ferme.

Vous serez impressionné par les beaux volumes intérieurs de cet ancien relais de poste converti en ferme (encore en activité aujourd'hui) après la Seconde Guerre mondiale. Les chambres, hautes sous plafond et parquetées, sont sobrement décorées et bien insonorisées. Sur place, les distractions ne manquent pas : jeu de boules, ping-pong, baby-foot, randonnées pédestres et cyclistes, vol à voile et aérodrome à 9 km.

Accès : 11 km au Sud de Cambrai par la N 44

BEAUCAMPS-LIGNY - 59134

3 CHEZ JULIE

M. et Mme Tilmant

8 rue Radinghem
59134 Beaucamps-Ligny
Tel. 03 20 50 33 82
Fax 03 20 50 34 35
ctilmant@wanadoo.fr
http://perso.wanadoo.fr/chezjulie

Ouvert toute l'année • 3 chambres confortables, toutes équipées de douches WC et téléphone • 44 € pour 2 personnes, petit-déjeuner compris • Pas de table d'hôte • Salon, parking. Cartes de crédit non acceptées, chiens non admis

On a aimé **La simplicité des lieux et de l'accueil.**

Vous vous sentirez vite à votre aise dans cette agréable fermette en briques rouges bâtie aux portes d'un village de la campagne lilloise. Les chambres, aux tons pastel jaune ou beige, sont bien tenues ; deux d'entre elles, situées à l'étage, sont mansardées. Un piano, un poêle à bois, deux jeux traditionnels flamands et de plaisants meubles aux blondes veinures composent le décor de la salle des petits-déjeuners. Quant aux banquettes et aux moelleux fauteuils du salon, ils invitent au repos.

Accès : 12 km à l'Ouest de Lille par la A 25, sortie nº 7 et route du Radinghem (D 62)

BOESCHEPE - 59299

4 AUBERGE DU VERT MONT

M. et Mme Ladeyn-Dubrulle

13-18 rue du Mont-Noir
59299 Boeschepe
Tel. 03 28 49 41 26
Fax 03 28 49 48 58
aubergevertmont@aol.com

Fermé lundi midi et mardi midi hors saison • 7 chambres • 73 à 80 € (65 à 75 € basse saison) pour 2 personnes ; petit-déjeuner 7 € ; possibilité de demi-pension • Menus 23 à 33 € • Terrasse, jardin • Jeux pour enfants, parc animalier

On a aimé **Le joli décor campagnard de la salle de restaurant.**

Une étape pleine de charme que cette petite auberge en briques rouges juchée sur les hauteurs du village. Les chambres, coquettes et bien aménagées, donnent sur la vallée ; celles de l'étage, mansardées et percées de hublots, sont les plus agréables. Vous prendrez vos repas dans une plaisante salle à manger champêtre décorée de vieux objets paysans : sabots, tonnelets, roues en bois... L'aire de jeux et le petit parc animalier plairont aux enfants.

Accès : à 9 km au Nord de Bailleul par la D 10

BOURBOURG - 59630

5 LE WITHOF

Mme Battais

Chemin du Château
59630 Bourbourg
Tel. 03 28 22 16 17
Fax 03 28 62 38 88

Ouvert toute l'année • 5 chambres non-fumeurs équipées de salles de bains • 50 € pour 2 personnes, petit-déjeuner compris ; possibilité de demi-pension • Table d'hôte 17 € • Jardin, parking. Chiens non admis

On a aimé

La magnifique architecture de cette ferme du 16e s.

Avec ses tourelles et son entrée aux allures de pont-levis, cette ferme fortifiée du 16e s. qui paraît flotter au-dessus de ses douves possède la prestance d'un château. Les chambres, spacieuses et dotées de jolies portes, sont équipées de vastes salles de bains. À la belle saison, vous prendrez votre petit-déjeuner dans la cour d'honneur. Une adresse accueillante et tranquille à prix fort raisonnable.

Accès : 14 km au Sud-Ouest de Dunkerque par la A 16 direction Calais (sortie n° 23)

JENLAIN - 59144

6 CHÂTEAU D'EN HAUT

M. Demarcq

59144 Jenlain
Tel. 03 27 49 71 80
Fax 03 27 35 90 17
chateaudenhaut@fr.st
www.chateaudenhaut.fr.st

Ouvert toute l'année • 6 chambres équipées de salles de bains WC • 50 à 72 € pour 2 personnes, petit-déjeuner compris • Pas de table d'hôte • Parc, parking. Cartes de crédit non acceptées, chiens non admis

On a aimé

La décoration intérieure et son foisonnement d'antiquités.

Ce magnifique château du 18e s. et son pigeonnier précisément daté de 1772 se dressent au centre d'un joli parc auquel on accède par une longue allée pavée. L'intérieur, riche en marqueteries, objets anciens et tableaux d'époque, est remarquable. Les chambres, dotées de lits à baldaquin, sont confortables. Les hôtes ont à leur disposition la salle des petits-déjeuners, claire et spacieuse, la bibliothèque et une petite chapelle. La tenue des lieux est excellente et l'accueil, charmant.

Accès : 6 km au Sud-Est de Valenciennes par la D 934 et la D 59

LIESSIES - 59740

7 CHÂTEAU DE LA MOTTE

Mme Plateau

59740 Liessies
Tel. 03 27 61 81 94
Fax 03 27 61 83 57
contact@chateaudelamotte.fr
www.chateaudelamotte.fr

Fermé du 20 décembre au 10 février, dimanche soir et lundi midi • 9 chambres réparties dans 2 ailes et disposant en majorité de salles de bains WC, quelques douches WC, toutes disposent d'une télévision • 64 € pour 2 personnes ; petit-déjeuner 8 € ; possibilité de demi-pension • Menus de 20 € (en semaine) à 70 € • Parc, parking • Location de VTT

On a aimé **Déguster la boulette d'Avesnes, un fromage très... parfumé !**

Cette charmante habitation en briques roses fut édifiée au 18e s. à l'orée de la forêt de l'Abbé-Val Joly pour les moines de l'abbaye bénédictine de Liessies. Les chambres, garnies de meubles rustiques ou de style, et leurs salles de bains viennent de profiter d'une cure de jouvence ; grand calme assuré. Les vastes baies du restaurant, évoquant une orangerie, ouvrent sur le plaisant parc arboré. Jolies promenades en perspective à travers les sentiers du Parc naturel régional de l'Avesnois.

Accès : quitter Liessies au Sud par la D 133 ou la D 963 et prendre la route secondaire qui mène à la Motte

LILLE - 59000

8 BRUEGHEL

Mme Lhermie

3-5 parvis Saint-Maurice
59000 Lille
Tel. 03 20 06 06 69
Fax 03 20 63 25 27
hotel.brueghel@wanadoo.fr
www.hotel-brueghel.com

Ouvert toute l'année • 65 chambres avec salles de bains WC ou douches WC, toutes avec télévision • 71 à 79 € pour 2 personnes ; petit déjeuner 8 € • Pas de restaurant • Parking public à proximité

On a aimé **Le vieux Lille, pimpant, animé et d'une convivialité sans pareille.**

Façade typiquement flamande où alternent brique rouge et craie, intérieur délicieusement « rétro » avec boiseries sombres et cage d'ascenseur d'époque mariant bois et fer forgé, petites chambres fraîches aux tons pastel donnant, pour la plupart, sur l'église gothique St-Maurice, situation pratique au centre de Lille, à deux pas de la Grand'Place : tous ces atouts expliquent pourquoi cet hôtel sans prétention est très prisé.

Accès : face à l'église St-Maurice

LILLE - 59000

9 PAIX

M. et Mme Trénaux

46 bis rue de Paris
59000 Lille
Tel. 03 20 54 63 93
Fax 03 20 63 98 97
hotelpaixlille@aol.com
www.hotel-la-paix.com

Ouvert toute l'année • 35 chambres avec bains WC ou douches WC, toutes avec télévision • 80 à 93 € pour 2 personnes ; petit déjeuner 9 € • Pas de restaurant à l'hôtel • Possibilités de parking public à proximité • Bien situé près de la Grand'Place, du théâtre et de l'Opéra

On a aimé **Le côté galerie d'art de cet hôtel à prix doux.**

La façade délicieusement de guingois de l'hôtel de la Paix - l'immeuble date tout de même de 1782 ! - dissimule un intérieur décoré de plus de 250 reproductions de tableaux : chambres, couloirs et escaliers ont chacun « leur » maître exposé sur fond jaune, vieux rose, vert d'eau... Réjouissante thématique dûe à la propriétaire des lieux, artiste peintre dont le bon coup de pinceau peut être admiré dans la salle des petits-déjeuners. Accueil aimable, clientèle fidèle.

Accès : au centre-ville, près de la Grand'Place et de l'Opéra

LOMPRET - 59840

10 LA FERME BLANCHE

Mme Delaval

Rue Pasteur
59840 Lompret
Tel. 03 20 92 99 12
Fax 03 20 54 29 82
dadeleval@nordnet.fr

Fermé 15 jours en août • 3 chambres équipées de salles de bains WC • 43 à 48 € pour 2 personnes, petit-déjeuner compris • Pas de table d'hôte • Parc, parking. Cartes de crédit non acceptées. Parc, parking. Cartes de crédit non acceptées • Piscine de plein air

On a aimé **Découvrir à vélo la campagne environnante.**

Un chemin cahoteux mène à cette jolie ferme blanche dont les bâtiments dessinant un quadrilatère se retranchent derrière un portail placé sous vidéosurveillance. Les chambres, aménagées dans l'ancienne grange, sont simples et confortables ; la plus réussie marie avec bonheur les tons rose, blanc et bordeaux. La salle des petits-déjeuners vous séduira avec ses poutres apparentes et ses murs pastel. La cour intérieure, enfin, abrite une petite piscine.

Accès : 7 km au Nord-Ouest de Lille sortie nº 6 et chemin à droite

ROUBAIX - 59100

11 ABRI DU PASSANT

M. Renart

14 rue Vauban
59100 Roubaix
Tel. 03 20 11 07 62
Fax 03 20 11 07 62
jean-françois.renart@wanadoo.fr

Fermé en août • 5 chambres équipées de salles de bains • 44 € pour 2 personnes, petit-déjeuner compris ; possibilité de demi-pension • Table d'hôte 11 € (dîner seulement) • Jardin. Cartes de crédit non acceptées

On a aimé **Les peintures contemporaines qui décorent l'ensemble de la maison.**

Vous ne serez pas déçu par le confort de cette belle demeure bourgeoise de 1890 jouxtant le parc Barbieux. L'intérieur a conservé de nombreux aménagements d'origine comme le sol en mosaïque de l'entrée, l'impressionnante hauteur sous plafond et le grand escalier en bois clair qui mène à l'étage. Les chambres et les salles de bains sont spacieuses et bien aménagées. Le salon et la salle à manger, regroupés en un espace unique, exposent les œuvres d'un jeune artiste régional.

Accès : au Sud-Ouest de la ville, près du parc

SAINT-PIERRE-BROUCK - 59630

12 CHÂTEAU DE SAINT-PIERRE-BROUCK

M. et Mme Duvivier

287 route de la Bistade
59630 Saint-Pierre-Brouck
Tel. 03 28 27 50 05
Fax 03 28 27 50 05
nduvivier@nordnet.fr
www.lechateau.net

Ouvert toute l'année sur réservation • 5 chambres non-fumeurs • 65 € pour 2 personnes, petit-déjeuner compris • Table d'hôte 22 € • Parc, parking. Cartes de crédit non acceptées, chiens non admis

On a aimé **Le confort cossu de cette demeure de 1905.**

Dans un parc de 2 ha, cette imposante demeure du début du 20e s. abrite des chambres portant des noms de fleurs ; elles sont richement meublées et rehaussées de plafonds moulurés et de cheminées de marbre. La maîtresse de maison concocte une cuisine aux accents flamands, qu'elle vous invite à découvrir dans la plaisante salle à manger bourgeoise ou dans la véranda-jardin d'hiver ouverte sur la nature.

Accès : 8 km au Nord de la forêt domaniale d'Éperlecques par la D 1

SARS-POTERIES - 59216

13 HÔTEL DU MARQUAIS

Mmes Carrié et Guinot

65 rue du Général-de-Gaulle
59216 Sars-Poteries
Tel. 03 27 61 62 72
Fax 03 27 57 47 35
hoteldumarquais@aol.com
www.hoteldumarquais.com

Fermé du 15 décembre au 1er mars • 11 chambres disposant de salles de bains WC ou douches WC • 48 € pour 2 personnes ; petit-déjeuner 6 € • Pas de restaurant • Jardin, parking • Tennis

On a aimé **Débusquer « la » pièce rare dans les ateliers de poterie sarséens encore en activité.**

Murs de briques peintes et meubles anciens agrémentent les chambres de cette vieille ferme de l'Avesnois transformée en hôtel. Selon la clémence du temps, le petit-déjeuner vous sera servi à la grande table d'hôte installée dans le hall ou sur la terrasse bordant le jardin. Parenthèse sportive sur le court de tennis et culturelle avec la visite du musée-atelier du Verre aménagé dans la vaste maison de l'ex-directeur de la verrerie.

Accès : à la sortie de la ville

SOLRE-LE-CHÂTEAU - 59740

14 LA VILLA MARIANI

Mme Mariani

5 Grand'Place
59740 Solre-le-Château
Tel. 03 27 61 65 30
Fax 03 27 61 63 38
mariani59@aol.com

Ouvert toute l'année • 3 chambres • 45 à 50 € pour 2 personnes, petit-déjeuner compris • Pas de table d'hôte • Jardin. Cartes de crédit non acceptées, chiens non admis • Vélos

On a aimé **Les fréquentes expositions d'art contemporain.**

Cette majestueuse maison de notable du 19e s. bâtie sur les ruines de l'ancien château fort ne manque pas de charme. Ses chambres, confortables et sobres, profitent de la quiétude du joli jardin. Le salon renferme une bibliothèque comprenant de nombreux ouvrages sur la région, et accueille également de nombreuses expositions d'art contemporain, passion de la maîtresse des lieux. Pour la balade, des bicyclettes sont à disposition.

Accès : au centre du village

ARRAS - 62000

15 LES 3 LUPPARS

M. Libouton

49 Grand'Place
62000 Arras
Tel. 03 21 60 02 03
Fax 03 21 24 24 80
contact.3luppars@wanadoo.fr

Ouvert toute l'année • 42 chambres dont 1 accessible aux handicapés physiques, toutes avec douches WC et télévision • 60 à 65 € pour 2 personnes ; petit-déjeuner 7 € • Pas de restaurant • Sauna

On a aimé **Déambuler sous les arcades de la magnifique Grand'Place.**

Vous allez nous dire que les chambres, simples et pratiques, n'offrent pas grand caractère, et que celles sur l'arrière bénéficient du calme mais n'ont pas la vue sur la place... Certes, mais vous êtes ici dans la plus vieille maison d'Arras (1467) dont la délicieuse façade gothique (pignon à redans, échauguette, baies ogivales), fièrement dressée sur la Grand'Place admirablement restaurée, est une merveille de l'architecture flamande. Cela mérite bien une petite concession, non ?

Accès : au centre-ville, sur la Grand'Place

BEUSSENT - 62170

16 LA HAUTE CHAMBRE

M. Barsby

124 route d'Hucqueliers
Hameau le Ménage
62170 Beussent
Tel. 03 21 90 91 92
Fax 03 21 86 38 24

Fermé du 1er au 15 septembre et du 15 décembre au 31 janvier • 5 chambres à l'étage • 80 € pour 2 personnes, petit-déjeuner compris • Pas de table d'hôte • Jardin, parc, parking. Cartes de crédit non acceptées, chiens non admis • Visite de l'atelier de l'artiste M. Barsby est sculpteur

On a aimé **Le cadre enchanteur de ce manoir du 19e s. niché dans un écrin de verdure**

Magnifique ! S'il n'y avait qu'un mot pour définir c manoir édifié en 1858 dans un parc idyllique, ce serai celui-ci. La collection des œuvres du propriétaire sculpteur de son état, égaye le site. Les chambres confortables et meublées avec un goût sûr, sont d vraies merveilles et les petits-déjeuners satisferont le plus affamés. Quant aux enfants, ils seront ravis d découvrir l'immense parc peuplé de quelqu 300 animaux.

Accès : 10 km au Nord de Montreuil par la N 1 puis la D 127

17 MEURICE

M. et Mme Cossart

5 rue Edmond-Roche
62100 Calais
Tel. 03 21 34 57 03
Fax 03 21 34 14 71
meurice@hotel-meurice.fr
www.hotel-meurice.fr

Ouvert toute l'année • 41 chambres réparties sur 3 étages, toutes disposent de salles de bains WC ou douches WC et de télévision • 79 à 130 € pour 2 personnes ; petit-déjeuner 12 € ; possibilité de demi-pension • Restaurant fermé le samedi midi ; menus de 12 € (en semaine) à 70 € • Garage

On a aimé **Le musée de la Dentelle, situé à côté de l'hôtel.**

L'enseigne existe depuis 1771, mais les vieux murs du relais de diligences n'ont pas résisté aux bombardements de la Seconde Guerre mondiale. La reconstruction des années 1950 permit d'offrir au Meurice un « look » de minipalace qui lui confère aujourd'hui un charme délicieusement désuet. Vaste hall à l'atmosphère « vieille France » (lustres à pendeloques, cheminée, meubles anciens), chambres un brin « rétro » et restaurant agrémenté de boiseries.

Accès : derrière le Musée de la Dentelle, dans une petite rue calme, proche de la rue Royale et du parc Richelieu

18 LE CLOS GRINCOURT

Mme Annie Senlis

18 rue du Château
62161 Duisans
Tel. 03 21 48 68 33
Fax 03 21 48 68 33
patrick.senlis@wanadoo.fr

Fermé de novembre à mars, sauf sur réservation • 1 chambre et 1 suite non-fumeurs • 49 € pour 2 personnes, petit-déjeuner compris • Pas de table d'hôte • Parc, parking. Cartes de crédit non acceptées, chiens non admis

On a aimé **La délicieuse ambiance « guesthouse » du Clos.**

Une allée pavée mène à cette demeure de notable dont la construction entamée sous Louis XIV ne s'est achevée que sous le Second Empire. L'intérieur, décoré de photos de famille, est très intime. Les chambres, desservies par un bel escalier blanc en colimaçon, ressemblent à de petits appartements et donnent toutes sur le parc égayé de tapis de jonquilles. Petit secret à ne pas divulguer : les clients, ou plutôt les hôtes, sont ici chouchoutés.

Accès : 9 km à l'Ouest d'Arras par la N 39

ESCALLES - 62179

19 LA GRAND'MAISON

M. Boutroy

Hameau de la Haute-Escalles
62179 Escalles
Tel. 03 21 85 27 75
Fax 03 21 85 27 75
www.lagrandmaison.chez.tiscali.fr

Ouvert toute l'année • 6 chambres équipées de salles de bains WC ou douches WC et télévision • 45 à 55 € pour 2 personnes, petit-déjeuner compris • Pas de table d'hôte • Jardin, parking. Cartes de crédit non acceptées, chiens non admis

On a aimé **La situation entre mer et campagne.**

Entre les deux caps - le Gris et le Blanc -, à quelques encablures de l'Angleterre, voici une coquette ferme fleurie du 18e s. dont la vaste cour intérieure s'agrémente d'un pigeonnier. Les chambres, spacieuses, recèlent de belles antiquités ; celles dites « prestige », plus confortables, possèdent une télévision. Le jardin, où s'ébattent quelques animaux, et l'aire de jeux raviront les enfants. Pour la détente des plus grands : randonnées, VTT et planche à voile à moins de 2 km.

Accès : 2 km à l'Est du Cap-Blanc-Nez par la D 243

FILLIÈVRES - 62770

20 LE MOULIN

M. et Mme Legrand

16 rue de Saint-Pol
62770 Fillièvres
Tel. 03 21 41 13 20
Fax 03 21 04 32 41
aufildeleau@free.fr
http://aufildeleau.free.fr

Ouvert toute l'année • 5 chambres non-fumeurs, équipées de salle de bains WC • 48 à 51 € pour 2 personnes, petit-déjeuner compris • Table d'hôte de 17 (en semaine) à 22 € • Jardin, parc, parking. Cartes de crédit non acceptées, chiens non admis • Pêche, canoë, location VTT

On a aimé **L'environnement bucolique à souhait de ce moulin.**

Sur la route du Camp du drap d'or, moulin du 18e s. toujours miraculeusement pourvu de sa roue à aubes et de son mécanisme. Joliment restauré, il abrite de vastes chambres garnies de meubles anciens, où seul le murmure de la Canche qui coule sous leurs fenêtres pourra vous réveiller. Son magnifique parc possède deux étangs où s'ébattent des cygnes ; l'un d'entre eux est réservé à la pêche. Une adresse idéale pour se reposer.

Accès : 7 km au Sud-Est de Vieil-Hesdin par la D 340

21 LA COMMANDERIE

Mme Flament

Allée des Templiers
62990 Loison-sur-Créquoise
Tel. 03 21 86 49 87

Fermé en février • 3 chambres personnalisées, non-fumeurs • 62 à 70 € pour 2 personnes, petit-déjeuner compris • Pas de table d'hôte • Jardin, Parking. Cartes de crédit non acceptées, chiens non admis

On a aimé **L'atmosphère chargée d'histoire de cette demeure de caractère.**

Jadis commanderie de Templiers, cette magnifique architecture dont les origines remontent au 12e s. a été parfaitement restaurée. Les chambres, décorées avec goût, ont chacune été baptisées d'un prénom féminin - Alice, Maria, Mancienne et Tantise -, en hommage aux ancêtres de la famille. Le rez-de-chaussée accueille une kyrielle d'objets anciens : bar en zinc, soufflet de forge converti en table basse, pots en étain... Le parc, bercé par le gazouillis de la Créquoise, a beaucoup de charme.

Accès : prendre la longue allée, près de la rivière

22 LE MANOIR DU MELDICK

M. et Mme Houzet

2528 avenue du Général-de-Gaulle
Le Fort-Vert
62730 Marck
Tel. 03 21 85 74 34
Fax 03 21 85 74 34
jeandaniele.houzet@free.fr

Ouvert toute l'année • 5 chambres • 58 € pour 2 personnes, petit-déjeuner compris • Pas de table d'hôte • Parking. Cartes de crédit non acceptées, chiens non admis

On a aimé **Les nombreuses attentions prodiguées par les propriétaires.**

À quelques minutes du port de Calais, et pourtant si loin de sa rumeur, ce vénérable manoir parfaitement rénové vous fera l'impression d'un petit bijou. Ses chambres, spacieuses et meublées avec goût, portent chacune le nom d'une fleur : « Bleuet », « Pâquerette », « Rose », « Coquelicot »... « Jacinthe », sachez-le, possède un lit immense. Toutes sont équipées d'un nécessaire à thé et à café accompagné de quelques biscuits. On s'y sent encore mieux qu'à la maison !

Accès : 6 km à l'Est de Calais par la D 940 et la D 119

MARLES-SUR-CANCHE - 62170

23 MANOIR FRANCIS

Mme Leroy

1 rue de l'Église
62170 Marles-sur-Canche
Tel. 03 21 81 38 80
Fax 03 21 81 38 56

Ouvert toute l'année • 3 chambres équipées de salles de bains WC • 50 à 60 € pour 2 personnes, petit-déjeuner compris • Pas de table d'hôte • Jardin. Cartes de crédit non acceptées, chien non admis

On a aimé

Le souci de perfection de la maîtresse de maison.

Il vous faudra passer sous un porche monumental, puis traverser le jardin parcouru d'animaux de basse-cour avant d'accéder à cette ferme seigneuriale du 17e s. à allure de forteresse. L'intérieur a un charme fou, notamment le rez-de-chaussée avec ses belles voûtes en craie soutenues par des poutres posées en oblique. Les chambres, spacieuses, sont dotées de meubles anciens, d'un salon privatif et de salles de bains originales. La terrasse sous le pommier est délicieuse.

Accès : 5,5 km au Sud-Est de Montreuil-sur-Mer par la D 113

NOEUX-LES-MINES - 62290

24 LES TOURTERELLES

M. et Mme Verbrugge

374 rue Nationale
62290 Noeux-les-Mines
Tel. 03 21 61 65 65
Fax 03 21 61 65 75
les.tourterelles@wanadoo.fr
www.lestourterelles.fr

Ouvert toute l'année • 22 chambres réparties sur 3 étages, dotées de salles de bains WC ou douches WC et de télévision • 50 à 75 € pour 2 personnes ; petit-déjeuner 8 € ; possibilité de demi-pension • Menus de 20 à 50 € • Terrasse, jardin, parking fermé. Chiens non admis • À proximité du Parc Loisinord (base nautique, ski « quatre saisons »)

On a aimé

Faire quelques descentes sur le terril-piste de ski de Loisinord !

Cette construction en briques rouges abrita initialement, il y a plus d'un siècle, le siège social d'une société minière. La modestie des chambres est compensée par l'élégance du restaurant, aménagé dans l'ex-salle du conseil d'administration : atmosphère feutrée - comme il se doit dans un tel lieu ! - avec boiseries sombres, cheminée en marbre et sièges cannés de style Louis XVI. Par beau temps, on dresse la terrasse dans le jardin.

Accès : entre Arras et Béthune, en bordure de l'axe principal traversant la localité

SAULTY - 62158

25 CHÂTEAU DE SAULTY

Mme Dalle

82 rue de la Gare
62158 Saulty
Tel. 03 21 48 24 76
Fax 03 21 48 18 32
chateaudesaulty@nordnet.fr

Fermé en janvier • 5 chambres équipées de salles de bains WC • 50 € pour 2 personnes, petit-déjeuner compris • Pas de table d'hôte • Parc, parking. Cartes de crédit non acceptées, chiens non admis

On a aimé **Les petits-déjeuners accompagnés de jus de pommes et poires du domaine.**

Ce château de 1835 fait face à un magnifique parc que prolonge un verger planté de pommiers et de poiriers. Ses chambres, de tailles variées, sont parquetées et garnies de meubles anciens ou en pin brut ; toutes possèdent une cheminée en marbre décorative. Les petits-déjeuners, assortis de confitures et jus de fruits « maison », sont servis dans la salle à manger ancestrale. Pour la détente : bibliothèque et ping-pong.

Accès : 19 km au Sud-Ouest d'Arras, direction Doullens par la N 25

TIGNY-NOYELLE - 62180

26 LE PRIEURÉ

M. Delbecque

Impasse de l'Église
62180 Tigny-Noyelle
Tel. 03 21 86 04 38
Fax 03 21 81 39 95
r.delbecque@wanadoo.fr
www.leprieure-tigny.com

Ouvert toute l'année • 5 chambres équipées de salles de bains WC et télévision • 60 à 88 € pour 2 personnes, petit-déjeuner compris • Table d'hôte 25 € • Jardin, parc

On a aimé **La décoration intérieure très réussie.**

Le propriétaire, antiquaire de son état, a restauré avec passion cette jolie maison aux volets verts nichée dans un petit parc arboré. Les chambres ont du cachet avec leurs belles poutres apparentes et leurs meubles anciens ; celle aménagée en duplex est très réussie, de même que la suite, dotée d'un salon avec cheminée. Et la salle des petits-déjeuners, ornée d'un superbe foyer picard, vaut également le coup d'œil. Côté loisirs, le golf 36 trous de Nampont n'est qu'à 3 km.

Accès : derrière l'église

VERTON - 62180

27 LA CHAUMIÈRE

Mme Terrien

19 rue du Bihen
62180 Verton
Tel. 03 21 84 27 10
genevieve.terrien@free.fr
www.alachaumiere.com

Ouvert toute l'année • 4 chambres non-fumeurs • 46 à 53 € pour 2 personnes, petit-déjeuner compris • Pas de table d'hôte • Jardin, parking. Cartes de crédit non acceptées, chiens non admis.

On a aimé **La décoration soignée de cette demeure aux allures de maison de poupée.**

Voici une bien jolie maison à toit de chaume posée dans un jardin fleuri, à 4 km de la mer. L'endroit est d'une élégance discrète et d'une grande convivialité. Les chambres, toutes réservées aux non-fumeurs, ont chacune leur caractère propre. Si vous restez plusieurs jours, vous prendrez votre petit-déjeuner dans un service différent chaque matin, grâce à la belle collection de la maîtresse des lieux. Golf à proximité.

Accès : 4 km à l'Est de Berck par la D 303

WIERRE-EFFROY - 62720

28 LA FERME DU VERT

M. Bernard

62720 Wierre-Effroy
Tel. 03 21 87 67 00
Fax 03 21 83 22 62
ferme.du.vert@wanadoo.fr
www.fermeduvert.com

Fermé du 15 décembre au 20 janvier et le dimanche de novembre à mars • 16 chambres équipées de douche WC • 57 à 117 € pour 2 personnes ; petit-déjeuner 9 € possibilité de demi-pension • Menus 22 à 39 € • Jardin parc, parking. Chiens non admis au restaurant

On a aimé **La visite de la fromagerie également tenue par vos hôtes.**

En plein cœur du Boulonnais, voici l'endroit idéal pour se mettre au vert ! Vous ne serez pas déçu par le confort des chambres, très calmes et décorées avec goût et simplicité ; les plus grandes possèdent de sympathiques recoins. À table, vous vous régalerez de petits plats traditionnels élaborés avec des produits du terroir. Avant de repartir, pensez à faire un saut à la fromagerie attenante pour faire provision de fromages frais ou affinés.

Accès : à 10 km au Nord-Est de Boulogne par la N 42 et la D 234

29 LA GOÉLETTE

Mme Avot

13 Digue de Mer
62930 Wimereux
Tel. 03 21 32 62 44
Fax 03 21 33 77 54
lagoelette@nordnet.fr
www.lagoelette.com

Ouvert toute l'année • 4 chambres équipées de salles de bains WC • 61 à 110 € (61 à 90 € basse saison), petit-déjeuner compris • Pas de table d'hôte • Cartes de crédit non acceptées, chiens non admis

On a aimé

Le grand bol d'air iodé que l'on prend le matin en ouvrant ses persiennes.

Nul ne saurait résister au charme de cette villa 1900 idéalement située sur la digue-promenade de Wimereux. L'intérieur, parfaitement restauré, a gardé toute son authenticité et les chambres ont retrouvé leur grâce originelle : harmonie des couleurs, moulures, chaleur du pin maritime... La bleue et la jaune offrent une vue saisissante sur la mer ; les autres donnent sur le jardin intérieur. Pour vos promenades, n'hésitez pas à demander conseil à votre hôtesse.

Accès : sur le front de mer

NORMANDIE

Côté mer l'éblouissante baie du Mont-Saint-Michel, les hautes falaises crayeuses d'Étretat, les élégantes stations balnéaires, les plages du Débarquement et les îles « petits morceaux d'Angleterre » imposent contemplation et grandes bouffées d'iode. Côté terre, le bocage, mosaïque de vergers de pommiers et de prairies où paissent chevaux et vaches, déroule son tapis verdoyant émaillé de chaumières à colombages et de manoirs. La Seine coule paresseusement avant de traverser Rouen pour aller se jeter au Havre. Non loin de ses rives sont installées quelques grandes abbayes au passé prestigieux comme Jumièges ou Saint-Wandrille.

C'est le pays du calvados et du cidre mais aussi du beurre, de la crème fraîche et des fromages aussi réputés que le Camembert ou le Pont-L'Évêque. Maison à colombages ou robuste demeure de pierre, dans les pages qui suivent vous trouverez certainement un gîte qui fera votre bonheur.

- Calvados (14)
- Eure (27)
- Manche (50)
- Orne (61)
- Seine-Maritime (76)

N
C
H
E
Cap de la Hague
Cherbourg-Octeville
Barfleur
Beaumont-Hague
Valognes
St Vaast-la-Hougue
JERNSEY
les Pieux
ter Port
Barneville-Carteret
Ste Mère-Eglise
St Laurent-sur-Mer
Arromanches
Courseulles
Ouistreham
Carentan
la Haye-du-Puits
Isigny
Bayeux
RSEY
St Hélier
Lessay
St Lô
Villers-Bocage
Caen
Coutances
Torigni
Thury-Harcourt
Villedieu-les-Poêles
Granville
Vire
Condé-sur-Noireau
Tinchebray
Flers
Orne
Argentan
St Malo
Cancale
le Mont-St Michel
Avranches
Mortain
Dinard
Cast
la Ferté-Macé
Domfront
St Hilaire-du-Harcouet
Pontorson
Plancoët
Dol-de-Bretagne
Bagnoles-de-l'Orne
Carrouges
Landivy
Dinan
Antrain
Gorron
Combourg
Lassay
Ambrières-les-Vallées
Rance
Fougères
Caulnes
Hédé
Ernée
Mayenne
Bais
St Aubin-du-Cormier
Montauban-de-Bretagne
Ille
St Méen-le-Gd
Châteaubourg
Vilaine
Vitré
Evron
Mordelles
Rennes
Laval
Vaiges
N 13
D 2
D 972
D 572
N 174
A 84
D 562
N 158
D 971
D 577
D 973
D 524
D 924
D 962
D 168
D 766
N 176
N 175
D 976
D 977
D 177
D 175
N 137
N 164
N 12
D 178
N 162
N 157
A 81
N 24
D 163
N 171
47
37
41
49
48
53
52
40
51
54
50
38
21
14
13
9
1
10
2
23
6
19
22
78
24
40
28
4
5
42
25
33
39
45
27
23
11
52
17
18
61
30
19
57
59
12
34
46
56
54
31
39
44
58
36
43
16
9
15
19
31
21
56
39
28
34
63
35
77
100
41
55
58
8
44
63
39
31
47
43
147
24
75
72
68
75
72

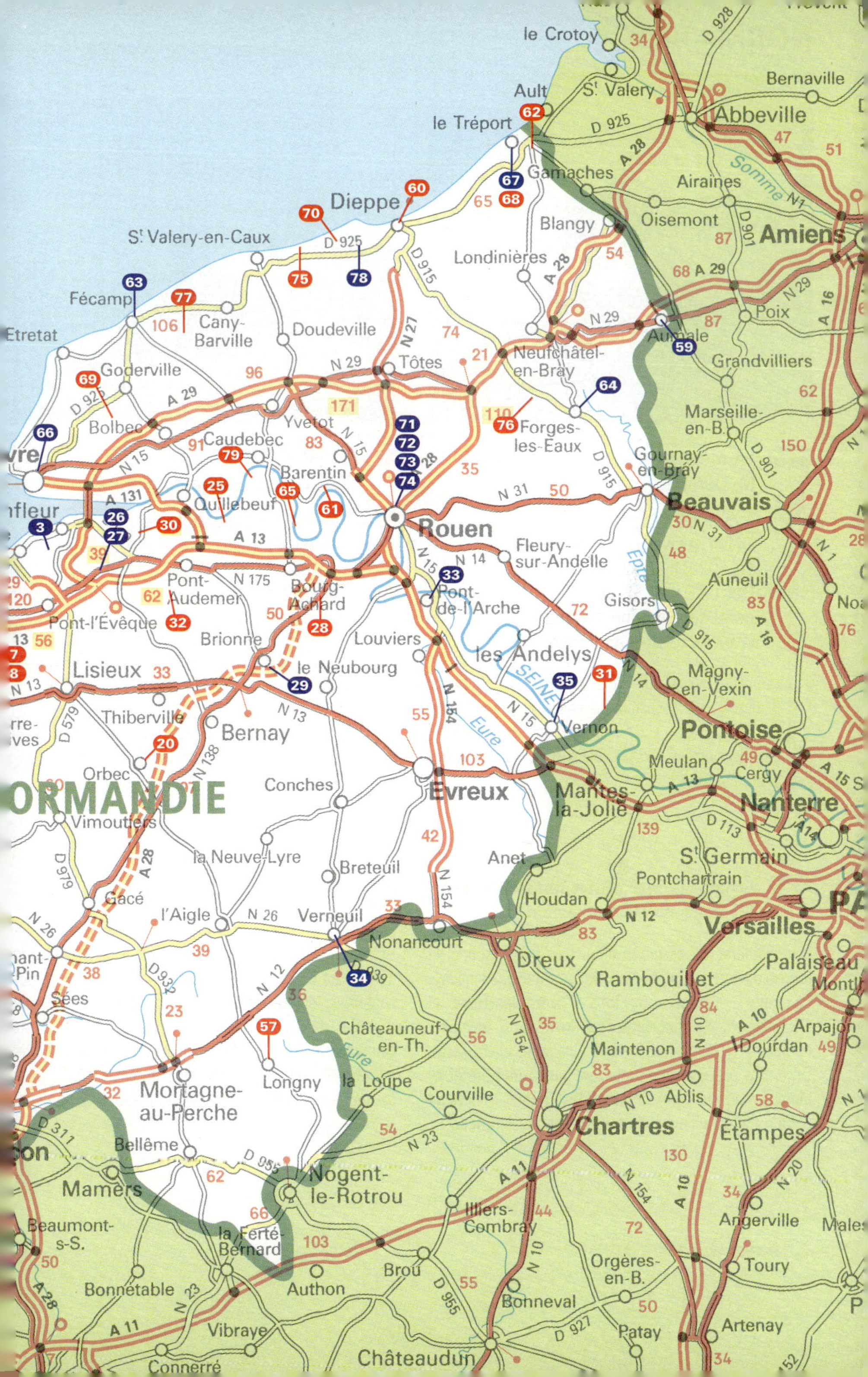
le Crotoy
St Valery
Ault
le Tréport
Bernaville
Abbeville
Gamaches
Airaines
Somme
Dieppe
Oisemont
Amiens
Blangy
St Valery-en-Caux
Londinières
Fécamp
Cany-Barville
Doudeville
Poix
Aumale
Etretat
Goderville
Tôtes
Neufchâtel-en-Bray
Grandvilliers
Bolbec
Yvetot
Forges-les-Eaux
Marseille-en-B.
Caudebec
Barentin
Gournay-en-Bray
Quillebeuf
Rouen
Beauvais
Fleury-sur-Andelle
Pont-Audemer
Bourg-Achard
Pont-de-l'Arche
Auneuil
Pont-l'Évêque
Gisors
Brionne
Louviers
les Andelys
Lisieux
le Neubourg
SEINE
Magny-en-Vexin
Thiberville
Bernay
Vernon
Pontoise
Orbec
Evreux
Meulan
Cergy
NORMANDIE
Conches
Mantes-la-Jolie
Nanterre
Vimoutiers
la Neuve-Lyre
Breteuil
Anet
St Germain
Pontchartrain
Gacé
l'Aigle
Verneuil
Houdan
Versailles
Nonancourt
Dreux
Palaiseau
Sées
Rambouillet
Châteauneuf-en-Th.
Maintenon
Arpajon
Dourdan
Eure
Mortagne-au-Perche
Longny
la Loupe
Courville
Ablis
Chartres
Étampes
Bellême
Mamers
Nogent-le-Rotrou
Illiers-Combray
Angerville
Beaumont-s-S.
la Ferté-Bernard
Orgères-en-B.
Toury
Bonnétable
Authon
Brou
Bonneval
Vibraye
Patay
Artenay
Connerré
Châteaudun

ARROMANCHES-LES-BAINS - 14117

1 LA MARINE

M. Durand

1 quai du Canada
14117 Arromanches-les-Bains
Tel. 02 31 22 34 19
Fax 02 31 22 98 80
hotel.de.la.marine@wanadoo.fr
www.hotel-de-la-marine.fr

Fermé du 1er janvier au 11 février et du 7 novembre au 31 décembre • 28 chambres avec bains WC ou douches WC et télévision • 61 à 87 € pour 2 personnes ; petit-déjeuner 8 € ; possibilité de demi-pension • Menus de 19 à 49 € • Parking

On a aimé **Écouter la mer conter inlassablement l'histoire du Débarquement.**

Les chambres de ce grand hôtel tout blanc, sobres et fonctionnelles, évoquent les cabines d'un beau navire. La salle à manger aux tons d'azur, spacieuse et élégante, et le pub-brasserie invitent à déguster homards - à choisir dans le vivier - poissons et crustacés. De toutes parts, la vue porte loin sur la Manche et ce fameux horizon d'où surgirent les troupes Alliées le 6 juin 1944, à l'aube d'une très longue journée...

Accès : sur le port

BANVILLE - 14480

2 FERME LE PETIT VAL

M. Gérard Lesage

24 rue du Camp-Romain
14480 Banville
Tel. 02 31 37 92 18
Fax 02 31 37 92 18

Fermé de la Toussaint jusqu'aux vacances de Printemps • 5 chambres dont 2 au rez-de-chaussée et 3 à l'étage, toutes équipées de sanitaires salles de bains WC • 47 à 53 € pour 2 personnes, petit-déjeuner compris • Pas de table d'hôte • Jardin, parking. Cartes de crédit non acceptées, chiens non admis

On a aimé **Regarder les vaches paître au milieu des prés.**

Cette ferme typique du Bessin, datant sans doute du 17e s., est l'adresse idéale pour se mettre au vert. Ses chambres, douillettes et d'une discrète élégance, sont réparties dans deux bâtiments ordonnés autour d'une cour. La salle des petits-déjeuners, garnie de meubles de famille, est particulièrement agréable. À la belle saison, vous profiterez en outre du plaisant jardin fleuri.

Accès : au bourg

BARNEVILLE-LA-BERTRAN - 14600

3 AUBERGE DE LA SOURCE

M. et Mme Legeay

14600 Barneville-la-Bertran
Tel. 02 31 89 25 02
Fax 02 31 89 44 40

Fermé du 15 novembre au 15 février • 16 chambres équipées de salles de bains WC et de télévision • 64 à 108 € pour 2 personnes ; petit-déjeuner 7€ • Pas de restaurant • Jardin, parking fermé. Chiens non admis

On a aimé **N'avoir que le chant des oiseaux pour réveille-matin.**

Une fermette à colombages et une maison en briques rouges encadrant un ravissant jardin fleuri agrémenté de bassins à truites et à esturgeons : le cadre de cette petite auberge compose un tableau bucolique à souhait. Les chambres, à l'âme agreste, disposent de salles de bains modernes. Le petit-déjeuner est servi auprès de l'âtre l'hiver et sous les pommiers l'été. Accueil charmant.

Accès : à 6 km au Sud d' Honfleur par la D 62A, tourner à droite à l'entrée d'Équemauville (D 62) puis à gauche (D 279)

BAVENT - 14860

4 HOSTELLERIE DU MOULIN DU PRÉ

Mme Holtz

Route de Gonneville-en-Auge
14860 Bavent
Tel. 02 31 78 83 68
Fax 02 31 78 21 05

Fermé du 1er au 15 mars et en octobre ; dimanche soir, lundi (sauf du 15 juillet au 15 août) et mardi • 10 chambres à l'étage, équipées de douches avec ou sans WC • 45 à 60 € pour 2 personnes ; petit-déjeuner 7 € • Menus de 35 à 47 € • Parc fleuri, garage. Chiens non admis dans les chambres • Parc et pièce d'eau avec canards

On a aimé **Le grand calme assuré.**

À quelques kilomètres de la mer et en pleine campagne, vieille ferme à colombages et ses dépendances au cœur d'un parc agrémenté d'un étang où cancanent quelques canards. Chambres modestes - les baignoires sabots sont la promesse de douches acrobatiques... - et un peu sombres, mais bien tenues. Belle salle à manger rustique avec vaisseliers, vaste cheminée où l'on prépare les grillades et nappes en dentelle.

Accès : quitter Cabourg par la D 513, direction Caen et, après Varaville, tourner à droite sur la D 95 vers Gonneville-en-Auge

BAYEUX - 14400

5 D'ARGOUGES

M. et Mme Ropartz

21 rue Saint-Patrice
14400 Bayeux
Tel. 02 31 92 88 86
Fax 02 31 92 69 16
dargouges@aol.com

Fermé 24 et 25 décembre • 28 chambres équipées de salles de bains WC ou douches WC et télévision • 68 à 100 € (52 à 84 € basse saison) pour 2 personnes ; petit-déjeuner 8 € • Pas de restaurant • Jardin, garage, parking. Chiens non admis

On a aimé **Ce jardin reposant niché en pleine ville.**

Hôtel particulier du 18e s. un brin austère, qu'un joli jardin fleuri situé à l'arrière du bâtiment déride quelque peu. La noblesse des lieux demeure présente dans certaines chambres : parquets au dessin recherché, portes anciennes, poutres patinées... Certaines d'entre elles, assez spacieuses, accueillent les familles. Un programme de rénovations est en cours (literie, tissus, papiers peints).

Accès : dans la rue reliant le centre-ville à la N 13, route de Cherbourg

CABOURG - 14390

6 LE COTTAGE

Mme Rival

24 avenue du Général-Leclerc
14390 Cabourg
Tel. 02 31 91 65 61
Fax 02 31 28 78 82
www.hotellecottage.com

Fermé du 15 novembre au 15 décembre • 14 chambres réparties sur 2 étages, pourvues de salles de bains WC ou douches WC et élévision • 64 à 89 € (64 à 86 € basse saison) ; petit-déjeuner 7,50 € • Pas de restaurant • Jardin • Salle de musculation, sauna

On a aimé **Chercher l'ombre des jeunes filles en fleurs.**

Cottage 1900 dont la jolie façade à colombages se dresse au fond d'un sympathique jardinet. Un escalier tortueux dessert les chambres, régulièrement rafraîchies, plutôt « cosy » et offrant toutes un décor différent ; le dernier étage abrite les moins spacieuses. Salle des petits-déjeuners familiale, salon de billard, minifitness... On se sent ici encore mieux qu'à la maison !

Accès : face à l'église, sur l'avenue prolongeant la D 514, venant de Ouistreham

7 MANOIR DE CANTEPIE

Mme Gherrak

Le Cadran
14340 Cambremer
Tel. 02 31 62 87 27
Fax 02 31 62 87 27

Fermé du 15 novembre au 1er mars • 3 chambres à l'étage, équipées de salles de bains • 60 € pour 2 personnes, petit-déjeuner compris • Pas de table d'hôte • Salon, jardin, parc, parking. Cartes de crédit non acceptées, chiens non admis

On a aimé

Ce condensé de Normandie !

En franchissant le seuil de ce splendide manoir du début du 17e s., vous tomberez immédiatement sous son charme. Tout, ici, respire l'élégance et le bon goût. Les chambres, desservies par un magnifique escalier en chêne, sont immenses et fort bien équipées ; leurs salles de bains à l'ancienne, en particulier, sont superbes. Le salon nanti de meubles de famille et le parc fleuri invitent à s'attarder... Une adresse privilégiée en pays d'Auge !

Accès : 11 km à l'Ouest de Lisieux par la N 13 puis la D 50

8 LES MARRONNIERS

M. et Mme Darondel

Les Marronniers
14340 Cambremer
Tel. 02 31 63 08 28
Fax 02 31 63 92 54
chantal.darondel@wanadoo.fr
www.les-marronniers.com

Ouvert toute l'année • 5 chambres personnalisées • 45 à 55 € pour 2 personnes, petit-déjeuner compris • Pas de table d'hôte • Parc. Cartes de crédit non acceptées, chiens non admis

On a aimé

Le soin tout particulier apporté à la décoration des chambres.

Cette agréable demeure du 17e s. plantée au milieu d'un parc fleuri jouit d'une vue magnifique sur la vallée de la Dive et, au loin, la mer. Ses vastes chambres personnalisées portent chacune le nom d'une déesse antique : « Vénus » est toute de lumière ; « Diane », la plus petite mais aussi la plus romantique, se tourne vers le jardin... Le matin, vous savourerez de copieux petit-déjeuners servis dans un très joli patio.

Accès : à 5 km par un chemin vicinal

9 LA FERME DE LA RANÇONNIÈRE

Mme Vereecke

Route d'Arromanches-les-Bains
14480 Crépon
Tel. 02 31 22 21 73
Fax 02 31 22 98 39
hotel@ranconniere.com

Ouvert toute l'année • 35 chambres dont 1 accessible aux handicapés physiques, toutes avec salles de bains WC ou douches WC et télévision • 50 à 160 € pour 2 personnes ; petit-déjeuner 10 € ; possibilité de demi-pension • Menus de 15 (en semaine) à 40 € • Jardin, parking

On a aimé **Le caractère affirmé de ces deux vieilles fermes.**

Beaux plafonds sous-tendus de poutres patinées, voûtes, cheminées monumentales, murs de pierres apparentes, sols dallés, etc. : pénétrer dans cette ravissante ferme fortifiée du 13e s., c'est presque ouvrir un livre d'histoire ! Meubles et bibelots garnissant la plupart des chambres proviennent toutefois de boutiques d'antiquaires... À 800 m, la Ferme de Mathan, annexe aménagée dans une métairie du 18e s., propose pour quelques euros de plus l'espace et le calme absolu.

Accès : à l'Ouest de Bayeux, emprunter la D 12, direction Douvres-la-Délivrande, sur 12 km puis tourner à gauche sur la D 65

10 LE MANOIR DE CRÉPON

Mme Poisson

14480 Crépon
Tel. 02 31 22 21 27
Fax 02 31 22 88 80
manoirdecrepon@wanadoo.fr

Fermé du 10 janvier au 10 février • 4 chambres équipées de salles de bains WC • 75 € pour 2 personnes, petit-déjeuner compris • Pas de table d'hôte • Jardin, parking • VTT

On a aimé **La décoration sans faute de cette charmante demeure.**

Un vaste parc planté d'arbres centenaires entoure cet élégant manoir du 18e s. dont la façade crépie au sang de bœuf est caractéristique du pays. Les chambres, spacieuses et superbement meublées par la propriétaire, antiquaire de son état, sont très confortables. La salle des petits-déjeuners est installée dans l'ancienne cuisine où crépitent, l'hiver, de belles flambées. Location de vélos sur place.

Accès : au village

DAMPIERRE - 14350

11 CHÂTEAU DE DAMPIERRE

M. Jouvin

Le Château
14350 Dampierre
Tel. 02 31 67 31 81
Fax 02 31 67 02 06
www.chateau-de-dampierre.com

Ouvert toute l'année • 5 chambres avec vue sur le pigeonnier • 65 à 95 € pour 2 personnes ; petit déjeuner compris • Pas de table d'hôte • Réceptions

On a aimé **Voir surgir, au bout de l'allée, les deux puissantes tours d'angle où se tenaient les sentinelles.**

En plein bocage, aux confins du Calvados et de la Manche, admirable manoir seigneurial construit au 16e s. par François Gabriel, à qui l'on doit aussi le château de Carrouges. Séjour au calme dans des chambres peu châtelaines mais fonctionnelles, convenablement équipées et bien tenues. Elles procurent une vue agréable sur les profondes douves, l'ancienne porterie de style Henri IV et un superbe pigeonnier restauré, dont les 2 200 niches confirment le prestige des seigneurs de Dampierre.

Accès : à 9 km de Thorigny-sur-Vire par la D 13 puis à droite la D 53

FALAISE - 14700

12 CHAMBRE D'HÔTE DE FALAISE

M. de Rooij

1 rue du Sergent-Goubin
14700 Falaise
Tel. 02 31 40 95 86
Fax 02 31 40 95 86
padero@wanadoo.fr
www.bandbfalaise.com

Fermé du 22 novembre au 22 février • 5 chambres non-fumeurs, toutes sont équipées de salles de bains et télévision • 85 à 120 € pour 2 personnes, petit-déjeuner compris • Pas de table d'hôte • Terrasse, jardin, parking, chiens non admis • Salon-bibliothèque, piscine, terrain de pétanque

On a aimé **Paresser sur la terrasse haut perchée.**

Près de l'église St-Gervais, belle maison de notable (18e s.) dont le jardin, agrémenté d'une piscine et bordé par les remparts de la ville, offre une vue plongeante sur la campagne falaisienne. Sobre décor intérieur mariant avec bonheur le moderne et l'ancien. Salon doté d'une riche bibliothèque, vastes chambres parquettées et agrémentées de toiles contemporaines et salle des petits-déjeuners aussi lumineuse qu'apaisante. Terrain de boules et aire de barbecue au bord de la rivière.

Accès : près du centre-ville, à 400 m de l'église

FORMIGNY - 14710

13 LA FERME DU MOUCHEL

Mme Lenourichel

Lieu-dit Le Mouchel
14710 Formigny
Tel. 02 31 22 53 79
Fax 02 31 21 56 55
odile.lenourichel@liberty.surf.fr

Ouvert toute l'année • 4 chambres non-fumeurs avec salles de bains • 44 € pour 2 personnes; petit-déjeuner compris • Pas de table d'hôte • Jardin, parking. Cartes de crédit non acceptées. • À proximité des plages du débarquement

On a aimé **La spontanéité et la qualité de l'accueil d'Odile.**

C'est au bout d'une petite route de campagne que vous débusquerez cette engageante ferme-manoir dont l'origine remonterait au 16e s. Trois charmantes chambres ont été aménagées à l'étage du corps de logis tandis qu'une autre, complétée par une chambrette d'appoint, occupe l'annexe mitoyenne, au rez-de-chaussée de laquelle sont servis les petits-déjeuners. Agriculteurs pratiquant l'élevage de vaches laitières, les sympathiques propriétaires pourront même vous initier en famille à la traite !

Accès : quitter l'axe Carentan-Bayeux (N 13) à Formigny par la D 517 et prendre à droite, puis à gauche par routes secondaires

GÉFOSSE-FONTENAY - 14230

14 MANOIR DE L'HERMEREL

M. et Mme Lemarié

14230 Géfosse-Fontenay
Tel. 02 31 22 64 12
Fax 02 31 22 76 37
lemariehermerel@aol.com

Fermé du 15 novembre au 15 mars • 4 chambres équipées de salles de bains WC • 60 € pour 2 personnes, petit-déjeuner compris • Pas de table d'hôte • Parking. Chiens non admis

On a aimé **La visite guidée du manoir et de l'exploitation agricole.**

Avec son porche d'entrée, sa belle ordonnance et son élégant colombier, cette ferme fortifiée du 17e s. posée au beau milieu des pâturages a la prestance d'un château. Ses chambres, installées dans le manoir, conjuguent charme et confort. Le salon de détente, aménagé dans une chapelle gothique du 15e s., invite au recueillement. L'accueil des hôtes est simple et cordial.

Accès : à 8 km au Nord d'Isigny par la D 514 puis la D 200 à Osmanville

GONNEVILLE-SUR-MER - 14510

15 FERME DES GLYCINES

M. et Mme Exmelin

14510 Gonneville-sur-Mer
Tel. 02 31 28 01 15

Fermé de janvier à mars, de novembre à fin décembre et du lundi au jeudi en hors saison • 3 chambres • 48 € pour 2 personnes, petit-déjeuner compris • Pas de table d'hôte • Jardin, parking. Cartes de crédit non acceptées, chiens non admis

On a aimé

Les yeux ébahis des enfants découvrant les animaux de la ferme.

Cette ferme augeronne à pans de bois qui date de 1780 se trouve au cœur d'une propriété verdoyante de 15 ha plantée de vergers, où cohabitent chevaux, moutons, poules et canards. Ses chambres aux tons harmonieux sont très agréables à vivre ; l'une d'elles dispose d'une terrasse privative. Les petits-déjeuners assortis de confitures « maison » sont servis en hiver devant la cheminée. Le jardin arboré et fleuri est très agréable.

Accès : à Houlgate prendre la D 24 sur 4 km, au carrefour de la D 24 et D 142 tourner à gauche

HOULGATE - 14510

16 1900

M. et Mme Lemarie

17 rue des Bains
14510 Houlgate
Tel. 02 31 28 77 77
Fax 02 31 28 08 07
www.hotel-1900.fr

Fermé du 6 janvier au 6 février et du 15 novembre au 3 décembre • 16 chambres bénéficiant toutes de salles de bains WC ou douches WC et de télévision • 65 à 99 € (42 à 99 € basse saison) pour 2 personnes ; petit-déjeuner de 8 à 9 € ; possibilité de demi-pension • Menus de 11 (en semaine) à 45 € • Salon de lecture

On a aimé

Découvrir à pied le riche patrimoine architectural de Houlgate.

Villas tarabiscotées, manoirs anglo-normands, chalets, Cette charmante station de la Côte Fleurie est un vrai bonheur pour qui s'intéresse à l'architecture balnéaire. L'hôtel, situé dans la principale rue houlgataise, dispose de chambres refaites dans un esprit un peu « bonbonnière » et dans le style de la Belle Époque ; toutes sont bien insonorisées. Plafond peint, vitres sablées, bibelots et zinc chiné en brocante : le bistrot est résolument « rétro ».

Accès : dans la rue principale de la station

LONGVILLERS - 14310

17 MANOIR DE MATHAN

M. et Mme de Mathan

14310 Longvillers
Tel. 02 31 77 10 37
Fax 02 31 77 49 13
mathan.normandie@caramail.com

Fermé du 15 novembre à fin mars • 4 chambres réparties sur 3 étages, toutes disposent de salles de bains et accueillent les non-fumeurs • 43 à 50 € pour 2 personnes, petit-déjeuner compris • Pad de table d'hôte • Jardin-verger, parking. Cartes de crédit non acceptées, chiens non admis • Centre équestre à 500 m

On a aimé **Le sens de l'hospitalité des propriétaires.**

À mi-chemin d'Aunay-sur-Odon et de Villers-Bocage, entourée de champs et de vergers, imposante ferme-manoir fondée au 15e s. mais plusieurs fois remaniée. Un escalier à vis accessible par une entrée indépendante dessert un salon de détente, une cuisinette et trois belles grandes chambres offrant un très bon niveau de confort. Cour ombragée par un superbe marronnier et bordée de granges et de remises à matériel agricole. Gîte charmant dans l'ex-boulangerie. Proximité d'un centre équestre.

Accès : à 3 km au Nord d'Aunay-sur-Odon par la D 6, à mi-chemin de Longvillers

LONGVILLERS - 14310

18 LA NOUVELLE FRANCE

Mme Godey

Lieu-dit La Nouvelle France
14310 Longvillers
Tel. 02 31 77 63 36
Fax 02 31 77 63 36
courrier@la-nouvelle-france.com
www.la-nouvelle-france.com

Ouvert toute l'année. • 3 chambres au rez-de-chaussée et 2 en annexe, toutes sont équipées de salles de bains WC • 40 € pour 2 personnes, petit-déjeuner compris • Pas de table d'hôte le dimanche. Repas 16 € • Terrasse, jardin. Cartes de crédit non acceptées, chiens non admis • Balançoires, ping-pong

On a aimé **Le petit côté « normand pur beurre » de cette adresse confidentielle.**

Au bord d'une route agreste, dans un site bocager, mignonne fermette en pierres du pays devancée d'une ancienne grange où trois chambres fraîches et lumineuses, ainsi qu'une salle de détente, ont été aménagées. Décor intérieur sobre et de bon goût, jardin de repos agrémenté d'une allée de bouleaux et belle vue sur la campagne dès le saut du lit. Petits-déjeuners soignés servis dans l'habitation des propriétaires, qui proposent également une table d'hôte « cent pour cent » normande.

Accès : à 4 km au Nord d'Aunay-sur-Odon par D 6, puis D 216 direction Longvillers

MEUVAINES - 14960

19 L'ANCIENNE ÉCOLE

M. Darthenay

Route d'Arromanches
14960 Meuvaines
Tel. 02 31 22 39 59
Fax 02 31 22 39 11
françoise.georges@ancienne-ecole.net
www.ancienne-ecole.net

Fermé fin décembre • 3 chambres équipées de salles de bains WC • 45 € pour 2 personnes, petit-déjeuner compris ; possibilité de demi-pension • Table d'hôte 20 € (dîner seulement) • Terrasse, parking. Chiens non admis

On a aimé

La situation entre mer et campagne.

Enseigne on ne peut plus explicite : cet édifice construit en 1741 abritait autrefois l'école du village. Reconverti en maison d'hôte, il offre aujourd'hui des chambres de style rustique, aménagées sous les toits et ouvrant toutes leurs croisées sur la campagne. À table, devant la cheminée de la plaisante salle à manger, vous dégusterez des spécialités régionales. Aux environs : les plages du Débarquement et les villages du Bessin.

Accès : 8 km au Sud-Est d'Arromanches par la D 65

ORBEC - 14290

20 LE MANOIR DE L'ENGAGISTE

Mme Dubois

15 rue de Reny
14290 Orbec
Tel. 02 31 32 57 22
Fax 02 31 32 55 58

Ouvert toute l'année • 5 chambres accessibles aux handicapés physiques • 75 à 82 € (70 à 75 € basse saison) pour 2 personnes, petit-déjeuner compris • Pas de table d'hôte • Jardin

On a aimé

La décoration sans faute de cette demeure à colombages.

Situé en plein cœur du bourg, ce manoir du 16e s. divinement restauré vaut qu'on y prolonge son étape. Les chambres, décorées avec beaucoup de soin - sols de terre cuite, boiseries, tapisseries anciennes - sont de véritables cocons. L'exquis salon, réchauffé par une immense cheminée, se couronne d'une mezzanine exposant tableaux et sculptures. Enfin la grande cour intérieure, où trône une calèche ancestrale, est délicieuse. Une adresse à découvrir absolument.

Accès : au cœur de la ville

SAINT-PIERRE-DU-MONT - 14450

21 LE CLOS FLEURI

Mme Weidner

Hameau Lefèvre
14450 Saint-Pierre-du-Mont
Tel. 02 31 22 96 22
Fax 02 31 22 96 22

Ouvert toute l'année • 3 chambres équipées de salles de bains WC • 46 € pour 2 personnes, petit-déjeuner compris • Table d'hôte 23 € • Jardin, parking. Cartes de crédit non acceptées, chiens non admis

On a aimé **Le très grand jardin qui fait le bonheur de chacun.**

Voici une adresse où, à peine installé, on se sent déjà comme dans une maison d'amis. Les chambres, très spacieuses et confortables, sont garnies de meubles anciens. La cuisine, familiale, mérite des compliments. L'immense jardin s'avère idéal pour les jeux des enfants, la sieste des grands et les déjeuners autour d'un barbecue... Et en prime, vous êtes à deux pas de la mer. Que demander de plus ?

Accès : à 2,5 km au Sud-Est de la Pointe du Hoc par route de Vierville

SUBLES - 14400

22 LE MOULIN DE HARD

Mme Fichot

Lieu-dit Le Moulin-de-Hard
14400 Subles
Tel. 02 31 21 37 17
www.gites-de-france-calvados?fr

Ouvert toute l'année • 3 chambres pour non-fumeurs • 70 à 85 € pour 2 personnes, petit-déjeuner compris • Pas de table d'hôte • Jardin, parking. Cartes de crédit non acceptées, chiens non admis • Pêche dans la Drôme

On a aimé **Le soin apporté aux aménagements intérieurs et extérieurs.**

Dans un site bucolique, beau moulin à eau du 18e s. agrémenté d'un jardin paysager où se glisse la Drôme, une charmante petite rivière qui incitera certains à venir taquiner le goujon sur le parcours de pêche privé. Les chambres offrent tout le confort moderne et combinent des éléments décoratifs actuels et anciens, à l'image des espaces communs. Salon « cosy » doté d'une cheminée ; petits-déjeuners de qualité servis dans une lumineuse cuisine-salle à manger panoramique.

Accès : à 6 km au Sud-Ouest de Bayeux par la D 572, puis D 99 à gauche après Subles

VAUX-SUR-AURE - 14400

23 LE GRAND FUMICHON

M. et Mme Duyck

14400 Vaux-sur-Aure
Tel. 02 31 21 78 51
Fax 02 31 21 78 51
duyckja@wanadoo.fr

Ouvert toute l'année • 4 chambres dont 1 dans une maison indépendante • 40 € pour 2 personnes, petit-déjeuner compris • Pas de table d'hôte • Parking. Cartes de crédit non acceptées, chiens non admis • Produits frais à base de pomme au verger de Fumichon

On a aimé **La visite de la cidrerie et les dégustations qui s'ensuivent.**

Ancienne dépendance de l'abbaye de Longues-sur-mer, cette ferme fortifiée du début du 17e s., typique du Bessin, a fière allure avec sa cour carrée, son porche et son pressoir. Aujourd'hui exploitation laitière et cidrerie, elle abrite également des chambres rustiques au confort simple, donnant sur le verger. La plus tranquille se trouve dans une maisonnette indépendante. Avant de repartir, vous pourrez faire le plein de cidre fermier, calvados, jus de pomme et confitures « maison ».

Accès : à 3 km au Nord de Bayeux par la D 104

VOUILLY - 14230

24 CHÂTEAU DE VOUILLY

M. et Mme Hamel

14230 Vouilly-Église
Tel. 02 31 22 08 59
Fax 02 31 22 90 58
château.vouilly@wanadoo.fr
www.chateau-vouilly.com

Fermé de décembre à février • 5 chambres avec salles de bains WC • 65 à 75 € pour 2 personnes, petit-déjeuner compris • Pas de restaurant • Jardin, parking. Chiens non admis

On a aimé **Le charme historique du lieu.**

Ce château du 18e s. entouré de douves poissonneuses et de jardins soignés servit de QG à la presse américaine lors du Débarquement de juin 1944. Restauré par le propriétaire, fort adroit de ses mains, il propose aujourd'hui des chambres spacieuses et confortables, parfois dotées de meubles anciens. Le rez-de-chaussée abrite de majestueux salons aux sols carrelés bicolores ; l'un d'eux sert de salle des petits-déjeuners. Accueil charmant.

Accès : 8 km au Sud-Est d'Isigny par la D 5

AIZIER - 27500

25 LES SOURCES BLEUES

M. et Mme Laurent

Route du Vieux-Port
27500 Aizier
Tel. 02 32 57 26 68
Fax 02 32 57 42 25

Ouvert toute l'année • 4 chambres non-fumeurs réparties sur 2 étages avec salles de bains, douches et WC • 51 à 63 € pour 2 personnes, petit-déjeuner compris • Table d'hôte 18 € (uniquement dîner) • Salon, jardin, parking. Cartes de crédit non acceptées

On a aimé **Les promenades dans le parc boisé qui s'étire le long de la Seine.**

Nichée au cœur d'un parc joyeusement bohème, cette belle maison normande de 1854 jouit d'une vue magnifique sur la Seine et le spectacle de ses bateaux filant vers le Havre. L'intérieur, où bois, tomettes anciennes et parquet président au décor, est « cosy ». Les chambres offrent un confort simple ; les plus agréables sont mansardées. Pour la détente : tennis, équitation et canoë-kayak à proximité.

Accès : 5 km au Nord de Bourneville par la D 139

BEUZEVILLE - 27210

26 HÔTEL DE LA POSTE

M. et Mme Bosquer

60 rue Constant-Fouché
27210 Beuzeville
Tel. 02 32 20 32 32
Fax 02 32 42 11 01
www.le-relais-de-poste.com

Ouvert du 18 mars au 6 novembre • 15 chambres équipées de salles de bains WC ou douches WC, quelques-unes de télévision • 45 à 63 € ; petit-déjeuner 7 € ; possibilité de demi-pension • Restaurant fermé dimanche soir de fin septembre à juin, mardi midi et jeudi ; menus de 19 (semaine) à 36 € • Terrasse, jardin, parking fermé. Chiens non admis dans les chambres

On a aimé **Le paisible jardin fleuri.**

La jolie façade en briques et pierre de ce relais de poste qui ouvrit ses portes en 1854 dissimule un grand et reposant jardin. Un escalier en bois dessert les trois hauts étages abritant des petites chambres simplement aménagées. La salle à manger, assez coquette, a pris place dans l'ancien café du village dont elle conserve le vénérable comptoir. La maîtresse de maison vous y fera goûter sa cuisine très personnelle, que résume parfaitement son gâteau de pommes de terre et chocolat.

Accès : dans la rue principale, au centre du village, face à la mairie

BEUZEVILLE - 27210

27 PETIT CASTEL

M. Martin

32 rue Constant-Fouché
27210 Beuzeville
Tel. 02 32 57 76 08
Fax 02 32 42 25 70
auberge-du-cochon-dor@wanadoo.fr
www.le-cochon-dor.fr

Fermé du 15 décembre au 15 janvier • 16 chambres toutes équipées de salles de bains WC et de télévision • 44 à 54 € pour 2 personnes ; petit-déjeuner 7 € ; possibilité de demi-pension • Menus de 14 à 40 € • Parking fermé, jardin. Chiens non admis

On a aimé **Le calme des chambres tournées vers le jardin fleuri.**

L'accueil du Petit Castel est parfois assuré à l'Auberge du Cochon d'Or, restaurant voisin également tenu par la famille Martin. Une fois vos bagages posés, vous apprécierez le confort de cette grande maison située au centre du village. Jolis tissus muraux, mobilier en bois cérusé, literie récente et tenue sans reproche assurent la qualité de l'étape. Certaines chambres donnent sur un plaisant jardin fleuri où, aux beaux jours, on sert les petits-déjeuners.

Accès : au centre du village

BOURGTHEROULDE-INFREVILLE-27520

28 CHÂTEAU DE BOSCHERVILLE

M. et Mme du Plouy

27520 Bourgtheroulde-Infreville
Tel. 02 35 87 62 12
Fax 02 35 87 62 12

Ouvert toute l'année • 5 chambres dotées de salles de bains WC ou douches WC • 50 € pour 2 personnes, petit-déjeuner compris • Pas de table d'hôte • Salon, parc, parking. Cartes de crédit non acceptées

On a aimé **Flâner dans le parc à la recherche du chêne et du roseau de La Fontaine.**

Ce ravissant petit château du 18e s. s'élève au milieu d'un parc planté de chênes centenaires. Jadis havre du fabuliste Jean de La Fontaine, il renferme aujourd'hui des chambres claires, confortables et décorées avec goût, et un élégant salon toujours doté de ses boiseries d'origine. Les petits-déjeuners, garnis de produits fermiers normands, sont goûteux et les propriétaires, très accueillants, vous donneront de bonnes informations sur la région.

Accès : 10 km au Nord-Est du Bec-Hellouin par la N 138, la D 80 et la D 38

BRIONNE - 27800

29 L'AUBERGE DU VIEUX DONJON

M. et Mme Chauvigny

19 rue de la Soie
27800 Brionne
Tel. 02 32 44 80 62
Fax 02 32 45 83 23
auberge.vieuxdonjon@wanadoo.fr
www.auberge-vieux-donjon.com

Fermé du 9 février au 18 mars, du 19 au 26 août, du 13 octobre au 4 novembre, dimanche soir (d'octobre à fin juin), lundi et jeudi soir • 7 chambres avec bains WC ou douches WC et télévision • 47 à 53 € pour 2 personnes ; petit-déjeuner 7 € ; possibilité de demi-pension • Menus de 13 (semaine) à 23 € • Terrasse, parking fermé

On a aimé **Sacrifier à la tradition du « trou normand ».**

Cette maison normande du 18e s. joue les séductrices avec ses colombages bleus et son appareil en damier. La vue sur les ruines du donjon brionnais (11e s.) offerte par les chambres compense leur confort modeste. Collection de vieilles faïences, cuivres rutilants, carrelages patinés par le temps, poutres sombres... La salle à manger, aussi typique que rustique, semble tout droit sortie d'une nouvelle de Maupassant ! Patio-terrasse ombragé.

Accès : face à la place du marché

CONTEVILLE - 27210

30 LE VIEUX PRESSOIR

Mme Anfrey

Hameau le Clos-Potier
27210 Conteville
Tel. 02 32 57 60 79
Fax 02 32 57 60 79

Ouvert toute l'année • 5 chambres équipées de salles de bains WC • 55 € pour 2 personnes, petit-déjeuner compris • Pas de table d'hôte • Parking. Cartes de crédit non acceptées, chiens non admis

On a aimé **L'ambiance délicieusement « rétro ».**

Au milieu de la verdoyante campagne normande, adorable ferme du 18e s. à pans de bois se réservant aux amoureux de calme et d'authenticité. L'intérieur est une véritable bonbonnière : toutes les pièces foisonnent d'objets et de meubles des 19e et 20e s. chinés dans les brocantes. Les chambres, pas très grandes mais mignonnes, le jardin rempli de fleurs, la mare aux canards et le pressoir vieux de 300 ans ajoutent au charme du lieu.

Accès : 13,5 km de Honfleur par la route de Pont-Audemer (D 580) et la D 312 à gauche

FOURGES - 27630

31 CHAMBRE D'HÔTE M. STEKELORUM

M. et Mme Stekelorum

24 rue du Moulin
27630 Fourges
Tel. 02 32 52 12 51
Fax 02 32 52 13 12
www.giverny.org.hotels/stekelorum

Fermé du 1er novembre au 1er mars • 3 chambres non-fumeurs • 49 € pour 2 personnes, petit-déjeuner compris • Pas de table d'hôte • Jardin, parking. Cartes de crédit non acceptées, chiens non admis

On a aimé

Le petit côté « bonne maman » de l'aménagement intérieur.

Fermette ancienne à dénicher au voisinage du moulin de Fourges dont le site pittoresque est brossé sur toutes les coutures par des régiments de « Monets en herbe ». Ambiance rustique, chambres séparées du corps d'habitation (deux occupent un ex-grenier), plaisante salle des petits-déjeuners avec charpente, four à pain, vieux meubles familiaux, etc. et ravissant jardin paysager généreusement fleuri à la belle saison... Aurez-vous seulement envie de quitter ce concentré de Normandie ?

Accès : au bourg

LES PRÉAUX - 27500

32 LE PRIEURÉ DES FONTAINES

M. et Mme Decarsin

Route de Lisieux
27500 Les Préaux
Tel. 02 32 56 07 78
Fax 02 32 57 45 83
jacques.decarsin@wanadoo.fr
www.prieure-des-fontaines.fr

Ouvert toute l'année • 5 chambres non-fumeurs, dotées de salles de bains WC et téléphone • 80 à 130 € pour 2 personnes, petit-déjeuner compris • Pas de table d'hôte • Salon, jardin, parking. Cartes de crédit non acceptées, chiens non admis • VTT, ping-pong

On a aimé

Les balades à vélo dans la forêt voisine.

Cette demeure du 17e s. nichée au creux de la vallée de la Risle a été tellement bien restaurée qu'elle paraît presque neuve. Ses chambres, spacieuses et confortables, réunissent agréablement meubles anciens, poutres et tomettes ; toutes sont non-fumeurs et équipées d'un téléphone. Le salon avec cheminée, le hall nanti d'un piano et le très joli jardin offrent des cadres parfaits pour se détendre.

Accès : 5 km au Sud-Ouest de Pont-Audemer par la D 139

PONT-DE-L'ARCHE - 27340

33 LA TOUR

M. Hélouard

41 quai Foch
27340 Pont-de-l'Arche
Tel. 02 35 23 00 99
Fax 02 35 23 46 22
hotel-de-la-tour@wanadoo.fr
www.hoteldelatour.net

Ouvert toute l'année • 18 chambres non-fumeurs disposant de salles de bains WC ou douches WC et de télévision • 58 € pour 2 personnes ; petit-déjeuner 6 € • Pas de restaurant • Jardin. Chiens non admis

On a aimé **Se promener entre la Seine et l'Eure.**

À l'ombre de l'église et face à l'Eure, deux maisons mitoyennes transformées en hôtel. Les chambres, toutes personnalisées et mansardées au 2e étage, possèdent un certain cachet (meubles de style et décoration soignée privilégiant les couleurs vives). À la belle saison, on sert les petits-déjeuners sur la terrasse adossée aux anciens remparts de la ville et prolongée par un agréable jardin.

Accès : au centre ville

VERNEUIL-SUR-AVRE - 27130

34 HÔTEL DU SAUMON

M. Simon

89 place de la Madeleine
27130 Verneuil-sur-Avre
Tel. 02 32 32 02 36
Fax 02 32 37 55 80
hotel.saumon@wanadoo.fr
www.hoteldusaumon.fr

Fermé du 1er au 10 janvier, du 19 au 31 décembre et dimanche soir de novembre à mars • 29 chambres, réparties entre bâtiment principal sur rue et 2 annexes sur cour, toutes dotées de salles de bains WC ou douches WC et de télévision • 42 à 62 € pour 2 personnes ; petit-déjeuner 7 € • Menus de 11 (en semaine) à 26 € • Cour fleurie

On a aimé **Flâner dans les rues vernoliennes parmi hôtels particuliers et vieilles maisons à pans de bois.**

Élégant relais de poste de la fin du 18e s. au cœur de la charmante petite cité, face à l'église de la Madeleine flanquée de sa tour haute de 56 m. Les chambres, de tailles variées, se répartissent entre le bâtiment principal et les annexes, autour d'une cour intérieure fleurie ; vous prendrez soin d'en réserver une rénovée. Salle à manger sobrement aménagée où l'on propose la spécialité « maison », le saumon.

Accès : sur la place principale, près de l'église

VERNON - 27200

35 HÔTEL D'ÉVREUX

M. Elbaze

11 place d'Évreux
27200 Vernon
Tel. 02 32 21 16 12
Fax 02 32 21 32 73
hotel.evreux@wanadoo.fr
www.hoteldevreux.fr

Ouvert toute l'année • 12 chambres à l'étage disposant toutes de salles de bains WC ou douches WC et de télévision • 38 à 59 € (33 à 54 € basse saison) pour 2 personnes ; petit-déjeuner 6 € • Restaurant fermé le dimanche (sauf jours fériés) ; menus de 21 à 27 € • Terrasse, parking fermé

On a aimé **À 2 km d'ici, la maison rose aux volets verts de Claude Monet et son exquis jardin.**

Maison à colombages du 17ᵉ s. - ancien hôtel particulier du comte d'Évreux et ex-relais de poste - aux chambres récemment rafraîchies. Le cadre du restaurant s'affirme pleinement rustique : poutres apparentes, cloisons à pans de bois ornées de massacres et cheminée en pierre. Aux beaux jours, les tables sont dressées dans la cour intérieure. Beau livre de cave, avec choix de vieux millésimes.

Accès : au centre-ville, face à la poste

AVRANCHES - 50300

36 LA CROIX D'OR

M. Bertheaume

83 rue de la Constitution
50300 Avranches
Tel. 02 33 58 04 88
Fax 02 33 58 06 95

Fermé en janvier et dimanche soir du 15 octobre au 1er avril • 27 chambres réparties dans plusieurs bâtiments autour d'une cour fleurie, toutes sont dotées de salles de bains WC ou douches WC et de télévision • 57 à 67 € pour 2 personnes ; petit-déjeuner 8 € ; possibilité de demi-pension • Menus de 16 (en semaine) à 50 € • Jardin, parking fermé

On a aimé **Ouvrir les fenêtres de sa chambre sur un ravissant jardin fleuri.**

Relais de poste du 17ᵉ s. à proximité du monument Patton célébrant la « percée d'Avranches ». La belle façade à colombages, trapue, s'étire le long d'un joli jardin planté de pommiers et de massifs d'hortensias. Calmes chambres en partie refaites et salle à manger campagnarde évoquant un véritable minimusée régional : reluisantes horloges, armoires patinées, collection de faïences et cuivres, poutres et pierres apparentes... Si la Normandie m'était contée !

Accès : en venant du Mont-Saint-Michel, place du Général-Patton prendre vers la gauche la rue de la Constitution, direction centre-ville

BARFLEUR - 50760

37 LE CONQUÉRANT

M. et Mme Delomenede

16/18 rue Saint-Thomas-Becket
50760 Barfleur
Tel. 02 33 54 00 82
Fax 02 33 54 65 25

Ouvert du 15 mars au 15 novembre • 13 chambres en partie équipées de salles de bains WC ou douches avec ou sans WC et de télévision • 35 à 82 € pour 2 personnes ; petit-déjeuner de 6 à 10 € • Pas de restaurant, mais crêperie le soir pour les résidents de l'hôtel, menus de 14 à 25 € • Jardin à la française, petit parking fermé. Chiens non admis

On a aimé **La promenade apéritive sur les quais du petit port de pêche.**

Noble demeure du 17e s. en granit à deux pas du port où fut construit le navire qui porta Guillaume à la conquête de l'Angleterre. Des couloirs un peu tortueux, témoignant de l'ancienneté des murs, desservent les chambres, rustiques, impeccablement tenues et parfois nanties de belles armoires normandes. Petits-déjeuners et dîners-festins de crêpes et galettes sont servis, par beau temps, dans le gracieux jardin à la française.

Accès : dans une rue perpendiculaire au bord de mer, reliant le port à la rue de la Poste

BARNEVILLE-CARTERET - 50270

38 LES ISLES

M. de Mello

9 boulevard Maritime
50270 Barneville-Carteret
Tel. 02 33 04 90 76
Fax 02 33 94 53 83
hotel-des-isles@wanadoo.fr
www.hoteldesisles.fr

Fermé en janvier et 13 jours en février • 34 chambres dotées de télévision, certaines sont réservées aux non-fumeurs • 55 à 75 € pour 2 personnes ; petit-déjeuner 10 € ; possibilité de demi-pension • Menus de 15 à 45 € • Terrasse, jardin, patio central • Salon de lecture

On a aimé **Par temps clair, la vue sur Alderney, Guernsey, Hern, Sark et Jersey.**

En bord de mer, face aux îles anglo-normandes, villa balnéaire où vous passerez un séjour revigorant. Les chambres, qui retrouvaient déjà l'éclat du neuf en 2004, s'offriront d'ici peu un nouveau « look » et seront desservies par un patio, tandis que les parties communes conserveront leur décor nautique. Joli bar, salon de lecture et salle des petits-déjeuners panoramique où l'on dresse un buffet soigné. Ici et là, quelques toiles d'artistes brésiliens donnent une note d'exotisme à l'ensemble.

Accès : face à la plage

BLAINVILLE-SUR-MER - 50560

39 VILLAGE GROUCHY

M. Sebire

11 rue du Vieux-Lavoir
50560 Blainville-sur-Mer
Tel. 02 33 47 20 31
Fax 02 33 47 20 31
jr.sebire@free.fr

Ouvert toute l'année • 5 chambres • 37 € pour 2 personnes, petit-déjeuner compris • Pas de table d'hôte • Jardin, parking. Cartes de crédit non acceptées, chiens non admis

On a aimé **Le cadre à la fois rustique et actuel de cette maison de pêcheurs.**

Village Grouchy est le nom du bourg de pêcheurs qui jadis s'élevait ici. Cette maison de famille en pierre et granit ayant appartenu à l'un d'eux vous accueille aujourd'hui dans des chambres spacieuses entièrement lambrissées. La salle des petits-déjeuners, pourvue d'une grande table, de bancs en bois et d'une cheminée, est plaisante. Le vaste jardin aménagé sur l'arrière recèle une cuisine d'été. Accueil sympathique.

Accès : à 2 km au Nord de Blainville-sur-Mer par la D 72

FLAMANVILLE - 50340

40 BEL AIR

M. et Mme Morel

2 rue du Château
50340 Flamanville
Tel. 02 33 04 48 00
Fax 02 33 04 49 56
hotelbelair@aol.com
www.hotelbelair.biz

Fermé du 20 décembre au 31 janvier • 12 chambres bénéficiant toutes de salles de bains WC ou douches WC et de télévison, 6 sont réservées aux non-fumeurs • 65 à 100 € (55 à 70 € basse saison) pour 2 personnes ; petit-déjeuner 10 € • Pas de restaurant • Jardin, parking. Chiens non admis • Piano bar

On a aimé **Suivre le sentier des douaniers accroché à la falaise.**

Chambres « cosy » ouvrant leurs fenêtres sur le bocage de la presqu'île du Cotentin, salle des petits-déjeuners aménagée sous une lumineuse véranda, salon-bar « rétro » avec cheminée en marbre et piano, beau jardin fleuri et planté de palmiers et... calme absolu ! Ce n'est pas un inventaire à la Prévert, mais ce qui vous attend dans cette maison en granit séparée de la mer par quelques champs et qui fut autrefois la résidence du régisseur des fermes du château.

Accès : en bordure de la D 4, près du château

GATTEVILLE-LE-PHARE - 50760

41 LA MAISON DE FOURMI

M. et Mme Roulland

25 rue de Rauville
50760 Gatteville-le-Phare
Tel. 02 33 43 78 74
Fax 02 33 43 78 74
raymonde.roulland@free.fr
www.raymonde.roulland.free.fr

Fermé un mois en basse saison • 5 chambres, dont 3 accessibles aux handicapés physiques, certaines réservées aux non-fumeurs • 65 à 100 € petit-déjeuner compris • Pas de table d'hôte • Terrasse, jardin, parking. Cartes de crédit non acceptées, chiens admis sur demande

On a aimé **Le contraste entre l'exotisme de l'hébergement et le côté normand pur jus de l'environnement.**

« Sari, Bengale, Indochine, Savane et Océane » : tels sont les thèmes décoratifs des cinq chambres qu'une gentille « fourmi-exploratrice » met à votre disposition dans sa belle maison ancienne blottie au cœur d'un hameau typique. Les deux premières, dignes d'un prince du Rajasthan, occupent l'annexe et disposent d'une entrée indépendante. Accueillante salle des petits-déjeuners dans le corps de logis : vieux carrelages, cheminée en granit, objets d'art ethniques et souvenirs de voyages.

Accès : à 4 km au Nord-Ouest de Barfleur, par la D 116

HÉBÉCREVON - 50180

42 CHÂTEAU DE LA ROQUE

M. et Mme Delisle

50180 Hébécrevon
Tel. 02 33 57 33 20
Fax 02 33 57 51 20
mireille.delisle@wanadoo.fr
www.chateau-de-la-roque.fr

Ouvert toute l'année • 15 chambres équipées de salles de bains, WC et télévision • 79 à 84 € pour 2 personnes, petit-déjeuner compris ; possibilité de demi-pension • Table d'hôte 23 € (dîner seulement) • Salon, parc, parking. Chiens non admis au restaurant • Tennis, pêche, VTT. À proximité : golf, équitation, piscine

On a aimé **Les nombreuses possibilités de promenades à pied, à cheval ou à bicyclette.**

Cette demeure des 16e s. et 17e s. se dresse au bout d'une belle allée de peupliers, dans un site verdoyant dominant la vallée de la Terrette. Les chambres, aux murs tendus de tissus, possèdent un séduisant mobilier ancien et des salles de bains impeccables. La table d'hôte accomode en repas gourmands les produits de la ferme. Et le domaine, agrémenté de deux étangs et d'un parcours de santé aménagé à travers bois, vaut qu'on s'y attarde.

Accès : 7,5 km à l'Ouest de Saint-Lô, direction Lessay (D 900)

HUISNES-SUR-MER - 50170

43 LE MOULIN DE LA BUTTE

Mme Rabasté

11 rue du Moulin-de-la-Butte
50170 Huisnes-sur-Mer
Tel. 02 33 58 52 62
Fax 03 33 58 52 62
beatrice.rabaste@club-internet.fr
www.bedandbreakfastineurope.com
/lemoulindelabutte

Ouvert toute l'année • 5 chambres, dont 1 accessible aux handicapés physiques, réparties entre rez-de-chaussée et étage, toutes dotées de salles de bains WC • 35 € pour 2 personnes ; petit-déjeuner compris • Pas de table d'hôte • Terrasse. Chiens non admis, cartes de crédit non acceptées • Vélos

On a aimé **Le paysage, tellement propice au ressourcement.**

Aux portes d'un village typique de la baie du Mont-Saint-Michel, villa récente où vous serez hébergés au calme, dans de spacieuses chambres personnalisées, sobres et fraîches, bénéficiant toutes d'une vue fascinante sur la célèbre abbaye et le rocher de Tombelaine. Petits-déjeuners servis dans la salle de séjour, également panoramique. Accueil gentil, bons conseils touristiques, tenue méticuleuse et aménagements intérieurs privilégiant le côté pratique. Vélos à la disposition des hôtes.

Accès : entre Avranches et Le Mont-St-Michel (D 275), direction Huisnes-sur-Mer, puis au cimetière militaire allemand, à gauche la route secondaire

JUVIGNY-LE-TERTRE - 50520

44 LE LOGIS

M. et Mme Fillâtre

50520 Juvigny-le-Tertre
Tel. 02 33 59 38 20
Fax 02 33 59 38 20
fillatre.claude@wanadoo.fr

Fermé du 15 novembre au 15 mars • 3 chambres • 38 à 42 € pour 2 personnes, petit-déjeuner compris ; possibilité de demi-pension • Table d'hôte 14 € (le soir uniquement) • Parking. Cartes de crédit non acceptées, chiens non admis dans la salle à manger

On a aimé **La visite de la ferme, suivie d'une dégustation de produits du terroir.**

Vieilles pierres et bons produits du terroir servent l'image de marque de cette ferme du 17e s. Les chambres aménagées dans l'ancien pigeonnier sont contemporaines ; celle logée dans le corps principal a davantage de personnalité avec sa cheminée en granit et ses poutres gravées de fleurs de lys. Pour la détente, vous trouverez un tennis et un plan d'eau... Avant de partir, n'oubliez pas de faire provision de produits fermiers, cidre bouché et confitures « maison ».

Accès : 12 km à l'Ouest de Mortain par la D 977 et la D 5 puis la D 55, direction Saint-Hilaire

MONTCHATON - 50660

45 LE QUESNOT

M. Germanicus

3 rue du Mont-César
50660 Montchaton
Tel. 02 33 45 05 88

Fermé du 15 novembre à Pâques • 3 chambres • 42 € pour 2 personnes, petit-déjeuner compris • Pas de table d'hôte • Jardin, parking. Cartes de crédit non acceptées, chiens non admis

On a aimé **L'environnement très verdoyant.**

Cette demeure en pierres de pays, aux abords verdoyants et fleuris, date du 18e s. Ses chambres, coquettes et impeccablement tenues, se trouvent toutes à l'étage. Le rez-de-chaussée abrite une grande salle campagnarde à l'usage exclusif des hôtes. De la terrasse, précédée d'un jardinet, vous pourrez admirer la petite église du village juchée sur un promontoire. Accueil très convivial.

Accès : 6,5 km au Sud-Ouest de Coutances par la D 20 puis la D 72

MONTVIRON - 50530

46 MANOIR DE LA CROIX

Mme Wagner

50530 Montviron
Tel. 02 33 60 68 30
Fax 02 33 60 69 21
contact@manoirdelacroix.com
www.manoirdelacroix.com

Ouvert toute l'année • 2 chambres et 2 suites non-fumeurs • 60 € la chambre, 77 € la suite, petit-déjeuner compris • Pas de table d'hôte • Jardin, Parking. Cartes de crédit non acceptées, chiens non admis

On a aimé **L'ambiance délicieusement surannée de la demeure.**

Ce fier manoir du 19e s., de style anglo-normand, donne sur un très joli jardin arboré où s'épanouissent palmiers et essences rares. Les suites, Empire et Louis-Philippe, sont immenses et garnies de beaux meubles anciens, les chambres et salles de bains impeccables, les petits-déjeuners copieusement assortis de confitures « maison », charcuteries et fromages. L'air, enfin, s'y respire à pleins poumons : l'ensemble de la maison est non-fumeurs !

Accès : à 8 km au Nord-Ouest d'Avranches en direction de Granville (D 973) puis la D 41 (1 km après Montviron)

OMONVILLE-LA-PETITE - 50440

47 LA FOSSARDIÈRE

M. Fossard

Hameau de la Fosse
50440 Omonville-la-Petite
Tel. 02 33 52 19 83
Fax 02 33 52 73 49

Fermé du 15 novembre au 15 mars • 10 chambres, réparties dans les maisons formant le hameau, 9 avec salles de bains WC, 1 avec douche WC • 40 à 63 € ; petit-déjeuner 8 € • Pas de restaurant • Parking • Sauna, balnéo, étang disposant d'une terrasse pour le pique-nique

On a aimé

L'irrésistible paysage champêtre... non loin d'un site industriel !

Hameau-hôtel proche d'Omonville, le village où repose Jacques Prévert, et de l'anse St-Martin. Les chambres, de tailles et de confort variables, sont réparties entre plusieurs maisons aux jolies façades en moellons de grès. Le petit-déjeuner est servi dans l'ancienne boulangerie du bourg. À 300 m, un étang privé fera le bonheur des petits et des grands : tours en barque, pique-niques sur l'herbe, etc.

Accès : proche du Cap de la Hague, entre Saint-Germain-des-Vaux et Omonville-la-Rogue, face à l'Anse Saint-Martin

RÉVILLE - 50760

48 LA FERME DE CABOURG

Mme Marie

50760 Réville
Tel. 02 33 54 48 42
Fax 02 33 54 48 42

Ouvert toute l'année • 3 chambres • 40 à 45 € pour 2 personnes, petit-déjeuner compris • Pas de table d'hôte • Jardin, parking. Cartes de crédit non acceptées, chiens non admis

On a aimé

La situation « stratégique » à 300 m de la mer.

Une belle allée de peupliers conduit à cette ferme fortifiée bâtie au 15e s. à deux pas de la Saire et de la mer. Les chambres, dont les murs blancs laissent apparaître çà et là de gros moellons de granit, sont percées de fenêtres à meneaux, meurtrières et arquebusières (vitrées, rassurez-vous !). Le salon, réchauffé l'hiver par une cheminée monumentale, est très agréable. Au total, une adresse accueillante et pleine de charme.

Accès : à 3,5 km au Nord de Saint-Vaast par la D 1, à 150 m de la mer

SAINTE-GENEVIÈVE - 50760

49 MANOIR DE LA FÉVRERIE

Mme Caillet

4 route d'Arville
50760 Sainte-Geneviève
Tel. 02 33 54 33 53
Fax 02 33 22 12 50
caillet.manoirlafevrerie@wanadoo.fr

Ouvert toute l'année • 3 chambres • 58 à 68 € pour 2 personnes, petit-déjeuner compris • Pas de table d'hôte • Salon, parking. Cartes de crédit non acceptées, chiens non admis

On a aimé **La décoration pensée dans ses moindres détails.**

La mer et le petit port pittoresque de Barfleur ne sont qu'à 3 km de ce charmant manoir des 16e et 17e s. Les douillettes chambres, desservies par un bel escalier en granit, cultivent un esprit romantique entretenu par leurs tapisseries pastel, leurs meubles anciens et leurs tissus rayés ou fleuris. Les petits-déjeuners servis, l'hiver, près de la cheminée sont un régal pour les yeux et le palais. Le salon, doté de grandes banquettes et de profonds fauteuils, invite à s'attarder.

Accès : 3 km à l'Ouest de Barfleur par la D 25 et la D 525, route de Sainte-Geneviève

SAINTE-MÈRE-ÉGLISE - 50480

50 FERME MUSÉE DU COTENTIN

Mme Guillotte

1 chemin de Beauvais
50480 Sainte-Mère-Église
Tel. 02 33 95 40 20
Fax 02 33 95 40 24
musee.sainte-mere@wanadoo.fr

Fermé en décembre et janvier • 4 chambres • 36 à 40 € pour 2 personnes, petit-déjeuner compris • Pas de table d'hôte • Parking • Visite du musée

On a aimé **L'immersion totale dans la vie du terroir cotentin.**

L'occasion unique de dormir dans un musée vous est ici offerte ! Les chambres de cette ferme en pierre des 17e et 18e s. font en effet partie intégrante du parcours dédié à la connaissance des traditions locales d'autrefois. Leur décor, leurs tendres coloris et leur mobilier (lit à baldaquin ou niché dans une alcôve) sont typiques. Vous pourrez également visiter le pressoir, la tour en granit où l'on broyait les pommes, la collection de charrues, la boulangerie... Une belle idée de séjour.

Accès : sortie Nord de Sainte-Mère-Église, route de Valognes

SAINT-VAAST-LA-HOUGUE - 50550

51 FRANCE ET FUCHSIAS

Famille Brix

20 rue du Maréchal-Foch
50550 Saint-Vaast-la-Hougue
Tel. 02 33 54 42 26
Fax 02 33 43 46 79
france-fuchsias@wanadoo.fr

Fermé du 3 janvier au 24 février, lundi et mardi midi sauf en juillet-août • 38 chambres disposant de salles de bains WC ou douches WC et de télévision • 30 à 100 € pour 2 personnes ; petit-déjeuner de 8 à 9 € ; possibilité de demi-pension • Restaurant climatisé ; menus de 25 à 48 € • Terrasse, jardin • En août, récitals de musique de chambre

On a aimé **La touche féminine dans l'aménagement des chambres.**

La façade recouverte de magnifiques fuchsias centenaires de ce vieux relais de poste dissimule le joyau de la maison : un « jardin extraordinaire » clos de murs où s'épanouissent, grâce à un microclimat propice, palmiers, mimosas, eucalyptus, bananiers et autres spécimens exotiques. Les repas d'été, inspirés du terroir, sont servis au cœur de ce délicieux écrin. Quatre chambres récemment créées dont deux en rez-de-jardin ; celles de l'annexe sont plus spacieuses que celles du bâtiment principal.

Accès : au centre-ville, non loin du port

TAMERVILLE - 50700

52 MANOIR DE BELLAUNEY

Mme Allix-Desfauteaux

11 route de Quettehou
50700 Tamerville
Tel. 02 33 40 10 62
Fax 02 33 40 10 62
bellauney@wanadoo.fr

Fermé de la Toussaint à Pâques • 3 chambres à l'étage • 50 à 70 € pour 2 personnes, petit-déjeuner compris • Pas de table d'hôte • Jardin, parking. Cartes de crédit non acceptées, chiens non admis

On a aimé **L'atmosphère chargée d'histoire du manoir.**

Un grand jardin arboré aux multiples essences devance ce manoir du 16e s. flanqué d'une tour et de trois belles arches romanes. Les chambres, desservies par un majestueux escalier, sont toutes différentes ; le décor de chacune évoque une période marquante de la vie du domaine : « Médiévale » au rez-de-chaussée, « Louis XV » et « Normande 19e s. » à l'étage. La salle des petits-déjeuners, toujours dotée de ses boiseries originelles, vous plaira certainement.

Accès : à 3 km au Nord-Est de Valognes, direction Quettehou

TOURLAVILLE - 50110

53 MANOIR SAINT-JEAN

M. et Mme Guérard

Le hameau Saint-Jean
50110 Tourlaville
Tel. 02 33 22 00 86

Ouvert toute l'année • 3 chambres non-fumeurs • 46 à 51 € pour 2 personnes ; petit-déjeuner compris • Pas de table d'hôte • Parking. Cartes de crédit non acceptées, chiens non admis

On a aimé **La qualité de l'accueil et les conseils de la maîtresse de maison.**

Pour dénicher cette chaleureuse adresse, il faut d'abord venir saluer le château des Ravalets : le manoir du 18e s. est là, en bordure du parc châtelain. La vue sur la verte vallée de Trottebec, Cherbourg et sa rade y est magnifique. Les chambres, d'une tenue impeccable, s'agrémentent de meubles normands de famille et les pièces à vivre ont gardé leur belle authenticité. La propriétaire, intarissable sur les richesses naturelles et culturelles de la région, vous guidera dans vos balades.

Accès : 1 km après le château par la D 322 puis chemin du centre aéré et route de Brix

VILLEDIEU-LES-POÊLES - 50800

54 MANOIR DE L'ACHERIE

M. Cahu

L'Acherie - Ste-Cécile
50800 Villedieu-les-Poêles
Tel. 02 33 51 13 87
Fax 02 33 51 33 69
manoir@manoir-acherie.fr
www.manoir-acherie.fr

Fermé du 14 février au 2 mars, du 7 au 23 novembre • 15 chambres dont 1 accessible aux handicapés physiques, toutes sont dotées de salles de bains WC ou douches WC et télévision • 43 à 59 € ; petit-déjeuner 7 € ; possibilité de demi-pension • Menus de 16 à 35 € • Jardin, parking. Chiens non admis • Jeux d'enfants

On a aimé **Le grand calme du bocage.**

Les chambres, fonctionnelles et bien tenues, ont moins de caractère que le site : un manoir édifié en 1660 et une petite chapelle du 18e s. bordant un jardin fleuri soigneusement entretenu. Les habitants de la petite ville des « poesliers et dinandiers » n'hésitent pas à faire quelques kilomètres pour venir s'y régaler de copieux plats du terroir et de grillades préparées sur la braise : c'est plutôt bon signe ! Boutique de produits locaux.

Accès : à 3,5 km à l'Est de Villedieu-les-Poêles par la D 554

ALENÇON - 61000

55 LE GRAND CERF

M. Bouvet

21 rue Saint-Blaise
61000 Alençon
Tel. 02 33 26 00 51
Fax 02 33 26 63 07
legrandcerf-alencon@wanadoo.fr
www.hotelgrandcerf-61.com

Fermé le dimanche • 22 chambres toutes avec salles de bains WC ou douches WC et télévision • 56 à 59 € pour 2 personnes ; petit-déjeuner 7 € ; possibilité de demi-pension • Restaurant fermé le dimanche ; menus de 14 à 25 € • Terrasse

On a aimé **Visiter les deux musées pour devenir expert en point d'Alençon.**

Immeuble de 1843 en pierres de taille dont la façade finement ouvragée ne semble pas avoir subi les assauts du temps. L'ensemble a été récemment restauré, mais le hall orné d'un massacre de cerf, le restaurant et la plupart des chambres ont conservé leurs vastes volumes et leurs belles moulures d'origine. Petit « plus » attirant : en été on sert les repas dans une cour intérieure arborée et close de hauts murs.

Accès : de la place du Général-de-Gaulle, prendre direction centre-ville et passer devant la Préfecture, l'hôtel est sur la droite

BAGNOLES-DE-L'ORNE - 61140

56 L'ERMITAGE

M. Planché

24 boulevard Paul-Chalvet
61140 Bagnoles-de-l'Orne
Tel. 02 33 37 96 22
Fax 02 33 38 59 22
ermitagemc@aol.com

Fermé de novembre à fin mars • 38 chambres dotées de salles de bains WC ou douches WC et toutes de télévision • 39 à 68 € pour 2 personnes ; petit-déjeuner 8 € • Pas de restaurant • Garage, parking, jardin

On a aimé **Découvrir les villas et jardins arborés du quartier Belle Époque de la station.**

Cette demeure de caractère a été édifiée en 1886 dans le style de la Belle Époque, typique de ce beau quartier bagnolais. Ses chambres, sobrement meublées dans l'esprit rustique, disposent de balcons qui, comme la salle des petits-déjeuners, ont vue sur le jardin calme et verdoyant. Chaleureux salon de détente orné d'une fresque. Accueil charmant par une patronne pleine d'attention qui chouchoute ses clients.

Accès : dans le quartier Belle Époque

LONGNY-AU-PERCHE - 61290

57 L'ORANGERIE

M. et Mme Desailly

9 rue du Docteur-Vivares
61290 Longny-au-Perche
Tel. 02 33 25 11 78
Fax 02 33 73 67 19
desailly-fondeur@tele2.fr
http://lorangerie.free.fr

Ouvert toute l'année • 3 chambres équipées de salles de bains WC • 45 € pour 2 personnes, petit-déjeuner compris • Table d'hôte (uniquement sur réservation) 13 € • Séjour, jardin. Cartes de crédit non acceptées, chiens non admis.

On a aimé **L'ambiance chaleureuse, après une journée passée au grand air.**

Ce joli bâtiment percheron, jadis orangerie, abrite aujourd'hui de ravissantes chambres baptisées chacune du nom d'une fleur des champs : chèvrefeuille, bouton d'or et jacinthe des bois, cette dernière s'avérant idéale pour les familles. Le vaste séjour, doté d'une cheminée, offre un cadre parfait pour les soirées automnales : grillades de châtaignes, poêlées de champignons cuites au feu de bois... Le jardin recèle un vieux lavoir que se partagent canards et poissons.

Accès : au village

RÂNES - 61150

58 SAINT-PIERRE

M. et Mme Delaunay

6 rue de la Libération
61150 Rânes
Tel. 02 33 39 75 14
Fax 02 33 35 49 23
info@hotelsaintpierreranes.com
www.hotelsaintpierreranes.com

Ouvert toute l'année • 12 chambres disposant de salles de bains WC ou douches WC et de télévision • 45 à 60 € pour 2 personnes ; petit-déjeuner 7 € ; possibilité de demi-pension • Restaurant fermé le vendredi soir ; menus de 13 à 35 € • Terrasse

On a aimé **Le sympathique accueil familial assuré dans cette auberge de village.**

Cette maison en pierres du pays est au centre du village, à deux pas d'un vieux château transformé en gendarmerie. Les jolies petites chambres (parquet, papier peint choisi, belles armoires) sont proposées à prix sages. La chaleureuse salle à manger saura également vous séduire. Au menu, cuisine traditionnelle et recettes ancrées dans le terroir, à l'instar des tripes, spécialité du chef.

Accès : au centre du village, prés de la place principale

AUMALE - 76390

59 VILLA DES HOUX

M. Mauconduit

6 av. du Général-de-Gaulle
76390 Aumale
Tel. 02 35 93 93 30
Fax 02 35 93 03 94
lavilladeshoux@wanadoo.fr
www.villa-des-houx.com

Fermé en janvier, dimanche soir et lundi midi d'octobre à mars • 22 chambres dotées de salles de bains WC ou douches WC et de télévison, 2 sont accessibles aux handicapés physiques • 58 à 72 € pour 2 personnes (56 à 69 € basse saison) ; petit-déjeuner 6,50 € ; demi-pension 60 à 75 € • Menus 20 (en semaine) à 48 € • Parking fermé, jardin

On a aimé **Déguster les petits plats maison sur la charmante terrasse tournée vers le jardin.**

Cette grande maison à colombages abritait naguère la gendarmerie de la commune. Le confort, la table et l'accueil n'ont aujourd'hui plus rien à voir avec la maréchaussée ! Les chambres de bonne ampleur garnies de meubles rustiques, la goûteuse cuisine classique escortée de bons petits plats du terroir et la chaleureuse salle à manger vous inciteront à revenir. Un joli jardin fleuri et bien entretenu ajoute au charme de l'adresse.

Accès : prés du centre ville, à proximité de la RN 29

DIEPPE - 76200

60 CHAMBRE D'HÔTE LA VILLA-FLORIDA

M. et Mme Noël

24 chemin du Golf
76200 Dieppe
Tel. 02 35 84 40 37
Fax 01 58 16 45 17
villa-florida@wanadoo.fr
www.lavillaflorida.com

Ouvert toute l'année • 4 chambres avec terrasse dont 1 avec mezzanine, toutes équipées de salles de bains WC ou douches WC • 66 € pour 2 personnes, petit-déjeuner compris • Pas de table d'hôte • Jardin, parking. Cartes de crédit non acceptées

On a aimé **La gentillesse exceptionnelle de l'accueil.**

Cette originale maison d'architecte à toit d'ardoise se niche dans un ravissant jardin ouvert sur le golf de Dieppe. Les beaux volumes intérieurs et la luminosité confèrent une sérénité particulière au lieu. Chambres sobres et contemporaines, dotées d'une petite terrasse, et bien isolées les unes des autres, de manière à préserver l'intimité de chacun. Petits-déjeuners servis au salon ou au jardin, selon la saison.

Accès : à 2 km à l'Est de Dieppe, direction Pourville par la D 75, avant le golf

DUCLAIR - 76480

61 LE PANORAMA

M. et Mme Lemercier

282 chemin du Panorama
76480 Duclair
Tel. 02 35 37 68 84
Fax 02 35 37 68 84

Ouvert toute l'année • 5 chambres • 50 € pour 2 personnes, petit-déjeuner compris • Pas de table d'hôte • Jardin, parking. Cartes de crédit non acceptées, chiens non admis

On a aimé **Le panorama exceptionnel sur la Seine.**

Cette villa des années 1930 bâtie sur les hauteurs de la ville mérite bien son nom, car la vue sur les méandres de la Seine y est tout simplement extraordinaire. Les chambres, colorées, sont plaisantes ; vous trouverez fort sympathiques celles aménagées sous les toits. La salle des petits-déjeuners panoramique et son petit coin salon réchauffé d'une cheminée sont très appréciés, de même que le jardin en espalier, charmant.

Accès : par le chemin du Catel, puis à gauche

EU - 76260

62 MANOIR DE BEAUMONT

Mme Demarquet

Route de Beaumont
76260 Eu
Tel. 02 35 50 91 91
cd@fnac.net
www.chez.com/demarquet

Ouvert toute l'année • 3 chambres • 47 € pour 2 personnes, petit-déjeuner compris • Pas de table d'hôte • Jardin, parking. Cartes de crédit non acceptées

On a aimé **L'apéritif offert pour vous souhaiter la bienvenue.**

Situé en bordure de forêt, cet ancien relais de chasse à courre du château d'Eu offre une vue imprenable sur la vallée. Les chambres, confortables et décorées avec goût, donnent sur le très joli parc et la campagne ; celle réservée aux familles possède un coin cuisine. Le salon et la bibliothèque invitent à la détente. Une riche documentation (en anglais et en français) sur la région, des vélos et des box pour les chevaux sont également à disposition des hôtes.

Accès : 2 km à l'Est de Eu par la D 49 en direction de la forêt

63 LA FERME DE LA CHAPELLE

M. Buchy

Côte de la Vierge
76400 Fécamp
Tel. 02 35 10 12 12
Fax 02 35 10 12 13
fermedelachapelle@wanadoo.fr
www.fermedelachapelle.fr

Fermé du 2 au 21 janvier • 22 chambres autour de la cour, dont 5 studios bénéficiant de cuisinettes ; toutes sont dotées de salles de bains WC et de télévison, 2 sont accessibles aux handicapés physiques • 60 à 66 € ; petit-déjeuner 8 € ; possibilité de demi-pension • Restaurant fermé lundi midi ; menu 15 à 29 € • Jardin, parking • Piscine de plein air

On a aimé

Le musée des Terre-Neuvas.

Cette vieille ferme accolée à la chapelle des marins couronne superbement la falaise qui domine la Manche et l'ancienne capitale des terre-neuvas français. Si la situation de l'hôtel est exceptionnelle, l'intérieur l'est un peu moins : les chambres, réparties autour de la grande cour carrée, sont simplement crépies et garnies d'un solide mobilier en pin. Il est vrai que l'on se passe aisément de luxe dans un tel environnement !

Accès : du centre-ville, prendre la direction de Dieppe, longer le bassin puis tourner à gauche vers Notre-Dame du-Salut

64 AUBERGE DU BEAU LIEU

M. et Mme Ramelet

Route de Paris - Le Fossé
76440 Forges-les-Eaux
Tel. 02 35 90 50 36
Fax 02 35 90 35 98
aubeaulieu@aol.com
www.trucsdechef.com

Fermé du 19 janvier au 12 février, en septembre, lundi soir et mardi • 3 chambres ouvrant sur le jardin, disposant de salles de bains WC et télévision • 39 à 55 € pour 2 personnes ; petit-déjeuner 6 à 11 € • Menus 17 (en semaine) à 50 € • Terrasse, jardin, parking

On a aimé

Les belles balades offertes entre pommeraies et laitières.

À deux pas de la petite station thermale de Forges, coquette auberge du pays brayon abritant des chambres « cosy », de plain-pied avec le jardin, et une douillette salle de restaurant rustique dotée de poutres apparentes et d'une cheminée en pierre. Sur les tables, les assiettes de présentation évoquent les délicates faïences de Forges-les-Eaux. L'accueil des propriétaires est, quant à lui, si chaleureux qu'il vous ferait presque oublier que vous êtes à l'hôtel !

Accès : à 2 km par la D 915, direction Gournay

JUMIÈGES - 76480

65 LE RELAIS DE L'ABBAYE

M. et Mme Chatel

798 rue du Quesney
76480 Jumièges
Tel. 02 35 37 24 98
Fax 02 35 37 24 98

Ouvert toute l'année • 4 chambres • 33 à 38 € pour 2 personnes, petit-déjeuner compris • Pas de table d'hôte • Jardin, parking. Cartes de crédit non acceptées, chiens non admis

On a aimé **La jolie décoration agreste.**

Nichée à l'ombre de la célèbre abbaye, cette coquette petite maison normande coiffée d'ardoises possède tout ce qu'il faut pour plaire. Son intérieur, d'une rusticité raffinée, est séduisant : poutres, colombages, vaste cheminée, objets et assiettes anciennes... Les chambres aménagées à l'étage, sous la charpente apparente, sont les plus agréables. Les salles de bains soignent particulièrement leur tenue. L'été, les petits-déjeuners peuvent être pris dans le jardin.

Accès : tout près de l'abbaye

LE HAVRE - 76600

66 VENT D'OUEST

M. Lassarat

4 rue Caligny
76600 Le Havre
Tel. 02 35 42 50 69
Fax 02 35 42 58 00
contact@ventdouest.fr
www.ventdouest.fr

Ouvert toute l'année • 35 chambres disposant toutes de salles de bains WC ou douches WC et de télévision • 80 à 120 € pour 2 personnes ; petit-déjeuner 9 € • Pas de restaurant (possiblité de plateau repas) • Salon de thé

On a aimé **La visite en vedette du port du Havre.**

Le Vent d'Ouest est un îlot de charme au cœur du Quartier Moderne dessiné par Auguste Perret, entre l'espace Niemeyer et la mer. Cité portuaire oblige, la décoration des espaces communs évoque le large avec mille et un objets du monde marin. Les « chambres d'amis », en revanche, ouvrent d'autres horizons : « campagne », « zen », « montagne », etc. Bibelots, couettes moelleuses et nombreuses petites attentions font la différence.

Accès : par le quai Colbert longeant le bassin Vauban, puis à droite quai George-V (bassin du Commerce) et tout droit jusqu'à l'église Saint-Joseph

67 GOLF HÔTEL

Evergreen SARL

102 route de Dieppe
76470 Le Tréport
Tel. 02 27 28 01 52
Fax 02 27 28 01 51
evergreen2@wanadoo.fr
www.treport-hotels.com

Fermé le week-end de Noël • 10 chambres non-fumeurs, toutes dotées de télévision • 45 à 65 € (42 à 65 € basse saison) pour 2 personnes ; petit-déjeuner 7 € • Pas de restaurant • Parc, parking. Chiens non admis

On a aimé **Les chambres très bien équipées.**

À l'entrée du camping du Tréport, tournez à gauche et engagez-vous dans l'allée bordée d'arbres qui vous mènera jusqu'à cette belle maison à colombages de la fin du 19e s. bâtie au milieu d'un vaste parc arboré. Les chambres, toutes non-fumeurs, sont de bonnes proportions, bien équipées et personnalisées ; toutes possèdent un réfrigérateur. L'accueil est assez agréable et les prix, fort raisonnables.

Accès : près du camping du Tréport

68 LE PRIEURÉ SAINTE-CROIX

M. et Mme Carton

76470 Le Tréport
Tel. 02 35 86 14 77
Fax 02 35 86 14 77
carton.nicole@wanadoo.fr
http://prieuresaintecroix.free.fr

Ouvert toute l'année • 5 chambres avec salles de bains WC • 45 à 57 € pour 2 personnes, petit-déjeuner compris • Pas de table d'hôte • Jardin, parking. Cartes de crédit non acceptées, chiens non admis

On a aimé **Le calme de la campagne environnante.**

Cette ferme construite sous Louis-Philippe dépendait naguère du château d'Eu ; toujours en activité, elle se consacre à l'élevage des bovins. Aménagées dans un bâtiment indépendant, les chambres sont toutes conçues dans le même esprit : parquet, mobilier de style et salles de bains récentes. L'espace réservé aux petits-déjeuners, bien que refait à neuf, a gardé son cachet rustique. Le jardin, ombragé de prunus centenaires, est très agréable.

Accès : 2 km à l'Est du Tréport sur la D 925 (axe Abbeville-Dieppe)

MANNEVILLE-LA-GOUPIL - 76110

69 CHAMBRE D'HÔTE FERME D'ÉCOSSE

M. et Mme Loisel

1216 route des jonquilles
76110 Manneville-la-Goupil
Tel. 02 35 27 77 21
Fax 02 35 27 77 21
loisel.nicole@wanadoo.fr
http://ferme-ecosse.site-voila.fr

Ouvert toute l'année • 2 chambres à l'étage • 49 € pour 2 personnes, petit-déjeuner compris ; possibilité de demi-pension • Table d'hôte 21 €, uniquement le soir sur réservation (pas de service le dimanche) • Jardin, parking. Cartes de crédit non acceptées, chiens non admis

On a aimé **Les repas mitonnés avec les bons produits de la ferme.**

Cette plaisante maison de maître datant du 18e s. et dotée d'une jolie façade en briques rouges abrite de confortables chambres sobrement décorées. Les hôtes musiciens apprécieront la présence d'un piano mis à leur disposition. Ceux qui préfèrent les joies de la campagne visiteront avec bonheur jardin, potager, poulailler et bergerie. Les quelques ânes du domaine divertiront les enfants. Avant le dîner, n'hésitez pas à commander le cidre du cru en guise d'apéritif.

Accès : à 4,5 km par la D 10

QUIBERVILLE - 76860

70 LES VERGERS

M. Auclert

Rue des Vergers
76860 Quiberville
Tel. 02 35 83 16 10
Fax 02 35 83 36 46
christianaucler@aol.com

Fermé de novembre à février • 3 chambres équipées de salles de bains et WC • 60 € pour 2 personnes, petit-déjeuner compris • Pas de table d'hôte • Jardin, parking. Chiens non admis

On a aimé **La décoration sans faute de cette demeure bourgeoise.**

Un accueil très courtois vous sera réservé dans cette belle demeure normande née au début du 20e s. Les chambres, spacieuses et confortables, montrent une préférence pour le classique : tons pastel, tissus fleuris, mobilier de style... Le joli jardin paysager invite au repos et à la détente. Proche de la mer, l'adresse est un point de départ idéal pour visiter la région.

Accès : 7 km à l'Est de Veules-les-Roses par la D 68 puis la D 75

ROUEN - 76000

71 **DANDY**

Mme Renouard

93 rue Cauchoise
76000 Rouen
Tel. 02 35 07 32 00
Fax 02 35 15 48 82
contact@hotels-rouen.net
www.hotels-rouen.net

Fermé du 25 décembre au 5 janvier • 18 chambres dotées de salles de bains WC et télévision • 76 à 99 € pour 2 personnes ; petit-déjeuner 9 € • Pas de restaurant • Garage • Salon de thé, piano-bar réservés aux clients de l'hôtel

aimé

L'idée de la maîtresse des lieux : la dégustation de vieux calvados...

.es robinets en forme de cygne des baignoires, les lits apitonnés, le mobilier de style Louis XV, les tableaux lassiques : les chambres font preuve d'un certain andysme que l'on aime... ou que l'on n'aime pas ! achez que vous dormirez au calme, bien que l'hôtel 'élève aux portes du vieux Rouen et de la magnifique ue du Gros-Horloge. Un piano-bar au décor tendance plus Normand que moi, tu meurs » doit être rochainement créé.

Accès : proche du centre-ville, dans le secteur piétonnier, rue reliant la place Cauchoise à la place du Vieux Marché

ROUEN - 76000

72 **DIEPPE**

M. Guéret

Place B.-Tissot
76000 Rouen
Tel. 02 35 71 96 00
Fax 02 35 89 65 21
hotel.dieppe@wanadoo.fr
www.bestwestern.fr

Ouvert toute l'année • 41 chambres dont 8 non-fumeurs, toutes avec salles de bains WC ou douches WC et télévision • 92 à 105 € pour 2 personnes ; petit-déjeuner 10 € ; possibilité de demi-pension • Restaurant climatisé, menus de 14 à 36 €

On a aimé

Le bar « cosy », idéal pour siroter un calvados hors d'âge.

Accrochés aux murs, les portraits des ancêtres rappellent que la famille Guéret tient les rênes de l'hôtel de Dieppe depuis 1880. L'ensemble de l'établissement est équipé d'un système wi-fi et les chambres, toutes rénovées et insonorisées, sont garnies de meubles de style. La rôtissoire qui trône au beau milieu de l'élégante salle à manger donne le ton, invitant à découvrir une carte régionale sur laquelle figure la spécialité du restaurant, le caneton rouennais à la presse.

Accès : face à la gare

73 LE VIEUX CARRÉ

M. Beaumont

34 rue Ganterie
76000 Rouen
Tel. 02 35 71 67 70
Fax 02 35 71 19 17
vieux-carre@mcom.fr

Ouvert toute l'année • 13 chambres dont 1 accessible aux handicapés physiques, toutes dotées de salles de bains WC ou douches WC et de télévision • 54 à 58 € pour 2 personnes ; petit-déjeuner 7 € • Menus de 12 à 18 €

On a aimé **Tout !**

La belle façade à colombages de cette maison bâtie en 1715 borde, avec d'autres demeures anciennes, une rue typiquement rouennaise : ne serait-ce pas le pied-à-terre idéal pour découvrir la « ville-musée » ? D'autant que l'intérieur, pas en reste, possède un charme fou avec ses chambres ornées de fresques et garnies de vieilles armoires d'écoliers d'Oxford. Le salon « cosy » et la délicieuse cour-terrasse où l'on sert quelques plats et pâtisseries « maison » réservent d'autres bonnes surprises.

Accès : au cœur de la vieille ville, entre le Palais de Justice et le Musée des Beaux Arts

ROUEN - 76000

74 HÔTEL DE LA CATHÉDRALE

M. Delaunay

12 rue Saint-Romain
76000 Rouen
Tel. 02 35 71 57 95
Fax 02 35 70 15 54
arttra@wanadoo.fr
www.hotel-de-la-cathedrale.fr

Ouvert toute l'année • 26 chambres dotées de salles de bains WC ou douches WC, toutes avec télévision • 59 à 85 € pour 2 personnes ; petit-déjeuner 7,50€ • Pas de restaurant

On a aimé **Prendre son petit-déjeuner dans le charmant patio, transformé en salon de thé l'après-midi.**

Cette ravissante bâtisse du 17e s. qui borde l'une des plus belles rues du vieux Rouen, à deux pas de la cathédrale, apporte la preuve que l'on peut trouver un hôtel agréable et à prix doux dans une zone très touristique. Meubles anciens de styles variés, colombages, couleurs des papiers peints et bibelots créent dans les chambres une délicieuse atmosphère « vieille France ». Une cheminée monumentale agrémente la belle salle des petits-déjeuners coiffée de poutres apparentes.

Accès : au cœur du quartier historique

SAINT-AUBIN-SUR-MER - 76740

75 CHAMBRE D'HÔTE MADAME GENTY

Mme Genty

Hameau de Ramouville
76740 Saint-Aubin-sur-Mer
Tel. 02 35 83 47 05
gisele.genty@wanadoo.fr
http://gisele.genty.free.fr

Ouvert toute l'année • 5 chambres dont 2 au rez-de-chaussée et 3 sous les combles • 47 à 50 € pour 2 personnes, petit-déjeuner compris • Pas de table d'hôte • Jardin, parking. Cartes de crédit non acceptées

On a aimé

Cette étape authentique proche des plages.

Une restauration habile et soignée a rendu à cette typique ferme cauchoise du 18e s. son lustre d'antan. Le toit de chaume n'est plus, mais les beaux murs à colombages ont été sauvés. La pièce à vivre, très rustique avec son sol de tomettes anciennes et sa cheminée, est chaleureuse. Les chambres ont été décorées dans un esprit campagnard ; trois d'entre elles se logent sous les combles. Certains matins, vous serez réveillé par l'odeur du pain chaud, cuit dans le vieux four à pain.

Accès : 4 km au Nord du Bourg-Dun puis direction Quiberville

SOMMERY - 76440

76 FERME DE BRAY

M. et Mme Perrier

76440 Sommery
Tel. 02 35 90 57 27
ferme.de.bray@wanadoo.fr

Ouvert toute l'année • 5 chambres équipées de salles de bains WC • 44 € pour 2 personnes, petit-déjeuner compris • Pas de table d'hôte • Jardin, parking. Cartes de crédit non acceptées, chiens non admis • Visite de la ferme, pêche

On a aimé

La visite de la ferme, véritable conservatoire des traditions rurales.

Tenue par la même famille depuis 1452 - soit 18 générations ! - cette ferme des 17e et 18e s., à la fois écomusée et maison d'hôte, est tout simplement incroyable. L'ambiance s'affirme campagnarde, bien sûr, tant par le mobilier que par la simplicité des aménagements. Les chambres, égayées de tapisseries rayées, possèdent toutes une cheminée. Sur place, les animations ne manquent pas : visite du pressoir, du moulin, de la laiterie, du colombier, expositions, pêche en étang...

Accès : 10 km au Nord-Est de Forges-les-Eaux par la D 915

VALMONT - 76540

77 LE CLOS DU VIVIER

Mme Cachera

4 chemin du Vivier
76540 Valmont
Tel. 02 35 29 90 95
Fax 02 35 27 44 49
dc@le-clos-du-vivier.com
www.le-clos-du-vivier.com

Ouvert toute l'année • 3 chambres • 80 € pour 2 personnes, petit-déjeuner compris • Pas de table d'hôte • Jardin, parking. Cartes de crédits non acceptées, chiens non admis dans la salle à manger

On a aimé

Prendre son petit-déjeuner face au jardin où déambulent canards, cygnes, poules et paons.

Cette grande chaumière du 17e s. nichée dans un bel environnement campagnard abritait autrefois les dépendances du château de Valmont. Au fil des ans et à force de volonté, les actuels propriétaires, qui pratiquent avec talent le sens de l'hospitalité, en ont fait un plaisant lieu de séjour. Colombages, poutres, pierres et cheminées décorent merveilleusement les salons. Quant aux chambres, leur atmosphère de maison de campagne a été judicieusement préservée.

Accès : à 2 km à l'Est de Valmont par D 150, direction Ourville

VARENGEVILLE-SUR-MER - 76119

78 LA TERRASSE

M. et Mme Delafontaine

Route de Vasterival
76119 Varengeville-sur-Mer
Tel. 02 35 85 12 54
Fax 02 35 85 11 70
francois.delafontaine@wanadoo.fr
www.hotel-restaurant-la-terrasse.com

Ouvert du 15 mars au 15 octobre • 22 chambres ave salles de bains WC ou douches WC • 47 à 52 € po 2 personnes ; petit-déjeuner 9 € ; possibilité de dem pension • Menus de 18 (en semaine) à 30 € • Jardi parking. Chiens non admis au restaurant • Tennis

On a aimé

Le chemin de terre conduisant à la plage : il longe un pré où broute l'ân de la maison...

Une sympathique petite route bordée de sapins, et vo voilà arrivés à cette demeure bourgeoise en briques c tout début du 20e s. qui n'est autre que la maison c famille des actuels propriétaires. Pas de TV po respecter le calme des lieux, des tissus colorés, d moquettes écossaises et des fenêtres ouvrant, dans moitié des chambres, sur la mer, un restaura panoramique et un jardin ombragé : pas de luxe inuti mais un maximum de charme !

Accès : à 3 km au Nord-Ouest, par la D 75, puis ur petite route secondaire bordée de sapins

79 **MANOIR DU PLESSIS**

M. et Mme Laurent

1175 route de Coudebec
76940 Vatteville-la-Rue
Tel. 02 35 95 79 79
Fax 02 35 95 79 77
aplvatteville@free.fr

Ouvert toute l'année • 4 chambres équipées de salles d'eau et WC • 48 à 53 € pour 2 personnes, petit-déjeuner compris ; possibilité de demi-pension • Table d'hôte de 20 à 39 € • Jardin, parking

On a aimé

L'environnement champêtre de ce noble manoir.

Ce manoir en briques d'époque napoléonienne surmonté de deux hautes cheminées mérite qu'on s'y arrête, ne serait-ce que pour savourer son calme ambiant. Les chambres avec salle de bains, dotées d'un parquet et de beaux meubles anciens, ne manquent pas de caractère ; les autres sont plus sobres. La salle à manger rustique, habillée de boiseries brunes, et le salon où trône un billard font aussi partie des atouts de la maison. Possibilité de chasse à courre et de stage de peinture.

Accès : Autoroute A13 : sortie 25 ou autoroute A29 : sortie 8

PAYS DE LA LOIRE

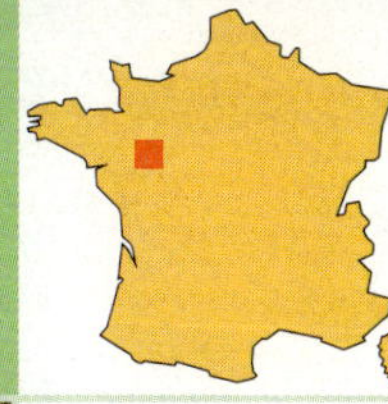

Baigné par la Loire, le « jardin de la France » vous offre son atmosphère paisible, ses gracieuses perspectives, ses manoirs et châteaux somptueux agrémentés de magnifiques parterres fleuris, ses vergers plantureux, ses champs de primeurs et ses vignobles caressés par la douceur angevine, dont les dives bouteilles ont étanché la soif de Gargantua et de Pantagruel, avant de rehausser de leurs arômes subtils votre dégustation de rillettes, matelotes d'anguilles ou fromages de chèvre. Puis vous entrez dans le pays Nantais, encore tout imprégné des senteurs d'épices ramenés du Nouveau Monde, et qui partage aujourd'hui sa fierté entre le muguet et le muscadet. Enfin la Vendée, authentique par son bocage qui n'a pas oublié la révolte des chouans, secrète par ses marais gardiens de coutumes ancestrales, décontractée dans ses stations balnéaires propices au farniente, ludique lors des spectaculaires reconstitutions du Puy-du-Fou... Gourmande aussi, mais dans la simplicité d'un plat de mojettes, d'une chaudrée et d'une brioche vendéenne.

- Loire-Atlantique (44)
- Maine-et-Loire (49)
- Mayenne (53)
- Sarthe (72)
- Vendée (85)

St Brieuc
Plancoët
Dinan
de-Bretagne
Antrain
Fougè
Quintin
Moncontour
Combourg
Broons
Caulnes
Hédé
St Aubin-du-Cormier
Merdrignac
Mur-de-Bretagne
Loudéac
Montauban-de-Bretagne
St Méen-le-Gd
Châteaubourg
Vitré
la Trinité-Porhoët
Mauron
Pontivy
Mordelles
Rennes
Ploërmel
Josselin
Guichen
Janzé
la Guerche-de-B.
Baud
Locminé
Guer
Bain-de-Bretagne
Martigné-Ferchaud
la Gacilly
Elven
Rochefort-en-T.
Auray
Châteaubriant
Pouancé
Carnac
Vannes
Redon
Derval
Locmariaquer
Muzillac
Guémené-Penfao
Port-Navalo
Sarzeau
Nozay
PAYS
Candé
la Roche-Bernard
Blain
Nort
Palais
Pontchâteau
le Croisic
la Baule
Savenay
Carquefou
Ancenis
St Nazaire
Paimbœuf
NANTES
St Brévin
le Pellerin
Vallet
Bouaye
Pornic
Noirmoutier
Aigrefeuille-s-M.
Montaigu
ILE DE NOIRMOUTIER
Machecoul
Mortagne-s-S.
Fromentine
Beauvoir
Legé
St Fulgent
Challans
St Jean-de-Monts
Aizenay
les Essarts
Ile d'Yeu
St Gilles-Croix-de-Vie
la Mothe-Achard
la Roche-s-Yon
les Sables-d'Olonne
Moutiers-les-Mauxfaits
les 4 Chemins
Talmont-St Hilaire
Luçon
la Tranche-s-Mer
St Michel-en-l'Herm
ILE DE RÉ
Vilaine
Rance
Ille
Blavet

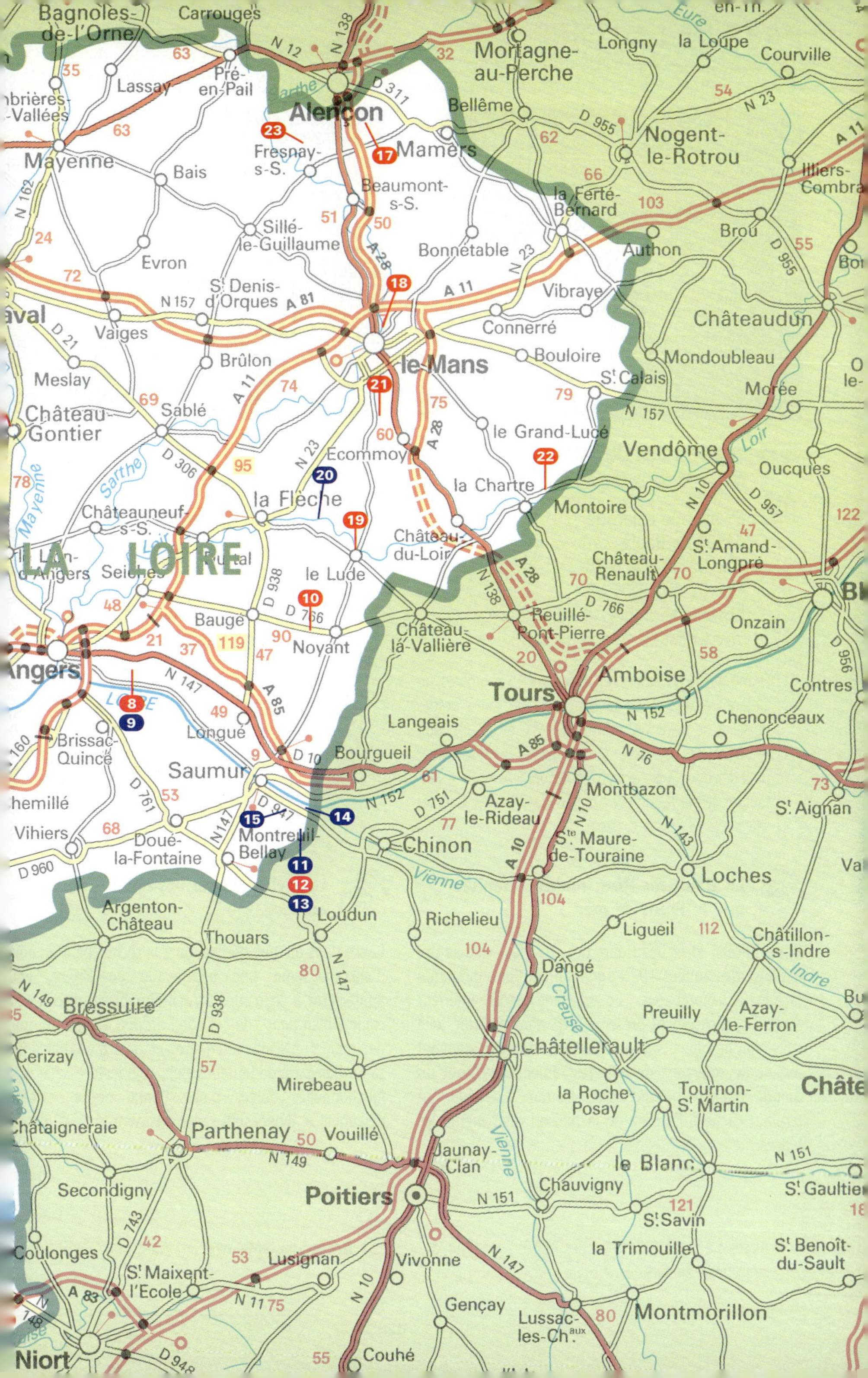
Bagnoles-de-l'Orne
Carrouges
Mortagne-au-Perche
Longny
la Loupe
Courville
Lassay
Pré-en-Pail
Alençon
Bellême
Nogent-le-Rotrou
Mayenne
Fresnay-s-S.
Mamers
Illiers-Combray
Bais
Beaumont-s-S.
la Ferté-Bernard
Sillé-le-Guillaume
Bonnétable
Brou
Authon
Evron
St Denis-d'Orques
Vibraye
Châteaudun
Vaiges
le Mans
Connerré
Mondoubleau
Brûlon
Bouloire
St Calais
Meslay
Morée
Château-Gontier
Sablé
le Grand-Lucé
Vendôme
Ecommoy
Oucques
la Flèche
la Chartre
Montoire
Châteauneuf-s-S.
Château-du-Loir
St Amand-Longpré
LA LOIRE
Seiches
le Lude
Château-Renault
Baugé
Noyant
Château-la-Vallière
Reuillé-Pont-Pierre
Onzain
Angers
Amboise
Tours
Contres
Langeais
Chenonceaux
Longué
Brissac-Quincé
Bourgueil
Saumur
Montbazon
Azay-le-Rideau
St Aignan
Vihiers
Doué-la-Fontaine
Montreuil-Bellay
Chinon
Ste Maure-de-Touraine
Loches
Argenton-Château
Loudun
Richelieu
Ligueil
Thouars
Châtillon-s-Indre
Dangé
Bressuire
Preuilly
Azay-le-Ferron
Cerizay
Châtellerault
Mirebeau
la Roche-Posay
Tournon-St Martin
Châtaigneraie
Parthenay
Vouillé
Jaunay-Clan
le Blanc
Secondigny
Poitiers
Chauvigny
St Gaultier
St Savin
la Trimouille
St Benoît-du-Sault
Coulonges
St Maixent-l'Ecole
Lusignan
Vivonne
Gençay
Lussac-les-Chaux
Montmorillon
Niort
Couhé
Sarthe
Loir
Mayenne
Loire
Vienne
Creuse
Indre
Eure
N 12
N 138
D 311
D 955
N 23
A 11
N 162
N 157
A 81
A 28
D 21
D 306
D 938
D 766
D 956
D 957
N 10
N 147
A 85
N 152
N 76
D 751
D 947
D 761
D 960
N 143
A 10
N 149
D 743
N 151
A 83
N 11
D 948
N 148
D 10
1
2
3
4
5
6
7
8
9
10
11
12
13
14
15
17
18
19
20
21
22
23

LA BAULE - 44500

1 HOSTELLERIE DU BOIS

M. et Mme Lethuillier

65 avenue Lajarrige
44500 La Baule
Tel. 02 40 60 24 78
Fax 02 40 42 05 88
hostellerie-du-bois@wanadoo.fr
www.hostellerie-du-bois.com

Fermé du 15 novembre au 15 mars • 15 chambres sur 2 étages, côté jardin ou donnant sur la rue, toutes dotées de salles de bains WC ou douches WC et de télévision • 70 € (60 € basse saison) pour 2 personnes ; petit-déjeuner 7 € ; possibilité de demi-pension • Restaurant fermé le samedi ; menus de 20 à 23 € (dîner seulement) • Terrasse, jardin

On a aimé **La Baule-les-Pins, moins bétonnée que le Front de mer.**

Entre l'océan et le beau parc des Dryades, villégiature bauloise des années 1920 agrémentée d'une pimpante façade à colombages. Le plaisant décor intérieur « rétro », pieusement préservé, sert d'écrin à une jolie collection de bibelots et de meubles asiatiques qui sont autant de souvenirs de voyages ramenés du bout du monde par les patrons globe-trotters. Le séduisant jardinet caché à l'arrière de la maison ravit même les blasés.

Accès : à partir de la place des Palmiers, prendre la direction de la gare

LA BAULE - 44500

2 LE MARINI

M. Le Boudec

22 avenue Georges-Clemenceau
44500 La Baule
Tel. 02 40 60 23 29
Fax 02 40 11 16 98
interhotelmarini@wanadoo.fr
www.lemarinihotel.com

Ouvert toute l'année • 33 chambres avec salles de bair WC et télévision • 61 à 82 € (52 à 71 € basse saison) pou 2 personnes ; petit déjeuner à 8 € • Demi-pensio uniquement ; menu à 21 € • Garage • Piscine couvert avec jacuzzi

On a aimé **Le style « grand voyageur » de cette adresse.**

Lancé dans un long périple, ou à la recherche d'un poir d'ancrage pour une promenade en Brière, vou apprécierez à coup sûr l'accueil aimable et discret et l confort bien pensé de cet hôtel un peu éloigné du bo de mer : piscine intérieure et jacuzzi, chaleureu salon-bar garni de fauteuils club, coin lecture, chambre fonctionnelles dotées d'une bonne literie... Petits déjeuners et dîners sont servis aux abords de la piscin

Accès : au centre-ville

PIRIAC-SUR-MER - 44420

3 POSTE

M. Malnoé

26 rue de la Plage
44420 Piriac-sur-Mer
Tel. 02 40 23 50 90
Fax 02 40 23 68 96
hoteldelaposte.piriac@wanadoo.fr

Ouvert de Pâques à la Toussaint • 15 chambres réparties sur 2 étages, quelques-unes disposent de salles de bains WC, les autres de douches avec ou sans WC, quelques unes avec télévision • 40 à 60 € pour 2 personnes ; petit-déjeuner 6,50 € ; Possibilité de demi-pension • Restaurant fermé lundi ; menus de 10 à 34,50 €

On a aimé **Emprunter le délicieux sentier menant à la pointe du Castelli.**

Au centre du petit port de pêche, pittoresque avec ses belles maisons du 17e s., villa des années 1930 à la façade « rétro » engageante. Les chambres, spacieuses et fonctionnelles, sont entretenues avec un soin quasi-maniaque par la propriétaire des lieux : nous vous mettons au défi d'y trouver le moindre grain de poussière ! Salle à manger familiale éclairée par de vastes arcades. En été, on dresse quelques tables à l'extérieur.

Accès : au centre du village, sur la rue principale, face à la pharmacie

PORNIC - 44210

4 RELAIS SAINT-GILLES

M. et Mme Robineau

7 rue Fernand-de-Mun
44210 Pornic
Tel. 02 40 82 02 25
www.relaissaintgilles.com

Ouvert toute l'année • 25 chambres proposant salles de bains WC et télévision • 58 à 67 € (48 à 55 € basse saison) ; petit-déjeuner 7 € • Pas de restaurant • Terrasse sous tonnelle de vigne

On a aimé **Le site privilégié : un château enfoui dans la verdure, des plages, un port, de belles villas...**

Relais de poste du milieu du 19e s. bordant une rue calme de la station balnéaire. Deux corps de bâtiments encadrent une sympathique terrasse ombragée par une tonnelle où grimpe la vigne vierge ; ils abritent des chambres régulièrement rafraîchies (papier peint et peintures impeccables), parfois garnies de meubles anciens, et une salle à manger bourgeoise. Le patron, ancien officier de la marine marchande, vous conseillera de bien belles balades.

Accès : dans la partie haute de la ville, rue calme au dessus du château

SAINT-LYPHARD - 44110

5 LES CHAUMIÈRES DU LAC

M. Logodin

Route d'Herbignac
44110 Saint-Lyphard
Tel. 02 40 91 32 32
Fax 02 40 91 30 33
jclogodin@leschaumieresdulac.com
www.leschaumieresdulac.com

Fermé du 15 décembre au 15 janvier • 20 chambres dont 2 accessibles aux handicapés physiques, toutes sont équipées de salles de bains WC et télévision • 65 à 90 € (55 à 75 € basse saison) ; petit-déjeuner 9 € ; possibilité de demi-pension • Auberge Les Typhas : menus de 18 (en semaine) à 45 € • Jardin, parking • Baignade dans le petit lac

On a aimé

Découvrir en chaland la faune et la flore de la Grande Brière.

Un hameau de chaumières récemment construites au cœur du Parc naturel régional de Brière : bien sûr, cela manque un peu d'authenticité, mais constitue tout de même une manière bien sympathique de découvrir cette superbe dentelle de marais... Toutefois ne regrettez rien, car les intérieurs briérons typiques sont plutôt modestes (voir les maisons de Kerhinet). Vastes chambres-bonbonnières dotées de ciels de lit, restaurant en jaune et blanc et agréable terrasse.

Accès : en dehors du village, face au lac

SAINT-MALO-DE-GUERSAC - 44550

6 TY GWENN

M. Collard

25 Île-d'Errand
44550 Saint-Malo-de-Guersac
Tel. 02 40 91 15 04

Fermé du 1er janvier au 1er avril et du 1er octobre au 31 décembre • 4 chambres non-fumeurs équipées de salles d'eau WC, de télévision et de mini-réfrigérateu • 52 € pour 2 personnes, petit-déjeuner compris • Table d'hôte 20 € (uniquement le soir) • Salon, jardin, parking Cartes de crédit non acceptées, chiens non admi • Piscine de plein air, billard. À proximité : voile, golf équitation, pêche

On a aimé

Les promenades en chaland à travers les canaux de la Grande Brière (sur demande).

Avec ses murs blanchis à la chaux, son toit de chaume ses fenêtres à petits carreaux garnies de rideaux, cett jolie chaumière briéronne séduit. Les chambres, douillet tes et romantiques à souhait, sont très agréables à vivre Dans le salon, poutres apparentes, cheminée, tissu choisis et billard composent un décor raffiné. L charmant jardin et la piscine ajoutent au plaisir d'u séjour... réservé aux seuls non-fumeurs !

Accès : à 3 km de Saint-Malo

SAINT-MOLF - 44350

7 KERVENEL

M. Brasselet

D 252 - Le Pigeon-Blanc
44350 Saint-Molf
Tel. 02 40 42 50 38
Fax 02 40 42 50 55
ybrasselet@aol.com
www.loire-atlantique-tourisme-com

Fermé d'octobre à mars • 3 chambres dotées de salles de bains WC • 60 € pour 2 personnes, petit-déjeuner compris • Pas de table d'hôte • Parking, salon. Cartes de crédit non acceptées, chiens non admis • Location de vélos

On a aimé **Aux beaux jours, paresser dans le jardin.**

Cette ancienne ferme restaurée dans les années 1970 jouxte le Parc naturel régional de Brière. Sa jolie façade en granit abrite de grandes chambres empruntant leur nom au style de leur mobilier : Louis XVI, Louis XVIII et contemporaine. De jolies parures de couette, d'agréables salles de bains et la tranquillité du site participent au charme de l'étape.

Accès : à 2,5 km par D 33, direction La Turballe

ANDARD - 49800

8 LE GRAND TALON

Mme Guervilly

3 route des Chapelles
49800 Andard
Tel. 02 41 80 42 85
Fax 02 41 80 42 85

Ouvert toute l'année • 3 chambres • 46 à 63 € pour 2 personnes, petit-déjeuner compris • Pas de table d'hôte • Parc, parking. Cartes de crédit non acceptées.

On a aimé **L'accueil exemplaire de la maîtresse de maison, toujours aux petits soins pour ses hôtes.**

Véritable havre de paix aux portes d'Angers que cette élégante demeure du 18e s. à la façade tapissée de vigne vierge, précédée d'une belle cour carrée. Ses chambres, décorées avec beaucoup de goût, sont agréables à vivre. Aux beaux jours, vous prendrez le petit-déjeuner sous les parasols du joli jardin, où il est également possible de pique-niquer. En résumé : une adresse des plus accueillantes !

Accès : 11 km à l'Est d'Angers par la N 147, direction Saumur puis la D 113

ANGERS - 49100

9 HÔTEL DU MAIL

M. et Mme Dupuis

8 rue des Ursules
49100 Angers
Tel. 02 41 25 05 25
Fax 02 41 86 91 20
hoteldumailangers@yahoo.fr
www.destination-anjou.com

Fermé dimanche • 26 chambres réparties sur 2 étages, la majorité dotée de bains WC, les autres de douches WC, toutes disposent de la télévision • 51 à 63 € ; petit-déjeuner 8 € • Pas de restaurant • Parking fermé dans la cour intérieure

On a aimé

La douceur angevine, bien sûr...

Couvent d'ursulines au 17e s., puis pension de famille et enfin hôtel de caractère : la demeure est discrète, et il faut la dénicher dans cette rue calme de la vieille ville, mais vous serez récompensés de vos efforts, car des chambres personnalisées et décorées avec goût vous y attendent. Salle des petits-déjeuners bourgeoise, séduisante miniterrasse dressée dans la cour intérieure... Le Mail est la bonne petite adresse d'Angers !

Accès : dans une rue calme, derrière l'hôtel de ville

AUVERSE - 49490

10 DOMAINE DE LA BRÉGELLERIE

M. et Mme Sohn

Route de Chigne
49490 Auverse
Tel. 02 41 82 11 69
Fax 02 41 82 11 87
isabellesohn@wanadoo.fr
http://la.bregellerie.free.fr

Ouvert toute l'année • 5 chambres non-fumeurs, dont 4 à l'étage, toutes équipées de salles de bains • 55 à 70 € pour 2 personnes, petit-déjeuner compris • Pas de table d'hôte • Jardin, parking. Cartes de crédit non acceptées • Piscine de plein air et un étang où l'on peut pêcher

On a aimé

La chambre baptisée « La Loire ».

Ancienne ferme promue auberge au terme d'une rénovation intégrale. Le nom de chacune des chambres aménagées dans une annexe récente, révèle son thème décoratif : « La Forêt », « La Vigne », « Les Champs », « L'Étang » et « La Loire » (mention spéciale pour la salle d'eau de cette dernière où « mouille » une curieuse baignoire en forme de bateau). Salon-salle des petits-déjeuners d'une sobre élégance, billard américain, jardin recelant une grande piscine d'été et étang propice à la pêche.

Accès : 14,5 km au Sud-Ouest par la D 767, route de Noyant et la D 79 à droite

11 LA CROIX BLANCHE

M. Jean

7 place des Plantagenêts
49590 Fontevraud-l'Abbaye
Tel. 02 41 51 71 11
Fax 02 41 38 15 38
la_croix_blanche@hotmail.com
www.fontevraud.net

Fermé du 17 au 30 novembre, dimanche soir et lundi de novembre à mars • 25 chambres avec salles de bains WC ou douches WC, toutes avec télévision • 69 à 121 € pour 2 personnes ; petit-déjeuner 9 € ; possibilité de demi-pension • Menus de 18 à 52 € • Terrasse, parking fermé • Piscine, jeu de boules, table de ping-pong, billard, prêt de vélos

On a aimé **Les vélos mis à la disposition de la clientèle.**

« Tout débuta en 1696, avec le mariage de dame Marie Cohier et du sieur Mathieux Blochon » : cette vieille auberge accueille depuis plus de 300 ans les hôtes venus découvrir le prestigieux ensemble monastique voisin. Les chambres, rénovées, sont confortables et parfois agrémentées de poutres apparentes et de cheminée. Salle de billard. Pour vous restaurer, vous aurez le choix entre une cuisine traditionnelle servie dans une salle à manger joliment relookée (non-fumeur) ou la crêperie.

Accès : en plein centre du bourg, face à l'entrée de l'Abbaye Royale

FONTEVRAUD-L'ABBAYE - 49590

12 DOMAINE DE MESTRÉ

M. et Mme Dauge

49590 Fontevraud-l'Abbaye
Tel. 02 41 51 72 32
Fax 02 41 51 71 90
domaine-de-mestre@wanadoo.fr
www.dauge-fontevraud.com

Fermé du 20 décembre au 1er avril • 12 chambres équipées de salles de bains WC • 60 € pour 2 personnes ; petit-déjeuner 7 € • Table d'hôte 24 € (dîner seulement) • Parc, parking. Cartes de crédit non acceptées, chiens non admis

On a aimé **La visite de la petite fabrique de savons parfumés.**

Cette ferme dont la partie la plus ancienne et la grange aux dîmes datent du 13e s. appartenait jadis à l'abbaye royale de Fontevraud. Elle abrite aujourd'hui des chambres joliment personnalisées où l'on se sent comme chez soi. Les petits-déjeuners et dîners, élaborés avec des produits « maison », sont servis dans l'ancienne chapelle. Le très joli parc planté de tilleuls et cèdres séculaires et la petite fabrique artisanale de savons ajoutent au charme du lieu.

Accès : 1 km au Nord de Fontevraud par la D 947, direction Montsoreau

FONTEVRAUD-L'ABBAYE - 49590

13 PRIEURÉ-SAINT-LAZARE

M. Haudebault

Abbaye Royale de Fontevraud
Rue Saint-Jean-de-l'Hubit
49590 Fontevraud-L'Abbaye
Tel. 02 41 51 73 16
Fax 02 41 51 75 50
contact@hotelfp-fontevraud.com
www.hotelfp-fontevraud.com

Ouvert du 10 mars au 13 novembre • 52 chambres avec salles de bains WC ou douches WC et télévision, 6 sont réservées aux non-fumeurs • 50 à 110 € pour 2 personnes ; petit-déjeuner 11 € ; possibilité de demi-pension • Restaurant fermé le mardi et le mercredi midi ; menus 16 (en semaine) à 50 € • Jardin, parking fermé. Chiens non admis

On a aimé **Ce havre de paix au cœur des jardins de l'abbaye.**

Les lieux abritèrent successivement une léproserie et un prieuré, avant que l'ensemble ne soit transformé en hôtel. Bien que chargés d'histoire, les antiques murs ont réussi à traverser le temps sans prendre une ride. Chambres-cellules quasi-monacales propices à une retraite au grand calme, salle des petits-déjeuners sous croisées d'ogives et tables du restaurant dressées autour du cloître : tout incite à se livrer à de longues méditations.

Accès : dans l'enceinte de l'Abbaye Royale

MONTSOREAU - 49730

14 LE BUSSY

Mme Roi

4 rue Jeanne-d'Arc
49730 Montsoreau
Tel. 02 41 38 11 11
Fax 02 41 38 18 10
hotel.lebussy@wanadoo.fr

Fermé le mardi et le mercredi en février, mars, novembre et décembre • 12 chambres, certaines avec vue sur le château et la Loire, disposant toutes de salles de bains WC ou douches WC et de télévision • 50 à 65 € (47 à 60 € basse saison) pour 2 personnes ; petit-déjeuner 8 € • Pas de restaurant • Parking fermé

On a aimé **Profiter du calme ambiant pour se plonger dans la lecture d'Alexandre Dumas.**

L'enseigne de cette maison du 18e s. en tuffeau postée sur les hauteurs du village évoque le souvenir de Bussy d'Amboise, amant de la Dame de Monsoreau. Les croisées de la plupart des chambres, garnies de meubles Louis-Philippe et dotées de salles de bains récemment refaites, ouvrent sur le château et la Loire. Vous prendrez le petit-déjeuner l'été dans le jardin fleuri, et le reste de l'année dans une salle troglodytique pétrie de charme. Accueil familial très aimable.

Accès : sur les hauteurs du bourg, derrière le château

TURQUANT - 49730

15 DEMEURE DE LA VIGNOLE

Mme Bartholeyns

3 impasse Marguerite-d'Anjou
49730 Turquant
Tel. 02 41 53 67 00
Fax 02 41 53 67 09
demeure@demeure-vignole.com
www.demeure-vignole.com

Ouvert du 15 mars au 15 novembre • 8 chambres dont 1 accessible aux handicapés physiques, toutes équipées de salle de bains WC et télévision • 74 à 102 € pour 2 personnes ; petit-déjeuner 9 € ; possibilité de demi-pension • Menus 26 € (uniquement le soir sur réservation) • Terrasse, jardin, parking. Chiens non admis

On a aimé

Le « veilloir » troglodytique où les villageois se sont réunis dès le 12e s.

Cette exquise adresse n'a ouvert ses portes qu'en l'an 2000, après de gros travaux supervisés par les architectes des Monuments historiques. Manoir du 15e s. et dépendances en tuffeau du 17e s. accrochés à la falaise, chambres personnalisées, éléments anciens conservés (poutres, cheminées, four à pain, etc.), jardin en terrasses surplombant la vallée et ambiance « guesthouse »... Une belle manière d'entretenir le patrimoine saumurois !

Accès : à 10 km de Saumur par la D 947, au cœur du village

CHÂTEAU-GONTIER - 53200

16 LE CHÂTEAU DE MIRVAULT

M. et Mme d'Ambrières

53200 Château-Gontier
Tel. 02 43 07 10 82
Fax 02 43 07 10 82
château.mirvault@worldonline.fr

Ouvert toute l'année • 2 chambres • 76 à 80 € pour 2 personnes, petit-déjeuner compris • Pas de table d'hôte • Parc, parking. Cartes de crédit non acceptées, chiens non admis • Promenades en barques

On a aimé

La convivialité de l'accueil.

La même famille réside depuis 1573 dans cette belle demeure postée au bord de la Mayenne. Fastueux salon agrémenté de meubles du 18e s. et de portraits des aïeux, salle des petits-déjeuners ornée d'une splendide tapisserie murale et parc où s'ébat, entre autres représentants de la gent animale, une sympathique troupe de lapins sauvages. Les chambres, dont le style s'harmonise à celui des espaces communs, offrent la vue sur la rivière où des barques sont gracieusement mises à disposition.

Accès : au Nord par la N 162, route de Laval, bord de la Mayenne

CHAMPFLEUR - 72610

17 LA GARENCIÈRE

M. et Mme Langlais

72610 Champfleur
Tel. 02 33 31 75 84
Fax 02 33 27 42 09

Fermé en janvier • 5 chambres • 46 à 49 € pour 2 personnes, petit-déjeuner compris • Table d'hôte 19 € (uniquement le soir) • Parking. Cartes de crédit non acceptées, chiens non admis • Piscine couverte

On a aimé **La verdoyante campagne qui entoure cette propriété.**

Au temps des Croisés ce lieu-dit, fief des Chevaliers de la Garencière, constituait une halte sur la route de St-Jacques-de-Compostelle. Aujourd'hui, la grande ferme qui remplace depuis le 19e s. le refuge des pèlerins vous propose des chambres calmes et décorées avec soin. Celle aménagée dans une maisonnette indépendante est idéale pour les familles. Table d'hôte abondamment garnie de produits du terroir et sympathique piscine couverte établie face à la campagne.

Accès : 6,5 km au Sud-Est d'Alençon, direction Mamers et Champfleur (D 19), puis continuer vers Bourg-le-Roi

COULAINES - 72190

18 CHAMBRE D'HÔTE MADAME BORDEAU

Mme Bordeau

Le Monet
72190 Coulaines
Tel. 02 43 82 25 50

Ouvert toute l'année • 4 chambres • 45 € pour 2 personnes, petit-déjeuner compris • Pas de table d'hôte • Jardin, parking. Cartes de crédit non acceptées, chiens non admis

On a aimé **Le cadre champêtre, à quelques kilomètres de la ville.**

Sauvée in extremis de la ruine, cette petite maison de pays affiche aujourd'hui une belle apparence. L'intérieur a conservé son cachet d'origine tout en se dotant du confort actuel. Les chambres, pas très grandes mais fort sympathiques, renferment un beau mobilier ancien ; celles du rez-de-chaussée possèdent de jolies poutres apparentes, les autres sont logées sous le toit. Salle des petits-déjeuners réchauffée l'hiver par une cheminée et jardin arboré très bien entretenu.

Accès : 5 km au Nord du Mans, direction Mamers puis Ballon par la D 300

LE LUDE - 72800

19 CHAMBRE D'HÔTE MADAME PEAN

Mme Pean

5 Grande-Rue
72800 Le Lude
Tel. 02 43 94 63 36

Fermé d'octobre à mars • 3 chambres à l'étage • 50 € pour 2 personnes, petit-déjeuner compris • Pas de table d'hôte • Jardin. Cartes de crédit non acceptées

On a aimé **La situation de cette maison de ville, à deux pas du château.**

On ne soupçonne absolument pas que, derrière l'imposant mur qui clôt les abords de cette belle demeure du 17e s. se cache un divin jardin. Les chambres, spacieuses, toutes aménagées au 1er étage, sont meublées à l'ancienne. Les copieux petits-déjeuners vous feront excellente impression, mais ce qui vous donnera avant tout l'envie de revenir, c'est l'accueil de la maîtresse de maison, toujours ravie de rencontrer de nouveaux hôtes.

Accès : au village

LUCHÉ-PRINGÉ - 72800

20 L'AUBERGE DU PORT DES ROCHES

M. et Mme Lesiourd

Le Port des Roches
72800 Luché-Pringé
Tel. 02 43 45 44 48
Fax 02 43 45 39 61

Fermé en février, dimanche soir, lundi et mardi midi • 12 chambres équipées de salles de bains WC ou douches WC, la moitié avec télévision • 42 à 52 € pour 2 personnes ; petit-déjeuner 6 € ; possibilité de demi-pension • Menus 20 à 42 € • Terrasse et jardin au bord du Loir, parking fermé

On a aimé **Les paisibles balades sur les bords du Loir.**

Cette pimpante auberge champêtre postée sur une rive du Loir profite aujourd'hui du grand calme des lieux. Pourtant, il n'y a guère, on extrayait le tuffeau du coteau limitant la vallée pour le charger sur les bateaux du petit « port » qui fait face à l'hôtel. Chambres fraîches et colorées, plaisante salle à manger bourgeoise et jardin-terrasse fleuri au fil de l'eau : oublié, le stress...

Accès : à 2,5 km à l'Est par la D 13, direction Mancigné, puis par la D 214

MONCÉ-EN-BELIN - 72230

21 LE PETIT PONT

Mme Brou

3 rue du Petit-Pont
72230 Moncé-en-Belin
Tel. 02 43 42 03 32
Fax 02 43 42 97 95

Ouvert toute l'année • 1 chambre dans la maison et 5 autres dans un bâtiment annexe • 46 à 56 € pour 2 personnes, petit-déjeuner compris • Table d'hôte de 13 à 25 € • Jardin, parking. Chiens non admis

On a aimé **Le formidable dynamisme de la maîtresse de maison.**

Au fil des années, la dynamique propriétaire a amoureusement restauré cette jolie maison tapissée de vigne vierge, partie intégrante d'une ancienne exploitation agricole. Résultat ? Des chambres parfaitement équipées et joliment personnalisées, réservées aux non-fumeurs. L'une d'elles, ainsi qu'un gîte, est aménagée dans l'habitation principale, les autres se trouvent dans un bâtiment indépendant. Une adresse très accueillante.

Accès : à 11 km au Sud du Mans par la D 147, direction Arnage, puis la D 307

PONCÉ-SUR-LE-LOIR - 72340

22 CHÂTEAU DE LA VOLONIÈRE

M. Becquelin

49 rue Principale
72340 Poncé-sur-le-Loir
Tel. 02 43 79 68 16
Fax 02 43 79 68 18
chateau-de-la-voloniere@wanadoo.fr
http://chateaudelavoloniere.free.fr

Fermé février • 5 chambres • 60 à 80 € pour 2 personnes, petit-déjeuner 5 € • Pas de table d'hôte • Parc, parking • Visite des châteaux de la Loire

On a aimé **L'ambiance bohème et décontractée.**

Un accueil exemplaire vous sera réservé en cette sympathique adresse jouxtant la maison natale de Pierre Ronsard. Les chambres, aux couleurs éclatantes recèlent de belles antiquités ; chacune d'elles prend pour thème décoratif un conte, une légende ou des personnages romanesques : « Barbe Bleue » « 1 001 nuits », « Merlin », « Roméo et Juliette »... La chapelle du 15e s. est devenue salle à manger et l'ancienne cuisine troglodyte, lieu d'exposition.

Accès : au village

SAINT-LÉONARD-DES-BOIS - 72130

23 LE MOULIN DE LINTHE

M. et Mme Rollini

Route de Sougé-le-Ganelon
72130 Saint-Léonard-des-Bois
Tel. 02 43 33 79 22
Fax 02 43 33 79 22
www.moulindelinthe.com

Fermé janvier et février • 5 chambres • 60 € pour 2 personnes, petit-déjeuner compris • Pas de table d'hôte • Terrasse, jardin, parking. Cartes de crédit non acceptées, chiens non admis • Pêche dans les eaux de la Sarthe

On a aimé **La visite de l'élevage d'autruches situé à 50 m de ce joli moulin.**

Ce moulin tricentenaire érigé au milieu des prés est le lieu idéal pour faire le plein de nature. Les pêcheurs pourront taquiner la truite ou le brochet dans les eaux de la Sarthe qui coule à ses pieds, les curieux ne manqueront pas la visite de l'élevage d'autruches voisin, et les autres se régaleront de balades à vélo. Les chambres, spacieuses, claires et calmes, sont meublées chacune dans un style différent : normand, Louis XVI, 1930... Le salon offre une jolie vue sur la roue à aubes.

Accès : à 400 mètres du village, au Sud, vers Sougé-le-Ganelon

BOUIN - 85230

24 HÔTEL DU MARTINET

Mme Huchet

1 bis place de la Croix-Blanche
85230 Bouin
Tel. 02 51 49 08 94
Fax 02 51 49 83 08
hotel.martinet@free.fr
www.lemartinet.com

Ouvert toute l'année • 30 chambres dont 7 de plain pied, avec salles de bains WC ou douches WC et télévision • 52 à 73 € pour 2 personnes ; petit-déjeuner 7 € ; possibilité de demi-pension • Menus de 22 à 25 € • Jardin, parking. Chiens non admis au restaurant • Piscine de plein air, salle de remise en forme

On a aimé **La joyeuse atmosphère de la demeure.**

Cette discrète maison de village du 18e s. cache bien son jeu : paisible coin de verdure agrémenté d'une piscine, chambres bien tenues - celles en rez-de-jardin, carrelées de tomettes et meublées en rotin, sont les plus agréables - et charmante salle à manger d'esprit bourgeois (boiseries peintes, parquet, cheminée en marbre) où la propriétaire des lieux, aussi aimable que dynamique, vous proposera la pêche du jour, ramenée par l'un de ses fils et... cuisinée par l'autre !

Accès : au centre du village

CHALLANS - 85300

25 L'ANTIQUITÉ

M. et Mme Belleville

14 rue Galliéni
85300 Challans
Tel. 02 51 68 02 84
Fax 02 51 35 55 74
antiquitehotel@wanadoo.fr
www.hotelantiquite.com

Ouvert toute l'année • 16 chambres dotées de salles de bains WC ou douches WC et télévision • 50 à 76 € (44 à 70 € basse saison) pour 2 personnes ; petit-déjeuner 6 € • Pas de restaurant • Parking fermé. Chiens non admis • Piscine

On a aimé **Le salon des petits-déjeuners prolongé par une agréable véranda.**

L'enseigne évoque les nombreux meubles chinés chez les antiquaires qui agrémentent cet hôtel familial. Une grande bâtisse à la façade blanche abrite la majorité des chambres qui offrent un cadre plaisant : tomettes, mobilier de style, gravures et tableaux anciens. Agencée autour de la piscine extérieure, une aile récente dispose de quatre chambres plus spacieuses et dotées de belles salles de bains modernes.

Accès : près du palais des expositions

CHAMPAGNÉ-LES-MARAIS - 85450

26 LA CLOSERAIE

Mme Lagaude

21 rue de la Paix
85450 Champagné-les-Marais
Tel. 02 51 56 54 54
Fax 02 51 56 55 65
info@closeraie.fr
www.closeraie.fr

Fermé du 1er au 15 janvier • 5 chambres • 55 à 65 € (49 à 55 € basse saison) pour 2 personnes, petit-déjeuner compris • Table d'hôte 17 € • Jardin. Chiens non admis au restaurant • Piscine de plein air, location de vélos

On a aimé **La miniboutique de produits du terroir.**

Cette belle demeure de 1850 abritait jadis, a-t-on ouï dire, un couvent. Restaurée, elle propose désormais des chambres joliment décorées - sols en terre cuite, poutres, meubles anciens, reproductions de tableaux impressionnistes -, toutes en rez-de-jardin ; l'une d'elles possède en outre une cheminée. Les petits-déjeuners, garnis de brioches vendéennes et confitures « maison », sont un régal. Sur place, location de vélos et organisation de week-ends à thème (gastronomie randonnée...).

Accès : à 13 km au Sud de Luçon par la D 50 et la D 949

27 LOGIS DE LA COUPERIE

Mme Oliveau

85000 La Roche-sur-Yon
Tel. 02 51 24 10 18
Fax 02 51 46 05 59

Ouvert toute l'année • 5 chambres proposant toutes salles de bains WC ou douches WC et télévision • 74 à 105 € (72 à 78 € basse saison) ; petit-déjeuner 9 € • Pas de table d'hôte • Parc avec jardin potager et étang, parking. Cartes de crédit non acceptées, chiens non admis • Salon-bibliothèque, pêche, vélos

On a aimé **Les nombreuses petites attentions prodiguées aux hôtes.**

On n'a qu'une envie après être arrivé dans cette charmante gentilhommière reconstruite après la Révolution : prolonger son séjour. Peut-être parce que l'on y cultive une délicieuse ambiance « guesthouse » et que l'on met un point d'honneur à choyer ses clients. Certainement aussi pour ses chambres romantiques, portant de doux noms de fleurs, ou pour ce jardin très soigné et agrémenté d'un potager et d'un étang où barbotent cygnes et canards. Un petit coin de paradis !

Accès : à 5 km à l'Est : sortir par la D 948, direction Niort, puis prendre à gauche la D 80

28 LA MÉTAIRIE DU BOURG

M. et Mme Retailleau

85500 Les Herbiers
Tel. 02 51 67 23 97

Ouvert toute l'année • 3 chambres • 50 € pour 2 personnes, petit-déjeuner compris • Pas de table d'hôte • Jardin, parking. Cartes de crédit non acceptées, chiens non admis • Ferme en activité (élevage de bovins)

On a aimé **La situation à deux pas du Puy-du-Fou.**

Cette vénérable ferme typiquement vendéenne perdue en plein bocage a belle allure avec ses murs de pierre et son toit couvert de tuiles rondes. Toujours en activité - on y pratique l'élevage bovin -, elle reçoit ses hôtes dans des chambres spacieuses et soignées dont la hauteur se perd sous la charpente. La pièce à vivre soigne son cachet rustique : carrelage au sol, poutres apparentes, mobilier ancien et cheminée. Les petits-déjeuners sont copieux et l'accueil, chaleureux.

Accès : à 5 km au Nord-Est des Herbiers par la D 755 puis la D 11 et route secondaire

MAILLEZAIS - 85420

29 CHAMBRE D'HÔTE MADAME BONNET

Mme Bonnet

69 rue de l'Abbaye
85420 Maillezais
Tel. 02 51 87 23 00
Fax 02 51 00 72 44
liliane.bonnet@wanadoo.fr
www.accueilvendee.com

Ouvert toute l'année • 5 chambres équipées de salles de bains WC • 61 à 63 € pour 2 personnes, petit-déjeuner compris • Pas de table d'hôte • Jardin, parc, parking. Cartes de crédit non acceptées, chiens non admis • Galerie-exposition d'outils anciens. Barques à disposition

On a aimé **Les promenades en barque dans les conches et les rigoles du Marais.**

Un parc planté d'ifs centenaires, un verger et un potager entourent cette maison de maître du 19e s. et sa ravissante orangerie. Les chambres sont plaisamment décorées ; la plus charmante, dotée d'un lit à baldaquin, se trouve sous les toits. Celle aménagée dans l'ancien poulailler ouvre de plain-pied sur le parc. Les marins d'eau douce apprécieront l'accès direct aux canaux du marais. Avant de repartir, n'oubliez pas de jeter un coup d'œil à la collection de sabots et d'outils anciens.

Accès : près de l'abbaye

SAINT-GERVAIS - 85230

30 LE PAS-DE-L'ÎLE

M. Pitaud

Le Pas-de-l'Île
85230 Saint-Gervais
Tel. 02 51 68 78 51
Fax 02 51 68 42 01

Fermé du 1er novembre au 15 mars • 2 chambres de plain-pied • 44 € pour 2 personnes, petit-déjeuner compris • Pas de table d'hôte • Jardin, parking. Cartes de crédit non acceptées, chiens non admis

On a aimé **Explorer les recoins du Marais breton-vendéen.**

Cette jolie maison basse illustre parfaitement l'architecture particulière au Marais breton-vendéen. Réparties autour d'une cour carrée gazonnée les chambres, garnies de beaux meubles régionaux, disposent toutes d'une entrée indépendante. Les plus récentes, sous charpente apparente, sont les plus agréables. À table, vous dégusterez le foie gras des canards élevés ici... Promenades digestives en barque ou à vélo.

Accès : à 4 km au Sud-Est de Beauvoir par la D 948 puis la D 59 et route secondaire

31 LE MANOIR DE LA BARBACANE

M. et Mme Baume

2 place de l'Église
85130 Tiffauges
Tel. 02 51 65 75 59
Fax 02 51 65 71 91
hotelbarbacane@aol.com
www.hotelbarbacane.com

Fermé dernière semaine de décembre, mi-mars, fin septembre, le dimanche d'octobre à avril • 19 chambres dotées de salles de bains WC ou douches WC et de télévision • 72 à 115 € pour 2 personnes (57 à 95 € basse saison) ; petit-déjeuner 10 € • Pas de restaurant • Jardin, garage. Chiens non admis • Piscine de plein air, salle de billard

On a aimé

Le « conservatoire des machines de guerre » dans l'enceinte du château.

La Barbacane à Tiffauges : vous voici transportés en plein Moyen Âge ! Sauf que l'hôtel prend place dans une demeure du 19e s. bâtie dans le style des manoirs anglais. Il abrite un intérieur campagnard décoré de nombreux bibelots. Les chambres, un brin désuètes, doivent être prochainement rénovées ; certaines offrent une échappée sur le château du sinistre Gilles de Rais, seigneur de Tiffauges, alias Barbe-Bleue...

Accès : à mi-chemin entre Montaigu et Cholet par la D 753, au centre du village

PICARDIE

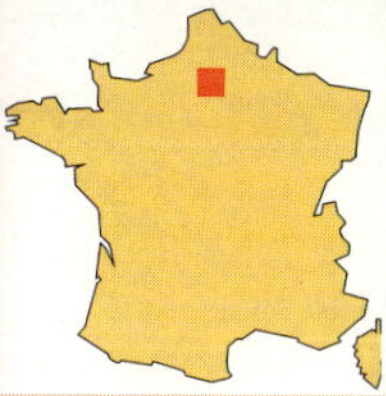

Riche en splendides cathédrales gothiques, en hôtels de ville flamboyants, en imposants châteaux de tous styles et en émouvants témoignages des deux guerres mondiales, la Picardie est un livre d'histoire grandeur nature. Vous aimez la campagne et les grands espaces ? Fendez les hautes futaies de hêtres et de charmes des forêts de Compiègne ou de Saint-Gobain, nostalgiques du tumulte des chasses royales, rendez visite à ces fermes aux airs de forteresse s'entourant à perte de vue de champs de céréales et de betteraves, puis observez le ballet des oiseaux au-dessus du Marquenterre dans la baie de Somme. Et une fois au pied de la grandiose cathédrale d'Amiens, adoptez la devise de Lafleur, illustre marionnette amiénoise : « bien boire, bien manger et ne rien faire »...Soupe des hortillonnages, agneau de pré salé et pâté de canard ou d'anguille vous prouveront qu'en Picardie, la gastronomie n'est pas affaire de dilettante.

- Aisne (02)
- Oise (60)
- Somme (80)

BELGIË
PICARDIE
Calais
Gravelines
Wissant
Ardres
Bergues
Wormhout
Cassel
St Omer
Bailleul
Ieper
Kortrijk
Tourcoing
Armentières
Roubaix
LILLE
Hazebrouck
Desvres
Samer
Thérouanne
Lillers
Béthune
Seclin
Tournai
Orchies
St Amand-les-Eaux
Fruges
la Bassée
Lens
Douai
Valenciennes
Mons
Montreuil
St Pol-s-T.
Hénin-Beaumont
Hesdin
Aubigny
Frévent
Beaumetz-lès-L.
Arras
Denain
le Quesnoy
Bavay
Maubeuge
Binche
Cambrai
le Cateau
Avesnes
Bapaume
Doullens
Bernaville
Rue
le Crotoy
Ault
St Valery
Abbeville
Gamaches
Airaines
Blangy
Oisemont
Villers-Bocage
Albert
Amiens
Villers-Bretonneux
Péronne
le Catelet
Guise
la Capelle
Vervins
St Quentin
Marle
Montcornet
Ham
la Fère
Chauny
Roye
Moreuil
Poix
Aumale
Ailly-s-N.
Grandvilliers
Breteuil
Montdidier
Noyon
Laon
Neufchâtel-en-Bray
Forges-les-Eaux
Marseille-en-B.
Gournay-en-Bray
St Just-en-Chaussée
Beauvais
Soissons
Vailly
Compiègne
Clermont
Arsy
Auneuil
Fleury-sur-Andelle
Gisors
Noailles
Crépy-en-Valois
Villers-Cotterêts
Fère-en-Tardenois
Fismes
Reims
Ville-en-Tardenois
Chantilly
Senlis
la Ferté-Milon
Nanteuil-le-H.
Magny-en-Vexin
Vernon
Pontoise
Château-Thierry
Dormans
Meulan
Cergy
St Denis
Mantes-la-Jolie
Nanterre
Bobigny
Meaux
la Ferté-sous-Jouarre
Montmort
St Germain
Lagny
Coulommiers
Montmirail
Fère-Champenoise
Houdan
Pontchartrain
PARIS
Créteil
Tournan
Versailles
la Ferté-Gaucher
Esternay
Dreux
Palaiseau
Évry
Brie-Comte-Robert
Rozay-en-Brie
Sézanne
Rambouillet
Montlhéry
Anglure
Arpajon
Corbeil-Essonnes
Guignes
Villenauxe-la-Gr.de
Maintenon
Dourdan
Nangis
Provins
Melun
Nogent-s-Seine
Méry
Ablis
Chartres
la Ferté-Alais
Fontainebleau
Étampes
Montereau
Bray
Milly-la-Forêt
Moret
Marcilly-le-Hayer
Troyes
Pont-s-Yonne
Angerville
Malesherbes
Nemours
Sens
Villeneuve-l'Archevêque
Orgères
Toury
Somme
Oise
Aisne
Marne
Seine
Escaut
Schelde
la Manche

BRUYÈRES-SUR-FÈRE - 02130

1 VAL-CHRÉTIEN

M. et Mme Sion

Ancienne abbaye du Val Chrétien
02130 Bruyères-sur-Fère
Tel. 03 23 71 66 71
Fax 03 23 71 66 71
val.chretien@wanadoo.fr

Ouvert toute l'année • 5 chambres au 1er étage • 54 à 64 € pour 2 personnes, petit-déjeuner compris ; possibilité de demi-pension • Table d'hôte 20 € • Parc. Cartes de crédit non acceptées, chiens non admis • Tennis

On a aimé **La situation exceptionnelle au cœur d'un site légendaire du Tardenois.**

Tout à fait étonnante, cette demeure érigée au bord de l'Ourcq et au cœur des vestiges (12e s.) de l'abbaye du Val Chrétien ! Les chambres sont sobrement décorées, à l'exception de l'une d'elles tendue de velours rouge et dotée d'un lit à baldaquin. Le rez-de-chaussée se partage entre la salle des petits-déjeuners agrémentée de poutres apparentes et la bibliothèque réchauffée en hiver par une cheminée. Un tennis couvert a été aménagé dans une dépendance.

Accès : 8 km à l'Ouest de Fère-en-Tardenois par la D 310, direction Bruyères-sur-Fère, par chemin vicinal

CHAUNY - 02300

2 LA TOQUE BLANCHE

M. et Mme Lequeux

24 avenue Victor-Hugo
02300 Chauny
Tel. 03 23 39 98 98
Fax 03 23 52 32 79
info@toque.blanche.fr
www.toque-blanche.fr

Fermé du 2 au 4 janvier, du 5 au 18 février, du 2 au 22 août, samedi midi, dimanche soir et lundi • 6 chambres dont 2 réservées aux non-fumeurs, toutes sont dotées de salles de bains WC ou douches WC et télévision • 72 à 87 € ; petit-déjeuner 12 € ; possibilité de demi-pension • Restaurant climatisé ; menus de 31 à 70 € • Terrasse, parc, parking • Tennis

On a aimé **La spécialité maison : le foie gras de canard.**

La Toque Blanche, ravissante maison bourgeoise des années 1920, abrite d'une part des chambres confortables décorées chacune de façon différente, d'autre part une table gastronomique réputée pour sa cuisine raffinée mariant subtilement les saveurs, servie dans des salles à manger de style Art déco ou classique... Et ne lorgnez pas sur votre embonpoint naissant : après le repas, une flânerie digestive dans l'immense parc ombragé éliminera les grammes superflus !

Accès : près du centre-ville

CONNIGIS - 02330

3 CHAMBRE D'HÔTE M. LECLÈRE

M. et Mme Leclère

1 rue de Launay
02330 Connigis
Tel. 03 23 71 90 51
Fax 03 23 71 48 57

Fermé du 20 décembre au 31 décembre • 4 chambres • 40 à 48 € pour 2 personnes, petit-déjeuner compris • Table d'hôte 15 € • Parc, parking. Chiens non admis • Location de vélos, circuits pédestres, pêche à la truite à 200 m

On a aimé **Les balades à pied ou à vélo, au cœur du vignoble.**

Voilà plus de dix ans que ce couple de producteurs de champagne rénove cette ferme du 16e s., jadis dépendance du château de Connigis. Les chambres, spacieuses, toujours dotées de leur parquet d'origine, donnent sur le magnifique parc tracé en bordure des vignes ; celle aménagée dans la tour, à l'écart de l'habitation principale plaisamment décorée dans le style flamand, est la plus tranquille. Jeux pour enfants et location de vélos.

Accès : à 12 km à l'Est de Château-Thierry par la N 3 et la D 4

ÉTRÉAUPONT - 02580

4 AUBERGE DU VAL DE L'OISE

M. et Mme Trokay

8 rue Albert-Ledent
02580 Étréaupont
Tel. 03 23 97 91 10
Fax 03 23 97 48 92
contact@clos-du-montvinage.fr
www.clos-du-montvinage.fr

Fermé 1 semaine en décembre, 1 semaine en janvier, et 1 semaine à partir du 15 août • 20 chambres dont 1 accessible aux handicapés physiques, avec salles de bains WC ou douches WC et télévision • 62 à 103 € ; petit-déjeuner 9 € ; possibilité de demi-pension • Menus de 20 à 38 € • Terrasse, jardin, parking fermé. Chiens non admis dans les chambres • Salle de billard

On a aimé **La coquette chambre des mariés et son lit à baldaquin !**

Toute en briques, charmante et imposante maison de maître de la fin du 19e s. bordant la traversée du village. À l'intérieur, plaisante atmosphère « rétro » et chambres de bonne ampleur dotées d'un mobilier de style Louis-Philippe. Une annexe récemment créée accueille le nouveau restaurant de l'établissement qui présente un décor aux belles couleurs pastel et une alléchante carte traditionnelle.

Accès : sur la N 2, entre Vervins et La-Capelle, dans la traversée du village

L'ÉPINE-AUX-BOIS - 02540

5 DOMAINE DES PATRUS

M. et Mme Royol

la Haute Épine
02540 L'Épine-aux-Bois
Tel. 03 23 69 85 85
Fax 03 23 69 30 14
contact@domainedespatrus.com
www.domainedespatrus.com

Fermé de décembre à février • 5 chambres dont 2 mansardées • 70 à 90 € pour 2 personnes, petit-déjeuner compris • Table d'hôte 28 à 34 € (vins inclus) • Salon avec cheminée, bibliothèque. Parc, parking. Chiens non admis • Visite de la galerie dédiée aux fables de La Fontaine, dégustation de vins et champagne

On a aimé **La visite de la galerie de peintures dédiée aux fables de La Fontaine.**

Cette belle ferme briarde mérite qu'on s'y arrête pour savourer, outre son confort, le plaisir d'un réveil face à un panorama champêtre empreint de sérénité. Les chambres, spacieuses et garnies de meubles anciens, ont chacune leur personnalité ; celles mansardées possèdent un petit salon. La bibliothèque dotée d'une élégante mezzanine ajoute au charme du lieu, de même que la visite de la galerie des fables conduite par la propriétaire, intarissable sur Jean de La Fontaine.

Accès : 8 km à l'Ouest de Montmirail par la D 933, direction Meaux

RESSONS-LE-LONG - 02290

6 FERME DE LA MONTAGNE

M. Ferté

02290 Ressons-le-Long
Tel. 03 23 74 23 71
Fax 03 23 74 24 82
lafermedelamontagne@free.fr
http://www.lafermedelamontagne.free.fr

Fermé en janvier et février • 5 chambres équipées de salles de bains WC • 50 € pour 2 personnes, petit-déjeuner compris • Pas de table d'hôte • Jardin, parking. Cartes de crédit non acceptées, chiens non admis • Billard français et piano

On a aimé **La magnifique vue sur la vallée de l'Aisne.**

Bâtie en bordure d'un plateau, cette ancienne ferme de l'abbaye Notre-Dame de Soissons dont les fondations remonteraient au 13e s. domine superbement la vallée de l'Aisne. Les chambres, bien dimensionnées, disposent chacune d'un accès indépendant ; leurs salles de bains sont confortablement équipées. Le salon, doté d'un billard français et d'un piano sur lequel les hôtes peuvent démontrer leur virtuosité, profite du magnifique paysage. L'accueil, enfin, est agréable.

Accès : 8 km à l'Ouest de Soissons par la N 31 et la D 1160

REUILLY-SAUVIGNY - 02850

7 AUBERGE LE RELAIS

M. et Mme Berthuit

2 rue de Paris
02850 Reuilly-Sauvigny
Tel. 03 23 70 35 36
Fax 03 23 70 27 76
auberge.relais.de.reuilly@wanadoo.fr
www.relaisreuilly.com

Fermé du 31 janvier au 3 mars, du 15 août au 2 septembre, le mardi et le mercredi • 7 chambres avec salles de bains WC ou douches WC, toutes climatisées et dotées de télévision • 70 à 88 € pour 2 personnes ; petit-déjeuner 12 € • Restaurant climatisé ; menus 28 (en semaine) à 73 € • Jardin, parking. Chiens non admis dans les chambres

On a aimé **La pièce de veau du Limousin accompagnée d'asperges vertes au jus de truffe.**

La façade joliment fleurie de cette accueillante auberge borde la route traversant le village. Vous serez séduits par la belle harmonie de couleurs que met bien en valeur la luminosité des pièces. Les chambres, d'esprit provençal ou contemporain, jouissent d'un remarquable panorama sur le vignoble champenois et la vallée de la Marne. Dans ce concert de bon goût, la table n'est pas en reste : attrayante cuisine actuelle à déguster dans la terrasse-véranda ou la salle à manger feutrée.

Accès : dans la traversée du village, en bordure de la N 3, entre Château-Thierry et Dormans

SAINT-QUENTIN - 02100

8 HÔTEL DES CANONNIERS

Mme Michel

15 rue des Canonniers
02100 Saint-Quentin
Tel. 03 23 62 87 87
Fax 03 23 62 87 86
lescanonniers@aol.com
www.hotel-canonniers.com

Fermé du 1er au 15 août et dimanche soir (sauf réservation) • 7 chambres équipées de salles de bains WC ou douches WC, télévision et cuisinettes équipées • 60 à 105 € ; petit-déjeuner 10 € • Pas de restaurant • Terrasse, jardin, parking fermé • Salle de billard

On a aimé **La collection de portraits du pastelliste Quentin de La Tour, au musée Lécuyer.**

Quelle que soit la durée de votre séjour, le Canonniers vous proposera à prix « minis » de magnifiques suites personnalisées équipées d'une cuisinette ! Cette belle demeure bourgeoise de 1754 transformée en hôtel vous offre en outre l'agrément d'une maison d'hôtes : vous pourrez à votre aise y disputer des parties de billard ou vous relaxer en terrasse face au verdoyant jardin. L'établissement accueille de surcroît les séjours d'affaires, mettant à disposition ses élégants salons.

Accès : longer l'hôtel de ville, prendre à gauche rue de la Comédie, passer devant le théâtre, puis tourner à droite

VILLERS-AGRON-AIGUIZY - 02130

9 MANOIR DE LA SEMOIGNE

M. et Mme Ferry

Chemin de la Ferme
02130 Villers-Agron-Aiguizy
Tel. 03 23 71 60 67
Fax 03 23 69 36 54
xavferry@club-internet.fr
http://manoirdelasemoigne.online.fr

Ouvert toute l'année • 4 chambres équipées de salles de bains WC • 66 à 84 € pour 2 personnes, petit-déjeuner compris ; possibilité de demi-pension • Table d'hôte 35 € (uniquement sur réservation pour dîner) • Parc. Cartes de crédit non acceptées, chiens non admis • Golf à proximité

On a aimé **Le joli parcours de golf 18 trous aménagé dans la propriété.**

Très agréable séjour en perspective dans cette maison de notable du 18e s. dont le parc, traversé par une petite rivière, accueille un joli parcours de golf. Les chambres, spacieuses et calmes, portent chacune le nom d'une couleur : bleu, jaune, beige... Leurs salles de bains sont grandes et bien équipées. La table d'hôte, qui cuisine principalement les produits de la ferme, ne manque pas non plus d'attrait. Sur place : tennis et pêche à la truite.

Accès : 15 km au Sud-Est de Fère-en-Tardenois

VILLERS-COTTERETS - 02600

10 LE RÉGENT

M. Brunet

26 rue du Général-Mangin
02600 Villers-Cotterets
Tel. 03 23 96 01 46
Fax 03 23 96 37 57
info@hotel-leregent.com
www.hotel-leregent.com

Ouvert toute l'année • 26 chambres, en façade ou sur l'arrière, dotées de salles de bains WC ou douches WC et télévision • 54 à 74 € pour 2 personnes ; petit-déjeuner 8 € • Pas de restaurant • Parking

On a aimé **Relire Les Trois Mousquetaires au pays d'Alexandre Dumas.**

Véritable petit joyau à deux pas du centre-ville, cet hôtel particulier du 18e s. a conservé tout le charme de sa jeunesse. Pénétrez sous le porche, flattez le petit chat gris gardien de la maison, puis traversez la belle cour pavée à l'atmosphère romantique : des chambres de style classique, en parfaite harmonie avec l'architecture du bâtiment, vous y attendent. Certaines d'entre elles devraient bientôt bénéficier d'un brin de toilette.

Accès : entrer dans Villers-Cotterets, l'hôtel se situe à quelques pas du centre-ville, près de la poste

CAMBRONNE-LÈS-RIBECOURT - 60170

11 LA FERME ANCIENNE DE BELLERIVE

Mme Brunger

492 rue de Bellerive
60170 Cambronne-lès-Ribecourt
Tel. 03 44 75 02 13
Fax 03 44 76 10 34
bellerive@minitel.net
www.bellerive.fr

Ouvert toute l'année • 5 chambres • 50 € pour 2 personnes, petit-déjeuner compris ; possibilité de demi-pension • Table d'hôte 15 € • Jardin, parking. Cartes de crédit non acceptées, chiens non admis

On a aimé

Le caractère authentique de cette ferme bicentenaire.

Cette vénérable ferme postée entre canal et rivière se réserve aux amateurs de calme et d'authenticité. Les chambres, aménagées dans l'ancienne grange, sont simples et sympathiques - murs blancs égayés par des voilages et dessus-de-lit choisis - et les salles de bains bien équipées. La table d'hôte, dressée dans un décor agreste, vous accueille midi et soir autour d'un appétissant menu « fermière ». Agréable jardin.

Accès : à 7,5 km au Sud-Ouest d'Ourscamps par la N 32 et la D 66

CHELLES - 60350

12 RELAIS BRUNEHAUT

M. et Mme Frenel

3 rue de l'Église
60350 Chelles
Tel. 03 44 42 85 05
Fax 03 44 42 83 30

Ouvert toute l'année • 9 chambres dont une équipée d'une cuisinette ; toutes avec salles de bains WC ou douches WC et télévision, • 48 à 55 € ; petit-déjeuner 8 € ; possibilité de demi-pension • Restaurant fermé lundi et mardi midi ; menus de 23 (semaine) à 37 € • Cour intérieure fleurie, jardin sur l'arrière, parking fermé. Chiens non admis au restaurant

On a aimé

Le Moyen Âge d'opérette du château de Pierrefonds.

Les amoureux de Pierrefonds, splendide interprétation de l'architecture médiévale dûe au talent de Viollet-le-Duc, pourront séjourner à proximité de leur château favori dans ce charmant relais composé de deux bâtiments bordant une belle cour fleurie. Le moulin encore en état de marche, abrite la majorité des chambres, coquettes et rustiques, bercées par le gazouillis de la rivière. L'auberge, dévolue à la restauration, propose une gourmande cuisine traditionnelle.

Accès : au centre du village, à 5 km à l'Est de Pierrefonds par la D 85

CREIL - 60100

13 LA FERME DE VAUX

M. et Mme Joly

11 et 19 route de Vaux
60100 Creil
Tel. 03 44 64 77 00
Fax 03 44 26 81 50
joly.eveline@wanadoo.fr

Ouvert toute l'année ; fermé samedi midi et dimanche soir • 28 chambres, dont 10 à l'étage, les autres en rez-de-jardin, toutes avec salles de bains WC et télévision • 67 € pour 2 personnes ; petit-déjeuner 8 € ; possibilité de demi-pension • Menus de 17 à 34 € • Parking

On a aimé **Les belles idées de cadeau pour les amoureux de la faïence.**

Les propriétaires de cette ancienne ferme se plaisent à cultiver un certain art de vivre... Les chambres, agréables, adoptent chacune un style différent. Saints des saints, la chapelle médiévale est rapidement devenue un haut lieu gastronomique de la région. Vous y savourerez de délicieux mets traditionnels dans la salle à manger gothique percée de fenêtres en ogive et agrémentée de tentures, ou dans l'autre plus classique et néanmoins raffinée. Alors, succombez-vous à la tentation ?

Accès : à la sortie de Creil, après l'intersection N 16/ D 120, direction Verneuil, à l'entrée de la Z.I. de Vaux

GOUVIEUX - 60270

14 HOST. DU PAVILLON SAINT-HUBERT

Mme Luck

Avenue de Toutevoie
60270 Gouvieux
Tel. 03 44 57 07 04
Fax 03 44 57 75 42
www.pavillon-sainthubert.com

Fermé du 15 janvier au 13 février ; dimanche soir et lundi • 18 chambres disposant toutes de salles de bains WC ou douches WC et de télévision • 50 à 68 € pour 2 personnes ; petit-déjeuner 8 € ; possibilité de demi-pension • Menus de 25 € (en semaine) à 32 € • Terrasse au bord de l'Oise, jardin, parking

On a aimé **La confiserie au chocolat baptisée Crottin de Chantilly !**

Ce petit trésor se cache au bout d'une voie sans issue : charmant pavillon des bords de l'Oise inscrit dans un cadre bucolique à souhait et jouissant d'une rare quiétude. Réservez de préférence une chambre rénovée s'ouvrant côté rivière. Par beau temps, pendant que vos enfants s'amusent dans le jardin, installez-vous sur la terrasse pour paresser à l'ombre des platanes, avec en toile de fond le ballet des péniches... À table, alléchantes recettes traditionnelles.

Accès : quitter Chantilly par la D 909 jusqu'à Gouvieux, tourner à droite et à Chaumont prendre à gauche la voie sans issue vers l'Oise

15 CHAMBRE D'HÔTE M. BRUANDET

M. et Mme Bruandet

13 hameau de Bellefontaine
60650 Hannaches
Tel. 03 44 82 46 63
Fax 03 44 82 26 68
bellefontaine@free.fr
http://bellefontaine.free.fr

Fermé en janvier • 3 chambres • 45 € pour 2 personnes, petit-déjeuner compris ; possibilité de demi-pension • Table d'hôte 16 € (uniquement dîner) • Salon, jardin. Cartes de crédit non acceptées

On a aimé

Les chambres meublées de pièces uniques, plus originales les unes que les autres.

Adresse originale que cette ancienne ferme picarde du 19e s. dont la décoration, tant intérieure qu'extérieure, a été entièrement imaginée par le propriétaire, sculpteur inspiré. Les chambres, assez sobres, sont dotées d'un mobilier design ; l'une d'elles est agrandie d'une mezzanine. Le jardin, planté de sculptures métalliques réalisées à partir d'objets de récupération : outils agricoles, objets de consommation courante, etc., ne manquera pas de vous surprendre. Excellent accueil.

Accès : 5 km au Sud-Ouest de Gerberoy par la D 930 puis la D 104, direction Bellefontaine

16 DOMAINE DU BOIS D'AUCOURT

M. Clément-Bayard

60350 Pierrefonds
Tel. 03 44 42 80 34
Fax 03 44 42 80 36
bois.d.aucourt@wanadoo.fr
www.boisdaucourt.com

Ouvert toute l'année • 11 chambres équipées de salles de bains et WC • 69 à 107 € pour 2 personnes ; petit-déjeuner 8 € • Pas de restaurant • Parking. Chiens non admis • Tennis, promenades à pied, à VTT où à cheval

On a aimé

La nature verdoyante qui entoure cette belle propriété familiale.

Une douce quiétude règne en ce grand manoir à colombages érigé au 19e s. en plein cœur de la forêt de Compiègne. Les chambres, réservées aux non-fumeurs et équipées de salles de bains impeccables bénéficient toutes d'une décoration personnalisée. Selon votre goût et leur disponibilité, vous habiterez « l'Écossaise », « la Sévillane », « la Toscane », « la Zen » ou encore « la Tropique ». Faveur spéciale : le petit-déjeuner vous sera servi dans la cuisine de vos hôtes.

Accès : 1,6 km à l'Ouest de Pierrefonds par la D 85

ARGOULES - 80120

17 ABBAYE DE VALLOIRES

Assocation de Valloires

80120 Argoules
Tel. 03 22 29 62 33
Fax 03 22 29 62 24
contact@abbaye-valloires.com
www.abbaye-valloires.com

Fermé à Noël et Nouvel An • 18 chambres non-fumeurs avec vue sur le jardin • 52 à 90 € pour 2 personnes ; petit-déjeuner 6 € • Pas de table d'hôte • Jardin, parking. Chiens non admis • Visite de l'abbaye, concerts en saison

On a aimé **La dimension historique du lieu.**

Site touristique exceptionnel, l'abbaye de Valloires exerce également une activité de maison d'hôte afin d'assurer la sauvegarde de son patrimoine architectural. Aménagées dans une aile reconstruite au 18e s. les chambres, autrefois cellules de moines, sont spacieuses et joliment meublées ; toutes ouvrent leurs hautes croisées sur les splendides jardins monastiques. Suprême privilège : pour les petits-déjeuners, vous devrez vous rendre au... réfectoire de l'ancienne communauté cistercienne !

Accès : à l'abbaye

CREUSE - 80480

18 LA CHAUMIÈRE

Mme Lemaître

26 rue Principale
80480 Creuse
Tel. 03 22 38 91 50
Fax 03 22 38 91 50
monique.p.lemaitre@wanadoo.fr

Fermé l'hiver • 2 chambres et 1 suite • 65 € à 92 € pour 2 personnes, petit-déjeuner compris • Pas de table d'hôte • Salon, jardin, parking. Cartes de crédit non acceptées, chiens non admis

On a aimé **L'atmosphère « cosy » de cette jolie maison picarde.**

La forêt domaniale est à deux tours de roue du petit village abritant cette mignonne fermette picarde de la fin du 18e s. L'intérieur, pensé par la maîtresse des lieux (artiste-peintre), a beaucoup de charme : murs blanchis et beaux meubles régionaux dans les chambres, la salle des petits-déjeuners et le salon rustique, ce dernier très douillet avec sa cheminée d'époque. Grand et paisible jardin ombragé d'arbres centenaires.

Accès : à 14 km au Sud-Ouest d'Amiens

DURY - 80480

19 CHAMBRE D'HÔTE DU PETIT CHÂTEAU

M. Saguez

2 rue Grimaux
80480 Dury
Tel. 03 22 95 29 52
Fax 03 22 95 29 52
alainsaguez@libertysurf.fr

Ouvert toute l'année • 4 chambres non-fumeurs dont 1 au rez-de-chaussée, toutes équipées de salles de bains WC • 63 € pour 2 personnes, petit-déjeuner compris • Pas de table d'hôte • Salon, jardin, parc, parking. Cartes de crédit non acceptées, chiens non admis • Promenade en calèche

On a aimé **La sensation d'être en pleine campagne, à 10 mn en voiture du centre d'Amiens.**

Le charme de cette massive demeure du 19e s., son cadre champêtre et l'accueil convivial des propriétaires font oublier la proximité de la route. Aménagées dans un bâtiment annexe les chambres, souvent spacieuses, sont réservées aux non-fumeurs ; la plus petite est aussi la plus douillette. Vous prendrez votre copieux petit-déjeuner à la table de vos hôtes, toujours d'une agréable discrétion. À voir dans le domaine, une collection de voitures anciennes.

Accès : 6 km au Sud d'Amiens par la N 1, direction Beauvais

LE CROTOY - 80550

20 LES TOURELLES

M. et Mme Ferreira Da Silva

2 rue Pierre-Guerlain
80550 Le Crotoy
Tel. 03 22 27 16 33
Fax 03 22 27 11 45
lestourelles@nhgroupe.com
www.lestourelles.com

Fermé du 5 au 31 janvier • 27 chambres pour la plupart dotées de douches WC, les autres disposant de salles de bains WC, quelques-unes avec télévision • 57 à 75 € pour 2 personnes ; petit-déjeuner 8 € ; possibilité de demi-pension • Menus de 20 à 29 € • Dortoir original pour les enfants

On a aimé **Le « dortoir » réservé aux enfants.**

Les deux tourelles de cette maison de maître du 19e s., comme échappées d'un château de conte de fées dominent la petite station balnéaire et « la seule plage du Nord située au Sud » (Pierre Guerlain). La plupart des chambres, décorées dans un esprit plaisancier contemporain ou dans le style gustavien, sont tournées vers la baie de Somme. Au restaurant, poissons, coquillages et crustacés consoleront les marins d'eau douce revenus bredouilles de la pêche aux crevettes.

Accès : face à la baie, sur la rue longeant la plage

PORT-LE-GRAND - 80132

21 CHAMBRES D'HÔTES DU BOIS DE BONANCE

M. et Mme Maillard

Bois-de-Bonance
80132 Port-le-Grand
Tel. 03 22 24 11 97
Fax 03 22 31 72 01
maillard.chambrehote@bonance.com
www.bonance.com

Fermé du 12 novembre au 15 février • 5 chambres dont 2 en annexe, équipées de salles de bains WC • 70 € pour 2 personnes, petit-déjeuner compris • Pas de table d'hôte • Jardin • Piscine, circuit de santé, ping-pong, portique pour les enfants

On a aimé **La tranquillité du jardin ouvert sur la campagne.**

Sans voisinage ni axe de circulation à proximité, cette villégiature du 19e s. en briques roses percée d'étroites fenêtres de style gothique a un petit côté anglais des plus séduisants. Ses chambres, garnies de meubles anciens, sont décorées avec raffinement ; celles aménagées dans les anciens communs donnent directement sur le jardin, superbement fleuri à la belle saison. Agréable salle des petits-déjeuners réchauffée l'hiver par une cheminée.

Accès : 11 km à l'Est de Saint-Valery-sur-Somme par la D 940, puis la D 40 et route secondaire

QUEND - 80120

22 AUBERGE LE FIACRE

M. et Mme Masmonteil

6 rue des Pommiers
Hameau de Routhiauville
80120 Quend
Tel. 03 22 23 47 30
Fax 03 22 27 19 80
lefiacre@wanadoo.fr
www.aufiacre.fr

Fermé de mi-janvier à mi-février • 11 chambres dont 1 accessible aux handicapés physiques, toutes disposent de salles de bains WC ou douches WC et de télévision • 73 à 78 € ; petit-déjeuner 12 € ; possibilité de demi-pension • Restaurant fermé le mardi midi et mercredi midi ; menus de 19 (en semaine) à 40 € • Jardin, parking. Chiens non admis dans les chambres • Golf

On a aimé **Le circuit « santé » de 2 km dans les dunes !**

Un ancien corps de ferme abrite cette engageante auberge entourée de verdure, dont les chambres au cadre aussi reposant que chaleureux s'ouvrent sur un joli jardin. Trois appartements créés dans un esprit plus actuel viennent en complément. Le restaurant, qui a opté pour un décor résolument champêtre : poutres apparentes, tomettes au sol, etc. interprète avec talent un répertoire culinaire classique. Au total, une adresse de caractère offrant des prestations de qualité.

Accès : quitter la D 940 à Quend, entre Berck-sur-Mer et Rue, et emprunter la D 32, direction Fort-Mahon-Plage

QUEND-PLAGE - 80120

23 LA FERME DU CHÂTEAU DE LA MOTTE

M. et Mme Libert

36 route de Froise
80120 Quend-plage
Tel. 03 22 23 94 48
Fax 03 22 23 97 57
www.edoniaa.com

Ouvert toute l'année • 5 chambres équipées de salles de bains WC et télévision • 62 à 78 € pour 2 personnes, petit-déjeuner compris • Pas de table d'hôte • Jardin, parc, parking. Chiens non admis • Piscine de plein air, tennis, ping-pong, pêche, location VTT, tir aux plateaux d'argile

On a aimé **Les nombreuses activités de loisirs proposées sur place.**

Voici le pied-à-terre rêvé pour partir à la découverte de la baie de Somme. Les chambres, aménagées à l'étage d'un ancien corps de ferme, sont spacieuses et confortables ; toutes ouvrent leurs fenêtres sur la campagne. Vous pourrez profiter librement du grand parc et de son étang, du tennis et du ping-pong, et pratiquer de nombreuses activités payantes : location de vélos et VTT, pêche, tir aux pigeons d'argile et chasse sur demande. Les cavaliers sont également les bienvenus.

Accès : 11 km au Nord-Est de Rue par la D 940 puis la D 32

SAINT-VALERY-SUR-SOMME - 80230

24 CHAMBRE D'HÔTE MADAME SERVANT

Mme Servant

117 rue Au-Feurre
80230 Saint-Valery-sur-Somme
Tel. 03 22 60 97 56
Fax 03 22 60 97 56

Fermé la semaine de Noël • 4 chambres et deux suites • 50 à 56 € pour 2 personnes, petit-déjeuner compris • Pas de table d'hôte • Jardin. Cartes de crédit non acceptées, chiens non admis

On a aimé **Le beau point de vue sur la baie de Somme depuis la porte Guillaume.**

Cette maison de pays et son jardin bichonné se situent dans la ville haute, à deux pas de la gracieuse porte Guillaume (12e s.) flanquée de deux tours majestueuses. Le décor de chaque chambre illustre un thème précis : la mer et les marins (en bleu et blanc), le cinéma (murs tapissés de vieilles affiches) ou l'art des jardins (tons verts et mobilier en fer forgé). Atouts supplémentaires : une salle des petits-déjeuners fraîche et sympathique et un accueil très aimable.

Accès : dans la vieille ville, près de l'église et de la mairie

25 LA GRIBANE

M. et Mme Douchet

297 quai Jeanne-d'Arc
80230 Saint-Valery-sur-Somme
Tel. 03 22 60 97 55

Fermé en janvier • 4 chambres • 68 à 82 € pour 2 personnes, petit-déjeuner compris • Pas de table d'hôte • Parc, parking. Cartes de crédit non acceptées, chiens non admis

On a aimé

Le jardin aménagé sur un polder face aux remparts.

Cette maison de 1930 doit son nom au bateau de marchandises utilisé au 18e s. dans la navigation fluviale. Les chambres du bâtiment principal, habillées de bleu, de beige et de blanc, donnent sur la baie ; les autres sont logées dans un pavillon au milieu du jardin. La salle des petits-déjeuners dont les larges baies vitrées ouvrent sur la verdure et le très agréable jardin aménagé entre la digue et les remparts de la cité ne manqueront pas de vous séduire.

Accès : dans la vieille ville, près de la plage

26 LE RELAIS GUILLAUME DE NORMANDY

MM. Crimet et Dupré

Quai du Romerel
80230 Saint-Valery-sur-Somme
Tel. 03 22 60 82 36
Fax 03 22 60 81 82
relais-guillaume@wanadoo.fr
www.guillaumedenormandy.com

Fermé du 1er au 10 janvier, du 19 au 31 décembre et mardi • 14 chambres dont la moitié orientées vers la mer, toutes avec salles de bains WC ou douches WC et télévision • 50 à 65 € pour 2 personnes ; petit-déjeuner 8 € ; possibilité de demi-pension • Restaurant climatisé ; menus de 16 à 42 € • Terrasse, parking. Chiens non admis au restaurant

On a aimé

Traverser la baie de Somme à bord d'un authentique train à vapeur.

Découvrez les beautés de la côte picarde à partir de cet élégant manoir érigé face à la baie, légèrement à l'écart du centre de St-Valery-sur-Somme. Les chambres, pas très grandes, se tournent pour moitié vers les flots : peut-être apercevrez-vous des phoques ! Jolie perspective également dans la salle à manger panoramique sobrement agencée, où vous goûterez les recettes traditionnelles et petits plats du terroir mitonnés par le chef.

Accès : sur la digue, face à la baie de Somme

POITOU-CHARENTES

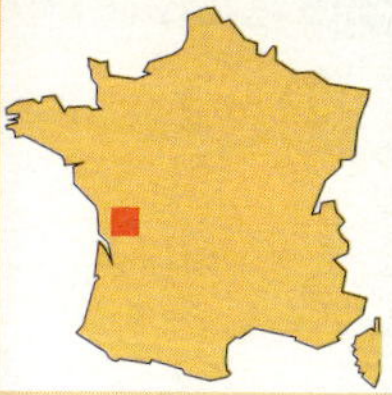

Commencez par paresser sur une de ses longues plages de sable de la « Côte de beauté » : vous y emplirez vos poumons d'un bon air où se mêlent essences de pins et embruns iodés de l'océan et pourrez parfaire cette remise en forme par une cure de thalassothérapie à Royan. À vous ensuite les îles aux maisons fleuries de roses trémières : Oléron, l'île de Ré, ces havres de paix qui s'explorent à vélo. Puis retour sur le continent en s'arrêtant dans le vieux port de La Rochelle et à la corderie de Rochefort avant d'aller visiter les petites églises romanes puis de faire un grand saut dans le temps au Futuroscope de Poitiers. Vous serez accueilli dans des maisons de pêcheurs ou de belles demeures charentaises au milieu du vignoble de Cognac. Ce cognac à la couleur ambrée qui clôture si bien un repas d'huîtres de Marennes Oléron, accompagnées de tartines au beurre de Surgères.

- Charente (16)
- Charente-Maritime (17)
- Deux-Sèvres (79)
- Vienne (86)

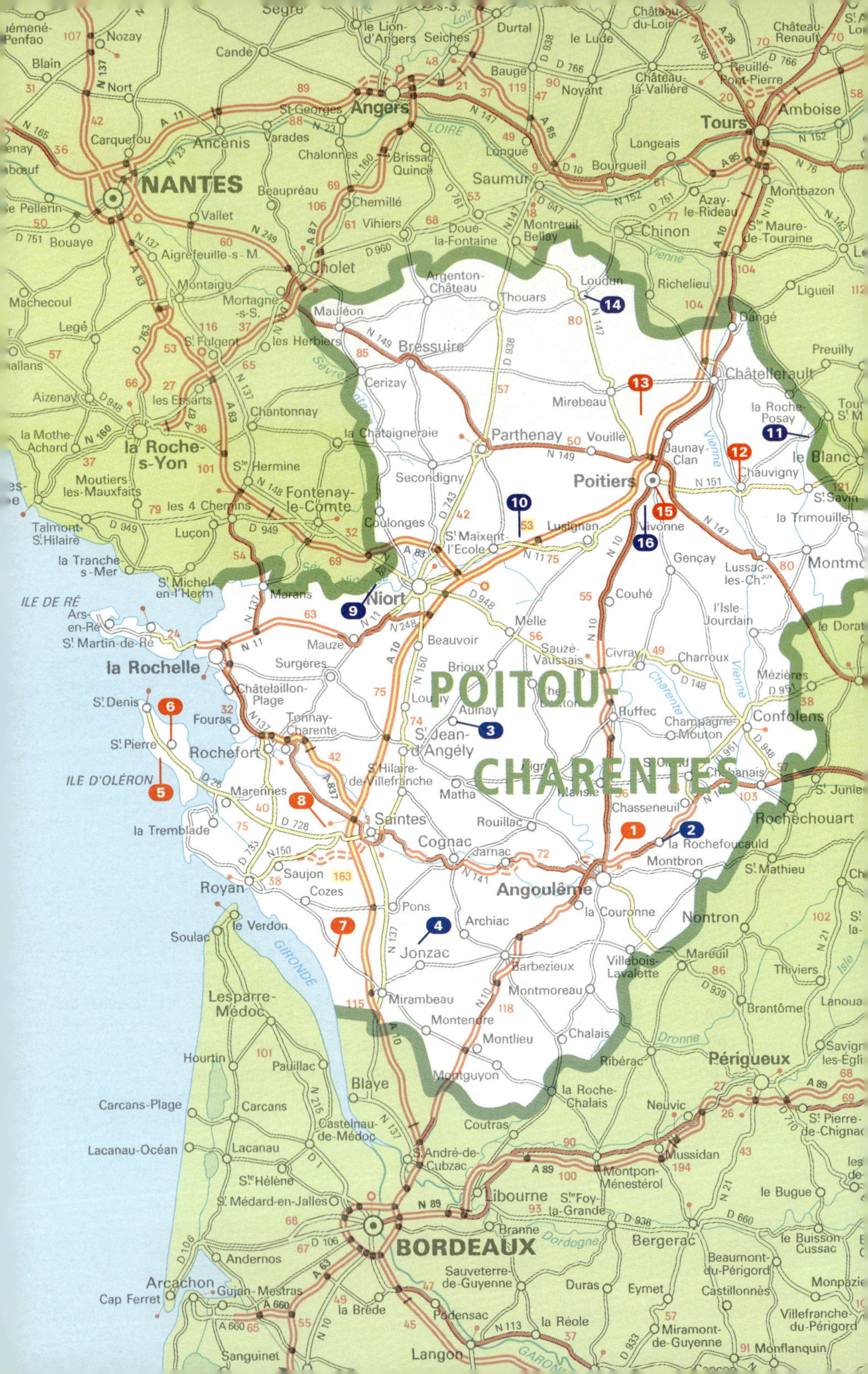
POITOU-CHARENTES
NANTES
BORDEAUX
Angers
Tours
Poitiers
Niort
la Rochelle
Angoulême
Saintes
Cognac
Rochefort
Royan
Châtellerault
Parthenay
Bressuire
Cholet
Saumur
Chinon
Loudun
Thouars
Mauléon
Cerizay
la Châtaigneraie
Secondigny
Coulonges
St Maixent-l'École
Lusignan
Vivonne
Gençay
Couhé
Melle
Sauzé-Vaussais
Civray
Charroux
Ruffec
Confolens
Chasseneuil
la Rochefoucauld
Montbron
la Couronne
Barbezieux
Montmoreau
Chalais
Montlieu
Montguyon
Montendre
Mirambeau
Jonzac
Pons
Archiac
Jarnac
Matha
Rouillac
St Jean-d'Angély
Aulnay
Brioux
Beauvoir
Surgères
Mauzé
Marans
Châtelaillon-Plage
Fouras
Tonnay-Charente
Marennes
la Tremblade
Saujon
Cozes
St Hilaire-de-Villefranche
ILE DE RÉ
Ars-en-Ré
St Martin-de-Ré
ILE D'OLÉRON
St Denis
St Pierre
Mirebeau
Vouillé
Jaunay-Clan
la Roche-Posay
Chauvigny
Lussac-les-Châteaux
l'Isle-Jourdain
Mézières
Champagne-Mouton
Chabanais
Rochechouart
St Junien
Nontron
Mareuil
Brantôme
Périgueux
Ribérac
la Roche-Chalais
Villebois-Lavalette
Dangé
Richelieu
Ligueil
Preuilly
le Blanc
St Savin
la Trimouille
Montbazon
Ste Maure-de-Touraine
Azay-le-Rideau
Langeais
Bourgueil
Amboise
Château-Renault
Château-du-Loir
Château-la-Vallière
Neuillé-Pont-Pierre
le Lude
Noyant
Baugé
Durtal
Seiches
le Lion-d'Angers
Segré
Candé
Nozay
Blain
Nort
Carquefou
Ancenis
Varades
St Georges
Chalonnes
Brissac-Quincé
Longué
Chemillé
Vihiers
Doué-la-Fontaine
Montreuil-Bellay
Argenton-Château
Beaupréau
Vallet
Aigrefeuille-s-M.
Montaigu
Mortagne-s-S.
les Herbiers
St Fulgent
les Essarts
Chantonnay
la Roche-s-Yon
Aizenay
la Mothe-Achard
Moutiers-les-Mauxfaits
Ste Hermine
Fontenay-le-Comte
les 4 Chemins
Luçon
Talmont-St Hilaire
la Tranche-s-Mer
St Michel-en-l'Herm
Machecoul
Legé
Bouaye
Soulac
le Verdon
Lesparre-Médoc
Hourtin
Pauillac
Carcans-Plage
Carcans
Castelnau-de-Médoc
Lacanau-Océan
Lacanau
Ste Hélène
St Médard-en-Jalles
Blaye
Coutras
St André-de-Cubzac
Libourne
Ste Foy-la-Grande
Montpon-Ménestérol
Mussidan
Neuvic
Bergerac
Branne
Andernos
Arcachon
Cap Ferret
Gujan-Mestras
la Brède
Sauveterre-de-Guyenne
Podensac
Langon
la Réole
Duras
Eymet
Castillonnès
Miramont-de-Guyenne
Beaumont-du-Périgord
le Buisson-Cussac
le Bugue
Villefranche-du-Périgord
Monflanquin
Sanguinet
St Pierre-de-Chignac
Thiviers
St Mathieu
LOIRE
GIRONDE
Dordogne
Vienne
Charente
Sèvre
Dronne

CHAMPNIERS - 16430

1 LA TEMPLERIE

M. et Mme Richon

Denat
16430 Champniers
Tel. 05 45 68 49 00
Fax 05 45 68 91 18

Ouvert toute l'année • 5 chambres dont 2 de plain-pied accessibles aux handicapés physiques et 1 familiale, toutes équipées de salles de bains WC • 42 € pour 2 personnes, petit-déjeuner compris • Pas de table d'hôte • Jardin, parking • Piscine de plein air

On a aimé **La verdoyante campagne qui entoure cette ferme bicentenaire.**

Un accueil très aimable vous sera réservé dans cette typique ferme vigneronne charentaise vieille de deux siècles. Les chambres, aménagées dans les anciennes remises, sont colorées et parfois dotées de meubles anciens ; deux d'entre elles, de plain-pied, ouvrent leurs volets sur le jardin et la piscine. La salle des petits-déjeuners, très vaste, est réchauffée en hiver par une cheminée. Mention spéciale, enfin, au salon qui abrite une jolie bibliothèque en mezzanine.

Accès : à 9,5 km au Nord d'Angoulême, direction Poitiers par la N 10 puis Balzac par la D 105

LA ROCHEFOUCAULD - 16110

2 LA VIEILLE AUBERGE DE LA CARPE D'OR

M. Ballanger et Mme Moreau

1 rue de Vitrac
16110 La Rochefoucauld
Tel. 05 45 62 02 72
Fax 05 45 63 01 88

Ouvert toute l'année • 25 chambres, dont 2 accessibles aux handicapés physiques ; toutes avec salles de bains WC ou douches WC et télévision • 36 à 48 € pour 2 personnes ; petit-déjeuner 6 € ; possibilité de demi-pension • Menus de 10 (en semaine) à 33 € • Parking fermé à 50 mètres

On a aimé **L'atmosphère « vieille France ». On en chausserait presque ses charentaises !**

Auberge du 16e s. dont la façade bien préservée est agrémentée d'une échauguette. Salle à manger, salon et réception ont conservé un cachet rustique très prononcé et l'ensemble fleure bon la cire. Les chambres, d'une tenue irréprochable, sont diversement meublées ; certaines s'agrémentent de ciels de lit. Vous prendrez votre petit-déjeuner dans une chaleureuse pièce habillée de boiseries patinées et dotée d'un parquet à chevrons.

Accès : au centre-ville, à l'angle de deux rues

AULNAY - 17470

3 LE DONJON

M. et Mme Imbach

4 rue des Hivers
17470 Aulnay
Tel. 05 46 33 67 67
Fax 05 46 33 67 64
hotel-du-donjon@wanadoo.fr
www.hoteldudonjon.com

Ouvert toute l'année • 10 chambres, dont une accessible aux handicapés physiques, toutes avec salles de bains WC ou douches WC et télévision • 61 à 69 € (54 à 61 € basse saison) ; petit-déjeuner 6 € • Pas de restaurant

On a aimé **Papoter dans le joli salon auprès du feu qui crépite dans la cheminée.**

La gracieuse façade aux volets vert céladon de cette maison saintongeaise se dresse non loin de l'église St-Pierre, chef-d'œuvre de l'art roman poitevin. Son intérieur vient d'être entièrement restauré, mais on a habilement conservé les beaux plafonds à poutres apparentes et quelques murs en calcaire doré. Des meubles anciens garnissent les pièces ; les chambres sont en outre égayées de jetés de lit colorés et de tissus choisis, et bénéficient toutes de salles de bains modernes.

Accès : au cœur du village, près de la place centrale

CLAM - 17500

4 LE VIEUX LOGIS

Mme Brard

3 rue du 8-mai-1945
17500 Clam
Tel. 05 46 70 20 13
Fax 05 46 70 20 64
info@vieuxlogis.com

Fermé du 9 au 31 janvier, dimanche soir et lundi midi sauf saison • 10 chambres de plain-pied avec terrasses privatives, toutes équipées de salles de bains WC ou douches WC et télévision • 48 à 58 € ; petit-déjeuner 7 € ; possibilité de demi-pension • Restaurant climatisé ; menus de 15 à 34 € • Terrasse, jardin, parking. Chiens non admis dans les chambres • Piscine de plein air

On a aimé **Le chaleureux accueil et la personnalité des propriétaires.**

Ce Vieux Logis abritait jadis le café-épicerie du village. Le petit noir posé sur le zinc et les étagères garnies de conserves ont laissé place à deux plaisantes salles à manger rustiques, dont les murs exposent quelques photographies réalisées par le patron. Sa joviale épouse mitonne, quant à elle, une appétissante cuisine du terroir. L'hôtel occupe une construction moderne, de plain-pied avec le jardin, abritant des chambres confortables, assez agréables et dotées de terrasses.

Accès : à 6 km au Nord de Jonzac par la D 142

ILE D'OLERON - 17310

5 LES TRÉMIÈRES

Mme Frat

5 route de Saint-Pierre
17310 La Cotinière
Tel. 05 46 47 44 25
www.chambres-lestremieres.com

Ouvert toute l'année • 4 chambres dont 2 suites • 43 à 51 € (37 à 45 € basse saison) pour 2 personnes ; petit-déjeuner 7 € • Pas de table d'hôte • Jardin, parking. Cartes de crédit non acceptées

On a aimé

Séjourner à deux pas du port et de ses petits chalutiers vivement colorés.

Atout incontestable : cette maison du début du 20e s. à la belle façade en pierres blondes agrémentée de volets bleus ne se trouve qu'à 200 m du port de la Cotinière et de ses commerces. Ses chambres et suites, toutes différentes, sont fort bien tenues. Au salon, fauteuils et canapés en cuir invitent à s'attarder devant la cheminée. L'été, le petit-déjeuner est servi sous le marronnier.

Accès : à 600 m de l'entrée du village en venant de Maisonneuve

ILE D'OLÉRON - 17310

6 MADAME MICHELINE DENIEAU

Mme Denieau

20 rue de la Legère, la Menounière
17310 Saint-Pierre-d'Oléron
Tel. 05 46 47 14 34
Fax 05 46 36 03 15
denieau.jean-pierre@wanadoo.fr

Ouvert toute l'année • 5 chambres • 49 € pour 2 personnes, petit-déjeuner compris • Pas de table d'hôte • Jardin, parking. Cartes de crédit non acceptées

On a aimé

Les randonnées à vélo, à la découverte des activités agricoles et ostréicoles.

Cette maison en pierre à la tête d'une exploitation de vins d'Oléron et de Pineau constitue un exemple parfait de l'architecture de l'île. Ses chambres, simples mais soignées, sont aménagées dans les dépendances. Les plus récentes jouent la carte de la séduction avec leur mobilier ancien et leurs poutres peintes en vert ou bleu ; celles qui possèdent une mezzanine sont très appréciées des familles. La cuisine mise à disposition des hôtes est décorée d'un pétrin et d'une cheminée.

Accès : à 3 km à l'Ouest de Saint-Pierre-d'Oléron

SAINT-FORT-SUR-GIRONDE - 17240

7 LE CHÂTEAU DES SALLES

Mme Couillaud

Carrefour D 125 et D 730
17240 Saint-Fort-sur-Gironde
Tel. 05 46 49 95 10
Fax 05 46 49 02 81
chateaudessalles@wanadoo.fr
www.cateaudessalles.com

Fermé du 15 octobre à Pâques • 5 chambres • 100 € pour 2 personnes, petit-déjeuner 9 € • Table d'hôte 34 € • Parc, jardin, parking. Chiens non admis • Vente de Cognac et de Pineau des Charentes

On a aimé **La goûteuse table d'hôte, doucement éclairé le soir par les bougies.**

Les propriétaires de ce château du 15e s., sérieusement remanié au 19e s., produisent du pineau, divers vins et du cognac, que l'on peut acheter sur place. Les chambres côté Sud, joliment meublées, ouvrent leurs fenêtres sur le jardin et son magnifique magnolia ; la plus grande, aménagée sous les toits, mêle harmonieusement l'ancien et le contemporain. Le salon abrite de beaux meubles anciens, un piano et une table de jeux. Le soir, le couvert est dressé à la lumière des chandelles.

Accès : à 7,5 km au Sud-Est de Mortagne par la D 145 puis au Carrefour D 125 et D 730

ST-GEORGES-DES-COTEAUX - 17810

8 CHAMBRE D'HÔTE M. TROUVÉ

M. et Mme Trouvé

5 rue de l'Église
17810 Saint-Georges-des-Coteaux
Tel. 05 46 92 96 66
Fax 05 46 92 96 66
adtrouve@yahoo.fr

Fermé du 15 novembre au 1er avril • 4 chambres • 47 € pour 2 personnes, petit-déjeuner compris • Pas de table d'hôte • Jardin, parking. Cartes de crédit non acceptées, chiens non admis • Dans le village, possibilité de pratiquer tennis, équitation

On a aimé **Les confortables chambres à thème littéraire.**

Une halte s'impose dans cette ferme charentaise du 18e s. entourée d'un grand jardin. L'étable et la grange à foin sont devenus une vaste pièce servant à la fois d'entrée, de salon, de bibliothèque et de salle de billard. Les chambres, garnies de meubles régionaux, ont chacune été baptisées du nom d'un auteur célèbre - Agatha Christie, Hergé... - et rendent un vibrant hommage à leurs œuvres respectives. N'oubliez pas de jeter un coup d'œil au « bujour », l'ancien lavoir à linge.

Accès : à 9 km au Nord-Ouest de Saintes, direction Rochefort par la N 137 puis la D 127

COULON - 79510

9 AU MARAIS

Mme Nerrière

46 quai Louis-Hardy
79510 Coulon
Tel. 05 49 35 90 43
Fax 05 49 35 81 98
information@hotel-aumarais.com
www.hotel-aumarais.com

Fermé du 15 décembre au 5 février • 18 chambres dont 1 accessible aux handicapés physiques, disposant toutes de salles de bains WC ou douches WC, et de télévision • 70 à 75 € (55 à 60 € basse saison) pour 2 personnes ; petit-déjeuner 12 € • Pas de restaurant

On a aimé **Se laisser glisser en barque sur les eaux de la « Venise verte ».**

Étape idéale pour découvrir le labyrinthe aquatique poitevin : deux typiques maisons de bateliers du 19e s. - murs en pierre blonde, volets bleus - face à l'embarcadère pour le Marais mouillé. Les chambres, actuelles et gaies, sont garnies de tissus colorés à la mode provençale et la plupart ouvrent leurs fenêtres sur le va-et-vient des « yoles »... en plastique ! De jour, en été, règne une certaine effervescence, mais les nuits sont calmes (circulation interdite sur les quais).

Accès : près des embarcadères, points de départ des promenades en barques

SOUDAN - 79800

10 L'ORANGERIE

M. et Mme Drouiteau

10 route de l'Atlantique
79800 Soudan
Tel. 05 49 06 56 06
Fax 05 49 06 56 10
www.lorangerie-hotel.com

Fermé vacances scolaires de février, mercredi et dimanche soir • 7 chambres dont la moitié donne sur l'arrière, toutes disposent de salles de bains WC ou douches WC et de télévision • 34 à 62 € ; petit-déjeuner 7 € ; possibilité de demi-pension • Menus de 15 à 41 € • Terrasse, jardin, parking

On a aimé **Le chaleureux accueil des propriétaires.**

Les murs de l'établissement abritaient au 19e s. un atelier de ferronnerie. Chambres modestes, que l'on rénove peu à peu ; réservez-en une au calme, sur l'arrière. Salle des petits-déjeuners sous verrière et restaurant couleur lie de vin, plaisamment ouvert sur un jardin arboré. Les cinq tumuli de Bougon, surgissant à deux tours de roue de l'hôtel, convient petits et grands à un fabuleux voyage dans la préhistoire.

Accès : au centre du village, traversé par la N 11 qui relie Niort à Poitiers

ANGLES-SUR-L'ANGLIN - 86260

11 LE RELAIS DU LYON D'OR

M. Thoreau

4 rue d'Enfer
86260 Angles-sur-l'Anglin
Tel. 05 49 48 32 53
Fax 05 49 84 02 28
thoreau@lyondor.com
www.lyondor.com

Fermé de décembre à février, mardi midi et lundi • 11 chambres, dont 1 accessible aux handicapés physiques ; toutes avec salles de bains WC ou douches WC et télévision • 65 à 80 € (55 à 70 basse saison) ; petit-déjeuner 8 € ; possibilité de demi- pension • Menus de 23 à 29 € • Terrasse, jardin, parking fermé

On a aimé **Le délicieux « jardin de repos ».**

Cet ancien relais de la poste aux chevaux (15e s.), établi dans un pittoresque village perché sur son piton rocheux, abrite des chambres personnalisées garnies de meubles chinés chez les antiquaires. Centre de soins (hammam, massages, etc.), stages d'initiation aux techniques picturales (patines, peinture au torchon ou à l'éponge, plâtres à l'ancienne...) organisés au printemps et à l'automne : le bien-être des clients, ou plutôt des hôtes, est une préoccupation permanente des propriétaires.

Accès : au centre du village

CHAUVIGNY - 86300

12 LA VEAUDEPIERRE

M. de Giafferi

8 rue du Berry
86300 Chauvigny
Tel. 05 49 46 30 81
Fax 05 49 47 64 12
laveaudepierre@club-internet.fr

Ouvert toute l'année • 5 chambres • 40 à 47 € pou[r] 2 personnes, petit-déjeuner compris • Pas de table d'hôte • Jardin, parking. Cartes de crédit non acceptées, chiens non admis

On a aimé **L'emplacement exceptionnel au pied de la cité médiévale.**

Cette belle maison de maître du 18e s. dominée par le[s] ruines du château baronnial a beaucoup de charme. So[n] intérieur, notamment, recèle de nombreuses richesse[s] décoratives : boiseries, mobilier de style, bel escalier e[n] pierre, collection d'instruments de musique anciens... Les chambres, garnies de tissus choisis, ouvrent toute[s] sur le délicieux jardin clos. Accès direct à la ville haute à pied, par des escaliers.

Accès : venant de l'hôtel de ville, prendre la 1re rue gauche après l'église

CHENECHÉ - 86380

13 CHÂTEAU DE LABAROM

M. et Mme Le Gallais

86380 Cheneché
Tel. 05 49 51 24 22
Fax 05 49 51 47 38
chateau.de.labarom@wanadoo.fr

Fermé de Toussaint au 30 mars • 3 chambres • 53,50 à 69 € pour 2 personnes, petit-déjeuner compris • Pas de table d'hôte • Magnifique pigeonnier, parc, parking. Cartes de crédit non acceptées, chiens non admis • Piscine de plein air

On a aimé **La bibliothèque, richement documentée sur la région.**

Ce château des 16e s. et 17e s. érigé dans un vaste parc de 120 ha est un port d'attache idéal pour visiter la région. L'atmosphère aristocratique qui y règne ne manque pas de charme : le plancher craque, les meubles sont patinés par les ans... Les chambres, spacieuses et tendues de tissus, renferment un beau mobilier de style. La salle des petits-déjeuners est très agréable avec son imposante cheminée d'époque. Le patron, artiste à ses heures, vous initiera à la peinture sur porcelaine.

Accès : à 15 km au Nord-Ouest du Futuroscope, direction Neuville et Lencloître puis la D 15

LOUDUN - 86200

14 HÔTEL - RESTAURANT DE LA ROUE D'OR

M. Cuvier

1 avenue d'Anjou
86200 Loudun
Tel. 05 49 98 01 23
Fax 05 49 98 85 45

Fermé dimanche soir et samedi d'octobre à mi-avril • 14 chambres dont 1 accessible aux handicapés physiques, toutes avec salles de bains WC ou douches WC et télévision • 43 € pour 2 personnes ; petit-déjeuner 6 € ; possibilité de demi-pension • Menus 14 (en semaine) à 35 € • Parking fermé, terrasse

On a aimé **Le lointain écho des fiacres et des diligences de jadis.**

Les écuries visibles dans la grande cour rappellent que cette maison était à l'origine un relais de voitures à chevaux. Bien que l'établissement jouxte le boulevard circulaire, les petites chambres s'avèrent assez paisibles car dotées d'une bonne insonorisation. Meublées dans le style Louis-Philippe, elles sont régulièrement rafraîchies. Côté restaurant, vous dégusterez dans l'agréable salle à manger bourgeoise une cuisine traditionnelle utilisant autant que possible les produits régionaux.

Accès : dans la ville, prés du parc Amirault

POITIERS - 86000

15 CHÂTEAU DE VAUMORET

M. Johnson

Rue du Breuil-Mingot
86000 Poitiers
Tel. 05 49 61 32 11
Fax 05 49 01 04 54
chateau-vaumoret@tiscali.fr

Ouvert toute l'année • 5 chambres (non-fumeurs) équipées de salles de bains et WC privés • 54 à 68 € pour 2 personnes, petit-déjeuner compris • Pas de table d'hôte • Parc, parking. Chiens non admis

On a aimé

L'environnement campagnard aux portes même de Poitiers.

Un écrin de verdure de 15 ha, relayé par prés et bois, entoure ce joli château du 17e s. parfaitement restauré. Les chambres, aménagées dans l'aile droite, s'agrémentent de meubles anciens, gravures et tableaux ; leurs salles de bains sont impeccables. Une salle lumineuse accueille les hôtes au petit-déjeuner, et pour la promenade, des vélos sont disponibles sur place.

Accès : à 10 km au Nord-Est de Poitiers, direction La Roche-Posay par la D 3 puis Sèvres-Anxaumont par la D 18

SAINT-BENOÎT - 86280

16 LE CHALET DE VENISE

M. et Mme Mautret

6 rue du Square
86280 Saint-Benoît
Tel. 05 49 88 45 07
Fax 05 49 52 95 44

Fermé pendant les vacances de février et la dernière semaine d'août • 12 chambres dont 1 accessible aux handicapés physiques, avec salles de bains WC e télévision • 58 € pour 2 personnes ; petit-déjeuner 7 € • Restaurant fermé dimanche soir et lundi ; menus de 1 (semaine) à 45 € • Terrasse, jardin, parking

On a aimé

Ce village verdoyant et paisible, site d'une ancienne abbaye bénédictine.

L'austère façade dissimule de beaux intérieurs : une salle à manger cossue et élégante dont les larges baies ouvrent sur un ravissant jardin baigné par une rivière et des chambres fonctionnelles, calmes et actuelles bénéficiant pour certaines d'un balcon. La terrasse à fleur d'eau est idyllique par beau temps et la cuisine au goût du jour, régalera les fins palais : cette halte reposante fait, de plus, le bonheur des gourmets !

Accès : au village, à 4 km au Sud de Poitiers par la D 88, proche de l'hôtel de ville

PROVENCE - ALPES CÔTE D'AZUR

Ici tous les sens sont en éveil. Vous évoquez Marseille et vous entendez les cris des poissonnières vantant avec leur faconde proverbiale la fraîcheur de la dernière pêche en invoquant à tout bout de champ la « bonne mère » tandis qu'à la sortie de la ville les cigales entament leur chant obsédant. Vous prononcez le mot Provence et vous sentez déjà le délicieux parfum des champs de lavande auquel se mêlent les senteurs du thym et du romarin. À midi la lumière sur les façades ocre des villages perchés est si éblouissante que vous recherchez aussitôt l'ombre des platanes pour vous attaquer à un aïoli ou à une bouillabaisse. Vous serez ensuite heureux de retrouver pour une sieste votre maison d'hôte installée dans une bastide ou un mas ombragé de cyprès. A la fraîche vous rejoindrez les joueurs de pétanque qui, après force querelles autour du mètre pliant, s'attableront devant la tournée de pastis, pour rivaliser de galéjades, avec l'accent « qui se promène et qui n'en finit pas ».

- Alpes-de-Haute-Provence (04)
- Hautes-Alpes (05)
- Alpes-Maritimes (06)
- Bouches-du-Rhône (13)
- Var (83)
- Vaucluse (84)

Grenoble
Valence
Privas
Tournon
Montélimar
Nyons
Orange
Carpentras
Avignon
PROVENCE-
CÔTE
Nîmes
Arles
Aix-en-Provence
MARSEILLE
Sisteron
Forcalquier
Manosque
Cavaillon
Apt
Salon-de-P.
Istres
Martigues
Aubagne
Cassis
la Ciotat
Bandol
Alès
Aubenas
Largentière
Die
Crest
Vaison-la-Romaine
Malaucène
Mt Ventoux
Sault
Pertuis
Cadenet
St-Rémy-de-P.
Tarascon
Beaucaire
St Gilles
Lunel
Aigues Mortes
Stes Maries-de-la-Mer
Port-St Louis
Fos
Uzès
Bagnols-s-Cèze
Pont-St Esprit
Bollène
Pierrelatte
Dieulefit
Rémuzat
Buis-les-Baronnies
Séderon
Laragne-Montéglin
Serres
Veynes
Aspres
Corps
la Mure
Vizille
Sassenage
Villard-de-Lans
St Marcellin
Romans
St Vallier
Annonay
Lamastre
le Cheylard
St Agrève
Montfaucon-en-Velay
Joyeuse
Les Vans
Barjac
Vallon-Pont-d'Arc
Bourg-St Andéol
Viviers
la Voulte
Livron
Loriol
Saillans
Châtillon-en-Diois
Luc-en-Diois
St Maximin-la-Ste Baume
Lambesc
Peyrolles
Rians
Banon
Peyruis
Sorgues
Remoulins
Vézénobres
Gard
Drôme
Ardèche
Cèze
Durance
Petit Rhône
FE DU LION

Tunnel du Fréjus
Col du Galibier 2556
2058 Col du Lautaret
le Monêtier
Montgenèvre
Oulx
Susa
A 32
TORINO
Moncalieri
S 24
111
S 23
Sestriere
127
Pinerolo
A 21
85
S 10
Asti
N 94
Briançon
Vallouise
Abriès
ITALI
l'Argentière-la-Bessée
Château-Queyras
Guillestre
St Véran
Pô
97
Savigliano
A 6
S 231
Alba
Tanaro
86
Vars
Saluzzo
Embrun
Fossano
Savines-le-Lac
Larche
Jausiers
Cuneo
138
Stura
S 21
Vinadio
D 900
Barcelonnette
St Étienne-de-Tinée
100
S 20
Limone-Piemonte
Garessio
Allos
Auron
Isola 2000
Tunnel de Tende
S 28
72
Javie
Colmars
St Martin-Vésubie
87
A 10
Valberg
Tende
Digne-les-Bains
Guillaumes
St Sauveur-s-Tinée
N 204
St André-les-Alpes
Puget-Théniers
Breil-s-Roya
54
Barrême
141
Entrevaux
Var
Sospel
S 20
40
Imperi
ALPES-
N 202
Ventimiglia
San Remo
Castellane
Coursegoules
40
Bordighera
Menton
N 85
80
Vence
39
Monte-Carlo-Monaco
Verdon
Comps-s-A.
Grasse
Cagnes
N 7
Villefranche-s-Mer
Nice
Aups
Mandelieu-la-Napoule
Antibes
D'AZUR
Draguignan
64
Cannes
38
le Muy
35
N 7
Agay
Vidauban
A 8
Fréjus
St Raphaël
N 7
185
Grimaud
Ste Maxime
55
St Tropez
Collobrières
N 98
93
Cavalaire
le Lavandou
Giens
ILES D'HYERES

ANNOT - 04240

1 L'AVENUE

M. Génovesi

Avenue de la Gare
04240 Annot
Tel. 04 92 83 22 07
Fax 04 92 83 33 13
hot.avenue@wanadoo.fr

Fermé de novembre à avril • 11 chambres équipées de douches WC, toutes avec télévision • 53 à 56 € pour 2 personnes ; petit-déjeuner 8 € ; possibilité de demi-pension • Restaurant fermé mercredi midi et vendredi midi ; menus 16 (en semaine) à 25 € (réservation conseillée) • Chiens non admis au restaurant

On a aimé **Flâner dans les ruelles d'Annot, coquet village jalonné de maisons anciennes.**

Cette bâtisse de style régional postée à l'entrée du village offre à la vue des passants une jolie façade ocre. Vous serez logé dans de plaisantes chambres égayées de chaleureuses couleurs provençales. Toutes bénéficient d'une insonorisation efficace, d'un mobilier pratique et d'une tenue scrupuleuse. Le patron mitonne une copieuse cuisine qui a le bel accent du pays, tandis que Madame assure un service sympathique dans une salle à manger aux tons orangés.

Accès : à l'entrée du village

BARCELONNETTE - 04400

2 AZTECA

M. Chabre

3 rue François-Arnaud
04400 Barcelonnette
Tel. 04 92 81 46 36
Fax 04 92 81 43 92
www.hotel-azteca.fr.st

Fermé du 14 novembre au 5 décembre • 27 chambres dont 5 duplex et 1 accessible aux handicapés physiques, toutes sont dotées de salles de bains WC et télévision • 60 à 95 € ; petit-déjeuner de 8 à 11 € • Pas de restaurant • Parking clos, navette privée pour les stations de ski • A proximité : piscine, tennis, golf 6 trous, équitation, escalade, sports d'eau vive et de montagne

On a aimé **Les trois jolies chambres déclinant le thème « mexicain ».**

On a récemment ajouté une aile à cette villa « mexicaine » bâtie en 1888 par un « Barcelonnette » de retour du Mexique et désireux de prouver avec un orgueilleux projet sa spectaculaire réussite sociale. Le décor original de l'hôtel évoque bien entendu le thème méso-américain cher aux habitants de la vallée de l'Ubaye : peintures naïves dans le style des « murals » de Mexico, calendrier aztèque, bibelots, meubles artisanaux... Mais, rassurez-vous, pas de sauterelles grillées au petit-déjeuner !

Accès : près de la poste

BEVONS - 04200

3 MAS DU FIGUIER

M. Levrault

La Fontaine
04200 Bevons
Tel. 04 92 62 81 28
Fax 04 92 62 81 28
mas.du.figuier@wanadoo.fr
www.guideprovence.com/gites/masdufigier

Fermé de novembre à janvier • 3 chambres équipées de vastes salles de bains • 47 à 65 € pour 2 personnes ; possibilité de demi-pension • Table d'hôte 19 € • Parc, parking. Cartes de crédit non acceptées

On a aimé **Les randonnées à dos d'âne sur la crête de Lure.**

Un champ de lavande s'étend devant ce joli mas du 17e s. perdu dans la nature à 650 m d'altitude, face à la montagne de Lure. Les chambres, fort plaisantes, ont opté pour le style provençal : chaudes tonalités sur les murs, tomettes au sol et poutres au plafond. Les grandes salles de bains ont misé, pour leur part, sur un décor d'inspiration mauresque. L'hiver, le salon « au coin du feu » devient un des espaces les plus chaleureux de la maison.

Accès : à 18 km à l'Ouest de Sisteron par la N 85, la D 946 et la D 553

DIGNE-LES-BAINS - 04000

4 VILLA GAÏA

M. et Mme Martin

24 route de Nice
04000 Digne-les-Bains
Tel. 04 92 31 21 60
Fax 04 92 31 20 12
hotel.gaia@wanadoo.fr
www.hotelvilla.gaia.fr

Ouvert de Pâques à la Toussaint • 10 chambres équipées de salles de bains WC ou douches WC • 65 à 96 € pour 2 personnes ; petit-déjeuner 8,50 € ; possibilité de demi-pension • Restaurant fermé du 1er au 10 juil., du 28 au 31 août et mercredi ; menus uniquement pour les résidents (dîner) 26 à 32 € • Salons, bibliothèque, terrasse, parc, parking ; chiens non admis.

On a aimé **Les nuits paisibles au cœur d'un vaste parc planté d'arbres centenaires.**

Il règne une agréable atmosphère de maison de famille dans cette demeure bâtie en 1730, remaniée au début du 20e s. et transformée en hôtel à partir de 1993. Meubles de style, bibelots, carrelages et boiseries judicieusement préservés témoignent de ce passé dans les confortables chambres, la bibliothèque et les salons d'agrément. Le soir, les résidents de la Villa Gaïa se retrouvent dans la coquette salle à manger bourgeoise pour apprécier en toute simplicité le menu du jour.

Accès : prendre la N 85, direction Nice et parcourir 2 km

FORCALQUIER - 04300

5 **AUBERGE CHAREMBEAU**

M. Berger

Route de Niozelles
04300 Forcalquier
Tel. 04 92 70 91 70
Fax 04 92 70 91 83
contact@charembeau.com
www.charembeau.com

Ouvert 15 février au 15 novembre • 24 chambres dont 1 accessible aux handicapés physiques, équipées de salles de bains WC ou douches WC, toutes avec télévision, certaines avec balcon ou terrasse • 57 à 87 € pour 2 personnes ; petit-déjeuner 9 € • Pas de restaurant • Parc, parking. Chiens non admis • Piscine, tennis, vélo, promenades équestres, location VTC

On a aimé

Sillonner la région en VTT... et céder à la tentation d'un banon !

Cette ferme du 18e s. en pierres blondes s'inscrit dans un paysage vallonné et solitaire. Les chambres, spacieuses, sont décorées dans le goût provençal par la maîtresse de maison. Il n'y a pas de restaurant, mais vous pourrez pique-niquer dans le parc ombragé : belle occasion de goûter au banon, le célèbre fromage de chèvre local. La fidélité de la clientèle est un signe qui ne trompe pas ! Et quand vous saurez qu'un sentier aménagé vagabonde au milieu des prés jusqu'à Forcalquier...

Accès : à l'Est de Forcalquier, par la N 100 direction Niozelles sur 2,5 km puis, à droite, par une route secondaire

FORCALQUIER - 04300

6 **CAMPAGNE « LE PARADIS »**

M. Pourcin

04300 Forcalquier
Tel. 04 92 75 37 33
campagneleparadis@wanadoo.fr
www.campagneleparadis.com

Ouvert toute l'année • 4 chambres • 55 € pour 2 personnes, petit-déjeuner compris • Pas de table d'hôte • Jardin, terrasse, parking. Cartes de crédit non acceptées, chiens non admis

On a aimé

Les balades à cheval (le centre équestre n'est qu'à 300 m).

Cette vénérable ferme blottie au pied de la citadelle bénéficie du calme de la campagne alentour. Les chambres, aménagées dans l'ancienne grange, sont un rien monacales avec leurs murs immaculés ; deux d'entre elles possèdent une mezzanine. La salle des petits-déjeuners a pour sa part conservé ses belles voûtes en pierre et ses mangeoires à chevaux ; des photos murales témoignent du passé équestre du lieu

Accès : route de Villeneuve par la D 16 et la D 216

MÉOLANS-REVEL - 04340

7 MAISON D'HÔTE DES MÉANS

Mme Millet

Les Méans
04340 Méolans-Revel
Tel. 04 92 81 03 91
Fax 04 92 81 03 91

Fermé d'octobre à mai • 4 chambres dont 1 suite, quelques-unes avec balcon, toutes équipées de salles de bains et WC • 62 à 95 € (60 à 90 € basse saison) pour 2 personnes, petit-déjeuner compris • Terrasse, jardin, parking, salon. Chiens non admis

On a aimé **L'aménagement intérieur, typique des maisons de la vallée.**

Repos garanti en cette ferme du 16e s. nichée à 1 000 m d'altitude, au cœur de la vallée de l'Ubaye. Les chambres, spacieuses et joliment aménagées, possèdent parfois un balcon ; toutes sont dotées de belles salles de bains en faïence de Salernes. Le rez-de-chaussée est occupé par une grande salle voûtée, réchauffée l'hiver par une cheminée. À la belle saison, les repas sont servis dans le jardin, autour d'un vieux four à pain.

Accès : à 4 km de Martinet sur la D 900, route de Gap

MOUSTIERS-SAINTE-MARIE - 04360

8 LE CLOS DES IRIS

Mlle Dorche-Teissier

Le Pavillon Saint-Michel
04360 Moustiers-Sainte-Marie
Tel. 04 92 74 63 46
Fax 04 92 74 63 59
closdesiris@wanadoo.fr
www.closdesiris.fr

Fermé du 1er au 26 décembre • 8 chambres avec douches WC (6 chambres et 2 suites) • 65 € (60 € basse saison) pour 2 personnes ; petit-déjeuner 9 € • Pas de restaurant • Jardin, terrasse

On a aimé **Paresser sur une chaise longue, à l'ombre de la treille.**

Ce mas aux volets bleus enfoui dans la verdure au pied du village possède un charme fou. Ses chambres et suites, aménagées en rez-de-jardin, disposent toutes d'une terrasse privative, protégée du soleil par une treille où grimpe un rosier et équipée de chaises longues et tables de jardin. Les salles de bains, habillées de faïence de Salernes, sont vastes. Amateurs de calme, vous bénéficierez de la tranquillité et du repos qui sont ici garantis.

Accès : à 400 m du village, chemin de Quinson

MOUSTIERS-SAINTE-MARIE - 04360

9 MONASTÈRE DE SEGRIÈS

M. et Mme Allègre

04360 Moustiers-Sainte-Marie
Tel. 04 92 74 64 32
Fax 04 92 74 64 22
c.allegre@wanadoo.fr

Fermé de novembre à mars • 5 chambres avec salles de bains • 50 € pour 2 personnes, petit-déjeuner compris ; possibilité de demi-pension • Table d'hôte 18 € • Terrasse, parc, parking. Cartes de crédit non acceptées, chiens non admis

On a aimé **L'atmosphère de grande sérénité qui règne en ce lieu enchanteur.**

Un chemin sinueux embaumant la lavande et le romarin grimpe jusqu'à ce superbe monastère érigé sur un plateau, au milieu d'une forêt de chênes verts. Les chambres, souvent immenses et d'un calme absolu, donnent sur le cloître devancé d'un bassin, ou sur la vallée. Le salon, garni de profonds canapés et d'un billard, invite à venir s'installer près de la cheminée. Une adresse que l'on aimerait garder confidentielle...

Accès : à 6 km au Nord-Ouest de Moustiers par la D 952

PIERRERUE - 04300

10 JAS DES NEVIÈRES

M. Duermael

Route de Saint-Pierre
04300 Pierrerue
Tel. 04 92 75 24 99
Fax 04 92 75 03 75
duermael@wanadoo.fr
http://jas-des-nevieres.com

Fermé du 1er novembre au 31 mars • 4 chambres dont 2 au rez-de-chaussée avec douches WC et 2 à l'étage avec bains WC • 65 € (60 € basse saison) pour 2 personnes, petit-déjeuner compris • Pas de table d'hôte • Terrasse, parking. Cartes de crédit non acceptées • Piscine de plein air

On a aimé **La décoration raffinée des chambres.**

Cette ancienne bergerie située en plein cœur du hameau abrite derrière ses beaux murs de pierre un havre de paix. Ses chambres, décorées avec soin et sobriété, dégagent un raffinement de bon aloi. Vous apprécierez les petits-déjeuners, servis dans la délicieuse cour intérieure qui, l'été, résonne du chant des cigales. La piscine offre une jolie vue sur la campagne.

Accès : à 6 km à l'Est de Forcalquier par la D 12 puis la D 212

11 LA FERME DU COUVENT

M. Riehl

Les Molanes
04400 Pra-Loup
Tel. 04 92 84 05 05
Fax 04 92 84 05 05
info@ferme-du-couvent.fr
www.ferme-du-couvent.com

Fermé 1 semaine en juin • 4 chambres possédant chacune une entrée et une terrasse indépendante • 70 € pour 2 personnes, petit-déjeuner compris ; possibilité de demi-pension • Table d'hôte de 18 à 25 € • Jardin • Tennis

On a aimé **L'authenticité de cette typique ferme de l'Ubaye.**

Située au centre de la station, cette ferme datant du 14e s. surprend parmi la kyrielle de chalets récemment construits. À l'intérieur, tout rappelle l'ancienneté des murs : portes basses, sol en rondins de mélèze, fenêtres étroites, pièces fraîches... Les chambres, au confort simple, disposent d'une terrasse avec vue sur la vallée, Barcelonnette et les sommets. Délicate attention : les dîners sont servis toute l'année « au coin du feu ».

Accès : dans la station

PRA-LOUP - 04400

12 LE PRIEURÉ DE MOLANES

M. Paradis

Les Molanes
04400 Pra-Loup
Tel. 04 92 84 11 43
Fax 04 92 84 01 88
hotel.leprieure@wanadoo.fr
www.prieure-praloup.com

Fermé du 15 avril au 5 juin et du 15 septembre au 15 décembre • 14 chambres réparties sur 2 étages et équipées de salles de bains WC ou douches WC, toutes avec télévision • 60 à 75 € (55 à 70 € basse saison) ; petit-déjeuner 8 € ; possibilité de demi-pension • Menus 21 à 45 € • Terrasse, jardin, parking. Chiens non admis au restaurant • Piscine d'été

On a aimé **Décliner sans vergogne les sept péchés capitaux...**

Un prieuré du 17e s. tenu par la famille Paradis ! Ce serait bien le diable si vous n'y trouviez pas votre bonheur... De plus, le télésiège de cette station-balcon tournée vers l'orgueilleuse vallée de l'Ubaye ouvre les portes d'un superbe domaine skiable où la nature se livre sans avarice. Les éléments sont en colère ? L'envie est grande alors d'un bon feu de cheminée : vœu exaucé au restaurant, qui propose une carte gourmande. La terrasse plein Sud invite à la paresse ; quant à la luxure...

Accès : à 8,5 km au Sud-Ouest de Barcelonnette, par la D 902, puis la D 908 et à droite la D 109

ROUMOULES - 04500

13 LE VIEUX CASTEL

M. et Mme Léonardi

1 route des châteaux
04500 Roumoules
Tel. 04 92 77 75 42
Fax 04 92 77 75 42
vieuxcastel@free.fr
http://vieuxcastel.free.fr

Ouvert toute l'année • 5 chambres non-fumeurs, toutes équipées de salles de bains et WC • 50 € pour 2 personnes, petit-déjeuner compris ; possibilité de demi-pension • Table d'hôte de 17 € • Jardin, salon. Cartes de crédit non acceptées, chiens non admis

On a aimé **Feuilleter, en toute tranquillité, l'un des livres de la bibliothèque familiale.**

Trois marronniers centenaires montent la garde devant cette maison du 17e s., jadis propriété de la famille Clérissy, créateurs de la faïence de Moustiers. Les chambres, avec plafond à la française et murs décorés de frises au pochoir, sont non-fumeurs. Voûtes, cheminée et meubles d'époque reposant sur un joli sol en opus de galets président au cadre de l'immense salle à manger.

Accès : à 4 km au Nord-Est de Riez, route de Moustiers-Ste-Marie (D 952), à l'entrée du village de Roumoules

SAINTE-CROIX-DE-VERDON - 04500

14 LE PETIT PORT

M. et Mme Beaucamps

Les Fenières
04500 Sainte-Croix-de-Verdon
Tel. 04 92 77 77 23
Fax 04 92 77 77 23
saintecroixlac@chez.com
www.chez.com/saintecroixlac

Ouvert toute l'année • 5 chambres, 2 avec vue sur le lac, toutes équipées de minibar, salles de bains • 50 à 70 € pour 2 personnes, petit-déjeuner compris • Pas de table d'hôte • Cartes de crédit non acceptées, chiens non admis

On a aimé **Les plages blondes du lac de Ste-Croix, situées à deux pas.**

Ces deux maisonnettes de pays rénovées avec goût se trouvent au cœur d'un petit village accroché à la montagne. Les chambres, égayées de chaudes et belles tonalités, sont équipées de salles de bains flambant neuf ; deux d'entre elles bénéficient de la vue sur les eaux turquoise du lac de Sainte-Croix. Remarquables, les petits-déjeuners servis l'été en terrasse : attendez-vous à de vrais délices !

Accès : dans le village

15 DOMAINE DES RAYES

M. Masure

04200 Saint-Geniez
Tel. 04 92 61 22 76
Fax 04 92 61 06 44
les.rayes@wanadoo.fr
www.lesrayes.fr

Fermé d'octobre à avril (sauf groupes) • 5 chambres • 61 à 68 € (55 à 62 € basse saison) pour 2 personnes, petit-déjeuner compris • Table d'hôte 17 € • Parking. Chiens non admis • Piscine de plein air, espace de jeux pour les enfants

On a aimé

Le calme olympien des lieux.

Exceptionnel ! Difficile de trouver meilleur adjectif pour qualifier le site de cette bergerie du 17e s. cernée par la lande à 1 300 m d'altitude. Les chambres, souvent immenses et très calmes, se parent de jolies couleurs provençales. Dîner dans la chaleureuse salle à manger, paresser dans l'un des deux salons voûtés ou s'attarder sur la terrasse face à l'époustouflante vue sur la vallée de la Durance procurent de purs moments de bonheur.

Accès : à 17 km au Nord-Est de Sisteron, route de Saint-Geniez par la D 3

16 MOULIN DU CHÂTEAU

M. et Mme Staempfli-Faoro

Le Village
04500 Saint-Laurent-du-Verdon
Tel. 04 92 74 02 47
Fax 04 92 74 02 97
info@moulin-du-chateau.com
www.moulin-du-chateau.com

Fermé de début novembre à fin février • 10 chambres, dont 1 accessible aux handicapés physiques, avec douches WC • 76 à 102 € ; petit-déjeuner 8 € ; possibilité de demi-pension • Restaurant fermé lundi, jeudi et le midi. Menu (réservé aux résidents) 30 € • Terrasse, jardin Chiens non admis au restaurant • Bibliothèque, billard

On a aimé

L'atmosphère conviviale, digne d'une « guesthouse ».

L'ancien moulin à huile bâti au 17e s., caché dans un grand jardin arboré, jouxte le château de ce bourg situé au cœur du Parc naturel régional du Verdon. Le pressoir et sa meule en pierre trônent d'ailleurs au milieu du vaste salon. Murs immaculés, lits en fer forgé, tissus aux couleurs vives et petits fauteuils en rotin président au décor volontairement épuré des chambres. L'unique menu du jour (plats régionaux) est servi dans une salle à manger rustique ou sur la délicieuse terrasse.

Accès : derrière le château

ARVIEUX - 05350

17 LA GIRANDOLE

M. Morel

Brunissard
05350 Arvieux
Tel. 04 92 46 84 12
Fax 04 92 46 86 59
lagirandole@tiscali.fr
lagirandole.info

Fermé du 15 novembre au 15 décembre • 6 chambres d'hôte non-fumeurs équipées de salles d'eau et de salles de bains ; 2 gîtes • 66 € pour 2 personnes, petit-déjeuner compris • Pas de table d'hôte • Jardin, parking. Cartes de crédit non acceptées, chiens non admis • Piscine de plein air

On a aimé **La situation privilégiée sur la route des cadrans solaires.**

Un beau cadran solaire orne la façade de cette ancienne ferme queyrassine dont l'architecture est typique de la vallée d'Arvieux. L'intérieur a été réaménagé avec goût : meubles et objets anciens, chaleureux coloris des tissus, piano et canapés moelleux dans le salon... Les chambres, plus sobres avec leurs murs peints en blanc, disposent de balcons offrant différents points de vue sur l'agréable paysage alpestre. Une cuisine est à disposition.

Accès : au Nord, 3 km par la D 902

BARATIER - 05200

18 LES PEUPLIERS

M. Bellot

Chemin de Lesdier
05200 Baratier
Tel. 04 92 43 03 47
Fax 04 92 43 41 49
info@hotel-les-peupliers.com
www.hotel-les-peupliers.com

Fermé du 12 avril au 5 mai, du 29 septembre au 21 octobre et mardi midi • 24 chambres dont 6 non-fumeurs, avec salles de bains WC ou douches WC et télévision • 46 à 50 € (41 à 45 € basse saison) pour 2 personnes ; petit-déjeuner 7 € ; possibilité de demi-pension • Menus de 15 à 34 € • Terrasse, parking • Piscine de plein air, terrain de boules

On a aimé **L'accueil sympathique et la chaleureuse ambiance de la maison.**

Un paisible village dominant le lac de Serre-Ponçon et la campagne embrunoise : l'environnement de ce chalet rime avec nature et tranquillité. Les chambres, égayées de meubles montagnards décorés à la main et de tissus provençaux, ont du charme ; celles du 2e étage, bénéficiant en outre d'un balcon et de la vue sur le lac, auront sans doute votre préférence. Jolie salle à manger au décor « pierre et bois ». Terrasse ombragée pour se prélasser, et sentier pédestre et de VTT pour se dépenser.

Accès : quitter la N 94, direction Les Orres, puis Baratier par le village, 2ème rue à droite

BUISSARD - 05500

19 LES CHEMINS VERTS

Mme Dubois

05500 Buissard
Tel. 04 92 50 57 57
lescheminsverts@free.fr
www.lescheminsverts.fr

Ouvert toute l'année • 4 chambres et 1 gîte • 44 à 50 € pour 2 personnes, petit-déjeuner compris • Table d'hôte 13 € • Terrasse, parking. Cartes de crédit non acceptées, chiens non admis

On a aimé **Respirer l'air vivifiant des alpages.**

Perchée à 1 200 m d'altitude, cette coquette ferme du 18e s. contemple la vallée du Drac et la grandiose forteresse rocheuse du Dévoluy. Ses chambres, restaurées avec goût, offrent un bon confort ; celle nommée « Fleurette » possède la plus belle vue. Un appartement flambant neuf est également disponible. Le salon et la terrasse panoramique, très agréables, vous plairont et vous apprécierez aussi l'accueil attentionné des hôtes.

Accès : à 1 km à l'Est de Saint-Julien-en-Champsaur par la D 15

EMBRUN - 05200

20 LES BARTAVELLES

Mme Pernin

Le Clos des Pommiers
05200 Embrun
Tel. 04 92 43 20 69
Fax 04 92 43 11 92
info@bartavelles.com
www.bartavelles.com

Fermé du 3 au 14 janvier, dimanche soir et lundi midi du 1er novembre au 31 mars • 43 chambres dont 12 en annexe, avec salles de bains WC ou douches WC, toutes avec télévision • 68 à 98 € (48 à 78 € basse saison) pour 2 personnes ; petit-déjeuner 9 € ; possibilité de demi-pension • Menus 20 (en semaine) à 38 € • Jardin, parking, garage • Piscine, tennis

On a aimé **Les activités nombreuses et variées proposées sur place.**

Certes, la silhouette de cette imposante « chaumière » des années 1970 manque un peu de caractère, mais la tranquillité et le confort des chambres meublées dans le style caractéristique du Queyras, les appartements familiaux logés dans des bungalows et le grand jardin verdoyant ouvert sur les sommets alentour sauront vous convaincre d'y poser vos valises. En été une formule grill, proposée en terrasse, complète la carte traditionnelle du restaurant.

Accès : à 3 km au Sud-Ouest par la N 94, sur la route de Gap

GAP - 05000

21 LE PARLEMENT

M. et Mme Drouillard

Charance
05000 Gap
Tel. 04 92 53 94 20
Fax 04 92 53 94 20
www.maisondhotes-leparlement.com

Ouvert toute l'année • 5 chambres • 60 à 80 € pour 2 personnes, petit-déjeuner compris • Pas de table d'hôte • Parking. Chiens non admis • Piscine, sauna, billard, jeux et mur d'escalade pour les enfants, possibilités de stages à thème

Les nombreuses activités proposées.

Cette jolie demeure du 18e s. enchâssée dans un écrin de verdure était jadis une dépendance du château de Charance. Le calme y règne, en pleine campagne, à seulement quelques minutes de Gap. Les chambres sont grandes, raffinées et d'une tenue parfaite ; certaines offrent une vue sur la ville. Le sous-sol est fort bien aménagé : billard, salle de jeux avec mur d'escalade pour les enfants et sauna. Le patron, guide de haute montagne et moniteur de VTT, vous donnera de bonnes idées de sorties.

Accès : de Gap, 4 km vers Orange et Valence (D 994), au rond-point des 3 Cascades, prendre la direction du domaine de Charance

GUILLESTRE - 05600

22 LES BARNIÈRES

Famille Garcin

05600 Guillestre
Tel. 04 92 45 04 87
Fax 04 92 45 28 74
hotel-lesbarnieres@wanadoo.fr
www.hotel-lesbarnieres.com

Fermé du 15 octobre au 26 décembre • 40 chambres avec salles de bains WC et télévision • 75 à 80 € (75 à 78 € basse saison) pour 2 personnes ; petit-déjeuner 10 € ; possibilité de demi-pension • Menus de 18 (en semaine) à 32 € • Jardin, parking. Chiens non admis au restaurant • Piscine, tennis, ping-pong, pétanque, mini-golf

Le superbe panorama sur la vallée de la Durance et les Alpes.

Sur les hauteurs de Guillestre, hôtel composé de deux chalets grands ouverts sur les montagnes. La rénovation intérieure, terminée dans l'annexe (ouverte uniquement l'été), est toujours en cours dans le bâtiment principal, mais les patrons ont pris soin de conserver le mobilier régional des chambres. Avant de sombrer dans les bras de Morphée, vous souhaiterez profiter au maximum du jardin et de ses équipements sportifs : piscine, tennis, boulodrome, etc. De quoi se détendre... et se dépenser !

Accès : à la sortie du village, en bordure de route

NÉVACHE - 05100

23 LE CHALET D'EN HÔ

M. Baudoux

Hameau des Chazals - Le Roubion
05100 Névache
Tel. 04 92 20 12 29
Fax 04 92 20 59 70
chaletdenho@aol.com
www.chaletdenho.com

Fermé 3 avril au 10 juin, 11 septembre au 21 octobre et 1er novembre au 16 décembre • 14 chambres non-fumeurs, avec salles de bains WC ou douches WC et télévision ; la plupart avec balcon • 79 à 114 € ; petit-déjeuner 9 € ; possibilité de demi-pension • Menu 20 € (le soir) • Parking. Chiens non admis • Sauna, stages de chant lyrique, randonnées, ski de fond

On a aimé **Prendre le petit-déjeuner en terrasse, face aux mille et une fleurs de la vallée.**

Pourquoi grimper jusqu'à ce chalet en bois de mélèze ? Parce que ses ravissantes chambres portant le nom des montagnes et des lacs que l'on admire depuis ses balcons marient leurs lambris de sapin aux tissus provençaux, parce qu'outils de la vie pastorale et de l'artisanat du bois ornent joliment les murs de sa coquette salle à manger, parce qu'enfin les propriétaires, en dignes amoureux de la nature, dispensent sans compter leurs précieux conseils sur cette délicieuse vallée de la Clarée.

Accès : au Nord de Briançon, quitter la N 94 pour la D 994G qui longe le cours de la Clarée et tourner à droite au Roubion

SAINT-DISDIER - 05250

24 AUBERGE LA NEYRETTE

M. et Mme Muzard

05250 Saint-Disdier
Tel. 04 92 58 81 17
Fax 04 92 58 89 95
info@la-neyrette.com
www.la-neyrette.com

Fermé du 13 au 30 avril et du 15 octobre au 15 décembre • 12 chambres avec salles de bains WC ou douches WC, toutes dotées de télévision • 62 à 70 € pour 2 personnes ; petit-déjeuner 8 € ; possibilité de demi-pension • Menus 20 à 40 € • Terrasse, jardin, parking • Étang avec pêche à la truite et jeux pour enfants

On a aimé **La sieste sous un arbre du jardin, au bord de l'eau...**

L'auberge semble perdue sur le plateau haut perché du Dévoluy, au pied de crêtes arides. Les chambres, récemment rénovées, déclinent le thème des fleurs de montagne. L'apaisant jardin est agrémenté d'un plan d'eau où l'on peut ferrer sa truite pour le repas : c'est la spécialité « maison », à déguster l'été sur la terrasse d'où l'on contemple les solitudes infinies de la forteresse de pierre. L'hiver, si vous négociez quelques virages de plus, le domaine skiable de Superdévoluy sera à vous !

Accès : à la sortie du village, sur la route de Superdévoluy

CABRIS - 06530

25 CHAMBRE D'HÔTE MADAME FARAUT

Mme Faraut

14 rue de l'Agachon
06530 Cabris
Tel. 04 93 60 52 36
Fax 04 93 60 52 36

Fermé du 1er octobre au 31 mars • 5 chambres • 50 à 60 € pour 2 personnes, petit-déjeuner compris • Pas de table d'hôte • Cartes de crédit non acceptées

On a aimé **Sillonner les ruelles du vieux village où nombre d'artistes ont élu domicile.**

Incontestablement, la façade jaune pleine de gaieté de cette maisonnette villageoise attire l'œil. Ses chambres, de taille moyenne, sont toutes blanches, calmes et impeccablement tenues ; certaines d'entre elles, ainsi que le salon, offrent une jolie vue sur le massif de l'Esterel et le lac de St-Cassien. La salle des petits-déjeuners n'engendre pas non plus la mélancolie avec ses poutres massives, sa cheminée et sa grande baie vitrée ouvrant « plein cadre » sur la nature.

Accès : dans une ruelle du village

CAGNES-SUR-MER - 06800

26 LES JARDINS FRAGONARD

M. Mombeck

12 rue Fragonard
06800 Cagnes-sur-Mer
Tel. 04 93 20 07 72
Fax 04 93 20 07 72
jardinsfragonard@hotmail.com

Ouvert toute l'année • 4 chambres avec salles de bains et WC • 72 à 85 € (55 à 80 € basse saison) pour 2 personnes, petit-déjeuner compris • Table d'hôte sur réservation • Salon, terrasses, jardin, parking. Cartes de crédit non acceptées, chiens non admis • Piscine de plein air, billard. À proximité : tennis, golf

On a aimé **La visite du musée Renoir situé à deux pas.**

Une douce quiétude règne dans cette belle villa de 1925 juchée sur les hauteurs de Cagnes, au milieu d'un parc d'essences méridionales. Les chambres égayées de couleurs provençales, vastes et souvent meublées en rotin, sont équipées de salles de bains neuves. Selon la saison, le petit-déjeuner est servi en terrasse ou à l'intérieur, sur la grande table d'hôte. Le jardin ombragé et la piscine invitent à la détente.

Accès : proche du musée Renoir

CANNES - 06400

27 VILLA L'ÉGLANTIER

M. et Mme Daran

14 rue Campestra
06400 Cannes
Tel. 04 93 68 22 43
Fax 04 93 38 28 53

Ouvert toute l'année • 4 chambres avec salles de bains • 75 à 100 € pour 2 personnes, petit-déjeuner compris • Pas de table d'hôte • Terrasse, jardin. Cartes de crédits non acceptées

On a aimé **Le calme à seulement quelques minutes à pied de la Croisette.**

Cette grande villa blanche nichée sur les hauteurs de Cannes est entourée d'un joli jardin planté de palmiers, d'orangers et d'autres essences exotiques. Construite dans les années 1920, elle a conservé sa belle âme Art déco. Les chambres d'hôte, spacieuses, calmes et sobrement meublées, sont équipées de grandes salles de bains privées. Les Blanche, Verte et Bleue, situées à l'étage, profitent d'un balcon ou d'une agréable terrasse. La Rouge, au rez-de-chaussée, donne sur le jardin.

Accès : sur les hauts de Cannes

CAP-D'ANTIBES - 06160

28 LA JABOTTE

M. April et M. Mora

13 avenue Marx-Maurey
06160 Cap-d'Antibes
Tel. 04 93 61 45 89
Fax 04 93 61 07 04
info@jabotte.com
www.jabotte.com

Ouvert toute l'année sauf novembre et semaine de Noël • 10 chambres non-fumeurs disposant de douches WC • 75 à 80 € pour 2 personnes ; petit-déjeuner 7 € • Pas de restaurant • Terrasse, jardin, parking

On a aimé **La proximité immédiate d'une jolie plage de sable fin.**

Cet établissement de charme situé dans une petite rue paisible et perpendiculaire à la plage de la Salis abrite de pimpantes chambres personnalisées avec goût. Leurs mini-terrasses s'ordonnent autour d'un adorable patio recouvert de gravier et agrémenté d'arbustes. Calligraphe à ses heures, l'un des propriétaires expose ses œuvres dans certaines chambres ainsi que dans le fringant salon où d'excellents petits-déjeuners sont servis. Accueil gentil et atmosphère cordiale.

Accès : à 100 m de la plage de la Salis

COARAZE - 06390

29 L'AUBERGE DU SOLEIL

Mme Jacquet

Dans le village
06390 Coaraze
Tel. 04 93 79 08 11
Fax 04 93 79 37 79
auberge.du.soleil@wanadoo.fr

Fermé du 1er au 15 janvier • 8 chambres équipées de salles de bains WC • 61 € pour 2 personnes ; petit-déjeuner 8 € ; possibilité demi-pension • Menus 20 à 25 € • Jardin • Piscine de plein air

On a aimé **Les petits plats provençaux cuisinés par la patronne.**

Une atmosphère de douce sérénité règne en cette belle maison de maître de 1863 que l'on rejoint uniquement à pied. Les chambres, parfaitement tenues, mélangent avec bonheur l'ancien et le moderne ; quatre d'entre elles jouissent d'une perspective sur la vallée et ses cultures en terrasses. Jolie vue que l'on retrouve dans la vaste salle à manger agrandie d'une véranda. Côté détente : billard, jardin, verger et piscine. La table, fort réputée dans la région, ne connaît que les produits frais.

Accès : par autoroute A8, sortie Nice-Est puis voie rapide direction La Trinité-Drap-Sospel ; à la pointe de Contes, prendre à gauche direction Contes-Coaraze

LA BRIGUE - 06430

30 LE MIRVAL

M. et Mme Dellepiane

3 rue Vincent-Ferrier
06430 La Brigue
Tel. 04 93 04 63 71
Fax 04 93 04 79 81
www.lemirval.com

Ouvert du 1er avril au 2 novembre • 18 chambres réparties sur 2 étages, dont la plupart dispose de salles de bains WC, toutes dotées de télévision • 42 à 62 € pour 2 personnes ; petit-déjeuner 8 € ; possibilité de demi-pension • Restaurant fermé vendredi midi ; menus de 19 à 25 € • Terrasse, jardin, parking. Chiens non admis • VTT, sports d'eau vive

On a aimé **Ferrer la truite dans la torrentueuse Levense.**

Auberge de montagne bâtie en 1893 dans ce joli village médiéval proche de la frontière italienne. Les chambres, actuelles et pratiques, ont presque toutes été rénovées. Le restaurant-véranda ne possède pas un grand charme, mais offre une belle vue sur un petit pont en pierre enjambant la poissonneuse rivière dont les Brigasques sont si fiers ! Le propriétaire propose de nombreuses excursions dans la vallée des Merveilles : arrivée sur le site en 4x4 et randonnées adaptées au niveau de chacun.

Accès : à 6,5 km au Sud de Tende, par la D 204, puis à St-Dalmas-de-Tendre prendre à gauche la D 143

LA COLLE-SUR-LOUP - 06480

31 LA BASTIDE DE SAINT-DONAT

M. Rosso

Route du Pont-de-Pierre, parc Saint-Donat
06480 La Colle-sur-Loup
Tel. 04 93 32 93 41
Fax 04 93 32 80 61

Ouvert toute l'année • 5 chambres équipées de salles d'eau ou de salles de bains • 61 à 92 € pour 2 personnes, petit-déjeuner compris • Pas de table d'hôte • Terrasse, jardin. Cartes de crédit non acceptées, chiens non admis

On a aimé **S'attarder sur la terrasse dominant la rivière.**

La façade en pierre de cette bergerie de 1850 ne laisse rien soupçonner de sa riche décoration intérieure. Le rez-de-chaussée, restauré dans le respect de la tradition (arcades, colonnes, cheminée, sol de terre cuite, etc.) est particulièrement réussi. Les chambres, repeintes dans des tons pastel faisant ressortir leurs poutres et meubles anciens, sont très agréables ; certaines possèdent un balcon. La terrasse enfin, bercée par le doux murmure de la rivière qui coule à ses pieds, vous séduira.

Accès : à 2 km au Sud de Saint-Paul par la D 6

LE SUQUET - 06450

32 AUBERGE DU BON PUITS

M. et Mme Corniglion

06450 Le Suquet
Tel. 04 93 03 17 65
Fax 04 93 03 10 48

Fermé du 1er décembre au 15 avril et mardi sauf du 15 juillet au 30 août • 8 chambres dont 2 non-fumeurs, avec salles de bains WC, climatisation et télévision • 60 à 63 € (58 à 61 € basse saison) pour 2 personnes ; petit-déjeuner 9 € ; possibilité de demi-pension • Restaurant climatisé ; menus de 20 à 30 € • Terrasse, parc, parking. Cartes de crédit non acceptées • Parc animalier, jeux pour enfants, sports d'eau vive, pêche, randonnées par sentiers touristiques

On a aimé **Le rire des enfants montés sur les poneys du petit parc animalier.**

Cet ancien relais de diligences en pierres de taille appartient à la même famille depuis 1890. Les chambres sont constamment relookées avec un souci particulier du détail. La cuisine est ici affaire de femmes : de mère en fille, on mitonne des petits plats fleurant bon le terroir ; vous les dégusterez sous les poutres patinées de la coquette salle à manger. Les jeux et, surtout, le parc animalier longeant la Vésubie feront la joie des enfants. Attendez-vous à recevoir le meilleur accueil.

Accès : sur la D 2565, entre Plan-du-Var et la Bollène-Vésubie

MENTON - 06500

33 PIERROT-PIERRETTE

M. Mitolo

Place de l'Église - Monti
06500 Menton
Tel. 04 93 35 79 76
Fax 04 93 35 79 76
pierrotpierrette@aol.com

Fermé du 6 décembre au 15 janvier et lundi sauf Pâques • 7 chambres dont 4 en annexe, toutes disposent de douches WC • 67 à 76 € pour 2 personnes ; petit-déjeuner 8 € ; possibilité de demi-pension • Menus de 27 à 39 € • Jardin • Piscine

On a aimé **Que pierrots et pierrettes perdent leurs visages enfarinés sous le soleil mentonnais !**

Sympathique petite auberge perchée sur les hauteurs d'un hameau paisible de l'immédiat arrière-pays mentonnais. Les chambres, familiales et meublées simplement, sont dotées pour la plupart de balcons. La salle à manger rustique se montre assez coquette, mais l'attrait principal est à l'extérieur : luxuriant jardin en terrasses planté d'essences méridionales et de rosiers, et piscine surplombant la vallée du Carei.

Accès : à 5 km au Nord de Menton, par la D 2566 en direction de Sospel

NICE - 06000

34 ARMENONVILLE

Mme Moreilhon

20 avenue des Fleurs
06000 Nice
Tel. 04 93 96 86 00
Fax 04 93 44 66 53
nice@hotel-armenonville.com
www.hotel-armenonville.com

Ouvert toute l'année • 13 chambres climatisées avec salles de bains ou douches, toutes sont dotées de télévision • 73 à 95 € (59 à 77 € basse saison) ; petit déjeuner 9 € • Pas de restaurant • Jardin, parking clos. Chiens non admis

On a aimé **Nice... « la Russe » et sa cathédrale orthodoxe.**

Villa 1900 au bout d'une paisible impasse de l'ex-quartier des émigrés russes. Les chambres, de tailles variées, possèdent un charme désuet : belle hauteur sous plafond et meubles « rétro » provenant du Négresco. Certaines donnent sur le ravissant jardin fleuri et planté de palmiers où l'on prend son petit-déjeuner quand les matinées sont belles, c'est-à-dire presque tous les jours de l'année. Un joli poêle en fonte émaillée trône dans le salon.

Accès : depuis la promenade des Anglais, prendre le boulevard Gambetta, puis tourner à gauche

NICE - 06000

35 DURANTE

Mme Stramigioli

16 avenue Durante
06000 Nice
Tel. 04 93 88 84 40
Fax 04 93 87 77 76
info@hotel-durante.com
www.hotel-durante.com

Ouvert toute l'année • 24 chambres climatisées, dotées de salles de bains WC ou douches WC et télévision ; 19 sont équipées de cuisinettes • 69 à 125 € pour 2 personnes ; petit-déjeuner de 9 à 10 € • Pas de restaurant • Jardin, parking

On a aimé

Le petit-déjeuner « maison » servi sur une terrasse fleurant bon les agrumes.

Façade à l'italienne et fenêtres couronnées de mascarons affirment la personnalité de cette élégante demeure idéalement située au calme d'une impasse proche de la gare. Vous pourrez y dormir la fenêtre grande ouverte puisque les chambres, récemment rénovées dans le style méditerranéen, donnent sur un ravissant jardin-terrasse agrémenté de carreaux de terre cuite et de de palmiers, orangers et citronniers disposés en rangs serrés.

Accès : de la gare SNCF, emprunter l'avenue Durante et tourner à gauche dans l'impasse après la rue d'Alsace-Lorraine

NICE - 06000

36 VILLA LA TOUR

Mme Barbara Kimming

4 rue de la Tour
06000 Nice
Tel. 04 93 80 08 15
Fax 04 93 85 10 58
reservation@villa-la-tour.com
www.villa-la-tour.com

Ouvert toute l'année • 16 chambres climatisées disposent de salles de bains WC ou douches WC • 59 à 125 € ; petit-déjeuner 3,50 € • Pas de restaurant • Chiens non admis

On a aimé

N'avoir que quelques marches à descendre pour plonger dans le vieux Nice.

Ce petit hôtel d'un genre assez charmant occupe un ancien couvent (18e s.) et bénéficie d'un emplacement idéal pour les inconditionnels du vieux Nice. Vous y apprécierez l'accueil, personnalisé, autant que les chambres, harmonieusement décorées et prémunies de la canicule aussi bien que du bruit. Elles offrent toutes un bon niveau de confort, à l'exception de la moins chère, plus basique mais non moins avenante. Jolie vue sur les toits depuis la mini-terrasse perchée.

Accès : Au cœur de la vieille ville

PÉGOMAS - 06580

37 **LE BOSQUET**

M. Cattet

74 chemin des Périssols
06580 Pégomas
Tel. 04 92 60 21 20
Fax 04 92 60 21 49
hotel.lebosquet@wanadoo.fr
www.pegomas.com

Ouvert toute l'année • 16 chambres avec salles de bains WC ou douches WC et télévision • 45 à 60 € pour 2 personnes ; petit-déjeuner 7 € • Pas de restaurant • Parking fermé, parc. Chiens non admis • Piscine, tennis

On a aimé **Au petit-déjeuner, les confitures maison préparées avec les bons fruits du verger.**

Bougainvilliers, lauriers roses, lavandes, bambous, pelouses et grands arbres forment le superbe écrin de verdure entourant cet hôtel situé à quelques kilomètres de Cannes. Les habitués qui fréquentent l'adresse apprécient son calme, sa piscine et la gentillesse de l'accueil familial. Réparties dans deux bâtiments, les chambres sont décorées dans un style provençal empreint de sobriété. Vous pourrez également louer un studio équipé d'une cuisinette.

Accès : au Nord-Est, sur la route de Mouans-Sartoux

SAINT-PAUL - 06570

38 **HOSTELLERIE DES REMPARTS**

M. Tibaud

72 rue Grande
06570 Saint-Paul
Tel. 04 93 32 09 88
Fax 04 93 32 06 91
h.remparts@wanadoo.fr
www.stpaulweb.com

Fermé de mi-janvier à mi-février ; dimanche soir et lundi • 9 chambres équipées de salles de bains ou douches WC • 39 € pour 2 personnes ; petit-déjeuner 7 € ; possibilité de demi-pension • Restaurant fermé le soir en hiver sauf le week-end ; menus de 12 à 30 € • Parking

On a aimé **La décoration sans faute de cet hôtel du vieux Saint-Paul.**

Murs en pierre parfaitement préservés, meubles anciens, sols de tomettes et chaleureux coloris composent l'univers plein de charme de cet hôtel niché dans une ruelle étroite du vieux Saint-Paul. Les chambres, personnalisées, portent chacune le nom d'une fleur ; les plus grandes offrent une jolie échappée sur la campagne. La terrasse couverte est délicieuse et l'accueil, parfait. Une adresse à retenir !

Accès : dans la partie de la rue Grande située entre la rue de l'Étoile et la rue des Pontis

TOURRETTES-SUR-LOUP - 06140

39 MAS DES CIGALES

M. Prieur-Gelis

1673 route des Quenières
06140 Tourrettes-sur-Loup
Tel. 04 93 59 25 73
Fax 04 93 59 25 73
lemasdescigales@free.fr
www.le-mas-des-cigales.com

Ouvert toute l'année • 5 chambres dotées de salles de bains WC et télévision • 92 € pour 2 personnes, petit-déjeuner compris • Pas de table d'hôte • Jardin, parking. Cartes de crédit non acceptées, chiens non admis • Piscine, tennis, VTT, wifi (accés internet sans fil)

On a aimé **Le cadre de verdure, propice à de belles balades.**

Cette jolie villa juchée sur une colline au milieu des pins offre une vue magnifique sur le littoral de la Riviera. Ses chambres - Capucine, Pivoine, Papillon, Violette ou Olive - sont charmantes avec leurs meubles peints à la main. Le petit-déjeuner se prend dans la véranda ouverte sur le jardin, ou au bord de la piscine en été. De la terrasse vous apercevrez, juste en contrebas de la maison, une petite cascade et le terrain de tennis. VTT à disposition, spa et accès Internet (wi-fi).

Accès : à 1,5 km à l'ouest de Tourrettes, par la D 2210 direction le Pont-du-Loup

VALBERG - 06470

40 BLANCHE NEIGE

M. et Mme Kretchmann

10 avenue de Valbery
06470 Valberg
Tel. 04 93 02 50 04
Fax 04 93 02 61 90

Fermé en novembre, lundi soir et mardi en basse saison • 17 chambres dotées de douches WC, quelques salles de bains WC, toutes disposent de la télévision • 75 à 85 € (65 à 75 € basse saison) pour 2 personnes ; petit-déjeuner 8 € ; possibilité de demi-pension • Restaurant fermé basse saison ; menu 25 € • Terrasse, garage, parking. Chiens non admis • Ski, randonnées

On a aimé **Siffler « Hé-ho, hé-ho, on rentre du boulot » sous la douche...**

Il était une fois un joli chalet aux volets verts et jaunes à la lisière d'une forêt de mélèzes. On raconte que ses coquettes petites chambres égayées de boutis et meubles peints abritèrent jadis sept nains au grand cœur... Mais l'or blanc - 50 km de pistes entre 1 500 et 2 000 m - vole aujourd'hui la vedette aux histoires de princesses (Miroir, mon beau miroir, suis-je la meilleure adresse de Valberg ?)... Restaurant « cosy » et spacieuse terrasse surplombant la route.

Accès : à l'entrée de la station

VAL-DU-TIGNET - 06530

41 MAS DE CLAIREFONTAINE

M. et Mme Lapostat

3196 route de Draguignan
06530 Val-du-Tignet
Tel. 04 93 66 39 69
andre.lapostat@wanadoo.fr
http://masdeclairefontaine.online.fr

Ouvert toute l'année • 3 chambres équipées de salles de bains et télévision • 79 à 100 € pour 2 personnes, petit-déjeuner compris • Pas de table d'hôte • Terrasse, parc, parking. Cartes de crédit non acceptées, chiens non admis • Piscine de plein air. À proximité : pêche et navigation sur le lac

On a aimé **Les promenades dans le vaste parc arboré.**

Ce mas en pierre et son jardin en terrasses planté de pins parasols et de roseaux forment un couple charmant. Les chambres, décorées dans des tons provençaux, bénéficient de délicates attentions : savons Fragonard, cartes postales, bonbons... Leurs salles de bains sont bien équipées. Celles baptisées Iris et Lilas possèdent une terrasse privative. L'été, la fraîcheur de la table des petits-déjeuners dressées sous un chêne centenaire est très recherchée.

Accès : à 10 km au Sud-Est de Grasse, route de Draguignan

VENCE - 06140

42 AUBERGE DES SEIGNEURS

Mme Rodi

Place du Frêne
06140 Vence
Tel. 04 93 58 04 24
Fax 04 93 24 08 01

Ouvert de mars à octobre • 6 chambres avec douches WC • 70 à 85 € pour 2 personnes ; petit-déjeuner 10 € ; possibilité de demi-pension • Menus de 30 à 42 €

On a aimé **Le geste charmant de la fleur offerte aux dames après le repas.**

Cette demeure historique du 17e s. jouxtant le château de Villeneuve reçut, dit-on, des hôtes célèbres dont François 1er... mort en 1547 ! Anachronisme ? On y perdrait presque son latin tant la maison, devenue auberge au 19e s., a su préserver son décor d'origine, jusqu'à cette monumentale cheminée où l'on fait dorer les grillades (l'agneau à la broche : un régal !). Les chambres, bien tenues, offrent moins de caractère - mais Renoir et Modigliani y auraient dormi, alors...

Accès : dans l'enceinte de la vieille ville, près du château

VENCE - 06140

43 **MIRAMAR**
M. Varlet

167 avenue Bougearel
Plateau Saint-Michel
06140 Vence
Tel. 04 93 58 01 32
Fax 04 93 58 20 22
resa@hotel-miramar-vence.com
www.hotel-miramar-vence.com

Fermé du 15 novembre au 15 décembre • 18 chambres disposant toutes de salles de bains WC ou douches WC et télévision • 78 à 145 € (68 à 135 € basse saison) pour 2 personnes ; petit-déjeuner 12 € • Pas de restaurant • Terrasse, parking • Piscine de plein air, ping-pong, terrain de boules

On a aimé **La vue magnifique sur les baous des Blancs et de St-Jeannet.**

Les espaces intérieurs de cette jolie villa à façade rose pâle, construite en 1927 aux portes de Vence, viennent d'être totalement rénovés. Les coquettes chambres agrémentées de frises et de fresques portent le nom de fleurs de la région. L'agréable salon-bar méditerranéen équipé d'une TV grand écran est idéal à l'heure de l'apéritif. Les extérieurs ne sont pas en reste : terrasse où l'on sert le petit-déjeuner, jardin et piscine offrent un splendide panorama sur les baous et la Riviera niçoise.

Accès : sur le plateau qui surplombe la route : depuis le centre, par avenue du Général-Leclerc (route de Cagnes), puis à droite

AIX-EN-PROVENCE - 13100

44 **QUATRE DAUPHINS**
M. Lafont

54 rue Roux-Alphéran
13100 Aix-en-Provence
Tel. 04 42 38 16 39
Fax 04 42 38 60 19

Ouvert toute l'année • 13 chambres climatisées dotées de salles de bains WC ou douches WC, toutes avec télévision • 65 à 78 € pour 2 personnes ; petit-déjeuner 9 € • Pas de restaurant

On a aimé **Les chambres mansardées du dernier étage, romantiques à souhait !**

Les ruelles bordées d'hôtels particuliers élevés aux 17e et 18e s., les célèbres terrasses des cafés du cours Mirabeau, les petits restaurants qui sont autant de coins de paradis, les marchés colorés... Vous êtes à Aix, que diable ! Faites fi de la chaleur et du bruit et vivez au cœur même du « XXIe arrondissement de Paris » dans ce petit hôtel pétri de charme (tomettes, meubles peints) situé à deux pas de la gracieuse placette des Quatre Dauphins. Vous ne le regretterez pas !

Accès : dans une petite rue tranquille du quartier Mazarin

AIX-EN-PROVENCE - 13100

45 SAINT-CHRISTOPHE

M. Bonnet

2 avenue Victor-Hugo
13100 Aix-en-Provence
Tel. 04 42 26 01 24
Fax 04 42 38 59 17
saintchristophe@francemarket.com
www.hotel-saintchristophe.com

Ouvert toute l'année • 58 chambres climatisées dont 1 accessible aux handicapés physiques, toutes sont dotées de salles de bains WC et télévision • 78 à 115 € pour 2 personnes ; petit-déjeuner 9 € • Menus de 21 (en semaine) à 26 € • Garage. Chiens non admis au restaurant

On a aimé **Les moelleux fauteuils clubs du salon-bar orné de toiles d'un artiste aixois.**

Ce petit immeuble à la pimpante façade rose fut progressivement transformé en hôtel-restaurant à partir de 1936 par la famille Bonnet. Vous pourrez y choisir le cadre de vos nuits : la plupart des chambres sont meublées dans le style Art déco, mais quelques-unes déclinent la thématique provençale. Au restaurant, ambiance de brasserie parisienne, véranda-terrasse et copieux plats mi-régionaux, mi-... alsaciens puisque la choucroute figure parmi les spécialités « maison ».

Accès : au centre-ville, proche de l'Office de tourisme et du cours Mirabeau

ARLES - 13200

46 L'AMPHITHÉATRE

M. Coumet et M. Piras

5 rue Diderot
13200 Arles
Tel. 04 90 96 10 30
Fax 04 90 93 98 69
contact@hotelamphitheatre.fr
www.hotelamphitheatre.fr

Ouvert toute l'année • 28 chambres réparties sur 3 niveaux, en majorité équipées de douches WC et de télévision • 49 à 79 € (45 à 69 € basse saison) pour 2 personnes ; petit-déjeuner 7 € • Pas de restaurant

On a aimé **Le petit-déjeuner avec jus de fruit frais, viennoiseries croustillantes et confitures « maison ».**

Une rangée de platanes dissimule ce petit hôtel particulier du 17e s. dont la façade est ornée d'une statue de la Vierge. Toutes les chambres, lumineuses, sobres et soignées, viennent d'être refaites (meubles peints, fer forgé, tissus choisis). Salon et salle des petits-déjeuners assortissent avec le même bonheur vieux murs, décor actuel et ambiance méridionale. Aux portes de ce chaleureux hôtel : les trésors culturels arlésiens.

Accès : dans le centre historique, proche du théatre antique et des arènes

47 CALENDAL

Mme Jacquemin

5 rue Porte-de-Laure
13200 Arles
Tel. 04 90 96 11 89
Fax 04 90 96 05 84
contact@lecalendal.com
www.lecalendal.com

Fermé du 2 au 24 janvier • 38 chambres dotées de salles de bains WC ou douches WC et de télévision • 45 à 99 € pour 2 personnes ; petit-déjeuner 7 € • Restaurant fermé le soir en saison ; formule buffet 14 € • Jardin ombragé. Chiens non admis

On a aimé **À l'heure du thé, les pâtisseries « maison » et les produits Mariage Frères.**

Certaines donnent sur le joli jardin de l'hôtel, d'autres offrent une échappée sur le théâtre antique ou, plus rarement, sur les arènes : lors de la réservation, demandez en priorité une chambre « avec vue » ; sachez cependant que toutes bénéficient d'un coquet décor aux couleurs du Sud. Les petits-déjeuners se prennent en terrasse, sous l'ombrage délicieux de splendides palmiers ou dans la pimpante salle éclairée par une verrière et qui fait office de salon de thé l'après-midi.

Accès : entre le théâtre antique et les arènes

48 LA MUETTE

M. Deplancke

15 rue des Suisses
13200 Arles
Tel. 04 90 96 15 39
Fax 04 90 49 73 16
hotel.muette@wanadoo.fr
http://perso.wanadoo.fr/hotel-muette

Fermé pendant vacances scolaires de février • 18 chambres climatisées réparties sur 2 étages, dotées de douches WC, quelques-unes de salles de bains WC et toutes de télévision • 51 à 54 € (48 à 51 € basse saison) pour 2 personnes ; petit-déjeuner 6 € • Pas de restaurant • Garage

On a aimé **Le chaleureux accueil familial.**

Cette construction massive bordant une placette de la vieille ville date des 12e et 15e s. Pierres apparentes, poutres alignées comme à la parade et baies étroites confirment son ancienneté. Les chambres, desservies par un bel escalier à vis, présentent le plus souvent un décor désuet ; certaines s'agrémentent toutefois d'imprimés provençaux et de commodes de style. Vous prendrez votre petit-déjeuner dans une salle rustique à souhait, sous le regard perplexe d'un trophée de taureau.

Accès : sur une placette, au cœur du centre historique

CASSIS - 13260

49 LE CLOS DES ARÔMES

M. et Mme Bonnet

10 rue Abbé Paul-Mouton
13260 Cassis
Tel. 04 42 01 71 84
Fax 04 42 01 31 76

Fermé en janvier et février • 14 chambres disposant en majorité de douches WC, d'autres de salles de bains WC • 63 à 73 € pour 2 personnes ; petit-déjeuner 7 € ; possibilité de demi-pension • Restaurant fermé lundi, mardi midi et mercredi midi ; menus de 23 à 35 € • Terrasse ombragée dans un jardin fleuri, garage. Chiens non admis

On a aimé **La douceur de vivre provençale.**

Les portes de cette charmante maison cassidaine aux volets bleus ouvrent sur un riant jardin fleuri. Les chambres, bien insonorisées et décorées avec goût, présentent de belles tonalités provençales ; l'une d'elles accueille les familles. Les repas, qui ont l'accent chantant du Midi, sont servis dans la chaleureuse salle à manger ou, en saison estivale, sur la terrasse ombragée de platanes.

Accès : depuis le centre-ville : place de la République, emprunter la rue Adolphe-Thiers puis continuer tout droit au-delà de l'église

CHÂTEAUNEUF-LE-ROUGE - 13790

50 LA GALINIÈRE

M. et Mme Gagnières

Route de Saint-Maximin
13790 Châteauneuf-le-Rouge
Tel. 04 42 53 32 55
Fax 04 42 53 33 80
lagaliniere@aol.com
www.lagaliniere.com

Fermé dimanche soir d'octobre à avril • 18 chambres côté cour ou côté jardin. La majorité dispose de salles de bains WC, toutes ont la télévision • 55 à 80 € ; petit-déjeuner 9 à 10 € ; possibilité de demi-pension • Menus 26 à 53 € • Terrasse, jardin, 2 parkings dont 1 fermé • Piscine, centre équestre

On a aimé **Le domaine de 15 ha et son centre équestre (avec poneys pour les enfants).**

Édifiée au 17e s. sur les ruines d'une ferme des Templiers et veillée par la montagne du Cengle et la Sainte-Victoire, la Galinière fonctionna d'abord comme relais de diligences où fit notamment étape le pape Pie VII, en 1809 et 1814. Au bord de la N 7, un élégant portail en fer forgé toujours équipé de ses chasse-roues signale l'entrée de l'auberge qui abrite aujourd'hui des chambres rustiques et un restaurant de caractère aménagé dans l'ex-remise percée d'une porte charretière.

Accès : au bord de la N 7, à 2 km de Châteauneuf-le-Rouge, direction St-Maximin-la-Sainte-Baume

FONTVIEILLE - 13990

51 VAL MAJOUR

M. Güell

22 avenue d'Arles
13990 Fontvieille
Tel. 04 90 54 62 33
Fax 04 90 54 61 67
contact@valmajour.com
www.valmajour.com

Ouvert toute l'année • 32 chambres proposant salles de bains WC ou douches WC et télévision • 58 à 150 € (42 à 92 € basse saison) pour 2 personnes ; petit-déjeuner 10 € • Pas de restaurant • Parc, garage, parking fermé • Piscine de plein air, tennis, ping-pong, jeu de boules

On a aimé **Admirer les écureuils qui habitent les nombreux arbres du parc.**

Halte agréable que cette longue bâtisse de style régional bâtie aux portes du village de Daudet. Les chambres, spacieuses et rustiques, sont égayées de tissus aux couleurs provençales ; certaines possèdent une terrasse, d'autres un balcon donnant sur le parc planté d'essences méridionales. Côté détente, vous pourrez piquer une tête dans la vaste piscine ou disputer une partie de tennis.

Accès : à la sortie de la ville, en bordure de la route d'Arles

GÉMENOS - 13420

52 PARC

M. et Mme Robin

Vallée de Saint-Pons
13420 Gémenos
Tel. 04 42 32 20 38
Fax 04 42 32 10 26
hotel.parc.gemenos@wanadoo.fr
www.hotel-parc-gemenos.com

Ouvert toute l'année • 13 chambres avec salles de bains WC et télévision • 57 à 87 € ; petit-déjeuner à 6,50 € ; possibilité de demi-pension • Menus 16 à 48 € • Jardin, terrasse, parking clos

On a aimé **Le parc de Saint-Pons, dont la fraîcheur est bien agréable l'été.**

À la sortie du bourg se dresse, nichée dans un écrin de verdure, une adorable demeure provençale. Ses chambres sont actuelles et coquettes ; certaines jouissent de la vue sur le parc. Les larges baies de la salle à manger-véranda ouvrent, quant à elles, sur un riant jardin fleuri. L'été, on dresse la terrasse sous l'ombrage de beaux platanes. Chaleureux accueil familial.

Accès : à 1 km, sur la route de la Sainte-Baume (D2)

GRANS - 13450

53 DOMAINE DU BOIS VERT

M. et Mme Richard

Quartier Montauban
13450 Grans
Tel. 04 90 55 82 98
Fax 04 90 55 82 98
leboisvert@hotmail.com
www.domaineduboisvert.com

Fermé du 5 janvier au 15 mars • 3 chambres • 65 à 72 € pour 2 personnes, petit-déjeuner compris • Pas de table d'hôte • Terrasse, parc, parking. Cartes de crédit non acceptées, chiens non admis • Piscine de plein air, ping-pong

On a aimé **L'amabilité des propriétaires, maintes fois récompensés pour leur accueil.**

Ce mas de pierres sèches se niche au milieu d'un parc planté de chênes et de pins, au bord d'une rivière. Ses chambres, toutes de plain-pied, sont décorées dans un esprit provençal, avec sol en terre cuite, poutres apparentes et meubles anciens. Au gré des goûts et des saisons, le petit-déjeuner se prend dans la grande pièce à vivre ou sur la terrasse, face au jardin. Une bibliothèque et un réfrigérateur sont à disposition.

Accès : à 7 km au Sud de Salon par la D 16 et direction Lançon (D 19)

GRAVESON - 13690

54 LE CADRAN SOLAIRE

Mme Guilmet

Rue du Cabaret-Neuf
13690 Graveson
Tel. 04 90 95 71 79
Fax 04 90 90 55 04
cadransolaire@wanadoo.fr
www.hotel-en-provence.com

Ouvert toute l'année (sur réservation de novembre à mars) • 12 chambres équipées de salles de bains WC ou de douches WC • 53 à 78 € pour 2 personnes ; petit-déjeuner 8 € • Pas de restaurant • Terrasse, jardin, parking fermé

On a aimé **L'esprit « maison d'amis » savamment cultivé.**

Ce ravissant relais de poste tricentenaire dont la façade est joliment ornée d'un cadran solaire ne se contente pas d'incarner le charme de la Provence éternelle : la dynamique maîtresse des lieux a décidé de donner un nouveau souffle à la maison, et ça se voit ! Mignonnes petites chambres où l'on sent que tout a été pensé dans les moindres détails (bibelots, tableaux, sols en jonc de mer), salles de bains refaites et délicieuse petite terrasse en fer forgé blottie dans un écrin de verdure.

Accès : dans un quartier résidentiel, à l'entrée du village

LES STES-MARIES-DE-LA-MER - 13460

55 LE MAS DES RIÈGES

M. Ducarre

Route de Cacharel
13460 Les Saintes-Maries-de-la-Mer
Tel. 04 90 97 85 07
Fax 04 90 97 72 26
hoteldesrieges@wanadoo.fr
www.hoteldesrieges.com

Fermé du 5 janvier au 5 février et du 15 novembre au 15 décembre • 20 chambres de plain-pied avec terrasse individuelle, salles de bains WC ou douches WC, toutes avec télévision • 62 à 86 € pour 2 personnes (56 à 72 € basse saison) ; petit-déjeuner 7 € • Pas de restaurant (restauration d'appoint autour de la piscine aux beaux jours) • Jardin, parking • Piscine,

On a aimé **Les chambres de plain-pied avec la campagne camarguaise.**

À quelques minutes du centre-ville, et déjà parmi les marécages, vous ne pourrez pas manquer cette ravissante demeure de type hacienda nichée dans un grand jardin fleuri et arboré. Belles chambres rustiques égayées de tissus provençaux et dotées de terrasses privatives. L'institut de beauté, qui dispose d'un hammam, d'un espace « balnéo » et d'un solarium, se chargera, si nécessaire, de votre remise en forme. Possibilité de balades équestres.

Accès : au coeur des marais, à 1 km des Saintes-Maries-de-la- Mer, par la route de Cacharel, puis une route secondaire

MARSEILLE - 13012

56 VILLA MARIE-JEANNE

Mme de Montmirail

4 rue Chicot
13012 Marseille
Tel. 04 91 85 51 31
Fax 04 91 49 55 74

Ouvert toute l'année • 3 chambres dont 1 avec terrasse, toutes donnant sur le jardin • 50 à 65 € pour 2 personnes, petit-déjeuner compris • Pas de table d'hôte • Jardin, parking. Cartes de crédit non acceptées, chiens non admis • Piscine de plein air

On a aimé **Le charme bucolique du lieu.**

Endroit rare à Marseille que cette bastide du 19e s. sise au cœur d'un quartier résidentiel qui a progressivement englobé le village de Saint-Barnabé. L'intérieur, décoré avec goût, mêle harmonieusement couleurs provençales traditionnelles, meubles anciens, fer forgé et toiles contemporaines. Les chambres, aménagées dans les dépendances, donnent sur le jardin ombragé de platanes et d'un micocoulier ; l'une d'elles dispose d'une terrasse privative. À découvrir absolument !

Accès : de Marseille, prendre le boulevard de la Blancarde, à l'Est

SAINT-ANDIOL - 13670

57 LE BERGER DES ABEILLES

Mme Grenier

Route de Cabanes
13670 Saint-Andiol
Tel. 04 90 95 01 91
Fax 04 90 95 48 26
abeilles13@aol.com
berger-abeilles.com

Fermé du 1er novembre à Pâques • 8 chambres à l'étage, toutes dotées de salles de bains WC ou douches WC et télévision • 75 à 98 € ; petit-déjeuner 10 € ; possibilité de demi-pension • Restaurant fermé le lundi, le midi sauf le dimanche ; menus de 30 à 52 € • Terrasse, jardin, parking

On a aimé **L'accueil chaleureux de la patronne.**

Cet authentique et adorable mas situé au calme, en retrait de la N 7, s'agrémente d'une terrasse abondamment fleurie et ombragée par un majestueux platane centenaire. Ses chambres, parfois garnies de meubles anciens, sont confortables et bien entretenues ; trois d'entre elles ouvrent de plain-pied sur le jardin. La coquette salle à manger rustique, qui ne veut pas être en reste, apporte aussi sa contribution au charme des lieux.

Accès : à 2 km au Nord-Ouest de Saint-Andiol, direction Avignon, quitter la N 7 et prendre la D 74 E vers Cabanes à 200 mètres

SAINT-RÉMY-DE-PROVENCE - 13210

58 L'AMANDIÈRE

M. Fougerolle-Jacquemet

Avenue Théodore Aubanel
13210 Saint-Rémy-de-Provence
Tel. 04 90 92 41 00
Fax 04 90 92 48 38
http://pers.wanadoo.fr/hotel.amandiere

Fermé de début novembre à fin mars • 26 chambres dont une accessible aux handicapés physiques, avec salles de bains WC ou douches WC, toutes dotées de télévision • 53 à 64 € pour 2 personnes ; petit-déjeuner 7 € • Pas de restaurant • Parking fermé, jardin. Chiens non admis • Piscine

On a aimé **Le délicieux accueil des propriétaires, aux petits soins avec leurs clients.**

La célèbre formule « essayer, c'est l'adopter » convient parfaitement à ce discret hôtel niché au cœur d'un paisible quartier résidentiel. Un jardin arboré et fleuri entoure le bâtiment inspiré du style régional. Pas de luxe ostentatoire dans les chambres, mais des aménagements pratiques et un sobre mobilier rustique. Selon l'étage, vous bénéficierez d'une terrasse privée ou d'un balcon ouvert sur la verdure. Le copieux petit-déjeuner est souvent agrémenté d'un gâteau maison. Belle piscine.

Accès : proche du centre ville, prendre l'avenue Mirabeau puis l'avenue de-Lattre-de-Tassigny

59 CASTELET DES ALPILLES

Mme Canac-Roux

6 place Mireille
13210 Saint-Rémy-de-Provence
Tel. 04 90 92 07 21
Fax 04 90 92 52 03
hotel.castel.alpilles@wanadoo.fr
www.castelet-alpilles.com

Ouvert de fin mars à début novembre • 19 chambres réparties dans 2 bâtiments, celles du 2ème étage ont vue sur les Alpilles. Elles sont pour la plupart équipées de salles de bains et de télévision • 66 à 89 € (62 à 84 € basse saison) pour 2 personnes ; petit-déjeuner 9 € • Pas de restaurant • Jardin, parking fermé

On a aimé **Poser ses guêtres à cinq minutes à pied du village de St-Rémy.**

Cette maison bourgeoise du début du 20e s. se situe tout près du plateau des Antiques et des fouilles de Glanum. Ses chambres, de bon confort, possèdent parfois une loggia ; celles du deuxième étage offrent une jolie échappée sur les Alpilles. Les pièces à vivre, très vastes, sont décorées dans le style provençal. L'été, on préférera prendre son petit-déjeuner dans le joli jardin arboré.

Accès : à la sortie de la ville, en direction du site de Villa-Glanum

60 ANGLETERRE

M. Ferrandino

98 cours Carnot
13300 Salon-de-Provence
Tel. 04 90 56 01 10
Fax 04 90 56 71 75
hoteldangleterre@wanadoo.fr
www.hotel-dangleterre.biz

Fermé du 20 décembre au 6 janvier • 25 chambres réparties sur 3 niveaux, dotées de salles de bains WC ou douches WC, 15 sont climatisées, toutes possèdent une télévision • 45 à 51 € pour 2 personnes ; petit-déjeuner 6 € • Pas de restaurant

On a aimé **Les petits-déjeuners très « Empire » sous la coupole.**

Cet ancien couvent datant des premières années du 20e s. jouit d'une excellente situation au cœur du centre historique et à proximité des musées. Des chambres simples mais d'un bon confort, bénéficiant du double vitrage et de la climatisation, s'abritent derrière sa façade joliment restaurée. La salle des petits-déjeuners, aménagée sous une coupole vitrée, est également plaisante. Accueil chaleureux et service personnalisé.

Accès : au centre-ville, proche de la zone piétonnière

TARASCON - 13150

61 RUE DU CHÂTEAU

M. et Mme Laraison

24 rue du Château
13150 Tarascon
Tel. 04 90 91 09 99
Fax 04 90 91 10 33
ylaraison@wanadoo.fr

Fermé du 2 novembre au 25 décembre • 5 chambres • 76 à 85 € pour 2 personnes, petit-déjeuner compris • Pas de table d'hôte • Cartes de crédit non acceptées, chiens non admis

On a aimé **La décoration, parfaite dans ses moindres détails.**

Un porche et son lourd portail gardent l'entrée de ce logis du 18e s. situé dans une calme ruelle conduisant au château du roi René. Les chambres, remarquablement restaurées, offrent un confort d'une qualité irréprochable ; deux d'entre elles sont desservies par un bel escalier d'inspiration médiévale. Dès les premiers beaux jours, vous apprécierez les petits-déjeuners servis dans l'admirable patio fleuri aux murs colorés d'ocre rouge.

Accès : près du château

AUPS - 83630

62 ALEGRIA

M. et Mme Ruys

59 chemin du stade
83630 Aups
Tel. 06 32 20 15 37
Fax 04 94 70 00 41
alegria-aups@wanadoo.fr
www.alegria.tk

Fermé en janvier • 5 chambres non-fumeurs dotées de salles de bains, certaines accessibles aux handicapés physiques • 110 € pour 2 personnes petit-déjeuner compris • table d'hôte 35€ sur réservation et pour 6 personnes minimum • jeux pour enfants, terrasse, parking • Piscine

On a aimé **La détermination des jeunes propriétaires à fournir un hébergement de qualité.**

« Séjour-cocooning » dans ce mas typique tenu par un couple de Flamands. Lieu calme, jardin d'oliviers, piscine panoramique et amples chambres personnalisées avec un sens esthétique subtil. La plus chaleureuse se pare d'ocre doux ; la plus design opte pour le vert olive ; la plus romantique s'habille en terre de Sienne et la plus pétillante, prévue pour une famille, joue sur les contrastes : fuchsia, bleu, blanc, orange ; la suite orientale, enfin, ouvre sur une terrasse tropézienne cachée.

Accès : à 500 m du centre ville

BRIGNOLES - 83170

63 LA CORDELINE

M. Dyens

14 rue des Cordeliers
83170 Brignoles
Tel. 04 94 59 18 66
Fax 04 94 59 00 29
lacordeline@ifrance.com
www.lacordeline.com

Ouvert toute l'année • 5 chambres équipées de salles de bains • 65 à 80 € pour 2 personnes, petit-déjeuner compris • Table d'hôte 25 € (sur réservation mercredi et samedi soir) • Terrasse, jardin. Chiens non admis

On a aimé **Paresser dans le jardin, bercé par le chant des oiseaux et le murmure de la fontaine.**

Havre de bien-être en plein centre-ville, cette ravissante maison de notable du 17e s. abrite d'immenses chambres garnies de beaux meubles de famille ; toutes sont équipées d'une salle de bains neuve et d'un petit salon. Dès les premiers rayons du soleil, les petits-déjeuners, assortis de confitures « maison », sont servis sur la terrasse, à l'ombre de la treille.

Accès : au centre-ville

CARQUEIRANNE - 83320

64 L'AUMÔNERIE

M. et Mme Menard

620 avenue de Fontbrun
83320 Carqueiranne
Tel. 04 94 58 53 56
www.guidesdecharme.com

Ouvert toute l'année • 4 chambres • 75 à 110 € pour 2 personnes, petit-déjeuner compris • Pas de table d'hôte • Terrasse, jardin, parking. Cartes de crédit non acceptées, chiens non admis • Accès direct à la plage

On a aimé **Profiter de la quiétude du jardin, bercé par le bruit des vagues.**

Ni fléchage, ni signalisation : l'adresse, jadis propriété d'un aumônier de marine, veut rester confidentielle afin de préserver la douce quiétude qui règne en ses murs. Les chambres y sont d'une grande sobriété. Les petits-déjeuners se prennent au lit ou, dès que le temps le permet, sur la terrasse ombragée de pins maritimes. Le « must » est toutefois le jardin, qui s'achève par un petit escalier descendant jusqu'à la mer... Parvenu là, il ne vous restera plus qu'à profiter de la plage privée.

Accès : dans un parc au bord de la mer, à 5 km d'Hyères

COTIGNAC - 83570

65 DOMAINE DE NESTUBY

M. et Mme Roubaud

Route de Montfort
83570 Cotignac
Tel. 04 94 04 60 02
Fax 04 94 04 79 22
nestuby@wanadoo.fr
www.sejour-en-provence.com

Fermé janvier, février et du 15 novembre au 31 décembre • 5 chambres • 70 à 80 € pour 2 personnes, petit-déjeuner compris ; possibilité de demi-pension • Table d'hôte 22 € (pas de repas le week-end) • Parking. Cartes de crédit non acceptées.

On a aimé **Déguster les bons millésimes du domaine.**

Cette belle bastide provençale du 19e s. s'élève au cœur d'un vaste domaine viticole. Ses chambres aux tons pastel, garnies de meubles chinés dans les brocantes, portent chacune le nom d'un cépage réputé de l'appellation côtes de Provence : Sémillon, Grenache, Cinsault et Syrah. La table d'hôte, installée dans l'ancienne écurie, est charmante avec ses mangeoires et sa cheminée. L'été, vous apprécierez la fraîcheur des platanes centenaires et du grand bassin d'eau de source.

Accès : à 5 km au Sud de Cotignac, direction Brignoles

DRAGUIGNAN - 83300

66 LES OLIVIERS

M. et Mme Favero

Route de Flayosc
83300 Draguignan
Tel. 04 94 68 25 74
Fax 04 94 68 57 54
hotel-les-oliviers@club-internet.fr

Fermé du 5 au 25 janvier • 12 chambres de plain-pied, toutes équipées de douches WC et de télévision, dont 1 accessible aux handicapés physiques • 54 à 58 € pour 2 personnes, petit-déjeuner 8 € • Pas de restaurant • Petit salon avec cheminée, terrasse, jardin, parking • Piscine découverte

On a aimé **À la belle saison, savourer son petit-déjeuner en terrasse, face au jardin.**

La proximité de la route départementale sera très vite oubliée lorsque vous aurez posé votre valise dans cet hôtel récent dont l'architecture s'inspire du style régional. Ses confortables chambres disposent en effet toutes d'une bonne isolation phonique et certaines sont dotées de plaisantes couleurs provençales. Quelques-unes donnent sur la piscine et un agréable jardin planté d'essences méditerranéennes parmi lesquelles quelques oliviers, enseigne oblige !

Accès : à 4 km par la route qui mène à Flayosc, puis la D 557

FRÉJUS - 83600

67 LES VERGERS DE MONTOUREY

Famille Artaud

Vallée du Reyran
83600 Fréjus
Tel. 04 94 40 85 76
Fax 04 94 40 85 76
arttotos@wanadoo.fr

Ouvert de février à la Toussaint • 6 chambres non-fumeurs dotées de salles de bains WC, toutes avec télévision • 55 € pour 2 personnes, petit-déjeuner compris • Table d'hôte 20 € boisson comprise (lundi, mercredi et vendredi) • Terrasse, parc, jardin, parking • Ping-pong, petits vélos, toboggan. Cartes de crédit non acceptées

On a aimé **S'immerger en famille dans l'ambiance de la ferme.**

Maison d'hôte de charme mettant à profit une ferme ancienne de la vallée du Reyran. Ses ravissantes chambres, amples et d'une tenue méticuleuse, portent les noms et les couleurs de fruits cultivés sur place : fraise, cerise, prune, pêche, amande et figue. Le petit-déjeuner et le dîner, qui valorisent aussi la production maison, se prennent avec les propriétaires autour d'une grande table conviviale, dans une salle agreste ou sur la terrasse. Bons conseils touristiques. Enfants bienvenus.

Accès : Quartier Montourey

GRIMAUD - 83310

68 LA TOSCANE

M. et Mme Leroy

RD 44- quartier de l'Avelan
83310 Grimaud
Tel. 04 94 43 24 11
latoscane@free.fr
www.la-toscane.com

fermé 1 semaine en novembre, ouvert en permanence du 1er avril à mi-octobre, en basse saison sur demande • 4 chambres non-fumeurs dotées de salles de bains • 75 € pour 2 personnes avec 2 nuits minimun en saison petit-déjeuner compris • Pas de table d'hôte • Terrasse, jardin, parking. Chiens non admis, cartes de crédit non acceptées • Piscine

On a aimé **Le soin apporté aux aménagements extérieurs et au décor des chambres.**

Jolie villa dont le crépi ocre-orange et le patio agrémenté d'un puits évoquent la Toscane. Séjour au calme dans des chambres exquises (meubles cérusés, parures de lits en coton piqué, laves et pavés de Salernes) nommées d'après une couleur dominante : écru, jaune, orange et lavande. Chacune possède sa pergola et sa terrasse, avec sa chaise longue en bois et son mobilier en fer forgé. Jardin bichonné et piscine autour de laquelle s'ordonnent des transats en teck. Enfants - sages ! - bienvenus.

Accès : à 4 km au Nord- Est de Grimaud, par la D 14 et la D 44 en direction de Plan-de-la-Tour

LE BEAUSSET - 83330

69 LES CANCADES

M. et Mme Zerbib

1195 chemin de la Fontaine- de- Cinq-Sous
83330 Le Beausset
Tel. 04 94 98 76 93
Fax 04 94 90 24 63
charlotte.zerbib@wanadoo.fr

Ouvert toute l'année • 4 chambres dont 2 avec vue sur la piscine • 60 à 70 € pour 2 personnes, petit-déjeuner compris • Pas de table d'hôte • Jardin, parking. Cartes de crédit non acceptées, chiens non admis • Piscine de plein air

On a aimé **Les pins, les oliviers et les cyprès du bassin du Beausset.**

Un chemin étroit et escarpé, traversant un quartier résidentiel boisé, mène à cette villa provençale plantée au milieu des pins et des oliviers. Construite par le propriétaire des lieux, architecte en retraite, elle offre des chambres de différentes tailles, d'une belle sobriété ; deux d'entre elles possèdent une terrasse donnant sur la superbe piscine. La cuisine d'été, aménagée dans une cabane, et le jardin verdoyant sont également plaisants.

Accès : 3 km à l'Est du Castellet, puis face au supermarché Casino prendre chemin de la Fontaine-de-Cinq-Sous

LE CANNET-DES-MAURES - 83340

70 LA HAUTE VERRERIE

M. Brun

Route de Saint-Tropez
83340 Le Cannet-des-Maures
Tel. 04 94 47 95 51
Fax 04 94 47 95 51
lahauteverrerie@aol.com

Ouvert toute l'année • 3 chambres • 50 € pour 2 personnes, petit-déjeuner compris • Pas de table d'hôte • Jardin, parking. Cartes de crédit non acceptées • Piscine de plein air

On a aimé **La situation à la lisière de la forêt des Maures.**

Un ruisseau coule au pied de cette charmante demeure provençale de 1839, où jadis on soufflait le verre. Les chambres, logées dans plusieurs dépendances, ont chacune leur personnalité. La plus réussie, aménagée dans l'ancien grenier mansardé, possède un solarium privé. Celle de la maisonnette en pierre est certainement la plus tranquille. Le salon agrémenté d'une cheminée et le petit jardin avec sa piscine comptent aussi parmi les atouts de cette délicieuse adresse.

Accès : à 6 km à l'Est du Luc par la D 558, direction Saint-Tropez

71 LE HAMEAU DE CHARLES-AUGUSTE

Mme Gaudin

Chemin de Baraouque
83340 Le Luc
Tel. 04 94 60 79 45
Fax 04 94 60 79 45
margaud@wanadoo.fr

Ouvert toute l'année • 4 chambres non-fumeurs • 58 à 80 € pour 2 personnes, petit-déjeuner compris • Pas de table d'hôte • Terrasse, jardin, parking. Cartes de crédit non acceptées, chiens non admis • Piscine

On a aimé **Écouter la propriétaire conter l'histoire de la maison.**

Pas véritablement un hameau, mais plutôt la réunion de bâtisses construites au fil des ans autour de la ferme d'origine (18e s.). L'ensemble a été rénové avec beaucoup de goût, de chaleur et de confort. Les chambres, personnalisées, ont beaucoup de cachet avec leurs vieux meubles familiaux ou chinés ici et là. Aux beaux jours, les petits-déjeuners sont servis au bord de la piscine, à l'ombre de platanes et de marronniers. Un lieu - et un accueil - des plus charmants.

Accès : au Sud du Luc, direction la piscine municipale, tourner à droite avant la piscine vers la source de la Pioule

72 DOMAINE DE LA FOUQUETTE

M. et Mme Aquadro

83340 Les Mayons
Tel. 04 94 60 00 69
Fax 04 94 60 02 91
domaine.fouquette@wanadoo.fr
www.domainedelafouquette.com

Fermé de novembre à février • 3 chambres non-fumeurs dont 1 accessible aux handicapés physiques • 55 € pour 2 personnes, petit-déjeuner compris ; possibilité de demi-pension • Table d'hôte 18 € (le soir uniquement, sauf le dimanche) • Terrasse, jardin, parking

On a aimé **Plonger dans cette oasis de tranquillité et en ressortir ressourcé.**

Un domaine viticole entoure cette accueillante ferme isolée située à la lisière du massif des Maures. Les calmes chambres présentent un décor provençal sans chichi et l'agreste restaurant s'agrémente d'une cheminée et d'une terrasse procurant une vue magnifique. Plusieurs apéritifs et d'honorables petits Côtes de Provence sont produits sur place ; la table d'hôte valorise par ailleurs les ressources du terroir. Proximité du village des Tortues et de la forêt des Mayons, peuplée de chênes-lièges.

Accès : à 10 km au Sud-Est du Luc, par la D 33 et la D 279, en bordure du massif des Maures

LORGUES - 83510

73 LES PINS

Mme Perin

3630 route de Saint-Antonin
83510 Lorgues
Tel. 04 94 73 91 97
Fax 04 94 73 91 97
www.ehol.com

Fermé du 15 novembre au 15 mars • 5 chambres non-fumeurs dotées de salles de bains WC ou douches WC • 40 à 56 € pour 2 personnes, petit-déjeuner compris • Table d'hôte 20 € (le soir uniquement sauf le dimanche et seulement 3 soirs par semaine en été) • Terrasse, parking, cartes de crédit non acceptées, chiens non admis • Piscine, petite aire de jeux pour enfants

On a aimé

L'ambiance familiale et les éclats de rires des enfants autour de la piscine.

Un bosquet de pins ombrage cette grande villa bâtie dans l'esprit d'un mas, à côté d'une parcelle de vigne. Les propriétaires ont agrémenté les lieux d'une piscine, sur laquelle donnent les terrasses des trois suites de l'annexe. Les deux autres chambres, plus sommaires mais bien tenues, se partagent les murs du corps de logis et adoptent, à l'image des premières, un style provençal passe-partout. Nombreuses distractions pour les enfants, auxquels la maison réserve une attention particulière.

Accès : à 4 km au Nord-Ouest de Lorgues, par la D 50 direction Entrecasteaux

PUGET-VILLE - 83390

74 LE MAS DES OLIVIERS

M. Leroy

Chemin des Grands-Prés
83390 Puget-Ville
Tel. 04 94 48 30 89
Fax 04 94 48 30 89
sapori@club-internet.fr

Ouvert toute l'année • 3 chambres • 65 € pour 2 personnes, petit-déjeuner compris • Table d'hôte à 23 € • Terrasse, jardin, parking. Cartes de crédit non acceptées, chiens non admis • Piscine de plein air, possibilités de promenades à cheval ou à vélo, salle de musculation, sauna

On a aimé

La décoration typiquement provençale.

Ce joli mas situé en pleine campagne varoise, au milieu de 3 ha de vignes et d'oliviers, fera le bonheur des amateurs de tranquillité. Les chambres, spacieuses et bien tenues, portent les couleurs du Midi ; leurs salles de bains sont très agréables. Même ambiance dans les pièces à vivre, au cadre typiquement provençal : ocres, terre cuite... Pour la détente, possibilités de promenades à cheval ou à vélo.

Accès : à 2,5 km par la N 97, route de Cuers

RAMATUELLE - 83350

75 **LEÏ SOUCO**

M. Giraud

Le Plan - Plaine de Camarat
83350 Ramatuelle
Tel. 04 94 79 80 22
Fax 04 94 79 88 27
www.leisouco.com

Fermé du 15 octobre au 31 mars • 6 chambres dont 2 climatisées dotées de salles de bains WC et télévision • 75 à 106 € (70 à 88 € basse saison) pour 2 personnes, petit-déjeuner compris • Pas de table d'hôte • Terrasse, parc, parking. Cartes de crédit non acceptées • Tennis

On a aimé **Dormir au calme, loin de l'agitation tropézienne.**

Oliviers, pins et autres essences méditerranéennes entourent cette demeure provençale située sur un domaine viticole, en retrait de la route départementale qui relie Ramatuelle et St-Tropez. La majorité des chambres sont aménagées en rez-de-chaussée et profitent ainsi de terrasses privatives ouvertes sur les vignes. Le décor intérieur opte pour une sobriété de bon aloi : murs immaculés, tomettes, poutrage apparent, meubles rustiques et salles de bains égayées de faïences de Salernes.

Accès : à 3, 5 km à l'Est de Ramatuelle, par la D 93 direction Saint-Tropez

SALERNES - 83690

76 **LA BASTIDE ROSE**

M. et Mme Henny

Chemin Haut Gaudran
83690 Salernes
Tel. 04 94 70 63 30
Fax 04 94 70 77 34
labastiderose@wanadoo.fr
www.bastide-rose.com

Fermé d'octobre à mi-mars • 6 chambres non-fumeurs • 68 € pour 2 personnes petit-déjeuner compris • table d'hôte 25 € boisson comprise • Terrasse, parc, jardin, parking. Chiens non admis, carte de crédit non acceptées

On a aimé **Le charme agreste des lieux.**

Un chemin cahoteux grimpe vers cette jolie ferme perdue à la campagne, entre vignes, arbres fruitiers et collines de résineux. Hébergement au calme dans des chambres et suites dotées de salles de bains en carreaux de Salernes et, pour certaines, d'une mezzanine et d'une terrasse privée. Accueil affable et spontané par un couple d'agriculteurs hollandais. De nombreuses denrées produites sur place garnissent la table d'hôte : poulets, oies, olives, vin, œufs, pêches, abricots, prunes, etc.

Accès : à 3 km au Sud-Ouest de Salernes par la D 31 direction Entrecasteaux, franchir la Bresque en direction de La Colle ou Riforan

SANARY-SUR-MER - 83110

77 VILLA LOU GARDIAN

M. et Mme Castellano

646 route de Bandol
83110 Sanary-sur-Mer
Tel. 04 94 88 05 73
Fax 04 94 88 24 13
www.lougardian.com

Fermé du 15 octobre au 1er février • 4 chambres dont 2 à l'écart dans le jardin • 78 € (68 € basse saison) pour 2 personnes, petit-déjeuner compris • Pas de table d'hôte • Jardin, parking. Cartes de crédit non acceptées, chiens non admis • Piscine de plein air, tennis

On a aimé **La proximité de la plage La Gorguette.**

Malgré la proximité de la route, cette villa récente entourée de palmiers et d'un agréable jardin bénéficie d'une certaine quiétude. Les chambres, de taille moyenne, colorées et bien insonorisées, possèdent de belles salles de bains ; préférez celles qui se situent près de la grande piscine. La table d'hôte est installée dans le patio. Tennis et ping-pong à disposition.

Accès : sur la route de Bandol

TARADEAU - 83460

78 LA BERGERIE DU MOULIN

M. et Mme Guillot

Chemin du Vieux Moulin
83460 Taradeau
Tel. 04 94 99 91 51
Fax 04 94 99 98 98
bergerie.moulin@wanadoo.fr
www.bergeriedumoulin.com

Ouvert toute l'année • 6 chambres non-fumeurs, climatisées à l'étage, avec salles de bains WC ou douches WC, télévision, satellite et minibar • 85 à 105 € pour 2 personnes, petit-déjeuner compris • Table d'hôte 29 à 35 € boisson comprise (sur réservation) • Terrasse, jardin, parking et fermé. Cartes de crédit non acceptées • Piscine de plein air, salon avec billard

On a aimé **Les bons « tuyaux » touristiques et gastronomiques des propriétaires.**

Maison de caractère à débusquer dans un village paisible proche des Arcs-sur-Argens et de Lorgues. Architecture campagnarde aux vieux murs de pierres chatouillés par la végétation, ravissantes chambres d'esprit provençal, cuisine-salle des repas dans l'ex-bergerie et intime salon extérieur côtoyant la piscine et la tonnelle, sous laquelle on dresse le couvert certains soirs d'été. Le chant des cigales et le murmure du ruisseau qui entraînait la roue du moulin ajoutent encore au charme du lieu.

Accès : à 6 km des Arcs-sur-Argens par la D 10

VINS-SUR-CARAMY - 83170

79 CHÂTEAU DE VINS

M. Bonnet

Les Prés du Château
83170 Vins-sur-Caramy
Tel. 04 94 72 50 40
Fax 04 94 72 50 88
chateau.de.vins@wanadoo.fr
http://perso.wanadoo.fr/chateaudevins/

Fermé de novembre à mars • 5 chambres personnalisées, disposant de sanitaires individuels • 70 € pour 2 personnes, petit-déjeuner compris • Jardin, parking. Cartes de crédit non acceptées • Organisation d'activités culturelles, de stages de musique et de concerts estivaux

On a aimé

Les nombreuses activités culturelles qui animent cet édifice classé monument historique.

Sauvé de la ruine et rénové avec passion par son propriétaire, ce château du 16e s. cantonné de tours dispose aujourd'hui de chambres pas très grandes, mais soigneusement aménagées et d'un calme absolu ; toutes ont été baptisées du nom d'un musicien. L'ancienne salle de chasse abrite la table d'hôte, tandis que d'autres pièces élégamment restaurées accueillent tout au long de l'année des expositions, des stages de musique et des concerts.

Accès : à 9 km de Brignoles par la D 24, route du Thoronet

AVIGNON - 84000

80 DE BLAUVAC

Mme Chapron

11 rue de la Bancasse
84000 Avignon
Tel. 04 90 86 34 11
Fax 04 90 86 27 41
blauvac@aol.com

Ouvert toute l'année • 16 chambres dotées pour la plupart de mezzanine, de salles de bains WC ou de douches WC et toutes de télévision • 63 à 73 € (53 à 63 € basse saison) pour 2 personnes ; petit-déjeuner 7 € • Pas de restaurant • Chiens non admis

On a aimé

Séjourner en plein centre d'Avignon sans subir de nuisances sonores.

Cet hôtel particulier du 17e s. fut bâti pour le marquis de Blauvac dans une rue calme proche du palais des Papes. Sa belle rampe en fer forgé et ses murs en solides moellons témoignent de l'ancienneté des lieux. La plupart des chambres, meublées simplement mais ne manquant pas de caractère, disposent d'une mezzanine équipée d'un lit d'appoint. Ambiance Louis XV dans la salle des petits-déjeuners.

Accès : au centre-ville, dans une petite rue calme aboutissant place de l'Horloge (hôtel de ville)

81 LA FERME

Mme Wawrzyniak

Chemin des Bois - Ile de la Barthelasse
84000 Avignon
Tel. 04 90 82 57 53
Fax 04 90 27 15 47
info@hotel-laferme.com
www.hotel-laferme.com

Fermé du 1er novembre au 20 mars • 20 chambres climatisées dont 3 réservées aux non-fumeurs, avec salles de bains WC ou douches WC et télévision • 77 à 88 € (65 à 70 € basse saison) pour 2 personnes ; petit-déjeuner 10 € ; possibilité de demi-pension • Restaurant fermé lundi et mercredi ; menus de 23 à 38 € • Terrasse, parking fermé. Chiens non admis • Piscine

On a aimé **Traverser champs et bois de l'île jusqu'au pont St-Bénézet « où l'on danse tous en rond ».**

Belle ferme située tout près de la cité des papes dans l'île de la Barthelasse, mine de rien l'une des plus vastes d'Europe avec ses 700 ha, et véritable poumon vert d'Avignon. Chambres sobrement meublées où votre sommeil ne sera guère troublé que par le chant des oiseaux et coquette salle à manger rustique avec poutres massives, solides moellons et cheminée monumentale, que vous délaisserez aux beaux jours pour la terrasse ombragée d'un platane séculaire.

Accès : à 5 km au Nord, dans l'île de la Barthelasse, par la D 228 puis une route secondaire

82 LE MÉDIÉVAL

M. Philippe Robert

15 rue Petite-Saunerie
84000 Avignon
Tel. 04 90 86 11 06
Fax 04 90 82 08 64
hotel.medieval@wanadoo.fr
www.hotelmedieval.com

Fermé du 23 décembre au 23 janvier • 34 chambres, la plupart équipées de cuisinette, toutes avec salles de bains WC ou douches WC et télévision • 53 à 84 € pour 2 personnes ; petit-déjeuner 7 € • Pas de restaurant • Chiens non admis • Patio fleuri

On a aimé **Les chambres dotées de cuisinettes, pour un séjour prolongé lors du festival.**

Cet hôtel particulier édifié à la fin du 17e s. pour un cardinal était jadis relié au palais des Papes par un souterrain. Sa jolie façade en pierres de taille s'orne d'une statue nichée figurant la Vierge. Un bel escalier d'époque dessert des chambres un peu anciennes, garnies d'un mobilier de style rustique ; réservez, surtout pendant l'été, celles donnant sur le paisible patio fleuri. Accueil polyglotte (anglais, allemand, italien et espagnol).

Accès : dans une rue calme au cœur du centre-ville, accessible de la porte St-Lazare par la rue Carreterie, puis à droite

BEAUMONT-DU-VENTOUX - 84340

83 LA MAISON

Mme Laurelut

Hameau de Piolon
84340 Beaumont-du-Ventoux
Tel. 04 90 65 15 50
Fax 04 90 65 23 29

Fermé de janvier à mars, de novembre à décembre • 3 chambres avec accès indépendant par la cour, toutes sont dotées de salles de bains WC ou douches WC • 60 à 70 € (58 à 68 € basse saison) pour 2 personnes ; petit-déjeuner 9 € • Menus à 29 € • Terrasse sous les tilleuls. Chiens non admis dans les chambres

aimé

L'accueil particulièrement chaleureux de la propriétaire.

Vieille ferme des environs de Malaucène réaménagée en mignonne maison provençale aux volets gris souris. Trois chambres seulement, décorées avec goût et accessibles par la cour, avec accès indépendant pour chacune. La pimpante salle à manger porte fièrement les couleurs du Sud, mais c'est bien sûr de l'exquise terrasse que vous conserverez le meilleur souvenir : ombragée par un majestueux tilleul le midi, éclairée aux chandelles le soir... La vraie vie, quoi !

Accès : à 4 km au Nord-Est de Malaucène par la D 153

BÉDOIN - 84410

84 LA GARANCE

M. et Mme Babinet

Hameau de Sainte-Colombe
84410 Bédoin
Tel. 04 90 12 81 00
Fax 04 90 65 93 05

Fermé du 15 novembre au 1er avril (sauf sur réservation) • 13 chambres, réparties entre le rez-de-chaussée et l'étage, dotées de salles de bains WC ou douches WC, toutes avec télévision • 55 à 65 € (50 à 60 € basse saison) pour 2 personnes ; petit-déjeuner 8 € • Pas de restaurant • Parking • Piscine

On a aimé

Jouer au « forçat de la route » en escaladant le mont Ventoux... au volant de sa voiture !

Gagner ce hameau entouré de vignes et de vergers. Trouver cette ancienne ferme précédée d'un accueillant jardinet. Dormir dans des chambres équipées de meubles actuels mais dotées de carrelages anciens. Se réveiller en ouvrant grand ses volets sur le mont Ventoux. Petit-déjeuner en terrasse ou dans la salle aux couleurs du Midi. Partir à l'assaut du « géant de Provence » en suivant les GR 91 et 91 B. Conserver un bon souvenir de cette plaisante étape. Penser à indiquer l'adresse aux amis...

Accès : rejoindre Bédoin par la D 19 depuis Malaucène ou la D 974 en venant de Carpentras, puis direction le Mont-Ventoux

CARPENTRAS - 84200

85 LE COMTADIN

M. Van Orshoven

65 boulevard Albin-Durand
84200 Carpentras
Tel. 04 90 67 75 00
Fax 04 90 67 75 01
le.comtadin@wanadoo.fr
www.le-comtadin.com

Fermé du 12 au 21 février • 19 chambres, en majorité tournées vers le patio intérieur, avec bains WC ou douches WC, toutes climatisées et avec télévision, une est accessible aux handicapés physiques, 2 réservées aux non-fumeurs • 72 à 78 € ; petit-déjeuner 11 € • Menus de 20 à 35 € • Patio, garage

On a aimé

Le patio à l'heure du petit-déjeuner.

Hôtel particulier de la fin du 18e s. situé sur le boulevard ceinturant la petite capitale du Comtat. L'intérieur a fière allure depuis sa récente cure de jouvence : mobilier en fer forgé, matériaux de qualité, décor contemporain, etc. La plupart des chambres ouvrent sur le paisible patio seulement troublé par le gazouillis d'une fontaine. Mention spéciale enfin à la réception égayée d'une collection d'orchidées, violon d'Ingres des propriétaires.

Accès : sur le boulevard circulaire

GIGONDAS - 84190

86 LES FLORETS

M. et Mme Bernard

Route des Dentelles
84190 Gigondas
Tel. 04 90 65 85 01
Fax 04 90 65 83 80
www.hotel-lesflorets.com

Fermé du 1er janvier au 15 mars, lundi soir, mardi d[e] novembre à avril et mercredi • 15 chambres avec salle de bains WC et télévision • 90 à 125 € pour 2 personnes petit-déjeuner 12 € ; possibilité de demi-pension • Menu de 24 à 38 € • Terrasse, jardin, parking • Situé tout prè[s] des Dentelles de Montmirail

On a aimé

La ravissante terrasse ombragée et fleurie.

Cette séduisante hostellerie isolée dans la campagne, a[u] pied des dentelles de Montmirail, est tenue par la mêm[e] famille depuis trois générations. La belle demeur[e] bénéficie de rénovations récentes : façade aux couleu[rs] de la Provence, agréable salon-bar, coquette salle [à] manger garnie de meubles rustiques, chambres confor[ta]bles et très joliment rafraîchies. Vous apprécierez également les vins du domaine familial (gigonda[s,] vacqueyras et côtes-du-rhône) et la goûteuse cuisin[e] régionale du chef.

Accès : à 3 km à l'Est de Gigondas, par route secondaire

87 **AUBERGE DE CARCARILLE**

M. Rambaud

Route d'Apt par D2
84220 Gordes
Tel. 04 90 72 02 63
Fax 04 90 72 05 74
carcaril@club-internet.fr
www.auberge-carcarille.com

Fermé en décembre, en janvier et vendredi (vendredi soir uniquement d'avril à septembre) • 11 chambres équipées de salles de bains WC ou douches WC et télévision • 60 à 75 € pour 2 personnes ; petit-déjeuner 10 € ; possibilité de demi-pension • Menus 18 à 42 € • Parking fermé, jardin, terrasse. Chiens non admis • Piscine

On a aimé **Lézarder sur l'une des terrasses privatives des chambres.**

Cette discrète auberge qui n'a pas encore la belle réputation du village de Gordes mérite néanmoins votre visite. Aménagées dans une construction en pierres sèches précédée d'un jardin, les chambres, d'une tenue exemplaire, bénéficient d'un élégant décor provençal et d'un joli mobilier peint. La cuisine fait la part belle aux recettes régionales, servies dans une salle à manger aux murs immaculés et aux chaises colorées. La terrasse a aussi beaucoup de charme.

Accès : en contrebas du village, en direction d'Apt

GORDES - 84220

88 **LA BADELLE**

Mme Cortasse

84220 Gordes
Tel. 04 90 72 33 19
Fax 04 90 72 48 74
badelle@club-internet.fr
www.la-badelle.com

Ouvert toute l'année mais uniquement sur réservation en janvier et février • 5 chambres • 74 à 92 € (68 à 84 € basse saison) pour 2 personnes ; petit-déjeuner 5 € • Pas de table d'hôte • Jardin, parking. Cartes de crédit non acceptées, chiens non admis • Piscine de plein air

On a aimé **La décoration, harmonieuse cohabitation de l'ancien et du moderne.**

Une petite route de campagne peu fréquentée mène à cette ferme ancestrale. Les chambres, aménagées dans les anciennes dépendances entièrement remises à neuf, ont toutes été conçues sur le même modèle : murs blanchis, sol en terre cuite, mobilier ancien et belle salle de bains ; quatre d'entre elles s'ouvrent côté piscine. La cuisine d'été, mise à disposition des hôtes, est très pratique.

Accès : à 7 km au Sud de Gordes par la D 104, direction St-Pantaléon et Goult

LA BASTIDE-DES-JOURDANS - 84240

89 AUBERGE DU CHEVAL BLANC

M. et Mme Moullet

84240 La Bastide-des-Jourdans
Tel. 04 90 77 81 08
Fax 04 90 77 86 51
provence.luberon@wanadoo.fr

Fermé en février et jeudi • 4 chambres avec salles de bains WC, climatisation et télévision • 70 à 90 € ; petit-déjeuner 10 € ; possibilité de demi-pension • Restaurant climatisé ; menus 27 à 37 € • Terrasse, parking fermé

On a aimé Les sentiers sillonnant le Parc naturel régional du Luberon.

En l'espace de quelques années, cet ancien relais de diligences a été coquettement réaménagé en une auberge provençale au goût du jour. Ses chambres, spacieuses et douillettes, ont conservé poutres apparentes, cloisons en solides moellons et tomettes ; certaines disposent d'un coin salon meublé en rotin. L'élégante salle à manger bourgeoise, portant haut les couleurs du Midi, est prolongée par une calme terrasse en partie ombragée.

Accès : rue principale du village

LA TOUR-D'AIGUES - 84240

90 LES FENOUILLETS

M. Courrege

Quartier Revol
84240 La Tour-d'Aigues
Tel. 04 90 07 48 22
Fax 04 90 07 34 26
mail@lesfenouillets.com
www.lesfenouillets.com

Fermé du 31 octobre au 27 mars • 15 chambres don 1 accessible aux handicapés physiques, disposant e majorité de salles de bains WC, quelques-unes d douches WC et toutes de télévision • 65 € pou 2 personnes ; petit-déjeuner 10 € ; possibilité d demi-pension • Menu (dîner seulement) 26 € • Terrasse jardin, parking fermé. Chiens non admis au restaurant

On a aimé Paresser sur la terrasse bordée de mûriers.

Que ce soit dans les chambres, au restaurant ou sur le tables de la terrasse, les tissus façon Souleïado arboren les couleurs chatoyantes de la Provence, une vast palette d'indiennes imprimées qui donne à la maiso - récente et à l'architecture un peu banale - une gaiet sans pareille. Tenue irréprochable, jardin « fignolé » personnel aux petits soins : les clients, conscients d'êtr choyés, n'hésitent pas à revenir.

Accès : à Pertuis, quitter la D 973 pour la D 956

LAURIS - 84360

91 LA MAISON DES SOURCES

Mme Collart

Chemin des Fraisses
84360 Lauris
Tel. 04 90 08 22 19
Fax 04 90 08 22 19
contact@maison-des-sources.com
www.maison-des-sources.com

Ouvert toute l'année • 4 chambres dans une jolie fermette, équipées de salles de bains • 82 à 84 € pour 2 personnes, petit-déjeuner compris • Table d'hôte 25 € • Salon, jardin, parking. Cartes de crédit non acceptées • Randonnées pédestres, équestres ou VTT

On a aimé **Les petits-déjeuners sous le bienveillant ombrage des acacias.**

C'est au pied du Luberon, au milieu des vignes, des vergers et des oliviers que se cache cette vieille ferme appuyée contre une falaise creusée d'habitats troglodytiques. Sauvée de la ruine par d'importants travaux de restauration, elle abrite des chambres colorées, aux murs enduits à la chaux ; la plus originale rassemble quatre lits à baldaquin. Le salon et la salle à manger se sont installés dans de belles pièces voûtées. Le jardin, un peu bohème, ajoute au charme du lieu.

Accès : à 4,5 km au Sud-Ouest de Lourmarin par la D 27

LE BARROUX - 84330

92 LES GÉRANIUMS

M. Awada Huw

Place de la Croux
84330 Le Barroux
Tel. 04 90 62 41 08
Fax 04 90 62 56 48
les.geraniums@wanadoo.fr

Fermé janvier et février • 22 chambres, l'annexe bénéficiant d'une superbe vue sur la vallée. Chambres équipées de salles de bains WC ou douches WC • 55 à 60 € pour 2 personnes ; petit-déjeuner 10 € ; possibilité de demi-pension • Restaurant climatisé. Menus de 18 € (en semaine) à 46 € • Terrasse, jardin, parking fermé. Chiens non admis • Dans le village : élevage de lamas

On a aimé **Randonner parmi vignes et oliveraies, au pied des dentelles de Montmirail.**

Imposante maison en pierre au cœur d'un village fortifié dominant la plaine du Comtat. Les chambres, à la tenue impeccable, sont sobrement meublées dans le style rustique ; certaines bénéficient de balcons tournés vers la vallée. La généreuse cuisine du terroir préparée par le chef est à découvrir sur la vaste et agréable terrasse agrémentée de jardinières de géraniums ou dans la salle à manger décorée de tableaux laissés par un artiste client fidèle de l'hôtel.

Accès : au centre du village

LE BARROUX - 84330

93 HOSTELLERIE FRANÇOIS JOSEPH

M. Pochat

Chemin des Rabassières
84330 Le Barroux
Tel. 04 90 62 52 78
Fax 04 90 62 33 54
hotel.f.joseph@wanadoo.fr
www.hotel-francois-joseph.com

Ouvert du 1er avril au 2 novembre • 12 chambres : 6 appartements, 5 studios et 1 chambre accessible aux handicapés physiques, toutes avec salles de bains WC ou douches WC et télévision • 70 à 103 € pour 2 personnes ; petit-déjeuner 12 € • Menus 24 € (uniquement le soir) • Parc, parking. Chiens non admis • Piscine de plein air

On a aimé

Faire la sieste sous les pins parasols.

En pleine nature, dans un écrin de verdure où alternent bosquets un brin sauvages et pelouses impeccables, ensemble de bâtiments récents construits dans le respect de l'architecture régionale. Les chambres, modernes et un peu nues, sont égayées par un ensemble choisi d'étoffes provençales ; une bonne moitié dispose de loggias ou de terrasses en rez-de-jardin. Deux maisonnettes accueillent les familles. De la belle piscine, vue dégagée sur la campagne du Comtat Venaissin et le mont Ventoux.

Accès : à 2 km du Barrous par la route des Monastères Ste-Madeleine

LE BARROUX - 84330

94 MAS DE LA LAUSE

M. et Mme Lonjon

Chemin de Geysset
84330 Le Barroux
Tel. 04 90 62 33 33
Fax 04 90 62 36 36
maslause@provence-gites.com

Fermé de novembre à mars • 5 chambres équipées d douches, lavabos et WC privés • 57 € pour 2 personnes petit-déjeuner compris • Table d'hôte 17 € • Jardin parking. Chiens non admis au restaurant

On a aimé

Improviser une partie de pétanque pour se mettre en appétit.

Niché parmi les vignes et les abricotiers, ce mas de 188 rénové dans l'esprit provençal constitue une halt agréable. Les chambres, repeintes aux couleurs du Midi ont été baptisées de noms évocateurs : « Tournesol et « Iris » ont vue sur le château du Barroux et la plain du Comtat Venaissin, « Abricot » s'ouvre sur les vergers La cuisine, préparée avec des produits du terroir, s savoure sous la tonnelle.

Accès : à 800 m du Barrous, en direction de Suzette

LE CRESTET - 84110

95 LE MAS DE MAGALI

M. et Mme Bodewes

Quartier Chante-Coucou
84110 Le Crestet
Tel. 04 90 36 39 91
Fax 04 90 28 73 40
masmagali@wanadoo.fr

Ouvert du 28 mars au 16 octobre • 11 chambres dont 8 avec terrasse, équipées de salles de bains WC et de télévision • 78 à 85 € pour 2 personnes ; petit-déjeuner 9 € ; possibilité de demi-pension • Restaurant fermé le mercredi, menus de 28 à 34 € (uniquement le soir) • Terrasse, jardin, parking. Chiens non admis au restaurant • Piscine de plein air

On a aimé **Le gracieux jardin parfumé des fragrances du Midi.**

Le calme absolu, la vue magnifique sur le mont Ventoux, la coquette salle à manger colorée de jaune et de bleu, les spacieuses chambres parfois dotées de terrasses : ce mas contemporain perdu dans la campagne vauclusienne est un pétillant concentré de Provence distillé par Magali, la maîtresse des lieux. Pétanque, pastis, sieste aux heures les plus chaudes... À vous de composer la carte du parfait art de vivre façon pays des cigales !

Accès : quitter Vaison-la-Romaine par la D 938 (direction Malaucène) et 3,5 km plus loin, tourner à droite (D 76)

LOURMARIN - 84160

96 LE MAS DE GUILLES

M. et Mme Lherm

Route de Vaugines
84160 Lourmarin
Tel. 04 90 68 30 55
Fax 04 90 68 37 41
hotel@guilles.com
www.guilles.com

Fermé de mi-novembre à début avril • 28 chambres bénéficiant toutes de salles de bains WC et de télévision • 80 à 115 € pour 2 personnes ; petit-déjeuner 12 € ; possibilité de demi-pension • Restaurant fermé le midi. Menu 42 € • Terrasse, jardin, parking fermé. Chiens non admis au restaurant. • Piscine de plein air, tennis

On a aimé **Le calme absolu.**

Le chemin, un tantinet cahoteux mais tout à fait carrossable, conduit à ce joli mas provençal niché au milieu des vignes et des vergers. L'œil est aussitôt attiré par la ravissante piscine entourée d'une pelouse où quelques transats invitent au farniente. Belles armoires anciennes, mobilier de style et murs aux tons jaunes président au décor des plaisantes chambres. La cuisine classique du chef est servie dans une coquette salle à manger voûtée ou sur l'agréable terrasse lorsque le soleil donne.

Accès : à 2 km de Lourmarin

MALAUCÈNE - 84340

97 LE DOMAINE DES TILLEULS

M. Chastel

Route du Mont-Ventoux
84340 Malaucène
Tel. 04 90 65 22 31
Fax 04 90 65 16 77
info@hotel-domainedestilleuls.com
www.hotel-domainedestilleuls.com

Ouvert toute l'année • 20 chambres dont la moitié donne sur le parc, toutes pourvues de salles de bains WC ou douches WC et de télévision • 75 à 90 € pour 2 personnes ; petit-déjeuner 9 € • Pas de restaurant • Parc, parking fermé • Piscine de plein air, nombreux sentiers de randonnée à proximité

On a aimé **La belle piscine entourée d'une nature généreuse.**

Les volumes de l'ex-magnanerie ont laissé place à de jolies pièces de style provençal : tons pastel, tomettes, tissus chatoyants... La climatisation est inutile, les murs du 18e s. maintenant une agréable fraîcheur lors des canicules. Demandez une chambre s'ouvrant sur le parc de 12 ha planté de tilleuls, platanes et marronniers. Avis aux randonneurs : les jeunes propriétaires sont intarissables sur les superbes sentiers tracés entre le « géant de Provence » et les dentelles de Montmirail.

Accès : à Malaucène, prendre la direction du Mont-Ventoux

MORNAS - 84550

98 LE MANOIR

M. ou Mme Caillet

Avenue Jean- Moulin
84550 Mornas
Tel. 04 90 37 00 79
Fax 04 90 37 10 34
lemanoir@ifrance.com
www.hotel-le-manoir.com

Fermé en janvier • 25 chambres dont 11 climatisée toutes disposent de bains WC ou douches WC et d télévision • 48 à 53 € ; petit-déjeuner 7 € ; possibilité d demi-pension • Restaurant fermé lundi midi et mardi mic de juin à septembre, dimanche soir, lundi et mardi mic d'octobre à mai ; menus de 17 (en semaine) à 30 • Terrasse, parking, garage

On a aimé **La nuit venue, deviser entre amis dans le patio à la lueur des chandelles.**

Belle demeure bourgeoise du 18e s. postée au pied d la vertigineuse falaise portant la célèbre forteresse. Le efforts de rénovation de ses nouveaux propriétaires, qu ont d'abord porté sur le restaurant, devraient prochai nement se poursuivre dans les chambres. Le charm « rétro » de certaines doit beaucoup à leurs jolie armoires anciennes et à leurs cheminées en marbre Verdoyant patio et terrasse fleurie vous invitent à jou sans retenue de la douceur provençale.

Accès : en bordure de la N 7

MURS - 84220

99 LES HAUTS DE VÉRONCLE

M. et Mme Del Corso

84220 Murs
Tel. 04 90 72 60 91
Fax 04 90 72 62 07
hauts.de.veroncle@wanadoo.fr
http://hauts.de.veroncle.free.fr

Fermé du 1er janvier au 29 mars et du 4 novembre au 31 décembre • 3 chambres • 42 à 53 € pour 2 personnes, petits-déjeuner compris • Table d'hôte 21 € • Salon avec cheminée, terrasse, jardin, parking. Cartes de crédit non acceptées

On a aimé

La sensation d'être coupé du monde.

Une douce quiétude, à peine troublée par le chant des cigales, règne en ce mas de pierres sèches aux volets verts entouré de garrigue, au milieu de nulle part. Les chambres, simples avec leurs murs blanchis à la chaux, invitent au repos. Les repas, de qualité, sont servis l'hiver devant la cheminée et l'été sous la tonnelle où grimpe la glycine. Pour une balade, demandez le chemin des sept moulins qui longe les gorges du Véroncle.

Accès : à 8 km au Nord-Est de Sénanque par la D 177, la D 244 puis la D 15

ORANGE - 84100

100 MAS DES AIGRAS

M. et Mme Davi

Chemin des Aigras
84100 Orange
Tel. 04 90 34 81 01
Fax 04 90 34 05 66
masdesaigras@free.fr

Fermé du 1er au 15 janvier, du 26 octobre au 11 novembre, mardi, mercredi et samedi midi d'avril à septembre • 12 chambres, dont 8 climatisées, disposant toutes de salles de bains WC ou douches WC et de télévision • 70 à 106 € ; petit-déjeuner 11 € ; demi-pension 72 à 90 € • Menus de 18 (en semaine) à 50 € • Terrasse, jardin, parking fermé. Chiens non admis • Piscine de plein air

On a aimé

Découvrir, à deux pas d'ici, l'étonnant harmas de l'entomologiste J.-H. Fabre.

Joli mas en pierres blondes tapi au milieu des vignes et des champs de la périphérie orangeoise. Ses jeunes propriétaires, charmants, lui administrent une bénéfique cure de jouvence : indiennes colorées, murs enduits à la chaux, etc. Les chambres arborent peu à peu des couleurs provençales et se dotent de la climatisation. La cuisine, au goût du jour et préparée avec des produits « bio », est servie dans une coquette salle à manger ou sur la terrasse couplant teck et fer forgé.

Accès : à 4 km au Nord d'Orange par la N 7 puis une route secondaire (à 100 m de la rocade)

PERNES-LES-FONTAINES - 84210

101 L'HERMITAGE

Mme Oury

Route de Carpentras
84210 Pernes-les-Fontaines
Tel. 04 90 66 51 41
Fax 04 90 61 36 41
hotel.lhermitage@libertysurf.fr
www.hotel-lhermitage.com

Fermé de décembre à février • 20 chambres à l'étage, toutes disposent en majorité de salles de bains WC et télévision • 74 à 105 € (61 à 90 € basse saison) ; petit-déjeuner 9 € • Pas de restaurant • Parc, parking fermé. Chiens admis avec supplément • Piscine

On a aimé **Se rafraîchir aux 36 fontaines de la « perle du Comtat ».**

On respire une atmosphère toute méridionale dans cette demeure (1890) qui fut la propriété d'un parent du capitaine Dreyfus. Le vaste parc recèle bien des trésors avec ses arbres majestueux, ses fontaines, ses statues... et plein de recoins ombragés où siroter des pastis en toute tranquillité ! Les chambres, colorées, sont progressivement refaites. Les salons bourgeois, garnis de meubles anciens, ajoutent au charme de la villégiature.

Accès : en peu en retrait de la route, à 2 km au Nord de Pernes-les-Fontaines, direction Carpentras par la D 938

ROAIX - 84110

102 LES AUZIÈRES

M. Cuer

84110 Roaix
Tel. 04 90 46 15 54
Fax 04 90 46 12 75

Fermé fin octobre • 5 chambres équipées de salles d'eau avec WC privés et télévision • 77 € pour 2 personnes, petit-déjeuner compris • Table d'hôte 25 € (du lundi au vendredi, uniquement sur réservation) • Salon, parking • Piscine de plein air, jeux de boules, ping-pong, billard

On a aimé **La vue panoramique sur la vallée.**

Difficile de trouver endroit plus isolé que cette ferme provençale bâtie à flanc de coteau au milieu des vignes, des oliviers et des lavandes. Les chambres, spacieuses et fraîches, sont impeccables et d'un calme absolu. Vous savourerez la cuisine locale autour de l'immense table en bois de la salle à manger ou sur la terrasse, face au mont Ventoux et aux dentelles de Montmirail.

Accès : 6 km à l'Ouest de Vaison par la D 975, direction Orange

ROUSSILLON - 84220

103 LES SABLES D'OCRE

M. Hilario

Les Sablières
84220 Roussillon
Tel. 04 90 05 55 55
Fax 04 90 05 55 50
sablesdocre@free.fr
www.roussillon-hotel.com

Fermé du 15 novembre au 15 mars • 22 chambres avec balcon ou terrasse de plain-pied 2 sont accessibles aux handicapés physiques, toutes disposent de salles de bains WC ou douches WC, climatisation et télévision • 62 à 75 € (55 à 65 € basse saison) pour 2 personnes ; petit-déjeuner 10 € • Pas de restaurant • Jardin, parking • Piscine de plein air

On a aimé **Parcourir l'adorable sentier des ocres jusqu'à la chaussée des géants.**

Les façades colorées de cet hôtel moderne rendent hommage au « village rouge » et à ses pittoresques maisons badigeonnées d'ocre. Le « mas », construit en 1998 au voisinage de Roussillon, dispose de chambres sans grand caractère, mais bien équipées et agréables à vivre avec leur balcon ou leur terrasse en rez-de-jardin ; quelques-unes sont dotées de lits en laiton. À 400 m, l'ancienne usine Mathieu a été transformée en conservatoire des ocres et pigments (visite et stages).

Accès : à environ 10 km d'Apt, direction Avignon, quitter la N 100 et prendre à droite la D 149 sur 4,5 km

VAISON-LA-ROMAINE - 84110

104 L'ÉVÊCHÉ

M. et Mme Verdier

Rue de l'Évêché
84110 Vaison-la-Romaine
Tel. 04 90 36 13 46
Fax 04 90 36 32 43
eveche@aol.com

Fermé du 15 novembre au 15 décembre • 3 chambres et 2 suites • 70 à 80 € pour 2 personnes, petit-déjeuner compris • Pas de table d'hôte • Salon, terrasse. Cartes de crédit non acceptées, chiens non admis

On a aimé **L'ambiance chaleureuse, réconfortante après les fatigues d'une excursion.**

Cet ancien palais épiscopal datant du 16e s. se trouve dans la partie médiévale de la ville. Ses nombreuses pièces, agencées sur différents niveaux, s'ouvrent souvent sur une menue terrasse. La plus grande, réservée aux petits-déjeuners, offre une vue imprenable sur la ville basse. Les chambres, soignées et très bien meublées, sont desservies par un bel escalier en colimaçon. N'oubliez pas de jeter un coup d'œil à l'intéressante collection de gravures extraites d'un traité de serrurerie.

Accès : dans la vieille ville

105 LA FARIGOULE

Mme Favrat

Le Plan-de-Dieu
84150 Violès
Tel. 04 90 70 91 78
Fax 04 90 70 91 78
www.la-farigoule.com

Fermé de novembre à mars • 5 chambres avec douches et WC • 45 à 55 € pour 2 personnes, petit-déjeuner compris • Pas de table d'hôte • Salon, jardin, parking. Cartes de crédit non acceptées • Jeux pour enfants, tennis de table

On a aimé **L'atmosphère érudite qui règne dans cette demeure de caractère.**

Cette maison de vignerons du 18e s. a gardé toute son authenticité. Ses chambres, desservies par un bel escalier et meublées à l'ancienne, portent chacune le nom d'un écrivain provençal : Frédéric Mistral, Alphonse Daudet, Marie Mauron... Vos hôtes, anciens libraires, tiennent l'œuvre de chacun à disposition. Les petits-déjeuners sont servis dans une belle salle voûtée. Côté détente : jardin avec jeux d'enfants et location de vélos ou de tandem.

Accès : 10 km à l'Ouest de Gigondas par la D 80, direction Orange puis la D 8 et la D 977, direction Violès

VIOLÈS - 84150

106 MAS DE BOUVAU

M. et Mme Hertzog

Route de Cairanne
84150 Violès
Tel. 04 90 70 94 08
Fax 04 90 70 95 99

Fermé 2 au 31 janvier, 20 au 30 décembre, le soir de novembre à février, tous les midis en juillet-août, samedi, dimanche soir • 6 chambres équipées de salles de bains WC ou douches WC et de télévision • 59 à 69 € pour 2 personnes ; petit-déjeuner 9 € ; possibilité de demi-pension • Menus 25 € à 30 € (sur réservation) • Terrasse, jardin, parking. Chiens non admis dans les chambres

On a aimé **Contempler l'horizon barré par les dentelles de Montmirail.**

Vieille ferme cernée par les vignes du Plan de Dieu cultivées depuis le Moyen Âge. Les chambres, sobres sont garnies d'un solide mobilier campagnard. Carte traditionnelle à tester dans l'une des salles à manger provençales ou sur les terrasses (la plus accueillante est coquettement aménagée dans l'ancienne grange) ; le livre de cave fait honneur à la région.

Accès : au Nord de Violès, quitter la D 977 et tourner à gauche direction Cairanne

RHÔNE-ALPES

Du haut des montagnes alpines, la beauté touche au sublime : ce paradis des skieurs et des randonneurs dominé par le mont Blanc, toit de l'Europe, déploie un spectacle unique de cimes et de glaciers immaculés, de rivières impétueuses et de lacs paisibles. Vous y logerez au pied des sommets dans des chalets couverts de bardeaux aménagés en hôtel ou en maison d'hôte où, le soir venu, vous apprécierez une savoureuse fondue savoyarde arrosée d'un petit blanc local. Quittez ce monde si particulier, gardien de pratiques ancestrales illustrées par la lente conduite des troupeaux aux alpages, et vous plongerez dans l'intense animation de la vallée du Rhône, symbolisée par la course puissante du fleuve. Des antiques voies romaines au TGV Méditerranée, la principale artère de circulation entre Nord et Midi s'est forgée une réputation de locomotive économique. Sur cette « grand-route des vacances »,vous vous échapperez des inévitables bouchons autoroutiers pour goûter la cuisine des « bouchons » lyonnais et celle des tables renommées qui ont fait de la capitale des Gaules un royaume du palais.

- Ain (01)
- Ardèche (07)
- Drôme (26)
- Isère (38)
- Loire (42)
- Rhône (69)
- Savoie (73)
- Haute-Savoie (74)

Moulins
Bourbon-l'Archambault
Chevagnes
Lancy
Gueugnon
Digoin
Dompierre
le Montet
Jaligny
le Donjon
Paray-le-Monial
Charolles
St Bonnet-de-Joux
Cormatin
Cluny
Tournus
Louhans
Cuisery
St Trivier-de-Courtes
St Amour
Montrevel
Varennes-s-Allier
St Pourçain
Lapalisse
la Clayette
Matour
Mâcon
Bourg-en-Bresse
Marcigny
Chauffailles
la Pacaudière
Vichy
Cusset
St Yorre
Gannat
Randan
Pouilly
Charlieu
les Écharmeaux
Belleville
Châtillon-s-Ch.
Villars-les-Dombes
Roanne
Thizy
Villefranche-s-Saône
Meximieux
St Just-en-Chevalet
St Symphorien-de-Lay
Tarare
Maringues
Puy-Guillaume
Riom
Thiers
Lezoux
Noirétable
St Germain-Laval
l'Arbresle
Tassin
Meyzieu
LYON
Boën
Feurs
Montrond-les-Bs
Ste Foy-l'A.
Royat
Courpière
Olliergues
Vic-le-Comte
Montbrison
Chazelles
Givors
Vienne
Bourgoin-Jallieu
Champeix
Ambert
Rive-de-Gier
St Anthème
St Jean-de-Bournay
Issoire
Sauxillanges
St Etienne
St Chamond
St Germain-l'Herm
Arlanc
St Bonnet-le-Chau
Firminy
le Péage-de-Roussillon
Lempdes
RHÔNE
Brioude
la Chaise-Dieu
Craponne
Monistrol-s-L.
Bourg-Argental
Serrières
Massiac
Paulhaguet
Annonay
St Vallier
St Marcel
St Paulien
Yssingeaux
Montfaucon-en-Velay
Tain-l'Hermitage
Langeac
Tournon
Romans
le Puy-en-Velay
St Julien-Chapteuil
St Agrève
Flour
Lamastre
St Péray
Valence
Saugues
Monistrol-d'A.
le Monastier
le Cheylard
Chabeuil
Chaudes-Aigues
le Malzieu Ville
la Voulte
Livron
St Chély-d'Apcher
Grandrieu
Pradelles
Privas
le Pouzin
Loriol
Crest
Aumont-Aubrac
Thueyts
Vals-les-Bains
Drôme
Langogne
Rochemaure
le Teil
Aubenas
Bourdeaux
St Amans
Châteauneuf-de-Randon
Aubrac
Largentière
Montélimar
Dieulefit
Marvejols
Mende
Viviers
Joyeuse
Grignan
St Geniez-d'Olt
Bagnols-les-Bains
Vallon-Pont-d'Arc
la Canourgue
Villefort
Ardèche
Bourg-St Andéol
Pierrelatte
Ste Enimie
les Vans
Génolhac
Barjac
Bollène
Vaison-la-Romaine
Séverac-le-Chau
Florac
Salars
la Malène
la Grand-Combe
Pont-St Esprit
Barre-des-Cévennes
St Ambroix
Cèze
Orange
le Rozier
Meyrueis
Alès
Bagnols-s-Cèze
Millau
St Jean

Lausanne
Morges
Morez
les Rousses
St Claude
Col de la Faucille
1320
Gex
GENÈVE
Nyon
Thonon
Evian
Vevey
Montreux
Aigle
St Gingolph
Abondance
Douvaine
Annemasse
St-Julien-en-G.
Morzine
les Gets
Châtel
Avoriaz
Gstaad
Kandersteg
Goppenstein
Rhône
Simplon
Sion
Martigny
Collonges
Bellegarde-s-V.
Cruseilles
Bonneville
Taninges
Samoëns
Cluses
Argentière
Chamonix-Mont-Blanc
Tunnel du Mont Blanc
Hauteville-Lompnes
Frangy
le Grd Bornand
Sallanches
St Gervais
2469
Col du Gr.d St Bernard
Tunnel du Gr.d St Bernard
Seyssel
Rumilly
Annecy
la Clusaz
Megève
4810
MONT BLANC
Courmayeur
St Vincent
Culoz
Sévrier
Flumet
Ruffieux
Ugine
Beaufort
Aosta/Aoste
Belley
Aix-les-Bains
Faverges
Albertville
2188
Col du Pt St Bernard
la Rosière
Yenne
le Châtelard
Bourg-St Maurice
Chambéry
Aiguebelle
les Arcs
la Plagne
Val-d'Isère
Col de l'Iseran
2764
les Abrets
Montmélian
Moûtiers
Tignes
Courchevel
Pralognan
les Échelles
Méribel
Val-Thorens
ALPES
St Pierre-de-Chartreuse
St Jean-de-Maurienne
St Michel-de-M.
Lanslebourg
Col du Mt Cenis
Voreppe
Modane
Tunnel du Fréjus
Isère
Arc
Arve
Grenoble
Chamrousse
Valloire
Alpe-d'Huez
Col du Galibier
2556
Susa
Vizille
la Grave
le Bourg-d'Oisans
2058
Col du Lautaret
le Monêtier
Oulx
Montgenèvre
Sestriere
Pinerolo
les Deux-Alpes
la Mure
Briançon
Abriès
Vallouise
Valbonnais
Corps
l'Argentière-la-Bessée
Château-Queyras
Guillestre
St Véran
Saluzzo
Savigliano
St Étienne-en-Dévoluy
Orcières
Drac
Vars
Pô
Châtillon-en-Diois
Embrun
Gap
Veynes
Savines-le-Lac
Aspres
Larche
Jausiers
Tallard
Serres
le Lauzet-Ubaye
Barcelonnette
Vinadio
Stura
Cuneo
Seyne
St Étienne-de-Tinée
Laragne-Montéglin
Allos
Auron
Isola 2000
Durance
la Javie
Colmars
Sisteron
Château-Arnoux-St Auban
Digne-les-Bains
Valberg
Guillaumes
St Martin-Vésubie
St Sauveur-s-Tinée
Sault
Peyruis
St André-les-Alpes
Puget-Théniers
I T

AMBÉRIEUX-EN-DOMBES - 01330

1 AUBERGE DES BICHONNIÈRES

M. Sauvage

Route de Savigneux
01330 Ambérieux-en-Dombes
Tel. 04 74 00 82 07
Fax 04 74 00 89 61
bichonnier@aol.com
www.aubergedesbichonnieres.com

Fermé du 15 décembre au 15 janvier, dimanche soir, lundi et mardi midi sauf en juillet-août • 9 chambres disposant de salles de bains WC ou douches WC et de télévision • 48 € pour 2 personnes ; petit-déjeuner 8 € ; possibilité de demi-pension • Menus de 15 à 31 € • Terrasse, jardin, parking fermé

On a aimé **La charmante route des étangs.**

Vieille ferme typique de la Dombes, avec ses façades en pisé, où vous serez « bichonnés ». Les chambres viennent d'être refaites (tons pastel, fresques) et sont au calme côté cour. On vous proposera une cuisine régionale servie dans la salle à manger rustique près du vieux poêle, ou sur la terrasse protégée du soleil par un vélum. Reposant jardin agrémenté de potées de géraniums rouge vif.

Accès : à la sortie de la ville, sur la route d'Ars-sur-Formans

BOURG-EN-BRESSE - 01000

2 HÔTEL DE FRANCE

M. et Mme Maillard

19 place Bernard
01000 Bourg-en-Bresse
Tel. 04 74 23 30 24
Fax 04 74 23 69 90
info@grand-hoteldefrance.com
www.grand-hoteldefrance.com

Ouvert toute l'année • 44 chambres dotées de salles de bains WC ou douches WC et télévision, 16 sont réservées aux non-fumeurs • 89 € pour 2 personnes (79 € basse saison) ; petit-déjeuner 9,50 € • possibilité de se restaurer au restaurant mitoyen « chez Blanc » • garage

On a aimé **Le mariage heureux entre des équipements contemporains et une plaisante atmosphère d'antan.**

La marquise qui agrémente la façade ouvragée de l'hôtel et la jolie mosaïque du hall d'accueil rappellent que cette bâtisse fut construite au début du 20e s. Dans les chambres, après d'importants et récents travaux, tout est neuf : mobilier boisé, armoires « rétro » peintes en blanc, murs aux couleurs pastel, tentures chatoyantes et salles de bains parfaitement équipées. Quant au buffet des petits-déjeuners, sa générosité et sa qualité vous permettront de bien débuter la journée.

Accès : au centre ville

BRENS - 01300

3 FERME DES GRANDS HUTAINS

M. et Mme Veyron

Le Petit Brens
01300 Brens
Tel. 04 79 81 90 95
Fax 04 79 81 90 95

Fermé en novembre et le dimanche • 4 chambres non-fumeurs équipées de sanitaires privés • 40 à 45 € (37 à 43 € basse saison) pour 2 personnes, petit-déjeuner compris • Table d'hôte de 13 € • Terrasse, parking. Cartes de crédit non acceptées, chiens non admis

On a aimé **Les tablées conviviales autour des légumes du jardin finement cuisinés.**

Endroit plaisant que cette ferme et sa pergola sous la charmille ! Les chambres, aménagées sous les toits, sont douillettes avec leurs meubles de famille et leur décor à l'ancienne ; toutes sont réservées aux non-fumeurs. Les repas, préparés avec les produits du potager, sont servis dans la chaleureuse salle à manger réchauffée par une cheminée ou, dès que le temps s'y prête, sur la table en pierre, à l'ombre du chêne et des bouleaux.

Accès : à 3 km au Sud de Belley par la D 31A

CHÂTILLON-LA-PALUD - 01320

4 AUBERGE DE CAMPAGNE DU MOLLARD

M. Decré

01320 Châtillon-la-Palud
Tel. 04 74 35 66 09
Fax 04 37 61 11 72
f.decre@wanadoo.fr

Ouvert toute l'année sur réservation • 4 chambres dans une maison indépendante • 65 € pour 2 personnes, petit-déjeuner compris • Repas à la carte de 16 à 35 € • Parking. Cartes de crédit non acceptées ; chiens non admis

On a aimé **Le charme rustique pieusement entretenu.**

Une petite route à travers champs mène à cette adorable ferme dombiste et sa cour-jardin très fleurie au printemps. Aménagées dans une dépendance, les chambres, dotées de superbes bois de lit sculptés, sont avenantes, mais doivent se partager une salle d'eau commune. Vous prendrez vos repas dans une salle à manger campagnarde agrémentée d'une cheminée où trône un imposant chaudron. Cuisine familiale préparée avec les produits du terroir.

Accès : 14 km au Nord-Est de Pérouges par la D 984 et la D 904, direction Chalamont, puis chemin à gauche

5 CLOS DE LA TOUR

M. et Mme Rassion

01400 Châtillon-sur-Chalaronne
Tel. 04 74 55 05 12
Fax 04 74 55 09 19
hotellatour@free.fr

Fermé une semaine avant Noël • 15 chambres dont 1 accessible aux handicapés physiques et 5 climatisées • 115 à 145 € ; petit-déjeuner compris ; possibilité de demi-pension • Restaurant la Tour (même propriétaire) à 200 mètres, climatisé, menus de 18 € (le midi en semaine) à 58 € • Jardin, parking fermé • Piscine

On a aimé

Le grand jardin arboré traversé par la Chalaronne.

Le Clos de la Tour, situé à 200 m de l'hôtel de la Tour, en est la délicieuse annexe. Les chambres se répartissent dans trois bâtiments anciens superbement restaurés dont un moulin du 16e s. Murs patinés, planchers mis à nu, tissus choisis, ciels de lit, luminaires originaux, salles de bains agrémentées de mosaïques et parfois même de baignoires « rétro » caractérisent la décoration des jolies chambres. Dernier atout de cette adresse pétrie de charme : le calme des lieux.

Accès : au centre ville

CHÂTILLON-SUR-CHALARONNE - 01400

6 CHAMBRE D'HÔTE M. SALMON

M. et Mme Salmon

150 place du Champ-de-Foire
01400 Châtillon-sur-Chalaronne
Tel. 04 74 55 06 86
Fax 04 74 55 42 56
alsalmon@club-internet.fr
www.chambresdhotes.fr/salmon/

Fermé du 22 décembre au 8 janvier • 5 chambres • 50 à 53 € pour 2 personnes, petit-déjeuner compris • Pas de table d'hôte • Jardin, parking. Cartes de crédit non acceptées, chiens non admis

On a aimé

Les petits-déjeuners gargantuesques.

Vieilles armoires, escalier en bois, grosses poutres, murs tapissés de papiers peints à l'ancienne... : tout concourt à vous charmer en cette chaleureuse demeure. Les chambres, agrémentées de beaux meubles anciens et de jolis bouquets de fleurs, sont mignonnes tout plein ! Et ne manquez pas les petits-déjeuners pantagruéliques servis avec croissants, pain aux noix, galettes bressanes et pas moins de trente confitures « maison » ! Une très belle adresse.

Accès : au centre-ville

ÉVOSGES - 01230

7 L'AUBERGE CAMPAGNARDE

Mme Merloz

01230 Évosges
Tel. 04 74 38 55 55
Fax 04 74 38 55 62
auberge-campagnarde@wanadoo.fr

Fermé du 1er janvier au 1er février, en septembre et du 11 novembre au 1er décembre • 15 chambres toutes équipées de salles de bains WC ou douches WC et télévision • 40 à 65 € pour 2 personnes ; petit-déjeuner 7 € ; possibilité de demi-pension • Menus de 22 € (en semaine) à 48 € • Terrasse, jardin, parking • Piscine de plein air, mini-golf, ping-pong, jeux d'enfants, pêche en étang

On a aimé **Les nombreuses activités destinées aux enfants.**

La vieille ferme familiale perdue dans un petit village du Bugey est devenue une sympathique auberge de campagne : chambres rustiques ou plus actuelles, chaleureux restaurant avec murs de pierres apparentes et cheminée, et jardin ombragé où vous attendent jeux d'enfants, minigolf et belle piscine. L'adresse que recherchent les amateurs de nature et de quiétude.

Accès : quitter la N 504 (Ambérieu - Belley) entre St Rambert-en-Bugey et Argis et suivre la D 34

GEX - 01170

8 LA MAINAZ

M. Part

Route du col de la Faucille - N 5
01170 Gex
Tel. 04 50 41 31 10
Fax 04 50 41 31 77
mainaz@club-internet.com
www.la-mainaz.com

Fermé de la Toussaint au 10 décembre, dimanche soir et lundi sauf vacances scolaires • 22 chambres dotées de salles de bains WC et télévision • 60 à 90 € pour 2 personnes ; petit-déjeuner 12 € ; possibilité de demi-pension • Restaurant fermé le dimanche soir, le lundi et le mardi midi ; menus de 25 € (en semaine) à 52 € • Parking • Piscine

On a aimé **La superbe vue sur le lac Léman et le massif des Alpes.**

Depuis trois générations, la même famille préside aux destinées de ce chalet perché sur les pentes qui mènent au col de la Faucille. Certaines chambres offrent d'ailleurs un panorama exceptionnel sur la région, à l'instar de la terrasse du restaurant et de la piscine. Le décor de l'hôtel évoque parfois les années 1970 (murs lambrissés et mobilier), mais plusieurs chambres bénéficient de rénovations récentes et quelques-unes disposent même de balcons. Faites le plein d'oxygène !

Accès : à 1 km du col de la Faucille, sur la N 5, en direction de Gex

MIRIBEL - 01700

9 LA VILLA DU RHÔNE

Jean Cabardi

Chemin de la Lune
01700 Miribel
Tel. 04 78 55 54 16
Fax 04 78 55 54 16
contact@lavilladurhone.com
www.lavilladurhone.com

Ouvert toute l'année • 4 chambres • 70 à 80 € pour 2 personnes, petit-déjeuner compris • Table d'hôte 25 € • Jardin, parking. Cartes de crédit non acceptées • Piscine de plein air

On a aimé **Le calme ambiant, à seulement quelques minutes de Lyon.**

Cette jolie villa moderne perchée sur les hauteurs de Miribel offre une vue magnifique sur le Rhône et sa vallée. Les deux chambres qui donnent sur la piscine possèdent une terrasse privative permettant de profiter du panorama. La pièce à vivre, aménagée sous la véranda, est fort agréable avec ses murs de briques rouges, son joli petit jardin d'agrément et sa cheminée. L'été, le petit-déjeuner servi en terrasse procure un vrai bonheur.

Accès : 12 km au Nord-Est de Lyon, A 46, contournement Est de Lyon, sortie Rillieux, puis D 71 direction le Mas-Rillier et Miribel

NEUVILLE-SUR-AIN - 01160

10 CHAMBRE D'HÔTE DE BOSSERON

Mme Rivoire

325 route de Genève
01160 Neuville-sur-Ain
Tel. 04 74 37 77 06
Fax 04 74 37 77 06
arivoire@free.fr

Fermé de la Toussaint à Pâques • 4 chambres équipées de salles de bains • 58 € pour 2 personnes, petit-déjeuner compris • Pas de table d'hôte • Parc, parking. Cartes de crédit non acceptées, chiens non admis • Salle de remise en forme, billard

On a aimé **La décoration sans faute.**

Halte fort agréable en perspective dans cette demeure de caractère s'élevant au bord de l'Ain, au cœur d'un parc de 2 ha. Les chambres, très confortables et bien insonorisées, affichent une belle harmonie de couleurs. Les dépendances abritent une salle de remise en forme et une salle de billard exclusivement réservées aux hôtes. En sus de toutes ces délicatesses, vous trouverez ici un accueil parfait.

Accès : à 8 km au Nord-Est de Pont-d'Ain, sur la N 84

SAINT-MARTIN-DE-BAVEL - 01510

11 SNC LES CHARMETTES

Mme Vincent

La Vellaz, Saint-Martin-de-Bavel
01510 Virieu-le-Grand
Tel. 04 79 87 32 18
Fax 04 79 87 34 51

Ouvert toute l'année • 3 chambres dont 1 accessible aux handicapés physiques • 42 € pour 2 personnes, petit-déjeuner compris • Pas de table d'hôte • Parking. Cartes de crédit non acceptées • Randonnées et VTT sur place

On a aimé

La nature généreuse entourant la propriété.

Petit séjour très agréable à s'offrir dans cette ravissante ferme du Bugey qui vous reçoit au calme d'une campagne verdoyante. Les chambres, mignonnes et confortables, ont été aménagées dans les anciennes écuries très bien restaurées ; l'une d'elles est accessible aux personnes handicapées. Une cuisine aménagée, une salle à manger et un salon sont à la disposition des hôtes dans un bâtiment indépendant. Le patron est bien informé sur les richesses touristiques de la région.

Accès : à 11 km au Nord de Belley par la N 504 jusqu'à Chazey-Bons puis la D 31C

ALBA-LA-ROMAINE - 07400

12 LE JEU DU MAIL

M. et Mme Arlaud

07400 Alba-la-Romaine
Tel. 04 75 52 41 59
Fax 04 75 52 41 59
lejeudumail@free.fr
http://lejeudumail.free.fr

Fermé en janvier • 5 chambres • 52 à 68 € pour 2 personnes, petit-déjeuner compris • Pas de table d'hôte • Jardin, terrasse, parking. Cartes de crédit non acceptées, chiens non admis • Piscine de plein air

On a aimé

Prendre le temps de déjeuner sous la treille ou le gros platane.

Les propriétaires de cette ancienne magnanerie du 19e s. furent parmi les premiers à ouvrir, dans les années 1970, des chambres d'hôte en Ardèche. Depuis, ils n'ont jamais cessé de recevoir, avec un plaisir évident, les visiteurs de passage. Les chambres, très agréables à vivre, ont chacune été baptisées d'un nom lié à l'histoire de la maison : Émilie, suite du Jésuite, Domestique... Les petits-déjeuners servis, l'été, sous la treille ou le gros platane, sont un vrai bonheur.

Accès : au village

BEAULIEU - 07460

13 LA SANTOLINE

M. et Mme Espenel

07460 Beaulieu
Tel. 04 75 39 01 91
Fax 04 75 39 38 79
info@lasantoline.com
www.lasantoline.com

Ouvert du 1er mai au 30 septembre • 8 chambres (certaines avec balcon) dont 1 appartement, toutes avec salles de bains WC et climatisation • 65 à 130 € pour 2 personnes ; petit-déjeuner 10 € ; possibilité de demi-pension • Terrasse, jardin, parking. Chiens non admis au restaurant • Piscine de plein air

On a aimé **La vue reposante sur la campagne ardéchoise et les contreforts des Cévennes.**

Ferme ? Magnanerie ? Pavillon de chasse ? Qu'importe ! La bâtisse abrite désormais un ravissant hôtel dont la situation isolée au cœur de la garrigue séduira les citadins en quête de calme et d'authenticité. Les chambres, gaies et provençales, semblent tout droit sorties d'un magazine de décoration ; certaines sont climatisées, mais les épais murs de pierres sèches - du 16e s. ! - suffisent pour préserver de la chaleur. Restaurant voûté, plaisante terrasse et piscine nichée dans la verdure.

Accès : au Sud-Est, à 1 km par un petit chemin empierré

CHANDOLAS - 07230

14 AUBERGE LES MURETS

M. Rignanese

Lengarnayre
07230 Chandolas
Tel. 04 75 39 08 32
Fax 04 75 39 39 90
dominique.rignanese@wanadoo.fr
www.aubergelesmurets.com

Fermé du 3 janvier au 10 février, du 20 novembre au 10 décembre, lundi et mardi du 15 novembre au 30 mars • 7 chambres climatisées, disposant de salles de bains WC ou douches WC avec télévision • 55 € ; petit-déjeuner 7 € ; possibilité de demi-pension • Restaurant climatisé ; menus 16 à 26 € • Parking, parc, terrasse. Chiens non admis dans les chambres • Piscine

On a aimé **La quiète piscine tournée vers la campagne ardéchoise.**

Des vignes et un parc de 2 ha entourent cette belle ferme cévenole bâtie au 18e s. et transformée depuis peu en hôtel familial. Chaleureux coloris et mobilier en bambou caractérisent la majorité des chambres. Selon le temps, les tables sont dressées dans une plaisante salle voûtée ou sur la terrasse ombragée d'un mûrier centenaire. La cuisine, traditionnelle, prend volontiers l'accent méridional. Le petit-déjeuner, servi sous forme de buffet, permet de bien débuter la journée.

Accès : à 6 km au nord par la D 208, la D 104 et route secondaire

MERCUER - 07200

15 LE MAS DE MAZAN

M. Croze

07200 Mercuer
Tel. 04 75 35 41 88
Fax 04 75 35 41 88
masdemazan@wanadoo.fr

Ouvert toute l'année • 5 chambres • 43 € pour 2 personnes, petit-déjeuner compris • Pas de table d'hôte • Parking. Cartes de crédit non acceptées, chiens non admis

On a aimé **La visite de l'élevage de vers à soie, passion du propriétaire.**

Un accueil des plus enthousiastes vous attend en cette ferme typiquement cévenole amoureusement restaurée par un couple d'agriculteurs. L'endroit jouit d'un grand calme et d'un beau panorama sur la vallée, les collines boisées et le village. Les chambres, chaleureuses et bien rénovées, ne profitent malheureusement pas toutes de la vue. Le propriétaire, éleveur de vers à soie, vous fera découvrir son activité.

Accès : à 5 km au Nord-Ouest d'Aubenas par la D 104 et la D 435

SAINT-DÉSIRAT - 07340

16 LA DÉSIRADE

M. et Mme Mennier

07340 Saint-Désirat
Tel. 04 75 34 21 88
contact@desirade-fr.com
www.desirade-fr.com

Fermé à Noël et 1er janvier • 6 chambres • 45 € pour 2 personnes, petit-déjeuner compris • Table d'hôte 17 € • Terrasse, jardin, parking. Cartes de crédit non acceptées

On a aimé **Les goûteux petits plats de la maîtresse de maison.**

Nichée parmi les arbres et les vignes de Saint-Joseph, cette maison bourgeoise du 19e s. entièrement rénovée ne manque pas de charme. Les chambres, simples, claires et agréables, donnent sur la cour et son magnolia ou sur le parc et le vignoble. Côté table, la maîtresse de maison, fin cordon bleu, vous fera découvrir d'alléchantes recettes régionales. Une adresse parfaite pour sillonner l'Ardèche.

Accès : 15 km à l'Est d'Annonay par la D 82, direction Andance, puis route secondaire

SAINT-JULIEN-DU-SERRE - 07200

17 CHAMBRE D'HÔTE BOURLENC

M. et Mme Ventalon

Route de Saint-Andéol
07200 Saint-Julien-du-Serre
Tel. 04 75 37 69 95
Fax 04 75 37 69 95
bourlenc07@free.fr

Fermé de novembre à février (ouvert le week-end sur réservation) • 5 chambres • 54 € pour 2 personnes, petit-déjeuner compris • Restaurant fermé le dimanche et le mercredi soir ; table d'hôte 24 € • Jardin. Cartes de crédit non acceptées, chiens non admis

On a aimé **La table d'hôte qui met à l'honneur des fruits et légumes oubliés.**

Le repos est garanti en cette adorable maison juchée sur un rocher, au milieu des acacias. L'intérieur, délicieusement décoré, a un petit air méridional : sols en carreaux de terre cuite, murs passés à la chaux, armoires colorées... Les chambres, plutôt spacieuses, claires et coquettes, offrent une vue splendide sur le col de Lescrinet. La table d'hôte, gourmande à souhait, propose légumes du jardin et viandes fermières. Une perle rare !

Accès : à 3,5 km de Saint-Julien-du-Serre par la D 218

SAINT-PAUL-LE-JEUNE - 07460

18 LA PASSIFLORE

Mme Luypaerts

07460 Saint-Paul-le-Jeune
Tel. 04 75 39 80 74
Fax 04 75 39 80 74

Ouvert toute l'année • 3 chambres • 42 € pour 2 personnes, petit-déjeuner compris • Pas de table d'hôte • Jardin, parking. Cartes de crédit non acceptées, chiens non admis

On a aimé **La convivialité des propriétaires, toujours prêts à dorloter leurs hôtes.**

Une étape de choix au pays des Vans que cette adresse tenue par un couple de flamands toujours aux petits soins pour leurs hôtes. Certes, la route est assez proche, mais n'ayez aucune inquiétude : la maison, bien isolée, est vraiment agréable. Les chambres, d'un grand confort, sont très bien insonorisées et les nombreux salons s'avèrent propices au repos ; quant aux petits-déjeuners sous la tonnelle, près du mûrier et de la volière, mmmh... un vrai délice !

Accès : à 13 km au Sud des Vans par la D 901, puis la D 104 direction Alès

SAINT-PONS - 07580

19 HOSTELLERIE « MÈRE BIQUETTE »

Mme Bossy

Les Allignols
07580 Saint-Pons
Tel. 04 75 36 72 61
Fax 04 75 36 76 25
merebiquette@wanadoo.fr
www.logis-d-ardeche.com/merebiquette

Fermé du 14 novembre au 12 février et dimanche soir d'octobre à mars • 9 chambres dans un bâtiment séparé et disposant de salles de bains WC et télévision • 59 à 78 € ; petit-déjeuner 7 à 8,50 € ; possibilité de demi-pension • Restaurant fermé lundi midi, mercredi midi sauf jours fériés; menus 18 à 38 € • Terrasse, jardin, parking • Piscine de plein air, tennis

On a aimé **Le buffet des petits-déjeuners, complet et appétissant.**

C'est le fromage de chèvre produit naguère dans cette vieille ferme ardéchoise qui a donné son nom à l'hôtel : « la mère biquette » était vendu par les parents des actuels propriétaires sur les étals des marchés de la région. L'adresse est idéale pour se ressourcer, avec ses chambres confortables dont les fenêtres ouvrent sur une châtaigneraie ou sur les vignes, son restaurant rustique mariant pierre et bois, sa terrasse ombragée surplombant la vallée et sa belle piscine.

Accès : quitter la N 102 entre Villeneuve-de-Berg et Le Teil, prendre la D 293, traverser Saint-Pons et continuer sur 4 km

VALS-LES-BAINS - 07600

20 VIVARAIS

Mme Brioude

Avenue Claude-Expilly
07600 Vals-les-Bains
Tel. 04 75 94 65 85
Fax 04 75 37 65 47

Fermé en février • 47 chambres réparties sur 5 étages, disposant de salles de bains WC ou douches WC, toutes avec télévision • 78 à 98 € ; petit-déjeuner 9 € ; demi-pension 58 à 94 € • Menus de 30 à 58 € • Terrasse, parking fermé. Chiens non admis dans les chambres • Piscine de plein air

On a aimé **Lézarder sur un des balcons surplombant la Volane.**

Près du casino, bel immeuble couleur vieux rose décoré d'une frise et entouré d'agréables terrasses fleuries. À l'intérieur, le style « rétro » des chambres - papier peint à grosses fleurs, meubles en acajou, salles de bains anciennes - et du restaurant dégage un charme certain. La patronne, véritable ambassadrice de la cuisine vivaraise, communique avec enthousiasme sa passion et met un point d'honneur à utiliser les produits du terroir (champignons, châtaignes, fromages de chèvre, etc.).

Accès : à côté du casino

CLIOUSCLAT - 26270

21 LA TREILLE MUSCATE

M. Delaitre

26270 Cliousclat
Tel. 04 75 63 13 10
Fax 04 75 63 10 79
latreillemuscate@wanadoo.fr
www.latreillemuscate.com

Fermé du 5 décembre au 12 février et mercredi • 12 chambres dont 6 avec vue sur la campagne et disposant de salles de bains WC ou douches WC et presque toutes de télévision • 55 à 120 € pour 2 personnes ; petit-déjeuner 9 € ; possibilité de demi-pension • Menus 15 à 26 € • Terrasse, petit jardin, parking fermé

On a aimé **Les fenêtres ouvrant sur les vergers en fleurs.**

Entre Valence et Montélimar, près de l'autoroute du soleil, dans un village perché de la Drôme provençale, délicieuse auberge occupant deux vieilles maisons aux volets mauves. Des chambres ravissantes, au sol de tomettes et aux meubles chinés chez les antiquaires. Une salle à manger voûtée, à l'esprit provençal. Une exquise terrasse nichée dans un jardinet secret... Vous persistez à vouloir dormir sur une aire de service de l'A 7 ? Alors, on ne peut plus rien pour vous !

Accès : quitter l'axe Valence-Montélimard (N 7) entre Loriol-sur-Drôme et Saulce-sur-Rhône pour une route secondaire à l'Est

ÉTOILE-SUR-RHÔNE - 26800

22 LA MARE

Famille Chaix

Route de Montmeyran
26800 Étoile-sur-Rhône
Tel. 04 75 59 33 79
Fax 04 75 59 05 20

Ouvert toute l'année • 4 chambres • 44 € pour 2 personnes, petit-déjeuner compris • Pas de table d'hôte • Jardin, parking. Cartes de crédit non acceptées, chiens non admis

On a aimé **La chaleureuse hospitalité de cette famille d'exploitants agricoles.**

Aux portes du Midi, cette belle maison en pierre tenue par une famille d'exploitants agricoles offre une occasion unique d'apprécier à la fois le savoir-vivre des rhôdaniens et le charme de la campagne drômoise. Les chambres, coquettes et d'un bon confort, sont garnies de meubles fabriqués « maison ». La cuisine, fort généreuse, est préparée avec les produits du jardin. Cerises sur le gâteau : l'adresse est accueillante et les prix, tout doux !

Accès : à 15 km au Sud-Est de Valence par la D 111 et la D 111B

LA CHAPELLE-EN-VERCORS - 26420

23 BELLIER

Mme Bellier

26420 La Chapelle-en-Vercors
Tel. 04 75 48 20 03
Fax 04 75 48 25 31
www.hotel-bellier.fr

Fermé janvier à 1er avril, mardi soir et mercredi hors saison • 13 chambres équipées de salles de bains WC et télévision • 58 à 64,50 € (46 à 55 € basse saison), petit-déjeuner 6 €, possibilité de demi-pension • Repas à la carte de 25 à 30 € • Terrasse, jardin, parking • Piscine de plein air, en hiver : ski de fond, randonnées en raquettes

On a aimé **Être au cœur des 175 000 ha du Parc naturel régional du Vercors.**

Bombardements et incendies eurent raison du village en 1944. Ce pimpant chalet bâti sur un éperon dominant la route ne date, pour sa part, que de 1946. Les chambres, spacieuses et douillettes, offrent le plus souvent l'agrément d'un balcon. Chaleureuse salle à manger montagnarde et accueillant salon doté d'une cheminée bien agréable après une journée de ski. En été, on dresse la terrasse sous les arbres bordant la piscine.

Accès : dans le village, sur un éperon dominant la route

LA GARDE-ADHÉMAR - 26700

24 GÎTE DU VAL DES NYMPHES

M. et Mme Andruejol

Domaine de Magne
26700 La Garde-Adhémar
Tel. 04 75 04 44 54

Ouvert toute l'année • 5 chambres • 48 à 65 € pour 2 personnes, petit-déjeuner compris • Table d'hôte 18 € • Terrasse, jardin. Cartes de crédit non acceptées, chiens non admis au restaurant • Piscine de plein air

On a aimé **Remplir son panier de fruits du domaine.**

Sur les collines du Tricastin, cette ferme fruitière entourée d'un vaste domaine qui comprenait jadis la chapelle des Nymphes est un vrai délice. Les chambres, sises dans une maisonnette indépendante, ouvrent sur les vergers. Les repas sont servis dans une belle salle à manger voûtée, décorée d'outils anciens et de vieilles photos de famille. Les mélomanes pourront s'installer au piano, les autres profiteront du jardin. Avant de partir, faites provision de pêches et abricots cueillis sur place.

Accès : à 1 km sur la route de la chapelle du val des Nymphes

MIRMANDE - 26270

25 LA CAPITELLE

M. et Mme Terlin

Le Rempart
26270 Mirmande
Tel. 04 75 63 02 72
Fax 04 75 63 02 50
capitelle@wanadoo.fr
www.lacapitelle.com

Fermé du 1er décembre au 28 février, mardi et mercredi midi • 11 chambres toutes équipées de salles de bains WC ou douches WC et de télévision • 79 à 160 € pour 2 personnes ; petit-déjeuner 12 € ; possibilité de demi-pension • Menus de 27 à 42 € • Terrasse

On a aimé **Le petit-déjeuner servi sur les remparts.**

Cette demeure Renaissance abrita une magnanerie avant de devenir la maison du peintre cubiste André Lhote, qui sauva d'une ruine certaine ce magnifique village perché en y attirant une colonie d'artistes. Les chambres, garnies de meubles anciens chinés chez les antiquaires, donnent sur les ruelles escarpées ou sur les vergers entourant Mirmande ; certaines sont éclairées par des fenêtres à meneaux. Salle à manger voûtée et agréable terrasse.

Accès : quitter la N 7 au Sud de Saulce-sur-Rhône pour prendre la D 204

MONTÉLIMAR - 26200

26 SPHINX-HÔTEL

M. et Mme Harnichard

19 boulevard Desmarais
26200 Montélimar
Tel. 04 75 01 86 64
Fax 04 75 52 34 21
reception@sphinx-hotel.fr
www.sphinx-hotel.fr

Fermé du 23 décembre au 10 janvier • 24 chambres réparties sur 2 étages, toutes climatisées, avec salles de bains WC et télévision • 50 à 63 € pour 2 personnes ; petit-déjeuner 6 € • Pas de restaurant • Cour intérieure, parking fermé

On a aimé **La jolie cour intérieure de l'hôtel.**

Hôtel particulier montilien du 17e s. bordant les Allées Provençales, piétonnes, commerçantes et délicieusement ombragées. Belle hauteur sous plafond, cheminées anciennes, parquets, boiseries et poutres massives attestent l'ascendance noble de la demeure, tandis que la climatisation (individuelle) fait une minime concession - bien agréable l'été ! - à la modernité. Les ternes moquettes murales de certaines chambres devraient bientôt disparaître.

Accès : au centre-ville, en bordure des Allées Provençales

NYONS - 26110

27 LA CARAVELLE

M. et Mme Allignol

8 rue des Antignans
26110 Nyons
Tel. 04 75 26 07 44
Fax 04 75 26 07 40

Fermé en janvier et en novembre • 11 chambres avec salles de bains ou douches WC et télévision, exclusivement réservées aux non-fumeurs • 70 à 95 € pour 2 personnes ; petit-déjeuner 9 € • Pas de restaurant • Jardin, parking clos. Chiens non admis

On a aimé **Le jardin, idéal pour se plonger dans la lecture de la Charrette bleue du Nyonsais Barjavel.**

L'enseigne et la série de hublots provenant du cuirassé Jean-Bart composent l'héritage du précédent propriétaire de l'hôtel qui avait une réputation de vieux loup de mer. Ajoutez à cela la surprenante architecture de cette villa 1900 et l'aspect insolite de son jardin planté de catalpas, et vous comprendrez que votre séjour au royaume de l'olive, ce « paradis terrestre » évoqué par Giono, s'écartera un peu du style provençal traditionnel. Chambres calmes et soignées.

Accès : par promenade de la Digue

ALLEMONT - 38114

28 GINIÈS

M. et Mme Giniès

38114 Allemont
Tel. 04 76 80 70 03
Fax 04 76 80 73 13
hotel-ginies@wanadoo.fr
www.hotel-ginies.com

Fermé dimanche soir et lundi • 15 chambres dont 1 accessible aux handicapés physiques ; toutes disposent de salles de bains WC ou douches WC et de télévision • 53 € pour 2 personnes ; petit-déjeuner 7 € ; possibilité de demi-pension • Menu 20 (en semaine) à 29 € • Terrasse, jardin, parking. Chiens non admis au restaurant • Mini-golf

On a aimé **La proximité de beaux domaines skiables.**

L'auberge et son annexe récente se trouvent dans un paisible village de la vallée de l'Eau d'Olle. Les chambres, fonctionnelles, spacieuses et bien tenues disposent parfois de balcons. Plusieurs salles à manger : l'une, rustique, a conservé murs de pierres et poutres apparentes ; les deux autres, plus actuelles, profitent de la vue sur le jardin arboré. Un mini-golf, récemment refait, complète les installations.

Accès : dans la traversée du village, à 9 km au Nord du Bourg-d'Oisans par la N 91 puis à droite la D 526

AOSTE - 38490

29 AU COQ EN VELOURS

M. et Mme Bellet

1800 route de Saint-Genix
38490 Aoste
Tel. 04 76 31 60 04
Fax 04 76 31 77 55
contact@au-coq-en-velours.com
www.au-coq-en-velours.com

Fermé du 1er au 27 janvier, dimanche soir et lundi • 7 chambres dotées de salles de bains WC ou douches WC, toutes avec télévision • 60 à 65 € ; petit-déjeuner 7 € • Menus de 26 € à 54 € • Terrasse, jardin fleuri, parking

On a aimé **Le grand jardin fleuri et arboré.**

Vous serez comme un coq en pâte dans cette pimpante auberge de village tenue par la même famille depuis 1900. Les chambres, aux jolis noms de gallinacés, tournent toutes le dos à la route nationale ; celles avec baignoire sont plus spacieuses. Dans la salle à manger où tableaux, sculptures et bibelots célèbrent la gent volatile, vous goûterez sûrement la spécialité maison : le « coq en velours » ! Plaisante terrasse dressée sous les grands arbres du jardin, autour d'un rafraîchissant bassin.

Accès : à 2 km au Nord-Est d'Aoste, sur la N 516, à la gare de l'Est

AVIGNONET - 38650

30 CHÂTEAU DES MARCEAUX

M. et Mme Rocca

38650 Avignonet
Tel. 04 76 34 18 94
Fax 04 76 34 18 94
eric.rocca@wanadoo.fr
http://monsite.wanadoo.fr/chateaudesmarceaux

Fermé de janvier à mi-avril et de novembre à fin décembre • 3 chambres • 67 à 74 € pour 2 personnes, petit-déjeuner compris • Pas de table d'hôte • Parc, parking. Cartes de crédit non acceptées, chiens non admis

On a aimé **L'originalité des chambres.**

La variété de son architecture vaut à ce château du 18e s. de proposer des chambres très différentes les unes des autres. La première, dans l'ancien pigeonnier, est tout à fait spectaculaire avec son bel escalier en bois et ses murs troués de centaines de boulins. Celle de la tour carrée a conservé son parquet d'époque et sa hauteur sous plafond. La troisième, sise dans une maisonnette indépendante, est immense. À table, accordez un coup d'œil à la fresque du patron, artiste à ses heures.

Accès : de la route, prendre l'allée qui mène aux grilles du château

CHAPAREILLAN - 38530

31 AUBERGE AU PAS DE L'ALPETTE

M. Letellier

Bellecombe
38530 Chapareillan
Tel. 04 76 45 22 65
Fax 04 76 45 25 90
lepasdelalpette@libertysurf.fr
www.alpette.com

Fermé fin novembre, dimanche soir et mercredi • 13 chambres avec douches WC • 41 à 45 € pour 2 personnes ; petit-déjeuner 7 € ; possibilité de demi-pension • Menus 12 (en semaine) à 34 € • Jardin, parking • Piscine de plein air

On a aimé **La vue magnifique sur le mont Blanc.**

Cette auberge de montagne isolée en pleine nature au cœur du massif de la Chartreuse offre une vue exceptionnelle sur le « toit de l'Europe ». Son intérieur, où domine le bois, est très chaleureux. Ses chambres, mansardées, sont simples et nettes. À table, vous vous régalerez de raclettes, fondues et autres cabris aux morilles, servis dans la salle à manger lambrissée ou sur la terrasse au bord de la piscine.

Accès : entre Montmélian et Pontcharra (N 90)

CHARETTE - 38390

32 AUBERGE DU VERNAY

M. et Mme Raoul

Route d'Optevoz
38390 Charrette
Tel. 04 74 88 57 57
Fax 04 74 88 58 57
aub.vernay@libertysurf.fr
www.fhr.fr/charrette

Fermé du 13 au 28 juin, du 5 au 13 septembre, dimanche soir et lundi • 7 chambres dont 1 accessible aux handicapés physiques, toutes disposent de douches WC et télévision • 53 € (46 € basse saison) pour 2 personnes ; petit-déjeuner 7 € ; possibilité de demi-pension • Menus de 15 à 25 € • Terrasse, parking

On a aimé **Le grand calme de la campagne.**

La pimpante façade en pierres blanches de cette ferme du 18e s. est sortie métamorphosée d'une toute récente cure de jouvence. Chambres coquettes et personnalisées. De vieilles dalles au sol, une cheminée monumentale propre à rôtir un bœuf entier, des poutres décapées, des peintures ensoleillées et des chaises multicolores d'esprit design : au restaurant, le mélange des genres est plutôt réussi ! La terrasse ombragée voisine avec l'ancien four à pain.

Accès : après la Mairie prendre la direction d'Optevoz

33 CHÂTEAU DE PASSIÈRES

M. Perli

38930 Chichilianne
Tel. 04 76 34 45 48
Fax 04 76 34 46 25

Fermé de mi-novembre à fin février, dimanche soir et lundi hors saison • 23 chambres dotées de salles de bains WC ou douches WC, la moitié dispose de télévision • 49 à 66 € ; petit-déjeuner 8 € Possibilité de demi-pension • Menus de 19 à 32 € • Terrasse, jardin, parking. • Piscine de plein air, tennis

On a aimé **Contempler le « mont inaccessible » confortablement installé sur un transat au bord de la piscine.**

Petit manoir du 14e s. cantonné de tourelles dans un hameau veillé par le mont Aiguille. On y propose des chambres contemporaines ou offrant davantage de caractère, à l'image de trois d'entre elles garnies de meubles anciens et habillées de boiseries sombres. Le propriétaire des lieux, ancien footballeur professionnel, se passionne désormais pour la peinture du 19e s. : les nombreuses toiles accrochées aux murs du restaurant et du salon en témoignent.

Accès : quitter la N 75 à 12 km au Sud de Monestier-de-Clermont, au lieu-dit La Gare pour emprunter la D 7

CHICHILIANNE - 38930

34 FERME DE RUTHIÈRES

M. Sauze

Lieu-dit Ruthières
38930 Chichilianne
Tel. 04 76 34 45 98
Fax 04 76 34 45 98
fsauze@aol.com
www.fermederuthieres.com

Fermé du 20 au 27 décembre • 4 chambres à l'étage • 44 € pour 2 personnes, petit déjeuner compris ; possibilité de demi-pension • Repas uniquement sur réservation (14 €) • Jardin, parking. Cartes de crédit non acceptées

On a aimé **La table d'hôte élaborée avec les produits de la ferme.**

Un accueil simple et chaleureux vous sera réservé à cette adresse fermière tenue par un jeune couple d'agriculteurs. Les vastes chambres aménagées dans l'ancienne étable sont garnies de meubles campagnards ; deux d'entre elles profitent de la vue sur les hauts plateaux du Vercors. La salle à manger voûtée, avec sa cheminée et ses élégants piliers en tuf, se prête régulièrement à des expositions de peintres régionaux. Dans l'assiette, produits du terroir.

Accès : à 4 km au Nord-Ouest de Chichilianne par route secondaire

CHONAS-L'AMBALLAN - 38121

35 LE DOMAINE DE CLAIREFONTAINE

M. et Mme Girardon

Chemin des Fontanettes
38121 Chonas-L'Amballan
Tel. 04 74 58 81 52
Fax 04 74 58 80 93
domainedeclairefontaine@yahoo.fr
www.domaine-de-clairefontaine.fr

Fermé du 12 décembre au 15 janvier • 28 chambres dont 2 accessibles aux handicapés physiques, avec salles de bains WC et télévision. • 45 à 115 €, petit-déjeuner 12 € ; possibilité de demi-pension • Restaurant climatisé. Menus de 35 à 100 € • Terrasse, parc, parking fermé. Chiens non admis au restaurant • Tennis

On a aimé **L'élégance de cette villégiature nichée dans un parc de 3 ha... à deux pas de l'A7.**

Ces vieux murs (1766) servirent jadis de maison de repos aux évêques de Lyon. Les chambres du Domaine sont certes vieillottes, mais vous vous régalerez de sa cuisine raffinée servie dans un cadre qui ne l'est pas moins : salle à manger mi-bourgeoise, mi-contemporaine et terrasse tournée vers un parc délicieux aux arbres plus que centenaires. Et pour une poignée d'euros en plus, sachez que l'on vient de construire une annexe dans l'esprit des séchoirs à noix, dont l'intérieur est ravissant.

Accès : à 9 km au Sud de Vienne par la N 7

ESTRABLIN - 38780

36 LA GABETIÈRE

M. Neyret

D 502
38780 Estrablin
Tel. 04 74 58 01 31
Fax 04 74 58 08 98

Fermé du 1er au 10 janvier • 12 chambres disposant de salles de bains WC ou douches WC et télévision • 52 à 64 € (50 à 62 € basse saison) pour 2 personnes ; petit-déjeuner 8 € • Pas de restaurant • Parc, parking fermé • Piscine de plein air

On a aimé **L'ambiance « guesthouse » de cette plaisante adresse viennoise.**

À la périphérie de Vienne, petit manoir du 16e s. entouré d'un parc arboré. Le bel escalier en pierre de la tourelle dessert des chambres-bonbonnières personnalisées, récemment dotées de doubles vitrages performants qui permettent d'atténuer les bruits de la route départementale voisine. La salle des petits-déjeuners a aussi du caractère avec ses poutres apparentes et sa jolie cheminée monumentale quatre fois centenaire.

Accès : à 8 km à l'Est de Vienne par la D 41, puis la D 502

GRESSE-EN-VERCORS - 38650

37 LE CHÂLET HÔTEL PRAYER

M. Prayer

38650 Gresse-en-Vercors
Tel. 04 76 34 32 08
Fax 04 76 34 31 06
lechalet@free.fr
http://lechalet.free.fr

Fermé du 7 mars au 8 mai, 10 octobre au 24 décembre et mercredi sauf vacances scolaires • 20 chambres et 5 appartements dotés de salles de bains WC ou douches WC et de télévision • 56 à 80 € pour 2 personnes ; petit-déjeuner 9 € ; possibilité de demi-pension • Menus de 18 à 49 € • Terrasse, garage, parking. Chiens non admis • Piscine de plein air, tennis, jeux de boules

On a aimé **Les délicieuses découvertes botaniques faites lors de randonnées dans les alpages.**

Cette vieille maison dauphinoise n'a du chalet que le nom et l'atmosphère chaleureuse. Les chambres, réparties entre le bâtiment principal et une annexe moderne, sont progressivement rénovées ; leurs fenêtres donnent sur le village et le cirque de montagnes. Attablez-vous dans l'une des confortables salles actuelles pour vous régaler d'une généreuse cuisine traditionnelle : Depardieu, Blier, Benguigui, hôtes célèbres et clients fidèles, témoignent de leur satisfaction sur le livre d'or.

Accès : au centre du village

LANS-EN-VERCORS - 38250

38 LE VAL FLEURI

M. Bonnard

730 avenue Léopold-Fabre
38250 Lans-en-Vercors
Tel. 04 76 95 41 09
Fax 04 76 94 34 69
levalfleuri@aol.com

Ouvert de mi-mai au 20 septembre et du 20 décembre au 20 mars • 14 chambres toutes dotées de salles de bains WC et de télévision • 32 à 57 € pour 2 personnes ; petit-déjeuner 7 € ; possibilité de demi-pension • Menus 21 € en semaine, 26 € le dimanche • Terrasse, jardin, garage, parking. Chiens non admis au restaurant

On a aimé **Cette station sportive, dynamique... et qui sait comment occuper les enfants !**

Le vieux clocher de l'église semble veiller sur l'hôtel du Val Fleuri, jolie construction des années 1920 aux volets bleus où le temps semble s'être arrêté, son cachet « rétro » ayant été pieusement conservé : la belle salle à manger n'a pas changé d'un iota depuis l'ouverture et les chambres, méticuleusement tenues, sont parfois garnies de meubles et de lampes Art déco. La terrasse, dressée sous les tilleuls du grand jardin fleuri, permet de se griser de l'air pur de la station.

Accès : dans la rue principale du bourg, derrière l'église

39 LES BALCONS DU LAC

M. Ferrard

145 chemin de Béluran
Lieu-dit Vers-Ars
38730 Le Pin
Tel. 04 76 06 68 82
Fax 04 76 06 68 82

Ouvert toute l'année • 5 chambres équipées de sanitaires • 42 € pour 2 personnes, petit-déjeuner compris • Table d'hôte 15 € (uniquement le soir) • Cartes de crédit non acceptées.

On a aimé

La vue magnifique sur le lac de Paladru.

Cette ancienne ferme peu à peu réhabilitée s'ouvre d'un côté sur le lac de Paladru, de l'autre sur les champs et les bois. Les chambres, simples et douillettes, jouissent presque toutes de la vue sur les eaux couleur émeraude ; trois possèdent une kitchenette, et toutes les salles de bains sont neuves. Pour vos petits-déjeuners, vous vous attablerez dans l'immense pièce à vivre réchauffée, en son centre, d'une cheminée pyramidale. Accueil sympathique.

Accès : à 1 km au Sud-Ouest du lac de Paladru par la D 50

40 LES SKIEURS

M. et Mme Jail

38700 Le Sappey-en-Chartreuse
Tel. 04 76 88 82 76
Fax 04 76 88 85 76
hotelskieurs@wanadoo.fr
www.lesskieurs.com

Fermé en avril, novembre, décembre, dimanche soir et lundi • 18 chambres disposant toutes de salles de bains WC ou douches WC et de télévision • 65 € pour 2 personnes ; petit-déjeuner 10 € ; possibilité de demi-pension • Menus de 25 (en semaine) à 39 € • Terrasse, jardin, parking. Chiens non admis • Piscine de plein air

On a aimé

Les chariots de fromages et de desserts maison.

Un rideau de sapins dissimule cette jolie maison perdue au beau milieu des pâturages chartroussins. L'intérieur, habillé de lambris bruts ou vernis, opte résolument pour le style montagnard : les chambres compensent leur superficie réduite par ce décor douillet. La copieuse cuisine régionale du chef est servie dans la chaleureuse salle à manger dotée d'une vaste cheminée en pierre où l'on prépare les grillades, ou sur l'agréable balcon-terrasse tourné vers la vallée.

Accès : à la sortie du village en direction du col de Porte

L'ISLE-D'ABEAU - 38080

41 LE RELAIS DU ÇATEY

M. Ducretet

10 rue du Didier - Le Bourg
38080 L'Isle-d'Abeau
Tel. 04 74 18 26 50
Fax 04 74 18 26 59
relaiscatey@aol.com
www.le-relais-du-catey.com

Fermé du 6 au 29 août et du 26 au 31 décembre • 7 chambres disposant de salles de bains WC ou douches WC et de télévison • 52 à 60 € pour 2 personnes ; petit-déjeuner 6 € ; possibilité de demi-pension • Restaurant fermé dimanche et lundi midi ; menus de 20 à 45 € • Terrasse, jardin, parking

On a aimé **Les dîners sur la charmante et paisible terrasse.**

Jolie demeure d'époque Louis XV au sein d'un verdoyant quartier résidentiel situé à moins de 10 mn de l'aéroport de Lyon-St-Exupéry. Chambres comme neuves, feutrées et douillettes, refaites avec des matériaux de qualité. Le restaurant offre, lui aussi, un plaisant décor contemporain (fer forgé, peintures chatoyantes, etc.) formant un heureux contraste avec le beau dallage de pierres d'origine. Agréable terrasse ombragée de tilleuls et de catalpas. Cuisine inventive soignée.

Accès : au Nord-Ouest de Bourgoin-Jallieu

MIZOEN - 38142

42 LE PANORAMIQUE

M. Keesman

38142 Mizoen
Tel. 04 76 80 06 25
Fax 04 76 80 25 12
info@hotel-panoramique.com
www.hotel-panoramique.com

Fermé du 11 avril au 14 mai et du 19 septembre au 22 décembre • 9 chambres bénéficiant toutes de salles de bains WC ou douches WC et de télévison ; 5 sont réservées aux non-fumeurs • 65 à 70 € pour 2 personnes ; petit-déjeuner 10 € ; possibilité de demi-pension • Menus de 20 à 24 € • Terrasse, jardin, parking. Chiens non admis • Sauna

On a aimé **Ouvrir ses volets et admirer les cabrioles des chamois.**

L'été, les jardinières de géraniums envahissent les balcons de ce chalet à flanc de colline. Récemment repris par un couple de Hollandais (on parle donc néerlandais, mais aussi français, anglais, allemand et espagnol), l'établissement offre de nombreux agréments : chambres montagnardes, agréable terrasse exposée plein Sud, sauna et vue panoramique exceptionnelle sur le bourg, la vallée de l'Oisans et les massifs alentour.

Accès : entre Le Freney-d'Oisans et le tunnel du Barrage du Chambon, quitter la N 91 et emprunter la D 25

MOISSIEU-SUR-DOLON - 38270

43 DOMAINE DE LA COLOMBIÈRE

Mme Carle

Château de Moissieu
38270 Moissieu-sur-Dolon
Tel. 04 74 79 50 23
Fax 04 74 79 50 25
colombieremoissieu@hotmail.com
www.lacolombiere.com

Fermé du 20 décembre au 4 janvier • 21 chambres climatisées dont 2 accessibles aux handicapés physiques, toutes avec salles de bains WC ou douches WC et télévision • 69 à 112 € ; petit-déjeuner 12 € ; possibilité de demi-pension • Restaurant climatisé, fermé dimanche soir et lundi ; menus 28 à 65 € • Parking, parc, terrasse • Piscine

On a aimé **Le calme des lieux et l'environnement campagnard.**

Un beau parc de 4,5 ha entoure cette demeure bourgeoise bâtie en 1820. Habilement restaurée et transformée en hôtel, elle abrite désormais de jolies chambres spacieuses et très colorées ; chacune d'elles porte le nom d'un peintre célèbre et s'orne d'une copie de tableau réalisée par la maîtresse des lieux, également artiste. Le restaurant, aménagé dans la seule construction contemporaine du domaine, dispose d'une terrasse ouverte sur la nature environnante.

Accès : aux abords du village

SAINT-BAUDILLE-DE-LA-TOUR - 38118

44 LES BASSES PORTES

M. et Mme Giroud-Ducaroy

Torjonas
38118 Saint-Baudille-de-la-Tour
Tel. 04 74 95 18 23
mirvinc@wanadoo.fr

Ouvert toute l'année • 3 chambres • 49 € pour 2 personnes, petit-déjeuner compris • Table d'hôte 17 € • Terrasse, parc, parking. Cartes de crédit non acceptées, chiens non admis

On a aimé **L'heureux mariage du passé et du présent.**

D'importants travaux ont permis de réhabiliter cette ancienne ferme sans rien ôter à son charme rustique. Les vieilles pierres, poutres et parquets ont été conservés chaque fois que cela était possible. Les chambres, au décor parfois surprenant mêlant avec succès l'ancien et le moderne, sont assorties de salles de bains flambant neuf. Le parfait pied-à-terre pour partir à la découverte de l'Île Crémieu !

Accès : à 2 km au Nord, par la D 52B

SAINT-MARTIN-DE-LA-CLUZE - 38650

45 LE CHÂTEAU DE PÂQUIER

M. Rossi

38650 Saint-Martin-de-la-Cluze
Tel. 04 76 72 77 33
Fax 04 76 72 77 33
hrossi@club-internet.fr

Ouvert toute l'année (sur réservation en hiver) • 5 chambres • 60 à 80 € pour 2 personnes, petit-déjeuner compris • Table d'hôte 20 € • Jardin, Parking. Chiens non admis

On a aimé

L'accueil simple et chaleureux.

Les propriétaires ont mis toute leur passion à rénover ce castel Renaissance agrémenté d'un joli jardin. Le résultat est à la hauteur des efforts fournis puisque maints éléments d'époque ont pu être sauvegardés : plafond à la française, escalier à vis, fenêtres à meneaux... Les chambres, spacieuses, sont meublées avec soin ; l'une d'elles a été aménagée dans l'ancienne chapelle. À table, produits du jardin et grillades cuites dans la cheminée.

Accès : à 12 km au Nord de Monestier-de-Clermont par la N 75 et route secondaire

SAINT-PAUL-LÈS-MONESTIER - 38650

46 AU SANS-SOUCI

M. Maurice

38650 Saint-Paul-lès-Monestier
Tel. 04 76 34 03 60
Fax 04 76 34 17 38
au.sans.souci@wanadoo.fr

Fermé du 20 décembre au 31 janvier ; dimanche soir et lundi • 12 chambres disposant toutes de salles de bains WC ou douches WC et de télévision • 52 à 58 € pour 2 personnes ; petit-déjeuner 8 € ; possibilité de demi-pension • Menus de 17 (en semaine) à 45 € • Terrasse, jardin, parking fermé • Piscine de plein air, tennis

On a aimé

Faire du ski alpin, de fond ou... nautique selon la saison, le tout à 10 mn de l'hôtel.

Dans un hameau paisible, ancienne scierie transformée en hôtel-restaurant en 1934 par le grand-père des actuels propriétaires. Montagnarde ou fonctionnelle, pensez à réserver une chambre rénovée, les autres étant plus modestes. Une cuisine du marché, généreuse et goûteuse, vous sera servie dans la salle à manger campagnarde décorée d'outils agricoles et de skis des temps héroïques. Terrasse ombragée et grand jardin avec piscine et tennis, dominés par le mont Aiguille.

Accès : à la sortie de Monestier-de-Clermont (en allant vers Grenoble), quitter la N 75 et tourner à gauche sur la D 8

TREFFORT - 38650

47 LE CHÂTEAU D'HERBELON

M. Castillan

Lac de Monteynard
38650 Treffort
Tel. 04 76 34 02 03
Fax 04 76 34 05 44
chateaudherbelon@wanadoo.fr
www.chateau-herbelon.fr

Fermé du 20 décembre au 4 mars, lundi et mardi sauf en juillet-août • 9 chambres toutes dotées de salles de bains WC et télévision • 54 à 75 € ; petit-déjeuner 7,50 € ; possibilité de demi-pension • Menus de 19 à 34 € • Terrasse, jardin, parking. Chiens non admis dans les chambres • Site privilégié pour la planche à voile

On a aimé **La proximité du lac où l'on peut pratiquer les sports nautiques.**

Au bord du lac de retenue de Monteynard, demeure dauphinoise trapue à la façade tapissée de vigne vierge et de rosiers grimpants. Les chambres, plus pratiques et spacieuses que vraiment coquettes, profitent d'un calme olympien. Le restaurant s'agrémente d'une cheminée ancienne en pierre. De nombreux banquets de mariage, communion, etc. sont organisés dans la belle salle voûtée située au sous-sol. Jardin clos équipé de jeux d'enfants.

Accès : au bord du lac, à 3 km par la D 110E

URIAGE-LES-BAINS - 38410

48 LES MÉSANGES

M. Prince

Route de Bouloud
38410 Uriage-les-Bains
Tel. 04 76 89 70 69
Fax 04 76 89 56 97
prince@hotel-les-mesanges.com
www.hotel-les-mesanges.com

Fermé 20 octobre au 1er février • 33 chambres avec salles de bains WC ou douches WC et télévision • 54 à 66 € ; petit-déjeuner 8 € ; possibilité de demi-pension • Menus 22 à 50 € • Terrasse, jardin, parking. Chiens non admis • Piscine, ping-pong, pétanque, jeux d'enfants

On a aimé **Le grand calme des lieux.**

La bâtisse surplombe la station thermale et le château. Demandez une chambre rénovée (fonctionnelle) dotée d'une terrasse : vous profiterez alors de la jolie vue sur les massifs de Chamrousse ou du Vercors. Lumineuse salle à manger actuelle, agréable terrasse ombragée de platanes et paisible jardin agrémenté de jeux d'enfants et d'une piscine complètent les installations de cet hôtel familial.

Accès : avenue des Thermes, longer le parc, prendre à gauche route de Chamrousse puis, à l'hôpital thermal, tourner à droite route de Bouloud

VIGNIEU - 38890

49 CHÂTEAU DE CHAPEAU CORNU

M. Regnier

38890 Vignieu
Tel. 04 74 27 79 00
Fax 04 74 92 49 31
chapeau.cornu@wanadoo.fr
www.chateau-chapeau-cornu.fr

Fermé du 19 décembre au 10 janvier et dimanche soir sauf juillet-août • 21 chambres (et 2 appartements), dotées de salles de bains WC ou douches WC et de télévision • 67 à 150 € pour 2 personnes ; petit-déjeuner 9 à 12 € ; possibilité de demi-pension • Menus de 22 à 57 € • Terrasse, parc, parking fermé. Chiens non admis • Piscine de plein air

On a aimé **L'atmosphère « conte de fées » de ce château perdu dans la campagne.**

Capella et Cornutti : les anciens propriétaires sont à l'origine de l'amusant nom de ce château fort du 13e s. dont les tours veillent sur la campagne environnante. Les chambres, peu à peu rafraîchies (tissus choisis, meubles en fer forgé), possèdent toutes une armoire ancienne et certaines sont dotées de ciels de lit. Salles à manger logées sous de jolies voûtes de pierre et terrasse dressée dans la cour intérieure. Le parc de 6 ha s'agrémente de pièces d'eau et d'allées ombragées.

Accès : de Bourgoin-Jallieu prendre la N 6 (vers Lyon), puis à droite la D 522 jusqu'à Flosaille puis la D 19 et 5 km après Saint-Chef

CHAZELLES-SUR-LYON - 42140

50 CHÂTEAU BLANCHARD

M. Bonnidal

36 route de Saint-Galmier
42140 Chazelles-sur-Lyon
Tel. 04 77 54 28 88
Fax 04 77 54 36 03
chateau-blanchard@wanadoo.fr

Fermé du 7 au 26 août • 12 chambres toutes pourvues de salles de bains WC et télévision • 57 à 80 € pour 2 personnes ; petit-déjeuner 8 € ; possibilité de demi-pension • Restaurant fermé dimanche soir, lundi et vendredi soir ; menus de 20 à 30 € • Jardin, parking

On a aimé **L'exposition de feutres, toques et casquettes de stars au musée du Chapeau.**

Cette vaste et superbe demeure bourgeoise nichée dans un parc ombragé appartenait autrefois à une famille de chapeliers. Entièrement restaurée, elle a su préserver de charme de ses jeunes années. À l'intérieur, un bel escalier en marbre conduit à des chambres contemporaines personnalisées et dotées d'un confort satisfaisant. Le choix du restaurant s'oriente vers un sage répertoire classique.

Accès : à l'entrée du village, sur la route de Saint-Galmier

FEURS - 42110

51 LA BUSSINIÈRE

Mme Perrin

Route de Lyon
42110 Feurs
Tel. 04 77 27 06 36
Fax 04 77 27 06 36
la-bussiniere@wanadoo.fr
www.labussiniere.com

Ouvert toute l'année • 3 chambres • 40 € pour 2 personnes, petit-déjeuner compris • Table d'hôte 15 € (uniquement le soir) • Jardin, parking. Cartes de crédit non acceptées

On a aimé : Le souci de perfection de la maîtresse de maison.

Vous ne serez pas déçu par le confort de cette ferme rénovée où tout a été pensé pour le bien-être du client : portail d'accès fermé par digicode, insonorisation excellente, literie d'une grande qualité... Les chambres, nanties de grosses poutres et déclinant une belle harmonie de couleurs, ont beaucoup de cachet ; leurs salles de bains sont très bien équipées. À l'heure des repas, vous prendrez place dans la salle à manger autour de la grande table d'hôte.

Accès : 3 km à l'Est de Feurs par la D 89, direction Lyon

LENTIGNY - 42155

52 DOMAINE DE CHAMPFLEURY

Mme Gaume

Le Bourg
42155 Lentigny
Tel. 04 77 63 31 43
Fax 04 77 63 31 43

Fermé du 11 novembre au 1er mars • 1 chambre, 1 suite de 2 chambres et 1 petit gîte indépendant de 2 personnes dans la propriété • 72 € pour 2 personnes, petit-déjeuner compris • Pas de table d'hôte • Parc, parking. Cartes de crédit non acceptées, chiens non admis

On a aimé : Le parc qui regorge de coins tranquilles.

Cette demeure bourgeoise du 19e s. noyée dans la verdure d'un parc aux essences variées a fière allure. Les « chambres d'amis », comme aime à les appeler la charmante patronne, sont claires et idéales pour le repos ; deux d'entre elles peuvent former une suite familiale. Court de tennis et grande salle de jeux sont à votre disposition et dès que le temps le permet, vous pouvez pique-niquer dans le parc et profiter de ses chaises longues.

Accès : à 8 km au Sud-Ouest de Roanne par la D 53

SAINT-MAURICE-SUR-LOIRE - 42155

53 L'ÉCHAUGUETTE

M. et Mme Alex

Ruelle Guy-de-la-Mûre
42155 Saint-Maurice-sur-Loire
Tel. 04 77 63 15 89
contact@echauguette-alex.com
www.echauguette-alex.com

Ouvert toute l'année • 4 chambres • 60 à 70 € pour 2 personnes, petit-déjeuner compris • Table d'hôte 24 € • Cartes de crédit non acceptées, chiens non admis

On a aimé

Contempler les bateaux de plaisance qui naviguent sur le lac.

Difficile de résister au charme de ces trois petites maisons nichées au cœur d'un village médiéval, face aux eaux paisibles du lac de Villerest cerné par les collines. Les chambres, décorées avec goût, sont toutes différentes : l'une possède une cheminée, une autre jouit de la vue sur le lac et la dernière ouvre ses fenêtres sur le donjon et l'église. Les petits-déjeuners, servis sur la terrasse ou derrière les baies de la cuisine, sont un vrai délice pour le palais et le regard.

Accès : à 12 km au Sud-Ouest de Roanne par la D 53 et la D 203

SAINT-PIERRE-LA-NOAILLE - 42190

54 DOMAINE DU CHÂTEAU DE MARCHANGY

Mme Grandeau

42190 Saint-Pierre-la-Noaille
Tel. 04 77 69 96 76
Fax 04 77 60 70 37
contact@marchangy.com
www.marchangy.com

Ouvert toute l'année • 3 chambres dotées de salles de bains WC et télévision • 80 à 95 € pour 2 personnes, petit-déjeuner compris • Table d'hôte 30 € • Parc, parking. Cartes de crédit non acceptées • Piscine

On a aimé

La vie de château... pour une poignée d'euros !

Une allée bordée de chênes conduit à ce ravissant château du 18e s. devancé par une cour d'honneur. Les chambres, aménagées dans les anciennes dépendances du domaine, sont calmes et pétries de charme : parquets restaurés, meubles de famille, tapis, ciels de lit, bibelots et tableaux. Le parc, ouvert sur la campagne et doté d'une belle piscine, compte plusieurs arbres centenaires, mais aussi quelques rangs de vignes qui permettent de produire un vin de table à déguster exclusivement sur place.

Accès : à 5,5 km au Nord-Ouets de Charlieu par D 227 puis route secondaire

55 CASTEL-GUÉRET

M. Coulaud

42220 Saint-Julien-Molin-Molette
Tel. 04 77 51 56 04
Fax 04 77 51 59 13
contact@domaine-castelgueret.com
www.domaine-castelgueret.com

Ouvert toute l'année • 5 chambres non-fumeurs • 69 à 77 € pour 2 personnes, petit-déjeuner compris ; possibilité de demi-pension • Table d'hôte de 20 à 25 € (uniquement sur réservation) • Parc, parking. Cartes de crédit non acceptées, chiens non admis • Piscine de plein air

On a aimé **L'ambiance châtelaine superbement préservée.**

Un parc de 2 ha ombragé d'arbres centenaires entoure ce château du 19e s. soigneusement restauré dans l'esprit de l'époque. À l'intérieur, tout porte au raffinement : parquet d'origine, marqueteries, meubles d'antiquaires... Les chambres, de style Louis XV ou Louis XVI, possèdent toutes un salon privatif ; leurs literies et leurs salles de bains sont d'un très grand confort. Pour la détente, la campagne alentour réserve de belles promenades.

Accès : à 1 km au Nord de Saint-Julien-Molin-Molette par D 8, direction le Besset

ST-JULIEN-MOLIN-MOLETTE - 42220

56 LA RIVOIRE

M. et Mme Thiollière

42220 Saint-Julien-Molin-Molette
Tel. 04 77 39 65 44
Fax 04 77 39 67 86
info@larivoire.net
www.larivoire.net

Ouvert toute l'année • 5 chambres • 55 € pour 2 personnes, petit-déjeuner compris ; possibilité de demi-pension • Table d'hôte 18 € (uniquement le soir) • Terrasse, jardin, parking. Cartes de crédit non acceptées, chiens non admis

On a aimé **La table d'hôte garnie de légumes du potager et charcuterie locale.**

Cette noble maison datant sans doute du 15e s. a beaucoup de charme avec sa tour ronde en pierre et son grand jardin potager. En position dominante, elle offre une jolie vue sur la vallée de la Déôme et les premières collines ardéchoises couvertes de sapins. Ses chambres, agréablement colorées, profitent toutes du panorama. Les trois salons - piano, jeux et télévision - sont à la disposition des hôtes. À table, vous vous régalerez de légumes du jardin et de charcuterie paysanne.

Accès : 5 km à l'Est de Bourg-Argental par la N 82

ANSE - 69480

57 SAINT-ROMAIN

M. et Mme Levet

Route de Graves
69480 Anse
Tel. 04 74 60 24 46
Fax 04 74 67 12 85
hotel-saint-romain@wanadoo.fr
www.hotel-saint-romain.fr

Fermé du 28 novembre au 9 décembre ; dimanche soir de début novembre à fin avril • 24 chambres disposant pour la plupart de salles de bains WC et de télévision • 47 à 55 € pour 2 personnes ; petit-déjeuner 7 € ; possibilité de demi-pension • Menus de 19 € (sauf dimanche midi) à 46 € • Terrasse, jardin, parking fermé

On a aimé **Le château des Tours, véritable labyrinthe datant du 13e s.**

Au cœur du Beaujolais, une escale s'impose dans cette ancienne ferme en pierres du pays, dont la tranquillité n'est troublée que par le chant des oiseaux et le bruissement des frondaisons ! Le cadre quelque peu désuet des chambres est compensé par leur excellente tenue. Chaleureuse salle de restaurant rustique complétée d'une vaste terrasse prisée en été, où la goûteuse cuisine saisonnière du chef, membre des Toques Blanches Lyonnaises, se fera un plaisir de vous émoustiller les papilles.

Accès : en léger retrait du village, proche de la gendarmerie

BRULLIOLES - 69690

58 LA MAISON DE NOÉMI

Mme Noëlle Pierre

Le Pothu
69690 Brullioles
Tel. 04 74 26 58 08
noelle.pierre@free.fr

Ouvert toute l'année • 3 chambres équipées de sanitaires complets • 37 € pour 2 personnes, petit-déjeuner compris • Pas de table d'hôte • Jardin. Cartes de crédit non acceptées

On a aimé **Les promenades dans le petit bois voisin réputé druidique.**

Située sur les hauteurs du village, à 750 m d'altitude, cette ferme du 17e s. jouit d'une vue imprenable sur les monts du Lyonnais. Ses chambres, sobres et bien tenues, ont été aménagées dans un bâtiment indépendant ; toutes sont équipées d'une salle de bains. Le séjour commun attenant comporte un coin cuisine. La maîtresse de maison, ancienne collaboratrice de l'Office de tourisme, vous donnera de précieux conseils pour vos escapades.

Accès : 10 km à l'Ouest de la Brevenne par la N 89 et la D 81

JULIÉNAS - 69840

59 CHEZ LA ROSE

M. et Mme Alizer

Place du Marché
69840 Juliénas
Tel. 04 74 04 41 20
Fax 04 74 04 49 29
info@chez-la-rose.fr
www.chez-la-rose.fr

Fermé du 8 au 28 février • 8 chambres dont 5 en annexe, équipées de salles de bains WC ou douches WC et de télévision • 50 à 100 €, petit-déjeuner 9 € ; possibilité de demi-pension • Menus de 25 à 60 € • Terrasse, parking fermé

On a aimé **Savourer les petits plats du terroir avec l'escorte gouleyante d'un juliénas.**

Si la France attire autant de touristes, c'est aussi grâce à ce type d'auberge où l'on fait bonne chère sans se ruiner. Sylvette et Bertrand se « décarcassent » en effet tous les jours pour vous proposer le meilleur du terroir, tant sur la carte des mets que sur celle des vins, dans leur jolie salle à manger rustique ou sur la paisible terrasse fleurie. Les chambres du bâtiment principal ont conservé le style campagnard (vieilles armoires, etc.), tandis que celles de l'annexe sont plus récentes.

Accès : au coeur du village, face au rond-point

LANCIÉ - 69220

60 LES PASQUIERS

M. et Mme Gandilhon

69220 Lancié
Tel. 04 74 69 86 33
Fax 04 74 69 86 57
ganpasq@aol.com
www.bonadresse.com

Ouvert toute l'année • 4 chambres accessibles aux handicapés physiques • 80 € pour 2 personnes, petit-déjeuner compris • Table d'hôte 25 € • Salon, jardin, parking. Cartes de crédit non acceptées, chiens non admis • Piscine de plein air

On a aimé **L'atmosphère Second Empire judicieusement préservée.**

Un grand jardin clos, dérobé aux regards par de hauts murs, entoure cette belle demeure du Second Empire. L'intérieur a conservé ses aménagements d'origine : plafonds à moulures, cheminée, tapis, bibliothèque et piano à queue dans le salon. Les chambres du bâtiment principal possèdent de beaux meubles du 19e s., celles de la dépendance ont un « look » plus contemporain : fibre de coco, cloison japonaise masquant la salle de bains, dessins d'enfants... Agréable terrasse au bord de la piscine.

Accès : à 2 km au Sud de Romanèche-Thorins

LANTIGNÉ - 69430

61 DOMAINE DES QUARANTE ÉCUS

M. et Mme Nesme

Les Vergers
69430 Lantigné
Tel. 04 74 04 85 80
Fax 04 74 69 27 79
bnesme@wanadoo.fr

Ouvert toute l'année • 5 chambres équipées de salles d'eau et WC privés • 48 € pour 2 personnes (36 € basse saison), petit-déjeuner compris • Pas de table d'hôte • Jardin, parking. Cartes de crédit non acceptées, chiens non admis • Piscine de plein air. Caves, vente et dégustation de vin produit sur le domaine.

On a aimé **Déguster (avec modération !) les beaujolais rouges et blancs de la propriété.**

Ce domaine viticole doit son nom au ginkgo biloba, communément appelé « arbre aux quarante écus », planté devant la maison. Les chambres, garnies de meubles anciens ou modernes et décorées de reproductions de Van Gogh, donnent sur les vignes ou sur le jardin et les vergers de pêchers, cerisiers, abricotiers et mirabelliers. Le petit-déjeuner est servi dans une belle salle rustique agrémentée d'un vaisselier. Après la visite de la cave, vous pourrez déguster et acheter le vin produit sur place.

Accès : 4 km à l'Est de Beaujeu par la D 78

LES ARDILLATS - 69430

62 CHAMBRE D'HÔTE M. ET MME BONNOT

M. et Mme Bonnot

Le Bourg
69430 Les Ardillats
Tel. 04 74 04 80 20
Fax 04 74 04 80 20

Fermé en janvier • 5 chambres • 42 € pour 2 personnes, petit-déjeuner compris ; possibilité de demi-pension • Table d'hôte 16 € • Jardin, parking. Cartes de crédit non acceptées, chiens non admis

On a aimé **L'ambiance gustative qui règne en cette superbe maison du beaujolais.**

Belle promesse de séjour que cette ferme restaurée située aux portes du village. La façade en pierre, égayée de volets en bois blond, attire l'œil. La décoration intérieure est très champêtre. Les chambres, colorées et nanties de poutres apparentes, portent chacune le nom d'un fruit : framboise, ananas, prune, pamplemousse et mandarine. À table, goûteux petits plats « maison » et beaujolais à discrétion.

Accès : à 5 km au Nord-Ouest de Beaujeu par la D 37

LYON - 69002

63 **ARTISTES**

Mme Lameloise

8 rue Gaspard-André
69002 Lyon
Tel. 04 78 42 04 88
Fax 04 78 42 93 76
hartiste@club-internet.fr
www.hoteldesartistes.fr

Ouvert toute l'année • 45 chambres toutes dotées de salles de bains WC ou douches WC et de télévision • 81 à 111 € pour 2 personnes ; petit-déjeuner 9 € • Pas de restaurant • Chiens non admis

On a aimé **Les traboules du Vieux Lyon.**

Petit hôtel charmant idéalement situé au cœur de Lyon, sur la Presqu'île face à la « colline qui prie » (Fourvière). Chambres claires et coquettes, aménagées sans luxe mais de manière fonctionnelle ; certaines donnent sur le théâtre des Célestins, d'où le nom de l'enseigne. Une fresque à la manière de Cocteau orne plaisamment la salle des petits-déjeuners. La proximité d'un parking public est un atout supplémentaire.

Accès : tout proche de la place Bellecour (et du parking Bellecour), face au théâtre

QUINCIÉ-EN-BEAUJOLAIS - 69430

64 **CHAMBRE D'HÔTE GÉRARD LAGNEAU**

M. et Mme Lagneau

Huire
69430 Quincié-en-Beaujolais
Tel. 04 74 69 20 70
Fax 04 74 04 89 44
jealagneau@wanadoo.fr

Ouvert toute l'année • À l'étage, 4 chambres non-fumeurs, toutes équipées de salles de bains • 52 à 57 € pour 2 personnes, petit-déjeuner compris • Jardin, parking

On a aimé **L'atmosphère vigneronne de l'adresse.**

Dans un hameau planté tel un cep au cœur du vignoble, jolie construction en pierre où une sympathique famille de viticulteurs se plie en quatre pour rendre votre séjour agréable. Les chambres, simplement aménagées mais d'une tenue irréprochable, sont logées à l'étage. Les petits-déjeuners se prennent sous les poutres d'une accueillante salle rustique. Le caveau du 16e s.enfin, cerise sur le gâteau, offre un cadre idéal à la dégustation des vins du cru.

Accès : au milieu des vignes

QUINCIÉ-EN-BEAUJOLAIS - 69430

65 DOMAINE DE ROMARAND

M. et Mme Berthelot

69430 Quincié-en-Beaujolais
Tel. 04 74 04 34 49
Fax 04 74 04 35 92

Fermé Noël et jour de l'An • 3 chambres • 53 à 56 €, petit-déjeuner compris • Table d'hôte (le soir uniquement) , menu de 18 à 22 € • Jardin, parking • Piscine de plein air. Dégustation et vente de vins

On a aimé **La vue omniprésente sur les vignes.**

Cette belle maison en pierre tenue par un couple de viticulteurs ouvre sa cour en U sur un jardin de rocaille agréablement fleuri et sur les vignes. Ses chambres modernes et confortables offrent toutes une vue sur l'agréable perspective. La salle à manger est très plaisante avec sa charpente apparente, sa cheminée, sa grande table en bois et sa collection de cartes sur le beaujolais. Le petit-déjeuner, copieusement servi, fait honneur aux pâtisseries et confitures « maison ».

Accès : à 9 km au Sud-Est de Beaujeu par la D 37 et la D 9, puis direction château de Varennes

SAINT-LAURENT-DE-MURE - 69720

66 HOSTELLERIE LE SAINT-LAURENT

M. Lavault

8 rue Croix-Blanche
69720 Saint-Laurent-de-Mure
Tel. 04 78 40 91 44
Fax 04 78 40 45 41
le.st.laurent@wanadoo.fr

Fermé 26 décembre au 2 janvier ; 1er au 8 mai ; 13 au 16 juillet ; 1er au 21 août ; 11 novembre • 30 chambres, quelques-unes avec salles de bains WC, d'autres avec douches WC, toutes avec télévision • 57 à 110 € pour 2 personnes ; petit-déjeuner 7 € ; possibilité de demi-pension • Menus de 20 (en semaine) à 56 € • Terrasse, parc, 2 parkings dont 1 fermé. Chiens non admis

On a aimé **Une famille... en or, entièrement dévouée à sa clientèle.**

Aéroport de Lyon-Saint-Exupéry, autoroutes, nationale 6 : coupez votre voyage par une halte délassante dans cette jolie maison de maître du 18e s. entourée d'un parc fleuri. Ses petites chambres - plus récentes à l'annexe - sont confortables, ses deux salles de restaurant offrent le choix entre chaudes boiseries d'érable et vastes baies ouvertes sur la verdure. La terrasse ombragée par un tilleul tricentenaire est un régal par beau temps.

Accès : à 15 km de Lyon, en léger retrait de la N 6

THIZY - 69240

67 LA TERRASSE

M. et Mme Arnette

Le Bourg - Marnand
69240 Thizy
Tel. 04 74 64 19 22
Fax 04 74 64 25 95
francis.arnette@wanadoo.fr
www.laterrasse-marnand.com

Fermé vacances de février, de la Toussaint, lundi (sauf l'hôtel) et dimanche soir • 10 chambres dont 1 accessible aux handicapés physiques, avec salles de bains WC et télévision • 44 € pour 2 personnes ; petit-déjeuner 6 € ; possibilité de demi-pension • Menus de 13 (en semaine) à 60 € • Terrasse, parking • Salle de jeux pour enfants

On a aimé **À 6 km, le lac des Sapins et ses sports nautiques.**

L'ancienne usine textile typique de cette région du Beaujolais est aujourd'hui convertie en hôtel. Ses coquettes chambres prolongées de terrasses ouvertes sur le jardin portent des noms de fleurs ou de plantes aromatiques et sont décorées - même parfumées ! - sur ce thème. Deux sobres salles à manger actuelles complétée d'une spacieuse terrasse agréablement tournée vers les monts du Lyonnais. Cuisine traditionnelle complétée d'un menu végétarien.

Accès : à 2 km au Nord-Est par la D 94, à l'entrée de Bourg-Marnand, face à la mairie

VILLEFRANCHE-SUR-SAÔNE - 69400

68 LA FERME DU POULET

M. et Mme Rongeat

180 rue Georges-Mangin
69400 Villefranche-sur-Saône
Tel. 04 74 62 19 07
Fax 04 74 09 01 89
la.ferme.du.poulet@wanadoo.fr

Fermé du 5 au 20 août ; du 23 décembre au 2 janvier ; dimanche soir et lundi • 10 chambres, toutes disposent de salles de bains WC et télévision • 80 € pour 2 personnes ; petit-déjeuner 10 € • Menus 34 € • Terrasse, parking. Chiens non admis dans les chambres

On a aimé **Le décor mi-rustique, mi-contemporain réussi.**

Îlot de verdure et de charme au cœur d'une Z.I. caladoise : cette ferme fortifiée du 17e s., joliment restaurée, est préservée de l'agitation citadine par une enceinte... Les chambres, spacieuses et fonctionnelles, sont dotées de bonnes literies. La plaisante salle à manger, qui a conservé ses magnifiques poutres, égaye vos repas d'assiettes de présentation multicolores. Agréable terrasse dressée dans la cour intérieure.

Accès : au Nord-Est de Villefranche, dans la Z.I. proche du parc des Expositions

69 AUBERGE SAINT-SIMOND

M. et Mme Mattana

130 avenue Saint-Simond
73100 Aix-les-Bains
Tel. 04 79 88 35 02
Fax 04 79 88 38 45
auberge@saintsimond.com
www.saintsimond.com

Fermé en janvier, vacances de la Toussaint et dimanche soir • 28 chambres dont 2 accessibles aux handicapés physiques, disposant de salles de bains WC ou douches WC et télévision • 48 à 70 € pour 2 personnes ; petit-déjeuner 8 € • Menus 20 (en semaine) à 32 € • Parking, terrasse, jardin. Chiens non admis au restaurant

On a aimé **L'agréable jardin fleuri et arboré.**

Relais de diligences puis auberge : depuis plus d'un siècle les voyageurs apprécient cette étape située à quelques minutes du lac du Bourget. Huit de ses chambres ont bénéficié d'une rénovation : isolation phonique, mobilier, literie et décor. Les autres offrent un bon confort, mais un cadre plus sobre ; certaines disposent d'un balcon. Préférez celles tournées vers le jardin. La salle à manger-véranda est complétée par une terrasse ombragée de platanes centenaires. Cuisine du terroir.

Accès : proche du centre ville

AIX-LES-BAINS - 73100

70 LA CROIX DU SUD

Mme Collot

3 rue du Docteur-Duvernay
73100 Aix-les-Bains
Tel. 04 79 35 05 87
Fax 04 79 35 72 71
lacroix-sud@wanadoo.fr
www.hotel-lacroixdusud.com

Fermé du 1er janvier au 9 avril et du 5 novembre au 31 décembre • 16 chambres, avec salles de bains WC ou douches WC, quelques-unes disposent d'une télévision • 26 à 39 € pour 2 personnes ; petit-déjeuner 6 € • Pas de restaurant • Petite cour-jardin. Cartes de crédit non acceptées • Salon télévision avec coin bibliothèque

On a aimé **Le charme un peu désuet de cette maison du début du 20e s.**

De l'étoile polaire à la croix du Sud : est-ce pour se souvenir de ses voyages sous tous les cieux que l'ancien propriétaire collectionna les chapeaux du monde entier ? Ici, curistes et touristes se côtoient, tous accueillis sous le signe d'une hospitalité de bon aloi. Les chambres, de belles dimensions et au décor un brin suranné, ne manquent pas d'allure.

Accès : au centre-ville, dans une petite rue calme

AUSSOIS - 73500

71 SOLEIL

M. Montaz

15 rue de l'Église
73500 Aussois
Tel. 04 79 20 32 42
Fax 04 79 20 37 78
www.hotel-du-soleil.com

Fermé du 21 avril au 15 juin et du 30 septembre au 17 décembre • 22 chambres avec salles de bains ou douches WC dont 1 pour handicapés, toutes avec télévision • 72 à 84 € ; petit-déjeuner compris ; possibilité de demi-pension • Menus (dîner seulement) de 20 à 22 € • Terrasse, parking. Chiens non admis dans les chambres • Salle de cinéma, sauna, hammam, jacuzzi, boutique de souvenirs, billard, ski en saison

On a aimé

Que les cloches de l'église voisine aient la courtoisie de se taire la nuit.

À côté de l'église, façade un brin austère dissimulant un intérieur chaleureux. Les fenêtres des chambres ouvrent largement sur le village et le massif de la Vanoise ; demandez-en une récemment refaite dans l'esprit « chalet », mariant bois clair et tissus choisis. Toit-terrasse avec solarium, jacuzzi de plein air, échiquier géant, jeu de quilles... Sauna, hammam et minisalle de cinéma constituent les autres petits « plus » de cette sympathique adresse familiale.

Accès : près de l'église

BONNEVAL-SUR-ARC - 73480

72 À LA PASTOURELLE

M. Blanc

73480 Bonneval-sur-Arc
Tel. 04 79 05 81 56
Fax 04 79 05 85 44
www.pastourelle.com

Fermé une semaine en mai et à la Toussaint • 12 chambres avec salles de bains WC • 52 à 58 € ; petit-déjeuner 6 € ; possibilité de demi-pension • Restaurant fermé hors saison, menus 12 à 17 € • Salon bibliothèque. Chiens non admis • Ski et randonnées à proximité

On a aimé

Sur la Grande route des Alpes, une si grande quiétude.

Toit de lauzes et enseigne évoquant le son des clarines : la maison respecte les traditions chères à la Maurienne. Étape sur la plus belle route des Alpes françaises ou point de départ de courses aux époustouflantes dénivelées dans la Vanoise, elle apportera un petit bonheur de plus à une journée riche en émotions. Les chambres y sont douillettes, et dans la salle à manger rustique flotte le parfum des raclettes, fondues et crêpes salées ou sucrées.

Accès : sur les hauteurs de la station

BOURG-SAINT-MAURICE - 73700

73 L'AUTANTIC

Mme Bourgeois

69 route d'Hauteville
73700 Bourg-Saint-Maurice
Tel. 04 79 07 01 70
Fax 04 79 07 51 55
hotel-autantic@wanadoo.fr
www.hotel-autantic.com

Ouvert toute l'année • 29 chambres dont 2 accessibles aux handicapés physiques, équipées de salles de bains WC (sauf 2 douches WC) et de télévision • 40 à 130 € pour 2 personnes ; petit-déjeuner 8 € • Pas de restaurant • Parking • Sauna

On a aimé **Le baptême de raft sur la base d'eau vive du « Bourg ».**

Cette maison trapue dont le solide bâti en moellons et les fenêtres étroites évoquent l'habitat traditionnel des chalets de la Tarentaise, a été construite récemment dans un paisible quartier borain, près du funiculaire futuriste grimpant jusqu'aux Arcs. Les chambres, crépies et garnies de meubles en pin, offrent une vue reposante sur la vallée ; quatre possèdent un balcon. L'accueil charmant et le petit-déjeuner pris en terrasse comptent parmi les « autantics » petits « plus » de l'adresse.

Accès : à l'entrée de la ville, légèrement en retrait du passage

CREST-VOLAND - 73590

74 LE CAPRICE DES NEIGES

Famille Borrel

Route du Col des Saisies
73590 Crest-Voland
Tel. 04 79 31 62 95
Fax 04 79 31 79 30
info@caprice-des-neiges.com
www.caprice-des-neiges.com

Fermé du 15 avril au 19 juin et du 15 septembre au 20 décembre • 16 chambres avec salles de bains WC quelques-unes avec télévision • 83 € ; petit-déjeuner 8 €, possibilité de demi-pension • Menus de 15 à 38 €. Chiens non admis dans les chambres • Terrasse, jardin, parking • L'été : tennis, pêche à la mouche, mini-golf ; l'hiver ski et balades en raquettes

On a aimé **La sympathique ambiance familiale régnant dans le chalet.**

Du bois, encore du bois, toujours du bois ! Cet exquis petit chalet situé au calme, légèrement à l'écart du village mais au pied des pistes, offre le chaleureux intérieur de ces « maisons de poupée » contemporaines qui fleurissent à la montagne. Tissus choisis, bibelots et meubles savoyards : les chambres du second étage sont rénovées, les autres le seront très prochainement ; toutes offrent de jolies vues sur les Aravis et les alpages. À table, spécialités régionales.

Accès : sur la route du Col des Saisies, à 1 km de la station et 50 m du téléski

LA CÔTE-D'AIME - 73210

75 CHALET LE PARADOU

M. Hanrard

Pré Bérard
73210 La Côte-d'Aime
Tel. 04 79 55 67 79
Fax 04 79 55 67 79
hanrard@aol.com

Fermé du 3 mai au 26 juin et du 5 septembre au 19 décembre • 5 chambres dont 4 donnent sur une grande terrasse • 59 € pour 2 personnes, petit-déjeuner compris ; possibilité de demi-pension • Table d'hôte de 15 à 20 € • Jardin, terrasse, parking. Cartes de crédit non acceptées, chiens non admis

On a aimé **La tenue irréprochable de cet établissement de montagne.**

Ce magnifique chalet en bois perché à 1 000 m d'altitude offre une vue saisissante sur la vallée de la Tarentaise et le mont Pourri. Ses chambres, confortables et impeccablement tenues, ouvrent sur une grande terrasse. Son salon, revêtu de lambris et agrémenté d'une cheminée et d'un piano, reflète bien l'esprit montagnard. Des forfaits ski sont proposés l'hiver. L'été, on se plaît à paresser dans l'agréable jardin fleuri.

Accès : à 3 km au Nord-Est d'Aime par la D 86

LA GIETTAZ - 73590

76 FLOR'ALPES

M. Bibollet

73590 La Giettaz
Tel. 04 79 32 90 88

Ouvert du 15 juin au 15 septembre et du 20 décembre au 10 avril • 11 chambres dont 7 possédant un balcon, toutes dotées de salles de bains WC ou douches WC • 34 à 39 € pour 2 personnes ; petit-déjeuner 6 € ; possibilité de demi-pension • Menus 16 à 24 € • Jardin

On a aimé **Le cachet savoyard authentique du village.**

Blottie au milieu du village, entre l'église et l'école, cette sympathique pension doit son succès à la qualité de l'accueil prodigué par une maîtresse de maison très attentive au bien-être de ses hôtes. Les chambres, simples mais fort bien tenues, disposent en façade d'un balcon fleuri ménageant une jolie vue qui compensera aisément l'absence de télévision. Petits plats à tendance régionale servis dans une salle à manger sobrement rustique ouverte sur le jardin.

Accès : sur une placette à côté de la mairie et de l'école

PRALOGNAN-LA-VANOISE - 73710

77 LES AIRELLES

M. Boyer

Rue des Darbelays - BP 25
73710 Pralognan-la-Vanoise
Tel. 04 79 08 70 32
Fax 04 79 08 73 51
hotellesairelles@free.fr
www.hotel-les-airelles.fr

Fermé 17 avril au 4 juin et 24 septembre au 17 décembre • 22 chambres avec vue sur les massifs montagneux, équipées de salles de bains WC ou douches WC et télévision • 66 à 81 € ; petit-déjeuner 8 € ; possibilité de demi-pension • Menus de 19 à 26 € • Terrasse, garage, parking. Chiens non admis • Piscine, sauna, jaccuzzi, billard, ping-pong, navettes vers les remontées

On a aimé

Que la montagne soit belle !

Chalet bâti un peu à l'écart de la station, sur les pentes du massif de la Vanoise qui aligne majestueusement ses sommets au-dessus de vos têtes. Dans les chambres, bénéficiant d'un balcon et de la vue sur les cimes, ce ne sont qu'exclamations admiratives. En cuisine, le jeune chef mijote de brillantes incitations à la gourmandise. Les loisirs ? La piscine est chauffée, et pour les balades sportives le patron, infatigable randonneur, conseille ses hôtes mieux que personne.

Accès : sur les hauteurs de la station, adossé à la forêt des Granges

SAINT-SORLIN-D'ARVES - 73530

78 BEAUSOLEIL

M. et Mme Vermeulen

73530 Saint-Sorlin-d'Arves
Tel. 04 79 59 71 42
Fax 04 79 59 75 25
info@hotel-beausoleil.com
www.hotel-beausoleil.com

Fermé du 15 avril au 30 juin et du 1er septembre au 15 décembre • 20 chambres réparties sur 3 étages, toutes dotées de salles de bains WC ou douches WC et de télévision • 52 à 65 € pour 2 personnes ; petit-déjeuner 9 € ; possibilité de demi-pension • Menus de 13 à 23 € • Terrasse, jardin, parking. Chiens non admis au restaurant • Promenades au Col de la Croix-de-Fer, sauna, hammam, jacuzzi, sports de montagne

On a aimé

L'accueil chaleureux en ce chalet perdu dans la nature.

Ici tout est beau : les routes d'accès par la combe Genin ou le col de la Croix-de-Fer, les montagnes enneigées ou les prairies fleuries d'orchis et de centaurées qui cernent de toutes parts le chalet. L'ambiance est familiale, les chambres à la fois fonctionnelles et coquettes. Après vos randonnées ou vos courses à ski, vous ne ferez qu'une bouchée des spécialités préparées avec bonheur par le patron.

Accès : à l'écart du centre de la station, direction le Col de la Croix-de-Fer

ST-CHRISTOPHE-LA-GROTTE - 73360

79 LA FERME BONNE DE LA GROTTE

M. Amayenc

73360 Saint-Christophe-la-Grotte
Tel. 04 79 36 59 05
Fax 04 79 36 59 31
info@ferme-bonne.com
www.gites-savoie.com

Ouvert toute l'année • 6 chambres, certaines avec mezzanine. • 66 à 89 € pour 2 personnes, petit-déjeuner compris • Table d'hôte 18 à 27 € • Terrasse, parc, parking. Cartes de crédit non acceptées sauf Eurocard, chiens non admis

On a aimé **La décoration typiquement savoyarde.**

En l'espace d'un an, cette ferme bâtie voici trois siècles au pied des grottes des Échelles est devenue une adresse incontournable. Sa restauration, effectuée dans les règles de l'art savoyard, est en effet une totale réussite. Ses chambres, vastes et douillettes, sont dotées de jolis meubles peints ; certaines possèdent une mezzanine. À table, on savoure les petits plats du terroir concoctés par le patron, gastronome averti.

Accès : à 4 km au Nord-Est des Échelles par la N 6, route de Chambéry

VILLARODIN-BOURGET - 73500

80 CHÉ CATRINE

Mme Finas

88 rue Saint-Antoine
73500 Villarodin-Bourget
Tel. 04 79 20 49 32
Fax 04 79 20 48 67
info@che-catrine.com
che-catrine.com

Ouvert toute l'année • 3 chambres et 2 suites équipées de salles de bains avec WC • 79 à 105 € (60 à 80 € basse saison) pour 2 personnes, petit-déjeuner compris ; possibilité de demi-pension • Table d'hôte 28 € • Jardin. Cartes de crédit non acceptées

On a aimé **La douceur de vivre dans cette superbe demeure.**

Cette maison de maître de 1524 restaurée dans le respect de la tradition savoyarde est un petit bijou. Les chambres et suites, nanties de solides meubles en arolle massif, sont très agréables à vivre. La table d'hôte, aménagée dans les anciennes écuries voûtées, et son salon-bar creusé à même la roche sont de toute beauté. La cuisine n'utilise que les produits du jardin et les viandes provenant de la vallée de la Maurienne. Une adresse à garder jalousement.

Accès : Autoroute A 43, sortie Modane, puis après Modane, 2 km sur la RN 6 en direction de la haute Maurienne

CHAMONIX-MONT-BLANC - 74400

81 L'AIGUILLE DU MIDI

M. et Mme Farini

479 chemin Napoléon - Les Bossons
74400 Chamonix-Mont-Blanc
Tel. 04 50 53 00 65
Fax 04 50 55 93 69
hotel-aiguille-du-midi@wanadoo.fr
www.hotel-aiguilledumidi.com

Fermé du 4 avril au 12 mai et du 20 septembre au 20 décembre • 40 chambres avec salles de bains WC et télévision • 69 à 80 € pour 2 personnes ; petit-déjeuner 12 € ; possibilité de demi-pension • Menus de 21 (en semaine) à 44 € • Terrasse, parc, parking. Chiens non admis au restaurant • Piscine de plein air, tennis, salle de remise en forme, sauna, jacuzzi

On a aimé **Admirer le glacier des Bossons depuis le délicieux parc ombragé.**

Une villégiature chamoniarde convertie en établissement hôtelier depuis 1908. La façade décorée de quelques fresques à la mode tyrolienne abrite des chambres lambrissées un peu vieillottes mais bénéficiant de jolies vues sur le grandiose massif du Mont-Blanc. La salle à manger, en rotonde, ainsi que la terrasse (meubles en bois sous un parasol géant) sont tournées sur l'agréable parc fleuri. Le beau plafond menuisé (arolle sculpté) du salon mérite un coup d'œil. Équipements de loisirs.

Accès : à 3 km au Sud de Chamonix-Mont-Blanc

CHAMONIX-MONT-BLANC - 74400

82 BEAUSOLEIL

M. et Mme Bossonney

Le Lavancher
74400 Chamonix-Mont-Blanc
Tel. 04 50 54 00 78
Fax 04 50 54 17 34
info@hotelbeausoleilchamonix.com
www.hotelbeausoleilchamonix.com

Fermé du 10 au 26 mai et du 20 septembre au 20 décembre • 17 chambres sur 2 étages, avec salles de bains WC ou douches WC et télévision • 84 à 94 € pour 2 personnes ; petit-déjeuner 9 € ; possibilité de demi-pension • Menus 13 à 28 € • Terrasse, jardin, parking. Chiens non admis au restaurant • Tennis, ping-pong

On a aimé **La tranquillité de ce chalet isolé dans un hameau.**

La montagne, vous préférez la savourer en hiver ou en été ? La famille Bossonney qui dirige cet hôtel depuis trois générations saura vous faire apprécier son accueillant chalet en toutes saisons. Les chambres, petites, agrémentées de lambris et d'une agréable simplicité, sont d'une tenue exemplaire ; certaines bénéficient de balcons contemplant massifs enneigés ou verts pâturages. Plats familiaux et spécialités fromagères se prennent dans une salle rustique ouverte sur la terrasse et le jardin.

Accès : à 6 km par la N 506, direction Argentière, puis route secondaire sur la droite

CHÂTEL - 74390

83 LE KANDAHAR

Mme Vuarand

Route du Linga
74390 Châtel
Tel. 04 50 73 30 60
Fax 04 50 73 25 17
lekandahar@wanadoo.fr
www.lekandahar.com

Fermé du 17 avril au 3 mai, du 30 mai au 4 juillet, du 1er novembre au 24 décembre ; mardi soir et mercredi • 20 chambres dont 13 à l'annexe avec cuisinettes ; toutes avec salles de bains WC et télévision • 58 à 68 € ; petit-déjeuner 9 € ; possibilité de demi-pension • Menus de 13 à 32 € • Terrasse, jardin, parking • Salle de remise en forme, sauna

On a aimé **L'accueil familial de ce chalet proposant chambres et studios.**

Cet hôtel voisin de la frontière suisse est connu pour son hospitalité et la sympathie qu'inspirent ses chambres. Pistes skiables tout près grâce aux navettes fréquentes (et gratuites) pour le Linga, pentes douces pour de petites marches et belvédères vertigineux du Chablais réservés aux « jarrets d'acier » permettent à l'esprit de s'évader. En cuisine, le chef s'active à revigorer les corps avec de goûteuses spécialités régionales.

Accès : à 1,5 km au Sud-Ouest, par la route de la Bechigne, puis à gauche, route de Linga

CORDON - 74700

84 LE CORDONANT

M. et Mme Pugnat

Les Darbaillets
74700 Cordon
Tel. 04 50 58 34 56
Fax 04 50 47 95 57
lecordonant@wanadoo.fr

Fermé de mi-avril à mi-mai et d'octobre à décembre • 16 chambres avec balcon, équipées de salles de bains WC (sauf 2 douches WC) et de télévision • 75,50 à 80 €, petit-déjeuner 7 € ; possibilité de demi-pension • Menus de 22 (en semaine) à 28 € • Terrasse, parking. Chiens non admis au restaurant • Salle de remise en forme, sauna, jacuzzi

On a aimé **Les chambres côté vallée : grand calme et vue saisissante garantis !**

Ce pimpant chalet dont la façade assortit crépi rose et bois crème se perche sur les hauteurs du « balcon du mont Blanc ». Les chambres rénovées dans le style savoyard contemporain, avec lambris en chablis, meubles peints et tissus choisis, la salle à manger panoramique et sa vue à couper le souffle sur le « toit de l'Europe », la cuisine généreuse et soignée (ah ! ce potage Saint-Germain...), le jardin fleuri... Croyez-nous, vous prendrez pension au Cordonant !

Accès : sur les hauteurs, à 4 km au Sud-Ouest de Sallanches par la D 113

LA CHAPELLE-D'ABONDANCE - 74360

85 LES GENTIANETTES

M.et Mme Tringaz

Route de Chevenne
74360 La Chapelle-d'Abondance
Tel. 04 50 73 56 46
Fax 04 50 73 56 39
bienvenue@gentianettes.fr
www.gentianettes.fr

Fermé hors saison de Pâques à l'Ascension et du 20 septembre au 18 décembre • 32 chambres dotées de salles de bains WC ou douches WC et télévision, 2 sont accessibles aux handicapés physiques • 70 à 95 € ; petit-déjeuner 9 € ; possibilité de demi-pension • Menus de 20 à 61 € • Terrasse, parking • Piscine couverte, sauna, salle de remise en forme, hammam

On a aimé

Savourer la goûteuse cuisine du chef après une journée passée au grand air.

Accueil aux petits soins, chambres assez spacieuses, égayées de boiseries et dotées de balcons, agréable salle à manger au séduisant décor montagnard, cuisine régionale soignée et copieux petits-déjeuners : tout incite à séjourner dans ce joli chalet construit en 1994. Et si vous venez à La Chapelle-d'Abondance en été, vous aurez peut-être la chance de découvrir au détour d'un sentier quelques gentianettes, plantes herbacées qui poussent en altitude. L'hiver, place aux champs de neige !

Accès : au nord de la Chapelle-d'Abondance

LA BEUNAZ - 74500

86 LE BOIS JOLI

M. et Mme Birraux

74500 La Beunaz
Tel. 04 50 73 60 11
Fax 04 50 73 65 28
hboisjoli@aol.com
www.hotel-bois-joli.com

Fermé du 15 octobre au 20 décembre et avril • 29 chambres, dont 8 à l'annexe, toutes dotées de salles de bains WC ou douches WC et de télévision • 72 à 82 € (60 à 74 € basse saison) ; petit-déjeuner 9 € ; possibilité de demi-pension • Restaurant fermé dimanche soir et mercredi ; menus de 20 (en semaine) à 48 € • Terrasse, jardin, parking • Piscine de plein air, tennis, sauna, ping-pong, billard

On a aimé

Le cadre bucolique de ce chalet panoramique.

Chambres, salle à manger et terrasse procurent une très belle vue sur la dent d'Oche, le mont Billiat et les hauts sommets du Chablais. Une piscine entourée d'une végétation luxuriante, un court de tennis, une salle de billard, un espace de jeux pour les enfants, des pistes de ski à proximité, le lac Léman et ses prestigieuses stations thermales à quelques kilomètres : tout concourt à rendre votre séjour idyllique.

Accès : en contrebas de la route, à 1,5 km de Bernex par la D 52

LA CLUSAZ - 74220

87 FLORALP

Mmes Pollet

74220 La Clusaz
Tel. 04 50 02 41 46
Fax 04 50 02 63 94
info@hotel-floralp74.com
www.hotel-floralp74.com

Ouvert du 28 juin au 15 septembre et du 20 décembre au 14 avril • 20 chambres possédant toutes salles de bains WC ou douches WC et télévision ; celles de façade disposent d'un balcon • 50 à 85 € (45 à 70 € basse saison) ; petit-déjeuner 8 € ; possibilité de demi-pension • Menus de 15 (en semaine) à 26 € • Parking. Chiens non admis au restaurant • Salon avec billard

On a aimé **L'ambiance montagnarde préservée de ce chalet traditionnel.**

Les chambres, agencées simplement, disposent en façade d'un balcon face au soleil levant : les habitués savent ce qu'ils font en séjournant régulièrement ici... Tentez, vous aussi, d'approcher la beauté légendaire de ces sommets, de combes tapissées de rhododendrons en crêtes pierreuses, jusqu'à la porte des Aravis, brèche ouverte par Gargantua. Le pique-nique ? Tommes et reblochon. Le dîner ? Vos hôtesses savent quel menu vous convient... Bien agréable salon avec bar, billard et cheminée.

Accès : à l'entrée de la station, en venant d'Annecy par la D 909, prendre à droite

LES CARROZ-D'ARACHES - 74300

88 LA CROIX DE SAVOIE

M. et Mme Tiret

768 route du Pernand
74300 Les Carroz-d'Araches
Tel. 04 50 90 00 26
Fax 04 50 90 00 63
info@lacroixdesavoie.fr
www.lacroixdesavoie.fr

Fermé dimanche soir et lundi midi • 19 chambres équipées de douches WC, la plupart avec balcon • 73 à 77 € pour 2 personnes (45 à 48 € basse saison) ; petit-déjeuner 8 € ; possibilité de demi-pension • Menus de 17 à 38 € • Terrasse, jardin, parking

On a aimé **Savourer l'extrême tranquillité du lieu, le regard perdu dans les Aravis.**

Cette « bonne petite adresse » perchée sur les hauts de la station respire la convivialité. Les chambres, presque toutes dotées d'un balcon, allient simplicité du confort et chaleur du décor de lambris. Au restaurant, cadre « tout bois » et cuisine régionale. L'hiver réserve aux hôtes toutes les sensations offertes par l'immense domaine skiable, et l'été les pousse à la conquête du royaume minéral de Platé... Levez la tête : les bouquetins admirent votre ascension !

Accès : sur les hauteurs de la station, à 1 km du centre, en direction de Flaine

LES CONTAMINES-MONTJOIE - 74170

89 GAI SOLEIL

Mme Mermoud

288 chemin des Loyers
74170 Les Contamines-Montjoie
Tel. 04 50 47 02 94
Fax 04 50 47 18 43
gaisoleil2@wanadoo.fr
www.gaisoleil.com

Fermé du 20 avril au 14 juin et du 15 septembre au 20 décembre • 19 chambres équipées de salles de bains WC ou douches WC • 51 à 70 € (48 à 68 € basse saison) pour 2 personnes ; petit-déjeuner 10 € ; possibilité de demi-pension • Menus 19 à 26 € • Jardin, parking. Chiens non admis au restaurant • Soirées fondues et projections sur la vie montagnarde

On a aimé **Ouvrir ses volets sur le mont Joly et les calottes neigeuses des dômes de Miage.**

« J'ai este basti par Pierre-Joseph Mermoud, 1823 » : l'inscription, peinte sur une poutre par son constructeur, intrigue et invite à se reporter au site Internet du Gai Soleil où l'on conte avec plaisir la petite histoire de cette ferme familiale au toit recouvert de tavillons. Demandez une chambre rénovée dans le style montagnard (lambris, meubles en pin) et attablez-vous été comme hiver sur la terrasse plein Sud qui surplombe la station. Agréable jardin fleuri.

Accès : sur les hauteurs de la station

MENTHON-SAINT-BERNARD - 74290

90 BEAU SÉJOUR

M. et Mme Blanc

Allée des Tennis
74290 Menthon-Saint-Bernard
Tel. 04 50 60 12 04
Fax 04 50 60 05 56

Ouvert du 15 avril à fin septembre • 18 chambres dont 14 avec douches WC et 4 avec salles de bains WC, certaines possèdent un balcon • 65 à 73 € pour 2 personnes ; petit-déjeuner 7 € • Pas de restaurant • Jardin, parking clos • Ping-pong, salon de lecture, tennis, golf et sports nautiques

On a aimé **La visite du féerique château de Menthon.**

À 100 m du lac d'Annecy, villa du début du 20e s. entourée d'un vaste et séduisant parc arboré. Les chambres dotées d'un balcon, plus spacieuses, bénéficient d'une récente rénovation qui a permis de jeter le style « seventies » aux oubliettes. Les baies de la salle des petits-déjeuners ouvrent largement sur le jardin fleuri où le service s'effectue dès qu'apparaissent les premiers rayons de soleil. Sympathique accueil familial.

Accès : à 100 mètres du lac

MORZINE - 74110

91 FLEUR DES NEIGES

M. Archambault

74110 Morzine
Tel. 04 50 79 01 23
Fax 04 50 75 95 75
fleurneige@aol.com
www.fleurdesneiges.com

Fermé du 10 avril au 1er juillet et du 5 septembre au 20 décembre • 33 chambres toutes équipées de salles de bains WC ou douches WC et de télévision • 62 à 80 € (46 à 66 € basse saison), petit-déjeuner 9 € ; possibilité de demi-pension • Menus de 20 à 25 € • Terrasse, jardin, parking. Chiens non admis au restaurant • Piscine couverte l'hiver, tennis, salle de remise en forme, sauna, ping-pong, jeux de boules

On a aimé **Barboter dans la piscine après une journée de ski.**

Construction de type chalet située légèrement à l'écart du centre de Morzine, capitale touristique du haut Chablais. Lors de la réservation, pensez à demander une chambre rénovée dont le décor « cosy » marie lambris de bois clair, meubles en pin couleur miel et tissus choisis. La salle à manger, un peu sombre, doit bientôt être refaite. Fitness, sauna, tennis, piscine (couverte l'hiver) : le programme de l'hôtel reflète l'état d'esprit de la station, très « sport et détente ».

Accès : un peu à l'écart du centre, sur la route de Thonon-les-Bains

SALLANCHES - 74700

92 AUBERGE DE L'ORANGERIE

M. Liboureau

3 carrefour de la Charlotte
74700 Sallanches
Tel. 04 50 58 49 16
Fax 04 50 58 54 63
auberge-orangerie@wanadoo.fr

Fermé du 5 au 27 janvier et du 2 au 24 juin • 7 chambres équipées de salles de bains WC ou douches WC et télévision • 40 à 55 € pour 2 personnes ; petit-déjeuner 8 € • Restaurant fermé dimanche soir, lundi et le midi du mardi au jeudi ; menus 24 à 58 € • Parking fermé, jardin, terrasse

On a aimé **Contempler la montagne depuis l'une des douillettes chambres.**

En été, ce chalet situé au pied de la côte de Passy présente une jolie façade fleurie. Les chambres bénéficient d'une belle rénovation, gage de nuits reposantes : murs lambrissés, bonne isolation phonique préservant des bruits de la route, grands lits garnis de couettes, confortables fauteuils et salles de bains entièrement carrelées. Certaines disposent d'un balcon. La cuisine du patron, servie dans un cadre rustique, panache avec justesse recettes traditionnelles et plats du terroir.

Accès : en dehors de la ville, au pied de la côte de Passy

SERVOZ - 74310

93 GORGES DE LA DIOSAZ

M. Vandenkoornhuyse

« Sous le Roc »
74310 Servoz
Tel. 04 50 47 20 97
Fax 04 50 47 21 08
info@hoteldesgorges.com
www.hoteldesgorges.com

Fermé 8 au 22 mai, dimanche soir et mercredi • 7 chambres disposant toutes de salles de bains WC ou douches WC et de télévision • 65 € (52 € basse saison) ; petit-déjeuner 7 € ; possibilité de demi-pension • Menus de 21 à 40 € • Terrasse. Chiens non admis

On a aimé **Le jeune couple de propriétaires, aussi dynamique que sympathique.**

Chalet fleuri dans un typique village savoyard posté au débouché des gorges de la Diosaz. Calmes et sobres chambres refaites dans le style montagnard contemporain, et coquette salle à manger rustique dont les fenêtres à petits carreaux donnent sur le massif du Mont-Blanc. Salon et bar « tout bois » où l'on prend avec plaisir l'apéritif après une journée passée à améliorer son « planté d'bâton »...

Accès : au centre du village, près de la poste

SEYTHENEX - 74210

94 AU GAY SÉJOUR

M. et Mme Gay

Le Tertenoz
74210 Seythenex
Tel. 04 50 44 52 52
Fax 04 50 44 49 52
hotel-gay-sejour@wanadoo.fr
www.hotel-gay-sejour.com

Fermé du 15 novembre au 15 décembre ; dimanche soir et lundi (sauf feriés) • 11 chambres équipées de salles de bains WC et de télévision • 68 à 110 € ; petit-déjeuner 12 € ; possibilité de demi-pension • Menus de 26 (en semaine) à 72 € • Terrasse, parking. Chiens non admis dans les chambres • Balades en raquettes, proximité du lac d'Annecy et des pistes de ski

On a aimé **La perspective sur les alpages verdoyants ou les champs de neige.**

Cette ferme du 17e s. située dans un paisible hameau de moyenne montagne a été réaménagée en une sympathique auberge familiale où l'on vient avec la certitude d'absorber un grand bol d'air pur. Le décor des chambres n'est certes plus tout à fait dans le vent, mais elles ont le mérite d'être au grand calme, et certaines ménagent des échappées sur la vallée fermée par un verrou rocheux. Au restaurant, belle mise en place et cuisine traditionnelle soignée.

Accès : 4 km au Sud-Est de Faverges

95 **LE VIEUX LOGIS**

M. Jacquier

Rue des Remparts
74140 Yvoire
Tel. 04 50 72 80 24
Fax 04 50 72 90 76
contact@levieuxlogis.com
www.levieuxlogis.com

Fermé du 1er janvier au 15 février • 11 chambres toutes dotées de salles de bains WC et télévision • 60 à 70 € pour 2 personnes ; petit-déjeuner 8 € ; possibilité de demi-pension • Restaurant fermé dimanche soir et lundi ; menus de 23 (en semaine) à 42 € • Terrasse, parking fermé

On a aimé **Le pittoresque village médiéval et son jardin des Cinq Sens.**

Ce « vieux logis » de caractère aménagé au sein du rempart est tenu depuis quatre générations par la même famille. Les chambres, fonctionnelles, disposent d'un balcon au 1er étage ; les épais murs du 14e s. conservent une agréable fraîcheur, y compris en plein été. Vous dégusterez les célèbres filets de perche sous les croisées d'ogives et les poutres patinées des salles à manger, à moins que vous ne leur préfériez - attendez toutefois les beaux jours - la délicieuse terrasse arborée.

Accès : à l'entrée de la vieille ville, enchâssé dans le rempart

Afin que plaisir ne rime pas avec bris de tirelire, nous avons eu à cœur de sélectionner des hôtels et des maisons d'hôte qui offrent un accueil chaleureux et un service attentionné dans un cadre agréable et personnalisé, tout en pratiquant des tarifs très abordables, si ce n'est surprenants : grâce au symbole « piécettes », nous vous signalons en effet, tout au long de ce Guide, des hôtels et des maisons d'hôte où vous trouverez des chambres pour un prix maximum de 45 € la nuit pour deux personnes (petit-déjeuner inclus dans les maisons d'hôte, en sus dans les hôtels).

Nous sommes bien placés pour le savoir : le « bien manger » est une condition essentielle de séjour réussi ! Nous avons souhaité vous indiquer les hôtels et les maisons d'hôte qui, chacun dans sa catégorie, se distinguent par la qualité de leur cuisine. Dans les hôtels, vous trouverez des établissements du niveau « Étoiles » et « Bib Gourmand » du Guide Rouge Michelin ; dans les maisons d'hôte, vous vous régalerez d'une cuisine familiale souvent préparée avec des produits du terroir par des maîtresses de maison fins cordon bleus.

Vous avez envie de bouger, d'évacuer le stress, d'éliminer les calories superflues, de profiter du changement d'air et de l'environnement agréable ? Dans les hôtels et les maisons d'hôte répertoriés ci-après, vous trouverez au minimum une piscine, complétée d'un ou plusieurs autres équipements sportifs ou possibilités d'activités physiques : tennis, golf, salle de remise en forme ou encore randonnées, équitation... Consultez les fiches de ces établissements pour connaître le détail de leurs offres respectives.

A

G

CRÉDITS PHOTOGRAPHIQUES

Photos des maisons d'hôte et des établissements sur la couverture et à l'intérieur du guide :

Chef de projet – Productions photos Alain LEPRINCE
Agence ACSI – A CHACUN SON IMAGE
2, rue Aristide Maillol, 75015 Paris – Tél. : 01 43 27 90 10

Crédits photos : Romain Aix, Lawrence Banahan/ACSI®2004

Présentation des régions

ALSACE : ***Route du Vin à Andlau*** R. Mattes/MICHELIN

AQUITAINE : ***Bassin d'Arcachon*** A. Thuillier/MICHELIN

AUVERGNE : ***Hôtel de Ville d'Ambert*** J. Damase/MICHELIN

BOURGOGNE : ***Pont-canal de Briare*** Ph. Gajic/MICHELIN

BRETAGNE : ***Port du Palais, Belle-Île*** G. Guégan/MICHELIN

CENTRE : ***Château d'Ussé*** Ph. Gajic/MICHELIN

CHAMPAGNE-ARDENNE : ***Place Ducale de Charleville-Mézières*** Ph. Gajic/MICHELIN

CORSE : ***Bonifacio*** G. Magnin/MICHELIN

FRANCHE-COMTÉ : ***Château de Joux*** G. Benoît à la Guillaumen/MICHELIN

ÎLE-DE-FRANCE : ***Place de la Concorde*** B. Kaufman/MICHELIN

LANGUEDOC-ROUSSILLON : ***Le Cirque de Navacelles*** B. Kaufman/MICHELIN

LIMOUSIN : ***Pont de Sénoueix*** S. Sauvignier/MICHELIN

LORRAINE : ***Site de Bitche*** R. Mattes/MICHELIN

MIDI-PYRÉNÉES : ***Cathédrale d'Albi*** B. Kaufman/MICHELIN

NORD-PAS-DE-CALAIS : ***Rencontres internationales de cerfs-volants à Berck*** Y. Tierny/MICHELIN

NORMANDIE : ***Paysage du Pays d'Auge*** G. Targat/MICHELIN

PAYS-DE-LA-LOIRE : ***Récolte de sel à Noirmoutier*** M. Thiery/MICHELIN

PICARDIE : ***Parc du Marquenterre*** S. Sauvignier/MICHELIN

POITOU-CHARENTES : ***Port d'Arçais, Marais poitevin*** D. Mar/MICHELIN

PROVENCE-ALPES-CÔTE-D'AZUR : ***Calanque de Sormiou*** G. Magnin/MICHELIN

RHÔNE-ALPES : ***N.-D. de la Vie à Saint-Martin de Belleville*** S. Sauvignier/MICHELIN

MICHELIN

46, avenue de Breteuil – 75324 Paris Cedex 07
01 45 66 12 34
www.ViaMichelin.fr

Manufacture Française des Pneumatiques Michelin
Société en commandite par actions au capital de 304 000 000 EUR
Place des Carmes-Déchaux, 63 Clermont-Ferrand (France) - R.C.S. Clermont-Fd B 855 200 507
Michelin et Cie, Propriétaires-Editeurs - Dépôt légal Novembre 2004 – ISBN 2-06-711009-8

Printed in France 10-2004/3.1

Photocomposition : Maury Imprimeur, Malesherbes
Impression : ISTRA, Schiltigheim

Maquette : Studio Maogani
4, rue du Fer à Moulin, 75005 Paris - Tél : 01 47 07 00 06

Parution 2005

VOS COMMENTAIRES NOUS INTÉRESSENT !

Afin de nous aider à améliorer ce guide, merci de nous retourner ce questionnaire à l'adresse suivante :

Michelin Editions des Voyages « Questionnaire Coups de Cœur Michelin 2005 »
46, avenue de Breteuil, 75324 Paris cedex 07

› 1-Avez-vous déjà acheté des Guides Michelin ?

Oui .... ❒ Non .... ❒

Si oui, le(s)quel(s) ?

Le Guide Rouge (hôtels et restaurants) .... ❒
Le Guide Vert (tourisme) .... ❒
Autre (préciser) .... ❒

› 2-Vous avez acheté ce guide :

Pour des vacances .... ❒
Pour un week-end / court séjour .... ❒
Pour un déplacement professionnel .... ❒
Pour offrir .... ❒

› 3-Pour partir :

En couple .... ❒ En famille ..... ❒
Seul .... ❒ Entre amis ..... ❒
Autre .... ❒

› 4-Vous êtes :

Homme ...... ❒ Femme .... ❒

< 25 ans ..... ❒ 25 – 34 ans ... ❒
35 – 50 ans ... ❒ > 50 ans ...... ❒

Agriculteur, exploitant .... ❒
Employé .... ❒
Artisan, commerçant, chef d'entreprise .... ❒
Ouvrier .... ❒
Cadre ou profession libérale .... ❒
Retraité .... ❒
Enseignant .... ❒
Etudiant .... ❒
Profession intermédiaire .... ❒
Sans activité professionnelle .... ❒

› 5-Comment jugez-vous les différents éléments de ce guide ?

1 = Très bien *2* = Bien *3* = Passable *4* = Mauvais *5* = Très mauvais

	1	*2*	*3*	*4*	*5*
La sélection d'établissements	❒	❒	❒	❒	❒
Le nombre d'établissements	❒	❒	❒	❒	❒
La répartition hôtels / maisons d'hôte	❒	❒	❒	❒	❒
Le prix des chambres	❒	❒	❒	❒	❒
Les renseignements (prix…)	❒	❒	❒	❒	❒
Les commentaires	❒	❒	❒	❒	❒
Les photos	❒	❒	❒	❒	❒
La présentation générale	❒	❒	❒	❒	❒
Le classement par région	❒	❒	❒	❒	❒
Les index thématiques	❒	❒	❒	❒	❒
La couverture	❒	❒	❒	❒	❒
Autre (préciser)	❒	❒	❒	❒	❒

› 6-Notez sur 20 votre guide : / 20

› 7-Quels sont vos souhaits d'amélioration ?

....
....
....
....
....
....
....
....
....
....